文化商丘

商丘通史 上

主　编　刘玉杰
本卷主编　李可亭

中华书局

图书在版编目(CIP)数据

文化商丘·商丘通史/刘玉杰主编;李可亭本卷主编. —北京:中华书局,2023.10(2024.3重印)
ISBN 978-7-101-16257-8

Ⅰ.文… Ⅱ.①刘…②李… Ⅲ.①地方文化-商丘②商丘-地方史 Ⅳ.①G127.613②K296.13

中国国家版本馆CIP数据核字(2023)第105979号

书　　名	文化商丘·商丘通史(全二册)
主　　编	刘玉杰
本卷主编	李可亭
责任编辑	梁五童　刘　楠
责任印制	管　斌
出版发行	中华书局
	(北京市丰台区太平桥西里38号　100073)
	http://www.zhbc.com.cn
	E-mail:zhbc@zhbc.com.cn
印　　刷	北京盛通印刷股份有限公司
版　　次	2023年10月第1版
	2024年3月第2次印刷
规　　格	开本/710×1000毫米　1/16
	印张 47½　插页 2　字数 600 千字
印　　数	3021-3120册
国际书号	ISBN 978-7-101-16257-8
定　　价	285.00元

文化商丘编委会

编委会主任：王战营

编委会副主任：张建慧

执行副主任：王全周

主编：刘玉杰

副主编：李可亭　郭文剑

编委会委员

刘玉杰　赵云峰　李可亭　刘秀森　郭文剑
王良田　朱凤祥　郭文佳　王　纲　陈功文
张学勇　刘正义　刘万华　刘少杰　王小块
李月英

序 一

商丘历史文化悠久厚重，是华夏文明和中华民族的发祥地之一。华夏文明上下五千年在商丘没有中断过。作为一名历史文化工作者，我一直对商文化抱着深厚兴趣。过去从众多的历史文献典籍中，零星碎片地了解一些。今商丘市以高度的文化自信和文化自觉，以商文化为主脉，集合火文化、古城文化、圣人文化、汉梁文化等文化形态，以历史教科书形式，编纂这么一套文化丛书，读之如渴在临泉清，饿在闻肉味，实则欣喜，大呼过瘾，故为之序。

《诗经》《史记》等史籍都记载说："天命玄鸟，降而生商。""商"作为地名，在五帝时期就有了。黄帝和少暤时代，东夷氏族群中的玄鸟族西迁至商丘，战胜了土著人，建了第一座都城，名为"商"，后来又以地名为族名，产生了商部族。商文化在我国历史文化中地位十分重要。搞清楚它的历史渊源、发展脉络、基本走向，它的独特创造、价值理念、鲜明特色，对增强文化自信和价值观自信有着重要意义。习近平总书记说："不忘本来才能开辟未来，善于继承才能更好创新。"

我从事文物、古城保护工作多年，经常关注有关古城建设方面的知识。试想，当时的玄鸟族为什么选择商这个地方定居并建城呢？我国众多的古代文献显示，古代先民选择定居地点是很讲究的。出于对生存环境和防御需要的考虑，先民们往往对周边的生态环境格外关注。西汉时期的晁错就曾向皇帝建议在"移民实边"时，必须考虑生态环境。

他说:"臣闻古之徙远方以实广虚也,相其阴阳之和,尝其水泉之味,审其土地之宜,观其草木之饶,然后营邑立城,制里割宅,通田作之道,正阡陌之界,先为筑室,家有一堂二内,门户之闭,置器物焉,民至有所居,作有所用,此民所以轻去故乡而劝之新邑也。"(《汉书·晁错传》)可见古人在考虑新的居住环境时,要选择那些水质甘美、土地肥沃、草林茂盛的地方,继而加以规划,开辟道路,建造房屋,合理安排居室结构,如此才能在发展农业的同时,使人们对新的居住环境感到满意,体现出农业社会人居环境建设的基本要求和特点。古代城市选址对自然环境要求更高,不但涉及地形、地质、气象、水文、资源、交通等多种因素,还要考虑政治、经济、军事、文化等诸多方面的影响。《管子》曰:"凡立国都,非于大山之下,必于广川之上,高毋近旱而水用足,下毋近水而沟防省。因天材,就地利,故城郭不必中规矩,道路不必中准绳。"管子的话既反映了城市选址对自然环境和山水格局的严格要求,又强调城市选址应充分结合地利条件,视地形的实际情况而定,不必强求形式上的规整。先人的城市建设理念重地利,讲实效,对于摒弃单一的城市格局,突出城市个性特色以形成独有风格的文化景观十分重视。同时,我国古代"以农立国",强调根植于富足农业基础之上,对土壤、水源的要求格外重视。玄鸟族之所以选择在商地定居并建城,说明当时商丘诸方面的条件是相当优越的。

据《晋书》《帝王世纪》等史籍记载,黄帝之孙、五帝之一的颛顼"始自穷桑,而徙邑商丘"。"帝喾高辛氏年十五而佐颛顼,三十登位,都亳。"颛顼把都城迁到商丘,帝喾把都城也定在这里,说明颛顼和帝喾时代商丘诸方面的条件依然比其他地方优越。

帝喾的儿子契在尧、舜时都被封于商丘,建商国,都亳。夏朝时,帝相为后羿所逐,居于商丘,商丘一时成了夏都。契传十四世到成汤,推翻了腐败的夏桀建立商朝,亳是商朝的第一座都城,直到二百多年后的第十三代商王河亶甲才迁都于相。后又经几次迁徙,到第二十位商王"帝盘庚之时，殷（上古时殷、商并称）已都河北，盘庚渡河南，复居成汤之故居……治亳，行汤之政"（《史记·殷本纪》）。此后，第二十八位商王武乙才自亳迁于河北（安阳地区）。自成汤至帝辛，商朝凡十七世三十一王。周朝整个时期，商丘古城称睢阳，一直是"作宾于王家"的宋国都城。秦朝末年，睢阳城是楚汉相争的战略要地。两汉时期，睢阳一直是梁国的都城。隋唐时期，她又是"中州锁钥，江淮屏障，河洛咽喉"，是战略位置极其重要的兵家必争之城；宋朝时她是"四京"之一的南京；明、清两朝，她因是"南控江淮、北临河济"的咽喉重镇，朝廷极为重视。

商丘古城饱经沧桑，在历史上因水患和兵灾曾多次损毁，但灾难过去又重建、改建，从五帝、夏、商、周、秦、汉、三国、两晋、南北朝、唐、宋、元、明、清，直到现在，一直延续下来。其五千年不断脉的悠久历史，标记着中华民族的历史和文明进程。中国的历史文化名城虽然不少，但像商丘古城这样从远古五帝到现在一直脉络不断的实为罕见。这是商丘古都城突出的价值所在。

由于历史的原因，明朝初年之前的商丘古城的面貌被历代黄河泛滥、河水携带的泥沙蒙于地下。20世纪90年代，中国社会科学院考古研究所和美国哈佛大学皮保德博物馆组成的中美联合考古队对其进行考古调查，才发掘出商丘古城距今三千余年前的宋国古都城遗存。现在展现在世人面前的重建于明朝正德年间的商丘古城之下，沉睡着五帝时期的商城、亳城，春秋时期的宋国都城，秦汉和隋唐时期的睢阳城，宋代南京城，明初归德城。这也是商丘古城历史发展独有的形态，体现了她博大精深的文化内涵。文化景观是人类活动相继叠加的结果。因此，我一直认为，商丘古都城是"中国城建史博物馆""中国天然城池博物馆"。

儒、道、佛、墨四家是中华文化形成的支柱。史书记载，商丘是道家创始人之一庄子的故乡、儒家创始人孔子的祖籍，也是墨家创始人墨子的故乡，文化底蕴丰厚。

西汉刘向《列女传·契母简狄》记载："契之性聪明而仁，能育其教，卒致其名。尧使为司徒，封之于亳。"《史记·殷本纪》载："契长而佐禹治水有功。帝舜乃命契曰：'百姓不亲，五品不训，汝为司徒而敬敷五教，五教在宽。'封于商，赐姓子氏。"《汉书·艺文志》曰："儒家者流，盖出于司徒之官。"说明儒家文化的源头是商的始祖、尧舜时的司徒契。南宋时期，儒家的代表人物朱熹重建白鹿洞书院，亲手制订《白鹿洞书院学规》说："父子有亲。君臣有义。夫妇有别。长幼有序。朋友有信。右五教之目。尧、舜使契为司徒，敬敷五教，即此是也。"从史书对夏商周文化的有关记载来看，儒家思想和司徒契一脉相承。墨子也讲三代、先王，与儒家有一个共同的文化源头。商丘的文化底蕴之丰厚不言而喻。

文化复兴是实现中华民族伟大复兴中国梦的重要组成部分。历史悠久的商丘，应该让自己丰厚的文化资源展示魅力，很好地宣传出去，让全国乃至世界都了解商丘，让商丘的文化资源尽可能多地转化为人们的知识财富，让文化遗产资源"活起来"，融入广大民众的现实生活。

商丘市委、市政府组织专家、学者编写这套文化丛书，弘扬中华优秀传统文化，希望只是开端，以后要不断深入研究，不断取得新的更大的成果，为弘扬中华民族优秀文化作出独特贡献。

以此为序。

原故宫博物院院长　单霁翔

序 二

文化典籍是人类文明社会发展成果的重要载体与文明程度的标志。国有史，方有志，家有谱，这是中华民族数千年的优良传统，譬如《春秋》《左传》《史记》等都是中国人精神文化成长的重要历史记录。文化典籍的编纂传承能够有效地增强民族精神文化认同和国家凝聚力。地方文化史志是国家历史文化典籍的细化和补充，是国家、民族历史文化的血肉神经与单元标本。《文化商丘》丛书编纂出版的目的就是从文化视角系统整理商丘地区五千多年的文明史，挖掘保护传承商丘地区优秀历史文化资源。

商丘历史悠久，文化灿烂，处于华夏文明起源的核心区域，是中华民族文明发源地之一。商丘历史文化是华夏历史文明的重要组成部分，并发挥着重要作用。华夏五千年文明史在商丘从无间断，这是商丘的特点和优势。

商丘是中华民族和中华文明的发源地之一

毛泽东同志曾在红军长征到达陕北后说过非常著名的两句话："自从盘古开天地，三皇五帝到如今。"中华文明的源头是三皇五帝，据《尚书大传》《风俗通义》等古籍记载：三皇即燧人氏，称燧皇，伏羲氏，称羲皇，神农氏，称农皇；五帝即黄帝、颛顼、帝喾、尧、舜。据史料记载,三皇五帝都曾在商丘及周边留下过足迹,其中"三皇"中的燧人氏、神农氏和"五帝"之一的帝喾高辛氏长期生活在商丘。燧人氏钻木取火,"以化腥臊",开启了中华先民的熟食时代和人类文明的新纪元,被奉为"人文始祖"。火的发明和应用,极大地推动了人类社会的进步。一方面,开启了人类的熟食生活,引起人类习性以至生理上的变革,从而使人类从动物中分离出来;另一方面,有了火,极大地推动了氏族社会生产力的发展。燧人氏被后人奉为火神,成为三皇之首。如今,位于商丘古城西南1.5公里处的燧皇陵就是历史的见证。

神农氏就是传说中的炎帝,也叫朱襄氏。《吕氏春秋·古乐》记载,朱襄氏受伏羲氏禅位而有天下。炎帝本为朱襄氏,因其开创了上古农业文明,被尊称为神农氏、农皇。在当时陈州的柘城(今商丘市柘城县),在县城东十里朱崮寺(今柘城县大仵乡朱堌寺村)有朱襄陵。所以可以得出结论"炎帝神农氏都于商丘"。

帝喾是五帝之一,也是"五帝"之首黄帝的曾孙,受封于高辛(今商丘市睢阳区高辛镇),故又称高辛氏,《史记·五帝本纪》记载,高辛"聪以知远,明以察微。顺天之义,知民之急"。《史记·殷本纪》也记载:"殷契,母曰简狄,有娀氏之女,为帝喾次妃。三人行浴,见玄鸟堕其卵,简狄取吞之,因孕生契。"帝喾次妃简狄吞玄鸟之卵而生契,契就是商人的始祖,这也是《诗经·商颂》中所说的"天命玄鸟,降而生商"。《左传·昭公元年》记载:"昔高辛氏有二子,伯曰阏伯,季曰实沈,居于旷林,不相能也。日寻干戈,以相征讨。后帝不臧,迁阏伯于商丘,主辰。商人是因,故辰为商星。迁实沈于大夏,主参。"这段记载说明,帝喾的两个儿子不和睦,日寻干戈,互相征讨,无奈,帝喾只好将他们分别分封到商丘和大夏(今山西太原),实际上阏伯与契为同一人(历史学家郭沫若考证),即是商族的始祖。到阏伯六世孙亥的时候,商部落已经比较壮大,生产出的产品自己用不完。亥聪明勇敢,服牛驯马以利天下,带着族人赶着牛车到别的部落进行产品交换,以物易物,开创了华夏商业贸易的先河。《管子·轻重戊》记载："殷人之王，立帛牢，服牛马，以为民利。"因此，商丘被称为"华商之源"。

商丘不仅是中华古文明的发祥地之一，也是中国姓氏文化的重要发源地。据专家考证，商、子、汤、宋、戴、武、钟、殷、葛、穆等许多姓氏都发源于商丘。至今，商丘大地上仍然留存有燧皇陵、阏伯台、帝喾陵等文化遗迹，有力地证明商丘是远古人类活动的主要区域之一，商丘在华夏文明发展初期就具有重要的地位。商丘的历史文化伴随着华夏历史文化的产生而产生、发展而发展，见证了华夏文明的历史沧桑，也是华夏文明辉煌灿烂的地方代表之一。

商丘是春秋战国和两宋时期著名的"圣人之都"

华夏文化的发展在其核心地带展现了强大的生命力。进入春秋战国时期，形成了儒、道、墨等所谓的"诸子百家"，中华文化出现了"百花齐放，百家争鸣"的鼎盛局面。春秋战国时期，商丘为宋国区域，宋国是"中华圣人文化"的源头，处于中国传统文化核心地位的儒家、道家、墨家、名家四大学派皆出自宋国。诸子百家中，老子、庄子、墨子、惠子的故里，以及孔子的祖居之地，均在商丘及附近。这个时期的商丘被称为"圣人之都"，以商丘为轴心，辐射周边，在豫、鲁、苏、皖地域交汇处形成了"中华圣人文化圈"。

诸子百家中的这些圣人、圣贤都与商丘有着重要的联系。《汉书·艺文志》曰："儒家者流，盖出于司徒之官。"说明儒家文化的源头是商的始祖、尧舜时的司徒契。儒家始祖孔子的祖籍就在商丘，孔子"少居鲁，长居宋"，曾多次回到宋国，娶亲、祭祖、讲学，自觉继承了商汤"以德理政"的传统，形成儒家以"仁"为代表的思想。道家代表人物老子是鹿邑人，长期在商丘一带活动。道家的另一位代表庄子，其故里就在民权县境内，遗存有庄子井、庄子墓等。墨家的代表人物墨子是宋国人，长期奔波在鲁楚等地，曾做过宋国的大夫。名家的惠施以及融合道、墨两家的宋钘，均为宋国人。被西方学者称为"轴心时代"的春秋战国时期，为华夏文明的发展注入了强大的生命力。诸子百家的儒、道、墨、名等或起源于今天的商丘，或与商丘有着重要的联系，在夏、商、周三代文明的引领下，以宋国为中心，在春秋战国时期形成的"中华圣人文化圈"，成为华夏历史文化的重要内容，影响了数千年中华文化的发展进程。

两宋时期的商丘古城，开创了中国华夏文化继春秋"百家争鸣"圣人文化后的又一座文化高峰。坐落在商丘的应天书院为北宋"四大书院"之首，在中国古代教育史上的地位难以超越，北宋名臣范仲淹在此由求学到讲学，他继承戚同文"天下同文"之志，以"天下为己任"，为北宋培养了大批国之重臣。

商丘是中国重要的古都城之一

商丘是1986年国务院公布的我国第二批历史文化名城，时任国家文物局局长单霁翔称其为"中国城建史博物馆""中国天然城池博物馆"，建城历史可以上溯到夏商时期。文明的漩涡在不断地汇聚力量，发展壮大。著名历史学家、北京大学教授李零先生提出了一个重要观点，华夏文化的古都城主要分布在北纬35°（更准确地说，是在北纬34°至35°之间，大体相当于渭水和黄河中下游流经的地方）左右，即今曲阜、商丘、郑州、洛阳、西安、宝鸡、天水一线，形成了夏、商、周三大文明板块。根据《史记》等传世文献记载，商族的早期活动地区就在"商板块"南部，其第一都城"亳"就在今天的商丘东南部。《史记·殷本纪》裴骃《集解》引皇甫谧语："梁国谷熟为南亳，即汤都也。"张守节《正义》引《括地志》云："宋州谷熟县西南三十五里南亳故城，即南亳，汤都也。"这里的梁国、宋州都是指今商丘，谷熟是今虞城县谷熟镇。从传说中的帝喾都亳，到有文献记载的商汤都南亳，直到清朝末年，商丘的城市地位一直非常重要。商丘具备了作为"大古都"的历史、政治等构成因素，成为中国历史上重要的古都城之一。因此，中国古都学会在《2015年中国古都学会年会关于推进商丘市古都文化研究与发展的意见》中指出，商丘是中国古代重要的都城之一。

商丘是历史上影响中国命运的战争事件的多发之地

商丘地处豫东平原，"广衍沃壤，则天下之膏腴"，襟带河洛，背依黄河，屏蔽江淮，历史悠久，素为中原门户，自古为兵家必争之地。楚宋鏖兵于泓水而定兴衰，汉高祖斩蛇于芒砀以兴义师，张巡拒逆于睢阳乃佑江南一隅。明清以降，反帝反封建的太平天国、捻军均长期于商丘活动，为共和国举行奠基礼的睢杞战役、淮海战役都以商丘为主战场。在商丘的土地上演出过一幕又一幕足以改变历史进程的战事，在中国军事史上有着重要地位。

平定汉初"七王之乱"，商丘成为稳固汉室的首功之地。汉景帝二年（前155），御史大夫晁错上《削藩策》，提议削弱诸王势力，加强中央集权。汉景帝采用晁错的建议，于次年冬下诏削夺吴、楚等诸侯王的封地。以吴王刘濞为首的七个刘姓宗室诸侯王，由于不满朝廷削减他们的权力，以"清君侧"之名举兵向西。《史记·梁孝王世家》记载，七国反叛，行至梁国（今商丘），吴楚先攻击梁国的棘壁（今商丘市柘城县境内），杀死数万人。梁孝王据守睢阳城，命韩安国、张羽为大将军，抵抗吴楚之兵。吴楚之兵无法西进，转而进攻周亚夫的军队。周亚夫固守壁垒，不肯交战，且暗中派兵南下，夺取泗水入淮之口（今江苏淮安境内），断绝了叛军的粮道，吴兵大败，士兵多半饿死或逃跑，周兵率队追击，大破吴楚联军。吴楚先头军被破，七国叛军阵脚大乱，兵败如山倒。由此足见梁国睢阳城在汉代军事地位之重要。

张巡血战睢阳城，使商丘成为佑护大唐复国的"江淮屏障"。天宝十四年（755）冬，影响中国历史进程的安史之乱爆发。河东三镇节度使安禄山发动所部镇兵十五万众，反于范阳，"烟尘千里，鼓噪震地"。当时海内承平数十年，猝闻范阳兵起，远近震骇，所到之处，守将或不战而逃，或望风而降，京师震惊，唐玄宗被迫南遁。至德二年（757）安禄山死后，其子安庆绪继任并派出大将尹子奇率领叛军围攻地处睢阳渠要冲的睢阳城。太守许远自度实力不足以抗敌，就邀请当时据守宁陵的唐朝名将张巡来协助自己一起保卫睢阳城。张巡随即率兵三千入驻睢阳，与许远合兵一处，共保睢阳。睢阳为大城，城高墙厚，城内居民有数万之众，经过张巡、许远的战略部署，更为坚固，叛军多次进攻未果。《新唐书·张巡传》记载，当时睢阳城内粮尽，将士曾提议夺城东奔，得粮食后，与敌军决一死战；但张巡、许远以为睢阳是豫东门户、中州锁钥、江淮屏障、河洛襟喉，叛军据而有之，必将战火引向江南，大唐便失去粮饷供应。张巡、许远等人宁可死守也不愿弃城，可见睢阳城战略地位之重要。睢阳之战，从至德二年一月开始，至十月陷落，张巡及其部将保护江淮半壁江山免于战乱十个月之久。当时，唐王朝也仅靠长江、淮河流域的赋税支撑，睢阳位于大运河汴河河段中部，是漕运重镇，如果失守，河运中断，后果不堪设想。睢阳城坚持十个月之久，在此期间朝廷不断获得江淮财赋的接济，完成了恢复、准备到反攻的过程。在睢阳城破前一个月已收复西京长安，在睢阳陷落十天后又收复了东京洛阳，叛军无力南下，唐王朝得以保全。唐代文学家韩愈曾在《张中丞传后叙》一文中评价此次战役之功："守一城捍天下，以千百就尽之卒，战百万日滋之师，蔽遮江淮，沮遏其势，天下之不亡，其谁之功也！"

淮海战役是决定当代中国命运的关键一战，商丘是淮海战役的肇始地和结束地。商丘作为决定中国命运的淮海、渡江两大战役的总前委所在地，在全国是独一无二、绝无仅有的，为淮海战役、渡江战役、全中国的解放以至新中国的建立作出了巨大的历史性贡献,有着不可替代的作用。1948年11月6日,虞城县张公店战斗打响了淮海战役第一枪,拉开了淮海战役的序幕;1949年1月10日,淮海战役在永城县陈官庄地区画上了圆满的句号。商丘是淮海战役总前委司令部、政治部、后勤部、总兵站所在地,是解放战争时期我党我军中原地区的政治、军事、指挥中心,是我党我军的大后方基地,是淮海战役的大本营。淮海战役总前委司令部就设在今睢阳区张菜园村,刘伯承、邓小平、陈毅等人在张菜园村指挥了淮海战役第三阶段的战斗。商丘是对淮海战役支持最大、贡献最多、牺牲最重的地方,仅永城、夏邑两县就出动支前民工一百六十万人次,贡献粮食1.5亿斤,为战争的胜利作出了重大贡献。

总之,商丘历史悠久,文化厚重,内涵丰富。商文化、火文化、圣贤与名人文化等作为其鲜明代表,是中华民族诚信精神、契约精神、创新精神、拼搏精神、奉献精神的集中体现。商丘儒、墨、道文化的内涵着重体现了忠诚孝道、社会和谐、道德修养、礼义廉耻、理想人格、和而不同的思想品格。在商丘发生的历次重大战役中孕育了敢于担当、恪尽职守、坚守正义、英勇奉献的爱国主义精神气概。这些都与中华优秀传统文化的精神内涵相一致,成为中国历史文化重要的组成部分,为华夏历史文明作出了重要贡献。

地方文化典籍史料的搜集整理应该真实而全面

文字是人类文明发展到相当程度之后的产物,中华民族有详细文献记载的历史始于西周共和元年,即公元前841年。夏商周断代工程考据发布的《夏商周年表》,确定夏代始年大约为公元前2070年,距今约已四千多年。《史记》首篇从《五帝本纪》开始,黄帝距今约五千年。三皇在五帝之前,燧皇位居三皇之首,学界一般认为燧人氏时代在一万年之前甚至在十万年前。商丘有全国唯一一座燧皇陵，是"中国火文化之乡"。所以商丘的文化史不应受五千年文明史的时间局限，必须广泛、全面收集整理文化史料，以传后人。

王国维提出"二重证据法"，即以地下的材料与纸上的材料相比较以考证古史的真相。黄现璠将历史文献、考古史料、口述历史三者结合起来的治史法，称为"黄氏三重证据法"。近年有叶舒宪等学者提出应用"四重证据法"研究文化史，包括传世文献、出土文献和文字、人类学的口传与非物质文化遗产（民俗学和民族学材料）、图像和文物。由于黄河改道泛滥等原因，商丘地区大量古代人类文化遗迹湮没于地下，不能因为暂时考古发现不够而否定文献记载、民俗活态文化的真实性；由于文明悠久而传播远阔的原因，不能因为某些文化资源在全国不具有唯一性而舍弃不做记载传承。

华夏历史文明传承创新区建设是党中央、国务院赋予中原经济区的重大文化使命。以坚定的文化自信，承担起传承华夏历史文明的责任，商丘人敢于担当。相信《文化商丘》系列丛书的编纂出版将裨益于传承创新历史文明，裨益于商丘精神文明高地建设，裨益于商丘又好又快跨越发展。

是为序。

中共商丘市委书记　王战营
二〇二〇年六月

目　录

前　言 ·· 1

第一章　远古时期 ··· 9

第一节　悠久的历史和文化 ································ 9
一　原始社会时期的商丘 ······································ 9
二　先商考古发现 ··· 10
三　商丘在史前文化传播中的地位 ························ 18
四　帝喾在商丘的活动 ·· 19

第二节　玄鸟生商的传说与商族起源 ···················· 23
一　商族的图腾崇拜 ·· 23
二　玄鸟生商 ··· 26
三　商族起源于东方 ·· 27
四　"商丘"名称的由来 ······································· 28

第三节　其他远古传说 ······································ 30
一　燧人氏与中国"火文化" ································· 30
二　朱襄氏的传说 ··· 31
三　葛天氏的传说 ··· 32
四　苍颉造字与苍颉墓 ·· 33

第二章　夏朝时期 ······ 35
第一节　商均和少康 ······ 35
第二节　商先公与先商史 ······ 36
第三节　商丘为商先公的主要经营地 ······ 44
第四节　王亥经商与中国商业的起源 ······ 46
　　一　关于商业起源的几种说法 ······ 46
　　二　王亥与中国商业的起源 ······ 48

第三章　商丘是商朝的第一个都城 ······ 51
第一节　汤灭夏与商朝的建立 ······ 51
　　一　商汤"网开三面"与诸侯归德 ······ 51
　　二　汤灭夏自葛始 ······ 52
　　三　商汤"明德""日新" ······ 53
　　四　伊尹佐商 ······ 54
第二节　商汤与商朝第一都 ······ 56
　　一　商汤都亳 ······ 56
　　二　亳都地望之谜 ······ 57
　　三　南亳在商丘 ······ 59
　　四　商朝前期的五次迁都 ······ 60

第四章　周朝宋国 ······ 63
第一节　宋国的建立 ······ 63
　　一　商朝灭亡与西周王朝的建立 ······ 63
　　二　周初分封与宋国的建立 ······ 64
　　三　宋国世系及君主考略 ······ 65
　　四　宋国的都城和疆域 ······ 81
第二节　宋国的政治 ······ 122

一　宗法制度 …………………………………………… 122
　　二　公国地位 …………………………………………… 125
　　三　公族政治 …………………………………………… 127
　　四　职官建置 …………………………………………… 133
　　五　宋国内乱 …………………………………………… 149
第三节　宋国的邦交关系 …………………………………… 155
　　一　宋国与周王室的关系 ……………………………… 155
　　二　宋国与其他诸侯国的关系 ………………………… 163
　　三　宋襄公图霸 ………………………………………… 176
　　四　弭兵会议 …………………………………………… 182
　　五　宋景公时的内政和外交 …………………………… 192
　　六　宋国的灭亡 ………………………………………… 197
第四节　宋国的经济 ………………………………………… 203
　　一　水利和农业 ………………………………………… 203
　　二　手工业的发展 ……………………………………… 205
　　三　商业的繁荣 ………………………………………… 207
第五节　宋国文化 …………………………………………… 209
　　一　宋国与儒家文化的产生及传播 …………………… 209
　　二　宋国是墨家文化的诞生地 ………………………… 215
　　三　庄子是宋国人 ……………………………………… 218
　　四　名家惠施的思想 …………………………………… 223
　　五　融合道、墨的思想家宋钘 ………………………… 226
　　六　孟子与宋国 ………………………………………… 229

第五章　秦朝时期 ………………………………………… 233
第一节　秦朝时期商丘地区的行政归属 …………………… 233
　　一　砀郡及其今属商丘地区的辖县 …………………… 233

二　陈郡及其今属商丘地区的辖县 …………………………… 239
第二节　轰轰烈烈的反秦斗争 ………………………………………… 240
　　一　陈胜、吴广起义与商丘 ……………………………………… 241
　　二　刘邦芒砀山起兵反秦 ………………………………………… 244
　　三　刘邦、项羽在商地并肩作战 ………………………………… 245
　　四　刘邦、项羽在商地的斗争与厮杀 …………………………… 248
第三节　商丘为汉兴之源 ……………………………………………… 249

第六章　汉代梁国 …………………………………………………… 253
第一节　梁国的建立 …………………………………………………… 253
　　一　彭越初封梁王 ………………………………………………… 254
　　二　刘武王梁国 …………………………………………………… 258
　　三　梁王世系 ……………………………………………………… 260
第二节　梁国疆域 ……………………………………………………… 272
　　一　梁王彭越时期的疆域 ………………………………………… 272
　　二　梁王刘恢时期的疆域 ………………………………………… 274
　　三　梁王吕产时期的疆域 ………………………………………… 275
　　四　刘武王梁国时期的疆域 ……………………………………… 275
　　五　梁孝王之后梁国的疆域 ……………………………………… 277
　　六　更始时期梁国疆域 …………………………………………… 278
　　七　东汉梁国疆域 ………………………………………………… 279
第三节　梁国都城和梁园 ……………………………………………… 281
　　一　梁国都城 ……………………………………………………… 281
　　二　梁园 …………………………………………………………… 286
第四节　梁国的政治和经济 …………………………………………… 296
　　一　梁国的政治 …………………………………………………… 296
　　二　七国之乱中的梁国 …………………………………………… 304

	三	梁国经济	308
第五节		梁王墓群	311
	一	梁王墓群概况	311
	二	梁国汉墓文化	318
第六节		梁国文化	328
	一	以梁园文学为标志的文学成就	328
	二	汉代梁国的经学成就	330
	三	艺术	342
	四	民俗	344
第七节		梁国政要群体	346
	一	西汉名相申屠嘉	346
	二	御史大夫韩安国	348
	三	西汉名将灌婴与栾布	350
	四	东汉梁国名相桥玄	354

第七章　三国两晋南北朝时期　357

第一节　建置沿革与地方行政管理体制　357
　一　三国时期商丘的建置沿革及地方行政管理体制　357
　二　两晋、南北朝时期的商丘建置沿革　359
第二节　政治军事动荡中的商丘　362
　一　三国时期的商丘　362
　二　东晋十六国时期的商丘　364
　三　南北朝时期的商丘　367
第三节　魏晋南北朝时期商丘地区经济的曲折发展　370
　一　曹魏时期商丘地区的经济发展　370
　二　南北朝时期北魏对商丘地区的管理　372
　三　战乱给商丘地区经济带来的破坏　373

第四节　三国两晋南北朝时期的商丘文化 …………………… 374
　　一　哲学思想的发展 …………………………………………… 374
　　二　文学的发展 ………………………………………………… 376
　　三　三国两晋南北朝时期的商丘人物 ………………………… 382
　　四　魏晋南北朝时期的其他商丘名人 ………………………… 385
第五节　文学形象花木兰 …………………………………………… 387

第八章　隋朝时期 ………………………………………………… 391
第一节　隋朝商丘的政区和人口 …………………………………… 391
　　一　建置沿革 …………………………………………………… 392
　　二　人口和经济社会状况 ……………………………………… 395
第二节　隋唐大运河在商丘 ………………………………………… 400
　　一　隋唐大运河的开凿 ………………………………………… 401
　　二　隋唐大运河的考古发现 …………………………………… 406

第九章　唐五代时期 ……………………………………………… 411
第一节　睢阳郡的设置 ……………………………………………… 411
　　一　睢阳郡的设置 ……………………………………………… 411
　　二　睢阳郡辖区沿革 …………………………………………… 413
　　三　睢阳郡据战略要冲 ………………………………………… 414
第二节　安史之乱与张巡守睢阳 …………………………………… 415
　　一　安史之乱 …………………………………………………… 415
　　二　睢阳等地军民抵抗叛军 …………………………………… 417
第三节　唐五代时期商丘的社会经济 ……………………………… 427
　　一　农业 ………………………………………………………… 428
　　二　手工业 ……………………………………………………… 429
　　三　城市发展和商业繁荣 ……………………………………… 430

第四节　唐五代时期商丘的文化与教育 …………………………… 432
　　一　诗文 ………………………………………………………… 432
　　二　佛教文化对商丘的影响 …………………………………… 444
　　三　教育的发展 ………………………………………………… 445
第五节　唐五代时期的商丘人物 …………………………………… 448
　　一　宰相魏元忠 ………………………………………………… 448
　　二　袁象先与朱全忠 …………………………………………… 450
　　三　政治家、史学家朱敬则 …………………………………… 452
　　四　曹华与朱瑄 ………………………………………………… 455

第十章　宋金时期 …………………………………………………… 459
第一节　宋时的商丘 ………………………………………………… 459
　　一　北宋的建立与宋州 ………………………………………… 459
　　二　建置沿革 …………………………………………………… 461
　　三　宋州在北宋时期的政治与经济地位 ……………………… 464
　　四　赵构应天府称帝 …………………………………………… 466
　　五　宋都南迁 …………………………………………………… 466
第二节　金朝时期的商丘 …………………………………………… 468
　　一　商丘在金称归德府 ………………………………………… 468
　　二　金哀宗退守归德府与金的灭亡 …………………………… 469
第三节　社会经济 …………………………………………………… 470
　　一　农业 ………………………………………………………… 470
　　二　手工业 ……………………………………………………… 471
第四节　教育状况 …………………………………………………… 472
　　一　应天府书院的建立和发展 ………………………………… 472
　　二　范仲淹与应天府书院 ……………………………………… 475
第五节　宋金时期的商丘人物 ……………………………………… 478

一　政治家张去华 478
　　二　戚同文之子戚纶 478
　　三　"诗豪"石延年 479
　　四　赵概纂《谏林》 480
　　五　宋庠与宋祁 480
　　六　学者王洙 482
　　七　王尧臣与《崇文总目》 482
　　八　名臣张方平 483
　　九　"沙随先生"程迥 484
　　十　许顗与《彦周诗话》 485
　　十一　医家王怀隐、王贶与张从正 485

第十一章　元朝时期 487
第一节　蒙古夺取中原与归德府建置 487
　　一　蒙古夺取中原 487
　　二　归德府建置 489
第二节　元朝对中原的控制和经营 492
第三节　经济状况 507
　　一　农业 507
　　二　手工业 512
　　三　商业 516
第四节　红巾军在商丘 519
第五节　文化教育 527
　　一　书院和社学 527
　　二　忠孝贤良 529

第十二章 明朝时期 … 533

第一节 建置沿革 … 533
第二节 明朝商丘社会经济状况 … 535
 一 明初商丘社会经济的恢复与发展 … 535
 二 明中叶商丘的社会经济状况 … 538
 三 明后期归德府的社会危机 … 541
第三节 黄河水患与商丘地方社会 … 542
 一 水患日趋严重 … 542
 二 弘治年间黄河决口与古城重建 … 544
第四节 明朝时期商丘地区的农民起义 … 545
 一 师尚诏农民起义 … 546
 二 李自成农民起义军在商丘的活动 … 548
第五节 文化发展 … 550
 一 哲学 … 550
 二 史学 … 555
 三 文学 … 557
第六节 明朝时期的商丘人物 … 561
 一 皇甫仲和 … 561
 二 刘国翰 … 562
 三 宋纁 … 562
 四 沈鲤 … 563
 五 李汝华 … 565
 六 侯执躬 … 566
 七 侯恂 … 567
 八 侯恪 … 569
 九 宋献策 … 570
 十 袁枢 … 572

第十三章　清朝时期 ……………………………………… 573
第一节　归德府建置与政局 ……………………………… 573
一　清军进入中原 ……………………………………… 573
二　睢州之变 …………………………………………… 575
三　归德府属地方机构的建立 ………………………… 578
第二节　咸丰五年黄河改道 ……………………………… 581
第三节　清朝时期商丘地区的农民起义 ………………… 582
一　白莲教起义 ………………………………………… 583
二　太平军在商丘 ……………………………………… 584
三　捻军在商丘 ………………………………………… 586
四　王居信起义 ………………………………………… 589
第四节　经济发展状况 …………………………………… 590
一　农业 ………………………………………………… 591
二　手工业 ……………………………………………… 591
三　商业 ………………………………………………… 593
第五节　教育发展 ………………………………………… 594
一　科举考试与教育 …………………………………… 594
二　窦克勤与朱阳书院 ………………………………… 596
第六节　文化成就 ………………………………………… 598
一　文学 ………………………………………………… 598
二　哲学 ………………………………………………… 605
三　史学 ………………………………………………… 609
四　戏剧 ………………………………………………… 613
五　科技 ………………………………………………… 614

第十四章　北洋军阀时期 …………………………………… 617
第一节　动荡不安的社会民生 …………………………… 618

第二节　五四运动与商丘人民的觉醒 …………………………………… 621
第三节　早期工人运动与商丘中共党组织的建立 …………………… 624
第四节　五卅运动在商丘 …………………………………………… 627
第五节　农民的反抗——睢县红枪会的斗争 ………………………… 630
第六节　马克思主义在商丘的传播及商丘党组织的发展 …………… 633
第七节　商丘党组织领导下的农民革命运动 ………………………… 637

第十五章　南京国民政府时期 …………………………………… 643
第一节　冯玉祥主豫与中原大战 …………………………………… 644
　一　冯玉祥主政河南 ………………………………………………… 644
　二　中原大战在商丘 ………………………………………………… 645
第二节　商丘中共党组织的恢复和发展 …………………………… 649
　一　中共永城县委的建立及活动 …………………………………… 650
　二　夏邑杨集党支部的建立和活动 ………………………………… 652
　三　夏永虞中心县委的成立 ………………………………………… 653
　四　虞城刘屯党支部的建立 ………………………………………… 654
　五　中共睢县县委的恢复与斗争 …………………………………… 654
　六　商丘县党支部的活动 …………………………………………… 655
第三节　"左"倾路线对商丘的影响 ………………………………… 656
　一　李立三"左"倾冒险主义对商丘的危害 ……………………… 656
　二　王明"左"倾机会主义对商丘的危害 ………………………… 658
第四节　商丘抗日救亡运动的兴起 ………………………………… 660
　一　驼铃社与《驼铃》月刊 ………………………………………… 660
　二　一二·九运动在商丘 …………………………………………… 660
　三　睢县抗日力量的形成 …………………………………………… 663
　四　贯彻落实党的抗日民族统一战线方针 ………………………… 664

第十六章　抗日战争时期 …… 667
第一节　日军侵占商丘和日伪对商丘的统治 …… 667
　　一　商丘沦陷与日军暴行 …… 667
　　二　日伪统治 …… 669
第二节　抗日烽火 …… 671
　　一　睢杞太根据地的开辟 …… 671
　　二　豫皖苏边区的发展 …… 673
　　三　日本投降，商丘光复 …… 680

第十七章　解放战争时期 …… 681
第一节　豫东解放区的巩固与发展 …… 682
第二节　睢杞战役 …… 684
第三节　淮海战役在商丘 …… 686
　　一　淮海战役的三个阶段 …… 686
　　二　淮海战役总前委 …… 689
第四节　商丘解放 …… 692

第十八章　民国时期商丘经济社会状况 …… 695
第一节　社会经济 …… 695
　　一　天灾、人祸和兵灾 …… 695
　　二　农业 …… 698
　　三　传统手工业与近代工业 …… 700
　　四　商业 …… 703
第二节　交通运输 …… 706
　　一　陇海铁路的修建 …… 706
　　二　邮政通信业的发展 …… 707
　　三　公路运输 …… 711

第三节　各级教育的发展 …………………………………………… 712
　　一　小学教育 ……………………………………………………… 713
　　二　中学教育 ……………………………………………………… 716
　　三　初中等专业学校教育 ………………………………………… 718
　　四　高等教育 ……………………………………………………… 719
第四节　知名人物 …………………………………………………… 721
　　一　豫东建党先驱蒋一峰 ………………………………………… 722
　　二　抗日民族英雄鲁雨亭 ………………………………………… 722
　　三　国民党陆军中将孙殿英 ……………………………………… 722
　　四　山东快书艺人高元钧 ………………………………………… 723
　　五　豫剧表演艺术家、"黑脸王"李斯忠 ………………………… 723

参考文献 ……………………………………………………………… 725
后　记 ………………………………………………………………… 731

前　言

位于豫、鲁、苏、皖四省接合部的商丘，是一个令人陶醉和神往的地方，也是一个历史悠久、文化灿烂、名人辈出的地方。历史上的商丘是兵家必争之地，如今的商丘又成为全国重要的交通枢纽。

早在原始社会时期，商丘就已有人类活动。考古工作者先后在商丘的永城市、睢阳区、梁园区、宁陵县等地发现了原始社会时期的龙山文化遗址，学术界称之为河南龙山文化"王油坊类型"。

王油坊古文化遗址位于商丘永城市酂城镇王油村东北400米处，为一旧黄河淤泛之土丘，面积一万平方米，为河南龙山文化晚期遗存。考古工作者在这里发现了房基十一座，灰坑二十五个，墓葬十四座，出土了大批龙山文化晚期的陶石、骨蚌、角器。据中国社会科学院古人类研究所碳十四测定，王油坊遗址的年代在前2580至前2140年间。这表明，人类的祖先远在4500多年以前就生息在这片土地上，并且有了较为发达的农业、渔猎和手工业。河南龙山文化时期正是黄帝和帝尧时期，这时，商代的先祖帝喾、阏伯、契及其后代就活跃在此，之后，商汤灭夏，建立商朝，终于使商族部落走向历史舞台的中心。

王油坊遗址被考古界命名为"王油坊类型"，成为考古界研究我国古代文明的专用名词，可见其重要性；从其出土的文化内涵看，它是商丘文明的曙光。2006年，王油坊遗址被国务院公布为国家重点文物保护单位。

商丘之名源于阏伯。传说阏伯是高辛氏帝喾之子，为火正，他曾于此筑台观察大火星的运行规律，以此为依据来安排农时、农事，为中国古老的天文学作出了贡献。大火星也称商星、辰星，为"二十八星宿"之"心宿"中最亮的一颗星。阏伯筑台观测商星所留下的高台，即"商丘"，商乃商星，丘为"土之高也，土高曰丘"（许慎《说文解字》）。后来，随着时间的推移，阏伯台周遭之地也称商丘。"商丘"作为地名至今已经使用了数千年之久，这在全国是不多见的，体现了殷商文化的历史传承。

商丘在历史上还被称为"应天"和"归德"。五代时期后梁开平三年（909），宋州（今商丘）升为宣武军。后唐同光元年（923），唐庄宗将宣武军改为归德军，归德之名自此始。宋太祖赵匡胤在后周时期任归德军节度使，治所在宋州。960年，赵匡胤发动陈桥兵变，即皇帝位，国号"宋"，是为北宋。

因赵匡胤曾受群臣尊号为"应天广运仁圣文武至德皇帝"，当皇帝乃顺应天命，又宋州是北宋的发祥地，宋州因于宋真宗景德三年（1006）更名为应天府。大中祥符七年（1014）正月，宋真宗又将应天府再次升格，建为南京，作为都城汴梁的陪都。

商丘今天的版图和清朝归德府辖地相近。清末归德府辖一州八县，即睢州和考城县、商丘县、宁陵县、柘城县、鹿邑县、虞城县、夏邑县和永城县。睢州即今睢县；鹿邑县今属周口市；考城在秦、西汉时名菑县，其前身是春秋时期的诸侯国戴国，东汉章帝时改名为考城。考城方位据杨伯峻《春秋左传注》说："今河南省民权县东而稍北四五十里，离宋都六十余里，当即古载（戴）国之地。"民国十七年（1928），析睢县北七里、杞县北五社置民权县。1954年兰封、考城合并为兰考县。1956年7月又将原考城县的顺河、老颜集、北关、褚庙等乡划归民权县。1997年6月，商丘撤地建市，原属于商丘市（县级）、商丘县管辖的区域改称为梁园区和睢阳区，其他六县（夏邑、虞城、柘城、宁陵、睢县、民权）名称未变。

商丘交通便利，陇海铁路与京九铁路在此交会；商丘是高铁规划"八纵八横"枢纽城市之一，郑徐高铁于2016年9月10日建成通车，商合杭高铁2020年6月28日建成通车，京雄商高铁开工建设。在公路方面，商丘是交通部确定的交通枢纽城市，北京至珠海105国道与天水至连云港310国道在此交会，连霍高速与济广高速在此交会，构成双重黄金"十字架"公路网络。在航空方面，商丘西距郑州新郑机场194公里，东至徐州观音机场207公里。商丘民用航空将实现"零"的突破，已批准建设辐射四省交界的商丘支线机场。

商丘文化丰富多元，是中华文明的重要发祥地之一，殷商文化、火文化、元典文化、汉梁文化、木兰文化、黄河故道文化等，如日月星河，璀璨夺目。在这众多的文化品牌中，殷商之源文化领风骚。

商丘是商部落的发祥地、商朝的建立地和中国商业的发源地，被称为"三商之源"。

殷商文化在商丘历史上相当长一个时期一直是占统治地位的主流文化，从商人始祖契被封于商，历经十四世至商汤灭夏，都于南亳，再到殷纣王灭亡，在长达近千年的时间内，商丘历史文化就是殷商文化。其他历史文化与殷商文化或有渊源关系，或有传承关系，或是受殷商文化重要影响而发展。商丘是殷商之源，是殷商文化的诞生地。

商丘自古以来即为兵家必争之地。春秋战国时期的宋国，位居各诸侯国之间，境内沼泽、河流众多，交通极为便利，是中原各国通往东南吴越的交通要道。考古工作者在今商丘古城西南角发现的宋国都城睢阳故城遗址，总面积10.5平方公里，为第六批全国重点文物保护单位。春秋时期诸侯国数次会盟于宋国，出现了像华元、向戌这样的政治家和外交家。到了西汉，由于梁孝王与汉朝政府特殊的关系，特别是平定"七国之乱"的功劳，往来交流更为频繁。梁孝王刘武更是聚揽天下才俊，枚乘、司马相如等在梁园撰文作赋，竟成一时风流，以至于到了唐朝还吸引李白、杜甫等大诗人，到商丘探寻梁苑遗韵，从而留下了脍炙人口的名篇佳章。

商丘人杰地灵，名人辈出。中国传统文化儒、道、墨中的道、墨两家发源于商丘，名家惠施以及融合道、墨的宋钘亦为商丘人，而儒家始祖孔子的祖籍又在商丘，孔子本人也多次回乡讲学，影响至深。到了汉朝，经学博士商丘人戴德、戴圣对古代各种"礼"兼收并蓄，所著《大戴礼记》《小戴礼记》成为儒家重要经典。在西汉，易学居"六经"之首，研究者甚多。梁国易学大家有丁宽、田王孙和焦延寿，三人对易学贡献极大，西汉易学诸派几乎都与梁人有关。《汉书·儒林传》载："丁宽字子襄，梁人也。初，梁项生从田何受易，时宽为项生从者，读《易》精敏，材过项生，遂事何。学成，何谢宽。宽东归，何谓门人曰：'《易》以东矣。'宽至雒阳，复从周王孙受古义，号《周氏传》。景帝时，宽为梁孝王将军距吴、楚，号丁将军，作《易说》三万言。……宽授同郡砀田王孙，王孙授施雠、孟喜、梁丘贺，由是《易》有施、孟、梁丘之学。"施雠、孟喜、梁丘贺是西汉传《易》三大家，而三家皆源于丁宽、田王孙，由是可见梁国易学已代表了整个西汉的发展水平。可以看出，商丘是墨、道、名三个学派的发源地和儒家学派的重要来源和传播区，是中华民族文化发生、发展的摇篮之一。

商丘文物景点星罗棋布，既有文物景观，也有人文景观。其中，商丘归德府城墙、永城汉梁王墓群、宋国故城、永城王油坊遗址、永城崇法寺塔、睢县阎庄圣寿寺塔、柘城李庄遗址、柘城孟庄遗址、柘城故城、永城造律台遗址、永城芒砀山汉代礼制建筑基址、大运河遗址、大运河商丘南关码头遗址、梁园区徐堌堆墓群、商丘淮海战役总前委旧址等为全国重点文物保护单位。

商丘是国家历史文化名城，现有明清古城，又称归德府城，建于明正德年间，距今已有500多年的历史，城墙、城湖、城郭三位一体，外圆内方，形如古铜钱，堪称古代建筑之瑰宝。商丘古城保存了大量的文物古迹，有著名的北宋四大书院之一的应天书院、归德府文庙、侯方域故居壮悔堂、八关斋、张巡祠以及明清建筑典范穆氏四合院等。

中国的"八大古都"中，河南占四个，其中的安阳和郑州都是以商朝的都城来申报的。2004年郑州申报第八大古都成功，对商丘人震动很大。商丘是商朝前期的都城，商丘人心中也有一个"大古都"梦，希望有朝一日这个梦能够实现。

2007年1月18日，《河南日报》发表了一篇题为《农民力推商丘为第九大古都》的文章。内容是商丘市虞城县芒种桥乡的四位农民——崔若宗、蒋友理、田玉东、李传孝共同撰写了《申报商丘成为历史古都建议书》，希望引起商丘市领导和专家的重视，时机成熟时申报商丘为中国"大古都"。

2015年12月5—6日，由中国古都学会和商丘师范学院共同主办，商丘市睢阳区委宣传部和商丘师范学院汉梁文化研究中心联合承办的"商丘古都文化研讨会暨中国古都学会2015年年会"在商丘师范学院举行，来自全国各地的120名专家、学者参加会议。经过两天的学术研讨，与会专家、学者发布了《关于推进商丘市古都文化研究与发展的意见》。《意见》认为："商丘是中国古代重要的都城之一。'五帝'之一帝喾和商先公先王多在商丘一带活动；这里是商汤都亳所在地，是春秋战国时期宋国的都城、两汉时期梁国的都城和南宋王朝第一个都城，在中国都城发展史上有着极其重要的地位。春秋战国时期，形成了以商丘为中心的儒、道、墨等元典文化和以商丘为中心的'中国圣人文化圈'。中国古都文化与中国圣人文化在商丘和谐发展，相映生辉。这种文化现象对于中华5000年文明史产生了重大的影响和重要的意义。"

此次会议对"商丘是中国古代重要的都城"的认定，是中国古都学会继"八大古都"认定之后的一项重大学术成果。

"商丘古都文化研究暨中国古都学会2015年年会"的成功举办及其取得的重要成果，在商丘刮起了一场"古都风"，人们更加期望加快进程，使商丘古都进入"中国大古都"系列。

2017年3月16日，根据商丘市委、市政府的安排，由商丘市委宣传部、睢阳区委区政府、商丘日报报业集团、商丘市旅游局联合主办的"游商丘古都城，读华夏文明史"大型全媒体探访聚焦活动在商丘古城北门举行启动仪式。

商丘市委常委、宣传部部长王全周在讲话中指出，文化是一个地方、一座城市的灵魂。"游商丘古都城，读华夏文明史"是新提炼的商丘文化旅游品牌，叫响这个品牌，从而带动全域文化旅游业的跨越发展，打造华夏历史文明传承创新区商丘高地。商丘古都城正在汇聚方方面面的力量，古城保护、展现、修复、利用工作快马加鞭，商丘古都城景区建设加快推进，商丘古都城的辉煌前景和文化魅力越加清晰可见。王全周强调，叫响"游商丘古都城，读华夏文明史"文化旅游品牌，是系统工程，需要内外兼修、持续发力、久久为功，需要凝聚合力、优势互补、各展特长。

"游商丘古都城，读华夏文明史"活动启动后，《商丘日报》及其官方新媒体客户端、微信公众号矩阵同步推送，全媒体传播，每周一、三、五推出整版文图并茂的探访解析重磅报道，累计刊发十二个整版（连版）近七万字，配发一百幅现场图片。

为寻找南亳遗址，在1997年宋国故城发现的基础上，2021年重启宋国故城考古发掘工作，希望能揭示历史上因黄河泛滥形成的"新城叠旧城"现象，并发现更古老的商代和可能的先商时期城址，揭开商丘地区夏商古代文化的神秘面纱。此次发掘，中国社会科学院考古研究所、河南省文物考古研究院、商丘市文物考古研究院等单位联合行动，原殷墟考古队队长、南方科技大学讲席教授唐际根出任领队。唐际根说："我们将尝试以当下最先进的科技手段，确立这一地区的古地貌和古环境，展示剧烈环境变化之下先人反复建城的生存奋斗史。"

商丘人民团结一致，共同努力，把殷商文化研究工作推向深入；市政府加大投资力度,加强与省内外专家合作,持续进行商都南亳考古发掘工作,以充分的考古成果争取商丘的"中国大古都"梦早日实现。

李可亭

2021 年 8 月 26 日于商丘至善斋

第一章 远古时期

第一节 悠久的历史和文化

一 原始社会时期的商丘

商丘位于河南省东部，与山东省、安徽省、江苏省接壤。商丘有着悠久的历史和灿烂的文化，是中华文明的发祥地之一。历史文献和考古发掘证明，在原始社会时期，商丘以平原为主，地势较为平坦，但也有很多丘陵和河流湖泽，东部有山。全年雨量充沛，较为适宜人类居住。

商丘在黄淮海冲积平原上。邹逸麟在《黄淮海平原历史地理》一书中说："从新石器时代开始，黄淮海平原周边的山麓洪积冲积扇平原已经是人类活动比较集中的地区。以后随着生产力的发展，人口的增加，人们逐渐向冲积平原以及滨海地区进发。春秋战国时期本区为华夏族活动最频繁的地方。"① 商丘在这一区域范围内，其历史地理的发展状况与此相一致。

在商丘境内现有的史前遗址发掘中，其所在地地名亦多用丘、台、岗、堌、堆等文字，如位于今永城市的造律台遗址、黑堌堆遗址、太丘遗址，示范区的平台遗址，柘城县的伯岗遗址，宁陵县的丁堌堆遗址、黄岗遗址，睢县的梨岗遗址等。考古材料证实，这些遗址主要是新石

---

① 邹逸麟主编：《黄淮海平原历史地理·前言》，安徽教育出版社1993年版，第1页。

器时代的文化遗存，主要来源于山东大汶口文化，并吸收了河南龙山文化及其周围其他文化的先进因素。

二　先商考古发现

在豫东这片广阔的平原上，古人类文化遗址星罗棋布，文物古迹与文献资料相印证，构成了丰富多彩的先商文明。近年来，商丘境内出土有一万年前（旧石器时代晚期）的大象、犀牛、羚羊、鹿、野马、野猪等动物骨骼化石，以及相当数量的蚌壳和螺壳。据此推知，商丘一带远古时期平均气温要高出现在2—3℃，气候温暖湿润，雨量充沛，草木茂盛，河流纵横，丘岗起伏，沼泽遍野，是人类理想的生息繁衍之地。

自20世纪30年代起，考古工作者在商丘境内进行了一系列考古发掘活动，获取了一大批非常重要的考古资料。经过调查确认的新石器时代文化遗址达四十余处，正式发掘的有八九处之多。

1936年11月，中央研究院历史语言研究所李景聃等人来商丘、永城一带进行考古调查，在商丘县（今睢阳区）高辛镇、坞墙集，永城县（今永城市）顺河集，虞城县谷熟集等地寻找先商和南亳踪迹，在永城市浍河两岸发现了几处龙山文化遗址，如造律台、王油坊、黑堌堆、江堌堆、曹桥等，并对造律台、黑堌堆、曹桥三处遗址进行了小规模的考古发掘，出土一批陶器、石器、骨器、蚌器、角器等遗物，由此开创了商丘文物考古工作的先河。

20世纪70年代后期，为探索豫东地区原始社会末期和商代早期文明等相关问题，中国社会科学院考古研究所河南二队在商丘地区文物管理委员会的配合下，于1976年至1977年底先后三次对商丘各县古文化遗址进行考古调查，共发现龙山文化遗址十七处[①]，主要有：永城王油坊遗址、造律台遗址、黑堌堆遗址，商丘老南关遗址和睢县周龙

---

① 中国社会科学院考古研究所河南二队、商丘地区文物管理委员会：《1977年豫东考古纪要》，《考古》1981年第5期。

岗遗址等。在考古调查的基础上，于1977年至1978年先后对永城王油坊遗址①、黑堌堆遗址②、柘城孟庄遗址③、商丘坞墙遗址④、睢县周龙岗遗址⑤等进行考古发掘或试掘，发现了一批大汶口文化、龙山文化、早期二里岗上层文化、晚商文化的遗迹和遗物，初步掌握了商丘地区的史前文明状况。

1988年秋，北京大学考古学系和商丘地区文管会对夏邑清凉山遗址进行考古发掘⑥，发掘面积150平方米，发现了大汶口文化晚期（简报称"相当于庙底沟二期"）、龙山文化、岳石文化、商代文化的类型堆积和遗存。清凉山遗址文化内涵极为丰富，出土文物也较多，为研究商丘早期的人类文明提供了珍贵的实物资料。

20世纪90年代，为进一步探索和了解商丘境内的先商文化遗存，中国社会科学院考古研究所与美国哈佛大学皮保德博物馆联合，在商丘进行了长达八年的田野考古调查和发掘工作，对商丘各县的古文化遗址进行了复查。他们发掘了睢阳区潘庙、虞城县马庄、柘城县山台寺三个遗址，发现了龙山文化、岳石文化、先商文化的丰富遗存。美籍华人张光直参加了这次发掘工作，并在后来的《发掘报告》中说："从考古学的立场来看，从郑州二里岗以后的殷商文明，很可能有两个先商的源头：使用粗制灰色绳纹的日常烹饪陶器的被统治阶级可能来自

---

① 中国社会科学院考古研究所河南二队、河南商丘地区文物管理委员会：《河南永城王油坊遗址发掘报告》，《考古学集刊》1987年第五集。
② 中国社会科学院考古研究所河南二队、商丘地区文物管理委员会：《1977年豫东考古纪要》，《考古》1981年第5期。
③ 中国社会科学院考古研究所河南一队、商丘地区文物管理委员会：《河南柘城孟庄商代遗址》，《考古学报》1982年第2期。
④ 商丘地区文物管理委员会、中国社会科学院考古研究所河南二队：《河南商丘县坞墙遗址试掘简报》，《考古》1983年第2期。
⑤ 中国社会科学院考古研究所河南二队、商丘地区文物管理委员会：《1977年豫东考古纪要》，《考古》1981年第5期。
⑥ 北京大学考古学系、商丘地区文管会：《河南夏邑县清凉山遗址1988年发掘简报》，《考古》1997年第11期。

冀南豫北的漳河流域，而使用夯土基址、城墙、铜器、文字等有财富和美术价值的宝贵物品的统治阶级，则可能来自东方的海岸地带。……这样看来，考古学材料给了我们一条很坚强、很清楚的线索，说明先商文化自东海岸沿着现在陇海路的路线从苏北经徐州进入豫东，征服了土著，在商丘一带建立了他的第一个都城——商，这种可能性是可以郑重考虑的。"①

在这次发掘中，中美联合考古队在柘城县山台寺遗址发现了一个龙山文化九牛祭祀坑，这对于探索山台寺遗址龙山文化遗存的族属问题有很重要的价值。考古人员先是在很小的范围内发现一处五间东西相连的造律台类型龙山文化房基，墙是用木骨夯土筑成，基部抹得精细光滑，房子地面涂抹了白灰，在这排房子的南边约30米处，发现有一个祭祀坑，略呈圆形，坑内埋九头整牛和一个鹿头，有的牛已被肢解。此祭祀坑的发现，说明两个问题：一是生活在此处的人类先祖与牛关系密切，这是别的朝代的祖先所没有的，二是当时人们驯化饲养的牛已有相当剩余。这个九牛祭祀坑使山台寺的龙山文化与殷商文化搭上了密切的联系，"殷商考古的遗址里常有祭牛的遗迹，牛是大牢，一个祭祀坑里有九条牛，表现祭祀重要与祭祀者的地位非同一般。龙山文化遗址里面这个发现是没有前例的，它或许说明龙山文化的一支，与其他地方的龙山文化向岳石文化的发展平行，在豫东发展出来以山台寺为代表的一支特殊的晚期龙山或岳石文化，它就是殷商文明的前身"②。

2002年11月7日至12月6日，为进一步了解商丘地区夏商时期考古学文化的面貌与特征，特别是搞清先商文化和岳石文化在商丘地区

---

① 张长寿、张光直：《河南商丘地区殷商文明调查发掘初步报告（代序）》，中国社会科学院考古研究所、美国哈佛大学皮保德博物馆编著：《豫东考古报告——"中国商丘地区早商文明探索"野外勘察与发掘》，科学出版社2017年版，第2页。
② 张长寿、张光直：《河南商丘地区殷商文明调查发掘初步报告（代序）》，中国社会科学院考古研究所、美国哈佛大学皮保德博物馆编著：《豫东考古报告——"中国商丘地区早商文明探索"野外勘察与发掘》，科学出版社2017年版，第4页。

的分布状况，郑州大学历史学院考古系对商丘地区二十四处新石器时代至夏商时期古文化遗址进行了重点复查，在考古复查的基础上又选择了民权县李岗遗址进行了小规模试掘。调查结果表明，这些古文化遗址中包含有仰韶文化遗存三处、大汶口文化遗存五处、龙山文化遗存二十三处、岳石文化遗存九处、先商文化遗存五处、早商晚期（白家庄期）遗存六处、晚商遗存十八处，以及东周至汉代遗存二十二处[1]。通过出土的不同文化类型遗物，确认了不同时期遗址的分布，为进一步了解夏商时期商丘地区考古学文化面貌与特征，特别是先商文化和岳石文化[2]在该地区的分布状况等，提供了新资料。

考古材料证实，商丘地区龙山文化遗址分布比较密集，出土的遗迹和遗物也很丰富，这类遗址以永城王油坊遗址、造律台遗址较有代表性，后来学术界将商丘境内发现的龙山文化遗存称为龙山文化王油坊类型[3]，或称龙山文化造律台类型[4]。

（一）王油坊遗址

王油坊遗址位于永城市西酂城乡王油坊村东北400米处。它东临浍河，周围地势平坦，为旧黄泛区淤没之地。遗址是一座高出地面的堌堆状堆积，遗址东西和南北各长约100米，面积约为10000平方米。遗址文化层堆积较厚，其上部厚约2米的文化层堆积被取土挖掉，现存文化层堆积厚约3米。第一层为耕土层，厚0.2米；第二层为扰土层，厚0.15—0.4米；第三层为龙山文化层，该层又分为4小层，即3A、3B、3C、3D；3A、3B层各厚约0.2—0.37米、0.3米，主要为房基；3C层厚约0.5—0.8米，又可分为青灰硬土和黄花硬土；3D层距地表深1.8米左右，发掘至2.7米处仍发现有居住遗迹，但因见水，探方未发掘至生土层。

---

[1] 郑州大学历史学院考古系：《豫东商丘地区考古调查简报》，《华夏考古》2005年第2期。
[2] 岳石文化，因发现于山东省平度市东岳石村而得名，绝对年代为公元前1900—前1600年。文化时代稍晚于龙山文化，大致与中原地区的二里头文化相当。
[3] 栾丰实：《龙山文化王油坊类型初论》，《考古》1992年第10期。
[4] 李伯谦：《论造律台类型》，《文物》1983年第4期。

王油坊遗址龙山文化遗存上、中、下三层，为三个紧密相连的发展阶段，其年代分别为公元前2300年、前2400年和前2500年左右。

在龙山文化下层发现的遗存可分为：1.遗迹包括房基、灰坑和儿童墓葬。房基多被破坏，分为半地穴式建筑和地面建筑两种，形状有方形、长方形、圆形、椭圆形、平行四边形等，室内居住面皆为白灰面。灰坑共发现九座，坑内出土较多陶片、蚌壳及一些烧过的人头骨残片。儿童墓葬三座，在一座东西向的墙内埋有三具儿童骨架，头向皆朝东，方向与墙一致，均为仰身直肢，无墓圹，系建筑时埋入，当与建筑时举行的祭祀仪式有关。2.遗物分为陶器、石器、骨器、角器、蚌器等几种，以陶器为多。泥质灰陶片为主，约占陶片总数的70％以上，夹蚌壳末的棕色或褐色陶数量也不少，泥质陶中还有少量的黑陶、白陶、红陶和棕陶。泥质陶皆为轮制，夹蚌陶皆为手制。器物表面多为素面，磨光陶也占有相当的比例。纹饰以篮纹为主，一般为竖行或斜行，也有少数横篮纹。绳纹次之，方格纹较少。另外还有少量平行竖条纹、指甲印纹、附加堆纹、凸弦纹、凹弦纹等，器物有鼎、罐、碗、瓮、盆、圈足盘、杯、器盖等。此外还发现陶纺轮和陶网坠，分为泥质和夹蚌壳末陶两种。石器数量较少，发现石凿一件。骨器包括骨针二件、骨笄一件、骨锥一件、骨匕一件。角器为二件鹿角锄。蚌器主要是蚌刀，分圆刃、直刃两种，背面钻有二孔。

从龙山文化中、上层发现的遗存情况看，遗迹包括房基、灰坑、石灰坑、墓葬等。房基分布较密集，形状为圆形和方形，皆为地面建筑。灰坑内出土大量陶片、蚌壳、螺壳、鱼骨、动物骨骼等。遗物包括陶器、石器、蚌器、骨器、角器，以陶器数量较多。陶器以泥质灰陶为主，且皆为轮制。夹蚌壳末的棕色或褐色陶以及夹砂陶较下层普遍减少，上层几乎不见夹砂陶。除泥质灰陶外，还有少量黑陶、白陶、红陶和棕陶。陶器数量和种类较下层增多，大型器物增多，特别是深腹罐和鼎的器形逐渐增多。纹饰以方格纹居多，篮纹和绳纹次之，另外还有指甲印文、附加堆纹、鸡冠耳纹等。生活用具多为陶器，器型有鼎、罐、缸、碗、甗、瓮、盆、圈足盘、壶、杯、豆、甑、拍、觚、斝、尊、盉、鬲、纺轮、器盖等。其中最多的是深腹罐和碗，其次是鼎、平底盆和各类罐[①]。石器种类有斧、铲、凿、镞、磨盘、磨棒、镰、锛、刀、杵、刮削器等，骨器、角器种类有锥、针、凿、匕、铲、钻、网坠、簪等。这些出土文物涵盖了人们生活和生产的各个方面，说明当时商丘一带已萌发了原始农业，产生了畜牧业，出现了制石、制陶等原始手工业。

永城王油坊遗址发现的大量生产、生活用具表明，商丘地区早在公元前2500—前2000年，人类的祖先就劳动生息在这块广阔的土地上。他们或网罟而渔，或弓矢而猎，或磨蜃而耨，或畜牧牛羊，由渔猎生活逐渐过渡到农牧生活，为中华民族的历史和文明增添了丰富的内容。

（二）黑堌堆遗址

永城市龙岗乡王楼村北的黑堌堆遗址由李景聃于1936年首次发现，1977年中国社会科学院考古研究所河南二队和商丘地区文物管理委员会联合对其进行了考古发掘，开相连探方六个，揭露面积127平方米，遗址上层清理出房基九间、陶窑二座、灰坑一座、墓葬一座，出土一批龙山文化遗物。遗址下层出土一批以红陶为主的遗物，也有少量泥质灰陶和夹蚌壳末红陶。陶器以手制为主，器壁较厚，且厚薄不均，器物内壁保留有泥条盘筑的缝隙。部分泥质陶的口部经慢轮修整，器壁较薄，器形也较规整。陶色极不均匀，烧制火候较低。器表多为素面，纹饰以横排密集篮纹为主，也有少量杂乱无序的绳纹、指甲印纹、鱼鳞纹等。主要器物有鼎、罐、盆、钵、碗、杯、器盖、器座等。根据上述特征，黑堌堆遗址属于龙山文化王油坊类型。

[①] 商丘地区文物管理委员会、中国社会科学院考古研究所洛阳工作队：《1977年河南永城王油坊遗址发掘概况》，《考古》1978年第1期；中国社会科学院考古研究所河南二队、商丘地区文物管理委员会：《1977年豫东考古纪要》，《考古》1981年第5期。

（三）清凉山遗址

位于夏邑县马头乡魏庄村西北的清凉山遗址为一处高出地面的堌堆状堆积，东西长 55 米，南北宽 53 米，堌堆现存高度 0.5—3 米。1977 年，中国社会科学院考古研究所河南二队和商丘地区文物管理委员会调查发现该遗址。1988 年 7 月，北京大学考古学系和商丘地区文管会为了解商丘地区夏商时期的文化面貌，对清凉山遗址进行了复查，并于 1988 年 9 月至 11 月对该遗址进行了考古发掘[①]，开 5 米见方探方六个（T1—T6），发掘面积 150 平方米，发现商文化、岳石文化、龙山文化和大汶口文化晚期文化遗存。

清凉山遗址文化层厚 5 米多，以 T5 西壁剖面看其遗址地层堆积情况：第一层为扰土层，厚 1.35—2.2 米，黄褐色土，土质坚硬，土层中含有大量近代砖、瓦、瓷片及少量商代陶片。第二层厚 0.25—0.6 米，灰色土，土质坚硬。第三层厚 0—0.35 米，土色米黄，土质坚硬。第四层厚 0.35—0.67 米，土色深灰，土质松软。第五层厚 0.15—0.3 米，土色浅灰，土质松软。此五层属于商代文化层，出土的遗物有陶片、蚌壳和兽骨。陶片数量最多，以泥质灰陶和夹砂褐陶为主，也有不少泥质灰黑陶。纹饰以绳纹为主，素面和磨光占有一定比例，器型有鬲、甗、盆、大口尊、小口尊、豆等。第六、七、八层属岳石文化层，其厚度分别为 0.4—0.6 米、0—0.15 米、0.4—0.45 米，出土遗物以夹砂灰陶和泥质灰陶的陶片为主，夹砂褐陶次之，器物表面以素面和磨光较多，器型有尊形器、器盖、甗、盘形豆、碗形豆、小罐等。第九、十层为龙山文化层。

清凉山文化遗址，上面是商代文化层，中间是岳石文化层，下面是龙山文化层。岳石文化层的发现，不仅弥补了这一地区文化序列上的缺环，而且给商文化的起源，提供了重要的实物资料。

[①] 北京大学考古学系、商丘地区文管会：《河南夏邑县清凉山遗址 1988 年发掘简报》，《考古》1997 年第 11 期。

(四) 马庄遗址

虞城县沙集乡马庄村南的马庄遗址面积约 1 万—1.5 万平方米，文化层厚约 5 米。1994 年 10 月 8 日至 11 月 28 日，由中国社会科学院考古研究所和美国哈佛大学组成的中美联合考古队对其进行考古发掘，开 5 米 ×5 米探方七个(T1—T6 和 T8)，开 4 米 ×7 米探方一个(T7)，除去未发掘的探方隔梁，总发掘面积 203 平方米。

马庄遗址地层堆积分为上下六层。第一层表土层，厚约 1.5 米，已被当地村民起土挖掉；第二层淤土层，厚约 1.2 米，土层基本纯净；第三层东周至明代堆积层；第四层商代晚期至龙山文化层，堆积较薄，出土遗物有泥质灰陶片和泥质黑陶片，纹饰有篮纹、方格纹、绳纹等，复原的陶器有陶罐、平底盆等，文化内涵不甚丰富；第五层，发掘者认为是仰韶文化层[①]，出土陶片较多，其中泥质红陶占绝大多数，夹砂红陶大多夹杂蚌壳碎末，细泥红陶多施陶衣，器表纹饰有弦纹、线纹、附加堆纹、锥刺纹、指甲纹等，彩陶多饰红彩宽带纹，器物有鼎、钵、碗、罐等；该层虽未发现完整的居住痕迹，但在地层中发现有两个柱子洞和大量红烧土块，有一些红烧土块表面较为平整，可能为居住面遗存。另外，在第六层还清理出分布很规整的仰韶文化墓葬二十二座，自北向南分为四排，头向均朝东。随葬器物大多是陶器，少则一件，多则二三件。陶色有红陶、褐陶、灰陶和黑陶，陶器种类有陶鼎、陶钵、平底瓠、陶尊、圈足镂孔豆等。有的墓葬还随葬穿孔石铲、石镞、玉饰和牙饰。

马庄遗址仰韶文化层的发现，丰富和完善了豫东地区的考古学文化编年和序列，有助于进一步认识和观察仰韶时期中原地区和江淮地区考古学文化的互动及文化格局的演变[②]。

[①] 仰韶文化，因 1921 年首次在河南省三门峡市渑池县仰韶村发现而得名。仰韶文化分布在整个黄河中游从甘肃省到河南省之间，是黄河中游地区一种重要的新石器时代彩陶文化，其持续时间大约在公元前 5000—前 3000 年。
[②] 袁广阔、崔宗亮：《河南虞城马庄第五层遗存的发现及意义》，《考古》2020 年第 3 期。

先商文化的探索工作还在逐步有序地进行着，特别是"夏商周断代工程"起步运行后，这项工作业已取得重大成果，众多遗址和考古实物的发掘和出土，正在使原来模糊难辨、理解出现很大偏差的各种文献记载变得清晰。对某些问题的多种看法渐趋统一，人们在认识上的差距逐步缩小，一些偏颇的观点逐步被纠正。考古发掘材料证明，商丘地区是先商文化的核心地带，多种文化在此交汇。

三 商丘在史前文化传播中的地位

依据近几十年来的考古发现不难看出，商丘在史前文化的传播中起到了至关重要的作用。

从文献上看，商汤灭夏是从东向西征伐的。商族人又称夏为"西夏邑"，那么，先商的文化遗址，从方位上说，应当在夏的政治中心——伊洛、偃师的东面，也就是说，应该到河南的东部、东北部和山东的西部去找寻这一带的史前新石器文化遗址，现在已发现有河南龙山文化、山东龙山文化和大汶口文化等。把这几种文化类型加以对比可以发现，大汶口文化、山东龙山文化与河南龙山文化的一支有一些共同特点，即都与商代文化有关联。如白陶、黑陶及大量的专用酒器成组随葬，其中的玉器装饰、象牙雕刻、卜骨等，都是商文化的特征，而这些特征基本上也都出现在上面提到的这三种文化的遗存中。据此，我们可以推想，河南地区偏东部的一支龙山文化、山东龙山文化和大汶口文化就是远古的先商文化。其实，考古界并不乏此种观点[①]。

夏代时期，豫东大部分地区为岳石文化分布区，被称为岳石文化清凉山类型，其分布范围与龙山文化造律台类型大致重合。从现有材料来看，岳石文化的分布已遍及商丘地区全境，最西已达开封地区东部的

---

① 王玉哲：《商族的来源地望试探》，《历史研究》1984年第1期；佟柱臣：《新的发现、新的年代测定对中国石器时代考古学提出的新问题》，《社会科学战线》1979年第1期。

杞县鹿台岗，最南可抵周口地区东北部的鹿邑栾台[①]。由此可见，在有夏一代，商丘全境及开封东部、周口东北部地区均属岳石文化分布范围。

目前，学术界对豫东地区岳石文化的看法主要有两种意见，一种观点认为豫东地区的岳石文化同山东腹地的岳石文化没有什么大的区别，属于东夷文化系统[②]；另一种观点认为分布于豫、鲁、苏、皖四省交界地区的岳石文化就是先商民族创造的文化[③]。持后一观点的学者通过分析郑州南关外期商文化的内涵，认为郑州南关外期商文化是外来文化，是从外地迁到郑州南关外附近的人们留下的文化遗存，其中包含有大量的岳石文化因素，它应是岳石文化的一支，来自于豫东地区。也有人认为豫东地区的岳石文化与山东腹地的岳石文化虽然属于同一文化系统，但二者之间也存在着一定的差异，主要表现在豫东地区的岳石文化含有不少先商文化等其他文化因素，从而显示出其自身的特征，应该说，豫东地区的岳石文化是东夷民族和先商民族共同创造的文化，是"夷商联盟"的结果。

四　帝喾在商丘的活动

（一）帝喾其人

司马迁《史记·五帝本纪》记载"五帝"事迹。帝喾高辛氏是"五帝"中之第三帝，前承炎帝、黄帝，后启尧、舜，是我国五帝时期社会发展过程中一位至关重要的人物。《史记·五帝本纪》载："帝喾高辛者，黄帝之曾孙也。高辛父曰蟜极，蟜极父曰玄嚣，玄嚣父曰黄帝。自玄嚣与蟜极皆不得在位，至高辛即帝位。高辛于颛顼为族子。"索隐引宋衷曰："高辛地名，因以为号。"皇甫谧曰："帝喾名夋。"据此可

[①] 河南省文物研究所：《河南鹿邑栾台遗址发掘简报》，《华夏考古》1989年第1期。
[②] 段宏振、张翠莲：《豫东地区考古学文化初论》，《中原文物》1991年第2期。
[③] 栾丰实：《试论岳石文化与郑州地区早商文化的关系——兼论商族起源问题》，《华夏考古》1994年第4期。

知，帝喾即高辛氏，名夋，为黄帝的曾孙，玄嚣的孙子，蟜极的儿子，颛顼的侄子。帝喾因辅佐颛顼帝有功，被封于高辛（今商丘市南 23 公里处有高辛集）。

先秦古籍中，《左传》有高辛氏，而无帝喾。帝喾之名首见于屈原《天问》："简狄在台，喾何宜？玄鸟致贻，女何喜？"战国末期的《世本》讲帝喾甚多，但多附会之辞：一是将他与高辛氏划上了等号；二是将他纳入了黄帝谱系，说他是"黄帝之曾孙"；三是给他安排了四名妃子；四是讲他生了帝尧。涉及其"功绩"的只有一句："帝喾年十五岁，佐颛顼，有功，封为诸侯。"既然有功封为诸侯，那么，"功"何在，因其语言简略而无从知晓。

其后，对帝喾讲得最"详细"的是《史记·五帝本纪》，其辞曰："（喾）生而神灵，自言其名，普施利物，不于其身，聪以知远，明以察微，顺天之义，知民之急，仁而威，惠而信，修身而天下服，取地之材而急用之，抚教万民而利诲之，历日月而迎送之，明鬼神而敬事之。其色郁郁，其德嶷嶷，其动也时，其服也士。日月所照，风雨所至，莫不从服。"

（二）帝喾的事迹和贡献

一是如《史记》所高度评价的，他是一个仁爱之君，"顺天之义，知民之急，仁而威，惠而信，修身而天下服，取地之材而急用之，抚教万民而利诲之，历日月而迎送之，明鬼神而敬事之"。仁德文化是中国传统文化的重要内容，"五常"之首便是"仁"。作为一种德行，仁德思想在中华民族历史发展的长河中发挥了重要作用。帝喾是古代帝王中有仁德思想的代表之一。

二是继承《颛顼历》，发展农业生产，教化万民。《大戴礼记·五帝德》说颛顼"履时以象天""治气以教民"，创建《颛顼历》。《国语·周语下》说："颛顼之所建也，帝喾受之。"帝喾继承《颛顼历》，发展农业生产，教化万民。徐中舒也认为"龙山文化可能就是传说的高辛氏所建立的文化。

'辛'即'薪'，是树木，是以森林地带为其特征的"①。

三是都于亳，为商人的祖先。《史记·五帝本纪》正义引皇甫谧《帝王世纪》说："帝俈高辛，姬姓也。其母生见其神异，自言其名曰夋。齠龀有圣德，年十五而佐颛顼，三十登位，都亳，以人事纪官也。"许顺湛说："帝喾能明黄帝之道，能遵颛顼之道，能节用修财，能治序之三辰以治历明时，教民稼穑以因民。"②

《史记·五帝本纪》："昔高阳氏有才子八人，世得其利，谓之八恺。高辛氏有才子八人，世谓之八元。此十六族者，世济其美，不陨其名。至于尧，尧未能举。舜举八恺，使主后土，以揆百事。莫不时序。举八元，使布五教于四方，父义，母慈，兄友，弟恭，子孝，内平外成。"这段话提到高阳氏有才子八人，称作八恺，高辛氏也有才子八人，称为八元。此十六族分别是颛顼和帝喾的子族。尧时不仅对八恺没有举用，对八元也没有举用。舜时对帝喾的八个子族的首领都给以举用，主要的任务是布五教于四方。他们的政绩很好，使子民都能够做到父义，母慈，兄友，弟恭，子孝，使诸夏太平，夷狄也得到感化。《五帝本纪》索隐说："契为司徒，司徒敷五教，则契在八元之数。"

帝喾还有两个儿子在尧时都是火正，即天文官，如《左传》昭公元年："昔高辛氏有二子，伯曰阏伯，季曰实沈，居于旷林，不相能也，日寻干戈，以相征讨。后帝不臧，迁阏伯于商丘，主辰，商人是因，故辰为商星。迁实沈为大夏，主参，唐人是因……及成王灭唐而封大叔焉，故参为晋星。由是言之，则实沈，参神也。"帝尧把阏伯迁于商丘，主要观察辰星，也称商星，即大火星；把实沈迁到陕西境内的大夏，主要观参星，周代称为晋星。今商丘有阏伯台，为阏伯观星台，亦称火神台。

（三）帝喾是商族的神灵

《礼记·祭法》："殷人禘喾而郊冥。"《帝王世纪》："殷出帝喾，子

---

① 徐中舒：《先秦史论稿》，巴蜀书社1992年版，第17页。
② 许顺湛：《五帝时代研究》，中州古籍出版社2005年版，第92页。

姓也。"王国维在《殷卜辞中所见先公先王考》中说，殷墟卜辞中称"夒"为高祖，"则夒必为殷先祖之最显赫者，以声类求之，盖即帝喾也"①。曹定云认为："在古代，'神不歆非类，民不祀非族'。殷人既禘祭帝喾，说明帝喾确为殷人之远祖。"又认为："卜辞中既有先祖夒（合集1025等），又作高祖夒（合集33227）；而又有'大夒'（合集376反）。经笔者考证，此先祖夒（高且夒）即殷之始祖契，亦即'少皞契'；而'大夒'（太夒）即殷之远祖帝喾，亦即传说中的'太皞'。"②

上述说法都认为帝喾是契的父亲，契是商人的祖先，其主要依据是《史记·殷本纪》《大戴礼记·帝系》和《礼记·祭法》中的一些说法。《史记·殷本纪》："殷契，母曰简狄，有娀氏之女，为帝喾次妃。三人行浴，见玄鸟堕其卵，简狄取吞之，因孕生契。"③《大戴礼记·帝系》曰："帝喾卜其四妃之子，而皆有天下。上妃，有邰氏之女也，曰姜原氏，产后稷；次妃，有娀氏之女也，曰简狄氏，产契；次妃曰陈隆氏，产帝尧；次妃曰陬訾氏，产帝挚。"④

这些观点源于"玄鸟生商"的传说。《诗经·商颂·玄鸟》："天命玄鸟，降而生商，宅殷土芒芒。"郑玄笺："天使鳦下而生商者，谓鳦遗卵，娀氏之女简狄吞之而生契。"意思是说天帝想要立子，就命令玄鸟降到人间，使有娀氏女生下了契。"玄鸟生商"，契本无父，是商族还处在"知母而不知父"的母系氏族社会时期。从契开始，逐步向父系氏族社会过渡。由此可见，契是商人的始祖，从契开始，商族由母系社会过渡到父系社会。正是从这一意义上，帝喾是商人的远祖，是商族鸟图腾崇拜的痕迹，也是商族神灵的体现和化身。

---

① 王国维：《殷卜辞中所见先公先王考》，见《观堂集林》卷九，中华书局1959年版。
② 曹定云：《商族渊源考》，见《中国商文化国际学术讨论会论文集》，中国大百科全书出版社1998年版，第120页。
③ ［汉］司马迁：《史记》，中华书局1982年版，第91页。
④ ［清］王聘珍：《大戴礼记解诂》，中华书局2004年版，第130页。

(四) 商丘高辛遗址

今商丘古城南 23 公里处有高辛遗址，由高辛集、帝喾陵、潘庙村三部分组成。高辛集周围原有土城墙，东西南北各有城门，现已遭破坏。高辛集地势四周高而中间略低，呈龟背形。考古发现集镇下叠压着古代城池文化遗址，有原始社会的龙山文化遗存，更多的是周、汉至唐宋时期的文化遗存，目前出土的文物有战国时期豆类、汉代绳纹陶器以及唐宋时的陶器。从考古发掘看，地下的古文化遗址要大于地表上的高辛集。

帝喾陵位于高辛集西北角，现存墓地为一高大土丘，南北长 233 米，东西宽 130 米。陵前原有帝喾祠、沐浴室、更衣亭、禅门等古建筑，院中有大量碑刻，但多毁于历代战火。

第二节 玄鸟生商的传说与商族起源

一 商族的图腾崇拜

在中国历史上，自传说中的伏羲时代以至夏代，皆有图腾信仰的存在。《左传》昭公十七年，郯子云："昔者黄帝氏以云纪，故为云师而云名。炎帝氏以火纪，故为火师而火名。共工氏以水纪，故为水师而水名。太皞氏以龙纪，故为龙师而龙名。我高祖少皞挚之立也，凤鸟适至，故纪于鸟，为鸟师而鸟名。"[①] 这里所谓的云、火、水、龙、鸟，都是当时氏族社会的图腾。

鸟在原始人的图腾崇拜中是一种常见的形象，文献记载中也有一些以鸟类命名的氏族名称，如少昊部落就有凤鸟氏、玄鸟氏、青鸟氏、丹鸟氏，等等。商族以及秦人崇拜的都是玄鸟图腾，如《诗经·商颂·玄鸟》"天命玄鸟，降而生商"，《史记·殷本纪》"殷契，母曰简狄，有娀氏之女，为帝喾次妃。三人行浴，见玄鸟堕其卵，简狄取吞之，因怀生契"[②]，《史

---

① [清] 阮元校刻：《十三经注疏》，中华书局 1980 年版，第 2083 页。
② [汉] 司马迁：《史记》，中华书局 1982 年版，第 91 页。

记·秦本纪》"秦之先,帝颛顼之苗裔,孙曰女修。女修织,玄鸟陨卵,女修吞之,生子大业"①。

学术界认为,商族的祖先为东夷人,以鸟为图腾。商族是东夷人的一支,以玄鸟当做自己的氏族图腾。

玄鸟,古人释为燕或凤。屈原《楚辞·天问》曰:"简狄在台,喾何宜?玄鸟致贻,女何喜?"②而《离骚》则云:"望瑶台之偃蹇兮,见有娀之佚女……凤鸟即受诒兮,恐高辛之先我。"③在屈原看来,玄鸟当即凤鸟。闻一多《神话与诗·龙凤》亦云:"原始殷人是以凤为图腾的。"④但更多的学者,则将玄鸟释为燕。

商族在上古时代曾以玄鸟为图腾,文献记载颇多,可以说"从鸟降生,是夷人传说的特点"⑤。在殷墟出土的甲骨文中,能够找到直接可靠的证据。胡厚宣曾从甲骨文中先后找出八片甲骨上的十条卜辞材料,其中商先公王亥之"亥"字,甲骨文中或从鸟,或从隹(隹亦即鸟),《山海经·大荒东经》亦有"有人曰王亥,两手操鸟"的记载。胡厚宣认为甲骨文中祖先之名作鸟形者,实是商族以鸟为图腾之确证⑥。于省吾不仅肯定了商族图腾崇拜对于研究历史的积极意义,而且还从古器物中找到了铭文实例来证明之,这就是著名的"玄鸟妇壶"铭文。晚商铜器《玄鸟妇壶》,其形状便是一贵妇人头上有一只玄鸟嘴里衔着两颗卵的样子,与金文"玄"很相似。该壶有器有盖,器盖同文。《玄鸟妇壶》形制瑰玮,纹饰精美。于省吾认为"'玄鸟妇'三字合文是研究商人图腾的唯一珍贵史料,系商代金文中所保留下来的先世玄鸟图腾的残余"。三字合文宛然是一幅具体的绘图文字,它象征着拥有此壶的贵族妇人系玄鸟图

---

① [汉]司马迁:《史记》,中华书局1982年版,第173页。
② 李中华、邹福清注说:《楚辞》,河南大学出版社2008年版,第133页。
③ 李中华、邹福清注说:《楚辞》,河南大学出版社2008年版,第103页。
④ 闻一多:《神话与诗》,天津古籍出版社2008年版,第60页。
⑤ 郭沫若:《中国史稿》第一册,人民出版社1976年版,第117页。
⑥ 胡厚宣:《甲骨文所见商族鸟图腾的新证据》,《文物》1997年第2期。

腾的后裔①。

燕是最为典型的一种候鸟，在众多的鸟类中极为独特。《礼记·月令》中有一系列关于物候的记述，如始雷、始电、蛰虫始动等，但惟一可以确定在某一日的物候，只有玄鸟飞至的"至之日"②。据中国科学院地理研究所1963年至1984年的观测结果，家燕于每年3月10日至31日始见于江淮一线，4月10日至5月10日始见于北京、石家庄一线，4月30日至5月10日始见于长春、哈尔滨一线，每年9月30日至10月10日绝见。据此而言，按平均数值计算，现代的家燕是以每年3月20、21日春分日始见于江淮一线。按最上限的数值计算，现代的家燕可于每年3月20、21日春分日到达黄河一线③。然而考虑到古代气候温度平均高出现代2—3摄氏度的情况，则古代的家燕按平均数值正好于春分日到达黄河一线，按最上限数值则能够达到北京、石家庄一线。竺可桢曾经指出："《左传》提到郯国国君到鲁国时对鲁昭公说，他的祖先少皞在夏、殷时代，以鸟类的名称给官员定名，称玄鸟为'分'点之主，以示尊重家燕。这种说法表明，在三四千年前，家燕正规地在春分时节来到郯国，郯国以此作为农业开始的先兆。"④殷商的做法与此正同，以北方的气候来看，如果燕子归来产卵，人能够在河中沐浴，时令应该是春夏之际。

远古之民已经认识到春分日为男女交合怀孕的最佳日期。《逸周书·时训解》说："玄鸟不至，妇人不娠。"⑤《周礼·地官·媒氏》记载说："令男三十而娶，女二十而嫁。中春之月，令会男女，于是时也，奔者不禁。若无故而不用令者，罚之。司男女之无夫家者而会之。"⑥可见古人鼓励

---

① 于省吾：《略说图腾与宗教起源和夏商图腾》，《历史研究》1959年第11期。
② 齐豫生、郭镇海：《四库全书精编·经部》，中国文史出版社1995年版，第182页。
③ 宛敏渭、刘秀珍：《中国动植物物候图集》，气象出版社1986年版。
④ 竺可桢：《中国近五千年来气候变迁的初步研究》，《考古学报》1972年第1期。
⑤ 黄怀信：《逸周书校补注释》，三秦出版社2006年版，第253页。
⑥ 齐豫生、郭镇海：《四库全书精编·经部》，中国文史出版社1995年版，第94页。

生育，而春分时节是男女交合怀孕的最佳时期。

二 玄鸟生商

《诗经·商颂·玄鸟》提到的"玄鸟生商"，并最终"宅殷土芒芒"的记载宣告了商族以及后来商朝的诞生。契开启了商族以父子相承为主的世系，商族自此由母系氏族迈入到父系氏族社会时期。

在商族感生神话中，契是一位关键性的人物。其母简狄吞玄鸟卵而生之，商人从此开始有了男子直系祖先系列。契被称为商人的始祖，亦被写作"卨""偰"，《史记·三代世表》"高辛生卨"，"卨为殷祖"[①]；《说文解字·厹部》"卨，虫也。从厹，象形，读与偰同"[②]；又《说文解字·人部》"偰，高辛氏之子，尧司徒，殷之先"[③]。一些文献中亦称契作"玄王"，如《诗经·商颂·长发》："玄王桓拨，受小国是达，受大国是达，率履不越。"毛传曰："玄王，契也。"郑笺云："承黑帝而立子，故谓契为玄王。"朱熹《诗集传》云："玄王，契也。玄者，深微之称。或曰以玄鸟降而生也。"《国语·周语下》云："玄王勤商，十有四世而兴。"契至汤建国立商正好是十四世，玄王为契自不待言。故韦昭注曰："玄王，契也。"[④] 又如《荀子·成相》："契玄王，生昭明，居于砥石迁于商。"[⑤] 至于契何以称玄王，后人有不同的解释，《毛诗》郑笺："承黑帝而立子，故谓契为玄王。"《国语》韦昭注则以"契由玄鸟生"，故名曰"玄王"。颜师古曰："卨，殷之始祖。……玄王，亦殷之先祖，承黑帝之后，故曰玄王。"近人顾颉刚认为契的称号中有"玄王"，大约是因为燕子色黑，称为玄鸟，而契之生命乃是玄鸟带来的缘故。

契长大后因帮大禹治水有功，被舜帝任为司徒，掌管教化，封于商

---

① [汉] 司马迁：《史记》，中华书局1982年版，第489页。
② [汉] 许慎：《说文解字》，中华书局2013年版，第309页。
③ [汉] 许慎：《说文解字》，中华书局2013年版，第159页。
④ [春秋] 左丘明：《国语》，上海古籍出版社1978年版，第145页。
⑤ 管曙光主编：《诸子集成》，长春出版社1999年版，第216页。

地，赐姓子氏，商族因此而生，兴于唐、虞、大禹之际。

对于契，《尚书》《诗经》《左传》《国语》《孟子》《荀子》《世本》等古籍中均有记载。从这些记载可知，契的出现与有娀氏女简狄、高辛氏、玄鸟、商有着紧密的联系。契的母亲为有娀氏女简狄，其父为高辛氏帝喾。简狄吞玄鸟卵孕而生契的神话传说说明，其母简狄所在的有娀氏部落尚处于母系氏族，而自契开始，商族步入父系氏族时期，契由此成为商族始祖。

关于契的事迹，《尚书·舜典》记载："帝曰：'俞！'咨禹：'汝平水土，惟时懋哉！'禹拜稽首，让于稷、契暨皋陶。……帝曰：'契，百姓不亲，五品不逊，汝作司徒，敬敷五教，在宽。'"① 可以看出，大禹、稷、契、皋陶都是舜时期的大臣，其中，契的职责是"敬敷五教"，为司徒。《孟子·滕文公上》曰："（舜）使契为司徒，教以人伦：父子有亲，君臣有义，夫妇有别，长幼有叙，朋友有信。"赵岐注："司徒主人，教以人事：父父子子，君君臣臣，夫夫妇妇，兄兄弟弟，朋友贵信。是为契之所教也。"② 由此，契的职责就是从事人事，进行伦理教化，使民众讲礼仪，生活行为有秩序。此外，在《史记·殷本纪》中还提到了契曾参与的另外一项活动："契长而佐禹治水有功。"③ 可知，契在为司徒之前，曾辅佐大禹治理水患，并且有功。因此，在论功行赏的时候，舜让他担任司徒一职，封于商，并赐姓子氏。

三 商族起源于东方

商族（或称殷商民族）是我国古代历史上一个极其重要的民族。商族从一个小部族经过累世迁徙、发展、壮大，逐渐成为一个强大的民族，最终入主中原，建立了自己的统治王朝。从其始祖契，历经诸世先公

---

① ［清］阮元校刻：《十三经注疏》，中华书局1980年版，第130页。
② ［清］阮元校刻：《十三经注疏》，中华书局1980年版，第2705页。
③ ［汉］司马迁：《史记》，中华书局1982年版，第91页。

至商汤灭夏立国,几经治乱直至周武王伐商而殷纣失祚,直至周王朝时期殷商遗民颠沛流离、四散消亡,前后也足有千年的民族兴亡历史。关于商族的起源,王国维认为:"自五帝以来,政治文物所自出之都邑,皆在东方,惟周独崛起西土。""以地理言之,则虞、夏、商皆居东土,周独起于西方。"王国维在《说商》《说亳》等文中明确考证了商即今河南省商丘、亳在今山东省曹县①。首创商人起源于东方之说,得到此后很多学者的响应和支持。

四 "商丘"名称的由来

商族作为东夷少昊族的一个分支,自东向西迁徙,至"商"这个地方扎根,从而以"商"字作为自己的族名,建国以后,又以商作为国名,正如王国维所言"商之国号,本于地名"。这个"商",就是河南的商丘。

商丘是一个古老的地名,甲骨文中曾频繁出现,被称为"商""丘商""大商""中商""商丘""大邑商""天邑商"。那么,甲骨文中的商丘是哪里呢?关于这个问题,可以从以下方面加以探寻,或可得出结论。

(一)"商"字的本义

2009年,河南省文史研究馆馆员王子超从古文字的构形和寓意,并参证考古发现及史籍记载,通过探讨字源,对商丘的源头和地望做了研究。他认为,商字本字,甲骨卜辞写作"㕯",甲骨文中常见的写法还有"㕯""㕯"等,从"冂",从"丫""丫"。"冂"像高台祭坛,"丫""丫"即"辛"字,"辛"字独体字卜辞又写作"弓",当为大火星宿的象形字。卜辞中的商字有时又写作"禹",加上了两个星的符号,尤足以证明它应是大火星的象形,可见商字本义当是在高台祭坛上祭祀大火

---

① 王国维:《观堂集林》卷十二,中华书局1959年版。

星，会意字①。

通过商字形义的分析，参证《左传》襄公九年"陶唐氏之火正阏伯居商丘，祀大火，而火纪时焉"②的记载，当可推测，商之地应为阏伯观星之商丘。

(二)"丘"字的本义

凵丄坴是"丘"字的几种写法，其中第一种为甲骨文中常见写法；第二种为殷代兵器所见之金文；第三种为小篆"坴"。古籍中对"丘"字有以下训释："地高为丘"③，"土高曰丘"④，"丘，土之高也，非人所为也。一曰四方高中央下为丘"⑤。从上面的训释看出，所谓"丘"即土之高者。

上古时期，先民们迫于水患，故栖止之所多择以丘。《淮南子·本经训》云："舜之时，共工振滔洪水……江淮遍流，四海溟涬。民皆上丘陵，赴树木。"⑥史学家称这种情况为"居丘"现象，胡厚宣曾撰《卜辞地名与古人居丘说》，论证颇详。20世纪30年代考古工作者在黄河冲积区鲁、豫、苏、皖的广阔平原地带，发现了众多的居丘遗址，当地群众多以堌、堆、岗、山等称之，考古学界统称为"堌堆遗址"。豫东是堌堆遗址的主要分布区之一，目前已知的此类遗址就有数十处之多，其中有的如今还兀立在地表之上，如永城市的王油坊和黑堌堆遗址等，在其中发现有龙山文化时期的房基、陶窑、石灰坑和大量的陶、石、角质等生活、生产用具。

---

① 王子超（1930—2018），1954年师从中山大学商承祚、容庚攻习古文字，先后调入河南大学、商丘师范学院工作，在古文字学和考古学上多所建树，研究颇深，其成果虽形诸文字，但未及发表和出版。
② [清]阮元校刻：《十三经注疏》，中华书局1980年版，第198页。
③ [清]阮元校刻：《十三经注疏》，中华书局1980年版，第146页。
④ [清]阮元校刻：《十三经注疏》，中华书局1980年版，第702页。
⑤ [汉]许慎：《说文解字》，中华书局1963年版，第298页。
⑥ 何宁：《淮南子集释·本经训》，中华书局2011年版，第578页。

(三)"商丘"名称的由来

传世史籍中,第一次把"商"和"丘"联系在一起的是《左传》,该书有两处记载商丘,其一是《襄公九年》:"陶唐氏之火正阏伯居商丘,相土因之。"① 其二为《昭公元年》:"昔高辛氏有二子,伯曰阏伯,季曰实沈,居于旷林,不相能也……后帝不臧,迁阏伯于商丘,主辰。"② 因此,"商丘"名称指阏伯祭祀商星之高台。关于商丘的位置,当代史学界、考古学界多认为,商部族自契至成汤的先商时期,其活动的中心区域一直在现在的商丘地区,也就是说,商丘是商部族的祖居地、发祥地。

第三节 其他远古传说

一 燧人氏与中国"火文化"

燧人氏为中国古代传说时期的人物,是传说中的"三皇"之一,较"五帝"生活时期为早。今商丘古城西南1.5公里处有燧皇陵,相传为人工取火的发明者燧人氏的陵墓,与阏伯台隔商柘公路相望,为商丘重要历史古迹之一。

燧人氏取火的这一传说,是中华民族早期生存、发展的重要历史进程。关于燧人氏取火的传说主要有以下记载:

> 昔者先王,未有宫室……未有火化,食草木之实,鸟兽之肉,饮其血,茹其毛……后圣有作,然后修火之利……以炮以燔,以亨以炙,以为醴酪。(《礼记·礼运》)

> 上古之世……民食果蓏蚌蛤,腥臊恶臭,而伤害腹胃,民多疾病。有圣人作,钻燧取火,以化腥臊,而民悦之,使王天下,号之曰燧人氏。(《韩非子·五蠹》)

> 燧人造火。(《世本·作》)

---

① 杨伯峻:《春秋左传注》,中华书局1981年版,第964页。
② 杨伯峻:《春秋左传注》,中华书局1981年版,第1217页。

> 燧人氏……察五木以为火。(《尸子·君治》)

燧人氏生活的时代可以推定在旧石器时代的晚期。火的发明与应用，对于人类社会的发展，可以说有着划时代的意义。有了火，人类才能炮生为熟，结束了"茹毛饮血"的时代，熟食缩短了消化过程，有利于摄取食物的营养，促进人类体质、尤其是大脑的发展和健康，人类因用火而引起生理上的变革，从而使人类最终从动物中分离出来。有了火的应用，人类才能焚林而猎，开始利用自然、征服自然，从而使人类身体在各方面机能上获得进一步发展。有了火，还可以御寒以及抵御野兽的侵袭，增强自卫能力，使人类向着更高的文明迈进。

二 朱襄氏的传说

朱襄氏为中国远古传说中的人物，据史籍记载，其生活的时代多风，阳气太盛，致使果实不成，故而令士达作五弦瑟，招来阴气，以定群生。对其史迹，在《吕氏春秋》和《路史》中都有记载。《吕氏春秋·古乐》云："昔古朱襄氏之治天下也，多风而阳气蓄积，万物散解，果实不成，故士达作为五弦瑟，以来阴气，以定群生。"[1]《路史》卷九记载："有巢氏没，数阅世而朱襄氏立。于是多风，群阴闷曷，诸阳不成，百物散解，而果蓏、草木不遂，迟春而黄落，盛夏而痁痃。乃令士达作五弦之瑟，以来阴气，以定群生，令曰来阴。都于朱，故号曰朱襄氏。"[2]

关于朱襄氏的主要活动地点，在《后汉书·郡国志》中云："陈有株邑，盖朱襄之地。"[3]《元和郡县图志》卷七载："柘城县，本陈之株邑，至秦为柘城县，《续汉志》属陈郡，至晋太康中废。隋开皇十六年复置。贞观初废入谷熟、宁陵二县。后县人徭赋路远，陈诉积年，至高宗朝复置，

---

[1] 许维遹：《吕氏春秋集释》，中华书局2010年版，第118页。
[2] 其后注曰："朱或作株。刘昭云陈留株邑朱襄氏之地也。历代作秋，今宋之下邑县。古史考亦云陈之秋邑朱襄氏之邑。考之范志，秋当作株，即朱也。按即陈之株野。寰宇记柘城为朱襄氏之邑。柘城在下邑南七十里。"
[3] [南朝宋]范晔：《后汉书》，中华书局1965年版，第3429页。

属宋州,其罗城即古株邑故城是也。"①《太平寰宇记》卷十二中也有记载："柘城县,即古朱襄氏邑,春秋时陈之株野之地。"②《读史方舆纪要》卷五十"柘城县"条下对柘城的历史沿革进行了详尽的考述："在州东南九十里,东至宁陵县八十里,古朱襄氏邑,春秋为陈株野地,战国时为楚柘邑。汉置柘县,属淮阳国,以邑有柘沟而名。"③根据以上考述可知,今商丘柘城县即为古之朱邑。

柘城县民间传说,人们种植五谷并以其为食,就是从朱襄氏时开始的。在历代的文献记载中,也有朱襄氏即神农氏的说法。今柘城县朱堌寺犹有朱襄陵。

三 葛天氏的传说

上古时期,商丘的宁陵称作"葛",据清康熙《宁陵县志·地理志·沿革》载,"宁陵世传以为葛地,唐虞以前属豫州"④。晋皇甫谧《帝王世纪》云:"包牺氏没,女娲氏代立为女皇,亦风姓也。女娲氏没,次有大庭氏、柏黄氏、中央氏、栗陆氏、骊连氏、赫胥氏、尊卢氏、混沌氏、昊英氏、有巢氏、朱襄氏、葛天氏、阴康氏、无怀氏,凡十五世,皆习包牺之号也。"⑤可以推测,葛天氏当是我国远古时期的一位部族首领,是中华民族重要的人文始祖之一。

在文献记载中,葛天氏对中华文化最大的贡献当是其所创制的"葛天氏之乐",是我国音乐、舞蹈、戏曲等艺术形式的主要源头。《吕氏春秋·古乐》记载："昔葛天氏之乐,三人操牛尾,投足以歌八阕:一曰载民,二曰玄鸟,三曰遂草木,四曰奋五谷,五曰敬天常,六曰建帝功,七曰依地德,八曰总禽兽之极。"此八阕即为乐舞的八章。

---

① [唐]李吉甫:《元和郡县图志》,中华书局2005年版,第181页。
② [宋]乐史:《太平寰宇记》,中华书局2013年版,第223页。
③ [清]顾祖禹:《读史方舆纪要》,中华书局2010年版,第2355—2356页。
④ [清]王图宁修:《宁陵县志》,康熙三十二年版。
⑤ 许维遹:《吕氏春秋集释》,中华书局2010年版,第118页。

乐舞是伴随着劳动而诞生的，最初就是人们集体劳动的号子，随着历史的发展演变而逐渐完善为一门艺术。这套乐曲正是宣扬了葛天氏部族人民对天地万物的歌颂与敬畏。

在今河南省宁陵县仍保留有许多葛天氏的史迹。葛天氏陵位于宁陵县城西北，至今岿然，现为宁陵县文物保护单位。葛城遗址，又称葛伯国遗址，位于宁陵县石桥乡葛伯屯村，2006年被定为商丘市文物保护单位，2008年被定为河南省文物保护单位，并立有"葛城遗址"碑。

四 苍颉造字与苍颉墓

苍颉，又作仓颉，是传说中汉字的发明者。《吕氏春秋·君守》："奚仲作车，苍颉作书，后稷作稼，高陶作刑，昆吾作陶，夏鲧作城。此六人者，所作当矣，然而非主道者。"① 《淮南子·本经训》："昔者苍颉作书，而天雨粟，鬼夜哭。"② 《韩非子·五蠹》："古者苍颉之作书也，自环者谓之私，背私者谓之公，公私之相背也，乃苍颉固以知之矣。"③《说文解字·序》："黄帝之史仓颉，见鸟兽蹄迒之迹，知分理之可相别异也，初造书契。"④

依《说文解字》记载，苍颉为黄帝的史官，因见鸟兽足迹之形，以知万物皆有别异，而初造文字。中国文字的产生，经历了由图画文字到表意文字的演变过程。正如鲁迅在《门外文谈》中谈道："在社会里仓颉也不止一个，有的在刀柄上刻一点图，有的在门户上画一些画，心心相印，口口相传，文字就多起来。史官一采集，便可以敷衍记事了。"因此，文字的产生与形成当是古代先民集体智慧的结晶。

今商丘虞城县有苍颉祠，相传始建于西汉，祠内有苍颉墓，墓前有

---

① 许维遹:《吕氏春秋集释》，中华书局2010年版，第443页。
② 杨有礼注说:《淮南子》，河南大学出版社2010年版，第316页。
③ 赵沛注说:《韩非子》，河南大学出版社2015年版，第455页。
④ ［汉］许慎:《说文解字》，中华书局2013年版，第316页。

大殿。现存祠内大殿系康熙九年（1670）重修，为三门出厦，明柱木雕装饰，座梁嵌檩，八砖扣顶。殿内塑有苍颉高大坐像，孔子拜坐身前。明柱上书"天下文章祖，古今翰墨师"，殿两端各设配房。殿前有康熙四十一年（1702）所立石碑一通，阴刻"古仓颉墓"四字，东西两侧有参天血柏两株。现存苍颉墓冢呈圆丘形，高3米多，周长45米，2002年确定为商丘市文物保护单位。

第二章　夏朝时期

约公元前2070年，夏部族率先进入阶级社会，在中原地区建立了中国历史上第一个奴隶制王朝。商部族也在龙山文化晚期进入阶级社会，并成为夏王朝统辖的一个重要部分。商部族在经历了十四代四百多年的发展后，不断走向强大。终于在公元前17世纪，在商王汤的带领下灭掉了夏朝，不但取得了中原地区的统治权，而且大大拓展了疆土面积，为商王朝的强大奠定了基础。

第一节　商均和少康

《史记·五帝本纪》集解引皇甫谧曰："娥皇无子，女英生商均。"[1]即商均为舜的儿子。关于商均的品性，《孟子·万章上》云："丹朱之不肖，舜之子（商均）亦不肖"[2]，"昔者舜荐禹于天，十有七年，舜崩。三年之丧毕，禹避舜之子于阳城，天下之民从之，若尧崩之后不从尧子（丹朱）而从舜也"[3]。正由于商均与尧的儿子丹朱都是不贤不肖，所以舜就把天下禅让给了治水有功的大禹。

《史记·五帝本纪》："尧子丹朱，舜子商均，皆有疆土，以奉先祀。

---

[1]　[汉]司马迁：《史记》，中华书局1982年版，第45页。
[2]　[清]焦循：《孟子正义》，中华书局2011年版，第647页。
[3]　[清]焦循：《孟子正义》，中华书局2011年版，第2737页。

服其服，礼乐如之。以客见天子，天子弗臣，示不敢专也。"① 而商均受封之地，《史记·五帝本纪》正义引谯周云："以虞封舜之子。"② 夏禹为了感恩舜禅位于他，将商均从山西封到有虞氏部落为国王，商均袭其父虞舜国号，称虞国。商均死后，葬于封地。《括地志》"虞城县"下："古虞国，商均作封。"③ 古虞国即今商丘虞城县。

今虞城县利民镇西南有商均墓，墓高近 4 米，直径 35 米，周长 110 米，面积 960 平方米。

第二节　商先公与先商史

先商时期是指由契至商王朝建立之前的一段时期，这一时期统领商部族的领导者称为商先公（或商先王）。具体而言，商先公指从契至汤的十四代部落首领，分别为契、昭明、相土、昌若、曹圉、冥、振（王亥）、微（上甲微）、报乙、报丙、报丁、主壬、主癸、汤。他们带领商部族不断壮大的历史就是先商史。

关于商先公的存在及承袭关系，《世本·帝系·商世系》载："契生昭明。昭明生相土。相土生昌若。昌若生曹圉。曹圉生根国。根国生冥。冥子核。汤名天乙。"④《史记·殷本纪》载："契卒，子昭明立。昭明卒，子相土立。相土卒，子昌若立。昌若卒，子曹圉立。曹圉卒，子冥立。冥卒，子振立。振卒，子微立。微卒，子报丁立。报丁卒，子报乙立。报乙卒，子报丙立。报丙卒，子主壬立。主壬卒，子主癸立。主癸卒，子天乙立，是为成汤。"⑤ 显然，司马迁几乎全部转录《世本》。1917 年，王国维借助安阳殷墟出土的甲骨文材料，撰写《殷卜辞中所见先公先

---

① ［汉］司马迁：《史记》，中华书局 1982 年版，第 44 页。
② ［汉］司马迁：《史记》，中华书局 1982 年版，第 45 页。
③ ［唐］李泰著，贺次君辑校：《括地志辑校》，中华书局 2010 年版，第 155 页。
④ ［清］茆泮林辑：《世本》，见《世本八种》，中华书局 2010 年版，第 14 页。
⑤ ［汉］司马迁：《史记》，中华书局 1982 年版，第 92 页。

王考》和《殷卜辞所见先公先王续考》①二文,对商代先公先王进行了全面的考证,使得商族的历史也逐渐完整和清晰。王国维认为商代先公主要有:高祖夋(契之父)、相土、王亥、王恒、上甲微、报乙、报丙、报丁、主癸和天乙,论证指出,《世本》《史记》中所记述的有关殷商时代的历史基本可信。现按时间顺序将从契至汤各位先公的事迹进行考述。

(一)契、昭明、相土、昌若、曹圉

早期文献中关于契的记录较多,《礼记·祭法》曰:"殷人禘喾而郊冥,祖契而宗汤。"②《史记·殷本纪》载:"契长而佐禹治水有功……封于商,赐姓子氏。契兴于唐、虞、大禹之际。"③契生活在尧、舜时期,辅佐大禹治理水患,并取得了很大成绩,得到舜帝的封赏,封于商地,赐姓子氏。

契子昭明。在史书中,昭明虽有提及,但事迹不多,因此有学者对于昭明是否存在产生怀疑。或者说即使存在,但是否为王不得而知。《世本·居》载:"契居蕃,昭明居砥石。"昭明所居之砥石,在古泜水流域,即今石家庄以南、邢台以北一带④。说明昭明时期商族势力已经发展到了古泜水流域。可见,昭明时期也是先商的一个迅速发展时期。在昭明时代的末年,又将部落从砥石迁回到原来的居住地商丘。

在先商历史中,昭明之子相土占有非常重要的地位。甲骨卜辞中有"土"神,王国维以为即相土。他在《殷卜辞中所见先公先王考·相土》中指出:"卜辞之⼟,当即相土。曩以卜辞有⼟字,即'邦社',假'土'为'社',疑诸'土'字皆'社'之假借字。今观卜辞中殷之先公,有季,有王亥,有王恒,又自上甲至于主癸,无一不见于卜辞,则此'土'

---

① 王国维:《观堂集林》,中华书局1959年版,第409—450页。
② [清]孙希旦:《礼记集解》,中华书局2010年版,第1192页。
③ [汉]司马迁:《史记》,中华书局1982年版,第91页。
④ 丁山认为是泜(砥)水与石济水的混名,约今石家庄以南、邢台以北一带,这一地区与契居蕃的平山县相邻,正是先商文化漳河型的中心分布地区。见丁山:《商周史料考证》,中华书局1988年版,第17—18页。

亦当为'相土'而非'社'矣。"① 可以断言,相土是先商时期真实存在过的先公。

相土之所以显赫,是因为他做出了卓著的成就。主要表现在以下三个方面:其一,相土曾担任重要的官职。《左传》襄公九年载:"陶唐氏之火正阏伯居商丘,祀大火,而火纪时焉。相土因之,故商主大火。"② 又《左传》定公四年载:"取于相土之东都以会王之东蒐。"杨伯峻注曰:"相土之东都为今河南商丘县。"③ 火正的职掌是"以火纪时",即以每年中大火星的出现来纪年;"祀大火",就是每年在大火星出现时举行隆重的祭祀。相土此时为商部落的最高酋长,掌管对大火星的祭祀。古人经常以大火星在天空的位置来确定一年的农事活动,说明当时的祭祀、历法与管理是联系在一起的。

其二,相土发明了"乘马",即用马来驮运和驾车。《世本·作》载:"相土作乘马。"驮运和驾车所使用的马,用群放散养的方法是不行的,必须把马驯服并加以训练。因此,相土改变了饲养的方法,这就是《管子·轻重戊》所载的"殷人之王,立皂牢,服牛马以为民利"。"殷人之王"就是指的相土,"皂"是喂马的槽,"牢"是关牲畜的圈。发明用槽喂马、用圈养马的方法,使得马能作为畜力来供普通人驱使,相土的发明为商族的发展做出了巨大的贡献。

其三,相土之时,商部族的统领区域不断扩大。在相土统领商族时期,商的力量也有了较大的发展。《诗经·商颂·长发》中有"相土烈烈,海外有截","烈烈"是形容很威武的样子,"海外"是形容四海之外,应当是指海边或海岛,"截"是斩杀的意思。就是说,相土很威武,率领军队到了海边和海岛,而且还有斩杀,取得了胜利。若是按整句诗的意思来看,很可能在相土时商族的势力已经达到了黄海之滨,而且

---

① 王国维:《观堂集林》,中华书局1959年版,第414页。
② 杨伯峻:《春秋左传注》(修订本),中华书局1990年版,第964页。
③ 杨伯峻:《春秋左传注》(修订本),中华书局1990年版,第1538页。

还征服过沿海地区或海上的部落。

相土死后,他的儿子昌若、昌若之子曹圉、曹圉之子冥虽为方国首长,但事迹不彰。至冥继位,夏已经到了"少康中兴"时期,又重新夺回了对中原地区的统治权。

(二)王季、王亥、王恒、上甲微

冥是相土的曾孙、曹圉的儿子。《楚辞·天问》"该秉季德","恒秉季德"。王国维认为:"该与恒皆季之子,该即王亥,恒即王恒,皆见于卜辞,则卜辞之季当是王亥之父冥矣。"《甲骨文合集》中有关于王季的卜辞,释文如下:

辛亥卜,古贞:季弗求王?(《合集》14721)

贞侑于季?(《合集》14710)

贞侑犬于季?(《合集》14716)

□季□叀三牛?(《合集》21117)

壬申卜,旅贞:其侑于季叀羊?(《合集》24969)

壬辰卜,旅贞:季岁□?(《合集》24970)

□季岁□在□?(《合集》24971)

壬午卜,旅贞:季岁王其宾?(《合集》24972)

冥(王季)也是先商历史上具有重要地位的人物。一是体现在他在夏朝为官,治水有功,且因公殉职,《国语·鲁语上》载:"冥勤其官而水死。"另一方面体现在他死后享有隆重的祭祀仪式。从甲骨卜辞中对其所用的祭祀侑、岁、燎祭和祭祀所用牺牲牛、羊、犬也能说明其地位的重要。

冥之子为王亥,冥之孙是上甲微,从冥经亥到上甲微,是先商历史重要的转变时期。《史记·殷本纪》所载商先公中的"七世振"即王亥,甲骨文称"亥"或"王亥",《竹书纪年》作"王子亥"或"侯子亥",《世本》作"核""骸"或"胲",《天问》作"该"或"眩",《汉书·古今人表》作"垓"。甲骨文和《山海经·大荒东经》作王亥。王国维指出:"嗣余读《山海经》《竹书纪年》，乃知王亥为殷之先公，并与《世本·作篇》之胲、《帝系篇》之核、《楚辞·天问》之该、《吕氏春秋》之王冰、《史记·殷本纪》及《三代世表》之振、《汉书·古今人表》之垓，实系一人。"①卜辞中多有关于王亥的材料：

  翌辛亥，侑于王亥卅牛？／五十牛于王亥？（《合集》00672）

  己未卜，争贞，王亥求我？／贞：王亥不我求？（《合集》07352）

  贞：来辛亥，燎于王亥卅牛？（《合集》14733）

  贞：侑于王亥叀三白牛？（《合集》14724）

  辛巳卜，贞：来辛卯，酚河十牛，卯十牢？王亥燎十牛，卯十牢，上甲燎十牛，卯十牢？／辛巳卜，贞：王亥、上甲即宗于河？（《屯南》1116）

从辞例的内容来看，祭祀王亥的仪式是非常隆重的，在商人心目中的位置也是非常高的。王亥的事迹在《天问》中也可以得到印证："该秉季德，厥父是臧；胡终弊于有扈，牧夫牛羊？干协时舞，何以怀之？平协曼肤，何以肥之？有扈牧竖，云何而逢？击床先出，其命何从？"②可以看出，王亥是继承父亲的事业，继续过着游牧的生活，与有易氏之间已经开始了摩擦。

相关的资料还有《山海经·大荒东经》云："有人曰王亥，两手操鸟，方食其头。王亥托于有易，河伯仆牛。有易杀王亥，取仆牛。""王亥托于有易，河伯仆牛"句，意思是说王亥将自己的"仆牛"（驯牛）寄存在有易和河伯两处，结果有易起了贪心，"杀王亥，取仆牛"。郭璞《山海经》注曰："《竹书》曰：殷王子亥宾于有易而淫焉，有易之君绵臣杀而放之。是故殷主甲微假师于河伯，以伐有易，灭之，遂杀其君绵臣也。"③在郭璞看来，有易的君主绵臣是因为想占有王亥的仆牛才起了

---

① 王国维：《观堂集林》，中华书局1959年版，第409页。
② [宋]洪兴祖：《楚辞补注》，中华书局2012年版，第106—107页。
③ 袁珂：《山海经校注》，北京联合出版公司2014年版，第301页。

杀心，王亥的儿子上甲微杀了绵臣，为父亲报了血海深仇。

顾颉刚曾作《〈周易〉卦爻辞中的故事》，指出《周易》中与之相关的资料，如《大壮》卦的"六五"爻辞："丧羊于易，无悔。"又有《旅》卦的"上九"爻辞："鸟焚其巢，旅人先笑后号咷，丧牛于易。凶。"认为王亥被有易氏所杀确有其事①。易即有易氏。

王恒是王亥的弟弟。《天问》载："恒秉季德，焉得夫朴牛？何往营班禄，不但还来？昏微遵迹，有狄不宁，何繁鸟萃棘，负子肆情？眩弟并淫，危害厥兄。何变化以作诈，后嗣而逢长？"② 卜辞中亦有许多材料可以佐证：

  贞：侑于王恒？（《合集》14762）

  贞：侑于王恒？（《合集》14763）

  贞：侑于王恒？（《合集》14765）

  贞：于王恒侑？（《合集》14766）

  贞：侑于王恒？（《合集》14767）

  贞：勿侑于王恒？（《合集》14768）

卜辞内容虽然简略，但可以看出，殷人是非常尊重王恒的，称他为王，并且对他进行侑祭。王恒其人其事，除甲骨卜辞外，仅见于《楚辞·天问》。王国维对甲骨卜辞中发现王恒的意义给予了很高的评价，他说："恒之一人，并为诸书所未载。卜辞之王恒与王亥，同以王称，其时代自当相接。而《天问》之该与恒，适与之相当。前后所陈，又皆商家故事，则中间十二韵自系述王亥、王恒、上甲微三世之事。然则王亥与上甲微之间，又当有王恒一世。以《世本》《史记》所未载，《山经》《竹书》所不详，而今于卜辞得之。《天问》之辞，千古不能通其说者，而今由卜辞通之，此治史学与文学者所当同声称快者也！"③

---

① 顾颉刚：《〈周易〉卦爻辞中的故事》，《燕京学报》第6期，1929年12月。
② ［宋］洪兴祖：《楚辞补注》，中华书局2012年版，第107—108页。
③ 王国维：《观堂集林》，中华书局1959年版，第421—422页。

从上述众多材料中我们也可以看出：其一，商族人的确是以鸟为图腾的。在文中将王亥与鸟并称，将亥加上鸟字偏旁，一方面反映了王亥的重要地位，另一方面也透露了商人以鸟为图腾的遗迹[①]。其二，王亥、王恒时期商族的社会大概是由中心聚落形态向初始国家即邦国的过渡阶段。王亥之称"王"，不但见于传说中的文献，也见于甲骨文。王恒其人，文献只见于《天问》，但在甲骨文中也称为"王"。也就是说，王亥、王恒之称为"王"与战国时人称为"玄王"是不同的，这是商人自己对王亥、王恒的称呼，这种称呼的产生应该是在先商的王亥和王恒时期。其三，王亥、王恒时期，商族的畜牧业得到迅速发展，不但饲养马，而且饲养牛、羊和猪。其四，牲畜的数量很多，商族人已经开始大规模地和远方的部落开始牲畜交易，可以看作是中国商业的最早起源。

上甲微是王亥之子，《天问》"昏微遵迹，有狄不宁"，其中的昏微即上甲微。上甲微是商部族在先商时期极其重要的一位先公。商代以日为名的祖先，可以分为两个阶段。自上甲微至主癸，是前一段，为先公先王时期。自天乙汤至帝辛纣，是后一段，为商王时期。而上甲微乃是前一段先公的第一位。天有十日，甲为其首，上甲是商代先公先王中第一个以日命名的人。《史记·殷本纪》索隐云："商家生子，以日为名，盖自微始。"[②]

甲骨材料也很好地印证了这一点。卜辞中凡合祭先公先王的，常常是从上甲微开始。胡厚宣将卜辞中有关上甲的辞条归为以下几种：或言自上甲祭；或言祭自上甲；或言祭自上甲几示；或言祭自上甲至于多后；或言祭自上甲至后；或言祭自上甲至于某王加之合祭先公先王，都是从上甲开始的。另外，还有合祭五祖的、合祭历代祖先的、合祭历代祖先的祭日表也都是从上甲开始的[③]。

上甲微在商人心目中是一位德才兼备之人，《国语·鲁语上》说："上

[①] 胡厚宣：《甲骨文商族鸟图腾的遗迹》，《历史论丛》第1辑，1964年9月。
[②] ［汉］司马迁：《史记》，中华书局1982年版，第93页。
[③] 胡厚宣等：《殷商史》，上海人民出版社2003年版，第20—24页。

甲微，能帅契者也，商人报焉。"又说："禘、郊、祖、宗、报，此五者，国之典祀也。"契是商族公认的祖先和王，上甲微能与之同列，可见地位之高。甲骨卜辞中也有不少对上甲微祭祀的辞例：

癸卯卜，㱿：翌甲辰，侑于上甲十牛？（《合集》00776）

侑于上甲十伐、卯十豕？（《合集》00906）

庚戌卜，宾贞：来甲寅，侑于上甲五牛？／贞：来甲寅侑于上甲三牛？（《合集》01144）

御于上甲？三月。（《合集》01164）

贞：寮于上甲河十牛？（《合集》01186）

辛巳卜，大贞：侑自上甲元示三牛二示二牛？十三月。（《合集》25025）

上甲微在父亲惨遭杀害后，非常之冷静，决心团结商族，并借助河伯的力量，最终杀了有易氏国君绵臣，灭了有易氏部落，既为父亲报了仇，同时将势力扩展到河北一带。

(三) 报乙、报丙、报丁、主壬、主癸和天乙

商先公中，上甲微之后有报乙、报丙、报丁、主壬和主癸，即所谓上甲六示。这六人的关系是父子关系，在继统制度上全部是父死子继。在甲骨文里，常见于"自上甲六示"：

壬辰卜，㞢（祷）自上甲六示？（《合集》32031）

丁未贞：㞢（祷）禾自上甲六示牛，小示汎（皆）羊？（《合集》33296）

乙卯卜，贞：㞢（祷）禾自上甲六示牛，小示汎（皆）羊？（《合集》33313）

己卯贞：㞢（祷）自上甲六示？（《合集》34111）

卜辞中的"示"字，为祭名，是一种杀牲取血涂血来祭祀的用牲法，牛和羊都是用来祭祀的牺牲，求禾是保佑谷物丰收，可见这六位先公的重要作用。但在这六示之中，除上甲微外，报乙、报丙、报丁、主壬

和主癸的具体史事均语焉不详,这引起了许多学者的怀疑。王国维指出:"疑商人以日为名号,乃成汤以后之事,其先世诸公生卒之日,至汤有天下后定祀典名号时,已不可知,乃即用十日之次序以追名之,故先公之次乃适与十日之次同,否则不应如此巧合也。"① 董作宾《甲骨文断代研究例》也说:"我疑心这是武丁时代重修祀典时所定。……至于成汤以前,先世忌日,似已不甚可考,武丁乃以十干之首尾名此六世。……观于甲乙丙丁壬癸的命名次第,并列十干首尾,可知如此命名,实有整齐划一之意。不然,无论此六世先公生日死日,皆不能够如此巧合。"② 于省吾则认为,六示之中,主壬、主癸是可靠的,因为在"甲骨文周祭中的直系先妣,自主壬的配偶妣庚和主癸的配偶妣甲开始。但是妣庚和妣甲的日干并不相次,很明显,她们的庙号是根据典册的记载,决非后人所追拟。因此可知,示壬癸的庙号也有典可稽,是可以断定的"③。"至于上甲和三报的庙号,由于无典可稽,故后人有意识的排定为甲乙丙丁。而上甲和三报配偶的庙号,也由于同样原因而付之阙如"④。

第三节 商丘为商先公的主要经营地

在殷商发展历史上,部族与都邑的频繁迁徙是一个显著的现象。《尚书·盘庚下》云:"荡析离居,罔有定极。"又《尚书序》:"自契至于成汤八迁,汤始居亳,从先王居。"关于"八迁"之地望,唐代以前的学者一直"不得其详",孔颖达《尚书序》疏中,亦仅列出"四迁":"契至成汤,十四世凡八迁国都者。《商颂》云'帝立子生商',是契居商也。《世本》云'昭明居砥石',《左传》称'相土居商丘',及今汤居亳。事见

---

① 王国维:《观堂集林》,中华书局1959年版,第440页。
② 董作宾:《甲骨文断代研究例》,见《中国现代学术经典·董作宾卷》,河北教育出版社1996年版,第7—8页。
③ 于省吾:《甲骨文字释林》,中华书局1979年版,第194—195页。
④ 于省吾:《甲骨文字释林》,中华书局1979年版,第194页。

经传者，有此四迁，其余四迁，未详闻也。"陆德明《经典释文》与此说相同，曰："八迁之书，史唯见四。"到了清代，梁玉绳始明确提出"八迁"之具体地点，先后为砥石、商、商丘、殷、商丘、邺、蕃、亳①。

之后，王国维在梁玉绳的基础上，又重新作了考证，他在《说自契至于成汤八迁》一文中指出："《尚书序》'自契至于成汤八迁'，《正义》仅举其三。今考之古籍，则《世本·居篇》云'契居蕃'（见《水经注·渭水》，《通鉴地理通释》引《世本》作番，疑即《汉志》鲁国之蕃县，观相土之都在东岳下可知）。契本帝喾之子，实本居亳，今居于蕃，是一迁也。《世本》又云'昭明居砥石'（《书正义》引），由蕃迁于砥石，是二迁也。《荀子·成相篇》云'契玄王，生昭明，居于砥石，迁于商'。是昭明又由砥石迁商，是三迁也。《左氏·襄九年传》云'陶唐氏之火正阏伯居商丘，祀大火，而火纪时焉；相土因之，故商主大火'。是以商丘为昭明子相土所迁。又《定九年传》'祝鮀论周封康叔曰，取于相土之东都，以会王之东蒐'，则相土之时，曾有二都，康叔取其东都，以会王之东蒐，则当在东岳之下，盖如泰山之祊为郑有者，此为东都，则商丘乃其西都矣。疑昭明迁商后，相土又东徙泰山下，后复归商丘，是四迁、五迁也。今本《竹书纪年》云'帝芬三十三年，商侯迁于殷'（《山海经》郭璞注引真本《纪年》有'殷王子亥'、'殷主甲微'，称殷不称商，则今本《纪年》此事或可信），是六迁也。又'孔甲九年，殷侯复归于商丘'，是七迁也。至'汤始居亳，从先王居'，则为八迁。"②

根据王国维的考证，商先公八迁的顺序是：契居蕃（今山东滕县）—昭明居砥石（今河北元氏）—昭明又迁商丘（今河南商丘）—相土迁东都（今山东泰安）—相土复居商丘—上甲微迁殷（今河南安阳）—上甲微复归商丘—汤居亳（今商丘虞城谷熟集）。即：

---

① ［清］梁玉绳：《史记志疑》，中华书局1981年版，第75页。
② 王国维：《观堂林集》，中华书局1959年版，第515—516页。

契最早封于商丘，契从商丘迁蕃，是为一迁；
昭明由蕃迁于砥石，是为二迁；
昭明由砥石又迁于商丘，是为三迁；
相土由商徙东都，是为四迁；
相土复归商丘，是为五迁；
上甲微由商丘迁于殷，是为六迁；
上甲微复归于商丘，是为七迁；
汤始居亳，是为八迁。

通过对"八迁"地望的考察可知，商先公活动的范围主要是在今河南、山东、河北三省交汇的地带；而且，先商民族虽然经历了八次迁徙，但其中四次都与商丘有关，多次迁徙后都又回到了商丘。由此可见，商族由契至汤十四世都是以商丘为主要经营地，然后不断向外拓展而逐步发展起来的。由此可见，商丘为商族的发祥地。

第四节 王亥经商与中国商业的起源

一 关于商业起源的几种说法

关于中国商业起源的问题，学术界说法不一，主要有祝融说、西周初年殷民说、计然说、范蠡说、白圭说等。

第一种观点是"祝融说"。《世本·作》有"祝融作市"。祝融是颛顼氏的大臣，在高辛氏手下做火正。祝融生活的时代，为原始社会末期，当时的农业和手工业还不发达，还没有产生商业萌芽的条件，人们只能就自身生活的需要交换有无，还没有发展到谋取利益的程度，后世所谓的商业自然还无从谈起。因此，祝融还不是中国最早的商人。

第二种观点是"西周初年殷民说"。这种看法认为中国商业起源于西周初年殷朝的遗民，主要根据是：西周初年出现了武庚叛乱，后来虽然被周公所平定，但为了防止殷朝遗民再度造反，周公便下令殷朝遗民迁居洛阳，让他们"肇牵车牛，远服贾，用孝养厥父母"①，效仿商族先人，从事经商贸易活动，以养家糊口。由于殷朝原来称商朝，所以后来就把从事经商活动的殷朝遗民称为"商人"，把他们所从事的职业称为"商业"。从这个意义上看，中国商业起源于西周初年殷朝遗民的说法也有其合理成分，至少表明商业起源与商朝人有关。但这种说法又存在一定的缺陷，即把已经存在的商业活动误认为从西周初年才开始，这就把中国商业的起源大大向后推迟了。

第三种观点是"计然说、范蠡说"。计然是春秋时期天下闻名的大商人，和白圭一样，对经商很有研究，并把它应用于治理国家上。计然有许多见解，人称"计然七策"。他有一个很著名的观点：旱年要预造船只，水年就要预造车辆，认为这是适应市场变化的经营法则。他还提出："贵出如粪土，贱取如珠玉。财币欲其行如流水。"②经营商业的基本法则是：货物必须完好，不积压商品，在商品销售过程中，容易腐烂的货物和食品不要长期贮存，不要囤积货物企图抬价。考察某种商品是有余还是不足，就可以预知它的贵贱。价格上扬到了极限就会下跌，下跌到极限又会上扬。因此，价格上扬时就要像对待粪土一样及时出售，当价格下跌时就要如同珍爱珠玉一样及时收购。应该使资金货物像流水一样不停地流通。计然的这些见解十分中肯地揭示了商业运作中最为基本的规律。越王勾践在范蠡的支持下，运用这些"经营理论"来治理国家，历经十年，国富民强，最终打败了吴国，报仇雪耻，之后又进军中原，成为春秋时期的五大霸主之一。计然七策，范蠡用其五，成为中国古代著名的大商人。范蠡与计然在经商理念上有相通之处。可以看出，到了计然、范蠡时代，中国商业已经不是萌芽状态，而是已经趋于成熟，并有了很好的经商理论。

第四种观点是"白圭说"。白圭是战国时期著名的商业致富的倡导

---

① 顾颉刚、刘起釪：《尚书校释译论》，中华书局2016年版，第1388页。
② [汉]司马迁：《史记》，中华书局1982年版，第3256页。

者,他的理论以"人弃我取,人取我与"为精髓,实际上就是囤积居奇。白圭提出"欲长钱,取下谷",想赚钱就大量收购便宜的下等谷类,这是因为下等谷类是广大人民生活中最普遍的必需品,贸易上成交的数量最多,买卖下等谷类,薄利多销,商人就可以从中取得巨额利润。

二 王亥与中国商业的起源

如前所述,王亥是七世商先公,在商先公中的地位颇高。他"服牛"后到有易氏部落去进行以物易物的交易活动。由于王亥来自商部落,被称为商人,交换的物品被称为商品。这样,王亥成为中国商业的始祖。又由于王亥活动的区域在今天的河南商丘一带,这样,商丘便是中国商业的发源地。

对于王亥是中国商业始祖的论证,始于2004年。

2004年5月16—19日,"中国·商丘与商业起源研讨会"在河南商丘举行,来自中国商业史学会、中国人民大学、中国社会科学院考古研究所、中共中央党校、上海财经大学、河南省社会科学院考古研究所、郑州大学和商丘市的专家、学者代表共八十余人就商丘与商业、商文化起源问题进行了广泛的讨论。会上,历史学、考古学、经济学、伦理学领域的国内知名专家和学者,以确凿的考古实物和翔实的史料为支撑达成共识——商丘不但是商族的重要发祥地,也是中国商业的起源地,而王亥则是中国最早的商人。

会议结束当天,5月19日,新华社为此向全国播发了一篇通稿:《国内知名专家和学者:中国商业起源于河南商丘》,文章写道:中国社会科学院考古研究所张长寿指出,商丘是商文化的古都;中国人民大学陈瑛认为,商族之伦理道德是从契开始,作为职业之商人的道德,应从王亥以后算起;中国国家博物馆李先登展示出土于商丘的三足青铜酒爵照片,力证商丘就是商人的老家;河南大学朱绍侯强调,商人王亥"宾于有易"是历史记载较早的商贸行为,商业起源于夏王朝在商丘地区活动的商族先公时期，而王亥则是中国最早的商人①。

这次研讨会后，著名历史学家、夏商周断代工程首席专家、清华大学李学勤教授曾专程来到商丘考察。在实地察看了商丘多处文物后，他非常兴奋，欣然题词"商人、商业源于商丘"。

根据论证结果，"商人""商品"起源于商丘的事实编入了全日制普通高级中学教科书（高中思想政治《经济常识》上册，2006年人民教育出版社）。在第一课《商品和商品经济》中写道："原始社会末期，在今河南商丘一带有个叫'商'的部落，生产活动以畜牧业为主，因从事商品交换而颇有名气，所以别的部落把从事商品交换的人叫'商人'，把交换的产品叫'商品'。"

需要说明的是，此时的贸易只是商业活动的初步实践，由于没有货币，所以还是以物易物的活动。到了商朝建立后，货币出现，商业也因货币的出现而进一步发展壮大，中国的商业文化也逐步地发展起来。

---

① 曾红旗：《国内知名专家和学者：中国商业起源于河南商丘》，新华网郑州2004年5月19日。

第三章　商丘是商朝的第一个都城

商汤是商朝开国之君，是中国历史上的第一位革命者，他通过暴力手段推翻了夏朝的统治，建立了一个全新的政权，被称为"汤武革命"。商汤灭夏的根据地"亳"，也成为商朝的第一个都城。

第一节　汤灭夏与商朝的建立

一　商汤"网开三面"与诸侯归德

商汤又名成汤，卜辞称为大乙、成、唐等，是商朝的开国之君，也是后世赞颂的明君。汤都亳邑是商汤灭夏的重要根据地，商汤在那里大力争取众多小邦的归顺，而且任贤使能，任用仲虺和伊尹为相。商汤有了仲虺和伊尹的辅佐，首先治理好内部，鼓励商统治区的人民安心农耕，饲养牲畜。同时团结与商友善的诸侯、方国。在仲虺和伊尹的鼓动下，一些诸侯陆续叛夏而归顺商。

《史记·殷本纪》记载："汤出，见野张网四面，祝曰：'自天下四方皆入吾网。'汤曰：'嘻！尽之矣。'乃去其三面，祝曰：'欲左，左。欲右，右。不用命，乃入吾网。'诸侯闻之，曰：'汤德至矣，及禽兽。'"[1]"网开三面"的故事，从一个侧面说明商汤布德施惠的政策赢得了诸侯的

---

[1] ［汉］司马迁：《史记》，中华书局1982年版，第95页。

信任，不少国家都归服于他。

二 汤灭夏自葛始

夏朝末年，夏桀残暴无道，民心不服。商汤趁夏乱而剪灭夏的许多属国，以扩大自己的力量，并最终灭掉了夏朝。商汤灭夏，首先进攻的是他的邻国葛伯国。葛伯国之地即今商丘宁陵县西北，是亳西面的一个诸侯国。

据《孟子·滕文公下》记载，葛伯是一个忠实于夏桀的奴隶主，是其在东方地区的一个耳目。葛伯好吃懒做，就连在古代社会中被视为国家大事的祭祀活动都不愿执行。汤得知葛伯已有很长时间没有举行过祭祀，就派使者前去询问原因。葛伯很狡猾，深知商的畜牧发达，有大量的牛羊，就说："我们不是不懂得祭祀的重要，只是每次祭祀都要用许多牛羊，我们现在没有牛羊，拿什么祭祀呢？"

商族是最讲迷信的，几乎每天都有各种不同形式的祭祀，而每次祭祀都要用牛羊等来作牺牲。葛伯祭祀没有牺牲，汤就派人挑选了一群肥大的牛羊给葛伯送去。葛伯见商汤相信他的谎言，居然得到了不少牛羊，就将牛羊全部杀了，然后自己享用，仍然不祭祀。汤问他为什么这样做？葛伯说："我们的田地种不出粮食，没有酒饭来作贡品，当然就举行不了祭祀。"汤得知葛伯是不关心人民生产，只知享乐的人，就派亳地的人前往葛地去帮助种庄稼。汤又派商边境的人往葛地送去酒饭，给帮助耕种的亳人吃，送酒饭的人都是些老弱和孩子。结果，葛伯派人将酒饭抢走，稍有反抗的即被杀害。汤见葛伯是死心踏地与商为敌，不能再用帮助的办法来争取，就率兵占领了葛地。因葛伯不仁，葛国人民早就怨恨于心，见汤杀了葛伯，就表示愿意归顺商。汤便组织葛地的人民从事农耕，发展生产。商汤伐夏，亦有葛地人民的大力支持。

《孟子·滕文公下》记载，汤"东面而征，西夷怨；南面而征，北狄怨，曰：'奚为后我？'民之望之，若大旱之望雨也。归市者弗止，芸者不变，诛其君，吊其民，如时雨降。民大悦"①。征伐战争的胜利进一步扩大了商族的势力，成汤也得到更多方国部落的拥护，形成以商为核心的强大力量。《史记·殷本纪》记载："当是时，夏桀为虐政淫荒，而诸侯昆吾氏为乱。汤乃兴师率诸侯。伊尹从汤，汤自把钺以伐昆吾，遂伐桀。"②《诗经·商颂·长发》记载成汤灭夏的过程："韦顾既伐，昆吾夏桀。"③灭夏之前，商汤先剪除韦、顾、昆吾这三个夏的党羽。公元前1600年最终兴兵伐夏，在鸣条之野和夏桀决战。夏桀已无力抵抗，不战而败。商汤伐灭了夏桀，在诸侯的拥护下，建立商朝，都于亳（今商丘虞城谷熟镇）。

三 商汤"明德""日新"

商汤灭夏后，注意吸取夏朝灭亡的经验教训，他要求臣属们要勤于政事，重视民生。商汤本人也很注意"以宽治民"，因而在他统治时期，阶级矛盾比较缓和，政治局面相对稳定，国力也日益强盛起来。文献记载，汤当政期间，天下大旱。汤乃为民祈雨，以身为牺牲，祷于桑林。汤告天曰："朕躬有罪，无以万方，万方有罪，罪在朕躬。"④天以罪而反躬自省，商汤的这种举动可以看出他在当时确是一位较好的首领。连后来的周公旦都认为汤是"明德慎罚"的圣王，上帝命他吊民伐罪，殄灭夏桀，继承夏氏的政权，为万民之主。

商汤之所以能够成为历史上有名的圣王，不仅仅因为其"明德"，还与他的"日新"思想有很大关系。《大学》第二章有"汤之《盘铭》曰'苟日新，日日新，又日新'"的记载，意思就是如果能够一天新，

---

① ［清］焦循：《孟子正义》，中华书局2011年版，第434页。
② ［汉］司马迁：《史记》，中华书局1982年版，第695页。
③ ［清］方玉润：《诗经原始》，中华书局2011年版，第649页。
④ ［清］刘宝楠：《论语正义》，中华书局2009年版，第758页。

就应保持天天新，新了还要更新。今人推测此盘当为商汤盥面之用。意即每天洗去脸上的尘垢，焕然一新，亦谓精神上的弃旧图新。

商汤是中国历史上的第一位革命者，他通过武力推翻了夏朝的统治，建立了一个全新的政权，被称为"汤武革命"。由于夏桀的暴虐，商汤推翻夏朝建立商朝，这次"革命"是顺天应民的举措，所以，《周易》说他"顺乎天而应乎人"①。商汤的武功很大，除了推翻夏朝外，又向四方征伐，大大扩展了商的统治领域，兵威远震。正如《诗经》称颂所言："昔有成汤，自彼氐羌，莫敢不来享，莫敢不来王，曰商是常。"②

四 伊尹佐商

商汤能顺利灭夏，据文献记载是由于其大臣伊尹的帮助。《论语·颜渊》有一句话："汤有天下，选于众，举伊尹，不仁者远矣。"为了"自新"和"新民"，商汤非常重视任用贤人，他以仲虺为左相，伊尹为右相。特别是伊尹，"乐尧舜之道"，自诩为"先知先觉"。商汤求贤若渴，曾多次拜访他，请他出仕为官，辅助自己。结果伊尹来了，那些没有德行的"不仁者"就纷纷远离了。

《史记·殷本纪》说："伊尹名阿衡。"③在甲骨文中伊尹又称伊，金文中称为"伊小臣"，伊尹原名伊挚，尹是官名。伊尹做了商汤的右相，执掌商的大权，故又称为阿衡。《吕氏春秋·孝行》称伊尹之母因居伊水之上，故命之曰伊尹④。《孟子·万章上》称："伊尹耕于有莘之野。而乐尧舜之道焉。……一介不以与人，一介不以取诸人。汤使人以币聘之……汤三使往聘之。……故就汤而说之，以伐夏救民。"⑤并称赞他为"思天下之民匹夫匹妇有不被尧舜之泽者，如己推而内之沟中。其自任

---

① 黄寿祺、张善文：《周易译注》，中华书局2016年版，第462页。
② [清] 方玉润：《诗经原始》，中华书局2011年版，第653页。
③ [汉] 司马迁：《史记》，中华书局1982年版，第94页。
④ 许维遹：《吕氏春秋集释》，中华书局2010年版，第310页。
⑤ [清] 焦循：《孟子正义》，中华书局2011年版，第654—655页。

以天下之重"的"圣之任者"①。相传伊尹到了有莘氏以后，在郊外耕种田地以自食。他是一个有抱负的人，虽然身处田亩，还时时关心天下大势的变化。他想找到一个有作为的诸侯，消灭夏桀。他听说有莘国君是一个比较好的诸侯，对平民和奴隶不像夏桀那样暴虐，就想去劝说。但他觉得不能贸然去接近有莘国君，于是就说他会烹饪，愿为有莘国君效力。按照当时的制度，只有做了有莘氏的奴隶，才能为有莘国君所用。伊尹自愿沦为奴隶，来到有莘国君身边当了一名厨师。不久有莘国君发现他很有才干，就命他管理庖厨。他本想劝说有莘国君起来灭夏，但是一来有莘是个小国，二来有莘氏是和夏桀同姓，都是夏禹之后，因而又不便劝说。

伊尹在有莘国时，莘氏与商人经常往来。伊尹见商汤是一个有德行、有作为的人，就想去投奔商。可是做了奴隶以后，自己就没有行动的自由，即使是偷跑出去也会被抓回来，轻则处罚，重则处死。正在这时，商汤要娶有莘氏的女儿为妻。伊尹看见机会来到，就向有莘国君请求，愿做陪嫁跟随至商。有莘国君就派伊尹为媵臣跟随有莘女嫁到商。所以《史记·殷本纪》称伊尹为"有莘氏媵臣"②。媵臣就是陪嫁的奴隶，这与商代以后诸侯嫁女，派大夫陪送所称的"媵臣"不同。

伊尹跟随有莘氏女来到商汤身边以后，仍然给汤做厨师，他就利用每天侍奉商汤进食的机会，分析天下大势，数说夏桀的暴政，劝汤蓄积力量灭夏。汤发现伊尹的想法正合己意，是一个有才干的人，就破格免去伊尹奴隶的身份，任命为右相。伊尹辅佐商汤灭夏，建立了商朝，汤去世后，伊尹又辅佐外丙（汤次子）和仲壬（外丙弟）相继为王。仲壬死后，立汤之嫡长孙太甲。太甲在位三年，因暴虐昏暗，不遵汤法，被伊尹放逐到桐宫（汤葬地）。三年后太甲悔过自责，于是伊尹迎回复位，继续了成汤的事业。太甲死后，子沃丁立。沃丁时，伊尹百岁而卒。

---

① [清]焦循：《孟子正义》，中华书局2011年版，第671—672页。
② [汉]司马迁：《史记》，中华书局1982年版，第94页。

伊尹不仅是一代开国元勋，还是三代功臣，所以得到了后代商王隆重的祭祀。甲骨文中，伊尹被列为旧老臣的第一位，卜辞中有"侑伊尹五示"的记载，就是侑祭以伊尹为首的五位老臣。还有"十立伊又九"的记载，就是祭祀伊尹和其他九个老臣。卜辞中，伊尹还单独享祀，或与先王大乙（汤）同祭。

伊尹为政，作有很多训诰，《史记·殷本纪》载其所作有《女鸠女房》《汤誓》《夏社》《咸有一德》《伊训》《肆命》《徂后》等。《汉书·艺文志》有"《伊尹》五十一篇"。

《史记·殷本纪》云："帝沃丁之时，伊尹卒。既葬伊尹于亳。"①（康熙）《商丘县志》载："伊尹百岁殁，帝沃丁以礼致葬于亳，即其地也。"今商丘虞城谷熟镇有伊尹墓。

第二节　商汤与商朝第一都

一　商汤都亳

商族从始祖契开始，至汤时，史传有八次迁徙。"汤始居亳"在史籍中有许多记述，最早见于《尚书·商书序》"汤始居亳，从先王居"②。又见《史记·殷本纪》"自契至汤八迁。汤始居亳，从先王居，作帝诰"③。今本《竹书纪年》载，帝癸夏桀十五年，"商侯履（汤）迁于亳"④。可见，汤即位时居于亳地是毋庸置疑的。

亳邑是商汤灭夏的重要根据地，商汤在那里积蓄粮草，招集人马，训练军队，大力争取众多小邦的归顺。《史记·夏本纪》载"汤修德，诸侯皆归汤"⑤。与商之得众相反，夏则因失德而诸侯叛之。《史记·夏

---

① ［汉］司马迁：《史记》，中华书局1982年版，第99页。
② ［清］王先谦：《尚书孔传参正》，中华书局2013年版，第999页。
③ ［汉］司马迁：《史记》，中华书局1982年版，第93页。
④ ［清］郝懿行：《竹书纪年校证》，见《郝懿行集》，齐鲁书社2010年版，第3848页。
⑤ ［汉］司马迁：《史记》，中华书局1982年版，第88页。

本纪》:"帝孔甲立,好方鬼神,事淫乱,夏后氏德衰,诸侯叛之。"又言:"桀不务德而武伤百姓,百姓弗堪。"结果导致"诸侯皆归汤,汤遂率兵以伐夏桀"①。商汤最终完成灭夏大业,建立商朝,成为中国历史上继夏之后的第二个中原王朝,汤都亳邑也成为商朝第一都。

然而先秦时期提到汤亳的文献均未涉及其具体位置②,也没有西亳、南亳、北亳的区分,这可以说明在先秦时期关于汤亳所在当是人所熟知且也没有分歧的。由于文献记载不够明确,加之年代久远,汤亳早已湮没于地下,为了探寻商朝第一都的踪迹,历代学者只能根据有限的文献进行推测,也就导致有关汤都亳的研究众说纷纭,聚讼不已。

二 亳都地望之谜

亳都的地望,西晋皇甫谧、唐初李泰较早提出在宋州谷熟县南③,即今河南商丘境。唐杜佑《通典·州郡·宋州》谷熟条下,"即殷之南亳,汤所都也"④。至南宋初,郑樵《通志·都邑略·商都》曰"汤有天下,始居宋地,复命以亳,今南京谷熟是也"⑤,均持此说。可见南亳说是文献记载中流传较久影响广泛的一种说法,得到历代学者的认同。

20世纪初王国维《说亳》一文又提汉山阳薄县说,即"北亳说"⑥。北亳,商代为景亳,汤有景亳之命,汤伐夏桀前在景亳开誓师大会。北

---

① [汉]司马迁:《史记》,中华书局1982年版,第86—87页。
② 如《尚书·汤诰》:"王归自克夏,至于亳。"《尚书·伊训》:"造攻自鸣条,朕哉自亳。"《墨子·非攻下》:"汤奉桀众以克有夏,属诸侯于亳,荐章天命,通于四方,而天下诸侯莫敢不宾服,则此汤之所以诛桀也。"《墨子·非命上》:"汤封于亳,绝长继短,方地百里。"《战国策·楚策四》:"汤以亳,武王以镐,皆不过百里以有天下。"《荀子·正论》:"汤居亳,武王居鄗,皆百里之地也。"《管子·轻重甲》:"桓公问管子曰:'夫汤以七十里之薄,兼桀之天下,其故何也?'"《孟子·滕文公下》:"汤居亳,与葛为邻。葛伯放而不祀……汤使亳众往为之耕,老弱馈食。"《吕氏春秋·慎大览》:"伊尹奔夏,三年,反报于亳。"
③ 按《史记·殷本纪》集解引皇甫谧曰:"梁国谷熟为南亳,即汤都也。"正义引《括地志》云:"宋州谷熟县西南三十五里南亳故城,即南亳,汤都也。"
④ [唐]杜佑:《通典》,中华书局1988年版,第4665页。
⑤ [宋]郑樵:《通志二十略》,中华书局1987年版,第564页。
⑥ 王国维:《观堂集林》,中华书局1959年版,第518—522页。

亳在蒙，亦称蒙亳，地望在今山东省曹县与河南省商丘市梁园区接壤处。20世纪50年代董作宾发表《卜辞中的亳与商》一文，主张亳都在安徽省亳县（今安徽亳州谯城区）①。20世纪50年代，郑州商城发现后，邹衡首先提出《郑州商城即汤都亳考》，即为"郑亳说"②。"郑亳说"一经提出，便引发众多争论，安金槐即有郑州商城为仲丁所迁之隞都说的不同主张③。1983年偃师商城发现后，许多学者结合文献记载，又提出"偃师西亳说"。自20世纪80年代以来，"郑亳说"与"西亳说"之间又发生了激烈而漫长的论战。

人们探求汤亳的地望，大多根据《史记·殷本纪》中"汤始居亳，从先王居"的记载来进行推论。司马迁在提到汤亳的时候并未指明亳的具体位置，由于"先王"之所指并不明确，因而后人对此注解也多有分歧。根据"先王"所指的不同，亳邑的位置也众说纷纭。如持"西亳说"者认为"先王"指帝喾，《史记·殷本纪》集解引孔安国曰："契父帝喾都亳，汤自商丘迁焉，故曰'从先王居'。"《史记·殷本纪》正义按："亳，偃师城也。商丘，宋州也。"《括地志》云："亳邑故城在洛州偃师县西四十里，本帝喾之墟，商汤之都也。"④因此，持"西亳说"者往往据此来证明偃师商城为汤都亳邑。

持"郑亳说"者认为先秦文献中，"先王"者多指夏、商、周三代开国之君，多为禹、汤、文王、武王。在成汤之前，仅有夏代一朝。按春秋战国以及秦汉学者已形成的中国自古以来"大一统"的观念，这里的"先王"可指为"夏禹"，并考证禹都阳城在今登封告成镇一带，距郑州商城也仅数十公里，因而认为此亳当为郑州商城⑤。

---

① 董作宾：《卜辞中的亳与商》，《大陆杂志》第6卷第1期。
② 邹衡：《郑州商城即汤都亳考》，《文物》1978年第2期。
③ 安金槐：《试论郑州商代城址——隞都》，《文物》1961年第5期；《再论郑州商代城址——隞都》，《中原文物》1993年第3期。
④ ［汉］司马迁：《史记》，中华书局1982年版，第93页
⑤ 张维华：《汤都四迁刍议》，《中原文物》1993年第3期。

事实上,将先王解释为帝喾或者夏禹都有不妥之处。元人金履祥认为:"先王者,必指玄王,此商人追称之辞也。"①"先王"既非帝喾亦非大禹,将汤所从之"先王"解释为夏代的"大禹"远没有解释为商人的祖先"契"更为合理与直接,由于先王指契最为明确没有争议,因而司马迁才没有明确提出先王之所指。由于商先王契始封在商,那么将"先王"解释为"契"的同时,也说明了汤亳在商丘也即在宋地的说法。虽然尚不能确定亳的具体地望,但据此可知汤所居之亳当在商丘境内。司马迁在《殷本纪》中虽然没有指明汤都亳的具体地望,但在《货殖列传》中却明确提到汤亳所在之地:"夫自鸿沟以东,芒、砀以北,属巨野,此梁、宋也。陶、睢阳亦一都会也。昔尧作于成阳,舜渔于雷泽,汤止于亳。其俗犹有先王遗风,重厚多君子,好稼穑,虽无山川之饶,能恶衣食,致其蓄藏。"②这是较早关于汤亳地望的记载,司马迁认为汤亳当在宋地范围之内,也就是现在的商丘地区,这条记载也为我们今天考求亳的所在提供了重要依据。

三 南亳在商丘

先秦文献中汤亳只称"亳",没有"南亳"之称。西晋初年,皇甫谧提出"三亳说":南亳在谷熟(商丘虞城谷熟镇),北亳在蒙,偃师为西亳③。唐代以"三亳说"为基础的"南亳说"受到广泛认可。一方面"南亳说"的提出有着司马迁关于"亳在宋地"的记载作为根据。另一方面宋地是商代先公主要的经营区域和商遗民的主要封地,"南亳说"认为汤亳在宋地,具有较高可信度。郭沫若在《中国史稿》中说:"商,在今河南商丘县,商朝就是从这里发展起来的。"④充分认可汤都商丘的

---

① [清]顾炎武:《历代宅京记》卷一,中华书局1984年版,第3页。
② [汉]司马迁:《史记》,中华书局1982年版,第3266页。
③ [晋]皇甫谧:《帝王世纪》,见《史记·殷本纪》集解引,中华书局1982年版,第93页。
④ 郭沫若:《中国史稿》第一册,人民出版社1976年版,第155页。

说法。

为了探寻南亳故址，中国社会科学院考古研究所与美国哈佛大学联合组织考古队，从1994年到1996年先后发掘了商丘潘庙、虞城马庄和柘城山台寺三个遗址，发现了"龙山文化"和岳石文化。根据这些发现，张长寿、张光直认为："岳石文化一般相信就是历史上东夷的文化，而商出于夷是中国上古史的常识，所以先商文化也许就是岳石文化的一支。……商丘地区的龙山文化和岳石文化要广泛和深入地研究，它们可能就是早商和先商，也可能是早商和先商的近祖。"[①] 郑州大学李锋在《商汤南亳问题的再认识》一文认为"近年发现的惠济河流域先商文化是早商文化之源，其分布范围与文献记载的任何汤亳的面积都相称，且其地望也与文献记载的商汤南亳地望基本一致，故有关商汤南亳的文献记载是可信的。"[②]

四　商朝前期的五次迁都

自始祖契至成汤建国，商族有八次迁徙；而自成汤到盘庚迁殷，商又迁都五次，即所谓"前八后五，不常厥土"[③]。成汤以后的"五迁"与以前的"八迁"在性质上有明显的不同。汤以后的"五迁"，是指商王在统治区内的迁都，即统治中心的迁移，而契至成汤的"八迁"，则是商族在建国以前，由于自然的缘故以谋求生存空间或者出于政治原因，整个部族的迁徙。

汤最初建都于亳（今河南商丘），其后五次迁都分别是：仲丁迁都于隞，《水经注》《括地志》等书都认为隞即秦汉时的敖仓城，在今河南荥阳县的敖山；河亶甲迁都于相，在今河南省内黄县境内；祖乙迁都于邢（一作"耿"），一说在今河南温县，一说在今河北邢台，一说

---

① 张长寿、张光直：《河南商丘地区殷商文明调查发掘初步报告》，《考古》1997年第4期。
② 李锋：《商汤南亳问题的再认识》，《中原文物》2006年第4期。
③ 张衡：《西京赋》，见《文选》，岳麓书社2002年版，第38页。

在郑地（东周）邢亭；南庚迁都于奄，在今山东曲阜；盘庚迁都于殷，即今河南安阳殷墟。五迁的范围大概在今河南、河北、山西、山东境内。虽然现在还不能一一确定它们的所在，但大体说来，总不外黄河南北、距离黄河不太远的地方。目前在河南的偃师市、郑州市、安阳市都发现了城市规模的遗址，在商丘市、信阳市、温县、辉县市、新郑市等许多地方还发现大量商朝文化遗存。

关于盘庚迁殷，《尚书·盘庚》说起初遭到贵族的反对，后来在盘庚的胁迫下，贵族们才服从迁都。关于迁都的原因，《盘庚》未提。汉代学者推测是因为当时贵族生活奢侈并侵迫平民，盘庚迁殷是为了缓和贫富间的矛盾，亦即缓和阶级矛盾，挽救政治危机①。对商代历史上多次迁都的原因，史学家们有不同的看法。《尚书·盘庚》虽然记载"视民利用迁"，为人民的利益而决定迁都，但对那些不听命令的人，"劓殄灭之，无遗育，无俾易种于兹新邑！"要将他们斩尽杀绝，不让孽种留在新邑，从而反映出内部政治斗争的激烈。

《竹书纪年》说"自盘庚徙殷，至纣之灭，二百七十三年，更不徙都"②，从殷墟发掘的从武丁至帝辛的历代王室的占卜刻辞可以看出，"更不徙都"的记载是可靠的。同时，从《竹书纪年》的记载还可推断出，盘庚迁殷当在公元前14世纪。

盘庚迁殷是商朝历史上的一件大事，它结束了九世之乱的局面，加强了商王室的统治，为商朝的发展和振兴奠定了基础。从此，商朝的历史进入一个新的发展阶段，盘庚迁殷成为商朝历史的转折点。

盘庚迁殷后，"行汤之政"，政治上稳定，经济、文化等方面都有了进一步发展。特别是在武丁统治的五十多年，注意任用贤才，谨慎从政，商朝处于极盛时期，史称"武丁中兴"。商朝的疆域东至大海，西至陕西，北至河北，东北到辽东，南抵长江流域，发展成为一个强大的国家。

---

① ［南朝宋］范晔：《后汉书·杜笃传》："昔盘庚去奢，行俭于亳。"中华书局1965年版，第2595页。
② ［清］郝懿行：《竹书纪年校证》，见《郝懿行集》，齐鲁书社2010年版，第3875页。

第四章 周朝宋国

第一节 宋国的建立

一 商朝灭亡与西周王朝的建立

商朝武丁以后,统治阶级越来越腐化,到商末帝乙、帝辛时,情况更为严重。统治者沉醉于奢侈、享乐的生活之中。纣王帝辛"厚赋税以实鹿台之钱,而盈巨桥之粟"。在邯郸以南、朝歌以北这一范围内修建许多离宫别馆,又作"酒池""肉林","使男女倮相逐其间,为长夜之饮"①。大小官僚无不沉湎于酒色,甚至一部分平民也不例外,出现了"庶群自酒,腥闻在上"②的现象。商的腐朽残暴统治,使得阶级矛盾尖锐,统治阶级内部的倾轧日益加剧。为了转移人民群众和一部分贵族的视线,商纣王决定对周边各部族用兵,但为此损耗了大量的人力物力,又加剧了人民群众的反抗斗争,这就是所谓的"纣克东夷,而殒其身"③。此时,周边许多小国纷纷从商的控制中摆脱出来,而生活在渭水流域的周族势力逐步发展起来。

武丁时的卜辞中有"令周侯"和"璞(伐)周"的记载。《易经》中载武丁伐鬼方,周人也参加,并因战功得到商的赏赐。这说明周人

---

① [汉]司马迁:《史记》,中华书局1982年版,第105页。
② [清]孙星衍:《尚书今古文注疏》,中华书局1986年版,第381页。
③ 杨伯峻:《春秋左传注》(修订本),中华书局1990年版,第1323页。

至晚在武丁时已接受了商王朝边侯的封号。

公元前11世纪初,周文王的儿子周武王姬发继位,迁都于镐(今陕西长安),积极准备伐商。公元前1045年,周武王联合商朝内的诸侯国和西部八个戎狄国共同讨伐商纣王。周武王御驾亲征,率领虎贲三千人,戎车三百乘,甲士四万五千人攻打商都,在商都朝歌郊外的牧野大败商军,商朝灭亡。周灭商后两年,周公又东征平定了纣子武庚的叛乱,并压服了以奄为首的东夷诸部落,巩固了周朝的统治。

二 周初分封与宋国的建立

周公东征后,为了加强对全国广大地区的统治,便实行大分封,以作为王室的屏藩。分封制是周王朝为巩固政权而创立的一种新制度,受封者主要是周王的同姓、亲戚、功臣和归附周王朝的方国首领,其中以周王的同姓为最多。周初先后进行过两次大规模的分封,所封诸侯国数量很多,但具体封国数目很难找到确切数字,《荀子·儒效》说:周公"兼制天下,立七十一国,姬姓独居五十三人,而天下不称偏焉"[1]。《左传》昭公二十八年:"昔武王克商,光有天下,其兄弟之国者十有五人,姬姓之国者四十人,皆举亲也。"[2]《吕氏春秋·观世》:"此周之所封四百余,服国八百余。"[3]

周初分封的同姓诸侯,都是文王、武王、周公的后裔。《左传》僖公二十四年说:"昔周公吊二叔之不咸,故封建亲戚以蕃屏周。管、蔡、郕、霍、鲁、卫、毛、聃、郜、雍、曹、滕、毕、原、酆、郇,文之昭也。邢、晋、应、韩,武之穆也。凡、蒋、邢、茅、胙、祭,周公之胤也。"[4]周初所封异姓诸侯,有些是周王的亲属,有些是归附周人的小国首领,

---

[1] 章诗同:《荀子简注》,上海人民出版社1974年版,第60页。
[2] 杨伯峻:《春秋左传注》(修订本),中华书局1990年版,第1494—1495页。
[3] 陈奇猷:《吕氏春秋校释》,学林出版社1984年版,第957页。
[4] 杨伯峻:《春秋左传注》(修订本),中华书局1990年版,第420—423页。

即所谓神农、黄帝、尧、舜、禹的后裔。

在当时的封国中，最重要的是卫、鲁、齐、宋、晋、燕等国。这些封国之君都是周王最亲信的人，他们统治着一些要害之地。周在其完成分封之后，其统治也大大地巩固起来了。

宋国是商纣王庶兄微子启的封国。以商丘为中心的商代宗邑，在商朝即有宋伯之国。微子，在商代时封国名微（今山东梁山西北），子为其姓，名为启。《史记》说"殷有三仁"[①]，即是指微子、箕子和比干。纣王无道，导致众叛亲离，国势日衰，行将灭亡，微子屡谏，不被采纳。于是，微子启愤而出走，乞降于周。周公平定武庚叛乱后，另封微子启于宋，都睢阳（今河南商丘），把一部分商遗民交给他去统治，以奉商朝的宗祀。微子是宋国始祖，死后葬于宋国故地，今商丘市睢阳区有微子祠。

三　宋国世系及君主考略

宋国以微子启建国为始，经由西周、春秋和战国，计三十四代君，历时七百五十四年。公元前286年，齐、楚、魏三国伐宋，杀宋王偃，三分其地，宋亡。

依《史记》之《宋微子世家》《六国年表》及《十二诸侯年表》，参之《左传》《竹书纪年》等先秦文献，辅以陈梦家《西周年代考》、杨宽《战国史料编年辑证》等今人疏证，周朝宋国三十四代君主依次为：微子启、微仲、宋公稽、宋丁公、宋前湣公、宋炀公、宋厉公、宋釐公、宋惠公、宋哀公、宋戴公、宋武公、宋宣公、宋穆公、宋殇公、宋庄公、宋后湣公、宋前废公、宋桓公、宋襄公、宋成公、宋后废公、宋前昭公、宋文公、宋共公、宋平公、宋元公、宋景公、宋后昭公、宋悼公、宋休公、宋辟公、宋剔成君、宋康王。

[①]［汉］司马迁：《史记》，中华书局1982年版，第1633页。

宋世系表（前1040—前286）

时期	称号	姓名	在位时间
西周	微子启	子启	前1040—？
	微仲	子衍	未详
	宋公稽	子稽	未详
	宋丁公	子申	未详
	宋前湣公	子共	未详
	宋炀公	子熙	未详
	宋厉公	子鲋祀	未详
	宋釐公	子举	前858—前831
	宋惠公	子覸	前830—前800
	宋哀公	未详	前800
	宋戴公	未详	前799—前766
春秋	宋武公	子司空	前765—前748
	宋宣公	子力	前747—前729
	宋穆公	子和	前728—前720
	宋殇公	子与夷	前719—前711
	宋庄公	子冯	前710—前692
	宋后湣公	子捷	前691—前682
	宋前废公	子游	前682
	宋桓公	子御说	前681—前651
	宋襄公	子兹甫	前650—前637
	宋成公	子王臣	前636—前620
	宋后废公	子御	前620
	宋前昭公	子杵臼	前619—前611
	宋文公	子鲍革	前610—前589
	宋共公	子瑕	前588—前576
	宋平公	子成	前575—前532
	宋元公	子佐	前531—前517
	宋景公	子头曼	前516—前469

续表

时期	称号	姓名	在位时间
战国	宋后昭公	子特（又子得）	前468—前404
	宋悼公	子购由	前403—前385
	宋休公	子田	前385—前363
	宋辟公	辟兵	前362—前356
	宋剔成君	戴剔成	前355—前329
	宋康王	戴偃	前328—前286

（一）西周时期的宋君

微子启（前1040—？在位）：宋开国始祖，在位年数未详，据陈梦家《西周年代考》表四《西周诸侯世表》，约在周成王时期①。因其在商代时封国名微（今山东梁山西北），为子爵，故称微子。《史记·殷本纪》："帝乙长子曰微子启，启母贱，不得嗣。"司马贞《索隐》注："微，国号。爵为子。启，名也。"又注曰："此以启与纣异母，而郑玄称为同母，依《吕氏春秋》，言母当生启时犹未正立，及生纣时始正为妃，故启大而庶，纣小而嫡。"②《吕氏春秋·当务》载："纣之同母三人，其长曰微子启，其次曰中衍，其次曰受德。受德乃纣也，甚少矣。纣母之生微子启与中衍也，尚为妾；已而为妻而生纣。纣之父、纣之母欲置微子启以为太子，太史据法而争之曰：'有妻之子，而不可置妾之子。'纣故为后。"③可知，微子、微仲与纣王三人同母，但其母在生微子和微仲时身贱为妾，故微子为庶子不得立，纣小因嫡得立为嗣。纣王为政，荒淫奢侈，残暴无道，导致众叛亲离，国势日衰，行将灭亡，微子屡谏，不被采纳，乃愤而出走，乞降于周。周武王死后，武庚叛乱，被周公平叛杀死，另封纣王的庶兄微子启于宋，都睢阳，把一部分商遗民交给他去统治，以奉商朝之宗祀。

---

① 陈梦家：《西周年代考》，商务印书馆1945年版，第55页。
② [汉] 司马迁：《史记》，中华书局1982年版，第105页。
③ 陈奇猷：《吕氏春秋校释》，学林出版社1984年版，第596页。

《荀子·成相》云："武王怒，师牧野，纣卒易乡启乃下。武王善之，封之于宋立其祖。"①《史记·周本纪》载："成王少，周初定天下，周公恐诸侯畔周，公乃摄行政当国。管叔、蔡叔群弟疑周公，与武庚作乱，畔周。周公奉成王命，伐诛武庚、管叔，放蔡叔。以微子开代殷后，国于宋。"②微子开即微子启，司马迁为避汉景帝刘启之讳，故称。又《史记·鲁周公世家》："周公乃奉成王命，兴师东伐，作《大诰》。遂诛管叔，杀武庚，放蔡叔。收殷余民，以封康叔于卫，封微子于宋，以奉殷祀。"③

关于宋立国的时间，一般认为应从微子受封之时算起，而微子受封于何时，学界认识尚不统一，其原因是对周武王克商的时间认识不一。微子封宋是在周公平定三监叛乱之后，三监之乱发生于武王崩、周公辅政后。《史记·周本纪》载："武王已克殷，后二年……武王有瘳。后而崩，太子诵代立，是为成王。……初，管、蔡畔周，周公讨之，三年而毕定……"④据此可知，武王崩是在伐纣克殷后两年，由于周公平定三监之乱是"三年而毕定"，则微子封宋当在武王伐纣后五年。关于武王伐纣的具体时间，至今也是众说纷纭，未有定论。学者赵光贤通过对《尚书》部分篇章、古本《武成》等记载、西周历谱、天象进行综合研究，推算其为公元前1045年⑤。据此，因微子封宋是在武王伐纣后五年，则微子受封之年当为公元前1040年。公元前286年，齐、楚、魏三国伐宋，宋亡。从公元前1040年至公元前286年是为宋国存世之年，享国七百五十四年。

微仲：名衍，又名泄，微子启之弟。在位年数未详，据陈梦家《西周年代考》表四《西周诸侯世表》，约在周康王时期。《史记·宋微子世家》曰"微子开卒，立其弟衍，是为微仲。"裴骃《集解》注："《礼记》曰：

---

① 章诗同：《荀子简注》，上海人民出版社1974年版，第274页。
② [汉]司马迁：《史记》，中华书局1982年版，第132页。
③ [汉]司马迁：《史记》，中华书局1982年版，第1518页。
④ [汉]司马迁：《史记》，中华书局1982年版，第131—132页。
⑤ 赵光贤：《武王克商与周初年代的再探索》，《人文杂志》1987年第2期。

'微子舍其孙腯而立衍也。'郑玄曰:'微子適子死,立其弟衍,殷礼也。'"司马贞《索隐》引《孔子家语》曰:"虽迁爵易位,而班级不过其故,故以旧官为称。故二微虽为宋公,犹称微,至于稽乃称宋公也。"①《孔子家语·本性解》云:"其(微子)弟曰仲思,名衍,或名泄。嗣微之后,故号微仲。"②微子启传位于其弟微仲,是沿袭殷商"以弟为主,而以子继辅之"的君统旧制。王国维在考察了殷商先公先王的继承制度后说:"商之继统法,以弟及为主,而以子继辅之,无弟然后传子。自汤至于帝辛二十九帝中,以弟继兄者凡十四帝,其传子者亦多传弟之子,而罕传兄之子,盖周时以嫡庶长幼为贵贱之制,商无有也。"③微仲之后,宋循周代礼制,王位传承以"父死子继"为先,继以"兄死弟及"。对此,宋宣公曾说:"父死子继,兄死弟及,天下通义也。"④

宋公稽:微仲之子,名稽,无谥。在位年数未详,据陈梦家《西周年代考》表四《西周诸侯世表》,约在周昭王、周穆王时期。《史记·宋微子世家》曰:"微仲卒,子宋公稽立。"司马贞《索隐》引谯周云:"未谥,故名之。"⑤宋公稽承微子一脉成为殷之宗子,其制如鲁公伯禽之承周公而为侯于鲁一样,以始封之君名之。自稽开始,宋君方称"宋公",稽为第一代宋公。

宋丁公:宋公稽之子,名申。在位年数未详,据陈梦家《西周年代考》表四《西周诸侯世表》,约在周穆王时期。《史记·宋微子世家》曰:"宋公稽卒,子丁公申立。"⑥生平和在位时间不详,死后宋前湣公即位。

宋前湣公:宋丁公之子,湣又作闵、愍,名共。在位年数未详,据陈梦家《西周年代考》表四《西周诸侯世表》,约在周共王时期。宋国

---

① [汉]司马迁:《史记》,中华书局1982年版,第1621—1622页。
② 王德明:《孔子家语译注》,广西师范大学出版社1998年版,第421页。
③ 王国维:《观堂集林》(外二种),河北教育出版社2003年版,第220页。
④ [汉]司马迁:《史记》,中华书局1982年版,第1622页。
⑤ [汉]司马迁:《史记》,中华书局1982年版,第1621—1622页。
⑥ [汉]司马迁:《史记》,中华书局1982年版,第1621页。

第十六代君宋庄公之子捷，嗣位后亦称"湣公"，则此为宋前湣公。《史记·宋微子世家》曰："丁公申卒，子湣公共立。"①《左传》杜预注称"闵公"②。

宋炀公：宋前湣公之弟，名熙。在位年数未详，据陈梦家《西周年代考》表四《西周诸侯世表》，约在周懿王、周孝王时期。《史记·宋微子世家》曰："湣公共卒，弟炀公熙立。"时弗父何为宋湣公太子，《左传》昭公七年："弗父何，以有宋而授厉公。"杜预注："弗父何，孔父嘉之高祖，宋闵公之子，厉公（鲋祀）之兄。何適嗣当立，以让厉公。"③《毛诗正义》孔颖达疏曰："服虔云：'弗父何，宋湣公世子，厉公之兄。以有宋，言湣公之適嗣，当有宋国，而让与弟厉公也。'《宋世家》称厉公杀炀公而自立，传言弗父何授之者，何是湣公世子，父卒当立，而炀公篡之。盖厉公既杀炀公，将立弗父何，而何让与厉公也。"④

宋厉公：湣公子，名鲋祀，又作鲂祀。在位年数未详，据陈梦家《西周年代考》表四《西周诸侯世表》，约在周夷王时期。《史记·宋微子世家》曰："炀公即位，湣公子鲋祀弑炀公而自立，曰'我当立'，是为厉公。"司马贞《索隐》注："徐云一本作'鲂'，谯周亦作'鲂祀'，据《左氏》，即湣公庶子也。弑炀公，欲立太子弗父何，何让不受。"⑤弗父何乃孔子先公之一，《孔子家语》以后的典籍均认为，弗父何为长子，应当继位，而弗父何不接受，把君位让给鲋祀，自己则甘愿做宋国之卿。今人也有此说："弗父何，宋闵公的儿子、厉公的长兄。他本应做宋君的，没有做，便让给他的弟弟。"⑥司马贞《索隐》称鲋祀为湣公庶子，但从鲋祀自称"我当立"来看，鲋祀很有可能是嫡子，弗父何为庶子，因为庶子无资

---

① ［汉］司马迁：《史记》，中华书局1982年版，第1621页。
② 李学勤主编：《十三经注疏·春秋左传正义》，北京大学出版社1999年版，第1252页。
③ 李学勤主编：《十三经注疏·春秋左传正义》，北京大学出版社1999年版，第1252页。
④ 李学勤主编：《十三经注疏·毛诗正义》，北京大学出版社1999年版，第1432页。
⑤ ［汉］司马迁：《史记》，中华书局1982年版，第1621—1622页。
⑥ 杨荣国：《中国古代思想史》，人民出版社1973年版，第82页。

格嗣君位，故有"让位"一说。

宋釐公（前858—前831在位）：宋厉公之子，名举，在位二十八年。《史记·宋微子世家》曰："厉公卒，子釐公举立。釐公十七年，周厉王出奔彘。"在位期间经过周召共和时期，宋釐公十八年（前841）为周共和元年，是中国古代有明确纪年的开始。从宋釐公始，直至春秋末期宋元公，其间宋君在位年数均依《史记》之《宋微子世家》《十二诸侯年表》《六国年表》推算而得，春秋时最后一位宋君宋景公及战国时代之宋君年世，《史记》所载颇多脱误，故依从今人杨宽《战国史料编年辑证》之说。

宋惠公（前830—前800在位）：宋釐公之子，名觍，在位三十一年。《史记·宋微子世家》曰："釐公卒，子惠公觍立。惠公四年（前827），周宣王即位。三十年，惠公卒，子哀公立。"① 又《史记·十二诸侯年表》载：宣王二十八年（前800），"宋惠公薨"②。则惠公在位三十一年。

宋哀公（前800在位）：宋惠公之子，名不详，在位仅一年。《史记·宋微子世家》曰："惠公卒，子哀公立。"③

宋戴公（前799—前766在位）：宋哀公之子，名不详，在位三十四年。《史记·宋微子世家》曰："哀公元年卒，子戴公立。戴公二十九年，周幽王为犬戎所杀，秦始列为诸侯。"④ 宋戴公在位期间由正考父辅佐，爱民如子，受万民拥戴，在位三十四年而卒，周宣王特赐谥为"戴"。其子以谥号"戴"为氏，形成戴氏一族。

（二）春秋时期的宋君

宋武公（前765—前748在位）：宋戴公之子，名司空，在位十八年。《史记·宋微子世家》曰："戴公卒，子武公司空立。武公生女为鲁惠公夫人，生鲁桓公。"⑤《史记·十二诸侯年表》云："宋武公十八年生鲁桓公

---

① ［汉］司马迁：《史记》，中华书局1982年版，第1621—1622页。
② ［汉］司马迁：《史记》，中华书局1982年版，第526页。
③ ［汉］司马迁：《史记》，中华书局1982年版，第1622页。
④ ［汉］司马迁：《史记》，中华书局1982年版，第1622页。
⑤ ［汉］司马迁：《史记》，中华书局1982年版，第1622页。

母。"① 考之《左传》隐公元年亦曰："宋武公生仲子。仲子生而有文在其手，曰为鲁夫人，故仲子归于我。生桓公而惠公薨，是以隐公立而奉之。"② 在位期间北方游牧部落长狄入侵，宋武公派兄弟司徒皇父率军抵御，在长丘（今河南封丘）打败长狄，俘获首领缘斯。《左传》文公十一年载："初，宋武公之世，鄋瞒伐宋。司徒皇父帅师御之，耏班御皇父充石，公子谷甥为右，司寇牛父驷乘，以败狄于长丘，获长狄缘斯。皇父之二子死焉，宋公于是以门赏耏班，使食其征，谓之耏门。"③《史记·鲁周公世家》亦有相同记载。

宋宣公（前747—前729在位）：宋武公之子，名力，在位十九年。《史记·宋微子世家》曰："武公卒，子宣公力立。宣公有太子与夷。十九年，宣公病，让其弟和，曰：'父死子继，兄死弟及，天下通义也。我其立和。'和亦三让而受之。宣公卒，弟和立，是为穆公。"④

宋穆公（前728—前720在位）：宋宣公之弟，名和。《汉书·古今人表》作"宋缪公"⑤。《史记·宋微子世家》曰："穆公九年，病，召大司马孔父谓曰：'先君宣公舍太子与夷而立我，我不敢忘。我死，必立与夷也。'孔父曰：'群臣皆原立公子冯。'穆公曰：'毋立冯，吾不可以负宣公。'……穆公卒，兄宣公子与夷立，是为殇公。君子闻之，曰：'宋宣公可谓知人矣，立其弟以成义，然卒其子复享之。'"⑥ 宋穆公传位给宋宣公之子与夷，而没有传给自己的儿子冯，被认为是遵循道义的典范。

宋殇公（前719—前711在位）：宋宣公之子，名与夷，宋穆公舍公子冯而立其为宋君。殇公在位时任孔父嘉为司马，华督为太宰，共同执政。两人皆为公族大夫，华督为宋戴公之孙，而孔父嘉则为弗父

---

① ［汉］司马迁：《史记》，中华书局1959年版，第539页。
② 杨伯峻：《春秋左传注》（修订本），中华书局1990年版，第3—4页。
③ 杨伯峻：《春秋左传注》（修订本），中华书局1990年版，第583—584页。
④ ［汉］司马迁：《史记》，中华书局1982年版，第1622页。
⑤ ［汉］班固：《汉书》，中华书局1962年版，第904页。
⑥ ［汉］司马迁：《史记》，中华书局1982年版，第1623页。

何之后。华督因孔父嘉地位高于己而不满,双方矛盾很深。此时天下无霸,宋国与西邻郑国争斗激烈,仅宋殇公在位十年时期,两国就发生了十一场重大战争,百姓苦不堪言。太宰华督欲利用民怨除掉孔父嘉,乃使人宣言国中:"民苦不堪,皆孔父为之,我且杀孔父以宁民。"遂杀孔父并夺取其妻,"殇公怒,遂弑殇公"①。

宋庄公(前710—前692在位):宋穆公之子,名冯,在位十九年。班固为避汉明帝刘庄名讳,于《汉书·古今人表》中称"宋严公"②。宋穆公为报答其兄宣公舍弃太子与夷而立自己为君,后将王位传于其侄子与夷,是为殇公,使太子冯"出居于郑",宋殇公后为太宰华督所杀,"而迎穆公子冯于郑而立之,是为庄公"③,华督为太宰。时郑国国君为郑昭公,名忽,公子突的母亲是宋国雍氏之女,雍氏乃宋庄公宠臣,宋庄公出于宋国私利,欲改立公子突,乃"诱祭仲而执之",声言"不立突,将死",且执公子突为人质向郑"求赂",祭仲被迫与宋结盟,迎立公子突,是为郑厉公,昭公遂奔卫④。

宋后湣公(前691—前682在位):宋庄公之子,湣又作闵、愍,名捷,在位十年。在位期间与鲁国多次交战。据《左传》《史记》,时南宫万为宋军事将领,一次与鲁国交战,南宫万被俘,被释回国后与湣公出游博戏,遭到湣公的耻笑,因之羞怒,遂以棋盘击杀湣公,立公子游为君,由此引发群公子之乱。前有宋公稽之子宋湣公,则此为宋后湣公。

宋前废公(前682在位):宋后湣公之堂弟,名游,无谥,在位不足三个月。南宫万弑湣公后立公子游为君。子游君位昙花一现,不久,湣公的公子"萧叔大心及戴、武、宣、穆、庄之族以曹师伐之"⑤,杀子游,立御说。

---

① [汉]司马迁:《史记》,中华书局1982年版,第1623页。
② [汉]班固:《汉书》,中华书局1962年版,第905页。
③ [汉]司马迁:《史记》,中华书局1982年版,第1623页。
④ 杨伯峻:《春秋左传注》(修订本),中华书局1990年版,第132页。
⑤ 杨伯峻:《春秋左传注》(修订本),中华书局1990年版,第191—192页。

宋桓公（前681—前651在位）：宋后湣公之弟，名御说，在位三十一年，是为宋桓公。桓公即位后，为感激萧叔大心定立之功，封萧叔大心于萧，立为附庸。此后，宋国政局开始稳定，国家实力渐强。宋桓公一生威名赫赫，随齐桓公东征西讨、南征北战，为齐国称霸之左膀右臂。齐桓公死后，中原霸主暂时空缺，宋桓公之子襄公便开始了图霸大业。《春秋》僖公九年（前651）云："春三月丁丑，宋公御说卒。夏，公会宰周公、齐侯、宋子、卫侯、郑伯、许男、曹伯于葵丘。"①《春秋经》书宋公为"宋子"，《传》文释其故："宋桓公卒。未葬而襄公会诸侯，故曰子。凡在丧，王曰小童，公侯曰子。"

宋襄公（前650—前637在位）：宋桓公太子，名兹父，又作兹甫，在位十四年。齐桓公死后，宋襄公与楚国争霸，一度为楚国所拘。公元前638年（宋襄公十三年），宋襄公讨伐郑国，与救郑的楚兵战于泓水。楚兵强大，宋襄公讲究"仁义"，待楚兵渡河列阵后再战，结果大败受伤，次年伤发而亡。宋襄公以"让国"而博得"仁义"之名，宋楚泓水之战又以"仁义"而败亡，引发后人诸多评议。宋襄公尚有一事，亦颇受时人訾议，据《礼记·檀弓上》："宋襄公葬其夫人，醯醢百瓮。曾子曰：'既曰明器矣，而又实之。'"郑玄注云："言名之为明器，而与祭器皆实之，是乱鬼器与人器。"②所谓明器，就是鬼器；所谓祭器，就是人器。士的礼仪简略，随葬品中没有祭器，仅有明器，并在里面装满东西。大夫以上尊贵者，礼仪齐全，所以随葬品中鬼器、人器皆有。若既有鬼器又有祭器，那只在祭器里装满东西，而不在明器里装东西。宋襄公葬其夫人，既有祭器又有鬼器，并且都在里面装满了东西，所以曾子批评他。

宋成公（前636—前620在位）：宋襄公之子，名王臣，在位十七年。晋文公重耳曾逃亡至宋国，得到宋成公父亲襄公礼遇，所以，晋、宋相亲，成公时宋叛楚即晋，"（成公）三年，倍楚盟亲晋，以有德于文公也。四年，

---

① 杨伯峻：《春秋左传注》（修订本），中华书局1990年版，第323—325页。
② 李学勤主编：《十三经注疏·礼记正义》，北京大学出版社1999年版，第237页。

楚成王伐宋，宋告急于晋"①。当时，晋大夫先轸谓晋文公曰："报施、救患，取威、定霸，于是乎在矣。"②晋文公听取先轸建议，果断出兵。次年（前632），晋、楚战于城濮，楚军大败。宋等中原侯国纷纷附晋，晋国确立中原霸主地位。此后，宋成公积极追随晋文公霸业。公元前620年（宋成公十七年），成公卒，"成公弟御杀太子及大司马公孙固而自立为君。宋人共杀君御而立成公少子杵臼，是为昭公"③。

宋后废公（前620在位）：宋襄公之子，宋成公之弟，名御，在位不满一月。宋成公卒，其弟子御杀宋成公太子和大司马公孙固，自立为国君。后来，宋国人又杀了子御，立宋成公之幼子杵臼为国君，是为宋昭公。关于宋昭公，《史记》之《宋微子世家》与《十二诸侯年表》所叙不同。对此，杨伯峻于《左传》文公七年考注曰："《宋世家》云：'成公卒，成公弟御杀太子及大司马公孙固而自立为君，宋人共杀君御而立成公少子杵臼，是为昭公。'《年表》云：'宋昭公杵臼，襄公之子。'一则以为成公少子，一则以为襄公之子，是司马迁之存异说。然考之文十六年《传》，宋昭公称襄公夫人为'君祖母'，则是成公之子，襄公之孙，无疑也。至《宋世家》所述成公弟御杀太子事，不见《左传》，公孙固之死亦与《左传》不合，恐皆是司马迁所采之异闻。"④

宋前昭公（前619—前611在位）：名杵臼，宋成公之子，为宋前昭公，在位九年。宋昭公时似不得民心，《史记·宋微子世家》云："昭公无道，国人不附。昭公弟鲍革贤而下士。"⑤宋昭公九年（前611），子鲍（鲍革）联合宋襄公夫人杀杵臼于孟诸（今商丘市东北）打猎途中，子鲍遂自立，是为宋文公。此记昭公被弑，乃因其"无道"。关于"无道"的解释，《论

---

① ［汉］司马迁：《史记》，中华书局1982年版，第1627页。
② 杨伯峻：《春秋左传注》（修订本），中华书局1990年版，第445页。
③ ［汉］司马迁：《史记》，中华书局1982年版，第1627—1628页。
④ 杨伯峻：《春秋左传注》（修订本），中华书局1990年版，第556—557页。
⑤ ［汉］司马迁：《史记》，中华书局1982年版，第1628页。

衡》有所谓"恶中之逆者,谓之无道"①。但考之史书记载,昭公似无此劣迹。宋昭公谥号为"昭",非恶谥而是美谥。昭作为谥号有两种含义,《谥法解》:"昭德有劳曰昭,圣闻周达曰昭。"②"昭德有劳"与"圣闻周达"是对人品的褒扬,既然谥为"昭",又怎会"无道"呢?宋襄之后,公族大宗擅权,宋国内乱不止,昭公即位之初,六卿中或与公室有直接血缘关系,或是强宗大族,昭公"将去群公子",导致"穆、襄之族率国人以攻公,杀公孙固、公孙郑于公宫"③。后虽公室与六卿联合,但是昭公近党公孙固等被杀,昭公方即位,势力已大削。昭公无法保护亲信,阻止内乱,甚至最后被杀而失君位,可谓无能。由此可见,此"无道"当即王充所谓"无道者,无道术也"④,而非昏庸之"无道"。

宋文公(前610—前589在位):宋成公之子,宋前昭公庶弟,名鲍,或作鲍革,在位二十二年。宋前昭公被弑,引起诸侯干预:"今宋人弑其君,罪莫大焉!"⑤于是晋国率领郑、卫、陈等联军讨伐宋国,以伸张正义。《史记·宋微子世家》云:"文公元年,晋率诸侯伐宋,责以弑君。"⑥国内人民亦蠢蠢欲动。诸侯之师本以责问弑杀昭公而兴兵,但是,这场师出有名的战争最终夭折。原因是自知理亏的公子鲍和襄夫人向各国带兵主帅大行贿赂,各国主帅得到贿赂,自然偃旗息鼓。在襄夫人支持下,公子鲍以金钱收买了国内,又收买了国外,坐稳了君位,由晋国发起的这场"弑君之责"遂不了了之。文公子鲍"美而艳",深得宋襄夫人喜爱,"国人奉公子鲍以因夫人","宋文公卒,始厚葬,用蜃、炭,益车、马,始用殉,重器备。椁有四阿,棺有翰、桧"。杨伯峻注云:"据杜注,翰是棺木旁装饰,桧是棺木上装饰,皆天子所用。究竟形状与材料如何,

---

① 袁华忠、方家常:《论衡全译》,贵州人民出版社1993年版,第722页。
② 黄怀信等:《逸周书汇校集注》,上海古籍出版社1995年版,第700页。
③ 杨伯峻:《春秋左传注》(修订本),中华书局1990年版,第556—558页。
④ 袁华忠、方家常:《论衡全译》,贵州人民出版社1993年版,第823页。
⑤ 徐元诰:《国语集解》,中华书局2002年版,第380页。
⑥ [汉]司马迁:《史记》,中华书局1982年版,第1629页。

已不可考。宋文公至明年二月始葬，距死时七阅月。依《礼》，天子七月而葬，诸侯五月。可见宋文公厚葬，僭用天子之礼。《吕氏春秋·安死》云：'宋未亡而东冢扬。'高诱注以为'东冢'即宋文公墓。如可信，宋文公墓终因厚葬而被盗发。"① 此为文献记载中，宋国第一次实行厚葬，君子讥笑执政华元"于是乎不臣"，即没有尽到为臣的职责。

宋共公（前588—前576在位）：宋文公之子，名瑕，在位十三年。其间执政大夫华元专国，宋共公十年（前579），"华元善楚将子重，又善晋将栾书，两盟晋楚"②，促成春秋第一次弭兵之会。宋共公时，为避水患，曾将国都宋城迁于相城（又名相子城，今安徽淮北），后又还都于宋城。汉时宋国都城（今河南商丘）称睢阳，《史记·曹相国世家》张守节《正义》引《舆地志》云："宋共公自睢阳徙相子城，又还睢阳。"③公元前576年，宋共公卒。世袭司马荡泽（宋襄公弟公子荡的曾孙）作乱，杀死太子肥。华元诛杀荡泽，"乃立共公少子成，是为平公"④。

宋平公（前575—前532在位）：宋共公少子，名成，在位四十四年。其间宋大夫向戌执政，善外交，与晋、楚亲善。宋平公三十年（前546），由向戌发起，在宋都举行十四国会议，推晋、楚共为霸主，此为春秋第二次弭兵之会。平公在位四十四年而卒，太子佐继位，是为宋元公。宋平公母乃鲁宣公女、鲁成公之妹伯姬，故宋平公卒后，鲁国专门派遣大夫叔弓至宋参与葬礼，《左传》昭公十一年载："春王二月，叔弓如宋，葬平公也。"⑤

宋元公（前531—前517在位）：宋平公之子，名佐，在位十五年。宋元公时，华、向两族势力强大，引起元公不满，华、向氏族中华定、华亥和向宁恐元公杀己，遂预先作乱，"杀公子寅、公子御戎、公子朱、

---

① 杨伯峻：《春秋左传注》（修订本），中华书局1990年版，第801—802页。
② ［汉］司马迁：《史记》，中华书局1982年版，第1630页。
③ ［汉］司马迁：《史记》，中华书局1982年版，第2028页。
④ ［汉］司马迁：《史记》，中华书局1982年版，第1630页。
⑤ 杨伯峻：《春秋左传注》（修订本），中华书局1990年版，第1322页。

公子固、公孙援、公孙丁，拘向胜、向行于其廪"①，此八子皆元公党，又劫持元公。此即春秋宋国历史上著名的"华向之乱"。从公元前522年（宋元公十年）华、向作乱开始，至公元前520年（宋元公十二年）宋国依靠齐师等外力援助，将华、向两族叛党驱赶至楚，历时三年，内乱始告平息。此次华、向之乱以公族的失败而告终，说明公族之间的权力斗争虽然非常激烈，卿大夫向公室夺权，但是宋公室未完全被卿大夫所控制②，《左传》称"诸侯唯宋事其君"③。

宋景公（前516—前469在位）：宋元公之子，名栾，在位四十八年。《史记》作头曼，《宋微子世家》："鲁昭公避季氏居外，为之求入鲁，行道卒，子景公头曼立。"④《汉书·古今人表》作"兜栾"。宋景公在位四十八年而卒，宋公子特杀太子而自立。

（三）战国时期的宋君

宋后昭公（前468—前404在位）：宋元公曾孙，公子褍秦之孙，公孙周之子，宋景公之养子，名特，一名得。《左传》哀公二十六年："宋景公无子，取公孙周之子得与启，畜诸公宫，未有立焉。"杜预注："得，昭公也。"⑤为宋后昭公。宋后昭公时，曾邀请墨子到宋国参政，拜为宋大夫，称"上无君上之事，下无耕农之难"⑥。晚年任用戴欢为大宰，司城皇专政，二人互相残杀。后司城子罕击败戴欢，又将昭公驱逐，出亡于鄙，喟然叹曰："吾知所以亡矣。吾朝臣千人，发政举吏，无不曰吾君圣者；侍御数百人，被服以立，无不曰吾君丽者。内外不闻吾过，是以至此！"⑦遂潜心改过，三年后复位。《史记·宋微子世家》云："昭

---

① 杨伯峻：《春秋左传注》（修订本），中华书局1990年版，第1409页。
② 参顾德融、朱顺龙：《春秋史》，上海人民出版社2003年版，第369页。
③ 杨伯峻：《春秋左传注》（修订本），中华书局1990年版，第1430页。
④ [汉]司马迁：《史记》，中华书局1982年版，第1630页。
⑤ 李学勤主编：《十三经注疏·春秋左传正义》，北京大学出版社1999年版，第1712页。
⑥ [清]孙诒让：《墨子间诂》，中华书局2001年版，第445页。
⑦ [汉]刘向编著：《新序校释》，中华书局2001年版，第739—740页。

公四十七年卒，子悼公购由立。"①关于宋后昭公和其养父宋景公在位之年数，杨宽依《左传》《史记》等文献加以辑证曰："据《左传》，宋景公四十八年卒，《宋世家》作六十四年，《六国表》作六十六年，误后十八年。梁玉绳《史记志疑》据此将此后宋君年世依次移前十八年。孙诒让作《墨子年表》，增多昭公年世十八年，不将昭公以后年世移前。孙说是也。宋景公为四十八年，宋昭公为六十五年，《史记》误作景公六十六年，昭公四十九年。"②则"昭公四十七年卒"疑为司马迁误载，宋后昭公在位实为六十五年，是宋国历史上在位时间最长的国君。

宋悼公（前403—前385在位）：宋后昭公之子，名购由，在位十八年。《史记·宋微子世家》载："悼公八年卒，子休公田立。"司马贞《索隐》注："按《纪年》为十八年。"③又据《史记·韩世家》，韩文侯二年（前385），"伐郑，取阳城。伐宋，到彭城，执宋君"④。《六国表》与《韩世家》所载同，列于周安王十七年（前385）。历史学家杨宽认为："据《纪年》，宋悼公为十八年。韩文侯二年即宋悼公十九年，盖悼公被执，休公于立年改元，因而悼公为十八年。""悼公盖被韩所执而死，此其所以谥悼。《史记》盖短少十年。因此休公元年当移后十年，当周安王十七年（公元前三八五年）。"⑤据此，宋悼公在位十八年当无疑问。宋悼公时，宋国已经衰落，宋都可能已迁至彭城（今江苏徐州）。

宋休公（前385—前363在位）：宋悼公之子，名田，在位二十三年。《史记·宋微子世家》载："休公田二十三年卒，子辟公辟兵立。"⑥休公时，宋国首都为彭城，前引《史记·韩世家》所载，"到彭城，执宋君"。

宋辟公（前362—前356在位）：宋休公之子，又称宋桓侯、宋后桓公，

---

① ［汉］司马迁：《史记》，中华书局1982年版，第1631页。
② 杨宽：《战国史料编年辑证》，上海人民出版社2001年版，第67页。
③ ［汉］司马迁：《史记》，中华书局1982年版，第1631—1632页。
④ ［汉］司马迁：《史记》，中华书局1982年版，第1868页。
⑤ 杨宽：《战国史料编年辑证》，上海人民出版社2001年版，第67—68页。
⑥ ［汉］司马迁：《史记》，中华书局1982年版，第1631—1632页。

名辟兵，或璧兵。《史记·宋世家》："休公田二十三年卒，子辟公辟兵立。"司马贞《索隐》按："《纪年》作'桓侯璧兵'，则璧兵谥桓也。又《庄子》云：'桓侯行，未出城门，其前驱呼辟，蒙人止之，后为狂也。'司马彪云：'呼辟，使人避道。蒙人以桓侯名辟，而前驱呼辟，故为狂也。'"①据《史记·宋微子世家》，宋辟公在位三年而卒，子剔成立。《史记·魏世家》载："（魏惠王）十五年，鲁、魏、宋、郑君来朝。"司马贞《索隐》按："《纪年》鲁恭侯、宋桓侯、卫成侯、郑釐侯来朝，皆在十四年，是也。"②魏惠王十四年是为公元前356年。杨宽进一步考证曰："据《魏世家·索隐》引《纪年》，魏惠王十四年（公元前三五六年）宋桓侯与鲁、卫、韩君来朝，则宋桓侯之被杀，司城子罕自立，当在此年之后，其确切年代尚不能考定，最早在周显王十四年（公元前三五五年）或稍后。"③据此，则宋桓侯即宋辟公，在位至少七年。

宋剔成君（前355—前329在位）：宋辟公之子，名剔成，一名剔成肝，又说为司城子罕，名喜，字子罕，曾任宋国司城，为宋戴公之子子文之后，在位二十七年。《史记》云"辟公三年卒，子剔成立"，认为子剔成立为国君，是父子传位。其实不然。司马贞《索隐》王劭按："《纪年》云宋易城肝废其君辟而自立也。"④《韩非子·说疑》曰："司城子罕取宋。"又《韩非子·内储说下》："戴欢为宋太宰，皇喜重于君，二人争事而相害也。皇喜遂杀宋君而夺其政。"⑤综合以上记载，"易成肝"即《史记》之"剔成"，"君璧"即《史记》之"辟公辟兵"，"司城"为"剔成"一声之转，"罕"与"肝"同声通假，韩非所云"子罕""皇喜"就是易城肝。清人苏时学对此也进行了考证，认为"戴氏之篡宋固然矣，然则其篡宋当以何时欤？按《纪年》云：'宋易城肝废其君璧而自立。'璧者宋桓侯，而易城

---

① ［汉］司马迁：《史记》，中华书局1982年版，第1632页。
② ［汉］司马迁：《史记》，中华书局1982年版，第1844—1845页。
③ 杨宽：《战国史料编年辑证》，上海人民出版社2001年版，第68页。
④ ［汉］司马迁：《史记》，中华书局1982年版，第1632页。
⑤ 陈奇猷：《韩非子新校注》，上海古籍出版社2000年版，第646页。

盱殆即司城子罕欤？"① 剔成二十七年，剔成弟偃攻袭剔成，剔成败奔齐，偃自立为宋君。

宋康王（前328—前286在位）：宋剔成君之弟（一作剔成君之子），或称宋王偃，《荀子·王霸》又作宋献王，《史记·龟策列传》又称宋元王，原名戴偃。宋剔成二十七年（前329），戴偃以武力取得宋国君主之位，宋剔成君逃至齐国。戴偃在第十一年时，自立为王。《史记》载："东伐齐，取五城；南败楚，取地三百余里，西败魏军，乃与齐、魏为敌国。"② 公元前286年，宋国发生内乱，齐、楚、魏三国伐宋，杀宋王偃，三分其地，宋亡。

四　宋国的都城和疆域

（一）宋国的都城

1. 史籍中有关宋国都城的记载

微子启作为宋国始祖，被分封在宋地，史籍多有记载。《荀子·成相》："武王怒，师牧野，纣卒易乡启乃下。武王善之，封之于宋立其祖。"③《吕氏春秋·慎大》："（武王）立成汤之后于宋，以奉桑林。"④《礼记·乐记》："武王克殷反商，未及下车而封黄帝之后于蓟，封帝尧之后于祝，封帝舜之后于陈，下车而封夏后氏之后于杞，投殷之后于宋。"⑤《韩诗外传》卷三："既反商，未及下车，封黄帝之后于蓟，封帝尧之后于祝，封舜之后于陈。下车而封夏后氏之后于杞，封殷之后于宋，封比干之墓，释箕子之囚，表商容之闾。"⑥ 司马迁记载更详，《史记·周本纪》："成王少，周初定天下，周公恐诸侯畔周，公乃摄行政当国。管叔、蔡

---

① 陈奇猷：《韩非子集释》卷二引，上海人民出版社1974年版，第115页。
② ［汉］司马迁：《史记》，中华书局1982年版，第1632页。
③ 章诗同：《荀子简注》，上海人民出版社1974年版，第274页。
④ 陈奇猷：《吕氏春秋校释》，学林出版社1984年版，第844页。
⑤ 李学勤主编：《十三经注疏·礼记正义》，北京大学出版社1999年版，第1134—1135页。
⑥ 许维遹：《韩诗外传集释》，中华书局1980年版，第96页。

叔群弟疑周公，与武庚作乱，畔周。周公奉成王命，伐诛武庚、管叔，放蔡叔。以微子开代殷后，国于宋。"①《史记·宋微子世家》："武王崩，成王少，周公旦代行政当国。管、蔡疑之，乃与武庚作乱，欲袭成王、周公。周公既承成王命诛武庚，杀管叔，放蔡叔，乃命微子开代殷后，奉其先祀，作《微子之命》以申之，国于宋。"②又《史记·鲁周公世家》亦云："周公乃奉成王命，兴师东伐，作《大诰》。遂诛管叔，杀武庚，放蔡叔。收殷余民，以封康叔于卫，封微子于宋，以奉殷祀。"③根据这些史籍记载，殷商之后微子启被封于宋，当无疑问。但是，宋之分封，与齐、鲁、卫、燕等诸侯国分封有国号有都城不同，只言国号为"宋"，而未言都城名称，以至于宋之都城究竟在何地，令人疑惑。其实，《史记》中所说微子"国于宋"，这里的"宋"既是封国名，又是宋国的都城名称。

考之《左传》，宋国都城也未有明确所指，但根据一些史料综合分析，还是有踪迹可寻的。宋国都城名称当与宋国国名一样，同为"宋"，只不过于"宋"字后有时附"城"为"宋城"，亦可简称作"宋"。如《左传》襄公十年："六月，楚子囊、郑子耳伐宋，师于訾毋。庚午，围宋，门于桐门。"④又僖公二十七年："冬，楚子及诸侯围宋。宋公孙固如晋告急。"⑤又哀公八年："楚人围宋，易子而食，析骸而爨，犹无城下之盟。"⑥《左传》襄公十年载"桐门"为宋国都城之北门，由此可知"围宋"之"宋"当为宋国的都城，而非宋国其他城邑。若言其他城邑，则必标明具体地名，如襄公六年之"围宋之彭城"，哀公九年之"围宋雍丘"等。有时，"宋"和"宋城"同时出现，指的也是宋国都城。如《史记·宋微子世家》："楚以围宋五月不解，宋城中急，无食。"⑦这种混而不分的

---

① ［汉］司马迁：《史记》，中华书局1982年版，第132页。
② ［汉］司马迁：《史记》，中华书局1982年版，第1621页。
③ ［汉］司马迁：《史记》，中华书局1982年版，第1518页。
④ 杨伯峻：《春秋左传注》（修订本），中华书局1990年版，第978页。
⑤ 杨伯峻：《春秋左传注》（修订本），中华书局1990年版，第445页。
⑥ 杨伯峻：《春秋左传注》（修订本），中华书局1990年版，第1649页。
⑦ ［汉］司马迁：《史记》，中华书局1982年版，第1629页。

称谓，和当时郑国的都城称郑城，韩国的都城称韩城一样，因其初封时疆域较小而使其国名与都城名出现相同的情况。

宋国都城名称与国名经常混称，或为国名，或指都城。另外，"宋"作为国名时，在文献中还常常和"商"互相通称，则商应为宋国之别称。比如，《国语·吴语》："乃起师北征。阙为深沟，通于商、鲁之间。"韦昭注云："商，宋也。"①《庄子·天运》："商大宰荡问仁于庄子。"陈鼓应注："商，即宋。周朝封殷代后裔为宋，所以称为商。"②王国维《说商》曰："宋之称商丘，犹洹水南之称殷虚，是商在宋地。……余疑宋与商声相近，初本名商，后人欲以别于有天下之商，故谓之宋耳。"③这些记载，为考察宋国都城之所在提供了重要依据。

2. 宋国都城为今之商丘

微子启封于宋，都宋城，那么，到底宋城在何处呢？

《春秋释地》云："宋、商、商丘三名一地，梁国睢阳县是也。"王国维在《说商》一文中也说："杜预《春秋释地》以商丘为梁国睢阳（今河南归德府商丘县）。又云'宋、商、商丘三名一地'，其说是也。始以地名为国号，继以为有天下之号。"④《左传》昭公十七年云"宋，大辰之虚也"⑤；《左传》昭公元年记载"昔高辛氏有二子，伯曰阏伯，季曰实沈，居于旷林，不相能也，日寻干戈，以相征讨。后帝不臧，迁阏伯于商丘，主辰。商人是因，故辰为商星"⑥。辰即商星，或称大火星，商星对应的地域分野为商族部落居住之地。今商丘市西南1.5公里有阏伯台，是阏伯观察大火星的地方，为大辰之墟，所以宋地起初应指以阏伯台为中心的周围地区，宋城也应位于阏伯台附近。宋国都城为今天的河南商丘，

---

① 徐元诰：《国语集解》，中华书局2002年版，第545页。
② 陈鼓应：《庄子今注今译》，中华书局1983年版，第363—364页。
③ 王国维：《观堂集林》（外二种），河北教育出版社2003年版，第263—264页。
④ 王国维：《观堂集林》（外二种），河北教育出版社2003年版，第263页。
⑤ 杨伯峻：《春秋左传注》（修订本），中华书局1990年版，第1391页。
⑥ 杨伯峻：《春秋左传注》（修订本），中华书局1990年版，第1217—1218页。

其他史籍也多有记载。如《汉书·地理志》："周封微子于宋，今之睢阳是也，本陶唐氏火正阏伯之墟也。"① 清康熙四十四年版《商丘县志》记载更为详细："（周）封微子启于阏伯之墟，今商丘，故宋都也。"

据《左传》记载，宋国都城城门较多，有扬门、泽门、桐门、西门、卢门、曹门、蒙门以及关门耏门、外城门桑林门等。

扬门：宋都东门。《左传》昭公二十一年（前521）载：华向之乱时，宋元公欲弃师而逃，被厨人濮劝止，让士兵挥舞旗帜为元公呐喊助威，"（宋元）公自扬门见之，下而巡之"。杜预注"扬门"云："睢阳正东门曰扬门。"② 杨伯峻注曰："睢阳即今商丘县。"③

泽门：宋都东南门，又名垤泽门。《左传》襄公十七年（前556）："宋皇国父为大宰，为平公筑台……筑者讴曰：'泽门之皙，实兴我役。'"杜预注："泽门，宋东城南门也。皇国父白皙而居近泽门。"④ 顾栋高《春秋大事表》谓，《孟子》所载"鲁君之宋呼于垤泽之门，即此"⑤。

桐门：宋都北门。《左传》哀公二十六年（前469）："得梦启北首而寝于卢门之外，己为鸟而集于其上，咮加于南门，尾加于桐门。"杜预注："桐门，北门。"⑥

西门：《左传》襄公九年（前564）："宋灾，乐喜为司城以为政……二师令四乡正敬享，祝宗用马于四墉，祀盘庚于西门之外。"⑦ 这里《左传》只言宋都之西门，未言西门有别称。

卢门：宋都南门。《左传》桓公十四年（前698）："以大宫之椽归，为卢门之椽。"杜预注："卢门，宋城门。"⑧ 杨伯峻注："卢门，据《吕

---

① ［汉］班固：《汉书》，中华书局1962年版，第1663页。
② 李学勤主编：《十三经注疏·春秋左传正义》，北京大学出版社1999年版，第1417页。
③ 杨伯峻：《春秋左传注》（修订本），中华书局1990年版，第1428页。
④ 李学勤主编：《十三经注疏·春秋左传正义》，北京大学出版社1999年版，第944—945页。
⑤ ［清］顾栋高辑：《春秋大事表》，中华书局1993年版，第765页。
⑥ 李学勤主编：《十三经注疏·春秋左传正义》，北京大学出版社1999年版，第1713页。
⑦ 杨伯峻：《春秋左传注》（修订本），中华书局1990年版，第961—963页。
⑧ 李学勤主编：《十三经注疏·春秋左传正义》，北京大学出版社1999年版，第204页。

氏春秋·行论篇》述楚庄王之围宋，'乃为却四十里，而舍于卢门之阖'云云，则宋亦有卢门，乃宋郊之城门。"① 又《左传》昭公二十一年（前521）："华氏居卢门，以南里叛。"杜预注："卢门，宋东城南门。"② 根据以上记载，卢门当为宋都的东南门，顾栋高《春秋大事表》之《春秋列国都邑表》亦谓卢门为"东南城门"，但是，考之《左传》襄公十七年，杜《注》"泽门"谓"宋东城南门"，则宋国都城不应该有两个东城南门，两说必有一误。此卢门应为宋城的南门，顾祖禹《读史方舆纪要》及杨守敬《水经注疏》均持此说。

曹门：宋都西北门。《左传》成公十八年（前573）："夏六月，郑伯侵宋，及曹门外。"杜预注："曹门，宋城门也。"③ 顾栋高《春秋大事表》案："侯国各以所向之地为名，此盖走曹之道，曹在宋西北，则亦西北门矣。"④ 杨伯峻注引顾栋高《春秋大事表》谓："由宋国去曹国必出此门，故谓之曹门。曹国在宋之西北，则曹门当是宋之西北门。"⑤

蒙门：宋都东北门。《左传》襄公二十七年（前546）："乙酉，宋公及诸侯之大夫盟于蒙门之外。"杜预注："蒙门，宋城门。"⑥ 顾栋高《春秋大事表》案："宋有蒙邑，故有蒙门。今归德府治东北有蒙城，则亦东北门矣。"⑦ 杨伯峻注："宋都东北有蒙城，则蒙门为宋都之东北门，出此门至蒙城者。"⑧

耏门：宋关门。《左传》文公十一年（前616）："宋武公之世，鄋瞒伐宋，司徒皇父帅师御之，耏班御皇父充石……获长狄缘斯，皇父之二子死焉。宋公于是以门赏耏班，使食其征，谓之耏门。"杜预注耏

---

① 杨伯峻：《春秋左传注》（修订本），中华书局1990年版，第140页。
② 李学勤主编：《十三经注疏·春秋左传正义》，北京大学出版社1999年版，第1414页。
③ 李学勤主编：《十三经注疏·春秋左传正义》，北京大学出版社1999年版，第807页。
④ ［清］顾栋高辑：《春秋大事表》，中华书局1993年版，第766页。
⑤ 杨伯峻：《春秋左传注》（修订本），中华书局1990年版，第911页。
⑥ 李学勤主编：《十三经注疏·春秋左传正义》，北京大学出版社1999年版，第1062页。
⑦ ［清］顾栋高辑：《春秋大事表》，中华书局1993年版，第767页。
⑧ 杨伯峻：《春秋左传注》（修订本），中华书局1990年版，第1133页。

门为"关门"①。

另外还有外城门桑林门。《左传》昭公二十一年载:"宋城旧郛及桑林之门而守之。"杜预注:"旧郛,故城也。桑林,城门名。"杨伯峻注谓:"则此桑林之门,桑林社之围城门也。当在宋都郊外,作外城据点以守之。"②依此推断宋国都城有内城和外城(郭)之分。康熙《商丘县志》载:"鲁隐公五年秋九月,郑人会王师伐宋,入其郭以报东门之役。先是,宋公与陈蔡卫伐郑,围其东门,五日而还。事在隐公四年。"其中郛即郭,指古代城圈外围的大城。这说明宋国都城确有"外城"。但目前仅知一外郭门即此桑林门。

商丘为春秋宋国都城,现代考古发掘也已经得到证实。1997年春,中美联合考古队在阏伯台附近进行考古发掘,发现商丘古城遗址呈叠压形,最下层为东周宋城,中为汉唐睢阳城,最上为明代商丘城。宋都城平面呈圆角长方形,东墙长2900米,西墙长3010米,北墙长3252米,南墙长3550米,周长12985米,面积10.2平方公里,城墙顶宽大致为12—15米,底宽25米,高10米。四面城墙笔直,但城墙走向不是南北正向,城的轮廓不是正方形亦非长方形。东墙和西墙走向偏东北和西南,南墙和北墙偏东南和西北。城墙的四角均为弧形,东南角和西北角为钝角,西南角和东北角为锐角③。《左传》隐公元年载:"都,城过百雉,国之害也。先王之制:大都,不过参国之一;中,五之一;小,九之一。"④卿大夫的都邑不超过"百雉"。"百雉"为诸侯国都的三分之一,则诸侯国都当为三百雉,一雉约三丈,即方900丈,180丈为一里,则为方5里,约为今3.2平方公里。若以此核算,面积10.2平方公里的宋国都城远远超出周代的规定。宋国都城建得高大坚固,可能是因宋国地处中原腹地,

---

① 李学勤主编:《十三经注疏·春秋左传正义》,北京大学出版社1999年版,第535—536页。
② 杨伯峻:《春秋左传注》(修订本),中华书局1990年版,第1426页。
③ 中国社会科学院考古研究所、美国哈佛大学皮保德博物馆:《河南商丘县东周城址勘查简报》,《考古》1998年第12期。
④ 杨伯峻:《春秋左传注》(修订本),中华书局1990年版,第11页。

无险可守，宋国又长期处在楚、晋、郑、齐等大国争夺的夹缝之中。

3. 宋国的别都

宋国初封时都于宋城，即今之河南商丘附近，已为确证。但经春秋战国之世，随着疆域的不断变化，以及受当时政治形势和战争环境的影响，宋国的都城也几经迁徙，依时间先后，见于文献记载者主要有以下几个地方。

相。又称相子城，相城，今安徽淮北。宋共公为避水患自宋城迁都于此，《水经·睢水注》："相县，故宋地也。……睢水又东径相县故城南，宋共公之所都也。"① 《太平寰宇记》卷一七故相城下亦曰："宋共公自睢阳徙都此城。唐入符离县。今在县西北。"② 《史记·曹相国世家》张守节《正义》引《舆地志》："宋共公自睢阳徙相子城，又还睢阳。"③ 《汉书·地理志》沛郡有相县，《七国地理考》卷三谓："在宿州西北九十里。"清道光年间的《宿州志》云："宋共公避河患，由睢阳徙都相城，传子平公，九十年皆都相。"清光绪《宿州志·舆地志·古地考》："相城于宿最古城，在州西北相山下，即商之相土也。"清宿州即今宿州市，则相当在今安徽省宿州市境内。

曲棘。《春秋》昭公二十五年："宋公佐卒于曲棘。"前517年，宋元公为被三桓驱逐的鲁昭公到晋国去求情，卒于曲棘。杜预注："陈留外黄县城中有曲棘里，宋地。"④ 顾栋高《春秋大事表》之《春秋列国都邑表》云："当在今开封府杞县境。"⑤ 《水经·泗水注》："黄水东流径外黄县故城南，张晏曰：魏郡有内黄县，故加外也。薛瓒曰：县有黄沟，故县氏焉。圈称《陈留风俗传》曰：县南有渠水，于春秋为宋之曲棘里，

---

① ［北魏］郦道元著，陈桥驿校证：《水经注校证》，中华书局2007年版，第570—571页。
② ［宋］乐史：《太平寰宇记》，中华书局2007年版，第330页。
③ ［汉］司马迁：《史记》，中华书局1982年版，第2028页。
④ 李学勤主编：《十三经注疏·春秋左传正义》，北京大学出版社1999年版，第1445页。
⑤ ［清］顾栋高辑：《春秋大事表》，中华书局1993年版，第774页。

故宋之别都矣。"① 杨伯峻注:"曲棘当在今河南兰考县东南,民权县西北,为由宋适晋之道。"②

彭城。今江苏徐州,战国时宋国都城东迁于此。《春秋》成公十八年（前573）:"楚子,郑伯伐宋。宋鱼石复入于彭城。"杜预注:"彭城,宋邑。"又襄公元年（前572）:"仲孙蔑会晋栾黡、宋华元、卫宁殖、曹人、莒人、邾人、滕人、薛人围宋彭城。"③《史记·宋微子世家》亦载:"平公三年,楚共王拔宋之彭城,以封宋左师鱼石。"④ 可知彭城为宋邑,其地即今江苏徐州,在萧邑的东北,两邑相距六十里⑤。《史记·韩世家》载:"文侯二年,伐郑,取阳城。伐宋,到彭城,执宋君。"据杨宽考证,此被执"宋君"当为宋悼公,并说,宋"在战国初期宋昭公、宋悼公时可能迁都彭城"⑥。钱穆在其所著《先秦诸子系年》中指出:宋之东迁,初"非在文公之晚世,即共公之初年矣",共公初迁相,战国以后则迁彭城,他还列出十五证并二事,以为战国时"宋都彭城,不都睢阳,断可定矣"⑦。李学勤也认为"该时宋国已迁都到今江苏徐州",并说"宋是子姓国,始封君是商王族微子启,原都于今河南商丘,到战国时迁到今江苏徐州,在泗上诸侯之列"⑧。钱林书先生持有同样的观点:"战国时商丘改称睢阳,后因受韩、魏等国的近逼,(宋)迁都彭城（即今江苏徐州市）。"⑨《太平广记》引《淮南子》曰:"宋景公造弓。九年乃成而进之。弓人归家,三日而卒。盖匠者心力尽于此弓矣。后公登兽圈之台,用此弓射之,矢越西霸之山,彭城之东,余劲中石饮羽焉。"宋景公之箭飞越彭城之东,

---

① ［北魏］郦道元著,陈桥驿校证:《水经注校证》,中华书局2007年版,第598—599页。
② 杨伯峻:《春秋左传注》（修订本）,中华书局1990年版,第1455页。
③ 杨伯峻:《春秋左传注》（修订本）,中华书局1990年版,第915页。
④ ［汉］司马迁:《史记》,中华书局1982年版,第1630页。
⑤ 钱林书:《春秋战国时期宋国的城邑及疆域考》,《历史地理》第七辑,上海人民出版社1990年版,第29页。
⑥ 杨宽:《战国史》,上海人民出版社1998年版,第280—281页。
⑦ 钱穆:《先秦诸子系年》,商务印书馆2005年版,第377—378页。
⑧ 李学勤:《东周与秦代文明》,上海人民出版社2007年版,第86—95页。
⑨ 钱林书:《春秋战国时期的国家、都城、疆域及政区》,《历史教学问题》2000年第2期。

说明宋景公时居于彭城，彭城此时当为宋都。

（二）宋国的疆域

宋国由西周初封，经春秋战乱，至战国而亡，疆土面积一直处在变化之中。总的来说，宋国初封时面积较小，春秋时期疆域逐渐扩大。

1. 西周初年宋国的疆域

周初大分封，微子作为商朝之王亲贵胄，被封在原殷商王畿之内。《尚书今古文注疏·微子》引郑康成注云："微与箕，俱在圻内。"[①]"圻"的本义是王畿、京畿，指都城周围千里之地。《礼记·王制》疏引郑志云：张逸问："殷爵三等，公、侯、伯，《尚书》有微子、箕子何？"郑答云："微子、箕子，实是畿内采地之爵，非畿外治民之君，故云子也。"[②]《周礼·地官司徒》载分封之制："诸公之地，封疆方五百里。……诸侯之地，封疆方四百里。……诸伯之地，封疆方三百里。……诸子之地，封疆方二百里。……诸男之地，封疆方百里。"[③] 宋国为殷商后裔的封国，周王朝给宋国以公爵的待遇。似乎宋国的疆域可达方五百里，但实际上并非如此。史念海先生考证认为，"周初的封国，实际上也只是个城圈和城圈周围的土地"，"城池称'国'，城外附近的土地叫'郊'，再远些叫'鄙'、'野'"，而且"一个诸侯之国，不能够有两个城，如果有两个城，那就是耦国，是一种致乱的根源"[④]。宋国作为殷商之余的封国，又受到武庚叛乱事件的影响，加之为当时生产力水平和人口所限，决定了宋国城池建制及疆土面积不可能超越周礼所确定的规格。

据《荀子》等书记载，周武王、周公、成王时共封了七十一国，《吕氏春秋·观世》则称"周之所封四百余，服国八百余"[⑤]。春秋时期到底有多少诸侯封国，这里暂且不论，以初封时最少的七十一国来算，结

---

① 孙星衍：《尚书今古文注疏》，中华书局1986年版，第253页。
② 李学勤主编：《十三经注疏·礼记正义》，北京大学出版社1999年版，第334页。
③ ［清］孙诒让：《周礼正义》，中华书局1987年版，第727页。
④ 史念海：《中国历史人口地理和历史经济地理》，学生书局1991年版，第6—7页。
⑤ 陈奇猷：《吕氏春秋校释》，学林出版社1984年版，第957页。

合当时周王朝的有效统治区域，宋国和其他诸侯国一样，疆域都不会太大，当在方圆百里之内。《孟子·万章下》云："天子之制，地方千里，公侯皆方百里，伯七十里，子、男五十里，凡四等。"① 宋国初封时的疆域，也就是今天的商丘及其附近地区，大致范围为"西至宁陵，东到夏邑，北至山东曹县，南至柘城一带"②。

2. 春秋时期宋国的疆域

春秋时期，随着生产力水平的不断提高和礼制的破坏，各诸侯国不断发起兼并战争，扩大自己的势力范围。宋国经过长期的战争，灭掉了曹等周围小国，疆域面积一步步扩大，逐渐凸显出中原大国的地位。

春秋时期战乱不断，国无常主，疆无定土，国与国之间没有什么明确的界限，所以，各诸侯国的疆域范围很难确定。对春秋宋国的疆域，清人顾栋高在其《春秋大事表》中作过这样大致的描述："宋在春秋兼有六国之地，宿、偪阳、曹三国其见于《经》者也，杞、戴及彭城则《经》、《传》俱不详其入宋之年，而地实兼并于宋。其封域全有河南归德府一州八县之地、开封府之杞县。封丘县有宋之长丘，兰阳县有宋之户牖，卫辉府之滑县有宋之城鉏，陈川府治之睢宁县有宋柽地，西华县有宋鬼阎地。又江南徐州府之铜山县、沛县、萧县，颍州府之太和县，山东兖州府之金乡县、峄县，泰安府之东平州。后灭曹，又得曹州府之曹县、菏泽县、定陶县。共跨三省九府二州二十三县之地。"③ 据此，宋国的疆域主要在今天的豫东大平原，后逐渐扩展到今天的安徽、江苏北部和山东西南部一带。

宋之封地为殷商旧地，据《毛诗正义·商颂谱》载："其封域在《禹贡》徐州泗滨，西及豫州盟豬之野。"孔颖达疏："《地理志》云：'孟豬泽在梁国睢阳东北。'是孟豬在豫州。《地理志》云：'宋地今之梁国、沛、楚、

---

① 杨伯峻：《孟子译注》，中华书局1960年版，第235页。
② 阎根齐、刘海燕：《先秦宋国史若干问题初探》，《商丘师范学院学报》2004年第1期。
③ ［清］顾栋高辑：《春秋大事表》，中华书局1993年版，第528—529页。

山阳、济阴、东平及东郡之须昌、寿张,皆宋分也。'据时验之,是宋之封域东至泗滨,西至孟豬也。"① 由此可知,宋之封域"东到今江苏徐州地区,南到今安徽宿州,西到商丘地区西部,北到山东菏泽、定陶一带,地跨今河南、山东、江苏、安徽四省"②。现代学者钱林书考证称:至春秋末年,宋国的疆土达到了"今河南开封、通许、扶沟以东;河南鹿邑、安徽宿州市以北;江苏邳州市、山东鱼台县以西;北边超过今山东定陶,并一度到达河南濮阳境"③。可见宋国疆域之广。《汉书·地理志》曾云:"宋虽灭,本大国。"④

春秋战国之际,宋国在强大的魏国进逼下,失掉了西部大片土地。战国初期,宋国积贫积弱,逐渐丧失了诸侯大国的地位,疆域更加缩小。最终在前286年,被齐、楚、魏三分其国,结束了其延续近七百多年的历史。

(三) 宋国地名考

据《左传》《战国策》《国语》《史记》《汉书》等先秦两汉文献记载,参以郦道元《水经注》、顾栋高《春秋大事表》及《元和郡县图志》《读史方舆纪要》等一些历史地理书籍之考释,春秋战国时期,据不完全统计,宋国地名共计有八十余处,包括国都宋城与彭城、曲棘、相等别都以及其他邑地。其中以《左传》记载为多,分别为黄、长葛、楚丘、郜、菅、防、老桃、稷、谷丘、虚、龟、牛首、袤、宿、乘丘、萧、亳、幽、梁丘、桴、贳、多鱼、葵丘、匡、孟、鹿上、缗、长丘、承匡、新城、大棘、沙随、汋陂、汋陵、夫渠、城郜、幽丘、糜角之谷、台谷、朝郏、吕、留、犬丘、偪阳、訾毋、杨梁、合、蒙、鬼阎、赭丘、新里、横、鸿口、老丘、渠蒢、黍丘、揖丘、大城、钟、邢、雍丘、城鉏、黄池、户牖、

---

① 李学勤主编:《十三经注疏·毛诗正义》,北京大学出版社1999年版,第1430页。
② 马世之:《中原古国历史与文化》,大象出版社1998年版,第339页。
③ 钱林书:《春秋战国时期的国家、都城、疆域及政区》,《历史教学问题》2000年第2期。
④ [汉]班固:《汉书》,中华书局1962年版,第1664页。

窐、逢泽、仪台、空泽、空桐、唐盂等地；其他史籍所载有滕、砀、铚、胡陵、方与、襄陵、戴、甯、济阳等地。另外，宋、郑之间曾有隙地六邑，两国均不占有。

黄：宋邑。《左传》隐公元年："惠公之季年，败宋师于黄。"杜预注："黄，宋邑。陈留外黄县东有黄城。"① 杨伯峻注："宋国之邑，故城当在今河南省民权县东十五里。"② 唐《元和郡县图志》卷七"雍丘县"下："外黄故城，县东六十里。黄本属宋，后属陈留郡，以魏郡有内黄，故此为外黄。"③ 唐代雍丘县为今河南省杞县，在今民权县西南。又唐代有考城县，亦在今民权县西南。黄地有黄沟，或曰黄池。《读史方舆纪要》卷五〇归德府"考城县"下："黄沟，在县西。《水经注》：'河水旧于白马南泆，通濮、济、黄沟。'鲁惠公败宋师于黄。黄，盖沟名也。又《国语》'吴子掘深沟于商、鲁之间以会晋公午于黄池'，亦即此矣。"④ 按，清代考城即今民权县。综上，黄故城当在今民权县西南。

长葛：初为郑邑，后入宋。《春秋》隐公六年："冬，宋人取长葛。"⑤ 长葛后又称长社，《汉书·地理志》"长社"下颜师古引应劭注曰："宋人围长葛是也。其社中树暴长，更名长社。"⑥ 战国时入魏，《史记·秦本纪》昭襄王三十三年："攻魏卷、蔡阳、长社，取之。"⑦ 《春秋》隐公五年杜预注："颍川长社县北有长葛城。"⑧ 《史记·田敬仲完世家》张守节《正义》引《括地志》："长葛故城在许州长葛县北十三里，郑之葛邑也。"⑨ 西晋长社县、唐长葛县皆在今长葛东北老城。《春秋》隐公五年杨伯峻注："长

---

① 李学勤主编：《十三经注疏·春秋左传正义》，北京大学出版社1999年版，第62页。
② 杨伯峻：《春秋左传注》（修订本），中华书局1990年版，第18页。
③ ［唐］李吉甫：《元和郡县图志》，中华书局1983年版，第178页。
④ ［清］顾祖禹：《读史方舆纪要》，中华书局2010年版，第2355页。
⑤ 李学勤主编：《十三经注疏·春秋左传正义》，北京大学出版社1999年版，第101页。
⑥ ［汉］班固：《汉书》，中华书局1962年版，第1560页。
⑦ ［汉］司马迁：《史记》，中华书局1982年版，第213页。
⑧ 李学勤主编：《十三经注疏·春秋左传正义》，北京大学出版社1999年版，第91页。
⑨ ［汉］司马迁：《史记》，中华书局1982年版，第1885页。

葛，郑国邑名，当在今河南省长葛县治东北二十余里。"①

楚丘：宋地。《春秋》隐公七年："戎伐凡伯于楚丘以归。"杜预注："楚丘，卫地。"杨伯峻注："楚丘当为戎州己氏之邑，地界曹国与宋国之间。据《一统志》，楚丘城在今山东省成武县西南、曹县东南三十里。杜注以为卫地，误。"②楚丘当属宋地，《左传》襄公十年载："宋公享晋侯于楚丘，请以《桑林》。"杨伯峻注："楚丘在宋都商丘市，今山东曹县东南。"③《读史方舆纪要》卷三三兖州府"曹县"下："楚丘城，县东南四十里。春秋时戎州己氏之邑。《左传》隐七年：'戎执凡伯于楚丘。'又襄十年：'宋享晋侯于楚丘。'楚丘盖在曹、宋间。汉置己氏县，属梁国。……《志》云：春秋时楚丘有二，此为曹伯境内之楚丘，非卫地之楚丘也。"④《七国地理考》将其列入魏邑，可知战国中期其地入魏。楚丘于隋朝置县。元属曹州。明洪武二年（1369）废楚丘县，其地直隶曹州。

郜：原为周初姬姓封国，后入宋再入鲁。《春秋》隐公十年："公败宋师于菅，辛未，取郜。"又《春秋》桓公二年载：鲁"取郜大鼎于宋"。杜预注："济阴成武县东南有郜城。"⑤但未言郜属何国。杨伯峻注："郜，国名，姬姓，据僖公二十四年《传》，初封者为文王之子，国境在今山东省成武县东南。……据隐十年《经》，郜国早灭于宋，故鼎亦归于宋。"⑥战国时郜再入齐。秦置城武县（今山东成武县成武镇）。西汉城武县属山阳郡。东汉，魏、西晋城武县属济阴郡。南朝宋属徐州北济阴郡。其后郑樵《通志》、乐史《太平寰宇记》、顾祖禹《读史方舆纪要》、高士奇《春秋地名考略》、江永《春秋地理考实》及于慎行《兖州府志》等都认定成武县有二郜城。对其位置，或说在县东南20里，或说在县东

---

① 杨伯峻：《春秋左传注》（修订本），中华书局1990年版，第41页。
② 杨伯峻：《春秋左传注》（修订本），中华书局1990年版，第53页。
③ 杨伯峻：《春秋左传注》（修订本），中华书局1990年版，第977页。
④ [清]顾祖禹：《读史方舆纪要》，中华书局2010年版，第1575页。
⑤ 李学勤主编：《十三经注疏·春秋左传正义》，北京大学出版社1999年版，第118页。
⑥ 杨伯峻：《春秋左传注》（修订本），中华书局1990年版，第84页。

南18里，《春秋地名考略》并指出："北郜城为郜国，又南二里曰南郜城，则宋邑也。"

菅：宋地。《春秋》隐公十年，鲁会齐、郑伐宋，"公败宋师于菅"。杜预注："菅，宋地。"① 杨伯峻注："宋国地名，疑当在今山东省单县之北。"② 菅与郜地近，距约二三十里。清高士奇《春秋地名考略》卷一〇谓在"单县北境"。清单县即今县。

防：宋邑，后入曹，宋灭曹，防复归宋。《春秋》隐公十年载："夏，翚帅师会齐人、郑人伐宋。六月壬戌，公败宋师于菅。辛未，取郜。辛巳，取防。"杜预注："高平昌邑县西南有西防城。"③ 杨伯峻注："据《方舆纪要》，在今山东省金乡县西南六十里。从此鲁有二防邑，此为西防，近齐国者为东防。"④ 又《春秋》昭公五年，杨伯峻注："据《汇纂》，防在今山东省安丘县西南六十里。"⑤ 西晋昌邑县在今巨野县东南。后防邑为曹所得，《汉书·地理志》："武王封弟叔振铎于曹，其后稍大，得山阳、陈留，二十余世为宋所灭。"宋灭曹，防又为宋所得。《汉书·地理志》又云："宋地，房、心之分野也。今之沛、梁、楚、山阳、济阴、东平及东郡之须昌、寿张，皆宋分也。"⑥ 防邑即在其中。

老桃：宋地。《左传》隐公十年："公会齐侯、郑伯于老桃。"杜预注："老桃，宋地。"⑦ 顾栋高《春秋大事表》之《春秋列国都邑表》云："今山东兖州府济宁州城北有桃乡城。"⑧ 杨伯峻注："或云今山东省济宁市东北有桃聚乡即老桃，则地在鲁、齐境上，恐非。"⑨ 如上，菅、郜、防

---

① 李学勤主编：《十三经注疏·春秋左传正义》，北京大学出版社1999年版，第118页。
② 杨伯峻：《春秋左传注》（修订本），中华书局1990年版，第67页。
③ 李学勤主编：《十三经注疏·春秋左传正义》，北京大学出版社1999年版，第118页。
④ 杨伯峻：《春秋左传注》（修订本），中华书局1990年版，第67页。
⑤ 杨伯峻：《春秋左传注》（修订本），中华书局1990年版，第1260页。
⑥ ［汉］班固：《汉书》，中华书局1962年版，第1663页。
⑦ 李学勤主编：《十三经注疏·春秋左传正义》，北京大学出版社1999年版，第119页。
⑧ ［清］顾栋高辑：《春秋大事表》，中华书局1993年版，第764页。
⑨ 杨伯峻：《春秋左传注》（修订本），中华书局1990年版，第68页。

三邑均为宋邑，则老桃当与宋之菅、鄑、防三邑相邻，为郑、宋、鲁三国边境宋之边邑，地在今山东单县北。

稷：宋地。《春秋》桓公二年载："三月，公会齐侯、陈侯、郑伯于稷，以成宋乱。"杜预注："稷，宋地。"① 顾栋高《春秋大事表》之《春秋列国都邑表》云："当在今归德府境。"② 杨伯峻注："稷，宋地，当在今河南省商丘地区商丘县境内。"③

谷丘：宋地。《春秋》桓公十二年："秋，七月，丁亥，公会宋公、燕人，盟于谷丘。"杜预注云："谷丘，宋地。"④《太平寰宇记》卷一二宋州"谷熟县"下："谷丘，在县南二百步。"⑤《读史方舆纪要》卷五〇归德府"商丘县"下："谷丘，在城南四十里。"⑥ 杨伯峻注："据《方舆纪要》，在今河南省商丘县东南四十里。一说在今山东省菏泽县东北三十里，但其地近曹国，恐非。"⑦ 北宋谷熟县在今虞城县西南谷熟集，明商丘县即今商丘市，谷熟集在其东南，则谷丘当在今河南商丘东南谷熟集。

虚：宋地，《公羊传》作"郯"。《春秋》桓公十二年："公会宋公于虚。"杜预注："虚，宋地。"⑧ 顾栋高于《春秋大事表》之《春秋列国都邑表》中曰："杜预注'宋地'，疑在睢州境。"⑨ 杨伯峻注："虚，《公羊》作郯，宋地，在今河南省延津县东。"⑩ 按：清代睢州属归德府，延津县属开封府，两地相距甚远，不知顾说与杨说孰是。两说均无旁证，暂存疑。

龟：宋地。《春秋》桓公十二年："冬，十有一月，公会宋公于龟。"

---

① 李学勤主编：《十三经注疏·春秋左传正义》，北京大学出版社1999年版，第135页。
② [清]顾栋高辑：《春秋大事表》，中华书局1993年版，第764页。
③ 杨伯峻：《春秋左传注》（修订本），中华书局1990年版，第83页。
④ 李学勤主编：《十三经注疏·春秋左传正义》，北京大学出版社1999年版，第197页。
⑤ [宋]乐史：《太平寰宇记》，中华书局2007年版，第224页。
⑥ [清]顾祖禹：《读史方舆纪要》，中华书局2010年版，第2343页。
⑦ 杨伯峻：《春秋左传注》（修订本），中华书局1990年版，第133页。
⑧ 李学勤主编：《十三经注疏·春秋左传正义》，北京大学出版社1999年版，第197页。
⑨ [清]顾栋高辑：《春秋大事表》，中华书局1993年版，第765页。
⑩ 杨伯峻：《春秋左传注》（修订本），中华书局1990年版，第133页。

杜预注："龟，宋地。"① 顾栋高《春秋大事表》之《春秋列国都邑表》谓"(龟)疑在睢州境"②。杨伯峻注："疑在今河南省睢县境内。"③ 杨守敬《春秋列国图》以为龟应在睢州西南，清睢州即今睢县。则龟在今睢县境内无疑。

牛首：原为郑邑，后为宋所取，其后复入郑。《左传》桓公十四年："冬，宋人以诸侯伐郑，报宋之战也。焚渠门，入，及大逵。伐东郊，取牛首。"④ 其后牛首遂为宋占有。春秋时期，宋、郑频繁交兵，后来牛首复归郑。如《左传》襄公十年："诸侯伐郑，齐崔杼使大子光先至于师，故长于滕。己酉，师于牛首。"杜预注牛首为"郑地"⑤。《太平寰宇记》卷一开封府"陈留县"下："牛首城，在县西南十一里。"⑥ 则牛首当在今开封市陈留镇西南。

蒙：宋地，《公羊传》作侈。《春秋》桓公十五年："冬，十有一月，公会宋公、卫侯、陈侯于蒙，伐郑。"杜预注："蒙，宋地，在沛国相县西南。"⑦ 顾栋高《春秋大事表》之《春秋列国都邑表》云："杜注：'宋地，沛国相县西南有蒙亭。'今在江南凤阳府宿州。"⑧ 清江永谓："《汇纂》有蒙亭，今在江南凤阳府宿州。今按《后汉志》注：蒙，一名莘。"⑨ 杨伯峻注："蒙在今安徽省宿县西。"⑩ 据上可知，蒙故址在今安徽宿州西南，又名莘。

宿：宋地。《春秋》隐公元年："九月，及宋人盟于宿。"杜预注："宿，小国，东平无盐县也。"⑪ 西晋无盐县在东平县东南。杨伯峻注："地

---

① 李学勤主编：《十三经注疏·春秋左传正义》，北京大学出版社1999年版，第197页。
② [清]顾栋高辑：《春秋大事表》，中华书局1993年版，第765页。
③ 杨伯峻：《春秋左传注》（修订本），中华书局1990年版，第133页。
④ 李学勤主编：《十三经注疏·春秋左传正义》，北京大学出版社1999年版，第204页。
⑤ 李学勤主编：《十三经注疏·春秋左传正义》，北京大学出版社1999年版，第888页。
⑥ [宋]乐史：《太平寰宇记》，中华书局2007年版，第11页。
⑦ 李学勤主编：《十三经注疏·春秋左传正义》，北京大学出版社1999年版，第206页。
⑧ [清]顾栋高辑：《春秋大事表》，中华书局1993年版，第765页。
⑨ [清]江永：《春秋地理考实》卷一，见《四库全书·经部》。
⑩ 杨伯峻：《春秋左传注》（修订本），中华书局1990年版，第142页。
⑪ 李学勤主编：《十三经注疏·春秋左传正义》，北京大学出版社1999年版，第45页。

在今山东省东平县稍东南二十里。"①《元和郡县图志》卷一〇"东平县"下:"古宿国,《左传》曰'公及宋人盟于宿',是也。两汉为无盐地。"②《春秋》庄公十年载:公侵宋,"宋人迁宿"。杜预注:"宋强迁之而取其地。"杨伯峻注:"此宿恐非隐元年《经》之宿,以宋不得至齐、鲁境内也。'驷赤先如宿',则宿其后又入于齐。疑此宿即戚,本宋地,初属周,而后宋取之。《元和郡县志》十'泗州宿迁'下云'《春秋》宋人迁宿之地',则以今江苏省宿迁县为宿民被迫迁徙之地。"③据此,则宿地当在今江苏省宿迁县,春秋末期入于齐。如上,《春秋》隐公元年所载之"宿",与庄公十年"宋人迁宿"之"宿",从地理位置和当时的政治形势分析,显然不是一地。所以,杨伯峻先生认为"此宿恐非隐元年《经》之宿"。以宋国(今商丘一带)与宿迁的相对位置及宋国的势力度之,宋人所迁之宿,以在靠近宋国的鲁西南豫东皖北一带较为合理。而鲁宋所盟之宿,很可能是鲁国西北边界上的一个邑。现代学者朱继平经过考证认为:周代确实存在南、北两宿并立的事实,其中《春秋》隐公元年所载为北宿,故地在今山东东平东二十里之宿城镇;春秋初年参与宋国会盟、后为宋人逼迁至宋境的为南宿,故地在今安徽宿州附近④。

乘丘:宋地。《春秋》庄公十年:"公败宋师于乘丘。"杜预注为鲁地,疑有误。《水经·济水注》:"菏水又东南径乘氏县故城南,县即《春秋》之乘丘也。故《地理风俗记》曰:济阴乘氏县,故宋乘丘邑也。"⑤清《嘉庆重修一统志》曹州府谓:乘丘在"钜野县西南",清钜野县即今巨野县,则乘丘在今山东省巨野县境内,为宋鲁边邑。杨伯峻持江永《考实》说,谓"乘丘在今山东省兖州县境,应劭及《清一统志》以今巨野县西南

---

① 杨伯峻:《春秋左传注》(修订本),中华书局1990年版,第8页。
② [唐]李吉甫:《元和郡县图志》,中华书局1983年版,第258页。
③ 杨伯峻:《春秋左传注》(修订本),中华书局1990年版,第181页。
④ 朱继平:《宿国地望及相关问题探析》,《中国历史地理论丛》2012年第3辑。
⑤ [北魏]郦道元著,陈桥驿校证:《水经注校证》,中华书局2007年版,第214页。

之古乘氏县当之,误"①。《战国策·魏策一》载:"齐遂伐赵,取乘丘。"②则战国时乘丘入于赵,后又入齐。

　　萧:宋邑,宋亡后入齐,又入楚。《左传》庄公十二年:宋万弑闵公于蒙泽,"群公子奔萧"。杜预注:"萧,宋邑,今沛国萧县。"③《汉书·地理志》沛郡下:"萧,故萧叔国,宋别封附庸也。"④杨伯峻注:"萧,国名,附庸,子姓,当在今安徽省萧县治西北十五里。"⑤《史记·宋微子世家》湣公十年,裴骃《集解》引服虔注亦曰:"萧,亳,宋邑也。"⑥同年因萧邑大夫萧叔大心讨南宫万有功,宋人以萧邑别封为国。故出现了《春秋》庄公二十三年"萧叔朝公",杜预注:"萧,附庸国。"⑦萧作为宋的附属国与宋东界为邻。《左传》宣公十二年载:楚子伐萧,宋华椒以蔡人救萧,"萧溃",灭为楚邑⑧。此后宋与楚为界,宋、楚间时有战争,宋曾一度夺取萧,故《左传》襄公十年记曰:"楚子囊、郑子耳侵我西鄙。还,围萧。八月丙寅,克之。"杜预注:"萧,宋邑。"⑨由于当时楚在东北方的势力还不强大,虽灭萧,但还不能牢固占有,最终萧仍为宋所得。《春秋》定公十一年:"宋公之弟辰及仲陀、石彄、公子地自陈入于萧以叛。"杜预注:"萧,宋邑。"⑩其后萧一直为宋所有,直至宋亡后才入齐,后又为楚所得。唐宋时期,萧置县,隶徐州。唐《元和郡县图志》卷九"萧县"下谓:"本古之萧国,春秋时宋邑。"⑪宋《太平寰宇记》卷一五徐州"萧县"下:"古之萧国,春秋时为宋邑。周以封子姓之国,别为附庸。《左

---

① 杨伯峻:《春秋左传注》(修订本),中华书局1990年版,第181页。
② 何建章:《战国策注释》,中华书局1990年版,第840页。
③ 李学勤主编:《十三经注疏·春秋左传正义》,北京大学出版社1999年版,第247—248页。
④ [汉]班固:《汉书》,中华书局1962年版,第1572页。
⑤ 杨伯峻:《春秋左传注》(修订本),中华书局1990年版,第191页。
⑥ [汉]司马迁撰:《史记》,中华书局1982年版,第1625页。
⑦ 李学勤主编:《十三经注疏·春秋左传正义》,北京大学出版社1999年版,第632页。
⑧ 杨伯峻:《春秋左传注》(修订本),中华书局1990年版,第748页。
⑨ 杨伯峻:《春秋左传注》(修订本),中华书局1990年版,第979页。
⑩ 杨伯峻:《春秋左传注》(修订本),中华书局1990年版,第1583页。
⑪ [唐]李吉甫:《元和郡县图志》,中华书局1983年版,第226页。

传》谓'宋群公子奔萧'是也。"① 清代,萧县属南直隶(治今南京市),直隶徐州。萧故址在今安徽省宿州市萧县境。

亳:又称薄,宋邑。《左传》庄公十二年载:宋万弑闵公于蒙泽,"公子御说奔亳"。杜预注:"亳,宋邑,蒙县西北有亳城。"② 杨伯峻注:"亳即僖二十一年与哀十四年之薄,在今河南省商丘市北四五十里。"③《左传》僖公二十一年:"于是楚执宋公以伐宋。冬,会于薄以释之。"④ 又《左传》哀公十四年载:宋桓魋"请以鞌易薄。公曰:'不可。薄,宗邑也。'"⑤ 宋本商后,商汤居于亳,"亳"即"薄",故宋景公曰"薄"为宗庙之所在。《元和郡县图志》卷七"谷熟县"下:"本汉薄县地,置于古谷城,春秋时为谷丘,亦殷之所都,谓之南亳……薄与亳义同字异。"⑥ 则亳即今河南商丘虞城谷熟镇。

幽:宋地。《春秋》庄公十六年:"冬,十有二月,会齐侯、宋公、陈侯、卫侯、郑伯、许男、滑伯、滕子,同盟于幽。"杜预注:"幽,宋地。"⑦ 顾栋高《春秋大事表》之《春秋列国都邑表》云:"当在今归德府考城县界。"⑧

梁丘:宋邑。《春秋》庄公三十二年载:"夏,宋公、齐侯遇于梁丘。"杜预注:"在高平昌邑县西南。"⑨《读史方舆纪要》卷三二兖州府"金乡县"下:"梁丘城,在县西南。杜预曰:'昌邑西南有梁丘城。'《左传》庄三十二年'宋公、齐侯遇于梁丘',即此。亦曰梁丘乡。《括地志》'梁丘城在成武县东北三十二里',盖接界处也。"⑩ 顾栋高《春秋大事表》

---

① [宋]乐史:《太平寰宇记》,中华书局2007年版,第303页。
② 李学勤主编:《十三经注疏·春秋左传正义》,北京大学出版社1999年版,第248页。
③ 杨伯峻:《春秋左传注》(修订本),中华书局1990年版,第191页。
④ 杨伯峻:《春秋左传注》(修订本),中华书局1990年版,第391页。
⑤ 杨伯峻:《春秋左传注》(修订本),中华书局1990年版,第1686页。
⑥ [唐]李吉甫:《元和郡县图志》,中华书局1983年版,第182页。
⑦ 李学勤主编:《十三经注疏·春秋左传正义》,北京大学出版社1999年版,第254页。
⑧ [清]顾栋高辑:《春秋大事表》,中华书局1993年版,第766页。
⑨ 李学勤主编:《十三经注疏·春秋左传正义》,北京大学出版社1999年版,第297页。
⑩ [清]顾祖禹:《读史方舆纪要》,中华书局2010年版,第1534页。

之《春秋列国都邑表》云:"今山东曹州府城武县东北三十里有梁丘山,山南有梁丘城,与兖州府金乡县接界。"①杨伯峻注:"梁丘,宋邑,在今山东省成武县东北三十里,其地今有梁丘山。"②今成武县北部南鲁集镇东南2.5公里处有梁丘,即此。

柽:宋地,《公羊传》作朾。《春秋》僖公元年:"八月,公会齐侯、宋公、郑伯、曹伯、邾人于柽。"《传》文则称"盟于荦"。杜预注:"柽,宋地。陈国陈县西北有柽城。"孔颖达《正义》曰:"经书会于柽,传言盟于荦,荦即柽也。"③顾栋高《春秋大事表》之《春秋列国都邑表》云:"今陈州府西北有荦城,即柽也。"④西晋陈县、清陈州皆在今河南淮阳县。杨伯峻注:"其地当在今河南省淮阳县西北。"⑤

贳:宋邑,一名贯。《春秋》僖公二年:"秋,九月,齐侯、宋公、江人、黄人盟于贳。"杜预注:"贳,宋地。梁国蒙县西北有贳城,贳与贯,字相似。"⑥北宋至清,贳称蒙泽城。宋《太平寰宇记》卷一三曹州"济阴县"下:"贳城,即古贳国也,今名蒙泽城。《礼记·明堂位》曰:'崇鼎、贯鼎,天子之器。'《左氏》亦谓'齐、宋盟于贯'是也。"⑦清《读史方舆纪要》卷三三兖州府"曹县"下:"蒙泽城,在县西十里。古贳国,春秋时为宋之贳邑。僖二年,齐侯、宋公、江人、黄人盟于贳。杜预曰:'贳与贯相似,今梁国蒙县西北有贳城。'《史记》:'齐宣公四十九年,与郑人会西城,伐卫,取毌丘。'贳作'世',又讹世为'毌'也。时贳邑盖属卫。"⑧顾栋高《春秋大事表》之《春秋列国都邑表》云:"在今山东曹州府曹县

---

① [清]顾栋高辑:《春秋大事表》,中华书局1993年版,第766页。
② 杨伯峻:《春秋左传注》(修订本),中华书局1990年版,第250页。
③ 李学勤主编:《十三经注疏·春秋左传正义》,北京大学出版社1999年版,第319页。
④ [清]顾栋高辑:《春秋大事表》,中华书局1993年版,第767页。
⑤ 杨伯峻:《春秋左传注》(修订本),中华书局1990年版,第277页。
⑥ 李学勤主编:《十三经注疏·春秋左传正义》,北京大学出版社1999年版,第323页。
⑦ [宋]乐史:《太平寰宇记》,中华书局2007年版,第260页。
⑧ [清]顾祖禹:《读史方舆纪要》,中华书局2010年版,第1576页。

西南十里。"① 杨伯峻注:"贯,宋地,当在今山东省曹县南十里。"② 则贯春秋初期属宋,后入卫,旧址在今山东曹县西南。

多鱼:宋地。《左传》僖公二年:"齐寺人貂始漏师于多鱼。"顾栋高《春秋大事表》之《春秋列国都邑表》云:"杜《注》缺。高氏曰:'时为贯泽之盟,盖在宋境也。'当在今归德府虞城县界。"③ 杨伯峻注:"多鱼,高士奇《地名考略》以为或在今河南省虞城县界。"④

葵丘:宋地。《春秋》僖公九年:"夏,公会宰周公、齐侯、宋子、卫侯、郑伯、许男、曹伯于葵丘。"又:"九月戊辰,诸侯盟于葵丘。"杨伯峻详加考证曰:"葵丘,其地有四。庄八年《传》'齐侯使连称、管至父戍葵丘',齐地也。据《传》'齐侯不务德而勤远略'之言,则此葵丘非齐地可知。《水经·汾水注》引贾逵说,汾阴方泽中有方丘,即郪丘,则为晋地。然据宰孔道逢晋献公且劝其'无勤于行',亦非晋地可知。全祖望《经史问答》主此说,考之不精也。《水经·泗水注》又谓'黄沟自城南东径葵丘下,《春秋》僖公九年齐桓公会诸侯于葵丘',《元和志》谓在考城县东南,《考城县志》谓葵丘东南有盟台,其地名盟台乡。则当在今河南省兰考县东。《水经·浊漳水注》又引《春秋古地名》(当是《土地名》之讹)云'葵丘,今邺西三台是也',则当在今河北省临漳县西。以上两地皆在齐之西,均与《传》合,杨守敬《水经注疏》主在考城说,是也。"⑤《史记·秦本纪》张守节《正义》引《括地志》云:"葵丘在曹州考城县东南一里一百五十步郭内,即桓公会处。"⑥《春秋释例》和《春秋地名考略》皆作宋地。

匡:宋邑。《春秋》僖公十五年:"三月,公会齐侯、宋公、陈侯、

---

① [清]顾栋高辑:《春秋大事表》,中华书局1993年版,第767页。
② 杨伯峻:《春秋左传注》(修订本),中华书局1990年版,第280页。
③ [清]顾栋高辑:《春秋大事表》,中华书局1993年版,第767页。
④ 杨伯峻:《春秋左传注》(修订本),中华书局1990年版,第283页。
⑤ 杨伯峻:《春秋左传注》(修订本),中华书局1990年版,第324页。
⑥ [汉]司马迁:《史记》,中华书局1982年版,第187页。

卫侯、郑伯、许男、曹伯，盟于牡丘。遂次于匡。"杜预注云："匡，卫地，在陈留长垣县西南。"①杨伯峻注谓："据杜注，匡为卫地，当在今河南省长垣县西南十五里之匡城，然江永《考实》谓长垣之匡去徐甚远，今河南省睢县西三十里有匡城，属宋，距泗稍近，次师或当在此。"②《史记·孔子世家》载：孔子将适陈，过匡，"匡人于是遂止孔子。"张守节《正义》云："故匡城在滑州匡城县西南十里。"司马贞《索隐》："匡，宋邑也。《家语》云匡人简子以甲士围夫子。"③《太平寰宇记》卷二开封府"长垣县"下："长垣县，本汉长垣县地。隋开皇十六年于妇姑城置匡城县，隶滑州，以县南有古匡城为名。孔子所畏之所。又《春秋》'遂次于匡'，即此地也。"④据上，匡有两地。今睢县县城西南17公里处有匡城乡。

孟：古孟国，即卜辞中的盂方，为商的东部方国，地在今河南睢县。《公羊传》作"霍"，《穀梁传》作"雩"（与孟音同）。《春秋》僖公二十一年："宋公、楚子、陈侯、蔡侯、郑伯、许男、曹伯会于孟。"杜预注："孟，宋地。"⑤顾栋高《春秋大事表》之《春秋列国都邑表》云："今归德府睢州有孟亭。"⑥杨伯峻注："据《一统志》，今河南省睢县有孟亭，即是其地。"⑦

鹿上：宋地。《春秋》僖公二十一年："宋人、齐人、楚人盟于鹿上。"杜预注："鹿上，宋地。汝阴有原鹿县。"⑧杨伯峻注："据杜注则在今安徽省阜阳市南，距齐远，距楚差近，江永《考实》谓：'宋人既求诸侯于楚，必就其近楚之地。'因以此说为是。据《续汉书·郡国志》，则在山东省巨野县西南曹县东北，王夫之《稗疏》以为宋之鹿上不得远在阜阳，

---

① 李学勤主编：《十三经注疏·春秋左传正义》，北京大学出版社1999年版，第371页。
② 杨伯峻：《春秋左传注》（修订本），中华书局1990年版，第349页。
③ [汉]司马迁：《史记》，中华书局1982年版，第1919—1920页。
④ [宋]乐史：《太平寰宇记》，中华书局2007年版，第29页。
⑤ 李学勤主编：《十三经注疏·春秋左传正义》，北京大学出版社1999年版，第397页。
⑥ [清]顾栋高辑：《春秋大事表》，中华书局1993年版，第769页。
⑦ 杨伯峻：《春秋左传注》（修订本），中华书局1990年版，第389页。
⑧ 李学勤主编：《十三经注疏·春秋左传正义》，北京大学出版社1999年版，第397页。

而主《续汉志》之说。《方舆纪要》同。以地理考之，王说较是。"① 清初顾祖禹亦认为鹿上在山东曹县东北，《读史方舆纪要》卷三三兖州府"曹县"下："鹿城乡，在县东北。刘昭曰：'乘氏有鹿城乡。'《水经注》'僖二十一年，宋人、齐人、楚人盟于鹿上'，盖此地也。"② 据此，鹿上在明清时称鹿城乡，又名原鹿城，《读史方舆纪要》卷二一凤阳府"太和县"下云："原鹿城，在县西。春秋时谓之鹿上，僖二十一年'宋人、齐人、楚人盟鹿上'是也。"③

缗：宋邑。《穀梁传》作闵。《春秋》僖公二十三年："齐侯伐宋，围缗，以讨其不与盟于齐也。"又僖公二十六年："楚人伐宋，围缗。"杜预注："缗，宋邑。高平昌邑县东南有东缗城。"④ 东缗，秦汉时县，《后汉书·郡国志》山阳郡："东缗春秋时曰缗。"⑤ 顾栋高《春秋大事表》之《春秋列国都邑表》云："古缗国。昭四年椒举曰'桀为仍之会，有缗叛之'，即此。今在山东兖州府金乡县东北三十里。"⑥ 秦汉时东缗即今金乡县。杨伯峻注："缗，本古国名，昭四年《传》'有缗叛之'是也。在今山东省金乡县东北二十五里，旧名缗城阜。"⑦ 战国时齐灭宋得缗邑，故清顾观光《七国地理考》将缗列入齐地。

长丘：宋地。《左传》文公十一年载："宋武公之世，鄋瞒伐宋。……以败狄于长丘。"杜预注："长丘，宋地。"⑧《汉书·地理志》陈留郡"封丘"下，颜师古注引孟康曰："今翟沟是。"⑨ 顾栋高《春秋大事表》之《春秋列国都邑表》云："在今开封府封丘县南八里，即白沟也。音转为'翟'。

---

① 杨伯峻：《春秋左传注》（修订本），中华书局1990年版，第388页。
② [清]顾祖禹：《读史方舆纪要》，中华书局2010年版，第1578页。
③ [清]顾祖禹：《读史方舆纪要》，中华书局2010年版，第1063页。
④ 李学勤主编：《十三经注疏·春秋左传正义》，北京大学出版社1999年版，第407页。
⑤ [南朝宋]范晔：《后汉书》，中华书局1965年版，第3455页。
⑥ [清]顾栋高辑：《春秋大事表》，中华书局1993年版，第768页。
⑦ 杨伯峻：《春秋左传注》（修订本），中华书局1990年版，第401页。
⑧ 李学勤主编：《十三经注疏·春秋左传正义》，北京大学出版社1999年版，第535—536页。
⑨ [汉]班固：《汉书》，中华书局1962年版，第1559页。

孟康曰'春秋败翟于长丘,今翟沟',是。"①杨伯峻注:"张华《博物志》云:'陈留封丘有狄沟,春秋之长丘也。'则今河南省封丘县南旧有白沟,今已湮,当为长丘故址,于春秋为宋邑。"②则长丘当在今封丘县境。

承匡:宋地。《春秋》文公十一年:"夏,叔仲彭生会晋郤缺于承匡。"杜预注:"承匡,宋地。在陈留襄邑县西。"③战国时入魏,《战国策·齐策二》:"犀首以梁与齐战于承匡而不胜。"鲍彪注:"本宋地。"《读史方舆纪要》卷五〇归德府"睢州城"下:"承匡城,在州西三十里。《左传》文十一年:'叔仲惠伯会晋郤缺于承匡。'《战国策》:'犀首以梁与齐战于承匡。'秦为承匡县,后以承匡之地卑湿,徙县于襄陵,城遂废。"④顾栋高《春秋大事表》之《春秋列国都邑表》云:"今归德府睢州西三十里有故承筐城。"⑤杨伯峻注:"承匡,宋地,当在今河南省睢县西三十里。"⑥《战国策新校注》缪文远注:"承匡,亦称匡城,故城在今河南睢县匡城集,在县城西南三十里。"⑦

新城:宋地。《春秋》文公十四年:"六月,公会宋公、陈侯、卫侯、郑伯、许男、曹伯、晋赵盾。癸酉,同盟于新城。"杜预注:"新城,宋地,在梁国谷熟县西。"⑧杨伯峻注:"据此,则当在今河南省商丘市西南。"⑨西晋谷熟在今商丘县东南,清商丘即今县。今商丘虞城县有谷熟镇,正是。据郦道元《水经注》,宋国有新城亭,即在此,《水经注》卷二四"睢水"下:"睢水又径新城北,即宋之新城亭也。《春秋左传》文公十四年,公会宋公、陈侯、卫侯、郑伯、许男、曹伯、晋赵盾,盟

---

① [清]顾栋高辑:《春秋大事表》,中华书局1993年版,第769—770页。
② 杨伯峻:《春秋左传注》(修订本),中华书局1990年版,第583页。
③ 李学勤主编:《十三经注疏·春秋左传正义》,北京大学出版社1999年版,第533页。
④ [清]顾祖禹:《读史方舆纪要》,中华书局2010年版,第2353页。
⑤ [清]顾栋高辑:《春秋大事表》,中华书局1993年版,第769页。
⑥ 杨伯峻:《春秋左传注》(修订本),中华书局1990年版,第579页。
⑦ 缪文远:《战国策新校注》,巴蜀书社1987年版,第343页。
⑧ 李学勤主编:《十三经注疏·春秋左传正义》,北京大学出版社1999年版,第548页。
⑨ 杨伯峻:《春秋左传注》(修订本),中华书局1990年版,第600页。

于新城者也。"①

大棘：宋地，后入楚。《春秋》宣公二年："宋华元帅师及郑公子归生帅师，战于大棘。"杜预注："大棘在陈留襄邑县南。"②唐《元和郡县图志》卷七"宁陵县"下："大棘故城，在县西南七十里。《左传》宋华元、郑公子归生战于大棘。又七国反，先击梁棘壁，即此城也。"③北宋《太平寰宇记》卷一二宋州"宁陵县"下："大棘故城，在县西南七十里。"④顾栋高《春秋大事表》之《春秋列国都邑表》云："今归德府睢州西曲棘里有棘城，又宁陵县西南七里有大棘城，亦与睢相近。《水经注》云后其地为楚庄所并，故大棘有楚太子建坟、伍员钓台。"⑤杨伯峻注："大棘，此时为宋地，《方舆纪要》云：'大棘城在归德府宁陵县西南七十里。'则当在今河南省睢县南。"⑥《史记·梁孝王世家》："其春，吴楚齐赵七国反。吴楚先击梁棘壁。"司马贞《索隐》按："《左传》宣公二年，宋华元战于大棘。杜预云在襄邑东南，盖即棘壁是也。"张守节《正义》："《括地志》云：'大棘故城在宋州宁陵县西南七十里。'"⑦唐、宋宁陵县，在今县东南数里，则大棘当在今宁陵县西。

沙随：宋地。《春秋》成公十六年："秋，公会晋侯、齐侯、卫侯、宋华元、邾人于沙随。"杜预注："沙随，宋地。梁国宁陵县北有沙随亭。"⑧沙随亭又名沙阳亭，《水经注》卷二三《汳水》："汳水又东径宁陵县之沙阳亭北，故沙随国矣。《春秋左传》成公十六年，秋，会于沙随，谋伐郑也。杜预《释地》曰：在梁国宁陵县北沙阳亭是也。世

---

① ［北魏］郦道元著，陈桥驿校证：《水经注校证》，中华书局2007年版，第567页。
② 李学勤主编：《十三经注疏·春秋左传正义》，北京大学出版社1999年版，第590页。
③ ［唐］李吉甫：《元和郡县图志》，中华书局1983年版，第183页。
④ ［宋］乐史：《太平寰宇记》，中华书局2007年版，第228页。
⑤ ［清］顾栋高辑：《春秋大事表》，中华书局1993年版，第770页。
⑥ 杨伯峻：《春秋左传注》（修订本），中华书局1990年版，第650页。
⑦ ［汉］司马迁：《史记》，中华书局1982年版，第2082—2083页。
⑧ 李学勤主编：《十三经注疏·春秋左传正义》，北京大学出版社1999年版，第773页。

以为堂城,非也。"①《太平寰宇记》卷一二宋州"宁陵县"下曰:"沙随城,在县西北七十里。"②顾栋高《春秋大事表》之《春秋列国都邑表》云:"今沙随城在归德府宁陵县西六里。"③杨伯峻注:"沙随,宋地,古沙随国,在今河南宁陵县北。"④西晋和北宋时宁陵县即今县。

汋陂、汋陵:为相邻之宋地。《左传》成公十六年:"郑子罕伐宋,宋将鉏、乐惧败诸汋陂。退,舍于夫渠,不儆。郑人覆之,败诸汋陵,获将鉏、乐惧。"杜预注:"汋陂、夫渠、汋陵,皆宋地。"⑤杨伯峻注"汋陂"云:"汋陂,宋地,马宗琏《补注》以为即芍陂,为今安徽寿县南之安丰塘。但郑军伐宋,不应远至安徽寿县,其误无疑。以下文汋陵推测,当在今河南商丘(宋都)与宁陵之间。"又注"汋陵"云:"据《元和志》,汋陵在今河南宁陵县南。"⑥《太平寰宇记》卷一二宋州"宁陵县"下:"汋陵城,在县东南二十五里。"⑦北宋宁陵县在今县东南数里。

夫渠:宋地。《左传》成公十六年:"郑子罕伐宋,宋将鉏、乐惧败诸汋陂。退,舍于夫渠,不儆。郑人覆之,败诸汋陵,获将鉏、乐惧。"杜预注:"汋陂、夫渠、汋陵,皆宋地。"⑧杨伯峻注:"夫渠当离汋陂不远。"⑨如前,杨注谓汋陂当在今河南商丘(宋都)与宁陵之间,则夫渠亦在此区间。

城郜、幽丘:宋相邻二邑。商代侯国攸国所在地,幽、攸,古音相通。《左传》成公十八年载:郑与楚伐宋,"楚子辛、郑皇辰侵城郜,取幽丘,同伐彭城,纳宋鱼石、向为人、鳞朱、向带,鱼府焉,以三百乘戍之而还"。

---

① [北魏]郦道元著,陈桥驿校证:《水经注校证》,中华书局2007年版,第556—557页。
② [宋]乐史:《太平寰宇记》,中华书局2007年版,第227页。
③ [清]顾栋高辑:《春秋大事表》,中华书局1993年版,第771页。
④ 杨伯峻:《春秋左传注》(修订本),中华书局1990年版,第878页。
⑤ 李学勤主编:《十三经注疏·春秋左传正义》,北京大学出版社1999年版,第774页。
⑥ 杨伯峻:《春秋左传注》(修订本),中华书局1990年版,第879页。
⑦ [宋]乐史:《太平寰宇记》,中华书局2007年版,第228页。
⑧ 李学勤主编:《十三经注疏·春秋左传正义》,北京大学出版社1999年版,第774页。
⑨ 杨伯峻:《春秋左传注》(修订本),中华书局1990年版,第879页。

杜预注:"城郜、幽丘,皆宋邑。"① 杨伯峻注:"城郜、幽丘当在今安徽萧县。"②

靡角之谷:宋地。《左传》成公十八年:"(晋侯)遇楚师于靡角之谷。"杜预注:"靡角,宋地。"③ 顾栋高《春秋大事表》之《春秋列国都邑表》案:"彭城之役,晋、楚遇于靡角之谷,晋将遁矣。用雍子谋,楚师宵溃,晋降彭城而归诸宋。则靡角之谷当为近彭城地。"④ 杨伯峻注:"据襄二十六年《传》,靡角之谷当在彭城附近。"⑤

台谷:宋地。《左传》成公十八年:"十一月,楚子重救彭城,伐宋。宋华元如晋告急。韩献子为政,曰:'欲求得人,必先勤之。成霸安疆,自宋始矣。'晋侯师于台谷以救宋。遇楚师于靡角之谷,楚师还。"杜预注:"台谷,地阙。"⑥ 杨伯峻注:"台谷,不详今何地。高士奇《地名考略》五引或说,谓在今山西晋城县境,未必可据。"⑦ 据当时情况分析,楚国进攻宋国,宋求救于晋,晋悼公领兵驻扎在台谷以救宋,后在靡角之谷和楚军相遇,迫使楚退军。则台谷当距靡角之谷不远。如前,据杜预和杨伯峻注,靡角之谷在彭城附近,可知,台谷亦在彭城,即今江苏徐州附近。

朝郏:宋地。《左传》成公十八年载:"夏六月……遂会楚子伐宋,取朝郏。楚子辛、郑皇辰侵城郜,取幽丘,同伐彭城。"杜预注:"朝郏、城郜、幽丘,皆宋邑。"⑧ 顾栋高《春秋大事表》之《春秋列国都邑表》云:"当在今归德府夏邑县界。"⑨ 杨伯峻注:"据《汇纂》,朝郏当在今河南夏邑

---

① 李学勤主编:《十三经注疏·春秋左传正义》,北京大学出版社1999年版,第807页。
② 杨伯峻:《春秋左传注》(修订本),中华书局1990年版,第911页。
③ 李学勤主编:《十三经注疏·春秋左传正义》,北京大学出版社1999年版,第810页。
④ [清]顾栋高辑:《春秋大事表》,中华书局1993年版,第772页。
⑤ 杨伯峻:《春秋左传注》(修订本),中华书局1990年版,第913页。
⑥ 李学勤主编:《十三经注疏·春秋左传正义》,北京大学出版社1999年版,第810页。
⑦ 杨伯峻:《春秋左传注》(修订本),中华书局1990年版,第913页。
⑧ 李学勤主编:《十三经注疏·春秋左传正义》,北京大学出版社1999年版,第807页。
⑨ [清]顾栋高辑:《春秋大事表》,中华书局1993年版,第771页。

县。"①清夏邑即今县，与永城南北相连。

吕、留：为宋之相邻两处城邑。《左传》襄公元年："楚子辛救郑，侵宋吕、留。"②《水经·济水注》："留县故城，翼佩泗、济，宋邑也。《春秋左传》所谓侵宋吕、留也。故繁休伯《避地赋》曰：朝余发乎泗洲，夕余宿于留乡者也。张良委身汉祖，始自此矣。终亦取封焉，城内有张良庙也。"③顾栋高《春秋大事表》之《春秋列国都邑表》云："杜预注：'吕、留二县，今属彭城郡。'即宋之二邑。吕县，汉置，泗水至吕城积石为梁，故曰吕梁。今吕梁城在徐州府治北五十里，中河分司驻焉。留县，秦置，张良遇汉高于此，因封留侯。《水经注》：'济水过沛县东北，又东南过留县北，即春秋吕、留也。'今属徐州府，为运道所经。"④杨伯峻注："吕、留，宋之二邑。吕在今徐州市东南约五十里，有吕留山，山下即吕留洪。留即张良封留侯之留，今沛县东南，徐州市北。"⑤

犬丘：一名太丘，宋邑。《左传》襄公元年："郑子然侵宋，取犬丘。"杜预注："谯国酂县东北有大丘城，迂回，疑。"⑥顾栋高《春秋大事表》之《春秋列国都邑表》案："太丘地不近郑，故杜以为疑。然是时楚方侵宋取吕、留，郑盖为楚取也。今归德府永城县西北三十里有太丘集，与夏邑接界，大河经此，东北流入砀山境。酂县，汉属沛郡，音嵯，非萧何所封邑。"⑦杨伯峻注："犬丘，今河南永城县西北三十里。"⑧西晋酂县在今永城西北，明永城即今县。现永城西北25公里处有太丘镇，即此。

偪阳：又作傅阳。《国语·郑语》曰："妘姓邬、郐、路、偪阳。"⑨

---

① 杨伯峻：《春秋左传注》（修订本），中华书局1990年版，第911页。
② 李学勤主编：《十三经注疏·春秋左传正义》，北京大学出版社1999年版，第815页。
③ ［北魏］郦道元著，陈桥驿校证：《水经注校证》，中华书局2007年版，第218页。
④ ［清］顾栋高辑：《春秋大事表》，中华书局1993年版，第770页。
⑤ 杨伯峻：《春秋左传注》（修订本），中华书局1990年版，第918页。
⑥ 李学勤主编：《十三经注疏·春秋左传正义》，北京大学出版社1999年版，第815—816页。
⑦ ［清］顾栋高辑：《春秋大事表》，中华书局1993年版，第770—771页。
⑧ 杨伯峻：《春秋左传注》（修订本），中华书局1990年版，第918页。
⑨ 徐元诰：《国语集解》，中华书局2002年版，第468页。

则偪阳为周时妘姓小国。《左传》襄公十年:"春,公会晋侯、宋公、卫侯、曹伯、莒子、邾子、滕子、薛伯、杞伯、小邾子、齐世子光会吴于柤。夏,五月甲午,遂灭偪阳。"杜预注:"偪阳,妘姓国,今彭城傅阳县也。"①《汉书·地理志》楚国下:"傅阳,故偪阳国。莽曰辅阳。"②《读史方舆纪要》卷三二兖州府"偪阳城"下:"春秋时小国。城西有柤水。襄十年,晋侯会诸侯及吴子寿梦于柤,遂伐偪阳是也。汉置傅阳县,属楚国。傅、偪同音福。"③《左传》襄公十年五月庚寅:"荀偃、士匄帅卒攻偪阳,亲受矢石。甲午,灭之。书曰'遂灭偪阳',言自会也。以与向戌。向戌辞曰……乃予宋公。"杨伯峻注:"偪音福,又音逼。《穀梁》'偪'作'傅'。……偪阳今邳县西北,即山东峄城(峄县废治)南五十里,东南距柤约五十里。"④齐灭宋偪阳归齐,后归楚。秦设傅阳县,汉、晋因之,后废。

訾毋:宋地,战国时入楚。《左传》襄公十年:"六月,楚子囊,郑子耳伐宋,师于訾毋。"杜预注为宋地。杨伯峻注:"当在今河南鹿邑县南。"⑤《春秋地名考略》及《钦定春秋传说汇纂》皆谓在"归德府鹿邑县境"。清鹿邑县即今县。故址在今河南鹿邑南。

杨梁:宋地。《左传》襄公十二年:"冬,楚子囊、秦庶长无地伐宋,师于杨梁,以报晋之取郑也。"杜预注:"梁国睢阳县东有地名杨梁。"⑥《吕氏春秋·行论》载:"楚庄王使文无畏于齐,过于宋,不先假道。还反,华元言于宋昭公曰:'往不假道,来不假道,是以宋为野鄙也。楚之会田也,故鞭君之仆于孟诸。请诛之。'乃杀文无畏于杨梁之堤。"⑦杨梁地近涣水,故有堤防。顾栋高《春秋大事表》之《春秋列国都邑表》云:"今

---

① 李学勤主编:《十三经注疏·春秋左传正义》,北京大学出版社1999年版,第879页。
② [汉]班固:《汉书》,中华书局1962年版,第1638页。
③ [清]顾祖禹:《读史方舆纪要》,中华书局2010年版,第1531页。
④ 杨伯峻:《春秋左传注》(修订本),中华书局1990年版,第973页。
⑤ 杨伯峻:《春秋左传注》(修订本),中华书局1990年版,第978页。
⑥ 李学勤主编:《十三经注疏·春秋左传正义》,北京大学出版社1999年版,第905页。
⑦ 陈奇猷:《吕氏春秋校释》,学林出版社1984年版,第1391页。

在归德府城东南三十里。"① 杨伯峻注："《吕氏春秋·行论篇》，'宋杀文无畏于杨梁之堤'，即此。杨梁，今河南商丘县东南三十里。"②

合：宋邑。《左传》襄公十七年载："（宋）华臣弱皋比之室，使贼杀其宰华吴，贼六人以铍杀诸卢门合左师之后。"杜预注："合，向戌邑。"③《汉书·地理志》"东海郡"下有合乡县，《春秋地名考略》谓合即汉之合乡县。唐代《元和郡县图志》卷九"滕县"下："合乡故城，在县东二十三里。"④ 唐滕县即今县。杨伯峻注："（向戌）其官为左师，其采邑在合乡，故称为合左师。合，当在今山东枣庄市与江苏沛县之间。"⑤

蒙：宋邑，有两处。《读史方舆纪要》卷五〇归德府"商丘县"下："蒙城，在府东北四十里。亦曰大蒙城。《左传》襄二十七年：'宋公及诸侯之大夫盟于蒙门之外。'又有蒙泽，在城东北三十五里。庄十二年宋万弑闵公于蒙泽。汉置蒙县，属梁国。"⑥ 前引顾栋高《春秋大事表》案："宋有蒙邑，故有蒙门。今归德府治东北有蒙城，则亦东北门矣。"⑦ 宋国都城城门皆以所对应的城邑名称命名，宋城之东北门正对蒙邑，故此城门曰蒙门。大蒙城故址在今河南商丘市北山东曹县。宋国另有一蒙地，为庄周之故里。《史记·老子韩非列传》："庄子者，蒙人也，名周。周尝为蒙漆园吏，与梁惠王、齐宣王同时。"三家注《集解》云："《地理志》蒙县属梁国。"《索隐》曰："《地理志》蒙县属梁国。刘向《别录》云宋之蒙人也。"《正义》谓："郭缘生《述征记》云蒙县，庄周之本邑也。"又："《括地志》云：'漆园故城在曹州冤句县北十七里。'此云庄周为漆园吏，即此。按：其城古属蒙县。"⑧ 蒙县在唐宋时保留有小

---

① ［清］顾栋高辑：《春秋大事表》，中华书局1993年版，第773页。
② 杨伯峻：《春秋左传注》（修订本），中华书局1990年版，第996页。
③ 李学勤主编：《十三经注疏·春秋左传正义》，北京大学出版社1999年版，第944页。
④ ［唐］李吉甫：《元和郡县图志》，中华书局1983年版，第228页。
⑤ 杨伯峻：《春秋左传注》（修订本），中华书局1990年版，第1031—1032页。
⑥ ［清］顾祖禹：《读史方舆纪要》，中华书局2010年版，第2342页。
⑦ ［清］顾栋高辑：《春秋大事表》，中华书局1993年版，第767页。
⑧ ［汉］司马迁：《史记》，中华书局1982年版，第2143—2144页。

蒙故城，唐《元和郡县图志》卷七《河南道》"宋城"下云："小蒙故城，县北二十二里。即庄周之故里。"① 今河南商丘市北12公里处有蒙墙寺村，保留有蒙墙寺遗址，遗址有1982年12月商丘县人民政府所立标牌，上书："该文化遗址为战国时宋国蒙县和汉代梁国的蒙县遗址。经考证也是古代大哲学家、思想家庄子的出生地，此遗址曾先后出土过不少文物，但大多数失散民间。可幸存的还有：汉代古城墙遗址、汉代古井、汉代砖雕、古代大殿明柱礅、古建筑龙纹琉璃大脊等……"

鬼阎：宋地。《左传》昭公二十年："宋华、向之乱，公子城、公孙忌、乐舍、司马强、向宜、向郑、楚建、郳甲出奔郑。其徒与华氏战于鬼阎，败子城。"杜预《春秋释例·土地名》称"宋地鬼阎"，又注："颍川长平县西北有阎亭。"② 顾栋高《春秋大事表》之《春秋列国都邑表》云："今陈州府西华县东北阎仓亭城是也。"③ 杨伯峻注："据《汇纂》，在今河南西华县东北三十里。"④ 西晋长平县在今西华县东北，北宋西华县即今县。则鬼阎在今西华县城东北。

赭丘：宋地。《左传》昭公二十一年载：曹、晋、齐、卫救宋，"与华氏战于赭丘"。杜预注："赭丘，宋地。"⑤ 杨伯峻注："以下文'大败华氏，围诸南里'推之，赭丘盖离南里不远宋都郊外丘名。据《清一统志》，赭丘在今河南西华县十八里，未必确。"⑥ 考之其他史籍，《清一统志》所载可信。如《续汉书·郡国志》谓陈国长平"有赭丘城"。《水经·洧水注》："洧水又南经长平县故城西……又东经赭丘南，丘上有故城。"⑦ 东汉、北魏长平县在今西华县东北，则赭丘当在今河南省西华县东北。

新里：宋地。《左传》昭公二十一年载：齐、宋"遂败华氏于新里"。

---
① [唐]李吉甫：《元和郡县图志》，中华书局1983年版，第180页。
② 李学勤主编：《十三经注疏·春秋左传正义》，北京大学出版社1999年版，第1395页。
③ [清]顾栋高辑：《春秋大事表》，中华书局1993年版，第773—774页。
④ 杨伯峻：《春秋左传注》（修订本），中华书局1990年版，第1414页。
⑤ 李学勤主编：《十三经注疏·春秋左传正义》，北京大学出版社1999年版，第1417页。
⑥ 杨伯峻：《春秋左传注》（修订本），中华书局1990年版，第1429页。
⑦ [北魏]郦道元著，陈桥驿校证：《水经注校证》，中华书局2007年版，第523页。

杜预注："新里，华氏所取邑。"① 华氏，宋国公族。杨伯峻认为："疑新里与南里同为宋郊外里名。"②《太平寰宇记》卷一开封府"开封县"下："新里县故城，在县东三十里。隋高祖开皇十六年分浚仪县置，因新里为名。炀帝大业二年废。"③ 清《嘉庆重修一统志》谓："在祥符县东三十里。"考之春秋时期，开封县东三十里外确为宋地。北宋开封县及清祥符县皆在今开封市，则新里当在今河南开封境内。

横：宋地。《左传》昭公二十一年载：宋国内乱，"乐大心、丰愆、华牼御诸横"。乐大心等为宋臣，则横为宋地。杜预曰："梁国睢阳县南有横亭。"④《水经·睢水注》云："睢水又东径横城北……今在睢阳县西南，世谓之光城，盖光、横声相近，习传之非也。睢水又径新城北，即宋之新城亭也。"⑤ 唐张守节《正义》："故横城在宋州宋城县西南三十里。"⑥ 杨伯峻注："高士奇《地名考略》谓今商丘县西南有横城，世谓之光城。"⑦ 西晋睢阳县即唐宋城县，在今商丘县东南数里，则横当在今河南商丘西南。

鸿口：宋地，战国时先入齐再入魏。《左传》昭公二十一年："(冬十月)丙寅，齐师、宋师败吴师于鸿口。"杜预注："梁国睢阳县东有鸿口亭。"⑧ 顾栋高《春秋大事表》之《春秋列国都邑表》云："今在归德府商丘、虞城二县界。"⑨ 杨伯峻注："鸿口，今河南虞城县西北。"⑩ 西晋睢阳在今商丘县南，清商丘即今县，西距宋都约三十里。战国时不见记载，宋亡，睢阳入齐，五国攻齐时睢阳又入魏，鸿口也差不多此时相继入齐和入魏。

---

① 李学勤主编：《十三经注疏·春秋左传正义》，北京大学出版社1999年版，第1417页。
② 杨伯峻：《春秋左传注》(修订本)，中华书局1990年版，第1428页。
③ [宋]乐史：《太平寰宇记》，中华书局2007年版，第6页。
④ 李学勤主编：《十三经注疏·春秋左传正义》，北京大学出版社1999年版，第1414页。
⑤ [北魏]郦道元著，陈桥驿校证：《水经注校证》，中华书局2007年版，第567页。
⑥ [汉]司马迁：《史记》，中华书局1982年版，第2631页。
⑦ 杨伯峻：《春秋左传注》(修订本)，中华书局1990年版，第1426页。
⑧ 李学勤主编：《十三经注疏·春秋左传正义》，北京大学出版社1999年版，第1416页。
⑨ [清]顾栋高辑：《春秋大事表》，中华书局1993年版，第774页。
⑩ 杨伯峻：《春秋左传注》(修订本)，中华书局1990年版，第1427页。

老丘：宋地。相传夏代杼、槐、芒、泄、不降、扃等六王曾先后在此建都。《左传》定公十五年："郑罕达败宋师于老丘。"杜预注："老丘，宋地。宋公子地奔郑，郑人为之伐宋，欲取地以处之，事见哀十二年。"①《太平寰宇记》卷一开封府"陈留县"下："老丘城，在县北四十五里。"②《读史方舆纪要》卷四七"陈留县"下谓："老丘城，在县北四十里。《左传》定十五年：'郑罕达败宋师于老丘。'又县西北九十里有平丘城，今见北直长垣县，盖与县接界也。"③顾栋高《春秋大事表》之《春秋列国都邑表》云："今开封府陈留县东北四十五里有老丘城。"④杨伯峻注："当在今开封市东南，陈留镇东北四十五里。"⑤

渠蒢：宋地，又作蘧挐。《春秋》定公十五年："郑罕达帅师伐宋。齐侯、卫侯次于渠蒢。"《左传》云："郑罕达败宋师于老丘。齐侯、卫侯次于蘧挐，谋救宋也。"杨伯峻注："'渠'，《公羊》作'蘧'。《左传》亦作'蘧'。渠蒢，地未详。"⑥《穀梁传》范宁注："渠蒢，地也。"⑦据上可知，渠蒢：又作蘧挐，为地名，国属未详。但据《传》文，齐侯、卫侯为了救宋而率军驻于渠蒢，则推测渠蒢当为宋地。顾栋高《春秋大事表》之《春秋列国都邑表》云："渠蒢，杜注'宋地'，今无考。"⑧清江永谓："今按：谋救宋，当为宋地。"⑨因无旁证，可存疑。

黍丘、揖丘、大城、钟、邘：宋邑。《左传》哀公七年："宋人围曹……晋人不救，筑五邑于其郊，曰黍丘、揖丘、大城、钟、邘。"杜预注："梁国下邑县西南有黍丘亭。"⑩《读史方舆纪要》卷五〇归德府"夏

---

① 李学勤主编：《十三经注疏·春秋左传正义》，北京大学出版社1999年版，第1606页。
② [宋]乐史：《太平寰宇记》，中华书局2007年版，第11页。
③ [清]顾祖禹：《读史方舆纪要》，中华书局2010年版，第2152页。
④ [清]顾栋高辑：《春秋大事表》，中华书局1993年版，第775页。
⑤ 杨伯峻：《春秋左传注》（修订本），中华书局1990年版，第1601页。
⑥ 杨伯峻：《春秋左传注》（修订本），中华书局1990年版，第1599—1601页。
⑦ 李学勤主编：《十三经注疏·春秋穀梁传注疏》，北京大学出版社1999年版，第332页。
⑧ [清]顾栋高辑：《春秋大事表》，中华书局1993年版，第775页。
⑨ [清]江永：《春秋地理考实》卷三，见《四库全书·经部》。
⑩ 李学勤主编：《十三经注疏·春秋左传正义》，北京大学出版社1999年版，第1643—1644页。

邑县"下："黍丘亭。在县西南。《左传》哀七年：'宋围曹，筑五邑于其郊，黍丘其一也。'杜预曰：'夏邑县西南有黍丘亭。'"①据此，哀公七年，宋人包围曹国且修筑五座城邑，则这五座城邑属于宋当无疑问。杜预注谓黍丘（亭）在夏邑县西南，五邑既同筑于"曹郊"，则揖丘、大城、钟、邘亦当在夏邑县附近，实则不然。近来，据杨伯峻考证，五邑的大致位置为："揖丘，据《汇纂》在今山东曹县界。大城，据《汇纂》，在今菏泽县界。钟，据《汇纂》，在今定陶县界。邘，据《汇纂》，亦在今定陶县界。"②其中黍丘远在河南夏邑，处在宋国腹地。

雍丘：原为杞国都城，后杞灭入宋。《春秋》隐公四年载："王二月，莒人伐杞，取牟娄。"杜预注："杞国本都陈留雍丘县。推寻事迹，桓六年，淳于公亡国，杞似并之，迁都淳于；僖十四年，又迁缘陵；襄二十九年，晋人城杞之淳于，杞又迁都淳于。"③《左传》哀公九年载："郑武子賸之嬖许瑕求邑，无以与之。请外取，许之，故围宋雍丘。……二月甲戌，宋取郑师于雍丘，使有能者无死，以郑张与郑罗归。"杨伯峻注："雍丘本杞所封，《史记·杞世家》《索隐》云'春秋时，杞已迁东国，僖十四年《传》云杞迁缘陵'，故雍丘为宋所得。"④战国时入魏，《战国策·燕策三》载："于是遂不救燕，而攻魏雝丘，取之，以与宋。"鲍彪注："雝、雍同。"何建章注："雍丘，今河南省杞县。"⑤《汉书·地理志》"陈留郡"下谓"雍丘，故杞国也"⑥。《春秋释例·土地名》谓此即春秋雍丘。北宋《太平寰宇记》卷一开封府"雍丘县"下："雍丘故城，今县城是也。春秋时杞国城也，杞为宋灭。"⑦汉、北宋雍丘即今杞县，则雍丘当在今河南杞县。

---

① ［清］顾祖禹：《读史方舆纪要》，中华书局2010年版，第2349页。
② 杨伯峻：《春秋左传注》（修订本），中华书局1990年版，第1645页。
③ 李学勤主编：《十三经注疏·春秋左传正义》，北京大学出版社1999年版，第81页。
④ 杨伯峻：《春秋左传注》（修订本），中华书局1990年版，第1652页。
⑤ 何建章：《战国策注释》，中华书局1990年版，第1179—1180页。
⑥ ［汉］班固：《汉书》，中华书局1962年版，第1558页。
⑦ ［宋］乐史：《太平寰宇记》，中华书局2007年版，第15页。

城鉏：宋邑。《左传》哀公十一年："疾臣向魋，纳美珠焉，与之城鉏。"杜预注："城鉏，宋邑。"① 顾栋高《春秋大事表》之《春秋列国都邑表》云："今卫辉府滑县东十五里有鉏城。其后更属卫。哀二十五年卫侯出奔宋适城鉏，杜《注》'城鉏，卫之近宋邑'。二十六年卫悼公立，以城鉏与越人，出公在城鉏以弓问子贡，是也。"② 杨伯峻注："城鉏本宋邑，后属卫，高士奇《地名考略》谓即襄四年《传》'后羿自鉏'之'鉏'，在今河南滑县东十五里。哀二十五年《传》卫侯乃适城鉏，及二十六年《传》卫以城鉏与越人，皆此城鉏。"③ 则城鉏原属宋，宋赠之于卫，后卫再适越。西晋濮阳县在今县南，唐卫南县在今滑县东。

黄池：宋地。《春秋》哀公十三年："公会晋侯及吴子于黄池。"杜预注："陈留封丘县南有黄亭，近济水。"④ 杨伯峻注："黄池当在今河南封丘县南，济水故道南岸。"⑤ 后入宋入魏又入韩，终归宋。《史记·魏世家》魏惠王十六年："侵宋黄池，宋复取之。"⑥ 则黄池于魏惠王（前400—前319）时一度为魏侵占，后又为宋所取。《史记·韩世家》昭侯二年载："宋取我黄池。"⑦ 则韩昭侯（？—前333）时，宋复从韩夺回黄池。《太平寰宇记》卷一河南道一"封丘县"下："黄池，在县西南七里，东西三里。"⑧ 西晋封丘在今县西南数里，北宋封丘即今县，则黄池当在今封丘县境。

户牖：宋邑。《左传》哀公十三年载：吴人因子服景伯而还，"及户牖"。杜预注："户牖，陈留外黄县西北东昏城是。"⑨ 但未明国属。顾栋高《春

---

① 李学勤主编：《十三经注疏·春秋左传正义》，北京大学出版社1999年版，第1661页。
② ［清］顾栋高辑：《春秋大事表》，中华书局1993年版，第771—772页。
③ 杨伯峻：《春秋左传注》（修订本），中华书局1990年版，第1666页。
④ 李学勤主编：《十三经注疏·春秋左传正义》，北京大学出版社1999年版，第1669页。
⑤ 杨伯峻：《春秋左传注》（修订本），中华书局1990年版，第1674页。
⑥ ［汉］司马迁：《史记》，中华书局1982年版，第1845页。
⑦ ［汉］司马迁：《史记》，中华书局1982年版，第1868页。
⑧ ［宋］乐史：《太平寰宇记》，中华书局2007年版，第8页。
⑨ 李学勤主编：《十三经注疏·春秋左传正义》，北京大学出版社1999年版，第1672页。

秋大事表》之《春秋列国都邑表》列户牖为宋邑，谓在"今东昏故城在开封府兰阳县东北二十里"①。杨伯峻注："户牖，今河南兰考县东北。"②秦朝阳武县户牖乡即今兰考。汉初置东昏县，西汉末王莽时改为东明县。

窜：宋邑。《左传》哀公十四年载：宋桓魋之宠害于公，"魋先谋公，请以窜易薄"。杜预注："窜，向魋邑。"③王国维《观堂集林》卷一二："窜，桓魋之邑，地虽无考，当与薄近。是岁魋入于曹以叛，时曹地新入于宋，虽未必为魋采邑，亦必于魋邑相近。"④薄在曹县东南，曹都在定陶县西北。杨伯峻注："窜有二，成二年窜之战乃齐地，详彼《注》；此为宋邑。……当在今山东定陶县之南，河南商丘市之北之某地。"⑤

逢泽：泽地，有两处，分属魏国和宋国。《左传》哀公十四年："迹人来告曰：'逢泽有介麋焉。'"杜预注："《地理志》言逢泽在荥阳开封县东北，远，疑非。"⑥明清时称蓬陂、蓬泽，《读史方舆纪要》卷四七开封府"祥符县"下："蓬陂，即蓬泽也，在县东南二十四里。《左传》哀十四年：宋皇野语向巢：'逢泽有介麋焉。'逢泽去宋远，或曰逢犹遇也，泽即宋之孟渚。周显王二十六年，秦孝王使公子少官帅师会诸侯于蓬泽以朝王。《汲郡古文》：'梁惠王发逢、忌之薮以赐民。'《汉志》开封有逢、忌之川，谓蓬陂、忌泽也，后合为蓬泽。"⑦综上，此逢泽在今开封市祥符区，乃魏泽地，非宋之逢泽。顾栋高《春秋大事表》之《春秋列国都邑表》云："哀十四年宋皇野语向巢'迹人来告逢泽有介麋焉'。杜注：'《地理志》言逢泽在荥阳开封县东北，远，疑非。'《正义》曰：'宋都睢阳，计去开封四百余里，非轻行可到，故杜以远疑。盖于宋都之旁别有近地名逢泽耳。"宋逢泽为古睢水所积，已堙废，旧址在今河

---

① ［清］顾栋高辑：《春秋大事表》，中华书局1993年版，第772页。
② 杨伯峻：《春秋左传注》（修订本），中华书局1990年版，第1678页。
③ 李学勤主编：《十三经注疏·春秋左传正义》，北京大学出版社1999年版，第1680页。
④ 王国维：《观堂集林》（外二种），河北教育出版社2003年版，第265页。
⑤ 杨伯峻：《春秋左传注》（修订本），中华书局1990年版，第1686页。
⑥ 李学勤主编：《十三经注疏·春秋左传正义》，北京大学出版社1999年版，第1680页。
⑦ ［清］顾祖禹：《读史方舆纪要》，中华书局2010年版，第2148页。

南商丘南。

仪台：一名义台、灵台、平台。《史记·魏世家》魏惠王六年："伐取宋仪台。"裴骃《集解》引徐广曰："一作义台。"司马贞《索隐》："按：《年表》作'义台'。……郭象云：'义台，灵台。'"①《左传》哀公二十五年："五月，庚辰，卫侯出奔宋。卫侯为灵台于藉圃，与诸大夫饮酒焉。"②句中"灵台"与"藉圃"，杜预均无作注。《太平寰宇记》卷一二宋州"虞城县"下："灵台，在县西南四十里。"③《左传》襄公十七年："宋皇国父为大宰，为平公筑台，妨于农功。子罕请俟农功之毕，公弗许。"④宋皇国父为平公所筑"台"即"平台"，故唐《元和郡县图志》卷七"虞城县"下云："平台，县西四十里。《左传》宋皇国父为宋平公所筑。"⑤《太平寰宇记》卷一二宋州"虞城县"下又谓："平台在县西南五十里。《春秋》襄公十七年：'宋皇国父为宋平公筑台，妨于农收。子罕谏请俟农隙，公弗许。'《史记》云：'梁孝王大治宫室，筑东苑，方三百余里。为复道，自宫连属于平台。'"⑥《史记》裴骃《集解》："徐广曰：'睢阳有平台里。'骃案：如淳曰'在梁东北，离宫所在也'。"北宋虞城县在今县北，则仪台当仍在今虞城西南。今商丘市东南5公里处有平台镇，正在虞城县东南方，春秋时仪台即此。春秋至战国初属宋地，宋亡后入魏。

空泽、空桐：均为宋邑。《左传》哀公二十六年："冬，十月，公游于空泽。辛巳，卒于连中。大尹兴空泽之士千甲，奉公自空桐入，如沃宫。"《水经·获水注》："获水又东南径空桐泽北，泽在虞城东南，《春秋》哀公二十六年，冬，宋景公游于空泽；辛巳，卒于连中。大尹、左师兴空泽之士千甲，奉公自空桐入如沃宫者矣。"⑦杜预注："空泽，宋邑。……

---

① [汉]司马迁：《史记》，中华书局1982年版，第1844页。
② 李学勤主编：《十三经注疏·春秋左传正义》，北京大学出版社1999年版，第1708页。
③ [宋]乐史：《太平寰宇记》，中华书局2007年版，第227页。
④ 李学勤主编：《十三经注疏·春秋左传正义》，北京大学出版社1999年版，第944—945页。
⑤ [唐]李吉甫：《元和郡县图志》，中华书局1983年版，第181页。
⑥ [宋]乐史：《太平寰宇记》，中华书局2007年版，第226—227页。
⑦ [北魏]郦道元著，陈桥驿校证：《水经注校证》，中华书局2007年版，第560页。

梁国虞县东南有地名空桐。"①顾栋高《春秋大事表》之《春秋列国都邑表》谓："(空泽)在今归德府虞城县东。《水经注》所谓'获水又东南径空桐泽北',是也。"又注空桐谓："今虞城县空桐泽有空桐亭。"②杨伯峻进一步注云："空泽即《水经·获水注》之空桐泽,在今河南商丘地区虞城县南,旧为汴水所经,今湮。"③

唐盂:宋地。《左传》哀公二十六年:"大尹兴空泽之士千甲,奉公自空桐入,如沃宫。使召六子曰:'闻下有师,君请六子画。'六子至,以甲劫之……使祝为载书,六子在唐盂,将盟之。"杜预注"唐盂"为地名,但未详何处④。杨伯峻注云:"高士奇《地名考略》谓唐盂即僖二十一年《经》会于'盂'之'盂',则在今河南睢县,疑较远,此时六卿必不致全皆轻离国都。唐盂或宋都郊鄙一地。"⑤依杨说,唐盂当为今河南商丘周边某地,但其详址已无可考。

滕:原为姬姓侯国,春秋后期为宋所灭,其地入宋。《战国策·宋卫策》载:宋王偃"灭滕、伐薛,取淮北之地"⑥。《春秋》隐公七年杜预注:"滕国在沛国公丘县东南。"孔颖达疏:"《谱》云:'滕,姬姓,文王子错叔绣之后。武王封之,居滕,今沛郡公丘县是也。自叔绣至宣公十七世,乃见《春秋》。隐公以下,《春秋》后六世,而齐灭之。'……《地理志》云:'沛郡公丘县,故滕国也,周文王子错叔绣所封,三十一世为齐所灭。'"⑦杨伯峻注:"今山东省滕县西南十四里有古滕城,即滕国也。"⑧清滕县即今县,则滕国当在今山东滕县境内。齐灭宋后,其地又入齐。

砀:宋地,战国时入魏。《战国策·秦策四》载:"魏氏将出兵而攻留、

---

① 李学勤主编:《十三经注疏·春秋左传正义》,北京大学出版社1999年版,第1712—1713页。
② [清]顾栋高辑:《春秋大事表》,中华书局1993年版,第773页。
③ 杨伯峻:《春秋左传注》(修订本),中华书局1990年版,第1729页。
④ 李学勤主编:《十三经注疏·春秋左传正义》,北京大学出版社1999年版,第1712—1713页。
⑤ 杨伯峻:《春秋左传注》(修订本),中华书局1990年版,第1731页。
⑥ 缪文远:《战国策新校注》,巴蜀书社1987年版,第1134页。
⑦ 李学勤主编:《十三经注疏·春秋穀梁传注疏》,北京大学出版社1999年版,第104—105页。
⑧ 杨伯峻:《春秋左传注》(修订本),中华书局1990年版,第52页。

方与、铚、胡陵、砀、萧、相，故宋必尽。"①秦灭魏国，尽取其地以为郡县，以魏国东部和原宋国的数县置为砀郡，治砀县。《水经·获水注》："获水又东径砀县故城北，应劭曰：县有砀山，山在东，出文石，秦立砀郡，盖取山之名也。"②《七国地理考》卷三谓砀县在"归德府永城县北"③。清永城县即今县，则砀当为今河南永城北之安徽砀山，因城西南三十五里，界上有山曰砀，故以山名。

铚：宋邑。《战国策·秦策四》："魏氏将出兵而攻留、方与、铚、胡陵、砀、萧、相，故宋必尽。"《汉书·地理志》沛郡有铚县。司马贞《索隐》引《地理志》亦云："铚，县名，属沛。"④《水经·淮水注》："涣水又东径铚县故城南。"⑤《读史方舆纪要》卷二〇凤阳府"宿州"下："铚城，州南四十六里。战国时宋邑。黄歇说秦王：'魏氏出兵而攻留、方与、铚、湖陵、砀、萧、相，故宋必尽。'此即铚邑也。"⑥则铚当在今安徽宿州附近。

胡陵：又作湖陵。《战国策·秦策四》顷襄王二十年载："魏氏将出兵而攻留、方与、铚、胡陵、砀、萧、相，故宋必尽。"何建章注："胡陵，今山东省鱼台县东南六十里，亦作湖陵。"⑦《读史方舆纪要》卷三二兖州府"鱼台县"下："湖陵城，在县东南六十里。亦春秋时宋邑，后属楚，春申君谓'魏氏将出而攻铚、湖陵、砀、萧、相'者也。秦置湖陵县，汉因之。"⑧与滕、邾等小国为界。齐灭宋后，其地入齐。《汉书·地理志》山阳郡有胡陵县。

方与：宋地。《战国策·秦策四》载："魏氏将出兵而攻留、方与、铚、胡陵、砀、萧、相，故宋必尽。"可知，留、方与、铚、胡陵、砀、

---

① 缪文远：《战国策新校注》，巴蜀书社1987年版，第244页。
② [北魏]郦道元著，陈桥驿校证：《水经注校证》，中华书局2007年版，第560页。
③ [清]顾观光：《七国地理考》卷三，清光绪五年（1879）金山高煌刻本。
④ [汉]司马迁：《史记》，中华书局1982年版，第1957页。
⑤ [北魏]郦道元著，陈桥驿校证：《水经注校证》，中华书局2007年版，第711页。
⑥ [清]顾祖禹：《读史方舆纪要》，中华书局2010年版，第1050页。
⑦ 何建章：《战国策注释》，中华书局1990年版，第250页。
⑧ [清]顾祖禹：《读史方舆纪要》，中华书局2010年版，第1536页。

萧、相七地皆为宋属。如前，留、铚、胡陵、砀、萧、相，此六地之大致方位已考。独方与地未详。高诱注："七邑，宋邑也。宋，战国时属楚，故言'故宋必尽'也。"《史记正义》："徐州西，宋州东，兖州南，并故宋地。"缪文远《战国策新校注》注称："方与，在今山东省鱼台县东北十五里。"① 何建章《战国策注释》采缪说，谓"方与"在"今山东省鱼台县北"②。

襄陵：宋邑。《汉书·地理志》"陈留郡襄邑"下颜师古注引圈称云："襄邑，宋地，本承匡襄陵乡也。宋襄公所葬，故曰襄陵。秦始皇以承匡卑湿，故徙县于襄陵，谓之襄邑，县西三十里有承匡城。"③ 战国时入魏，《史记·魏世家》魏文侯三十五年："齐伐取我襄陵。"④《战国策·齐策二》："犀首以梁为齐战于承匡而不胜。"⑤ 程恩泽《国策地名考》："承匡在睢州西三十里。"清代归德府睢州称襄邑，《读史方舆纪要》卷六《历代州域形势》云："襄邑，今归德府睢州也。"⑥ 清睢州即今睢县。综上，则襄邑在今河南睢县境内，今睢县城湖心岛东北有襄陵。襄陵后名襄邑，又名襄牛。《读史方舆纪要》卷五〇归德府"睢州"下："襄邑废县，今州治。故宋承匡邑之襄牛地。《左传》僖元年：'卫侯出居于襄牛。'或以为即此。……又襄十年：'楚、郑伐宋，卫侯救宋，师于襄牛。'后以宋襄公葬此，亦曰襄陵。"⑦

戴：古戴国，后入宋，再入楚。《公羊传》《穀梁传》作"载"。顾栋高《春秋大事表》之《春秋列国都邑表》载："宋在春秋兼有六国之地，宿、偪阳、曹三国其见于《经》者也，杞、戴及彭城则《经》、《传》

---

① 缪文远：《战国策新校注》，巴蜀书社1987年版，第245页。
② 何建章：《战国策注释》，中华书局1990年版，第250页。
③ ［汉］班固：《汉书》，中华书局1962年版，第1559页。
④ ［汉］司马迁：《史记》，中华书局1982年版，第1841页。
⑤ 何建章：《战国策注释》，中华书局1990年版，第340页。
⑥ ［清］顾祖禹：《读史方舆纪要》，中华书局2010年版，第246页。
⑦ ［清］顾祖禹：《读史方舆纪要》，中华书局2010年版，第2353页。

俱不详其入宋之年，而地实兼并于宋。"①《春秋》隐公十年："宋人、蔡人、卫人伐戴。郑伯伐取之。"戴为郑所灭。杜预注："戴国，今陈留外黄县东南有戴城。"②《汉书·地理志》"梁国"下："甾，故戴国。"③唐《元和郡县图志》卷一一"考城县"下："古戴国也，《春秋》隐公十年'宋人、蔡人、卫人伐戴'。后属宋，楚灭宋，改名曰谷。汉以为甾县。"④《读史方舆纪要》卷五〇"睢州"下："考城县，在州东北九十里。西南至开封府杞县八十里。本周之戴国。《春秋》隐十年：'郑取戴，改名谷城。'秦置谷县……考城故城，在县东南五里。本汉之甾县。……明朝正统十三年以河患徙今治。"⑤杨伯峻注："今河南省民权县东而稍北四十五里，离宋都六十余里，当即古戴国之地。"⑥清代考城故城乃今河南兰考之一部分，地近宋都商丘，杨注位置较确。

甯：宋邑。《太平寰宇记》卷一二"宋州"下："宁陵县。本甯城，古葛伯国于此。……六国时属魏，安釐王封其弟无忌为信陵君，而邑于甯。魏咎尝封为甯陵君，亦此邑之地。高帝改为宁陵，封吕臣。"⑦《读史方舆纪要》卷五〇归德府"宁陵县"下："在府城西六十里。又西至开封府杞县一百里。古葛国，后为宋之甯邑，战国时属魏。……甯城，在县城西。春秋时宋之甯邑也。战国时魏公子无忌封信陵君而食邑于甯。"⑧信陵，地名，战国时期属魏地，今河南省商丘市宁陵县，现存有宁陵故城，战国魏安釐王以弟无忌为信陵君，即此。则甯邑初为宋地，战国时入魏。

济阳：宋地，战国时入魏。《读史方舆纪要》卷四七开封府"兰阳县"

---

① [清]顾栋高辑：《春秋大事表》，中华书局1993年版，第528页。
② 李学勤主编：《十三经注疏·春秋左传正义》，北京大学出版社1999年版，第118页。
③ [汉]班固：《汉书》，中华书局1962年版，第1636页。
④ [唐]李吉甫：《元和郡县图志》，中华书局1983年版，第294页。
⑤ [清]顾祖禹：《读史方舆纪要》，中华书局2010年版，第2354—2355页。
⑥ 杨伯峻：《春秋左传注》（修订本），中华书局1990年版，第67页。
⑦ [宋]乐史：《太平寰宇记》，中华书局2007年版，第227页。
⑧ [清]顾祖禹：《读史方舆纪要》，中华书局2010年版，第2345页。

下:"济阳城,县东五十里。春秋宋地,战国属魏。"①又卷一"历代州域形势一":"济阳,今开封府兰阳县东五十里济阳城是。"②清代兰阳县即今河南兰考,则济阳当在今兰考东。

除了上述地名,宋国和郑国之间还有隙地六邑,两国都不占有。《左传》哀公十二年:"宋郑之间有隙地焉,曰弥作、顷丘、玉畅、嵒、戈、锡。子产与宋人为成,曰:'勿有是。'"③公元前483年,宋国平公、元公的族人从萧地逃亡到郑国,郑国人为他们在嵒地、戈地、锡地筑了城;九月,宋国的向巢进攻郑国,占领了锡地,杀死了元公的孙子,并进而包围了嵒地;十二月,郑国的罕达救援嵒地,包围了宋军。十三年春,宋国的向魋救援他们的军队,郑军就在嵒地全部歼灭宋军,俘虏了成讙、郜延,"以六邑为虚"。杜预注:"空虚之,各不有。"④即仍然遵从子产当年与宋国订立的和约,双方都不得占有这六邑之地。入战国之后,宋、郑两国亦不断交兵,六地之归属史料记载不详。公元前375年,韩哀侯率军攻占郑国,郑国灭亡。公元前286年,宋国灭亡。

以上这些地名,多因经历战火而被记载下来,在诸侯侵伐战争中,许多地方于不同时期分属不同侯国。对这些地名追古探今,对研究春秋时期宋国及其周边国家的政治、经济、军事、文化等都有帮助,对传承文明、弘扬现代地方文化也有着重要的意义。

第二节 宋国的政治

一 宗法制度

宗法制度是周代政权的支柱之一。西周时期,宗法制度对于巩固周

---

① [清]顾祖禹:《读史方舆纪要》,中华书局2010年版,第2169页。
② [清]顾祖禹:《读史方舆纪要》,中华书局2010年版,第31页。
③ 李学勤主编:《十三经注疏·春秋左传正义》,北京大学出版社1999年版,第1668页。
④ 李学勤主编:《十三经注疏·春秋左传正义》,北京大学出版社1999年版,第1670页。

王室统治发挥了重要的作用。春秋时期，继续推行宗法制，宗族组织普遍存在并构成了各国政权的基础。在各宗族内部，仍实行基于血缘等级关系之上的宗法制度，并延续了传统宗法关系的若干特点。"宗法是统驭家族的原则，封建是扩充家族系统为统治系统的原动力，世族便是混合家族和政治的系统而用宗法来支配的一种特殊团体。贵族阶级既有固定的封土，又有固定的政权，所以能收聚族众，成为一种半政治式的宗族组织。"①

周初创立宗法制，目的是利用宗法血缘关系维护西周政治等级制度和稳定社会秩序。国君依赖世家大族维护自己的统治，世家大族则通过支持国君保持自己的地位，双方互为依存。但是，这种权利与义务相结合的体制，一开始就是一个矛盾统一体，潜在的危机一直存在于这种制度的本身："那些世袭的公族有着自己的臣民、领地、军队，具备独立发展的条件和潜力。随着这些公族势力的膨胀，他们必定不甘心宗法制的束缚，等其发展壮大到一定程度之后必定会冲破宗法制的限制，寻找更大的发展空间。再加上随着历史的发展，上下等级之间的血缘关系也越来越疏远，血缘情感和道德观念也随之越来越淡薄，下一等级对上一等级的离心力亦随之逐代加强，接踵而至的便是以下犯上、下级对上级的僭越，所以诸侯国内多出现卿大夫专权的局面。但又迫于春秋礼制传统的约束，多少还保留了一些国君的权威，所以在春秋时期列国公族和公室之间的关系处于若即若离的状态。"②宋国是殷商文化的直接继承者，有着浓厚的殷商文化底蕴，再加上周王朝对宋国的特殊礼遇，这使得宋国在承袭旧礼制、旧习俗上，比其他诸侯国拥有无限开阔的自由空间。比如，在国君继统的方式上，宋国有五世为兄终弟及，即微仲继微子、殇公继前湣公、穆公继宣公、桓公继后湣公、文公继昭公。此外还有一世应为弟终兄继，即庄公继殇公。关于这种继统方法，

---

① 童书业：《春秋史》，上海古籍出版社2003年版，第70页。
② 杨秋梅：《晋国公族与公室关系的变异》，《晋阳学刊》2002年第5期。

宋宣公说："父死子继，兄死弟及，天下通义也。"①兄终弟及的情况屡见于商王继统，今又在宋君继统方式上重现，说明宋国是沿袭殷商"以弟为主，而以子继辅之"的君统旧制。宋以保存殷礼而著称，宋人慎思追远，对于创建和发展了鼎盛的殷商王朝的祖辈是相当崇敬的，宋国政治发展的历史特征与殷商文化传统在宋国的遗存具有直接关系②。

受宗法制的影响，宋国公室依靠血缘关系维护其统治，任用公子公孙担任高官要职，并且这些官职呈现出明显的世袭性，这样，在宋国便形成了世卿公族制，公族制度在宋国得到了很好的发展和完善。宋国公族大多为同姓公族，因而自始至终都是同姓公族担任正卿，几乎没有异姓公族，"在宋国，所有贵族大夫家族都是公室支属：华、乐、皇和老氏是戴公子孙；仲氏出于庄公；鱼、鳞、荡和向氏出于桓公；灵氏出于文公；还有武公和穆公的子孙支属没有传下名氏。宋公的兄弟有好几次担任了很重要的职位"③。宋国恪守殷礼，因循旧制，任用公族执政，强宗大族擅权，形成了稳固的宗法制度，异姓贵族很难挤入政坛。

宋国公族长期执政，公族权力过度膨胀后，势必威胁到公室利益，而且不同大族之间也会为了各自的利益进行权力之争。春秋时代，宋国可以说是内乱频仍，有的是公族同公室之间的争夺，有的是公族之间或公族内部的斗争。但是，宋国一直到战国时亡国，并没有出现公族代替国君，更没有出现异姓夺权的情况，其主要原因就是宗法制在宋国保存和发扬的结果。"不管事实上的斗争如何激烈残酷，但却有一个占统治地位的价值观念在积极协调、平衡公室与公族之间的关系。西周宗法伦理传统在这些地区有着深刻的影响。"④这种占统治地位的价值观念就是春秋时期为社会所推崇的宗法观念。宗法制作为宋国政治统

---

① [汉]司马迁：《史记》，中华书局1982年版，第1622页。
② 晁福林：《试论宋国的政治发展及其历史特征》，《史学月刊》1989年第6期。
③ 侯外庐：《中国古代社会史论》，河北教育出版社2000年版，第101页。
④ 钱杭：《春秋时期晋国的宗政关系》，《华东师范大学学报》1989年第6期。

治的基本原则，为宋国公族的存在、发展、强大提供了制度上的保障。

二　公国地位

周代实行五等爵制。《礼记·王制》载爵位之制曰："王者之制禄爵：公、侯、伯、子、男，凡五等。"①《公羊传》云："天子三公称公，王者之后称公，其余大国称侯，小国称伯、子、男。"②《左传》襄公十五年载："王及公、侯、伯、子、男，甸、采、卫、大夫，各居其列，所谓'周行'也。"杜预注："言自王以下，诸侯大夫各任其职。"③经过春秋时期的"礼崩乐坏"，到战国中期孟子时，关于五等爵制已"其详不可得闻也"，但据孟子所略闻，仍有"天子一位，公一位，侯一位，伯一位，子、男同一位，凡五等也"④的礼制，与《春秋》经传所见的诸侯称谓、序列等没有太大的差异，说明五等爵制在春秋时期的确存在，并一直被严格遵守和实行。

宋国为殷商之后，因此被称为"公"。公作为尊爵，主要体现的是一种身份和地位的尊贵，显示周王朝对先代的敬重。从文献记载来看，陈、杞、宋三国作为虞、夏、殷之后，被称为"三恪"，在周初地位崇高，皆可称"公"。但入春秋以后，陈降为侯爵，杞先降为侯、再降为伯、复降为子。考之《春秋》及其他文献，宋国自受封立国至战国初期，宋国国君一直依周代礼制而称公，未见有其他爵称。这一点也得到了金文资料的印证，宋国国君在金文中统一称"宋公"，如"宋元公""宋公䜌""宋公得"等，与《春秋》经传所载宋国国君之爵称完全一致。

宋作为先代之后，于周为客，得到王朝的特别礼遇和优待。按照五等爵的序列，宋国为公爵，地位当在其他诸侯之上。依《春秋》记事，

---

① 李学勤主编：《十三经注疏·礼记正义》，北京大学出版社1999年版，第330页。
② 李学勤主编：《十三经注疏·春秋公羊传注疏》，北京大学出版社1999年版，第49页。
③ 李学勤主编：《十三经注疏·春秋左传正义》，北京大学出版社1999年版，第934页。
④ 杨伯峻：《孟子译注》，中华书局1960年版，第235页。

春秋时期，凡是大的盟会或征伐活动，除了诸侯霸主和强国外，宋国一般都列在其他诸侯的前位和上位，这是宋国地位高尊的一种体现。

盟会。隐公八年："秋七月庚午，宋公、齐侯、卫侯盟于瓦屋。"桓公十一年："柔会宋公、陈侯、蔡叔盟于折。"庄公十六年："冬十有二月，会齐侯、宋公、陈侯、卫侯、郑伯、许男、滑伯、滕子同盟于幽。"僖公十五年："公会齐侯、宋公、陈侯、卫侯、郑伯、许男、曹伯盟于牡丘，遂次于匡。"文公十四年："公会宋公、陈侯、卫侯、郑伯、许男、曹伯、晋赵盾。癸酉，同盟于新城。"宣公二年："冬，公会晋侯、宋公、卫侯、郑伯、曹伯于黑壤。"成公五年："公会晋侯、齐侯、宋公、卫侯、郑伯、曹伯、邾子、杞伯同盟于虫牢。"襄公五年："公会晋侯、宋公、陈侯、卫侯、郑伯、曹伯、莒子、邾子、滕子、薛伯、齐世子光、吴人、鄫人于戚。"昭公十三年："秋，公会刘子、晋侯、宋公、卫侯、郑伯、曹伯、莒子、邾子、滕子、薛伯、杞伯、小邾子于平丘。"

征伐。隐公四年："夏，公及宋公遇于清。宋公、陈侯、蔡人、卫人伐郑。"桓公十六年："春正月，公会宋公、蔡侯、卫侯于曹。夏四月，公会宋公、卫侯、陈侯、蔡侯伐郑。"庄公十五年："齐侯、宋公、陈侯、卫侯、郑伯会于鄄。……秋，宋人、齐人、邾人伐郳。"僖公四年："春王正月，公会齐侯、宋公、陈侯、卫侯、郑伯、许男、曹伯侵蔡。"文公九年："楚人伐郑。公子遂会晋人、宋人、卫人、许人救郑。"宣公元年："宋公、陈侯、卫侯、曹伯会晋师于棐林，伐郑。"成公十三年："夏五月，公自京师，遂会晋侯、齐侯、宋公、卫侯、郑伯、曹伯、邾人、滕人伐秦。"襄公九年："冬，公会晋侯、宋公、卫侯、曹伯、莒子、邾子、滕子、薛伯、杞伯、小邾子、齐世子光伐郑。"定公四年："三月，公会刘子、晋侯、宋公、蔡侯、卫侯、陈子、郑伯、许男、曹伯、莒子、邾子、顿子、胡子、滕子、薛伯、杞伯、小邾子、齐国夏于召陵，侵楚。"

《春秋》所记都是诸侯的本爵，从上面所列举的春秋大型盟会和征伐事例可以看出，宋国以公爵排名于诸侯前列。齐、晋为侯爵有时位列宋国之先，是因为两国曾先后受周天子册命为"侯伯"，为诸侯的霸主。宋国的公国地位以及与周王室之间的特殊关系，让其他诸侯国另眼相看，这对宋国对外关系的开展和宋国历史的演变都产生了重大影响。

三　公族政治

宋国为殷之遗民，周因于殷礼。春秋以来，过去的"礼乐征伐自天子出"一变为"自诸侯出"，列国逐步摆脱了周王室的控制，政治结构也发生了很大变化，许多诸侯国纷纷打破以血缘宗法关系为纽带的贵族世官制度，先后建立起以地主阶级为代表的新的统治秩序，如鲁国的"三分公室"和"四分公室"、田氏代齐、三家分晋等，都是春秋时期新兴地主阶级势力发展而夺权的例证。而各诸侯国新旧势力的发展是不均衡的，就宋国而言，基本上是沿袭殷商旧制，恪守周礼，比较保守，不见大的革新，仍然是任用公族执政，宗法制度稳固，官制因循守旧，由强宗大族擅权。宋国的宗族与政权密切结合，政权始终为大族所把持。宋国作为春秋时期的一个公族大国，公族在其历史发展过程中扮演着重要角色。

宋国存在着大大小小十几个公族，其中最主要的公族就是戴、桓之族，春秋时期戴、桓之族及其成员的组成情况大致如下：

戴族。以华氏、乐氏、皇氏、老氏为代表，其中各氏族见于史书记载的主要成员为：华氏中有华督、华耦、华御事、华元、华吴、华亥、华弱、华阅、华臣、华定、华启、华费遂、华多僚、华登、华合比、华喜、华椒、华牼、华貙；乐氏中有乐豫、乐举、乐吕、乐裔、乐喜、乐遄、乐大心、乐祈、乐輓、乐筏、乐朱鉏；皇氏中有皇郧、皇国父、皇瑗、皇非我、皇缓、皇野、皇怀；老氏中仅记载有老佐一人。

桓族。以向氏、鱼氏、荡氏、鳞氏为代表，其中各氏族见于史书记载的主要成员为：向氏中有向为人、向带、向戌、向宁、向宜、向巢、向魋、向胜、向罗；鱼氏中有公子目夷（字子鱼）、鱼石、鱼府；荡氏中有公子荡、公孙寿、荡意诸、荡虺、荡泽；鳞氏中有鳞瞫、鳞朱。

除了戴、桓之族，还有庄公之后为仲氏（庄公孙公孙师为司城）、文公之后为灵氏（文公子灵不缓为右师）、平公之后为边氏（宋平公之子御戎字子边）、宋闵公之后孔氏一支（孔父嘉）等。还有一些春秋宋国人物如公孙固、公子成、公孙友、公子朝、公子须、公孙师、西鉏吾、公子忌等，因史载不详，不知属于哪个氏族成员。

宋国在任官制度上深受宗法观念之影响，凡重要官职都牢牢掌控在公族之手。春秋前期，闵公之后的孔氏与戴公之后的华氏为主要执政，孔氏亡后，以华氏为首的戴族与以向氏为首的桓族联合执政，垄断六卿之位。宋共公时，桓族作乱，戴族乘机消灭了桓族的大部分，仅使桓族向戌为左师，自此桓族中衰而戴族大盛。至春秋后期，戴族中乐氏独强，乐喜"为司城以为政"，其子孙亦长期担任执政。后戴族华氏、桓族向氏亦为宋元公所逐，乐喜孙乐祁为司城，乐氏地位更加巩固。宋景公时桓族向魋得宠，专横放肆，寻亦为景公所讨，向氏亡。自此戴族独盛。

春秋二百多年的历史当中，宋国主要的执政卿大夫都由国君之后的公族成员担任，尤其是戴、桓之族。根据清人姚彦渠《春秋会要》记载，春秋时期宋国各国君在位期间执政公卿大致如下[①]：

宋国君及卿大夫执政对应表

宋国君	在位年数	执政卿大夫
穆公	9年	孔父嘉
殇公	10年	孔父嘉
庄公	19年	华督

---

① 姚彦渠：《春秋会要·世系》，中华书局1955年版，第14—16页。

续表

宋国君	在位年数	执政卿大夫
闵公	10 年	华督
桓公	31 年	
襄公	14 年	公子目夷
成公	17 年	公孙固、公子成、公子荡、乐豫、公子卬、华耦、公孙友、鳞矔、华御事
昭公	9 年	公子卬、鳞矔、荡意诸、华御事、华耦、华元
文公	22 年	华元、荡虺、公子朝、乐举、公子须、公孙师、乐吕
共公	13 年	华元、向为人、鳞朱、鱼石、荡泽、老佐、乐裔、向带、鱼府
平公	44 年	华元、乐喜、向戌、华亥、华弱、华阅、皇郧、乐遄、西鉏吾、华臣、华定、皇国父、华费遂、华合比、华喜
元公	15 年	华亥、乐大心、华费遂、仲几、向宁、华牼、华貙、公孙忌、边卬、乐祈、乐輓
景公	48 年	乐大心、皇瑗、乐筏、皇非我、向巢、皇缓、皇野、皇怀、乐朱鉏、灵不缓

从戴、桓之族的家族成员情况和上表可以看出，戴、桓之族是宋国众多公族中实力最为强大的两个公族，其家族人数之多，执政时间之久，都是其他公族难以相比的。他们世代担任宋国执政卿大夫，把持宋国的内政、外交、军事等各方面的实权，异姓公族就很难插足政坛。戴、桓之族中，尤以戴族华氏、乐氏、皇氏和桓族向氏为强，"华氏在戴族中为尤盛。统计二百余年，宋之六卿可考见者，五十七人。戴族四氏，占三十一人。而四氏之中，华氏占十四人。自隐公三年至哀公二十六年，宋国执政者十五人，戴族占九人，而华氏占四人"[①]。

"春秋时期，宋国执政的卿大夫中，公族占绝对优势，正卿几乎全部由公子公孙担任。戴族（宋戴公之后）、桓族（宋桓公之后）是宋国最重要的执政大族。"[②] 戴、桓之族在宋国历史上占据重要地位，

---

① 孙曜：《春秋时代之世族》，中华书局 1936 年版，第 154 页。
② 李玉洁：《先秦史稿》，新华出版社 2002 年版，第 262 页。

他们长期执政，对维护公室起到过一定的积极作用，宋国的多次内乱都要依靠戴、桓之族平定。但是，强宗大族长期擅权，也有削弱君权的一面，他们依靠自己的实力不断争夺利益，在宋国引起多次规模较大的内乱，某些公族为了维护自己的利益，甚至以下犯上，出现弑君现象，严重威胁到公室的安全和国家利益。因此，宋国的君主在利用公族做官的同时，也注意到了压抑他们的权势，以防其势力过分膨胀。

从宋国的政局演变来看，由于公族势力强大，长期执政，内乱频仍，公室几经危亡，但是却没出现如"田氏代齐""三家分晋"这样异姓篡权、江山改姓的现象。终春秋之世，宋国国君较其他诸侯仍掌握着较大的权力，究其原因，盖有以下几个方面：

其一，国君与公族之间既相互依赖又相互制约的紧密关系，以及各大族之间的相互斗争、彼此牵制，使得宋国君权借以保持较长时间。宋国公族都是国君的后代，如戴公之族、武公之族、宣公之族、穆公之族、庄公之族、桓公之族、襄公之族等，他们在所自出的国君卒后，很快便发展成为一种政治势力。因为公族和公室有着密切的血缘关系，两者之间就形成一种双向互补的利益关系：公族是公室之股肱，对公室有着重要的维护和支撑作用；同时公室对公族也有着重要的庇护作用。执政公族力量再强，只要不危及君权，双方就能够和平相处。戴族、桓族是宋国最重要的执政大族，宋国的多次内乱都是依靠戴、桓之族平定，对维护公室起到了一定的积极作用。公元前682年，南宫万弑杀湣公，群公子逃奔到萧地，公子御说逃到亳。公室受到南宫万的挑衅，处于安危的紧急关头。后来，萧叔大心联合戴、武、宣、穆、庄五族之力，并借助曹师，才平定了南宫万的叛乱（详见后文）。宋昭公时期，将去群公子，乐豫曰："不可。公族，公室之枝叶也；若去之，则本根无所庇荫矣。葛藟犹能庇其本根，故君子以为比，况国君乎？此谚所谓'庇焉而纵寻斧焉'者也。必不可。君其图之！亲之以德,皆股肱也,谁敢携贰？若之何去之？"① 就公族群体来说，他们作为特殊权力阶层，因为彼此之间的权力和利益关系，也经常发生冲突和斗争，其结果是双方力量此消彼长，轮流执政，在相互倾轧中不断被逐退。公元前576年，桓族的荡泽为司马，戴族的华元为右师以执政，荡泽欲消弱公室，杀公子肥，且欲杀华元，华元奔晋。后鱼石请华元回国，华元派遣华喜、公孙师率领国人进攻荡氏，诛杀荡泽。荡泽事件之后，除向氏之外的其他桓族都被驱逐，桓族势力从此衰弱下去，而之后以华元为代表的华氏家族的势力更加强大起来，成为宋国的一个望族。至春秋末期，最终只剩下戴族中的乐氏、皇氏等几家。所以，强宗大族之间相互斗争，彼此牵制，宋国君权得以借此保持较长时间。其他诸侯国的情况则不同。如郑国和鲁国，穆族和桓族独强。在郑国，六卿皆为穆族，七穆世掌郑国国政；在鲁国，三桓专权，"鲁如小侯，卑于三桓之家"②。七穆、三桓分别联合为有共同利益的集团而与各自的国君争夺国权，所以公室很快即被架空，政权下移亦较宋国为早。

其二，宋国在职官建制上颇具策略性，重要官职一般皆设复职，且执政官不限一职，目的就是使其轮番掌权、互相牵制，从而收到分割权力、防止专权之效。宋国设有复职的要官有：大宰、少宰，大司马、少司马，大司寇、小司寇，左师、右师等。官设复职，两人共政，一方面是为了分工明确，提高工作效率，更重要的是正副职之间权力的彼此制约和相互牵制，防止个人权力过分强大，进而威胁到公室的利益，使公族和国君两者之间形成一种较为紧密牢靠的关系。整个春秋时期，宋国执政不拘一官，孔父以大司马，华督以太宰，华元以右师，向戌以左师，乐喜以司城，皆操一时国柄。这种执政官职可以经常变换的现象，消除了执政官长期执政、势力膨胀进而专权的隐患，对维护君权起到了一定作用。宋国这一颇具特色的用官制度和其他诸侯国如晋、

---

① 杨伯峻：《春秋左传注》（修订本），中华书局1990年版，第557—558页。
② ［汉］司马迁：《史记》，中华书局1982年版，第1546页。

楚、鲁等明显不同，就现有资料看，晋国执政长期限于中军元帅一职，楚国则限于令尹、司马两职，而鲁国又限于司徒、司马、司空三职。

其三，宋国军队的调遣权力始终掌握在国君手中，即便是司掌军队的大司马也无权单独调兵，这也是维护君权的一个重要保障。春秋时期，战争频仍，宋国同其他诸侯国之间的战事基本上都由世袭大族担任主帅，这样公族在军队上也就占有优势，军队成为公族维护自己特权的重要保障。但是，就现有一些史料分析，宋国的军事主帅似乎只有指挥权，并无军队调遣权。如据《左传》哀公十四年，宋景公平向魋之乱，"司马请瑞焉，以命其徒攻桓氏"。杨伯峻引杜预注云："瑞，符节，以发兵。"① 司马掌军事，但不得宋君符节不得发兵，是可证宋君有较强的军权。所以宋平、元、景诸君尽管昏庸无能，而竟能渡过危机，得保君位。

此外，宋国介居晋、楚之间，是晋、楚必争的中间地带，宋国的君臣之争常受到两霸的干涉。由于周王室赐予宋国公爵之尊位，使其在诸侯各国中高出一等，纵观春秋时事，很多时候的确诸侯国也对宋国另眼看待，每当宋国发生内乱特别是君臣之争时，相邻大国如晋、楚等，总是假借保护宋君之名进行干预。当然，不排除这些干涉国别具用心，但这的确对宋国君权旁落大族起到了阻碍作用。如宋鱼石之乱，楚国将宋之叛臣置于彭城，继续为患，但最终晋国出兵帮助宋国除去危患。再如华、向之乱，华、向势力强大，又结援吴、越，宋公室危在旦夕，所幸齐、晋出兵，才最终战胜了华、向二氏。楚国虽支持华、向，但碍于释君而助臣之名，所以只把华、向党徒接到楚国了事。宋国最终能够成功铲除华、向两个最为强大的家族，与齐、晋的支援是分不开的。又如，宋昭公之被弑，引起诸侯干预："今宋人弑其君，是反天地而逆民则也，天必诛焉。"② 于是晋国率领郑国、卫国、陈国等联军讨伐宋国，以伸张正义。

---

① 杨伯峻：《春秋左传注》（修订本），中华书局1990年版，第1687页。
② 徐元诰：《国语集解》，中华书局2002年版，第379页。

总的看来，宋国君权较鲁、卫、郑等国为强固，这在当时是为人们所公认的。《左传》昭公二十一年载："楚薳越帅师将逆华氏，太宰犯谏曰：'诸侯唯宋事其君。今又争国，释君而臣是助，无乃不可乎！'"[①] 国君依赖公族而又善于制约，从而两者形成一种紧密牢固的关系，这在当时，确是别具特色的。然而究其实质，不过是对西周宗法制较好地运用和发展罢了。随着时代的大浪淘沙，强宗大族专权只是一个时间问题，至春秋末期，宋国政权亦无可避免地落入到贵族的手中。春秋末期宋国政权完全下移，戴氏势力不断发展，最后造成了战国时"戴氏篡宋"的结果[②]。

四 职官建置

西周时期，各诸侯国官制大体一致。司徒、司马、司空是西周诸侯国的三卿，此外还有司土、司工等官职，皆由周王亲自任命。进入春秋以后，由于列国逐步摆脱了周王室的控制，在官制及经济等方面都进行了不同程度的改革，以适应对外争霸、对内稳定局势的需要。列国官制变革的深度和广度很不相同，大体而言，晋是一个系统，鲁、卫、郑、宋是一个系统，楚是一个系统，齐是一个系统。其中，鲁、卫、郑、宋系统，相对说来较为保守，基本因循周制，任用公族执政。但由于历史传统、现实国情有异，鲁、卫、郑、宋等国的世族政治、职官设置和执掌也显示出不同的特点。

《国语·鲁语下》云："天子及诸侯，合民事于外朝，合神事于内朝；自卿以下，合官职于外朝，合家事于内朝；寝门之内，妇人治其业焉。上下同之。"[③] 这说明周代无论天子还是诸侯、卿大夫都设有内、外朝。内朝处理的是"神事""家事"，属于家族内部事务；外朝处理的是"民

---

① 杨伯峻：《春秋左传注》（修订本），中华书局1990年版，第1430页。
② 晁福林：《论周代卿权》，《中国社会科学》1993年第6期。
③ 徐元诰：《国语集解》，中华书局2002年版，第193页。

事""官职",属于公共行政事务。内、外两朝十分典型地反映了当时国家的两重属性:内朝体现其家族的、血缘的、宗法的特性;外朝体现其国家的、地缘的、政治的特性①。当然,无论是在周王室还是在诸侯,内朝官与外朝官的职能区别都是相对而言的,内朝官并不是不能插手公共事务,外朝官也未必不能涉及家族事务,但是重大政事还是由外朝讨论决定②。从官职的执掌相对而言,宋国的官职亦可大致分为外朝官和内朝官两大系统。

(一)宋公室外朝官

宋公室的外朝官包括卿官和卿以下的辅助官。

据《左传》宋国卿官设六人,称为"六卿",即右师、左师、司马、司徒、司城、司寇。韩连琪说:"宋国也有司马、司徒、司城(即司空),唯三司上尚有右师、左师,下尚有司寇,合称'六卿'。"③

宋六卿首次出现于《左传》文公七年:"于是公子成为右师,公孙友为左师,乐豫为司马,鳞矔为司徒,公子荡为司城,华御事为司寇。"④排序为右师、左师、司马、司徒、司城、司寇。《左传》文公十六年所叙次序同:"于是华元为右师,公孙友为左师,华耦为司马,鳞鱯为司徒,荡意诸为司城,公子朝为司寇。"⑤又《左传》成公十五年载:"于是华元为右师,鱼石为左师,荡泽为司马,华喜为司徒,公孙师为司城,向为人为大司寇,鳞朱为少司寇,向带为大宰,鱼府为少宰。"⑥所叙次序亦与上相同,只是司寇分为大司寇和少司寇,又有大宰、少宰。《左传》昭公二十二年载:"宋公使公孙忌为大司马,边卬为大司徒,乐祁为司城,仲几为左师,乐大心为右师,乐輓为大司寇,以靖国人。"⑦则

---

① 王钧林:《先秦山东地区宗法研究》,《历史研究》1992年第6期。
② 徐鸿修:《先秦史研究》,山东大学出版社2002年版,第103—104页。
③ 韩连琪:《春秋战国时代的中央官制及其演变》,《文史哲》1985年第1期。
④ 杨伯峻:《春秋左传注》(修订本),中华书局1990年版,第556页。
⑤ 杨伯峻:《春秋左传注》(修订本),中华书局1990年版,第620—621页。
⑥ 杨伯峻:《春秋左传注》(修订本),中华书局1990年版,第874页。
⑦ 杨伯峻:《春秋左传注》(修订本),中华书局1990年版,第1434页。

时六卿序为大司马、大司徒、司城、左师、右师、大司寇。又《左传》哀公二十六年："于是皇缓为右师,皇非我为大司马,皇怀为司徒,灵不缓为左师,乐茷为司城,乐朱鉏为大司寇。"①时六卿又以右师、大司马、司徒、左师、司城、大司寇为序。宋国六卿排序前后不同,说明执政卿不独一职所司,正如杨伯峻所说:"盖因时世之不同,六卿之轻重遂因之而移易。"②六卿之中,通常以右师为执政卿,如公子成、华元、华亥、乐大心、皇瑗、皇缓,殇公以前皆以大司马执政,华督以太宰执政,宋襄之世,左师居右师上。

右师:宋执政卿,掌国政。在不同时期地位升沉不定。在华元、华阅执政期间,宋以右师为执政官。《左传》成公十五年:"秋八月,葬宋共公,于是华元为右师……荡泽弱公室,杀公子肥。华元曰:'我为右师,君臣之训,师所司也。今公室卑而不能正,吾罪大矣。不能治官,敢赖宠乎?'乃出奔晋。"③掌"君臣之训",可知右师乃行使君臣训令的执政官。此外,右师还同左师一起分掌国都不同区域。《左传》襄公九年:"宋灾……二师令四乡正敬享。"杜预注:"二师,左、右师也。乡正,乡大夫。"孔颖达疏:"此传言二师命之者,上文右师讨右,左师讨左,则宋国之法,二师分掌其方。左右各掌其二乡,并言其事,故云'二师命四乡正'也。"④据《左传》,宋执右师之职者有:公子成(文公七年)、华元(文公十六年、成公十五年)、华阅(襄公九年)、华亥(昭公六年)、乐大心(昭公二十二年)、皇缓(哀公十八年、二十六年)等人。

左师:与右师同为宋执政卿,掌管国政。在不同时期地位升沉不定。据《左传》僖公九年载:宋襄公嗣位后,"以公子目夷为仁,使为左师以听政,于是宋治"⑤。则此时左师为执政官。宋昭公以后,《左传》

---

① 杨伯峻:《春秋左传注》(修订本),中华书局1990年版,第1729页。
② 杨伯峻:《春秋左传注》(修订本),中华书局1990年版,第556页。
③ 杨伯峻:《春秋左传注》(修订本),中华书局1990年版,第874页。
④ 李学勤主编:《十三经注疏·春秋左传正义》,北京大学出版社1999年版,第865页。
⑤ 杨伯峻:《春秋左传注》(修订本),中华书局1990年版,第331页。

叙左师皆次于右师之后，说明左师地位有所下降。宋共公卒后，华元以右师听政，宋国发生内乱，华元"使向戌为左师"以靖国人。可知，此时左师是执政官右师直接任命的辅佐官。此外，如前，左师还同右师一起分掌国都不同区域。据《左传》，宋执左师之职者有：公子目夷（僖公九年）、公孙友（文公七年、十六年）、向戌（成公十五年）、仲几（昭公二十二年）、灵不缓（哀公二十六年）等人。

司马：即大司马，又称司武，掌军政。《左传》襄公六年："子荡怒，以弓梏华弱于朝。平公见之，曰：'司武而梏于朝，难以胜矣！'遂逐之。"杜预注："张弓以贯其颈，若械之在手，故曰梏。"又注："司武，司马。言其懦弱不足以胜敌。"①杨伯峻注："司武即司马，武马古同音，且宋国司马之职掌武事。据成十五年《传》，老佐为司马；又据成十八年《传》，老佐以围彭城之役死，其时华弱或代之。……宋平公之意谓以国家主管军事之长官而被人在朝廷中梏桎，而欲使其取胜他国，更不易矣。"②《说文》马部云："马，武也。"司马除掌军政外，也主管车马、甲兵之类军需物品。《左传》襄公九年："使皇郧命校正出马，工正出车，备甲兵，庀武守。"孔颖达疏引《正义》曰："服虔云：'皇郧，皇父充石之后，十世宗卿，为人之子，大司马椒也。'车马甲兵，司马之职。使皇郧掌此事，皇郧必是司马也。校正主马，于《周礼》为校人，是司马之属官也。"③据《左传》，宋执大司马之职者有：乐豫（文公七年）、华耦（文公十六年）、荡泽（成公十五年）、公孙忌（昭公二十二年）、皇非我（哀公二十六年）等人。

司徒：即大司徒，掌管徒役。《左传》襄公九年："宋灾。乐喜为司城以为政。……使华臣具正徒，令隧正纳郊保，奔火所。"杜预注："正徒，役徒也，司徒之所主也。"孔颖达疏："言'具正徒'，司里所使，遂正

---

① 李学勤主编：《十三经注疏·春秋左传正义》，北京大学出版社1999年版，第847页。
② 杨伯峻：《春秋左传注》（修订本），中华书局1990年版，第946页。
③ 李学勤主编：《十三经注疏·春秋左传正义》，北京大学出版社1999年版，第864页。

所纳，皆是临时调民而役之，若今之夫役也。司徒所具正徒者，掌共官役，若今之正丁也。"①顾栋高于《春秋大事表》之《春秋列国官制表》引《正义》云："《周礼》大司徒掌徒庶之政令，小司徒凡用众庶则掌其政教。凡国之大事致民，是司徒掌役徒也。言具正徒，司里所使，隧正所纳，皆是临时调民而役之，若今之夫役。司徒所具正徒者，常供官役，若今之正丁也。"②杨伯峻注："华臣，华元之子，为司徒。《周礼》，大司徒掌徒庶之政令；小司徒，凡国之大事致民。此皆司徒掌徒役之证。或是首都郊区中供常役之徒，据《周礼·小司徒》，'凡起徒役，毋过家一人'，此即正徒之义。"③据《左传》，除华臣外，宋执大司徒之职者有：鳞矔（文公七年）、鳞鱹（文公十六年）、华喜（成公十五年）、边卬（昭公二十二年）、华定（襄公二十九年）、皇怀（哀公二十六年）等人。

司城：掌工程营建，即周王室和其他列国之"司空"。宋国无"司空"，改称为"司城"。《左传》桓公六年："宋以武公废司空。"杜预曰："武公名司空，废为司城。"④《公羊传》文公八年："宋司城来奔。"何休注云："宋变司空为司城者，辟先君武公名也。"⑤宋武公名司空，为避其名讳，故改司空为司城。且司空掌工程，以筑城为主职，改"空"为"城"恰合其义。春秋前期司城地位不甚高，在六卿中仅高于司寇。《左传》襄公九年："乐喜为司城以为政。"杜预注："乐喜，子罕也，为政卿。"⑥顾栋高《春秋大事表·春秋列国官制表》引《正义》曰："此《传》有以为政为救火之政。但历检《传》文，郑人讨贼，宋人献玉，抶筑台之讴，削向戌之赏，皆是政卿之任，故言为政卿也。"⑦《战国策·周策》曰："宋君夺民时以为台，而民非之；（无忠臣以掩盖之也）子罕释相为司空，

---

① 李学勤主编：《十三经注疏·春秋左传正义》，北京大学出版社1999年版，第863页。
② ［清］顾栋高辑：《春秋大事表》，中华书局1993年版，第1040页。
③ 杨伯峻：《春秋左传注》（修订本），中华书局1990年版，第962页。
④ 李学勤主编：《十三经注疏·春秋左传正义》，北京大学出版社1999年版，第183页。
⑤ 李学勤主编：《十三经注疏·春秋公羊传注疏》，北京大学出版社1999年版，第291页。
⑥ 李学勤主编：《十三经注疏·春秋左传正义》，北京大学出版社1999年版，第861页。
⑦ ［清］顾栋高辑：《春秋大事表》，中华书局1993年版，第1057页。

民非子罕而善其君。"① 子罕本为执政（相），为代宋君受过而改任司城（司空）。大概因此之故，子罕虽仅担任司城，依然大权在握，故自子罕以后，宋国长期以司城为执政之官。子罕亦称司城子罕，其孙乐祁（子梁）称司城氏，是以司城为氏，称司城姓。据《左传》，除子罕外，宋执司城之职者有：公子荡（文公七年）、荡意诸（文公十六年）、母弟须（文公十六年）、公孙师（成公十五年）、乐祁（昭公二十二年）、乐茷（哀公二十六年）等人。

司寇：即大司寇，掌刑罚。《左传》襄公九年："使乐遄庀刑器。"杜预注："乐遄，司寇。刑器，刑书。"② 杨伯峻注："乐遄为司寇，是刑官。"③ 这是《左传》关于宋司寇职掌的唯一一条记载。据前引《左传》文公七年、文公十六年、成公十五年、昭公二十二年、哀公二十六年诸传，司寇在宋六卿中居于末位。但有时地位也相当于执政，如《左传》文公十八年："公子朝卒，使乐吕为司寇，以靖国人。"④ 据《左传》，除乐吕外，宋执大司寇之职者有华御事（文公七年）、公子朝（文公十六年）、向为人（成公十五年）、乐輓（昭公二十二年）、乐朱鉏（哀公二十六年）等人。

宋国"六卿"中右师、左师官最贵，实掌国政，相当于郑之当国、为政。但宋之为政者，并不完全限于右师、左师。如隐公三年《传》载："宋穆公疾，召大司马孔父而属殇公焉。"杨伯峻注："属，今嘱托之'嘱'字。"⑤ 是以大司马为政。又前引襄公九年，乐喜为司城以为政。又桓公二年《传》载宋大宰华督"已杀孔父而弑殇公……遂相宋公"⑥。《韩非子·说林下》："宋太宰贵而主断。"⑦ 华督是时盖以太宰为政。章炳麟在《左传读》中取《白虎通·上爵篇》引《王度记》云："《王度记》所云，

---

① 何建章：《战国策注释》，中华书局1990年版，第17页。
② 李学勤主编：《十三经注疏·春秋左传正义》，北京大学出版社1999年版，第863页。
③ 杨伯峻：《春秋左传注》（修订本），中华书局1990年版，第962页。
④ 杨伯峻：《春秋左传注》（修订本），中华书局1990年版，第643页。
⑤ 杨伯峻：《春秋左传注》（修订本），中华书局1990年版，第28页。
⑥ 杨伯峻：《春秋左传注》（修订本），中华书局1990年版，第85页。
⑦ [清]王先慎：《韩非子集解》，中华书局1998年版，第187页。

实取于宋制耳。有权即为贵，不必卿也。督为大宰，遂相宋公，主断即相也。"① 顾栋高在《春秋大事表》之《春秋列国官制表》中谓："宋六卿自殇公以前，则大司马执政。督杀司马孔父，遂以太宰相。襄公即位，子鱼以左师听政，而《传》文始终称司马子鱼，疑是时始立左、右二师，而子鱼以司马兼左师，后遂为专官也。然春秋官皆尚右，《传》叙宋六卿皆先右师，是宋卿以右师为长。"②

宋国除六卿外，卿以下的外朝辅官尚有很多，据不完全统计，有少司马、少司寇、少司徒、校正、工正、封人、褚师、府人、乡正、隧正、司里、郊保、帅甸、迹人、门尹、舆人、行人、圉人、舞师等。

少司马：大司马之佐。《左传》昭公二十一年："宋华费遂生华䝿、华多僚、华登。䝿为少司马。"③

少司寇：大司寇之佐。前引成公十五年《传》："鳞朱为少司寇。"昭公二十年《传》："（华亥）使少司寇牼以归。"④

少司徒：大司徒之佐。《左传》昭公二十二年："宋公使公孙忌为大司马，边卬为大司徒……"⑤ 顾栋高《春秋大事表》之《春秋列国官制表》据此按："此则宋又有少司徒。"⑥ 顾栋高以宋国有大司徒，推知亦当有少司徒。

校正：司马属官，又称校人，掌管国之马政。《左传》襄公九年："宋灾。乐喜为司城以为政。……使皇郧命校正出马，工正出车，备甲兵，庀武守。"杜预注："校正主马，工正主车，使各备其官。"⑦ 杨伯峻注："校正，司马属官，主马，《周礼》谓之校人。"⑧

---

① 章炳麟：《春秋左传读》，见《章太炎全集》（二），上海人民出版社1982年版，第116页。
② ［清］顾栋高辑：《春秋大事表》，中华书局1993年版，第1127—1128页。
③ 李学勤主编：《十三经注疏·春秋左传正义》，北京大学出版社1999年版，第1413页。
④ 杨伯峻：《春秋左传注》（修订本），中华书局1990年版，第1414页。
⑤ 李学勤主编：《十三经注疏·春秋左传正义》，北京大学出版社1999年版，第1422页。
⑥ ［清］顾栋高辑：《春秋大事表》，中华书局1993年版，第1041页。
⑦ 李学勤主编：《十三经注疏·春秋左传正义》，北京大学出版社1999年版，第864页。
⑧ 杨伯峻：《春秋左传注》（修订本），中华书局1990年版，第962页。

工正：司马属官，掌管国之车服及百工之业。《左传》襄公九年："宋灾。……使皇郧命校正出马，工正出车，备甲兵，庀武守。"杜预注："校正主马，工正主车，使各备其官。"顾栋高《春秋大事表》之《春秋列国官制表》引《正义》曰："《周礼》司马之属无主车之官。巾车、车仆职皆掌车，乃为宗伯之属。昭四年《传》云夫子为司马与工正书服，是诸侯之官，司马之属，有工正主车也。"① 杨伯峻注："工正亦司马属官，昭四年《传》可证，《周礼》掌车之官属宗伯，与此不同。"②

封人：掌封疆边邑之事。《左传》文公十四年："宋高哀为萧封人，以为卿。不义宋公而出，遂来奔。"杜预注："萧，宋附庸。仕附庸还，升为卿。"③ 杨伯峻注："封人，镇守边疆之地方官。"④ 又昭公二十一年："干犨御吕封人华豹。"⑤

褚师：司徒属官，掌管市政。《左传》襄公二十年："褚师段逆之以受享，赋《常棣》之七章以卒。"杨伯峻注："褚师，官名，此以官为氏。"⑥ 又哀公八年："宋公伐曹将还，褚师子肥殿。"⑦ 据《左传》，郑国亦设有"褚师"一职，职掌与宋同。《左传》昭公二年："请以印为褚师。"杜预注："褚师，市官。"⑧

府人：掌国君之货藏。《左传》文公八年："司城荡意诸来奔，效节于府人而出。"杨伯峻注引胡匡衷《仪礼释官》云："春秋诸国有府人而无大府、玉府、内府、外府之官，则诸侯府人兼彼数职可知矣。"⑨ 又《左传》昭公三十二年杨伯峻注云："府人盖掌管鲁侯货藏之官。"⑩ 推之宋国，

---

① ［清］顾栋高辑：《春秋大事表》，中华书局1993年版，第1095页。
② 杨伯峻：《春秋左传注》（修订本），中华书局1990年版，第962页。
③ 李学勤主编：《十三经注疏·春秋左传正义》，北京大学出版社1999年版，第553页。
④ 杨伯峻：《春秋左传注》（修订本），中华书局1990年版，第606页。
⑤ 杨伯峻：《春秋左传注》（修订本），中华书局1990年版，第1429页。
⑥ 杨伯峻：《春秋左传注》（修订本），中华书局1990年版，第1054页。
⑦ 杨伯峻：《春秋左传注》（修订本），中华书局1990年版，第1646页。
⑧ 李学勤主编：《十三经注疏·春秋左传正义》，北京大学出版社1999年版，第1177页。
⑨ 杨伯峻：《春秋左传注》（修订本），中华书局1990年版，第567页。
⑩ 杨伯峻：《春秋左传注》（修订本），中华书局1990年版，第1519页。

亦当如是。

乡正：司徒属官，又称乡大夫，掌乡之行政。《左传》襄公九年："宋灾。……二师令四乡正敬享。"杜预注："乡正，乡大夫。"孔颖达疏引《费誓》曰："此云'命四乡正'，则宋立四乡也。"① 杨伯峻注："盖宋都有四乡，每乡一乡正，即乡大夫。……据《周礼·大祝》，国有天灾，遍祀社稷及一切应祭之神。此敬享自是祭祀群神。"② 顾栋高《春秋大事表》之《春秋列国官制表》引《正义》曰："《周礼》乡大夫每乡卿一人，天子六乡，即以卿为之长。此《传》云二师使四乡正，则别立乡正，非卿典之。但其所职，当天子之乡大夫耳。《周礼》乡为一军。宋大国，不过三军，而有四乡者，当时所立，非正法也。"③

隧正：司徒属官，掌隧之政务。《左传》襄公九年："宋灾。乐喜为司城以为政……使华臣具正徒，令隧正纳郊保，奔火所。"杜预注："隧正，官名也。五县为隧。纳聚郊野保守之民，使随火所起，往救之。"④ 杨伯峻注："隧正，一遂之长，疑即《周礼》之遂人。国都城区之外曰郊，郊外曰隧，隧犹今之远郊区。"⑤ 顾栋高《春秋大事表》之《春秋列国官制表》按："《周礼》每隧中大夫一人，各掌其隧之政令。又《隧人职》曰：'掌邦之野，若起野役，则令各帅其所治之民而至。'七年《疏》云当《周礼》之遂人，而此云当遂大夫者，各因其所主言之。诸侯兼官，或仅设隧正也。"⑥

司里：司徒属官，又称里宰，掌管城内之民。《左传》襄公九年："宋灾。乐喜为司城以为政，使伯氏司里。"杜预注："伯氏，宋大夫。司里，里宰。"孔颖达疏："《周礼》，五邻为里。以五邻必同居，故以里为名。里长谓之宰。

---

① 李学勤主编：《十三经注疏·春秋左传正义》，北京大学出版社1999年版，第865页。
② 杨伯峻：《春秋左传注》（修订本），中华书局1990年版，第963页。
③ ［清］顾栋高辑：《春秋大事表》，中华书局1993年版，第1126—1127页。
④ 李学勤主编：《十三经注疏·春秋左传正义》，北京大学出版社1999年版，第863页。
⑤ 杨伯峻：《春秋左传注》（修订本），中华书局1990年版，第962页。
⑥ ［清］顾栋高辑：《春秋大事表》，中华书局1993年版，第1103—1104页。

《周礼·里宰》，每里下士一人。谓六遂之内，二十五家之长也。此言司里，谓司城内之民，若今城内之坊里也。里必有长，不知其官之名。《周礼》有里宰，故以宰言之，非是郊外之民二十五家之长也。使伯氏司此城内诸里之长，令各率里内之民，表火道以来，皆使此伯氏率里民为之。"①杨伯峻注："里即里巷，城内居民点。司里者，管辖城内街巷。"②

郊保：守卫郊外小城堡的徒卒。《左传》襄公九年："宋灾。乐喜为司城以为政……使华臣具正徒，令隧正纳郊保，奔火所。"

帅甸：即公邑大夫。《左传》文公十六年："宋昭公将田孟诸。未至，夫人王姬使帅甸攻而杀之。"杜预注："帅甸，郊甸之帅。"孔颖达疏："近国为郊，郊外为甸。天子之甸为公邑之田，则诸侯之甸亦公邑也。帅甸者，甸地之帅，当是公邑之大夫也。"③顾栋高《春秋大事表》之《春秋列国官制表》引《正义》曰："《周礼》载师，以公邑之田任甸地，近国为郊，郊外为甸。帅甸者，甸地之帅，公邑之大夫也。杜举类言之。"④

迹人：司徒属官，掌管田猎之禁令。《左传》哀公十四年："迹人来告曰：'逢泽有介麋焉。'公曰：'虽魋未来，得左师，吾与之田，若何？'"杜预注："主迹禽兽者。"⑤杨伯峻注："《周礼·夏官》有迹人，掌管田猎足迹，知禽兽之处。《尔雅·释兽》亦言各种兽迹不同。"⑥又《周礼·地官》："迹人，掌邦田之地政，为之厉禁而守之。凡田猎者受令焉。禁麛卵者与其毒矢射者。"⑦

门尹：司徒属官，相当于《周礼》之司门，掌国门事宜。首见于《左传》僖公二十八年："宋人使门尹般如晋师告急。"杜预注："门尹般，宋大

---

① 李学勤主编：《十三经注疏·春秋左传正义》，北京大学出版社1999年版，第861页。
② 杨伯峻：《春秋左传注》（修订本），中华书局1990年版，第961页。
③ 李学勤主编：《十三经注疏·春秋左传正义》，北京大学出版社1999年版，第568页。
④ [清]顾栋高辑：《春秋大事表》，中华书局1993年版，第1126—1127页。
⑤ 李学勤主编：《十三经注疏·春秋左传正义》，北京大学出版社1999年版，第1680页。
⑥ 杨伯峻：《春秋左传注》（修订本），中华书局1990年版，第1687页。
⑦ 李学勤主编：《十三经注疏·周礼注疏》，北京大学出版社1999年版，第419页。

夫。"① 顾栋高《春秋大事表》之《春秋列国官制表》按："《国语》敌国宾至，关尹以告，门尹除门。《周礼》地官之属，司门下大夫二人，司关上士二人、中士四人，郑司农以司关为关尹，则门尹当即《周礼》之司门也。"② 杨伯峻注："司门官职卑。疑此门尹相当《庄》十九年《传》楚之大阍。"③ 大阍相当于晋朝之城门校尉，为典守城门之官，杨伯峻谓司门官职卑，此与宋使门尹般至晋军中告急的情事不合。门尹又见《左传》哀公二十六年"门尹得"。门尹一职，为宋国所独有，故顾炎武《日知录》云："春秋时，列国官名，若晋之中行，宋之门尹，郑之马师，秦之不更、庶长，皆他国所无。"④

舆人：承担筑城劳役、贵族丧葬等杂务。《左传》哀公二十三年："宋景曹卒。季康子使冉有吊，且送葬，曰：'敝邑有社稷之事，使肥与有职竞焉，是以不得助执绋，使求从舆人。'"杨伯峻注："（舆人）杨树达先生《读左传》谓即昭七年《传》'皂臣舆，舆臣隶'之'舆'。舆或舆人皆贱役，僖公二十五年《传》'隈人而系舆人'，则秦军之执杂役者；二十八年《传》'栾枝使舆曳柴而伪遁'，则晋军之执杂役者；'听舆人之谋'，'听舆人之诵'，皆此等人。襄三十年《传》'晋悼夫人食舆人之城杞者'，则筑城亦用舆人。昭十八年《传》'子产使舆三十人迁其柩'，迁柩亦用舆人。此舆人盖即辇柩车者。从舆人盖执绋之谦辞。"⑤

行人：礼官，掌管通使诸侯之礼。宋之"行人"首见于《春秋》定公六年："晋人执宋行人乐祁犁。"杜预注："称'行人'，言非其罪。"⑥ 时乐祁犁本职为司城，此行人为兼职。《周礼》"秋官"之属有大行人，掌管接待宾客之礼仪；又有小行人，职位稍低。春秋战国时各国都有

---

① 李学勤主编：《十三经注疏·春秋左传正义》，北京大学出版社1999年版，第444页。
② ［清］顾栋高辑：《春秋大事表》，中华书局1993年版，第1099页。
③ 杨伯峻：《春秋左传注》（修订本），中华书局1990年版，第455页。
④ ［清］顾炎武著，黄汝成集释：《日知录集释》，上海古籍出版社2006年版，第254页。
⑤ 杨伯峻：《春秋左传注》（修订本），中华书局1990年版，第1720页。
⑥ 李学勤主编：《十三经注疏·春秋左传正义》，北京大学出版社1999年版，第1564页。

设置，至秦设"典客"，以接待远方的宾客。

圉人：司马属官，掌管养马。《左传》襄公二十六年："左师见夫人之步马者，问之。……圉人归，以告夫人。"杨伯峻注："圉人即步马者。"①《周礼·夏官·司马》载："圉人掌养马刍牧之事，以役圉师。"②《左传》庄公三十二年记鲁国事："共仲使圉人荦贼子般于党氏。"③顾栋高《春秋大事表》之《春秋列国官制表》据此按："《周礼·夏官》有圉师、圉人，掌养马者。"④《左传》襄公二十七年："使圉人驾，寺人御而出。"杜预注："圉人，养马者。寺人，奄士。"⑤

舞师：礼官，掌管乐舞。《左传》襄公十年："宋公享晋侯于楚丘，请以《桑林》。……舞师题以旌夏，晋侯惧而退入于房。"杜预注："师，乐师也。旌夏，大旌也。题，识也。"孔颖达疏引《正义》曰："舞师，乐人之师，主陈设乐事者也。谓舞初入之时，舞师建旌夏，以引舞人而入，以题识其舞人之首，故晋侯卒见，惧而退入于房也。谓之旌夏，盖形制大，而别为之名也。"⑥顾栋高《春秋大事表》之《春秋列国官制表》按："《周礼·春官》大司乐、乐师、大胥、小胥，凡舞事皆属焉。其下有籥师，掌教国子舞羽吹籥，祭祀则鼓羽籥之舞，宾客飨食则亦如之；司干掌舞器。此舞师当即籥师、司干之类，而非《地官》之舞师也。"⑦《周礼·地官·司徒》载："舞师，掌教兵舞，帅而舞山川之祭祀；教帗舞，帅而舞社稷之祭祀；教羽舞，帅而舞四方之祭祀；教皇舞，帅而舞旱暵之事。"⑧

（二）宋公室内朝官

据不完全统计，宋公室的内朝官主要有：大宰、少宰、司宫、巷伯、

---

① 杨伯峻：《春秋左传注》（修订本），中华书局1990年版，第1119页。
② 李学勤主编：《十三经注疏·周礼注疏》，北京大学出版社1999年版，第868页。
③ 李学勤主编：《十三经注疏·春秋左传正义》，北京大学出版社1999年版，第301页。
④ ［清］顾栋高辑：《春秋大事表》，中华书局1993年版，第1120页。
⑤ 李学勤主编：《十三经注疏·春秋左传正义》，北京大学出版社1999年版，第1067—1068页。
⑥ 李学勤主编：《十三经注疏·春秋左传正义》，北京大学出版社1999年版，第884—886页。
⑦ ［清］顾栋高辑：《春秋大事表》，中华书局1993年版，第1072—1073页。
⑧ 李学勤主编：《十三经注疏·周礼注疏》，北京大学出版社1999年版，第319页。

寺人、内师、御士、司星、宗、祝、门官等。

大宰：宋公家务总管。《左传》桓公二年："孔父嘉为司马，督为大宰。……（督）已杀孔父而弑殇公……故遂相宋公。"顾栋高《春秋大事表》之《春秋列国官制表》据此按："太宰在六官之下而此《传》云遂相宋公，盖非常制。……成十五年《传》向带为太宰，鱼府为少宰。《正义》曰：'六卿之外，或少司寇、二宰等亦是卿官，犹鲁三卿外别有公孙婴齐、臧孙许，但非如六卿等世掌国政也。'襄九年宋灾《传》使西鉏吾庀府守。杜曰：'鉏吾，太宰也。'《正义》曰：'鉏吾太宰，《传》无其文。《周礼》太宰之职掌建邦之六典。杜以府为六官之典，故使具官守。刘炫以为府库守藏。今知不然者，以百司府藏已属左、右二师。上华阅讨右官，官庀其司。向戌讨左，亦如之。则府库之物，二师总令群官所主。哀三年鲁灾，出礼书、御书，藏象魏，皆以典籍为重，明此府守是六官之典。'按：杜以府守为六官之典，遂谓是太宰之职，亦未有确据。《周礼》太史掌建邦之六典，小史掌邦国之志，则六官之典亦太史所掌。晋有董史，世掌典籍，韩宣子适鲁观书于太史氏，是他国典籍皆史官掌之，此安知其非史职也？"① 宋"大宰"又见襄公十七年"宋皇国父为大宰"。据《左传》，诸侯各国均设有"大宰"一职。《左传》隐公十一年："羽父请杀桓公，将以求大宰。"杜预注："大宰，官名。"孔颖达疏引《正义》曰："《周礼》：天子六卿，天官为大宰，诸侯则并六为三而兼职焉。"② 相对于宋国，其他诸侯国之大宰多不及宋国大宰位高权重。顾栋高认为，"楚以令尹、司马为要职，太宰之官非楚所重"；在郑国，"太宰之官非郑所重矣"③。

少宰：大宰辅官，佐大宰管理宋君家政。《左传》成公十五年载："于是华元为右师，鱼石为左师，荡泽为司马，华喜为司徒，公孙师为司城，

---

① ［清］顾栋高辑：《春秋大事表》，中华书局1993年版，第1034—1039页。
② 李学勤主编：《十三经注疏·春秋左传正义》，北京大学出版社1999年版，第129—130页。
③ ［清］顾栋高辑：《春秋大事表》，中华书局1993年版，第1033—1034页。

向为人为大司寇,鳞朱为少司寇,向带为大宰,鱼府为少宰。"①据《左传》,楚国亦设有"少宰"一职,为宫廷事务官,如《左传》宣公十二年:"楚少宰如晋师。"②如上所述,楚国之大宰不如宋大宰位高权重,但既设"少宰"为其副职,可知其职权亦不会太轻。

司宫、巷伯:宋国内官,掌管宫内之事。《左传》襄公九年:"宋灾。……令司宫、巷伯儆宫。"杜预注:"司宫,奄臣;巷伯,寺人,皆掌宫内之事。"③顾栋高《春秋大事表》之《春秋列国官制表》引《正义》曰:"《周礼》无司宫、巷伯之官,惟有内小臣奄上士四人。郑云奄称士者,异其贤也。奄人之官,此最为长,则司宫当天子之内小臣也。《周礼》又云,寺人王之正内五人。郑云正内,路寝也。王肃云今后宫称永巷。是巷者,宫内道也,伯,长也。是宫内门巷之长,故知巷伯是寺人也。"④杨伯峻注:"司宫即《周礼》之内小臣,为宫内奄人之长。……巷伯亦奄人,盖主管宫中巷寝门户。"⑤

寺人:又作侍人,内官,掌管宫内戒令。顾栋高《春秋大事表》之《春秋列国官制表》引《正义》曰:"内师身为寺人之官,公使之监知太子内事,为在内人之长也。"⑥《周礼·天官·冢宰》载:"寺人掌王之内人及女宫之戒令,相道其出入之事而纠之。"⑦宋国"寺人"首见于《左传》襄公二十六年"寺人惠墙伊戾",又见昭公六年、昭公十年"寺人柳"。"侍人"见昭公二十一年:"公惧,使侍人召司马之侍人宜僚,饮之酒,而使告司马。"⑧

内师:大子宫内宦官之长,《左传》襄公二十六年:"寺人惠墙伊戾

---

① 杨伯峻:《春秋左传注》(修订本),中华书局1990年版,第874页。
② 杨伯峻:《春秋左传注》(修订本),中华书局1990年版,第733页。
③ 李学勤主编:《十三经注疏·春秋左传正义》,北京大学出版社1999年版,第864页。
④ [清]顾栋高辑:《春秋大事表》,中华书局1993年版,第1121—1122页。
⑤ 杨伯峻:《春秋左传注》(修订本),中华书局1990年版,第962—963页。
⑥ [清]顾栋高辑:《春秋大事表》,中华书局1993年版,第1123页。
⑦ 李学勤主编:《十三经注疏·周礼注疏》,北京大学出版社1999年版,第190页。
⑧ 杨伯峻:《春秋左传注》(修订本),中华书局1990年版,第1425页。

为大子内师而无宠。"孔颖达疏:"内师者,身为寺人之官,公使之监知太子内事,为在内人之长也。"① 杨伯峻注:"内师,盖太子宫内宦官之长,故为寺人。"②

御士:宋公侍御之士。《左传》昭公二十一年:"宋华费遂生华貙、华多僚、华登。貙为少司马,多僚为御士,与貙相恶。"杜预注御士为"公御士",杨伯峻亦引杜预注云:"公御士也。"③ 即近卫之士。

司星:主占候星象之官,观测天象以预测吉凶。《史记·宋微子世家》:"荧惑守心。心,宋之分野也。景公忧之。司星子韦曰:'可移于相。'"④

宗:即宗人,掌宗庙、祭祀之事。《左传》襄公九年:"宋灾。乐喜为司城以为政。……二师令四乡正敬享,祝、宗用马于四墉,祀盘庚于西门之外。"杜预注:"享,祀也。"又注:"祝,大祝。宗,宗人。墉,城也,用马祭于四城以禳火。"⑤ 顾栋高《春秋大事表》之《春秋列国官制表》按:"宋虽立六卿,而无宗伯。《周礼》小宗伯掌建国之神位,大灾及执事祷祠于上下神示。郑《注》曰:'执事,大祝及男巫、女巫也。''小宗伯与执事共祷祠。'春秋时多祝、宗并称,则诸侯之宗人当《周礼》小宗伯之职也。"⑥

祝:掌祭祀、盟诅之载辞事。《左传》哀公二十六年:"(大尹)使祝为载书。六子在唐盂,将盟之。祝襄以载书告皇非我。"顾栋高《春秋大事表》之《春秋列国官制表》按:"《周礼》诅祝掌盟诅,作盟诅之载辞。郑司农引此《传》为证。"⑦ 杨伯峻引惠栋《补注》云:"《周礼·诅祝》,作盟诅之载辞。"⑧

---

① 李学勤主编:《十三经注疏·春秋左传正义》,北京大学出版社1999年版,第1041页。
② 杨伯峻:《春秋左传注》(修订本),中华书局1990年版,第1118页。
③ 杨伯峻:《春秋左传注》(修订本),中华书局1990年版,第1425页。
④ [汉]司马迁:《史记》,中华书局1982年版,第1631页。
⑤ 李学勤主编:《十三经注疏·春秋左传正义》,北京大学出版社1999年版,第861—865页。
⑥ [清]顾栋高辑:《春秋大事表》,中华书局1993年版,第1042—1043页。
⑦ [清]顾栋高辑:《春秋大事表》,中华书局1993年版,第1068页。
⑧ 杨伯峻:《春秋左传注》(修订本),中华书局1990年版,第1731页。

门官：守门之官。《左传》僖公二十二年："宋师败绩。公伤股，门官歼焉。"杜预注："门官，守门者，师行则在君左右。"孔颖达疏："此门官，盖亦天子虎贲氏之类，故在国则守门；师行则在君左右。"① 顾栋高《春秋大事表》之《春秋列国官制表》引《正义》曰："《周礼》虎贲氏掌先后王而趋以卒伍，军旅会同亦如之，舍则守王闲，王在国则守王宫，国有大故则守王门。此门官盖亦天子虎贲氏之类，故在国则守门，师行则在君左右。"②

以上就是宋国职官的大致建构。可以看出，宋国官制的一个明显特点是重要官职一般皆设复职，即分为主职与副职，区别以大与小（少）、右与左等，如上所述之大司马、少司马、大司寇、少司寇、大宰、少宰，右师、左师等。并且有些官职承袭了商代的特点。这种两人执政制，无非是为了互相牵制，达到分割权力、防止专权的目的。宋国官制的另一突出特点是恪守周礼，官制因循旧规，公族长期执政，公族均为国君之后，异姓贵族很难挤入。此外，在地方官职的设置上，宋国基本上是遵循周制。西周的行政治理采取国、都、鄙、野制，城市分国、都、邑三级，邑之外即为"野"。野又划分为乡、郊、遂，周制"距国百里为郊"。郊内又设六乡，置乡大夫管理一方政务，《周礼·地官·小司徒》记载说："乃颁比法于六乡之大夫，使各登其乡之众寡、六畜、车辇。"③ 都城百里之外则称为"遂"，其官长名为遂师，《周礼·地官·遂人》中对此有明确记载。入春秋以后，西周地方官制在晋、楚等国很早便被打破，而代之以县制，惟在宋国长期完好地保存着，几乎是原封不动地沿袭了国都鄙野、乡遂分治的制度，只不过把官名换成了郊保、乡正、遂正而已。

可以看出，春秋宋国的官制虽然也在变革之中，但始终没有冲出周

---

① 李学勤主编：《十三经注疏·春秋左传正义》，北京大学出版社1999年版，第403页。
② ［清］顾栋高辑：《春秋大事表》，中华书局1993年版，第1101—1102页。
③ 李学勤主编：《十三经注疏·周礼注疏》，北京大学出版社1999年版，第275页。

礼的框架，而不像晋国那样，灭公族，废宗法，冲破礼的束缚而大胆前进。应该指出：在宋国，旧的上层建筑愈是完备，新的制度愈难产生。这在事实上阻碍了它的前进，因而宋以公侯大国名诸侯，始终未能强盛，以至于最后为他国兼并，恐与此不无关系。

五 宋国内乱

春秋时代，公族集团的政治活动构成了宋国历史的主题。公室和公族互为依存，密不可分，但绝对不是浑然一体。公族一方面需要国君的保护和支持发展本家族的力量，另一方面，当该公族实力膨胀到一定程度之后就开始要求和自己实力相对应的权力和利益，这样就对国君和公室都存在着严重的威胁。宋国在春秋时期多次发生内乱，每次内乱，几乎都会牵扯到一些世家大族，或为公族同公室之间的争夺，或为公族与公族之争，或为公族内部自身的斗争。

《史记》载："《春秋》讥宋之乱自宣公废太子而立弟，国以不宁者十世。"[①] 宋国公族执政，内乱颇仍。司马迁认为内乱始于宋宣公，而实际上在宣公之前湣公时就发生了。这里举几例以说明宋国内乱情况。

（一）华督弑殇公

华督亦作华父督，戴公之孙，殇公时为太宰，行政最高长官。公元前711年（宋殇公九年），"宋华父督见孔父之妻于路，目逆而送之，曰：'美而艳。'"[②] 谁知道，这么一次偶然的路遇，竟然掀起了一场狂风巨浪，不仅引发了华督弑君，而且种下了孔氏灾难的种子。第二年，"宋督攻孔氏，杀孔父而取其妻。公怒，督惧，遂弑殇公。君子以督为有无君之心，而后动于恶，故先书弑其君。会于稷，以成宋乱，为赂故，立华氏也"[③]。华氏自此确立了以后掌握政权的局面。孔父亦作孔父嘉或孔嘉，是孔

---

① ［汉］司马迁：《史记》，中华书局1982年版，第1633页。
② 杨伯峻：《春秋左传注》（修订本），中华书局1990年版，第83页。
③ 杨伯峻：《春秋左传注》（修订本），中华书局1990年版，第85页。

子的六代祖，时为宋国大司马。华父督杀孔父嘉，并夺其妻，引起宋殇公的愤怒，华督生惧，又杀了殇公，之后把居住在郑国的宋穆公的儿子冯迎回宋国，立为国君，是为庄公。

庄公元年，华督为相。这场发生在华氏与孔氏之间的激烈斗争，导致孔氏在宋国衰落，孔父嘉的儿子木金父，被迫离宋迁鲁。而华氏自此时始，成为宋国的望族，宋国政权为华氏控制达二百余年，国家进入积弱不振时期。孔氏一族则自此失去卿位，下降为士。

（二）南宫万弑湣公

南宫万，又名南宫长万，春秋时期宋国将领。时宋与鲁多次交战，南宫万在一次作战中为鲁人所俘，后在宋国的求情下被放归本国。公元前682年（宋湣公十年）秋，宋湣公与南宫万一起出猎，双方因作博戏引起争执，湣公感到很没面子，遂以南宫万曾被鲁人俘虏讥讽他："始吾敬若；今若，鲁虏也。"①意思是说，最初我很敬重你，而今天你只不过是鲁国的一个俘虏罢了。南宫万既愧且怒，遂起杀机，因以棋盘击杀湣公于蒙泽（今河南商丘东北）。

湣公被杀后，群公子逃奔到萧地，公子御说逃到亳。南宫万的弟弟南宫牛、猛获等带领军队包围了亳。南宫万立公子游为国君，由此引发宋国又一次内乱。这年冬天，"萧叔大心及戴、武、宣、穆、庄之族以曹师伐之。杀南宫牛于师，杀子游于宋，立桓公"②。萧叔大心联合五族之力量并借助曹师，平定了南宫万的叛乱。而后，立湣公之弟御说为君，是为桓公。南宫万逃奔到陈国。后来，宋国派人贿赂于陈，陈国人巧使美人计以酒灌醉南宫万，用皮革把他裹上，送回宋国。宋国人对南宫万施以醢刑（也称菹醢，中国古代的一种酷刑）。

（三）华、向之乱

戴族华氏和桓族向氏在宋国诸多公族中一直比较强大，其实力足

---

① ［汉］司马迁：《史记》，中华书局1982年版，第1624页。
② 杨伯峻：《春秋左传注》（修订本），中华书局1990年版，第191—192页。

以和公室相抗衡。宋元公时期，深深感到强宗大族对政权统治的威胁，开始对华、向之族存有戒心而"恶华、向"。华、向之族凭借其强大的实力，准备在国君铲除其势力之前发动叛乱以保全其家族。

公元前522年夏，华定、华亥、向宁首先向公室发难，"华亥伪有疾，以诱群公子"，"夏六月丙申，杀公子寅、公子御戎、公子朱、公子固、公孙援、公孙丁"①，并劫持宋元公。随后，双方互派人质，盟誓讲和。同年冬，宋元公在征得华氏宗主大司马华费遂的同意后，诛杀人质华亥之子无戚、向宁之子罗、华定之子启，攻打华氏、向氏。华定、华亥、向宁奔陈，华登奔吴。

这场内乱并未就此结束。公元前521年夏，留居国内的华氏发生内讧。御士华多僚向元公诬告其兄少司马华䝙将接应华亥等人返国乱宋。元公与华费遂策划驱逐华䝙。五月，华䝙盛怒之下杀华多僚，劫持其父华费遂，召回华亥、向宁，发动叛乱。宋元公欲弃师而逃，被厨人濮劝止。齐将乌枝鸣重整军备，击败华氏军于新里（今河南开封东）。十一月，晋、曹相继出兵救宋，联军连败华氏，围困于南里，华登赴楚国求援，公元前520年二月，楚遣使向宋元公施压，迫其赦免华氏。华氏族流亡至楚，宋国此次内乱至此平息。

华、向之乱，郑国子产所谓"其用物也弘矣，其取精也多矣。故一朝变乱，势可倾国。此次华向之变出全力者，华氏也。向氏不过附从耳。故哀公之世，向巢、向魋尚为卿；而华氏自此无为卿者矣"②。在华、向这次变乱之前，华氏、向氏是宋国众多公族中实力最为强大的两股力量，已经威胁到国君的权威，所以国君欲除之。虽然宋君依靠外力的援助最终平息了这场内乱，但君臣双方是两败俱伤。一方面，公族是公室的重要组成部分，双方有着密切的血缘关系，公室必须依靠公族来维护自己的统治，华、向叛乱势力在宋国被铲除之后，公族力量被削弱，

---

① 杨伯峻：《春秋左传注》（修订本），中华书局1990年版，第1409页。
② 孙曜：《春秋时代之世族》，中华书局1936年版，第154页。

从某种程度上来说，宋国公室力量也被削弱，公室在一定时期内处于一种空虚状态。另一方面，华、向势力被严重削弱，尤其是华氏，叛乱平定之后，再没有担任宋国的任何官职。"乱定以后之六卿，庄族一人，平族二人；戴族虽仍三人，但乐氏非华氏耳。"[1] 宋国公族之间的实力对比发生了变化，公族执政的政治格局也因之发生变化。同时，连年内战，削弱了宋国的政治、经济、军事实力，宋君依靠外力平叛，使得宋国和其他诸侯国的关系也发生了变化，而且给一些诸侯国提供了插手宋国内政的机会。所以，华、向之乱对于宋国，无论是国家内部还是在诸侯国之间，都造成了巨大的影响。

（四）向魋之乱

向魋，又称桓魋，宋桓公后，为宋景公时宠臣，任司马。向魋以司马执政宋国，依侍尊宠骄横放纵。公元前500年（宋景公十七年），向魋和宋景公庶母弟公子地之间因为几匹马的纠纷，成为引发宋国又一次内乱的导火线。公子地有四匹白马，向魋想据为己有，宋景公设法把马染成红色送给了向魋。公子地非常生气，派人把向魋打了一顿并夺回马匹。向魋害怕，准备逃走。宋景公弄巧成拙，只有好言安慰向魋。这件事不仅使向魋和公子地之间的矛盾直面化，而且造成了宋景公同母兄弟之间的离心。公子辰劝公子地逃往国外，希望以此感化宋景公，舒缓兄弟间的矛盾。但是，公子地逃往陈国，宋景公没有挽留，公子辰为之求情，宋景公不听。这让公子辰心灰意冷，感叹说："是我迂吾兄也。吾以国人出，君谁与处？"[2] 遂与公子仲佗、石彄俱逃奔到陈国。公元前499年春，景公同母弟辰和仲佗、石彄、公子地进入萧地而叛乱。秋季，乐大心跟着叛乱。这场内乱给宋国带来了巨大灾难，史称"宠向魋故也"[3]。宋景公因为宠爱向魋，不惜牺牲庶母弟来满足向魋的私欲，致使

---

[1] 孙曜：《春秋时代之世族》，中华书局1936年版，第154页。
[2] 杨伯峻：《春秋左传注》（修订本），中华书局1990年版，第1582页。
[3] 杨伯峻：《春秋左传注》（修订本），中华书局1990年版，第1584页。

向魋张扬跋扈，目中无人，甚至最后到了国君的命令都不肯服从的地步，这就为后来向魋以下犯上埋下了隐患。

公元前484年（宋景公三十三年），卫大叔疾在卫国因和孔文子发生纠纷，便出奔至宋国，"疾臣向魋，纳美珠焉，与之城鉏。宋公求珠，魋不与，由是得罪"①。为一宝珠而得罪宋景公，可见向魋已骄奢到了何种程度。公元前482年（宋景公三十五年），宋和郑为争夺两国之间的空地发生战争。宋向巢率军进攻郑国，郑罕达包围宋军。"宋向魋救其师。郑子䲡使徇曰：'得桓魋者有赏。'魋也逃归。"②向魋逃回国，郑军在嵒地全歼宋军。

向魋长期专权跋扈，终使景公悔悟。公元前481年，景公欲通过母亲宴请向魋伺机将其除掉，但还没来得及行事，向魋已先阴谋害死景公，他请求用自己的鞌邑交换宋国祖庙所在地薄邑，以此试探景公。景公当然不会答应，但仍顾其情面，给鞌地增加了七个乡邑。向魋接受赏赐，并且请求设宴答谢景公，准备在宴会上谋害景公，景公识破其阴谋，抢先进攻向魋，向魋遂进入曹邑发动叛乱。景公派左师向巢率军讨伐，向魋逃奔卫国，后又逃亡于齐、吴，最终"卒于鲁郭门之外"③。

桓魋之乱平定后，向氏家族在宋国被彻底清除，而其他公族势力则借机得以发展起来，春秋末期宋国的政治格局发生明显变化，戴族中的乐氏、皇氏、灵氏分掌六卿职位，"皇缓为右师，皇非我为大司马，皇怀为司徒，灵不缓为左师，乐茷为司城，乐朱鉏为大司寇"④。戴族专掌宋国国政。

（五）大尹乱政

大尹，国君宠臣，负责国君宫内的日常事务。据史料记载，大尹常

---

① 杨伯峻：《春秋左传注》（修订本），中华书局1990年版，第1666页。
② 杨伯峻：《春秋左传注》（修订本），中华书局1990年版，第1675页。
③ 杨伯峻：《春秋左传注》（修订本），中华书局1990年版，第1688页。
④ 杨伯峻：《春秋左传注》（修订本），中华书局1990年版，第1729页。

跟随国君左右，君臣之间的意见由他上通下达，于是便做出假君命而擅权的事情。公元前469年（宋景公四十八年），"宋景公无子，取公孙周之子得与启畜诸公宫，未有立焉。于是皇缓为右师，皇非我为大司马，皇怀为司徒，灵不缓为左师，乐茷为司城，乐朱鉏为大司寇，六卿三族降听政，因大尹以达。大尹常不告，而以其欲称君命以令"①。大尹因宠而骄，竟利用自己的职务之便，不将臣下的意见通达给宋景公，还以自己私意作为景公意见下达给臣僚，致使宋国六卿三族都受其摆布。他的种种行为引起了公族群体的不满，"国人恶之。司城欲去大尹，左师曰：'纵之，使盈其罪。重而无基，能无敝乎？'"②公族集团在等待时机，"冬十月，公游于空泽，辛巳，卒于连中。大尹兴空泽之士千甲，奉公自空桐入如沃宫，使召六子，曰：'闻下有师，君请六子画。'六子至，以甲劫之曰：'君有疾病，请二三子盟。'乃盟于少寝之庭，曰：'无为公室不利！'大尹立启，奉丧殡于大宫，三日而后国人知之"。景公卒于空桐泽，大尹把景公尸体运回宋都，秘不发丧。而且谎称景公有疾，强令六卿立公子启为君，晓谕国人。但三天后，事情真相大白，引起众怒。六卿对大尹不满，言："大尹惑蛊其君，而专其利，今君无疾而死，死又匿之，是无他矣，大尹之罪也。"③六卿取得全国人民的同情，便借助这个机会揭穿其阴谋，拟讨伐大尹。大尹惧，于是带着公子启逃亡楚国，宋国立公子得为君，是为宋昭公。

大尹制造的这次动乱牵涉到公族之间以及公族和公室之间的利益关系，在宋国历史上产生了恶劣影响。

---

① 杨伯峻：《春秋左传注》（修订本），中华书局1990年版，第1729页。
② 杨伯峻：《春秋左传注》（修订本），中华书局1990年版，第1729页。
③ 杨伯峻：《春秋左传注》（修订本），中华书局1990年版，第1729—1730页。

第三节　宋国的邦交关系

宋国地处豫东大平原。从当时中国整个地理环境看，宋国是中原各国通往东南吴、越的交通要道，历来为兵家必争之地，战略位置十分重要。宋国东部虽有芒砀山，但境内基本上是一马平川，无塞可守，无险可据，故而易攻难守。从四邻环境来看，宋国介居齐、楚、晋三大国之间，强邻环绕，易遭别国进攻又难以扩展疆土，只有依靠高大坚固的城墙、宽阔深渊的城池来自保。这种特殊的周边环境和战略格局直接影响着宋国的发展，使得宋国经春秋一世都深受周边局势的影响，其邦交活动亦呈现出复杂多变的特点。

一　宋国与周王室的关系

周初大分封，宋国是主要的诸侯封国，享有公爵待遇，说明了周公对殷商遗民微子启的看重。但是，宋国封地并不在殷商王畿之内，而是在较为偏远的豫东商丘一代。周朝统治者之所以这样做，是有其政治意图的。原殷商王畿所在之地战略地位极其重要，周初为加强对殷民的控制，巩固西周在中原地区的统治，武王封商纣王之子武庚于商都，并将商王畿分为卫、鄘、邶三个封区，命武王弟管叔、蔡叔、霍叔监管，以防止亲商诸侯及商民反叛，总称三监。后来武庚煽动三监作乱以抗周公，周公以成王命率军东征，伐朝歌叛军，武庚兵败被诛。周公又杀管叔、放蔡叔、贬霍叔，将朝歌"殷顽"迁于洛阳管教之，史称"武庚之乱"。武庚之乱引起了周族统治者对传统管理模式的反思，从而采取了新的政治改革。其具体措施有二：一方面将殷族及其联盟集团瓦解分散到各地，以摧毁其族群的集团力量，是为"迁徙殷族遗民"政策；另一方面，又将周民族的血缘关系尽量放大，然后分散到各地，使普天之下都能流动周族的血脉，是为"同姓同宗分封"政策。这两项措施的结果便是封国内出现了地缘管理，而这种地缘管理又被控制在全国范围内同宗血缘管理之下①。武庚之乱后,在武王分封的基础上,周公、成王再次大规模分封诸侯。为了有效地统治殷商遗民,避免故事重演,周公便把微子启分封到远离殷商王畿的宋地,将一部分殷商遗民交给他去统治,以奉商朝之祀,并作《微子之命》进行训诫:

> 王若曰:"猷殷王元子,惟稽古,崇德象贤。统承先王,修其礼、物,作宾于王家,与国咸休,永世无穷。呜呼!乃祖成汤,克齐圣广渊,皇天眷佑,诞受厥命。抚民以宽,除其邪虐。功加于时,德垂后裔。尔惟践修厥猷,旧有令闻。恪慎克孝,肃恭神、人。予嘉乃德,曰笃不忘。上帝时歆,下民祗协,庸建尔于上公,尹兹东夏。钦哉!往敷乃训,慎乃服命,率由典常,以蕃王室。弘乃烈祖,律乃有民,永绥厥位,毗予一人。世世享德,万邦作式,俾我有周无斁。呜呼,往哉!惟休,无替朕命!"②

从命辞中可以看出,周公对微子启遵循成汤贤德之道予以高度表彰,并以宾礼待之。孔颖达《正义》曰:"《微子之命》云:'作宾于王家。'《诗》颂微子之来,谓之'有客',是王者之后为时王所宾也。故知'虞宾'谓丹朱为王者后,故称宾也。"③此宾礼到春秋时期的宋国仍世代享有。命辞首先肯定了微子的品质,说他崇尚德性,效法先贤,是周王室的贵宾。接着又赞微子的祖先商汤圣明无边;然后又夸奖微子是商汤美德的继承人,因而应当居于上公的地位;最后提出希望,要求微子率领殷商遗民效忠周王室,不要错失周王的恩宠,可谓恩威并用。

宋国地处平原,无险可守。顾栋高在其《春秋大事表》中曾经评价宋国的战略地位:"周室棋布列侯,各有分地,岂无意哉!盖自三监作孽,武庚反叛,周公诛武庚而封微子于宋。岂非惩创当日武庚国于纣都,有孟门、太行之险,其民易煽,其地易震,而商丘为四望平坦之地,

---

① 江林昌:《由"武庚之乱"所引起的周代国家形态之变化》,《齐鲁学刊》2006年第1期。
② 黄怀信整理:《十三经注疏·尚书正义》,上海古籍出版社2007年版,第520—522页。
③ 黄怀信整理:《十三经注疏·尚书正义》,上海古籍出版社2007年版,第181页。

又近东都，日后虽子孙自作不靖，无能据险为患哉。"①很显然，正是有武庚叛乱之前鉴，周公才将微子启分封在无以"据险为患"的商丘一带。而这只是周王室"迁徙殷族遗民"政策的一部分。为了彻底分散殷商旧势力，达到使其不能聚众为患的目的，周公又将顽抗不服的殷商遗民分别迁往成周（今河南洛阳）和陈、许、蔡、郑等诸侯国，"封康叔为卫君，居河、淇间故商墟"②，也就是殷都朝歌附近，赐以殷民七族：陶氏、施氏、繁氏、锜氏、樊氏、饥氏、终葵氏；封伯禽于鲁（今河南鲁山），后迁奄国旧地（今山东曲阜）立鲁国，赐殷民六族：条氏、徐氏、萧氏、索氏、长勺氏、尾勺氏③。宋国被包围在姬姓封国之中，其所统领的实际上仅仅是一少部分殷民而已，这样周王室就有效地抑制了宋国势力的发展。

微子启作为殷商"亡国之余"而受封于宋地，且享有"公国"之尊，这让其他诸侯国羡慕和高看；但另一方面，周王朝又对宋国心存芥蒂，所以将其置于众多诸侯国和自己的严密监控之下，限制其向外拓展和发展强大。春秋一世，宋作为商的遗民国家，都是以商自称，说明殷商的文化传统、政治制度、生活习惯等深刻影响着宋国的整个社会生活，使宋人在行事时经常表现出两种不同的心态，即"宋公朝周，则曰臣也；周人待之，则曰客也。自天下言之，则侯服于周也；自其国人言之，则以商之臣事商之君，无变于其初也"④。这种双重心态造成了宋国从建国初始与周王室的关系就非常复杂，而且直接影响了宋国在诸侯中的处事规则。

首先，宋国作为周的封国，必须臣服于天下共主——周王，以君臣之礼行使自己的权利和义务。

按照周礼，诸侯对周王室最重要的一项义务就是定期朝觐。诸侯朝

---

① ［清］顾栋高辑：《春秋大事表》，中华书局1993年版，第529页。
② ［汉］司马迁：《史记》，中华书局1982年版，第1589页。
③ 杨伯峻：《春秋左传注》（修订本），中华书局1990年版，第1536—1538页。
④ ［清］顾炎武著，黄汝成集释：《日知录集释》，上海古籍出版社2006年版，第84页。

拜周王，实际上就是以下级"封君"的身份向上级"共主"述职，至于多长时间一次，则根据距离周王室远近而定。周王是天下的共主，诸侯是否朝觐，是关乎王朝和自己脸面的大事，所以，对此非常看重。但是，入春秋以后，周王对各诸侯国的控制能力逐渐减弱，周礼亦渐渐偏废，各诸侯国开始轻视周王朝，不把周王放在眼里。宋国也不再定期朝觐周天子，君臣关系趋于松弛。而"朝王"毕竟是符合礼的，不朝王则属于无礼。故《左传》云："郑伯以齐人朝王，礼也。"①说的就是这回事。郑伯，就是郑庄公，因为郑国是伯爵，故称其为郑伯。郑伯带齐国国君一同朝觐周王是符合周朝的朝拜制度的。在郑、齐两君朝王的第二年，又发生一起"不朝王"的事例，《左传》云："宋公不王，郑伯为王左卿士，以王命讨之。伐宋。"②接着是伐宋的王命遍告各国。这条记载是说宋国国君不朝拜周王，周王下发命令讨伐宋国，并让郑庄公以王左卿士的职位担当这次讨伐的统领。郑国欲挑起争端，借口以王命讨伐宋国，可见宋国仍然在舆论上受到君臣关系的制约。

前引《微子之命》是周王对封国宋君微子的"封命之书"③，命辞中周王除了盛赞微子及其祖先商汤之圣明美德，还特别强调微子要"率由典常，以蕃王室"，即作为封国辅佐周王室，必须承担一定的义务。公元前717年，"冬，京师来告饥，（鲁）公为之请籴于宋、卫、齐、郑，礼也"④。鲁隐公为解周困，"请籴于宋"，被认为是合乎礼的，合乎礼制，宋国则责无旁贷。公元前510年，诸侯营建成周城墙，宋"不受功"，强使滕、薛、郳三小国代役，宋国违礼，因而引起诸侯抱怨。可见，宋国和其他诸侯国一样，有向周王室交纳一定的贡赋、服劳役等义务。

其次，与其他诸侯国一起拱卫周王室，积极参加有关王室事务的盟

---

① 杨伯峻：《春秋左传注》（修订本），中华书局1990年版，第60页。
② 杨伯峻：《春秋左传注》（修订本），中华书局1990年版，第65页。
③ ［汉］司马迁：《史记》，中华书局1982年版，第133页。
④ 杨伯峻：《春秋左传注》（修订本），中华书局1990年版，第51页。

会、征伐等重大政治、军事活动。

诸侯封国除了对周王定期朝觐、缴纳贡赋、当差服役外，还须夹辅周王室，与诸侯霸主共谋王政。宋国在处理周、宋关系上，表现得比较主动，凡是有关周王室事务的诸侯盟会，宋国都会积极参加。比如，公元前 678 年，"冬，十有二月，（鲁公）会齐侯、宋公、陈侯、卫侯、郑伯、许男、曹伯、滑伯、滕子同盟于幽。同者，有同也，同尊周也"①。要想维持周礼的秩序，就需要各个诸侯国的合作，诸侯国之间一般通过"盟会"来进行多边合作。盟会的主要目的就是组成大国之间的同盟，以"尊王"名义干预王政，即所谓"同者，有同也，同尊周也"。据《春秋》记载，公元前 655 年，"公（鲁僖公）及齐侯、宋公、陈侯、卫侯、郑伯、许男、曹伯会王世子于首止"②。《左传》进一步阐释说："会于首止，会王大子郑，谋宁周也。"杨伯峻注："惠后宠少子带，惠王有废太子之意，故齐桓公作首止之会，尊王太子郑以安定之。"③指出这次首止会盟的目的就是想平息周王室的继承权之争。当时，周惠王的王后宠爱王子带，想立王子带为太子，于是，霸主齐桓公组织了这次有鲁僖公、宋桓公、陈宣公、卫文公、郑文公、许僖公和曹昭公参加的首止之会，会上诸侯会见了周王太子郑（后来的周襄王），目的是通过尊太子而安定周王室。又如，《春秋》僖公八年（前 652）："春王正月，公会王人、齐侯、宋公、卫侯、许男、曹伯、陈世子款盟于洮。"《左传》释曰："盟于洮，谋王室也。"④"谋王室"就是为周王室出谋划策，参与或干预王室事务。这次盟会，是为了共谋平定王室之难，拥立姬郑为天子，是为周襄王。再如，《春秋》昭公二十五年（前 517）："夏，叔诣会晋赵鞅、宋乐大心、卫北宫喜、郑游吉、曹人、邾人、滕人、薛人、小邾人于黄父。"《左传》

---

① 李学勤主编：《十三经注疏·春秋穀梁传注疏》，北京大学出版社 1999 年版，第 79 页。
② 杨伯峻：《春秋左传注》（修订本），中华书局 1990 年版，第 301 页。
③ 杨伯峻：《春秋左传注》（修订本），中华书局 1990 年版，第 305—306 页。
④ 杨伯峻：《春秋左传注》（修订本），中华书局 1990 年版，第 320—321 页。

释曰:"会于黄父,谋王室也。赵简子令诸侯之大夫输王粟、具戍人。"杜预注:"王室有子朝乱,谋定之。"① 鲁国的子太叔和晋国赵鞅、宋国乐大心、卫国北宫喜、郑国游吉、曹人、邾人、滕人、薛人、小邾人在黄父会见,这是为了商量安定王室。赵鞅代周王命令各国为周天子运送粮食,并组织军队勤王。据《左传》记载,除了以上几次重要的盟会活动,春秋时期,宋国还多次参与了由诸侯霸主或者强国主持的盟会,分别在鲁隐公八年(前715)、鲁桓公十一年(前701)、鲁庄公十六年(前678)、鲁僖公十五年(前645)、鲁文公十四年(前613)、鲁宣公二年(前607)、鲁成公五年(前586)、鲁襄公五年(前568)、鲁昭公十三年(前529)等。春秋时期特别是春秋前期,周王室和诸侯盟主非常看重"盟会"之举,背盟必讨。公元前681年,齐桓公举行北杏会盟,后"宋人背北杏之会",第二年,"诸侯伐宋,齐请师于周"。杜预注曰:"齐欲崇天子,故请师,假王命以示大顺。"② 何焯评曰:"讨背盟而挟天子以临之。"③ 因为宋国有背盟约之举,所以齐桓公以周王名义兴师问罪。

　　除了盟会活动,诸侯之于周王室还负有协同征伐、出兵勤王的义务。比如,公元前656年,齐国联合鲁、宋、陈、卫、郑、许、曹,八国之师共伐楚国,楚成王兴师问故,管仲对曰:"昔召康公命我先君大公曰:'五侯九伯,女实征之,以夹辅周室!'赐我先君履,东至于海,西至于河,南至于穆陵,北至于无棣。尔贡包茅不入,王祭不共,无以缩酒,寡人是征。昭王南征而不复,寡人是问。"④ 楚国没有按时向周王缴纳贡物,所以,齐桓公以夹辅周王室的名义,联合诸侯向楚国兴师问罪。春秋时期,礼崩乐坏,"礼乐征伐自天子出"变成了"礼乐征伐自诸侯出",诸侯霸主和强国总是打着"尊王"的名义发动侵伐战争。"尊王"虽然

---

① 杨伯峻:《春秋左传注》(修订本),中华书局1990年版,第1454—1457页。
② 杨伯峻:《春秋左传注》(修订本),中华书局1990年版,第196页。
③ [清]何焯:《义门读书记》,中华书局1987年版,第159页。
④ 杨伯峻:《春秋左传注》(修订本),中华书局1990年版,第289—291页。

只是个招牌，但却是一副合"礼"的外衣，因此这些重要的征伐活动，宋国也都积极参与。比如，公元前656年，"春王正月，公会齐侯、宋公、陈侯、卫侯、郑伯、许男、曹伯侵蔡"①。公元前578年，"夏五月，公自京师，遂会晋侯、齐侯、宋公、卫侯、郑伯、曹伯、邾人、滕人伐秦"②。另外，据《左传》记载，在鲁隐公四年（前719）、鲁桓公十六年（前696）、鲁庄公十五年（前679）、鲁文公九年（前618）、鲁宣公元年（前608）、鲁襄公九年（前564）、鲁定公四年（前506）等年份，宋国也都参加了此类征伐活动。

再次，在"礼崩乐坏"的春秋时代，随着诸侯强国相继称雄，宋国也力求摆脱周礼的羁绊。

宋是以殷商遗民为主而建立的国家，周王室对始封之君微子非常尊重，以尊贵的客人身份看待微子，《毛诗·周颂·有客》云："有客有客，亦白其马。有萋有且，敦琢其旅。有客宿宿，有客信信。言授之絷，以絷其马。薄言追之，左右绥之。既有淫威，降福孔夷。"③周与宋的主客关系，决定了宋在周代诸侯中具有特殊地位。这种优越的地位一直延续到了春秋时期，从而使得宋国逐渐产生一种孤芳自傲的心理。在"礼崩乐坏"的春秋时代，王室衰微，强国称雄，宋国也试图利用和周王室的特殊关系以抬高自己在诸侯中的地位，并尽量逃避其作为周朝封国的义务，力求摆脱周礼的束缚。

公元前636年，宋成公如楚过郑，郑文公向郑卿皇武子询问接待宋君的礼节，皇武子认为接待宋君应当比接待一般诸侯隆重些，说："宋，先代之后也，于周为客，天子有事膰焉，有丧拜焉，丰厚可也。"杜预注："有事，祭宗庙也。膰，祭肉。尊之，故赐以祭胙。"又注："宋吊周丧，

---

① 杨伯峻：《春秋左传注》（修订本），中华书局1990年版，第287页。
② 杨伯峻：《春秋左传注》（修订本），中华书局1990年版，第859页。
③ 李学勤主编：《十三经注疏·毛诗正义》，北京大学出版社1999年版，第1340—1341页。

王特拜谢之。"①"于周为客"即意味着宋与众多的姬姓诸侯应当有所区别,而一些诸侯也的确因此对宋另眼相待,就像宋成公受到郑国高规格的礼仪接待一样。因此,宋国便充分凸显和利用这种特殊地位来维护自己的利益。春秋时期,在诸侯与周王或霸主的经济关系上,爵位是衡量贡赋轻重的主要依据,如《礼记·月令》云:"(天子)乃命太史次诸侯之列,赋之牺牲,以共皇天、上帝、社稷之飨。"杜预注:"列国有大小也。赋之牺牲,大者出多,小者出少。"②按照周礼的相关制度,诸侯必须按照爵秩高低向王室缴纳相应数量的贡赋,爵位愈尊,贡赋愈重。宋国为公爵,按周制本应承担更多的贡赋和责任,但是宋国却以其"先代之后""于周为客"的特殊身份,逃避其身为周朝封国的义务,且态度坚决而又蛮横。公元前517年,东周王子朝之乱时,赵简子令诸侯向周敬王贡纳粮食,宋国执政右师乐大心反驳说:"我不输粟。我于周为客,若之何使客?"杜预注:"二王后为宾客。"③《公羊传》隐公三年何休注:"宋称公者,殷后也。王者封二王后,地方百里,爵称公,客待之而不臣也。"④可见,宋国正是基于自己与周王朝的特殊关系,才拒不按照周制实行班贡制度和承担责任,而试图以此摆脱周礼的羁绊,抬高自己在诸侯中的地位,从而赢得更大的自由发展空间,才是宋国的真正目的。

综上,在世衰道微、礼崩乐坏的春秋时代,宋国凭借和周王室有特殊关系,在与周王室和诸侯的相处中,极力摆脱周王室加在它身上的礼制规范的束缚,可以说在相当大程度上突破了周礼的制约。春秋一世,宋国先后经历了宋襄公图霸的强盛,发起和主持了两次"弭兵"大会,并积极参与周王室一系列事务的解决。这些邦交活动不仅有助于自身和诸侯各国友好相处,而且也提高了自己的声望和地位。至春秋末期宋

---

① 李学勤主编:《十三经注疏·春秋左传正义》,北京大学出版社1999年版,第424页。
② 李学勤主编:《十三经注疏·礼记正义》,北京大学出版社1999年版,第563页。
③ 李学勤主编:《十三经注疏·春秋左传正义》,北京大学出版社1999年版,第1455页。
④ 李学勤主编:《十三经注疏·春秋公羊传注疏》,北京大学出版社1999年版,第39页。

景公时，宋国灭曹、侵郑、拘执小邾子，展开一系列军事行动，使周边弱小侯国无不震恐，遂成为春秋末期的一方小霸。姬姓曹国为宋所灭，可谓宋国对王室关系的一次严重挑战和突破。至战国时代宋君戴偃自立为王，终于突破了周、宋关系的极限，也为自己敲响了亡国的丧钟。

二 宋国与其他诸侯国的关系

宋国虽然国力不强，外交自主受限，但因其与周王室的特殊关系和较高的政治威望，故而在春秋时期始终扮演着重要角色，并对当时政治格局的变化产生了重大影响，正如顾栋高《春秋大事表》所称："春秋之局变多自宋起。"①

（一）宋国与齐、晋、楚等大国的邦交关系

春秋时期，齐、晋、楚、秦等各大国先后称霸，"晋、楚、齐、秦，分峙朔南东西四徼，实春秋之骨干，而晋、楚尤其脊柱也"②。宋国居于齐、晋、楚三大国之间，为强邻所包围，乃"四战之区，自古迄今，凡用兵必争焉"③。这种周边环境严重阻碍了宋国的发展，并对宋国的外交政策产生了持久的影响。在夹缝中求生存的宋国，与诸侯相处时邦交活动不能完全自主，因此，只有充分发挥自己的优势，即利用和周王室的特殊关系及"公国"之尊的政治地位，依附于强国而自保，"齐兴则首附齐，晋兴则首附晋"④。春秋一世，在诸侯霸主的庇护下谋求生存和发展，构成了宋国邦交政策的主旋律。

秦国处在西方，秦穆公时独霸西戎，成为强国。秦国向东扩张，染指中原，首当其冲的是东邻晋国，而与宋国则距离很远，两国无直接利益冲突，秦国一向与宋国交好。因此，春秋时期宋国与大国的邦交

---

① ［清］顾栋高辑：《春秋大事表》，中华书局1993年版，第1843页。
② 梁启超：《饮冰室合集》专集四十五《春秋载记》，中华书局1989年版，第3页。
③ 梁启超：《饮冰室合集》专集四十五《春秋载记》，中华书局1989年版，第12页。
④ 梁启超：《饮冰室合集》专集四十五《春秋载记》，中华书局1989年版，第13页。

活动主要是在齐、晋、楚三国之间开展。纵观春秋之世，宋国与诸称霸大国之间的关系大致经历了以下三个重要阶段：

第一阶段：齐桓公称霸时期（宋桓公、宋襄公时）依附于齐。

齐国自桓公执政以来，在管仲辅佐之下，经过内政、经济、军事等多方面改革，国力日盛，遂兴图霸之志。当时宋国正值桓公当政，晁福林评价此时宋、齐关系说："宋桓公的时期适逢齐桓公开始称霸，宋桓公多次参加以齐为首的诸侯会盟和征伐，成为齐桓公霸业的积极伙伴。"[①] 公元前681年春，齐桓公为帮助宋国平定内乱，在北杏（今山东东阿）与宋、陈、蔡、邾几个小国的国君会盟，齐桓公成为盟主。齐桓公欲称霸中原，最大的绊脚石就是鲁国和宋国，因当时鲁强宋弱，于是齐桓公选择与宋国联手。后来，齐、鲁交好，宋国便背叛北杏之盟，打算脱离齐国。公元前680年，齐国邀陈、曹伐宋，并请王师参战。周王命大夫单伯率师参加此次伐宋，宋国不敌，只得派使者求和，归附于齐国。

宋国臣服于齐国之后，便长期效命于齐，积极参与齐桓公主持的盟会和征伐。公元前651年，齐桓公在葵丘大会诸侯，宋襄公为了表示对齐桓公霸业的支持，在尚未举行父亲葬礼、自己还在服丧期间，就前往参加这次大会，参加会盟的还有鲁、卫、郑、许、曹等国的国君，周襄王也派代表参加。与会诸侯缔结盟约："凡我同盟之人，既盟之后，言归于好。"[②] 这是齐桓公多次召集诸侯会盟中最盛大的一次，标志着齐桓公的霸业达到顶峰，成为中原的首位霸主。宋襄公紧跟齐桓公，积极维护齐国的霸权。此后，齐桓公召集的咸之会（前647）、牡丘之会（前645）、淮之会（前644）等，宋襄公都亲自参加，可说是齐桓公霸业过程中的一个亲密伙伴。在葵丘之会上，宋襄公还接受了齐桓公"托孤"的重任，答应日后照顾齐国太子昭（后来的齐孝公）。齐桓公病死，群

---

① 晁福林：《试论宋国的政治发展及其历史特征》，《史学月刊》1989年第6期。
② 杨伯峻：《春秋左传注》（修订本），中华书局1990年版，第327页。

公子为争夺君位而发生内乱，太子昭逃到宋国，向宋襄公求救。尽管当时宋国还很弱小，但宋襄公还是全力帮助太子昭回齐国即位，完成了齐桓公的嘱托，可见宋、齐关系之密切。

第二阶段：泓水战后至弭兵之会前依附于晋。

齐桓公之后，霸业渐衰，宋襄公自恃迎立齐孝公有功，便借齐桓公霸业余威，欲为诸侯霸主，先是命邾文公执鄫子为牺牲祭于次睢之社，又拘执滕宣公，攻伐曹国，表现得十分残暴。同时，南方楚国逐渐强大，楚成王欲借齐国中衰、中原无霸的机会将势力渗入中原地区。宋襄公不顾宋国国力尚弱，希望能以宋国"公爵"之尊位压制各诸侯国，与楚国争夺中原霸主之位。公元前638年，宋与楚战于泓水，宋襄公伤股而殁，霸业未成。宋成公继襄公即位后，修复了宋与楚的关系，但不久晋国日渐强大，成为与楚争霸的强力对手。公元前634年，宋成公因其父襄公当年善待晋文公，与有旧交，便依附晋国，史称"宋以其善于晋侯也，叛楚即晋"[①]。楚成王命令尹子玉、司马子西率军伐宋，包围缗邑（今山东金乡东北）。次年冬，楚率陈、蔡、郑、许五国军队包围宋国，宋国向晋告急。晋中军元帅先轸说："报施、救患，取威、定霸，于是乎在矣。"[②]晋文公采纳先轸建议，起兵救宋，从而拉开了城濮之战的序幕。两国交兵，晋文公兑现当年流亡楚国许下"退避三舍"的诺言，令晋军后退，避楚军锋芒。子玉不顾楚成王告诫，率军冒进，被晋军歼灭两翼，楚军大败。城濮一战使晋文公建立了霸权，楚国北进锋芒受挫，被迫退回南方，中原诸侯无不臣服于晋。

城濮战后，晋国成为宋国的"保护伞"，宋国从晋的态度异常坚决，几乎是一边倒，甚至在邲之战（前597）后晋国无力庇护宋国的情况下，还做出不理智的举动，杀掉不肯假道的楚使，招来兵祸，几至亡国。邲之战前后，宋曾两度附楚，皆属无奈之举。一次是公元前617年，楚

---

① 杨伯峻：《春秋左传注》（修订本），中华书局1990年版，第441页。
② 杨伯峻：《春秋左传注》（修订本），中华书局1990年版，第445页。

穆王欲攻打宋国，宋无力抗楚，为了不使百姓遭殃，才违心把楚穆王迎到国内，慰劳他并且表示服从。一次是公元前594年，楚国攻打宋国，晋国因自身难保没能及时救宋，宋与楚被迫订立盟约："我无尔诈，尔无我虞。"①之后还参加了公元前589年楚国主持的蜀之盟。但第二年晋因邲之战发兵讨郑，宋便积极随晋助战。总之，城濮战后，晋、宋两国为了各自的利益，关系一直相当稳固，宋国不断追随晋国参加由其召集的会盟和战争，成为晋国霸业的忠实伙伴。直到弭兵之会，晋、楚双方平分霸权，宋国才顺应时局，改变对外策略，与晋国的关系有所松弛。

第三阶段：弭兵之会后依附于晋、楚。

宋平、元、景公时期，随着楚国国力增长，晋、楚两国的争霸战争日趋激烈，在长期的战争中，晋、楚两国以及他们的附庸国都消耗了大量的人力、物力和财力，而两国又都没有独自称霸的绝对实力。在这种情况下，由宋国大夫华元和向戌发起和主持，分别在公元前579年和公元前546年召开了两次"弭兵之会"，宋国的政治影响力又开始增强，特别是第二次弭兵之会，对整个春秋后期的政治格局产生了重大影响。

公元前546年，晋、楚、齐、秦、鲁、卫、陈、蔡、郑、许、宋、曹、邾、滕等十四国于宋都蒙门外召开第二次弭兵之会。会上达成协议："晋、楚之从交相见。""交相见"意谓原属晋的朝楚，属楚的朝晋。这就是说，原先分别从属晋、楚的中小诸侯国，现在要同时负担向晋、楚两国朝贡的义务。这样，晋、楚两大霸主互相瓜分了霸权，形成了均势。宋国也因此次弭兵之会，成为晋、楚两国共同的附庸国，为两国供纳财富以求得暂时的和平（详见后文）。

弭兵之会后，宋国虽然同时臣服于晋、楚两大国，但实际上宋、晋两国的邦交关系仍然较宋、楚两国密切，梁启超在评价春秋宋、郑与晋、

---

① 杨伯峻：《春秋左传注》（修订本），中华书局1990年版，第761页。

楚关系时说："春秋之局，晋楚对峙，宋郑为之楔，宋稍畸于晋而郑稍偏于楚。"① 宋、晋两国的邦交关系一直比较稳固，中间没有分分合合，不像郑、晋之间，郑国时而亲晋叛楚，时而亲楚叛晋，"常首鼠两大之间，视其强弱以为向背，贪利若鹜，弃信如土。故当天下无伯则先叛，天下有伯则后服"②。宋国从城濮之战后至春秋末期，都是晋国的忠实追随者，故公元前502年赵鞅对晋定公说："诸侯唯宋事晋。"③ 和以前不同的是，对楚国主持的盟会和征伐活动，宋国也积极助战。比如，公元前538年，宋国跟随楚国攻打吴国，"秋七月，楚子以诸侯伐吴，宋大子、郑伯先归，宋华费遂、郑大夫从"④。弭兵之后，中原基本上无大的战事，各国得以抽出时间处理内政。宋国对晋、楚两大国都要承担赋役，负担虽然加重，但也为宋国赢得了难得的喘息机会，使宋国得以恢复国力，休整军队，加强修备，有利于宋国的发展。春秋末期宋景公之时，灭曹、侵郑、拘执小邾子，在诸侯国中表现出很强的影响力，晁福林评价说："春秋末年的宋景公在位长达64年（一说48年），当时的宋国虽无力与大国争衡，但亦为一方小霸。"⑤

如上，宋国因受周边环境和国力所限，不能始终如一地坚持自己的邦交策略，只有根据自身实力和外界环境的变化而摇摆于各大强国之间，因而形成了阶段性变化的邦交特点。但是，这并不是说春秋时期宋国完全无独立外交能力，而上述关于宋国阶段性邦交关系的划分也只是相对的，并非在某个阶段就是依附于某个霸主强国不再谋求和他国建立关系。实际上，在春秋邦交史上，宋国始终是一个异常活跃的角色。公元前662年春，齐桓公因楚国之前攻打郑国，请求和诸侯会合，报复楚国，宋桓公为占先机，"请先见于齐侯"，夏季遂会见于梁丘（今

---

① 梁启超：《饮冰室合集》专集四十五《春秋载记》，中华书局1989年版，第11页。
② 梁启超：《饮冰室合集》专集四十五《春秋载记》，中华书局1989年版，第14—15页。
③ 杨伯峻：《春秋左传注》（修订本），中华书局1990年版，第1564页。
④ 杨伯峻：《春秋左传注》（修订本），中华书局1990年版，第1253页。
⑤ 晁福林：《试论宋国的政治发展及其历史特征》，《史学月刊》1989年第6期。

山东成武东北)。宋国如此重视邦交的优先权,足见其邦交态度之积极。宋国即便是受霸主强国控制的时候,也在积极寻找契机,打造外围环境,寻求独立外交空间,以最大限度地维护自己的利益。春秋时期,一些诸侯常常通过与他国缔结婚姻来加强双方的邦交关系,鲁臧文仲强调政治联姻对加强邦交关系的重要性时说:"夫为四邻之援,结诸侯之信,重之以婚姻,申之以盟誓,固国之艰急是为。"[1] 利用政治联姻处理邦交事务,也是宋国谋求扩大邦交关系的一个重要手段。比如,宋国与卫国就是世代通婚的婚姻之国。宋国和鲁国也是婚姻兄弟之国,公元前635年,"宋荡伯姬来逆妇……其言来逆妇何?兄弟辞也",何休注:"宋、鲁之间,名结婚姻为兄弟。"[2] 另外,宋国与齐、吴等国也都建立过姻亲关系。这种政治联姻,有利于巩固和加强宋国与这些诸侯国的关系,从而营造和平相处的邦交环境。

(二) 宋国与鲁、郑等诸侯国的邦交关系

鲁国和郑国均为西周初年重要的封国,前者是周武王之弟周公旦的封地,后者为周厉王少子、周宣王庶弟桓公友的封国,加之两国特殊的地理位置、较高的政治地位等因素,鲁、郑两国在春秋政治舞台上亦扮演着重要的角色。所以,宋国与鲁、郑之交,构成了春秋时期宋国邦交关系的重要组成部分。

1. 宋国与鲁国的邦交关系

鲁国是周朝的同姓诸侯国之一,侯爵。西周建立后,周武王封其弟周公旦于少昊之虚曲阜,是为鲁公。周成王赋予鲁国"郊祭文王"、"奏天子礼乐"的资格,一则是对周公旦功劳的一种追念,同时希望作为宗邦的鲁国能够"大启尔宇,为周室辅"[3],这是鲁国在政治上的优势;鲁国拥有盐铁等重要资源,这是其在经济上的优势;鲁国是周礼文化的

---

[1] 徐元诰:《国语集解》,中华书局2002年版,第148页。
[2] 李学勤主编:《十三经注疏·春秋公羊传注疏》,北京大学出版社1999年版,第249—250页。
[3] 程俊英:《诗经译注》,上海古籍出版社1985年版,第665页。

直接继承者,传承了西周礼乐文明,即所谓"周礼尽在鲁矣"①,这是其在文化上的优势。鲁国以其特殊的政治地位、战略地位和它在列国中的影响,对于宋、鲁两国邦交关系的发展有着重要的影响。

春秋时期,宋、鲁关系大致以公元前667年齐国主持的第二次"幽之会"为界点分为前后两个时期:幽之会前,宋、鲁两国关系不太稳定,双方因各自利益所需,处于时战时和的状态;幽之会后,齐桓公确立霸权,宋、鲁两国俱服于齐,其后直至春秋末期,宋、鲁两国保持长久的、和平友好的邦交关系。

宋、鲁两国疆土相邻,宋国的东北面与鲁接壤,疆土犬牙相错。两国在很多地方有相同之处:如初封时,两国均有较高的政治地位,都是公族执掌朝政,外人极少能够插入;从疆域位置上看,双方的外部压力都很大;两国又为婚姻兄弟之国;等等。所以,宋、鲁两国有和平友好相处的基础。但是,在春秋初,这两个国家关系并不和睦,曾发生过侵伐战争,据《左传》隐公元年追记:"惠公之季年,败宋师于黄。"可见,在鲁惠公晚年,鲁国在宋国的黄地(今河南民权东)打败过宋国。而宋国则趁鲁惠公死期、鲁国举行国丧时进攻鲁国以报复,"惠公之薨也,有宋师。太子少,葬故有阙,是以改葬"。《左传》杨伯峻注曰:"有宋师,服虔以为即上文所谓败宋师于黄之役,孔疏以为宋人报黄之败而来伐,服说近是。"②根据周代礼制,"兵不伐丧",宋国却违"礼"对鲁用兵,可见当时两国关系相当恶劣。公元前722年,鲁隐公即位后,为了改善两国关系,便与宋国解怨结好,"九月,及宋人盟于宿,始通也"③。宿之盟暂时缓解了宋、鲁双方的敌对状态,为以后的和平相处打下了基础。但其后直至第二次"幽之会",双方的关系并不稳定,时好时坏,既有会盟朝聘与联合出兵,也有相互用兵,诸如:

---

① 杨伯峻:《春秋左传注》(修订本),中华书局1990年版,第1227页。
② 杨伯峻:《春秋左传注》(修订本),中华书局1990年版,第18页。
③ 杨伯峻:《春秋左传注》(修订本),中华书局1990年版,第18页。

公元前719年春,"(鲁)公与宋公为会,将寻宿之盟";"夏,公及宋公遇于清";"秋,翚帅师会宋公、陈侯、蔡人、卫人伐郑"①。

公元前713年,"夏,(鲁)翚帅师会齐人、郑人伐宋。六月壬戌,公败宋师于菅"②。

公元前710年,"三月,(鲁)公会齐侯、陈侯、郑伯于稷,以成宋乱。夏四月,取郜大鼎于宋"③。

公元前701年,"(鲁)柔会宋公、陈侯、蔡叔盟于折。公会宋公于夫钟。冬十有二月,公会宋公于阚"④。

公元前683年,"夏,宋为乘丘之役故,侵我(鲁国)。公御之。宋师未陈而薄之,败诸鄑"⑤。

公元前678年,"冬十有二月,(鲁公)会齐侯、宋公、陈侯、卫侯、郑伯、许男、滑伯、滕子同盟于幽"⑥。

公元前675年,"冬,齐人、宋人、陈人伐我(鲁国)西鄙"⑦。

公元前668年,"秋,公会宋人、齐人,伐徐"⑧。

公元前667年,齐桓公召集鲁、宋、陈、郑四国在幽地(今河南兰考)会盟,周惠王的代表召伯廖以天子的名义,向齐桓公授予"侯伯"的头衔,齐桓公正式成为诸侯霸主,宋、鲁两国俱服于齐。其后从公元前659年到公元前651年,即从鲁僖公元年到鲁僖公九年连续九年,宋、鲁均参加了齐国主持的诸侯盟会和联合出兵,成为齐国的忠实盟友。这次幽之会是宋、鲁两国关系改善的转折点,之后两国关系一直比较密切。对宋、鲁两国的友好邦交往来,清代学者高士奇曾作如下总结:

---

① 杨伯峻:《春秋左传注》(修订本),中华书局1990年版,第36页。
② 杨伯峻:《春秋左传注》(修订本),中华书局1990年版,第67页。
③ 杨伯峻:《春秋左传注》(修订本),中华书局1990年版,第83—84页。
④ 杨伯峻:《春秋左传注》(修订本),中华书局1990年版,第129—130页。
⑤ 杨伯峻:《春秋左传注》(修订本),中华书局1990年版,第186页。
⑥ 杨伯峻:《春秋左传注》(修订本),中华书局1990年版,第201页。
⑦ 杨伯峻:《春秋左传注》(修订本),中华书局1990年版,第210页。
⑧ 杨伯峻:《春秋左传注》(修订本),中华书局1990年版,第233页。

（文公）十一年，襄仲聘于宋，且言司城荡意诸而复之。……（成公）四年春，宋华元来聘，通嗣君也。五年春，孟献子如宋，报华元也。八年春，宋华元来聘，聘共姬也。夏，宋公使公孙寿来纳币，礼也。……九年二月，伯姬归于宋。夏，季文子如宋致女，复命，公享之。……（襄公）三年秋，穆叔聘于宋，通嗣君也。……十有五年春，宋公使向戌来聘，且寻盟。二十年冬，季武子如宋，报向戌之聘也。……（三十年）秋七月，叔弓如宋，葬共姬也。……昭公十一年春王二月，叔弓如宋，葬平公也。十二年夏，宋公使华定来聘，通嗣君也。……（昭公二十五年）十一月，宋元公将为公故如晋。己亥，卒于曲棘。二十七年秋，会于扈，谋纳公也。宋、卫皆利纳公，固请之。①

这是从公元前616年到公元前515年，宋、鲁两国一百年间互通友好的大事记，足见两国邦交关系之密切。

春秋时期，就鲁国的邦交关系而言，"自齐、晋两大国外，惟宋、卫最亲。卫，兄弟也；宋，姻娅也。中间以兵事龃龉者，不过数见而已。其余则行李之往来，欢好无间"②。宋、鲁两国为姻娅之国，姻亲关系成为维护两国邦交关系的重要纽带，公元前583年，鲁成公的姊妹共姬嫁与宋共公，"宋华元来聘"，卫、晋、齐三国来媵（随嫁），"凡诸侯嫁女，同姓媵之，异姓则否"③。公元前517年，宋国为拉近和鲁国的关系，壮大自己，再与鲁联姻，季公若的姐姐是小邾君夫人，生宋元公夫人，宋元公夫人所生之女嫁给季平子，叔孙婼便到宋国行聘并且迎亲。叔孙婼谥为"昭"，故又名"昭子"，史称"昭子如宋聘，且逆之"④。此外，两国能够长久通好，与时局的变迁和外部环境的压力也有很大关系。宋、

---

① ［清］高士奇：《左传纪事本末》，中华书局1979年版，第56—59页。
② ［清］高士奇：《左传纪事本末》，中华书局1979年版，第59页。
③ 杨伯峻：《春秋左传注》（修订本），中华书局1990年版，第838—841页。
④ 杨伯峻：《春秋左传注》（修订本），中华书局1990年版，第1456页。

鲁两国疆土犬牙交错，春秋时期，他们周围的大国齐、晋、楚先后称霸，两国的邦交活动多服从于霸主的利益，受到霸主的控制与约束，同命相连，相同的外部压力减少了互相之间的冲突与矛盾；而为了稳固周边环境和抵御大国的侵袭，两国联合就成为双方外交策略的共同追求。

2.宋国与郑国的邦交关系

郑国是春秋战国时期重要的诸侯国。周宣王二十二年（前806）封周厉王幼子友于郑（今陕西华县），史称郑桓公。至郑武公时，向东徙迁到虢国和邻国之间（今河南嵩山以东），这是新的郑国，即今河南新郑。郑国与宋国最初并不接壤，至春秋之末，宋、郑之间还有隙地六邑，两国均不占有，《左传》哀公十二年载："宋、郑之间有隙地焉，曰弥作、顷丘、玉畅、嵒、戈、锡。"① 但两国同处中原，春秋之初，均为中原大国，后来亦强盛一时，在霸权迭起的春秋时代，都有过争当霸主的愿望，故两国的摩擦和冲突在所难免。纵观春秋一世，两国虽然也有过和平相处的时候，但总的来说，冲突多于结好，战争多于和平，即便是在和平时期，亦仍有摩擦发生。两国邦交关系的发展大致经历了以下几个阶段。

第一阶段：从鲁隐公元年至鲁庄公十六年，即从公元前722年至公元前678年齐国主持第一次"幽之会"，在春秋之初的这四五十年间，是宋、郑两国的争霸时期。

郑国北靠黄河，地域与王室最近，虽然国土面积不大，但地处中原中心，交通便利，经济发达，加之郑伯又是王室的卿士，在齐、晋、楚等大国没有强大起来之前，在中原各小国中独居首位。春秋初，因郑国、晋国于周平王东迁有功，周王室主要依靠晋、郑两国。《左传》隐公六年载周公黑肩言于周桓王曰："我周之东迁，晋、郑焉依。"杨伯峻注引杜预注云："周幽王为犬戎所杀，平王东徙，晋文侯、郑武公左右王室，故云晋、郑焉依也。"② 公元前767年，郑武公趁周平王东迁不久，

---

① 杨伯峻：《春秋左传注》（修订本），中华书局1990年版，第1673页。
② 杨伯峻：《春秋左传注》（修订本），中华书局1990年版，第51页。

时局混乱之机,先后攻灭了郐和东虢。郑国实力增强,又恃于王室有功,便骄横恣肆起来。郑武公、郑庄公先后为周平王卿士,他们甚至无视周天子,肆意干预王政,以至和王室关系由"交质"发展到"交恶"的地步。童书业在分析春秋初年郑国之强势时称:"当春秋之初,周室已衰,齐、晋、秦、楚未兴,郑庄雄桀,处挟天子以令诸侯之地位,又结交大齐、强鲁,近攻宋、卫、陈、蔡,甚至击败周王所率之联军,纵横一时,几于霸主。"① 而此时宋国亦为中原大国,作为先王之后,周天子亦尊之有加,自然不甘屈服于郑。公元前719年(鲁隐公四年)夏,"宋公、陈侯、蔡人、卫人伐郑"②。宋、陈、蔡、卫四国联军伐郑,攻到郑国都城的东门,相持五日,联军始撤退,史称"东门之役"。据《左传》记载,仅宋殇公在位十年之中就发生了十一场重大战争。关于这十一战,孔颖达《正义》引服虔曰:"一战伐郑,围其东门;再战取其禾,皆在隐四年。三战取邾田;四战邾、郑,入其郛;五战伐郑,围长葛,皆在隐五年。六战,郑伯以王命伐宋,在隐九年。七战,公败宋师于菅;八战,宋、卫入郑;九战,宋人、蔡人、卫人伐戴;十战,戊寅,郑伯入宋,皆在隐十年;十一战,郑伯以虢师大败宋师,在隐十一年。"③ 连年战火,两国人民深受其害。虽然在齐、鲁两国的调和之下,宋、郑之间也有盟会,但对双方来说,均为缓兵之计,实则逐利而弃信,诚如清代学者顾栋高所言:"竞用干戈,朝盟夕改,生民之涂炭极矣。"④

第二阶段:从鲁庄公十六年至鲁文公十七年,即从公元前678年第一次"幽之会"到公元前610年晋、卫、陈、郑四国联合伐宋,在这近七十年间,宋、郑两国基本上无战事,处于和平相处时期。

在宋、鲁频繁交兵之际,齐国势力逐渐强大,齐桓公开始图谋建立

---

① 童书业:《春秋左传研究》,上海人民出版社1980年版,第313页。
② 杨伯峻:《春秋左传注》(修订本),中华书局1990年版,第34页。
③ 李学勤主编:《十三经注疏·春秋左传正义》,北京大学出版社1999年版,第137页。
④ [清]顾栋高辑:《春秋大事表》,中华书局1993年版,第2129页。

中原霸业，鲁、宋、曹、陈、蔡、邾、卫、许等国紧跟齐桓公，成为齐国称霸道路上的盟友，但是郑国态度尚处于游移状态，而且暗自通好于楚。公元前 678 年夏，齐国派兵与宋、卫之师伐郑。平服郑国之后，为了彻底争取郑国，该年冬，齐桓公与鲁、宋、陈、卫、郑、许、滑、滕等九国诸侯会盟于幽（今河南考城）。这是齐桓公主持的第一次"幽之会"，之后，宋、郑服从于齐国的霸主利益，两国战事暂时平息。

在宋、郑较长和平相处的这段时期内，两国之间只发生过三次战争，但皆非宋、郑之"私怨"。第一次是公元前 654 年（鲁僖公六年），"（鲁）公会齐侯、宋公、陈侯、卫侯、曹伯伐郑，围新城"①，这次新城之役，实际上是宋国追随霸主齐桓公，才联合用兵于郑。第二次是公元前 638 年（鲁僖公二十二年），"宋公、卫侯、许男、滕子伐郑"②，这次宋国伐郑，是齐桓公死后齐国霸主地位衰落，宋襄公欲"嗣伯"而对郑国采取的不理智之举，以致后来泓水一战宋国大败，宋襄公伤股而死，正如顾栋高所言："宋不量力而遽伐郑，致横挑强楚，军败身伤，此宋自取衅，非郑之罪也。"③ 第三次是公元前 633 年（鲁僖公二十七年），"楚人、陈侯、蔡侯、郑伯、许男围宋"④，这次是楚国主持的对宋用兵，郑国只是一个参与者。

第三阶段：从鲁文公十七年到鲁襄公十一年，即从公元前 610 年郑与晋、卫、陈联合伐宋到公元前 562 年萧鱼之会，在这五十年间，宋、郑两国再燃战火，战争之频繁甚于春秋初年。

公元前 610 年，郑国跟随晋国以"讨弑君之贼"之名对宋用兵，"由是宋、郑之兵争复起"⑤。两年后，即公元前 608 年，一年之内宋、郑发生三次战争："秋……楚子、郑人侵陈，遂侵宋。……宋公、陈侯、卫侯、

---

① 杨伯峻：《春秋左传注》（修订本），中华书局 1990 年版，第 312 页。
② 杨伯峻：《春秋左传注》（修订本），中华书局 1990 年版，第 393 页。
③ [清]顾栋高辑：《春秋大事表》，中华书局 1993 年版，第 2135 页。
④ 杨伯峻：《春秋左传注》（修订本），中华书局 1990 年版，第 443 页。
⑤ [清]顾栋高辑：《春秋大事表》，中华书局 1993 年版，第 2136 页。

曹伯会晋师于棐林，伐郑。冬……晋人、宋人伐郑。"①公元前607年，"宋华元帅师及郑公子归生帅师，战于大棘。宋师败绩，获宋华元"②。这就是宋、郑历史上著名的大棘之战，结果以宋军惨败而告终。华元被郑国俘虏囚禁，乐吕被杀。郑国缴获战车四百六十乘，俘虏士兵二百五十人，杀死一百人。大棘之战是宋国继泓水之战后，没有认真吸取失败教训，仍然因循固守旧制军规，任用平庸无才的将领，赏罚不明，滥施仁义，违背战争之道，导致惨败的又一战例。其后十年，宋、郑之间没有发生战争，但从公元前573年到公元前562年，"凡十二年，宋、郑交兵共十三，兵争之数未有甚于此时者也"③。

第四阶段：自鲁襄公十一年至鲁定公十五年，即公元前562年萧鱼之会到公元前495年郑国又一次伐宋，这六七十年间，宋、郑依附于晋、楚，很少有战事发生，这是春秋时期两国邦交历史上的第二个和平时期。

晋、楚城濮之战后，晋国扼制了楚国的北进势头，稳定了中原形势，晋国的霸主地位逐渐确立。公元前562年，"（鲁）公会晋侯、宋公、卫侯、曹伯、齐世子光、莒子、邾子、滕子、薛伯、杞伯、小邾子伐郑，会于萧鱼"④。萧鱼之会后，"郑服晋，楚不敢争，宋、郑之兵争息矣"⑤。公元前546年，向戌主持第二次弭兵会议之后，宋、郑成为晋、楚两国的附庸国，同时负担向晋、楚两国朝贡的义务，两国的行动都要服从于大国的霸权利益，双方都疲于奔命，无力再起争端，"自襄十一年萧鱼之会至此（鲁定公十五年）凡六十八年……宋、郑俱列在盟会，至向戌弭兵，宋、郑俱仆仆于晋、楚之廷，行役繁而兵争息矣"⑥。

第五阶段：从鲁定公十五年至鲁哀公二十七年，即从公元前495年

---

① 杨伯峻：《春秋左传注》（修订本），中华书局1990年版，第646—647页。
② 杨伯峻：《春秋左传注》（修订本），中华书局1990年版，第650页。
③ ［清］顾栋高辑：《春秋大事表》，中华书局1993年版，第2140页。
④ 杨伯峻：《春秋左传注》（修订本），中华书局1990年版，第985页。
⑤ ［清］顾栋高辑：《春秋大事表》，中华书局1993年版，第2140页。
⑥ ［清］顾栋高辑：《春秋大事表》，中华书局1993年版，第2141—2142页。

郑罕达帅师伐宋到公元前468年，在此期间，宋、郑再起争端。

公元前495年，郑因宋公子地奔郑而伐宋，《左传》定公十五年："郑罕达败宋师于老丘。"杨伯峻注："宋公子地奔郑，郑人为之伐宋，欲取地以处之。"① 重新挑起了宋、郑两国之间的战争。公元前488年（鲁哀公七年），宋、郑因争夺两国之间"隙地"发生战争，"宋皇瑗帅师侵郑"，"宋、郑始因隙地以起兵争，卒至各取其师以逞其杀人之志"②。其后，从鲁哀公九年到鲁哀公十五年（前486—前480），七年之内宋、郑为争夺边地发生了六次战争：哀公九年，"春，宋皇瑗帅师取郑师于雍丘"，"秋，宋公伐郑"；哀公十年，"宋人伐郑"；哀公十二年，"宋向巢帅师伐郑"；哀公十三年，"郑罕达帅师取宋师于喦"；哀公十五年，"郑伯伐宋"③。正如顾栋高所言："此时天下无伯，宋、郑复以私怨兴兵，两国对垒，兵连祸结，报复无已，隐、桓之世于兹复见。"④

三 宋襄公图霸

春秋以来，王室衰微，诸侯争长，齐、晋、楚、秦等大国先后称霸。"春秋无义战"，但各国为了给自己的侵伐战争披上合理的外衣，却又打出"尊王攘夷"的口号。欲做霸主，要靠实力，中原宋国，以"仁义"起家的宋襄公，在齐桓公霸业中衰之际，也曾有图霸之志。

（一）以让国获"仁义"之名

宋襄公名兹父，为宋桓公之嫡长子，有庶兄曰目夷，字子鱼。公元前652年，宋桓公病危之际，兹父再三请求桓公："目夷长且仁，君其立之。"希望父亲能够改立目夷为太子。宋桓公就下令要目夷继位，但是，目夷不敢受命，当时就推辞说："能以国让，仁孰大焉？臣不及也，且

---

① 杨伯峻：《春秋左传注》（修订本），中华书局1990年版，第1601页。
② ［清］顾栋高辑：《春秋大事表》，中华书局1993年版，第2141页。
③ ［清］顾栋高辑：《春秋大事表》，中华书局1993年版，第2141—2142页。
④ ［清］顾栋高辑：《春秋大事表》，中华书局1993年版，第2141页。

又不顺。"① 次年，宋桓公卒，兹父即位，并任庶兄子鱼为左师处理政事。宋襄公因此以"仁义"称道一时。

世衰道微，礼崩乐坏的春秋时代，对外战争和内部倾轧并存，父杀子，子弑父，君杀臣，臣弑君，这样的恶性事件不断发生。为夺取王位，兄弟相残的事件更是屡见不鲜。而宋襄公却是以一个礼让的"仁者"形象主动让位于其庶兄，因此赢得了国人和诸侯的一片喝彩。

其实，这种让国的仁爱之举发生在宋襄公身上，并不是偶然的，是有其特定的文化背景和历史渊源的。据《史记·孔子世家》记载：孔子的直系祖先、宋襄公的先君弗父何"始有宋而嗣让厉公"②。弗父何为宋湣公（一作闵公）世子，应当继位，而弗父何不接受，把君位让给了弟弟鲋祀（厉公），自己则甘愿做宋国之卿。宋襄公之先君宋宣公和宋穆公，也是一对兄友弟恭的好兄弟。《史记·宋微子世家》载："武公卒，子宣公力立。宣公有太子与夷。十九年，宣公病，让其弟和，曰：'父死子继，兄死弟及，天下通义也。我其立和。'和亦三让而受之。宣公卒，弟和立，是为穆公。"③ 宋宣公已立其子与夷为太子，但在去世前决定把君位传给弟弟公子和，公子和多次谦让无果后最终接受。宣公去世后，公子和即位，是为宋穆公。宋国是殷商后裔，在王位继承上沿袭了殷商"以弟及为主，而以子继辅之"④的君统旧制。嫡长子继承制是到了周朝，周公旦制礼作乐后才正式确立。公元前720年，宋穆公病重，觉得应该把君位还给侄子与夷，而没有传给儿子公子冯。宋穆公去世后，夷顺即位，是为宋殇公。对此，《左传》借君子之口称颂曰："宋宣公可谓知人矣。立穆公，其子飨之，命以义夫！"⑤ 由此可知，宋襄公之让国，是继承了其先君的遗风遗教。正如有学者分析的那样："较

---

① 杨伯峻：《春秋左传注》（修订本），中华书局1990年版，第323页。
② [汉]司马迁：《史记》，中华书局1982年版，第1908页。
③ [汉]司马迁：《史记》，中华书局1982年版，第1622页。
④ 王国维：《观堂集林（外二种）》，河北教育出版社2003年版，第220页。
⑤ 杨伯峻：《春秋左传注》（修订本），中华书局1990年版，第30页。

之于卫之州吁、晋之成师、郑之叔段等，宋襄公在他人煞费苦心想要争得的权位面前，能自度其才，让国以仁，后来又授政以贤，难能可贵。宋襄公的礼让举动在宋国先君们那里是能找到答案的，这在宋国文化土壤中早已形成了传统。"①

如果说宋襄公是让国以仁，子鱼则是辞让以"明"。这个"明"，一是明智；二是贤明。子鱼的明智就是面对诱惑，能够断然拒绝而无丝毫犹豫。如前所述，春秋以来，许多凶杀篡逆事件的发生，使西周初年确立起来的宗法秩序业已发生动摇。但当时人们行事还是非常讲究名分的，特别是在王位继承上，嫡庶长幼的顺序仍是权力继承的顺序，不得僭越，废嫡立庶或废长立幼都是不得人心的。后妾等位，嫡庶不分，往往是造成祸乱的根源。宋襄公是宋桓公的嫡长子，早已立为太子，目夷虽为兄长，却是庶出。倘使改立目夷为太子，废嫡立庶，显然于宗法制度不合。如果目夷受命，正如自己所说名分"不顺"，极有可能给自己留下隐患，目夷当能想知其不良后果。目夷知己不可为而固辞不受，显然是明智之举，既无害于己，又有益于国，亦从宋襄公那里获得了信任。宋襄公即位后，委政于子鱼，任命他为左师。左师为宋国执政卿，相当于相国。子鱼不再推辞，而是欣然受命。这则是子鱼贤明的表现。此后，兄弟俩无丝毫隔阂，坦然相待，互相信任，共同治国，宋国由此安定太平。子鱼的后代鱼氏亦世代承袭左师之官。《左传》载曰："宋襄公即位，以公子目夷为仁，使为左师以听政，于是宋治。故鱼氏世为左师。"②钱穆对此析评说："观于是，宋襄公真可谓仁者。贤其兄而让其国，子鱼既固辞不受，即位而复委政焉。兄弟之间，一让一辞，一与一受，相信相爱，曾不见有丝毫之芥蒂，子鱼既为政而宋治，则子鱼诚能者也。宋襄之能继齐桓而争霸，殆即仗子鱼之治国有成。然则宋襄诚能识其兄之贤，让之国而不受，而仍受之以政。在宋襄心中，绝无疑忌猜防

---

① 刘军：《"守制"与"新变"中的挣扎——试论宋襄公霸业悲剧》，《琼州学院学报》2015 年第 4 期。
② 杨伯峻：《春秋左传注》（修订本），中华书局 1990 年版，第 331 页。

之迹，则其让国之诚可见也。子鱼虽辞国，然不辞政，竭其能以使国治，在其心中，亦绝无避嫌躲闪之迹，此亦难能矣。及宋襄为楚执于盂，使子鱼归而君宋，子鱼不复让，即归而君之。楚人释宋襄，子鱼复归国，而复其故位。斯二人者，较之伯夷、叔齐，若仅就其让国之一节而言，则不徒可相媲美，抑若犹为有胜矣。"①

宋襄公即位之初，齐桓公还是诸侯霸主。在中原诸国中，宋国最为支持齐桓霸业，宋襄公谦谦君子的风度亦让齐桓公另眼相看，而且宋国发展势头正强，自己则霸业逐渐衰落，认定宋襄公是个值得托孤的可靠盟友，便有意结好宋襄公。《左传》僖公十七年："公与管仲属孝公于宋襄公，以为大子。"② 齐桓公的三位夫人均无子，他宠爱的六个姬妾则各生一子。公子昭（后来的齐孝公）是齐桓公的宠妾郑姬所生，齐桓公就把昭托付给宋襄公照顾，让昭做太子，以便以后继承齐国君位。宋襄公认为，如能扶持昭即位，各国诸侯必然视为"仁义"之举，如此自己在诸侯中定会身价倍增，坐享其利。公元前643年，先是管仲卒，其余五公子争立太子。该年十月，齐桓公亦卒，逆臣易牙、竖刁等杀群吏，立长卫姬之子公子无亏（无诡）为君，内乱加剧，公子昭奔宋避难。受人之托，忠人之事，为了不负托孤之任，宋襄公收留公子昭，并于第二年出兵伐齐。《左传》僖公十八年："春，宋襄公以诸侯伐齐。三月，齐人杀无亏。……齐人将立孝公，不胜四公子之徒，遂与宋人战。夏五月，宋败齐师于甗，立孝公而还。"③ 公元前642年春，宋襄公亲自护送公子昭回国，并联合鲁、曹、卫、邾等诸侯联军攻打齐国。齐人恐惧，遂杀其新君无诡。五月，鲁、曹等诸侯军先后回国，宋军独与齐战，败齐师于甗（今山东济南附近）。宋襄公立公子昭为齐君，是为齐孝公。

---

① 钱穆：《中国学术思想史论丛》（第一册），见《钱宾四先生全集》第十八集，联经事业出版公司1998年版，第310页。
② 杨伯峻：《春秋左传注》（修订本），中华书局1990年版，第374页。
③ 杨伯峻：《春秋左传注》（修订本），中华书局1990年版，第377—378页。

宋襄公平定齐乱并且为齐国立了新君，在诸侯中威望进一步提升。此时，中原霸主齐桓公已死，齐国霸业衰落，宋襄公遂生代兴之志，"修行仁义，欲为盟主"①。为在诸侯中树立威信，他决定先惩罚几个小侯国。公元前641年三月，宋襄公首先抓了滕君婴齐（滕宣公），又邀曹、邾等国在曹地结盟。六月，为了让东夷人降服于己，宋襄公又"使邾文公用鄫子于次睢之社"②，就是让邾文公杀死鄫子以祭祀次睢的土地神。宋襄公以"仁义"起家，为了图霸而做出了这样的"不仁"之事，其庶兄子鱼亦未能阻止，但事后却对他进行了严厉批评："古者六畜不相为用，小事不用大牲，而况敢用人乎？祭祀以为人也。民，神之主也。用人，其谁飨之？齐桓公存三亡国以属诸侯，义士犹曰薄德，今一会而虐二国之君，又用诸淫昏之鬼，将以求霸，不亦难乎？得死为幸。"③祭祀是为了人，而杀人祭祀，有什么神来享用呢？如此要想号令天下诸侯听命于己，岂不难哉！能够得以善终就算是幸运了。的确，这种残忍的行为是与周人以德治国的价值观念相悖的，采用这种办法树立威信，结果可能适得其反。

（二）败于泓水

宋襄公在平齐乱、执滕子、杀鄫君之后，图霸之志逐渐外露，开始对外进行军事讨伐，邻国曹国成为他第一个目标。公元前641年秋，"宋人围曹，讨不服也"。当时，子鱼规劝宋襄公曰："文王闻崇德乱而伐之，军三旬而不降。退修教而复伐之，因垒而降。《诗》曰：'刑于寡妻，至于兄弟，以御于家邦。'今君德无乃犹有所阙，而以伐人，若之何？盍姑内省德乎！无阙而后动。"④子鱼认为，要想降服其他诸侯，靠宋国的军事实力是不够的，那就必须以德制人。而宋襄公的德行尚有欠缺，

---

① [汉]司马迁：《史记》，中华书局1982年版，第1633页。
② 杨伯峻：《春秋左传注》（修订本），中华书局1990年版，第381页。
③ 杨伯峻：《春秋左传注》（修订本），中华书局1990年版，第381—382页。
④ 杨伯峻：《春秋左传注》（修订本），中华书局1990年版，第383—384页。

不足以服众，因此还不是采取行动的时候。但是，宋襄公已经被图霸欲念冲昏头脑，非但听不进劝谏，反而加速了图霸进程。为了提高自己的威望，宋襄公欲邀请楚国参加由他主导的会盟，要求楚人承认宋国的盟主地位。鲁国执政卿臧文仲听到"宋襄公欲合诸侯"，当时就说："以欲从人则可，以人从欲鲜济。"子鱼更是力谏襄公不要与强楚争盟，说："小国争盟，祸也。宋其亡乎！幸而后败。"① 但是，宋襄公已经听不进子鱼的劝告。公元前639年春，宋国主持了由齐、楚参加的鹿上（今安徽阜南阮城）之盟，决定以三国为名，召诸侯开会。这年秋天，宋、楚、陈、蔡、曹、许等国会于宋国盂地（今河南睢县西北）。宋襄公欲以信立德，为显示自己遵守信义，不做任何军事准备，且拒听公子目夷"以兵车之会"的建议，固执"以乘车之会"。而楚国则事先埋下了伏兵，结果宋襄公被楚人劫持并载以攻宋。幸亏子鱼涉险提前逃回宋国，积极组织防御，组织宋国军民进行了顽强的抵抗，楚军才没有攻下宋国。宋国暂时由子鱼主政，楚人知道即便杀了宋襄公还是得不到宋国，加之当年冬天在鲁国组织的薄之会上，鲁僖公为宋国说情，于是便释放了宋襄公。子鱼迎宋襄公归国，并还政于宋襄公。

此次宋襄公被拘，楚国伐宋，宋几至亡国。但是，宋襄公并未清醒，反倒是图霸之志更加坚定，决心与强楚一争高下。郑国与楚国相亲，宋襄公便先拿郑国开刀。公元前638年夏，宋襄公效法当年齐桓公，以郑国"亲附蛮夷"为由，联合卫、许、滕三国发兵征讨郑国。此时离宋襄公被释尚不到半年，此举无疑是向楚国宣战。十一月，楚成王为救郑率军攻宋，宋襄公遂由郑撤回迎战，两军遇于泓水（故道在今河南柘城境内），隔河布阵。当时，宋军已先在泓水北岸布好阵势，在楚军"未既济"及"既济而未成列"，于宋军有利的大好形势下，公子目夷主张抓住战机，先发制人，但宋襄公为得人心，表现自己"霸主"的

---

① 杨伯峻：《春秋左传注》（修订本），中华书局1990年版，第389页。

气度,以"君子不鼓不成列""不以阻隘""不重伤""不禽二毛"等为由,拒听公子目夷的建议,两度坐失战机。等到楚军渡过泓水,摆好阵势,宋军才发动进攻。结果宋军大败,宋襄公腿部受伤。第二年,便郁郁而终。宋国亦由此失去了争霸的实力。而楚成王携胜宋之余威,伐陈、伐宋、伐齐,与卫国联姻,并与鲁国和曹国结好,一时横行中原。

值得一提的是,宋襄公临死前,还做了一件仁义的事情。当年,晋公子重耳(晋文公)流浪至宋国,宋襄公不仅礼待重耳,而且在临走前"赠之以马二十乘"。公元前633年,楚国再次围攻宋国,晋文公"报施救患",出兵释宋围。第二年,晋文公联合齐、宋、秦等国,在城濮(今山东鄄城西南)大败楚军。晋文公也因此确立了中原霸主地位。此后,晋、宋两国关系一直相当稳固,宋国不断追随晋国参加由其召集的会盟和战争,成为晋国霸业的忠实伙伴。

四 弭兵会议

在春秋争霸期间,先后举行过两次"弭兵"之会,均由宋国发起和主持。第一次是在公元前579年,由宋国执政华元为中间人,约合晋、楚两国于宋会盟;第二次是在公元前546年,由宋大夫向戌发起,约合晋、楚、齐、秦等十四个国家于宋会盟。可以说,争霸、弭兵、宋国,共同构成了春秋时期战争与和平的关键词。

(一)争霸战争期间的两次"弭兵"

春秋以来,"周室衰微",天子共主的地位逐渐名存实亡。各诸侯国趁机发展自己的势力,齐、晋、楚、秦等大国先后称霸。齐国濒临大海,初封时即为泱泱大国,拥有丰富的渔盐和矿藏,在经济和文化上都较为先进。齐桓公即位后,任用管仲为相,积极改革内政,国力进一步强大,于公元前651年通过葵丘(今河南兰考)之会,首先建立霸业。桓公以后,霸业中衰,南方强楚趁机觊觎中原。公元前606年,楚庄王率军北上,在周的直辖区耀武扬威,并遣使问象征王权的九鼎之轻重,大有取周而代之的气势。楚国觊觎中原，首当其冲的是郑、宋等国。公元前579年，楚军围郑，连攻三日，击破郑国。这时刚刚勃兴的晋国，业已接替桓公霸业，是楚国的劲敌，故晋便遣兵救郑，与楚军大战于邲（河南荥阳东北）。结果晋师败北，楚又一跃而成为中原霸主。除了齐、晋、楚外，西方的秦国也频繁地参与了中原的争霸活动，但因有强晋所阻，数次东进受挫，"遂霸西戎"，成为西方霸主。因此，春秋以来的百余年间，中原战乱非常频繁，社会生产遭到严重破坏，人民生活苦不堪言。各大国虽然吞并了众多小国，扩大了疆域，但是，战争也激化了各国内部的矛盾。在这种情况下，晋、楚两大霸主都暂时产生了休战的要求。

中原宋国，处于晋、楚两大霸主之间，为求生存，朝晋暮楚，饱受战争之苦，因此最有弭兵的愿望。公元前579年，邲之战后，宋国执政华元，利用自己与晋国执政卿栾武子有交情，亦与楚国令尹子重交好的双重关系，奔走于晋、楚两大国之间，撮合两国于宋都（今河南商丘）西门外相会。双方订立盟约："凡晋、楚无相加戎，好恶同之，同恤灾危，备救凶患。若有害楚，则晋伐之；在晋，楚亦如之。交贽往来，道路无壅；谋其不协，而讨不庭。"① 即晋、楚两国不相加兵，信使往来，互救危难，共同讨伐不听命的第三国。这是第一次"弭兵"盟会。

第一次"弭兵"，反映了晋、楚两大霸主之间的勾结和争夺，也反映了一些中小诸侯国企图摆脱晋、楚控制的愿望。但晋、楚两国均无止息战争的诚意，双方的真正目的都是想借助这次"弭兵"，稍作喘息，以便为新的战争作准备。所以，盟约订立后仅三年，楚国看到晋国实力由于内部斗争而削弱，便喊出"敌利则进，何盟之有"② 的调子，撕毁了盟约。公元前575年，晋、楚战于鄢陵（今河南鄢陵西北），第一次弭兵盟约失效。公元前557年，两国再战于湛阪（今河南平顶山西北）。两战均以楚国失败而告终。

---

① 杨伯峻：《春秋左传注》（修订本），中华书局1990年版，第856页。
② 杨伯峻：《春秋左传注》（修订本），中华书局1990年版，第873页。

第一次"弭兵"因条件尚未成熟，没能真正收到息兵之效。而这一时期频繁的战争，使晋、楚两国都成为"强弩之末"。楚国两次兵败，实力大为削弱，已是众叛亲离；而且这时楚国的侧翼吴国，在晋国的支持下逐渐强大起来，从东方不断骚扰楚国，楚国已无力再争霸权。晋国虽是胜利之师，却由此引发了国内的动乱。三郤（郤至、郤锜、郤犨）横师，厉公遭杀。虽说悼公实现了复霸，晋又曾"三驾而楚不能与争"[1]，实际上已是外强中干，再也无暇外顾。晋国内部早已是"君臣不相听"[2]，各行其事，矛盾重重，晋国的霸业已经接近尾声。晋、楚两国因内争外患而筋疲力尽，双方都有再次弭兵之意，以从下面的记载中得知："赵文子为政，令薄诸侯之币，而重其礼。穆叔见之。谓穆叔曰：'自今以往，兵其少弭矣。齐崔、庆新得政，将求善于诸侯。武也知楚令尹。若敬行其礼，道之以文辞，以靖诸侯，兵可以弭。'"[3]

晋、楚都不想再打仗，其他诸侯国疲于征战，宋大夫向戌看到了这一点。向戌"善于赵文子，又善于令尹子木"，便出面拉拢晋、楚，倡行弭兵。为了扩大影响并对晋、楚施加压力，向戌还特意通告齐国和秦国。因为有晋、楚、齐、秦四大强国参与，此次弭兵的规模非常之大。公元前546年，晋、楚、齐、秦、鲁、卫、陈、蔡、郑、许、宋、曹、邾、滕等十四国于宋都蒙门外召开第二次"弭兵"会议。这次弭兵之会的气氛并不和谐，晋、楚双方都各怀私利。赴会的楚人暗藏兵甲，在会上争先歃血，晋无力阻挡，只好让楚国主盟。会上达成协议："晋、楚之从交相见。"就是说，原先分别从属晋、楚的中小诸侯国，现在要同时负担向晋、楚两国朝贡的义务。由于原来从属于晋国的诸侯国占多数，这就使晋国吃了亏。于是，晋赵武说："晋、楚、齐、秦，匹也，晋之不能于齐，犹楚之不能于秦也。楚君若能使秦君辱于敝邑，寡君敢不固

---

[1] 杨伯峻：《春秋左传注》（修订本），中华书局1990年版，第972页。
[2] 徐元诰：《国语集解》，中华书局2002年版，第394页。
[3] 杨伯峻：《春秋左传注》（修订本），中华书局1990年版，第1103页。

请于齐？"①最后商定，齐、秦两国除外，其他各国都须"交相见"。这样一来，两国的附属国必须既朝晋又朝楚，承认晋、楚为其共同的霸主。晋、楚两大霸主利用这次弭兵之会，以牺牲中小国家利益的办法，瓜分了霸权，形成了均势。而对中、小国家来说，虽然获得了暂时的和平，负担却更加沉重。

(二)"弭兵"产生的历史条件

春秋时期，随着王室地位的衰弱和诸侯实力的增长，必然导致大国诸侯之间的争霸战争。而战争期间"弭兵"运动的出现，也并不是偶然的，是由各种历史条件共同促成的。

首先，争霸战争给各国人民带来了沉重灾难，人民群众的反抗斗争连绵不断，迫使统治阶级谋求停战。大国争霸的目的是为了取得霸主的地位，其实质却是扩张领土和掠夺财富。在战争之中，两国交兵，大国往往迫使小国参与战争。战争打破了列国的分野，波及的地域很广，江河流域的大小诸侯国几乎都卷入了战争。据《墨子·非攻下》载：侵伐军队，"入其国家边境，芟刈其禾稼，斩其树木，堕其城郭，以湮其沟池，攘杀其牲牷，燔溃其祖庙，劲杀其万民，覆其老弱，迁其重器"②。兵祸连天，国无宁日，社会生产和人民生活遭到严重破坏，人民甚至易子而食。战争加剧了人民群众与统治阶级之间的矛盾，人民群众纷纷以逃亡和起义相反抗。春秋时期，常常发生"役人"暴动和"以下叛上"的"民溃"事件，"庶民罢敝，而宫室滋侈。道殣相望，而女富溢尤。民闻公命，如逃寇仇"③。不少"民溃"事件都是在大军压境的情况下发生的。公元前660年，狄人攻邢，"邢人溃"；公元前656年，齐桓公率诸侯征蔡，"蔡溃"；公元前624年，鲁公合诸侯伐沈，"沈溃"；公元前583年，楚国出兵攻莒，连克三都，莒民溃散；人民群众"患王

---

① 杨伯峻：《春秋左传注》（修订本），中华书局1990年版，第1130页。
② ［清］孙诒让：《墨子间诂》，中华书局2001年版，第141—142页。
③ 杨伯峻：《春秋左传注》（修订本），中华书局1990年版，第1236页。

之无厌也,故从乱如归"①。晋国的情况尤为严重,国都内盗贼公行,甚至连接待外国使者的客馆也要壁垒森严,"令吏人完客所馆,高其闬闳,厚其墙垣,以无忧客使"②。当时最具代表性的是以跖为首的奴隶起义,《庄子·盗跖》称:"盗跖从卒九千人,横行天下,侵暴诸侯……所过之邑,大国守城,小国入保,万民苦之。"③足见当时的斗争十分激烈。

奴隶的逃亡和起义给奴隶主阶级的统治以沉重打击。这些事件或由战争直接引发,或是为了反对各国"暴政",但都成为阻止奴隶主兼并战争的重要因素。

其次,争霸各国被战争拖得筋疲力竭,逐渐产生了厌战情绪;小国在争霸大国之间奔波游离,饱受战争之苦,更是竭力反对战争。大国争霸,小国追随,兵祸连天,国无宁日。齐、晋、楚、秦等大国轮番称霸,却无一能成为常胜将军。争霸各国,互有胜负,实力相互消长,在势均力敌之际,都产生了厌战情绪。而那些弱小国家,随着战争的胜负转换,不断变换依附的对象,它们疲于奔命,饱受战争之苦。特别是宋、郑等国,处于晋、楚二大国之间,"同为四战之区,自古及今,凡用兵必争焉"④。因此,被祸最深。在中原各国所受战争最为严重的七八十年中,郑国遭受战祸七十多次,宋国遭受战祸四十多次,有时甚至近乎亡国。而据《春秋》记载,在二百四十二年间,列国进行的战争达四百八十余次,朝聘盟会近四百五十次。这些军事行动和朝聘盟会实际上是大国对小国的掠夺。晋国规定,各附属国要做到"三岁而聘,五岁而朝,有事而会,不协而盟"⑤,借此从小国那里榨取财物。以鲁国为例,春秋时期鲁朝周仅三次,而朝齐、晋、楚竟达三十次之多。小国通过"聘而献物"的办法乞免大国的欺凌。小国在大国之间,总是唯强是从,"职贡不乏,

---

① 杨伯峻:《春秋左传注》(修订本),中华书局1990年版,第1350页。
② 杨伯峻:《春秋左传注》(修订本),中华书局1990年版,第1186页。
③ 陈鼓应:《庄子今注今译》,中华书局1983年版,第776页。
④ 梁启超:《饮冰室合集》专集四十五《春秋载记》,中华书局1989年版,第12页。
⑤ 杨伯峻:《春秋左传注》(修订本),中华书局1990年版,第1232页。

玩好时至"①。鲁叔孙穆子说："今我小侯也，处大国之间，缮贡赋以共从者，犹惧有讨。"②此外，小国人民还得为大国统治者服兵役和劳役。有时不仅向一个大国服役，还要同时受几个大国的宰割，如郑国对晋、楚等大国几乎是"无岁不聘，无役不从"，以致"国家罢病，不虞荐至"③。小国对于大国的贡纳，当然还是落到人民头上，因而人民的负担也就不断加重。在齐国，"民参其力，二入于公，而衣食其一"；在晋国，"庶民罢敝，而宫室滋侈。道殣相望，而女富溢尤"④；在楚国，"道殣相望，盗贼司目，民无所放。是之不恤，而蓄聚不厌"⑤。人民遭受如此沉重的压榨，因此反抗斗争较为普遍。根据记载：楚国"寇盗充斥"；鲁、郑"多盗"；齐国因为施用严刑镇压人民的反抗，以致"国之诸市，屦贱踊贵"。这种现象的出现，正如《墨子·辞过》所云："富贵者奢侈，孤寡者冻馁，虽欲无乱，不可得也。"⑥

"兵，民之残也，财用之蠹，小国之大灾也。将或弭之，虽曰不可，必将许之。"⑦战争给小国人民带来了国破家亡的惨祸和灾难，他们竭力反对战争，渴望休养生息、安居乐业。两次弭兵之会均由宋国发起和主持，恰恰反映了中小诸侯国反对战争的强烈要求。

其三，统治阶级内部新旧势力之间的矛盾和斗争日益尖锐激烈，各国"内忧"大于"外患"，最终导致"弭兵"。

春秋时期，随着井田制的不断瓦解，建立在井田制基础上的奴隶剥削制度也随之没落。在奴隶社会内部孕育的封建生产关系，到春秋中期以后，逐渐发展起来。新兴地主阶级随着经济地位的变化，迫切要求取得政治上的权力，严重威胁了奴隶主贵族及其所代表的奴隶制生

---

① 杨伯峻：《春秋左传注》(修订本)，中华书局1990年版，第1160页。
② 徐元诰：《国语集解》，中华书局2002年版，第182页。
③ 杨伯峻：《春秋左传注》(修订本)，中华书局1990年版，第1067页。
④ 杨伯峻：《春秋左传注》(修订本)，中华书局1990年版，第1236页。
⑤ 徐元诰：《国语集解》，中华书局2002年版，第522—523页。
⑥ ［清］孙诒让：《墨子间诂》，中华书局2001年版，第36页。
⑦ 杨伯峻：《春秋左传注》(修订本)，中华书局1990年版，第1129页。

产关系的生存。不少国家都出现了"私家"（卿、大夫）对"公室"（诸侯国君）的斗争，诸侯国的政权开始由公室向私家转移。此时社会的主要矛盾已经发生转化，国与国之间以及战争集团之间的矛盾已经不再是主要矛盾，主要矛盾由国外转向国内，即代表新势力的新兴地主阶级和代表旧势力的奴隶主贵族之间的矛盾。

争霸战争引发了各国奴隶、平民各种形式的反抗斗争，直至武装起义，推动了各国内部的阶级关系发生变化，加速了封建制度取代奴隶制度的历史变革。"弭兵"前后，各国内部都是矛盾重重，新旧势力之间（卿、大夫和国君）的斗争异常激烈。如鲁国"三桓"与鲁公室的斗争；晋国的"六卿分晋"和"三家分晋"；齐国的田氏"专齐之政"等。其他如郑、宋、卫等公族执政的国家，其新兴势力的代表也曾不同程度地进行过改革，并做过夺权的尝试。在大夫兼并过程中，本来势力就很强大的大夫，其地位得到进一步巩固，在各诸侯国中，他们成了实际的执政者。各国执政大夫所以能在同国君的斗争中取得胜利，主要是因为他们顺应时代潮流，得到了人民的支持。各国情况都是"内忧"大于"外患"；"内争"代替了"图外"。正是在这种形势下，产生了"弭兵"运动。

（三）争霸战争和"弭兵"的历史意义

春秋时期，各大诸侯国之间相互攻伐、兼并的战争，同华夏诸国与夷狄等部族之间的战争、奴隶和平民反抗奴隶主贵族压迫的战争、新兴地主阶级夺取政权的战争交织进行，相互作用，促使春秋社会在剧烈震动和变革中前进。其一，争霸战争，促进了民族的大融合。以"攘夷"为背景而兴起的争霸战争，打破了"裔不谋夏，夷不乱华"①的界限，居住在周边的蛮、夷、戎、狄不断袭扰中原；中原霸主也以"攘夷"相号召，与之进行斗争。各族之间频繁争斗，彼此犬牙交错，杂居共处，打破了固有的地域界限，加速了各族文化的交流与互补。各族之间互通

---

① 杨伯峻：《春秋左传注》（修订本），中华书局1990年版，第1578页。

有无，相互通婚，相互影响，有力地促进了各族的经济发展和民族融合。所以，春秋争霸战争时期是中华民族形成的重要阶段。其二，争霸战争加快了全国统一的步伐。在争霸战争中，分封制、井田制渐趋解体；争霸大国通过互争、妥协和对弱小国家的兼并，拓展了自己的疆土。山东诸小国为齐所并，河北、山西诸小国为晋所并，江淮、汉水诸小国为楚所并，西北诸小国为秦所并，春秋初期诸侯林立的碎块逐渐走向区域性的统一。这种集权趋势的加强，为全国性的统一和中央集权制的建立，起了奠基作用。其三，争霸战争加速了新旧制度的更替过程。春秋时代是一个新旧制度交替变革的过渡阶段，社会上存在着开始产生的封建制与日趋没落的奴隶制之间的斗争。大国争霸战争，不同程度地打击和削弱了奴隶主贵族集团，为封建地主阶级扫清了前进道路上的障碍，各国逐渐走上封建制的轨道。所以，尽管孟子说"春秋无义战"，但春秋时期的战争，对中国历史进程的推动作用是无可否认的。

那么，又该如何看待战争期间的弭兵运动呢？战争是私有制和阶级社会的产物，在阶级社会里，要想消灭战争是不可能的。尤其是在列国林立的春秋时期，更无法做到。但当时宋国人以"弭兵"为口号而发起的和平运动，对维持中原各国间的相对稳定局面起到了一定作用，对春秋后期的变局也产生了较大影响。经过第一次弭兵的酝酿和第二次弭兵的促成，和平的观念渐入人心，各国均不敢再轻易用兵，惧怕违背盟约而招致众怒。春秋后期，除长江中下游的吴越之争以及楚、齐几次厮杀外，将近一百年的时间里，中原很少有战事。战祸减少，各国得以处理内务：一是新势力对旧势力的斗争；二是发展社会生产力。各国的新兴势力地主阶级对奴隶主贵族的夺权斗争，在弭兵前业已开始，弭兵消除了外患，促进了这一矛盾的发展。中原弭兵之后，各国内政逐渐下移到卿大夫手中，出现了大夫专政的局面。近人梁启超从中国历史发展的趋向考察了春秋时期历史的发展趋势和特征，中肯地论述了春秋时期是中国历史走向大一统过程的极其重要的阶段，对于春秋霸政和弭兵的历史作用给予了充分肯定。他认为，"宋盟"（指向戌弭兵）以后，影响春秋变局之大事有四，其中之一就是"各国大夫之专政"①。可见，弭兵是促成诸侯争霸战争转向大夫兼并战争的重大事件，因此，成为春秋历史的转折点。春秋时代是我国由奴隶社会向封建社会的转型时期，促成这一社会变革的物质因素是社会生产力的发展。弭兵为社会生产力的发展创造了一个安定的环境，人民群众得到休养生息的机会，加上生产方式的急剧变革，比如铁器和牛耕的使用和推广等，使生产力得到极大发展，这就为战国时期的统一战争作了物质上的充分准备。到战国时期，因兼并战争而剩下的齐、魏、赵、韩、秦、楚、燕等七个大国都已完成了对国内旧势力的夺权斗争。为了巩固其地主阶级专政，发展地主经济，各国都先后在不同程度上开展了社会改革，掀起变法运动，对旧的经济基础和上层建筑进行封建改造。各国的变法运动完成以后，社会生产力得到极大发展。战国中期，烽烟再起，但战争的性质已经发生改变。战争不再是兼并土地和取威定霸，因时代的变革而被赋予了"统一天下"的新鲜血液。梁启超认为：弭兵作为"迁转世运"、迎接新时代的缓冲剂，是春秋而入战国的必由之路，"不有所废，其何以兴？天其或将开战国之局而假手于戌焉！"②

另外，两次弭兵的促成，也反映出宋国在诸侯国中享有较高的政治威望。宋国是周初最重要的封国之一，从立国到灭亡，几乎与周王朝相始终；而且在相邻大国晋、齐都发生政权易姓的情况下，始终保持一姓家族统治。古人评"宋爵尊国大"③，"宋虽灭，本大国"④。当然，这里所谓大国，是指宋国初封时为公爵。宋国地处中原，无险可据，周初分封商纣王之兄微子启于宋地，主要就是考虑到此地"四望平坦，又

---

① 梁启超：《饮冰室合集》专集四十五《春秋载记》，中华书局1989年版，第37页。
② 梁启超：《饮冰室合集》专集四十五《春秋载记》，中华书局1989年版，第39页。
③ ［明］冯梦龙编著，［清］蔡元放校订：《东周列国志》，齐鲁书社2005年版，第43页。
④ ［汉］班固：《汉书》，中华书局1962年版，第1664页。

近东都，虽子孙或作不靖，无能据险为患"①。但入春秋以后，宋国通过兼并而得到彭城（今江苏徐州一带）。彭城当南北之要冲，地势极为险要。晋、楚争霸，如何控制彭城这一战略要地，一向成为一个重要目标。晋悼公争霸，要联络远在东南的吴国以牵制楚国，就是借控制彭城而与吴相交通的；随后楚拔彭城，目的也在于堵死晋与吴联系的孔道。"可知彭城系于南北之故者至大，而宋之常为天下重，盖以此也。"②

作为兵家必争之要地，四面为强邻所包围，易遭别国进攻而又难以扩展疆土，这种特殊的地理位置和周边环境直接影响着宋国的发展。在生存空间极其有限的条件下，宋国只有在大国中间巧妙周旋才能保全自身。所以，宋国在对外关系上只能是：一方面充分利用自己"公国之尊"的特殊地位和强国搞好关系；另一方面则在大国之间扮演"主和"使者的角色，以便能受到弱小国家的尊重。春秋时期，齐国最早称霸，与齐国关系最密切、地位最尊者便是宋国，齐桓公把他最喜欢的公子昭托付给宋襄公，以便让宋日后立公子昭为齐君。齐国这样看得起宋国，无非是借重宋国的"公国之尊"。此后晋国称霸，宋与晋关系也极为密切，晋每以救宋逐鹿中原，多次馈赠兼并之地与宋国。

宋国对外关系的另一特点就是在大国之间主和。宋国处在晋、楚、齐三大霸主之间，每一霸主的争霸之战都难免会殃及宋国。春秋时期弱肉强食、优胜劣汰的时代特征和宋国国小力弱的现实，造就了华元和向戌两位杰出的外交活动家。他们为了宋国的生存，奔波于硝烟战火之中，来往于争霸大国之间，依靠自己的智慧和才能，坚决奉行"主和"的外交政策，不仅使宋国在大国争霸中不至于任人宰割，同时也赢得了诸侯各国的认可，为自己能有一个稳定的生存环境增加了砝码。而这种政策的延续，也避免了宋国在七雄征战的战国时期过早灭亡。"宋

---

① 梁启超：《饮冰室合集》专集四十五《春秋载记》，中华书局1989年版，第13页。
② 梁启超：《饮冰室合集》专集四十五《春秋载记》，中华书局1989年版，第13页。

自弭兵之后，谓无复外患"，如果不是因为内争迭起，"国以削弱"①，宋国也许还可以在以后的列国交往之中大有作为。但弭兵的促成亦足以说明，宋国作为一个弱小国家，在春秋政治舞台上扮演过重要角色，堪称宋国外交政策的一大胜利。

五 宋景公时的内政和外交

宋景公是春秋末期宋国国君，为宋元公之子。关于宋景公之名，文献记载多不一致。一名栾，据《左传》昭公二十年（前522），宋华、向作乱，"取（元公）太子栾与母弟辰、公子地以为质"。杜预注："栾，景公也。"②考古出土青铜器中，铭文多有作"宋公䜌"者，如《宋公䜌簠》铭文："有殷天乙唐（汤）孙宋公䜌乍（作）其妹勾敔夫人季子媵簠。"③《宋公䜌鼎》盖有铭文："宋公䜌之馈鼎。"《宋公䜌戈》铭文："宋公䜌造戈。"④一名头曼，《史记·宋微子世家》和《十二诸侯年表》皆记"景公头曼"。一名兜栾，《汉书·古今人表》记有"宋景公兜栾"。关于这三种不同的称谓，顾炎武考证曰："《金石录》有《宋公䜌馈鼎铭》，云：'按《史记·世家》，宋公无名䜌者，莫知其为何人。'今考《左传》，宋元公之太子栾嗣位，为景公。《汉书·古今人表》有宋景公兜栾，而《史记·宋世家》'元公卒，子景公头曼立'，是兜栾之音讹为头曼，而宋公栾即景公栾。"⑤"'䜌'为'栾'之本字，后世文献加木字旁写作'栾'，'头曼'与'兜栾'音近，两者合音读为'栾'。"⑥宋景公在位四十八年，是春秋时期宋国在位时间最长、政治影响较大的一位国君，也是宋国历史上有所作为的国君之一。

---

① 梁启超：《饮冰室合集》专集四十五《春秋载记》，中华书局1989年版，第40页。
② [晋]杜预：《春秋左传集解》，上海人民出版社1977年版，第1450页。
③ 固始侯古堆一号墓发掘组：《河南固始侯古堆一号墓发掘简报》，《文物》1981年第1期。
④ 《上海博物馆藏青铜器》86，现藏中国国家博物馆，1936年寿县出土。
⑤ [清]顾炎武著，黄汝成集释：《日知录集释》，上海古籍出版社2006年版，第1221—1222页。
⑥ 苗永立：《周代宋国史研究》，吉林大学2008年博士毕业论文，第81页。

(一) 宋景公的仁政

宋国在襄公图霸时，实力最为强盛，且以仁义称道诸侯。其后很长时间，宋国未有大的发展，至春秋末期宋景公时，虽无力与大国抗衡，但在政治上仍欲发奋图强，为取信于民，宋景公效法先王，对内奉行仁政，宋国又一度有所图强。

关于宋景公广施仁政，《吕氏春秋·制乐》中有以下记载：

> 宋景公之时，荧惑在心，公惧，召子韦而问焉，曰："荧惑在心，何也？"子韦曰："荧惑者，天罚也；心者，宋之分野也；祸当于君。虽然，可移于宰相。"公曰："宰相所与治国家也，而移死焉，不祥。"子韦曰："可移于民。"公曰："民死，寡人将谁为君乎？宁独死。"子韦曰："可移于岁。"公曰："岁害则民饥，民饥必死。为人君而杀其民以自活也，其谁以我为君乎？是寡人之命固尽已，子无复言矣。"子韦还走，北面载拜曰："臣敢贺君。天之处高而听卑。君有至德之言三，天必三赏君。今夕荧惑其徙三舍，君延年二十一岁。"公曰："子何以知之？"对曰："有三善言，必有三赏，荧惑必三徙舍，舍行七星，星一徙当一年，三七二十一，臣故曰君延年二十一岁矣。臣请伏于陛下以伺候之。荧惑不徙，臣请死。"公曰："可。"是夕荧惑果徙三舍。①

"荧惑守心"为自然现象，所谓"荧惑"即指火星，"守心"是说火星运行到"二十八宿"之一的"心宿"而停滞不前，此处正属于宋国的分野，按照星相学的说法，这是主刀兵灾祸的凶事，预示灾祸将要降临到君王身上，宋景公为此非常忧虑。主管观测星相的司星子韦建议把灾祸转移到宰相、民众或者是年岁的收成上，如此，君主即可避祸。但景公自认"寡人之命固尽"，"宁独死"，也不愿意转移灾祸。宋景公以苍生为念，德行感动了上天，"荧惑"为之"三徙舍"，最终不仅未

---

① 陈奇猷：《吕氏春秋校释》，学林出版社1984年版，第347—348页。

被灾祸所害,反而延寿二十一年。中国古代强调"以德配天""敬德保民"的思想,宋景公尽君主之职,体恤臣子,爱惜民众,最终得到了福佑。对宋景公的仁善行为,唐人李绛赞曰:"昔周成王泣启金縢,皇天为之反风;宋景公诚发德言,妖星为之退舍。天人相感,今古同时。"①宋代司马光评曰:"昔楚昭王、宋景公不忍移灾于卿佐,曰:'移腹心之疾,置诸股肱,何益也!'藉其灾可移,仁君犹不忍为,况不可乎!"②火星是否真的为景公而退避三舍已无从考证。但可以知道的是,宋景公施行仁政,遵礼重德,百姓安居乐业,天下太平。

《太平御览》卷一〇引《庄子》佚文,记载了一个故事,也体现了宋景公的"仁爱"思想:"宋景公时,大旱三年。卜之,以人祀乃雨。公下堂顿首曰:'吾所以求雨者,为人;今杀人,不可。将自当之。'言未卒,天大雨方千里。"宋景公体恤民生,不愿杀生祭祀以求雨,其仁爱之德感动上苍,终得甘霖,解苍生于倒悬之苦,故受到后人推崇。

(二)宋景公时的对外关系

宋国南有楚,北有晋,东有齐,"在三大万乘之间"③,大国间的争霸战争都会殃及自身,所以,宋国在对外关系上主要采取与大国结好的策略,在大国之间巧妙周旋以自保。

春秋时期,齐国最早称霸,与齐国关系最密切的就是宋国,齐桓公还把他最喜欢的公子昭托付给宋襄公。晋文公在外流亡时,"及宋,宋襄公赠之以马二十乘"④。宋襄公善待和援助落难的晋文公,为两国的友好关系奠定了基础。晋国称霸时,宋国与晋国结盟,两国关系更加密切。比如,公元前632年,晋"执曹伯,分曹、卫之田以畀宋人"⑤。公元前

---

① 李绛:《李相国论事集》,见《全唐文》卷六四五,中华书局1983年影印。
② [宋]司马光:《资治通鉴》,中华书局1995年版,第1052—1053页。
③ 陈奇猷:《吕氏春秋校释》,学林出版社1984年版,第1361页。
④ 杨伯峻:《春秋左传注》(修订本),中华书局1990年版,第408页。
⑤ 杨伯峻:《春秋左传注》(修订本),中华书局1990年版,第455—456页。

563年,"晋荀偃、士匄请伐偪阳,而封宋向戌焉"①。公元前547年,"晋降彭城而归诸宋"②。宋襄公图霸,楚国多次攻打宋国,晋国便成为宋国抗楚卫国的坚强后盾。为了免受欺凌,宋国还施展和平外交手腕,奔走于晋、楚等大国之间,促成了两次"弭兵"盟会。

到宋景公时,宋国继续奉行结好大国的外交政策。当时,晋国的霸权已经削弱,但仍不失为强国,宋国与晋国的友好关系一直保持到春秋末期,晋卿赵鞅曾对晋侯说:"诸侯唯宋事晋。"③宋景公也尽可能与楚国搞好关系,有时在楚国的征伐战争中为其出兵出力。公元前538年,"楚子以诸侯伐吴,宋大子、郑伯先归,宋华费遂、郑大夫从"④。公元前522年,楚国内乱,"大子建奔宋"⑤。楚国太子建遭到诬陷,从城父逃到了宋国避难,说明此时两国的关系是比较友好的。春秋末期,吴国国势强盛,吴王阖闾曾挥师五战入楚郢都(今湖北荆州北纪南城),几近亡楚。宋国便主动聘贡于吴以示结好,《左传》哀公七年载:"宋百牢我,鲁不可以后宋。"⑥宋景公为了联络吴国,还与吴国建立姻亲关系,将其妹季子远嫁于吴,史称"句吴夫人"。1981年第1期《文物》发表了《河南固始侯古堆一号墓发掘简报》,其中陪葬坑出土的铜簠上的铭文内容为"有殷天乙唐(汤)孙宋公䜌乍(作)其妹勾敔夫人季子媵簠"。宋公䜌为宋景公,季子为景公之妹,宋为子姓,季为排行,"勾敔"即"句吴",敔为吴的借用字。《史记·吴太伯世家》:"太伯之奔荆蛮,自号句吴。"这则铭文透露的信息便是,宋景公为其妹"勾敔夫人季子"铸造了这件陪嫁的铜簠。

宋景公时,对内修行仁政,对外结好大国,经济和军事实力有了

---

① 杨伯峻:《春秋左传注》(修订本),中华书局1990年版,第974页。
② 杨伯峻:《春秋左传注》(修订本),中华书局1990年版,第1122页。
③ 杨伯峻:《春秋左传注》(修订本),中华书局1990年版,第1564页。
④ 杨伯峻:《春秋左传注》(修订本),中华书局1990年版,第1253页。
⑤ 杨伯峻:《春秋左传注》(修订本),中华书局1990年版,第1407页。
⑥ 杨伯峻:《春秋左传注》(修订本),中华书局1990年版,第1640页。

一定增长。于是，对弱小国家开始采取强硬的外交政策，蛮横姿态与武力进攻并举。公元前510年，诸侯营建成周城墙，宋"不受功"，而以"滕、薛、郳，吾役也"为借口，强使三小国代役。因而引起了薛国太宰的抱怨："宋为无道，绝我小国于周，以我适楚，故我常从宋。"而宋国却理直气壮地认为："为宋役，亦其职也。"① 为在诸侯中树威，宋景公在对周边小国颐指气使的同时，又采取一系列军事行动。公元前493年，宋执小邾子，从此拉开了景公时代对外战争的序幕。宋国对郑国的侵伐战争最频繁，宋、郑"地既逼近，力又相埒，故其势常至于斗争。……春秋二百四十二年之中，宋、郑凡四十九交战"②。宋景公时，宋国在六年内连续五次发动对郑国的侵伐战争。公元前488年春，"宋皇瑗帅师侵郑"③。公元前486年春，"宋取郑师于雍丘"，同年夏，"宋公伐郑"④。公元前485年，"宋人伐郑"⑤。公元前483年秋，"宋向巢帅师伐郑"⑥。宋连续伐郑，其力量不容小觑。景公时宋国最大的军事行动则是出兵灭曹。

曹国离宋国最近，且两国积怨颇深。公元前682年，"宋万之乱"时，"萧叔大心及戴、武、宣、穆、庄之族以曹师伐之"⑦。此后，宋国经常以此为借口攻伐曹国。公元前645年，"宋人伐曹，讨旧怨也"⑧。公元前606年，武氏之族作乱，"武、穆之族以曹师伐宋。秋，宋师围曹，报武氏之乱也"⑨。在宋国的不断讨伐打击下，曹国愈显衰弱。公元前538年，楚国召会诸侯，慑于宋国的威势，"曹畏宋"而不敢与会。

---

① 杨伯峻：《春秋左传注》（修订本），中华书局1990年版，第1523—1524页。
② ［清］顾栋高辑：《春秋大事表》，中华书局1993年版，第2129页。
③ 杨伯峻：《春秋左传注》（修订本），中华书局1990年版，第1639页。
④ 杨伯峻：《春秋左传注》（修订本），中华书局1990年版，第1652页。
⑤ 杨伯峻：《春秋左传注》（修订本），中华书局1990年版，第1654页。
⑥ 杨伯峻：《春秋左传注》（修订本），中华书局1990年版，第1669页。
⑦ 杨伯峻：《春秋左传注》（修订本），中华书局1990年版，第191—192页。
⑧ 杨伯峻：《春秋左传注》（修订本），中华书局1990年版，第366页。
⑨ 杨伯峻：《春秋左传注》（修订本），中华书局1990年版，第672页。

公元前515年，曹悼公"朝于宋，宋囚之"①，并最终卒于宋国。宋景公时，宋曹交恶的关系并没有改善，公元前492年，"宋乐髡帅师伐曹"②。曹伯阳即位后，宠信公孙强，让他担任司城以主政。公孙强执政后，向曹伯阳大谈称霸之道，曹伯阳言听计从，于是曹国背弃盟主晋国，对身边比自己强大的宋国也经常加以冒犯，"强言霸说于曹伯，曹伯从之，乃背晋而奸宋"③。宋景公于是攻击曹国，晋国因曹国主动断交而不予援助。公元前487年，"宋灭曹，执曹伯阳及公孙强以归而杀之。曹遂绝其祀"④。

宋灭曹、侵郑、拘执小邾子，这一系列军事行动，使周边弱小侯国无不震恐，遂成为春秋末期的一方霸主。

六 宋国的灭亡

公元前770年到公元前286年的近五百年间，处于春秋战国这样一个大动荡、大变革的年代，中原宋国在强国包围的不利环境中，在夹缝中求生存，不但没有亡国，而且在当时的国际事务中始终扮演着举足轻重的角色，令其他强国不敢小视。宋襄公图霸，两次"葵丘会盟"和两次"弭兵"会议的召开，这些在春秋历史上产生过重大影响的历史事件，都说明了春秋宋国地位的重要。

（一）战国时期宋国的形势

战国初期，诸侯国之间的政治格局发生了重大变化。经过春秋时期列国的兼并战争，剩下的大国主要有西方的秦，中原以北的晋，东方的齐、燕，南方的楚。其中比较强大的是晋、齐、楚、燕四国。晋国经过六卿之间的斗争，公元前453年，形成赵、魏、韩"三家分晋"的局面，

---

① [汉] 司马迁：《史记》，中华书局1982年版，第1573页。
② 杨伯峻：《春秋左传注》（修订本），中华书局1990年版，第1619页。
③ 杨伯峻：《春秋左传注》（修订本），中华书局1990年版，第1645页。
④ [汉] 司马迁：《史记》，中华书局1982年版，第1573页。

号称三晋。三晋在战国初期很强大，尤其是魏国，常常联合兵力进攻其他国家，在魏文侯的治理下，经过一系列的变革，到魏惠王时，魏国的势力逐渐成为诸侯中最强者。梁启超说："战国之初，魏最强，盖分地得晋中权，形势雄要。"① 赵、魏、韩再加上传统大国秦、楚、齐、燕，逐渐形成七雄并立的政治格局。

在以连横与合纵为战略的大国相互攻伐中，宋、鲁等小国成为大国间互相争斗的诱饵与战争交易的筹码，饱受战乱与蹂躏之苦。宋国地处天下之中，东有强齐，北临赵、燕，西近韩、魏、秦，南接楚界，完全为七雄所包围，成为兵家必争之地，战略位置十分重要。若宋强，则周边诸侯均受其害；若宋弱，则诸侯可竞相利用之以相互牵制；若宋亡，则各国力量分配将重新构筑，因此，宋国在群雄中处于平衡各方势力与利益交换的位置。

宋国为了能够自保，只有根据群雄势力的强弱交替，不断变换依附对象。战国初，魏国强大，宋国便服魏以自保。从魏文侯到魏惠王，宋实际成为魏的属国，宋君经常朝魏，如《史记·魏世家》载："（魏惠王）十五年，鲁、卫、宋、郑君来朝。"② 同时，宋还要为魏出力出兵，"梁王伐邯郸，而征师于宋"③。魏弱齐强，宋又转附于齐，多次助齐攻魏。"以宋加淮北，强万乘之国也，而齐并之，是益一齐也。"④ 宋对齐国来说非常重要，如果能够占有宋国和淮北，就等于又增加了一个齐国。因此，战国时宋国多次受到齐国侵扰，《战国策》中屡有"齐攻宋""齐将攻宋"和"齐欲攻宋"的记载。随着吴起相楚，楚国变强，楚军锋芒再次直指中原，破魏救赵，北并陈、蔡，饮马河上，逐渐逼近宋国南境。如此，为进一步寻求庇护，与魏国结好的同时，宋国还"与楚为兄弟"，

---

① 梁启超：《饮冰室合集》专集四十六《战国载记》，中华书局1989年版，第2页。
② ［汉］司马迁：《史记》，中华书局1982年版，第1844页。
③ 何建章：《战国策注释》，中华书局1990年版，第1215页。
④ 何建章：《战国策注释》，中华书局1990年版，第1115页。

故"齐攻宋,楚王言救宋"①。在战国初的多国大战中,宋基本上站在齐、楚一方。

秦国为西方强国,与宋之间隔着魏、韩两国,距离较远,宋、秦两国无直接利益冲突,一直保持着较为稳定的盟友关系。但是,如果"齐、宋在绳墨之外以为权,故曰:先得齐、宋者伐(秦)。秦先得齐、宋,则韩氏铄,韩氏铄,则楚孤而受兵也;楚先得(齐),则魏氏铄,魏氏铄,则秦孤而受兵矣"②。所以,出于防止他国强大和维护自身利益等诸多原因,秦国对诸侯的伐宋之举并没有置身事外,而是采取积极干预和相互利用的态度。如《战国策·韩策三》云:"韩人攻宋,秦王大怒,曰:'吾爱宋,与新城、阳晋同也。'"③又《战国策·燕策二》云:"秦欲攻安邑,恐齐救之,则以宋委于齐。……已得安邑,塞女戟,因以'破宋'为齐罪。"④《史记·苏秦列传》司马贞《索隐》云:"秦令齐灭宋,仍以破宋为齐之罪名。"秦国对齐国之所以出尔反尔,是希望具有特殊地位的宋国作为突入东方的一个楔子,起到牵制齐国的作用,以减轻对自己的压力。宋国则依靠秦国以及赵国,以图防止齐国的兼并,因此,秦、赵、宋三国一度结成与齐、韩、魏对峙的关系。

宋国作为大国利益交换的砝码,对维持战国七雄的政治格局起着重要的作用;同时,这种为列国瞩目的特殊身份,也使宋国在弱肉强食的战火中不至于过早亡国。

(二)宋偃称王与宋国灭亡

春秋时期,宋国是活跃在政治舞台上的一个重要角色。在"七雄"主导的战国时期,宋国渐趋销声匿迹,虽然也有一些侵伐战争,但因国小力弱,所以也只是星星火焰,不能对时代的发展产生大的影响。战

---

① 何建章:《战国策注释》,中华书局1990年版,第1217页。
② 何建章:《战国策注释》,中华书局1990年版,第262页。
③ 何建章:《战国策注释》,中华书局1990年版,第1047页。
④ 何建章:《战国策注释》,中华书局1990年版,第1129页。

国末期，宋国一度呈现复兴之势，但无法阻挡时代之大浪淘沙，如昙花一现，很快走向灭亡。

1. 宋偃称王

战国末期，在宋王偃（宋康王）的经略下，宋国出现了复兴的景象。宋王偃年少即位，国政由太后与太宰戴驩（又名戴不胜）主持。戴驩辅佐宋王偃实行政治改革，推行"王政"。孟轲在齐时听说宋王偃推行"王政"，还曾应邀前去拜见宋王。

关于宋王偃行修仁政，史籍多缺记载，因此钱穆先生慨叹："宋以国亡无史，其仁义之设施，已不足自传于后世。"① 就现有史料看，宋国推行王政的一个重要体现，就是相对于战国时期的苛税采取比较宽松的轻税政策。宋国的大夫戴盈之曰："什一，去关市之征，今兹未能，请轻之，以待来年，然后已，何如？"② 戴盈之建议减轻宋国租税，宽缓待民，没有宋王旨意，自己是不敢贸然提出的。

贤者当政，使宋国出现一时之盛。宋王偃也于诸国相继称王之时，开始称王。宋王偃是宋国历史上唯一的宋王，他以前的宋君皆称公，《史记·宋微子世家》记载："君偃十一年，自立为王。"③ 宋以小国称王，势必引起大国诸侯的不满和攻伐，《孟子》一书载孟轲弟子万章的一句问话："宋，小国也；今将行王政，齐楚恶而伐之，则如之何？"④ 宋国在大国的夹击中生存，对外政策时常飘忽不定，丝毫没有自主权，处处为大国所牵制，尤其是齐、楚两国。针对宋国这种情势，当时就有人作剖析："楚以缓失宋，将法齐之急也。齐以急得宋，后将常急矣。是从齐而攻楚，未必利也。齐战胜楚，势必危宋；不胜，是以弱宋干强楚也。而令两万乘之国常以急求所欲，国必危矣。"⑤ 宋国本来是依附强国而自

---

① 钱穆：《先秦诸子系年》，商务印书馆2005年版，第371页。
② 杨伯峻：《孟子译注》，中华书局1960年版，第153页。
③ [汉]司马迁：《史记》，中华书局1982年版，第1632页。
④ 杨伯峻：《孟子译注》，中华书局1960年版，第147页。
⑤ 何建章：《战国策注释》，中华书局1990年版，第483—484页。

保，现在称王，严重挑战现有国际秩序，无疑是对齐、楚、魏等大国进行挑战，其灭亡也就为时不远了。

2. 宋国灭亡

随着宋国高层内部的权力之争变得日趋激烈，宋国的统治政策也发生了变化。奸臣唐鞅掌权后，醉心于追求权势，为了巩固自己的地位，将推行仁政的戴驩驱逐出国，史载"唐鞅蔽于欲权而逐戴子"①。受到唐鞅的蒙蔽，宋王偃彻底废弃仁政，转而实行专任刑杀的暴政。他曾明确地说："寡人之所说者勇有力，而无为仁义者。"②意思是说，自己所喜欢的是勇敢有力的人，而不是行仁义的人。但是，杀戮政策并未压服群臣，反而反抗情绪日益高涨，于是就有了宋王偃和唐鞅的这样一段对话："宋王谓其相唐鞅曰：'寡人所杀戮者众矣，而群臣愈不畏，其故何也？'唐鞅对曰：'王之所罪，尽不善者也。罪不善，善者故为不畏。王欲群臣之畏也，不若无辨其善与不善而时罪之，若此则群臣畏矣。'"③别具用心的唐鞅，对宋王偃的暴政推波助澜，怂恿宋王滥施淫威镇服群臣，结果本人也自食其果，居无几何，便被宋王所杀。但是，宋王偃的暴政并未停止，依然任意妄为，滥杀无辜，"淫于酒妇人。群臣谏者辄射之"④。《吕氏春秋》称：夏桀、殷纣、吴夫差、智伯瑶、晋厉公、陈灵公、宋康王，"此七君者，大为无道不义；所残杀无罪之民者，不可为万数"⑤。性情暴戾的宋王偃效法商纣，视劝谏者为仇敌，玩弄酷刑以树威，"骂国老谏曰（者），为无颜之冠，以示勇；剖伛之背，锲朝涉之胫，而国人大骇"⑥。如此残暴之举，真是令人毛骨悚然。

对外，宋王偃积极推行霸政，穷兵黩武。在灭滕、伐薛，攻取淮北

---

① 章诗同：《荀子简注》，上海人民出版社1974年版，第230页。
② 陈奇猷：《吕氏春秋校释》，学林出版社1984年版，第905页。
③ 陈奇猷：《吕氏春秋校释》，学林出版社1984年版，第1187页。
④ ［汉］司马迁：《史记》，中华书局1982年版，第1632页。
⑤ 陈奇猷：《吕氏春秋校释》，学林出版社1984年版，第402页。
⑥ 何建章：《战国策注释》，中华书局1990年版，第1219页。

后，和当年宋襄公在平齐乱、执滕子、伐曹国等一系列军事行动后一样，自以为已很了不起，图霸之志更盛。相传他见到在城角落里有小雀生下大鸟，便派人占卜，占卜的结果是"小而生巨，必霸天下"，"乃愈自信，欲霸之亟成。故射天笞地，斩社稷而焚灭之，曰：'威服天地鬼神。'"① 同时，"铸诸侯之象，使侍屏匽（厕所），展其臂，弹其鼻"②；"为木人以写寡人（秦君），射其面"③。对别国诸侯进行大肆侮辱。宋王偃以霸主自居，闭目塞听，倒行逆施，终于招致诸侯公愤，诸侯皆谓之曰"桀宋"，认为"宋其复为纣所为，不可不诛"④。公元前286年，齐湣王联合魏、楚伐宋，杀王偃，遂灭宋而三分其地。

关于宋王偃的亡国，《吕氏春秋》认为："桀用羊辛，纣用恶来，宋用唐鞅，齐用苏秦，而天下知其亡。"⑤ 言宋王偃无道，用人不当而致国亡。《荀子》认为："国者天下之制利用也，人主者天下之利势也。得道以持之，则大安也，大荣也，积美之源也；不得道以持之，则大危也，大累也，有之不如无之；及其綦也，索为匹夫不可得也。齐湣、宋康是也。"⑥ 言宋之亡国，乃因其不守正道而欲以霸道得之，其结果只能加速灭亡。这都是从宋王偃自身所为来析其亡国之因。而诸侯伐宋灭之，宋王偃无道暴虐只是一个借口而已。事实上，宋国地处天下之中，有利的地理位置使其成为兵家必争之地。正如苏代游说齐湣王伐宋时所说："且夫宋，中国膏腴之地，邻民之所处也，与其得百里于燕，不如得十里于宋。伐之，名则义，实则利，王何为弗为？"⑦ 这才是诸侯灭宋的真正目的。

宋王偃和其先君宋襄公一样，先行仁义，再行霸政，均创宋国一时辉煌，又都落下悲惨下场，宋襄公以仁义而丧身，宋王偃以图霸而亡国。

---

① 何建章：《战国策注释》，中华书局1990年版，第1219页。
② 何建章：《战国策注释》，中华书局1990年版，第1171页。
③ 何建章：《战国策注释》，中华书局1990年版，第1129页。
④ [汉]司马迁：《史记》，中华书局1982年版，第1632页。
⑤ 陈奇猷：《吕氏春秋校释》，学林出版社1984年版，第1094页。
⑥ 章诗同：《荀子简注》，上海人民出版社1974年版，第107页。
⑦ 何建章：《战国策注释》，中华书局1990年版，第1172页。

在春秋战国时代，他们张扬的个性不仅使自身凸显于诸侯国君，也为宋国在众诸侯国中激扬了名声。

第四节　宋国的经济

春秋战国是我国古代社会生产力高度发展的时期。铁制农具开始使用，牛耕逐渐推广，极大地提高了农业生产力，许多荒地被开垦为良田，耕作技术由粗放转向精耕细作，农业产量大增。工商业方面，"工商食官"的国家垄断局面逐渐被打破，私人手工业和商品流通促进了经济的繁荣。在这样的时代背景下，宋国在农业、手工业和商业等方面也取得了一定的繁荣，虽未跻身强国之列，但整个社会经济都得到了长足发展。

一　水利和农业

宋国地处中原，自然条件优越，气候温暖，土质疏松，易于耕作，有着悠久的农耕文明。宋国的农业灌溉条件也比较优越，境内有睢水、获水、汳水、泓水等河流。当时人们在睢水筑起堤坊曰"睢滋"，《左传》成公十五年，华元"骋而从之，则决睢滋，闭门登陴矣"，杨伯峻注曰："睢滋，睢水堤防。华元使人决开其口，用水阻止对方。"[①]堤防主要为防水患，旱时便可以决水灌田。这些水流不仅利于宋国境内的农田灌溉，促进农业生产的发展，而且使水上交通非常便利。战国时期，遍及吴、楚、秦、晋、梁、宋、齐、赵、燕等国的几个较大的湖泊，即"吴之具区，楚之云梦，秦之阳华，晋之大陆，梁之圃田，宋之孟诸，齐之海隅，赵之钜鹿，燕之大昭"，被称为"九薮"[②]。其中，"宋之孟诸"即"孟渚泽"（今山东单县浮龙湖），面积广袤，储水丰沛，堪称天然水库。这些排灌工程的出现增强了人们抵御自然灾害的能力。

---

① 杨伯峻：《春秋左传注》（修订本），中华书局1990年版，第875—876页。
② 陈奇猷：《吕氏春秋校释》，学林出版社1984年版，第658页。

宋地很早就从事农业生产。这一带曾出土过龙山文化时期的蚌镰、石刀，商代的石铲、石锄、石镰等农具。据考古学家研究推测，现在商丘的谷熟、马牧、芒种集以及附近的鹿邑等地名，就是源自于新石器时代农耕种植残留下来的痕迹。春秋战国时期，青铜、铁器大量使用，考古工作者在商丘地区曾出土有战国时期的铁锤、铁镢等农具。在铁器使用的同时，牛耕也开始使用。据徐中舒先生考证，"牛耕的开始，今唯于古代遗物中求之，如犁錧形图，其上黄人（或释元）二字，确是先秦以前物。此种大农具，决非人力所能胜任，故由此物即可推知先秦以前已有牛耕"①。从春秋时宋人乐祁犁、司马牛（即司马犁）名字中的犁、牛字样来看，宋国在春秋时应已使用牛耕，战国时更加广泛。

宋地一直有着良好的农业生产基础，据《史记》记载，宋地"其俗犹有先王遗风，重厚多君子，好稼穑，虽无山川之饶，能恶衣食，致其蓄藏"②。《盐铁论·通有》亦云："宋、卫、韩、梁，好本稼穑，编户齐民，无不家衍人给。"③铁器和畜力的结合，使不少草莽之地得到开垦，耕作技术也进一步提高；加之灌溉条件的便利及宋民又有良好的农耕习俗，宋国的农业生产得到很大的发展，成为春秋战国时期主要的农业地区之一。春秋初年，周王室因粮荒向鲁隐公告急，而鲁隐公向宋、卫等国请求购买谷物，"冬，京师来告饥，公为之请籴于宋、卫、齐、郑，礼也"④。这说明宋国的粮食除本国需求外尚有剩余。

宋地由于开发较早，农业生产相对比较发达，物产也较为丰富，除了当时常见的作物外，还种植漆、桑、麻等经济作物。战国时期著名哲学家庄周"尝为蒙漆园吏"⑤，蒙乃宋地，漆园设吏，可知当时对漆业生产的重视。《太平寰宇记》卷一二记载宋州的土产，主要有"漆、枲……

---

① 徐中舒：《耒耜考》，《徐中舒历史论文选辑》，中华书局1998年版，第124—125页。
② ［汉］司马迁：《史记》，中华书局1982年版，第3266页。
③ 王利器：《盐铁论校注》，中华书局1992年版，第42页。
④ 杨伯峻：《春秋左传注》（修订本），中华书局1990年版，第51页。
⑤ ［汉］司马迁：《史记》，中华书局1982年版，第2143页。

谷、绢"①等，宋州即宋国故地在北宋时的称谓，可知漆的生产一直延续到宋代。今商丘市柘城县出土的商代麻鞋，说明宋地的麻种植业亦有着悠久的历史。

二 手工业的发展

宋国的手工业是比较发达的。宋都商丘是当时有名的手工业中心，居住着金、革、木、漆、车等各种工匠，被称为"百工居肆"的城市②。宋国设有专门掌管百工、手工业制作的官吏，叫"工正"。宋国手工业的发展，主要表现在以下几个方面。

冶金业：春秋时期，列国战争频繁，用青铜制造兵器。宋国出土的兵器有1980年北京市文物工作队收藏的"宋元公差戈"，中国国家博物馆珍藏的宋景公戈，日本藏宋昭公戈一件，铭文为"宋公得之造戈"③。除兵器外，1978年固始侯古堆一号墓出土有一对青铜簠，是宋景公为其妹妹季子所作的陪嫁铜器④。另外可见到的还有商丘博物馆收藏的战国铜鼎、铜带钩、铜锛；永城县出土的铜盘、铜镜；商丘县出土的铜匜等。由此可知，当时铜器的使用范围是相当广泛的。

春秋时期，一些诸侯国多有自己专精的手工业产品闻名于世，据《周礼·考工记》记载，如"郑之刀，宋之斤，鲁之削，吴粤之剑"⑤等。可见当时宋国不但青铜铸造技术水平很高，而且说明了手工业产品向专业化方面进一步发展。

从商丘地区出土的战国时的铁锸、铁镢等农具来看，当时的冶铁业已经出现，不过铁器的使用范围还不是太广。

纺织业：宋国境内丝麻纺织历史非常悠久，新石器时代遗址就出土

---

① [宋]乐史：《太平寰宇记》，中华书局2007年版，第220页。
② 黄以柱：《河南城镇历史地理初探》，《史学月刊》1981年第1期。
③ 程长新：《北京发现商龟鱼纹盘及春秋宋公差戈》，《文物》1981年第8期。
④ 固始侯古堆一号墓发掘组：《河南固始侯古堆一号墓发掘简报》1981年第1期。
⑤ 李学勤主编：《十三经注疏·周礼注疏》，北京大学出版社1999年版，第1061页。

有纺轮，商代遗址中也曾出土过麻鞋。宋都睢阳紧挨睢水，睢水之南是涣水，睢、涣之间的丝织品颇受人称道①。《左传》襄公二十六年曾记载宋平公侍妾"馈之锦与马"②予左师；汉初的大将灌婴，也曾是睢阳的贩缯者，说明睢阳的丝织品是丰富的。此外陶地（今山东定陶）的缣、襄邑（今河南睢县）的锦都很有名。《吕氏春秋·召类》中记载，宋国贵族司城子罕要他的南邻搬家，邻居主人说："吾恃为鞔以食三世矣。今徙之，是宋国之求鞔者不知吾处也。吾将不食。愿相国之忧吾不食也。"③由此可知，这位以制鞋为生的小商人历经三世，有一定的收入，故不愿从事他业。同时可以看出，当时的手工纺织，除了官营外，私家经营亦相当繁荣。正是这样一些手工业者的劳动和智慧，创造了财富，繁荣了城市经济。

玉器制作：宋国的玉器制作秉承了先代殷人的传统，宋国有专门从事雕琢玉器的工匠，称为"玉人"。《左传》襄公十五年记载："宋人或得玉，献诸子罕，子罕弗受。献玉者曰：'以示玉人，玉人以为宝也，故敢献之。'……子罕置诸其里，使玉人为之攻之，富而后使复其所。"杨伯峻引杜预注云："玉人，能治玉者。"④《战国策·秦策三》云："周有砥厄，宋有结绿，梁有悬黎，楚有和璞，此四宝者，工之所失也，而为天下名器。"⑤宋国之玉器"结绿"为当时四宝之一，说明宋国的玉器制作在当时已相当先进。

制陶业：宋国传统的制陶业也有很大发展。现已出土的宋国陶器多为灰陶和红褐色陶器，纹饰有素面、绳纹和弦纹等。随着金属器具的广泛使用，陶器的烧制逐渐减少和没落，并逐渐转向砖瓦器等建筑材料，

---

① 史念海：《黄河流域蚕桑事业盛衰的变迁》，见《河山集》，生活·读书·新知三联书店1963年版。
② 杨伯峻：《春秋左传注》（修订本），中华书局1990年版，第1119页。
③ 陈奇猷：《吕氏春秋校释》，学林出版社1984年版，第1361页。
④ 杨伯峻：《春秋左传注》（修订本），中华书局1990年版，第1024页。
⑤ 何建章：《战国策注释》，中华书局1990年版，第165页。

商丘曾出土战国墓葬空心砖，表面绘有几何图案的纹饰，美观大方。

春秋战国时期的酿酒业，相关文献记载不多。《韩非子》一书曾描写宋国的一个小酒店，由于"犬恶"无人敢来买酒，以致"酒酸"的故事。抛开作者的寓意不谈，从城市中设有一些小酒店来看，反映出宋国的酿酒业是有发展的。

三　商业的繁荣

宋国地处中原，地势平坦，水道纵横，行车驶舟均很方便，地理条件非常优越。宋人承继了先祖"殷人重贾"的经商传统，再加上特殊的地理位置，所以，宋国在春秋战国时期的商业非常发达。

春秋战国时期，各国都出现了很多商业城市，宋国也不例外。位于睢水北面的宋都睢阳，城垣范围超过5公里，人口约十万[1]，是宋国的政治、经济和商业中心。宋国的陶地（今山东定陶北），亦即范蠡曾"三致千金"的地方，堪称"天下之中，诸侯四通，货物所交易"[2]的大工商业城市。陶地处于江、淮、河、济四大水系（故称"四渎"）所形成的河道交通网中间，南通吴、越，北适燕、赵，东接齐、鲁，西连韩、魏，成为联系列国的水陆交通枢纽，一直是齐、秦、赵等国长期争夺的宝地。获水和泗水交会处的彭城（今江苏徐州）当时也是比较繁荣的城市，后期还曾做过宋国的都城。战国时各国国都和其他城市都设有"市"，作为商品流通之市，由市吏对市场进行管理。宋国管理市的官吏为"褚师"[3]。统一的市场管理，促进了城市商品经济的发展。

宋国商业的发展及其商业都市的出现，主要原因还是水陆交通的便利。从水路上看，宋国境内水系颇多，泓水、获水、泗水等河流穿境而过。地处中原的宋国陆路交通更具优势，不仅是中原各国通往东南吴越的

---

[1] 黄以柱：《河南城镇历史地理初探》，《史学月刊》1981年第1期。
[2] ［汉］司马迁：《史记》，中华书局1982年版，第3257页。
[3] 杨伯峻：《春秋左传注》（修订本），中华书局1990年版，第1230页。

交通要道，而且楚通齐鲁、晋联吴制楚，都要经过宋国。周通齐鲁就曾向宋国假道①。春秋时期，诸侯数次会盟于宋，既体现了宋国公国地位的尊崇，同时也说明了当时宋国交通的便利。

交通的便利和城市的繁荣，使得各国商贾往来于宋国，宋国亦四通各国，"宋人资章甫而适诸越"②，说明宋人曾远到越国去贩卖帽子。当时除商贾外，一些使者、士人为其政治需要，也奔走于各国，这使得交通便利的宋国旅馆业非常发达，文献中"阳子之宋，宿于逆旅"③便是明证。商业的繁荣，使宋国出现了像范蠡那样的大商贾，从事商品贩卖的小工商业者更到处都有，如宋国都城的南邻就有经营鞋业者④，另外还有"悬帜甚高"的"酤酒者"⑤，等等。可以说正是这些工商业者的劳动，创造了财富，繁荣了城市经济。

商业的繁荣敦促各国政府都要对之进行有效的管理。这里不仅包括各国内部管理城市"市"治的市司官的出现，而且对外的关税也被各国所看重。《左传》记载，公元前616年宋武公"以门（即关）赏而班，使食其征"，说明宋国征收关税在各诸侯国中是比较早的。大量的商税收入使各国统治者看到有利可图，于是列国诸侯于公元前651年和公元前562年两次会盟于宋，盟约中"毋遏籴""毋忘宾派""毋蕴年""毋壅利"诸条都有利于商品的正常流通。到了战国，宋国的治商措施虽史载甚少，但亦由此而可想见。

我国的货币起源很早，商代时已大量使用，至春秋特别是战国时期，各诸侯国已广泛使用金属货币，目前出土的铜钱几乎遍及各诸侯国旧址。据文献记载，战国时在大商贾和上层统治者中间，金货也广为所用。目前所知的宋国铜钱是"旆布当十斤"钱，出土于永城市鱼山。

---

① 杨伯峻：《春秋左传注》（修订本），中华书局1990年版，第755页。
② 陈鼓应：《庄子今注今译》，中华书局1983年版，第25页。
③ 陈鼓应：《庄子今注今译》，中华书局1983年版，第526页。
④ 陈奇猷：《吕氏春秋校释》，学林出版社1984年版，第1361页。
⑤ 陈奇猷：《韩非子新校注》，上海古籍出版社2000年版，第784页。

总之，宋国的社会经济比较发达，政治上亦有一时之强盛。但因宋国执政者在政治改革上比较保守，加之宋国又受到地理环境的约束等原因，故而终未能跻身于强国之列。

第五节　宋国文化

一　宋国与儒家文化的产生及传播

孔子是我国古代著名的思想家、教育家、儒家学派创始人。相传有弟子三千，贤弟子七十二人，孔子曾带领弟子周游列国十四年。孔子还是一位古文献整理家，曾修《诗》《书》，定《礼》《乐》，序《周易》，作《春秋》。孔子的思想及学说对后世产生了极其深远的影响。

（一）孔子的祖先为宋国人

孔子的远祖是宋国贵族，殷王室的后裔。周武王灭殷后，封殷宗室微子启于宋。由微子经微仲衍、宋公稽、丁公申，四传至湣公共。湣公长子弗父何让国于其弟鲋祀，弗父何为卿。

弗父何之曾孙正考父，是宋国很有声望的卿大夫，连续辅佐宋戴公、武公、宣公，久为上卿，以谦恭著称于世。《左传》昭公七年称赞他："及正考父佐戴、武、宣，三命兹益共，故其鼎铭云：'一命而偻，再命而伛，三命而俯。循墙而走，亦莫余敢侮。饘于是，鬻于是。以糊余口。'其共也如是。"共，恭也。"三命兹益共"意思是职位越高，言行就越发恭敬，沿着墙根儿低头弯腰走路，俸禄只求糊口而已。

正考父的儿子叫孔父嘉，是孔子的六世祖，曾担任宋国的大司马。孔父嘉是宋穆公最倚重的大臣。宋穆公是武公的儿子，宣公的弟弟，当年，宣公没有传位给儿子，"兄终弟及"就是看中了穆公的忠诚和贤能。穆公在弥留之际，向孔父嘉托孤，安排自己的儿子冯到郑国去居住，让宣公的儿子与夷继位，这就是宋殇公。

当时，宋国还有一家很有势力的，就是华氏，华父督是戴公的孙子，位居宋国太宰。因为孔父嘉在确立国君的关键时刻发挥了重要作用,在宋国享有极高荣宠,华父督处心积虑,千方百计诋毁孔父嘉。殇公即位后,十年之间发生了十一次战争,老百姓不堪忍受,华父督借此打击孔父嘉,对外扬言:"如此频繁地发动战争,是掌握军权的大司马的责任。"不久,华父督率领士卒攻打孔父嘉,杀死他并且占有了他的妻子。殇公闻听非常愤怒,华父督径直连殇公一并杀死。

华父督从郑国迎接公子冯回国即位,是为宋庄公。孔父嘉的儿子木金父避祸逃到了鲁国(孔氏为鲁国人自此始),孔氏一族卿位始失,下降为士。孔子曾祖父防叔曾任鲁防邑宰。祖父伯夏事迹无考。父亲名纥,字叔,又称叔梁纥,为一名武士,以勇力著称。叔梁纥先娶施氏,无子,其妾生男,病足,复娶颜徵在,生孔子。

宋是商王的后代。周武王克商,占领东方,在商王朝的核心地区封了宋、卫(在今河南省的东北部),在它的后方即东夷之地封了齐、鲁(在今山东省)。孔子的一生,和鲁、卫关系最大,齐国和宋国,他也去过。

(二)宋国与儒家文化的传播

孔子带弟子周游列国,沿途传播儒家文化,其中在宋国留有遗存的三件大事是:避雨芒砀、匡城被围、宋城遇险。其中匡城被围及宋城遇险是史书有确凿记载的事。

匡亚明将孔子周游列国分为三个阶段:一是以卫国为中心;二是以陈国为中心;三是又回到卫国。依此划分,匡城被围发生在第一阶段,宋城遇险发生在第二阶段。

孔子是被迫弃官离鲁的,他周游列国时为什么没向东去齐国而是向西去了卫国呢?"夹谷之会"时,孔子触犯了齐景公,齐国送给鲁国"女乐"也触怒了孔子。卫国和鲁国是兄弟之邦,鲁国是周公之后,卫国是康叔之后,周公和康叔是亲兄弟。卫国政治安定,经济富裕,孔子弟子子路的妻兄颜浊邹是有贤名的卫国大夫,可以"论道"。这些人事等因素,很可能促使孔子决定路线是西向而行,第一站选在卫国。

孔子从公元前497年开始周游列国，第一站先到卫国，卫灵公给他两千石粮的俸禄，对他很恭敬，但不让他参与政事。同年十月，孔子因为一些不愉快的事情，离开卫国，准备南下去陈国，这就发生了"匡城之围"及"蒲地之困"。这是周游列国时的第一次大危难。

孔子一行离开卫国南下去陈国时，也就是从现在的濮阳去淮阳，车子路过宋国匡城（今商丘睢县匡城乡），为孔子驾车的弟子颜克用鞭子指着城墙上的一处缺口，兴奋地说："我以前跟随阳虎（也叫阳货，鲁国大贵族季氏家臣）攻打匡邑，就是从这儿破城而入的。"他的话，被路边的匡邑人听到了。当时阳虎攻打匡邑时，作恶多端，老百姓恨之入骨。孔子长相又像阳虎，匡人立即将孔子一行团团围住。

处境危险，孔子却神色坦然地说："文王既没，文不在兹乎？天之将丧斯文也，后死者不得与于斯文也；天之未丧斯文也，匡人其如予何？"（《论语·子罕》）[①] 意思是说："周文王死了之后，周代文化典籍不都在我这里了吗？上天如果想灭亡文化，就不会让我来承继！上天如果不想灭亡文化，匡人又能把我怎样呢？"子路拿起武器准备战斗，孔子说："匡人是误把我当成阳虎，我们今天只能按礼仪，来消弭这场误解，你来抚琴我来歌唱吧。"于是子路抚琴，孔子歌唱，琴声歌声和谐优雅。匡人觉得孔子一行不像阳虎，然后听说被他们围住的是孔子，随即撤兵。

离开匡地后，孔子感慨地对弟子们说："你们若不见峭壁悬崖，就不知从悬崖坠落的可怕。若不亲自到深潭中试探深浅，就不知道溺死的危险。若不见大海，就不知道惊涛骇浪是怎么回事。今后遇事都要知因，分析本质，预测事故处理结果。谁能掌握这三项原则，就不会被忧患缠住了。"

孔子南下陈国受阻，不得已又回到了卫国。在卫国待了五年左右，

[①] 杨伯峻：《论语译注》，中华书局2009年版，第87页。

卫灵公死了，卫国局势动荡，孔子决定离开卫国。

公元前493年秋，他离开了卫国。孔子经过曹国（今山东定陶一带），但曹国没接待他。于是孔子就从曹国到了宋国。孔子年轻时曾到此学殷礼，几十年后重来，倍感亲切。他是想多留一段时间的，但宋国对这位年近六十、声名显赫的"同胞"，并未表现出什么热情。在这里，孔子非但没有受到礼遇，反而遭到周游列国中的第二次危难，差点把命丢了。

到了宋都商丘后，孔子提议到处看看。冉求驾车，一行人出城门走到北郊，看到有不少工匠在凿石，有工匠哭哭啼啼。弟子跑过去打听，回来说：这些工匠，都是大臣司马桓魋抓来为自己建造坟墓石椁的人，他们有的已干了三年，石椁仍未造好，众人在这儿干活，吃不饱穿不暖，病弱者渐渐死去，病死和被石板压死的有二十余人，大家怨声不绝。

司马桓魋很受宋景公宠爱，骄傲奢侈，已丧失世传贤大夫风范，孔子见他如此行事，指责说："桓魋如此奢侈浪费，不知爱惜民力物力，这样的人真不如死后快点烂掉！"① 孔子的话，传到司马桓魋的耳朵里，他非常恼怒，就想害孔子。

孔子师徒住处附近有一棵大檀树，他们师徒时常在树下演习礼仪，有一天，司马桓魋派人来清场，驱散听众，拉倒大树，留下个大坑叫檀坑，还想加害孔子。孔子知道得罪了小人，决定离开宋国。弟子们担心司马桓魋下毒手，劝孔子早点动身，孔子平静地说："天生德于予，桓魋其如予何！"就是说，我的道德是上天赋予的，桓魋又能把我怎么样！

为安全起见，弟子们催孔子速速离开。为防备司马桓魋追击，还给孔子化了装，改变了原定南下陈国的路线，出城门西行，直下郑国都城新郑。匡城被围及宋城遇险，孔子两度蒙难两次脱险，在他看来，都是靠上天保佑。所以他才说："天生德于予，桓魋其如予何！""天之未丧斯文也，匡人其如予何？"他靠天命为自己打气，他认为的天命，

---

① 原文作："若是其靡也，死不如速朽之愈也！"见《礼记集解·檀弓上》，中华书局2010年版，第217页。

是责任感和使命感。当时人们认为"天下无道很久了，老天是以孔子当木铎警响众人"。孔子也认为自己肩上扛着这种东西。

商丘古城还有一处所在与孔子有关联——归德府文庙。归德府文庙现为省级重点文物保护单位，坐落在商丘老城小街边。踏进神秘的大红门，是疏疏朗朗的一个大院子，还有漂亮的大成殿和明伦堂。大成殿内，自然有孔子像和孔子周游列国的"连环壁画"。大成殿梁架都是明代的，面阔七间，进深三间，绿琉璃瓦顶，单檐歇山墙，三十二根立柱，圆柱形石柱础，格扇门，样貌大方。

明伦堂位于大成殿西，初建于北宋大中祥符年间，称为南京国子监，明代正德年间因旧城被水淹，知州刘信便在新城内重建，成为归德府城内的最高儒学府。明清时期，每年春秋两季，都会在大成殿举行由知府主持，达官、名宦等参加的大祭活动。届时，要抬上祭品、摆上祭器，乐舞齐奏，施行三拜九叩大礼。

位于商丘城东门东南一里许的文雅台，是当年孔子演礼之处，文雅台原有一百多间祠庙殿宇，多已毁坏，现已修葺一新。今人可以在文雅台习礼亭复制"孔子行教像"碑，并瞻仰新面貌的文雅台。

孔子先祖世为宋卿，采邑在栗邑（今商丘夏邑）。他一生多次还乡，人们为纪念他祀先省墓，在夏邑建了还乡祠。孔子还乡祠始建年代无考，但据志书、古碑记载，直至近代还占地五十亩，其建筑仿文庙之制，坐北朝南，沿中轴线依次排列，左右两侧基本呈对称式，整个建筑曾有一壁、四门、一坛、两庑、碑林、两殿、一厅。历史上，夏邑北临古黄河，金、元以降，数成泽国，再加战乱频仍，原来的还乡祠基本被毁。最近数年，才逐渐修复。

（三）孔子的成就

孔子的问答，为历代学人所敬仰，这是由他的历史贡献所奠定的。粗略地说，他最大的历史贡献表现在三个方面：

1. 整理古代文献，奠定中华文化根基

现在被称作中华元典的《诗》《易》《礼》《书》《春秋》等典籍，都是经过孔子整理、编撰而保存下来的。"六经"虽非孔子所作，但却有赖于孔子的整理而保存、流传下来，由此奠定了中国文化的发展道路。孔子对中华文化的贡献之大，显而易见。

2. 创立中国传统的教育制度和教育思想

中国两千多年来的教育制度和教育理论，都奠基于孔子。他创办私学，把教育推向民间，打破了学在官府的贵族教育体制，以私学的方式，确立"有教无类"的教育原则。这一原则，成为其后两千多年中国教育的根本精神。无论是汉代的太学，还是隋唐以后的科举教育，或者是宋以后的书院教育，都贯彻了"有教无类"的原则，使平民教育成为历史上中国教育的主要特色。孔子教授生徒，以"六经"为固定教材，以传授道德、思想文化为基本内容，也为后世留下了效果显著的教学原则。

在教育理论和教育思想方面，孔子确定的教育思想体系，几乎一成不变地被传承沿袭，至今仍有许多宝贵的精华值得继续发扬。他倡导的"不愤不启,不悱不发""举一反三"等启发式教育思想；他提出的"学而不厌、诲人不倦"的教学精神；他强调的"学而不思则罔、思而不学则殆"的辩证学习方法；他身体力行的"三人行,必有我师焉""敏而好学、不耻下问"的虚心求学精神；以及"当仁不让于师"的师生平等观点等等，至今仍是很好的教育理论和思想。

3. 创立中国儒家学派

孔子在整理古代文化遗产的基础上，通过对当代社会的深入思考，形成了他自己独具特色的社会思想体系；并通过收徒讲学的途径，形成了一个以孔子为先师的儒家学派。这个学派的基本特点是：以孔子为宗师，以孔子整理、编撰的"六经"为经典，有固定的演习、传授内容；重视伦理道德，坚持一套以"仁"为核心的伦理思想体系，以仁义为行为准则，维护君臣、父子、夫妇、兄弟等伦常关系；倡导齐家、治国、平天下的入世哲学，立志以天下为己任，积极入仕，参与社会；主张德治仁政，阐发以"民本"为核心的政治思想；坚持"中庸""忠恕"之道、倡导"和为贵"的出世原则；重视个人修养，阐述"为仁由己"的修养原则。

儒家学说在中国古代社会占据统治思想的地位，儒学被定为官学，所以，儒家学说对中华民族的发展，对中国民族性格的塑造，起了巨大的支配作用。司马迁在《史记·孔子世家》中说："《诗》有之：'高山仰止，景行行止。'虽不能至，然心向往之。"意思是说，孔子像高山一般令人敬仰，像大道一般让人遵循。虽然我达不到这个境地，但心中总是向往着他。又说，我读了孔子的遗书，可以想见得到他为人的伟大。天下的君主贤人多得很，他们在世时荣华显贵，但死后一了百了。唯有孔子，他是布衣，传了十余世，学者都崇仰他。自天子王侯以下，凡是研讨六经的人，都以孔子的话为最高的衡量标准。真可算是至圣了。司马迁为孔子立下千古定论。

（四）孔子为后世留下了光耀千古的《论语》

孔子整理六经，建树了巨大的文化业绩，弟子门人将其平生言论选择编纂成书，留给后人，这就是《论语》。

《论语》是本语录体的书，由孔子的门人集录了孔子及其弟子的言论和行为。全书二十篇，这些对话都是从孔子及弟子们的大量谈话记录中精选出来的，仔细体味，含义无穷。若再能联系生活实际、生活经历体会，定能激发无尽的遐想和深刻的启迪。

《论语》是儒家学派的代表性著作，也是儒家最基础的著作，对中国文化思想的形成产生了重要影响。

二 宋国是墨家文化的诞生地

墨子（约前 480—前 420），名翟，宋国人，在宋昭公时做宋大夫。因长期居住在鲁国，后人疑墨翟是鲁国人。清毕沅在《墨子注》中，根据《墨子·公输》的记事,认为墨子是鲁阳人,鲁阳即今河南平顶山鲁山。又因墨子"色黑"(《墨子·贵义》),有人认为墨子是印度人①。

司马迁认为墨子是"宋之大夫"。宋国大夫,乃世袭之职。墨子为宋大夫,也是世袭其祖上,因此可证墨子是宋国人。《墨子》书中,有宋人方言,也可作为墨子为宋人的证据之一。又《墨子·公输》记载了墨子止楚救宋的事情:"公输盘为楚造云梯之械,成,将以攻宋。子墨子闻之,起于齐,行十日十夜而至于郢,见公输盘。"②墨子与公输盘斗智斗勇,又说服了楚王,制止了楚国攻打宋国的计划,使宋国百姓免于兵灾之苦。正因为墨子是宋国人,出于对国家的爱,他才能十日十夜连续奔走,并制止战争。

晋葛洪《神仙传》,《文选·长笛赋》,唐李善注引《抱朴子》,《荀子·修身》,唐杨倞注、唐林宝《元和姓纂》,都认为墨子为宋人。近人顾颉刚有《禅让传说起于墨家考》一文,论述了墨子为宋人,认为"墨确是他的真姓氏,而且从这姓上可以知道他是公子目夷之后,原是宋国的贵族"③。

墨翟是墨家学派创始人。墨家的传世著作《墨子》是墨翟弟子根据其言论记录而成,其中还有后学者的言论思想。《墨子》中《尚贤》《兼爱》《非命》等二十四篇,代表了墨子和早期墨家的思想。

墨子原来也是从儒者受学,后来因不同意儒家的观点,故另辟蹊径,自立学派。战国时期,儒、墨同属显学。《韩非子·显学》说:"世之显学,儒、墨也。儒之所至,孔丘也;墨之所至,墨翟也。"④《孟子·滕文公下》说"杨朱墨翟之言盈天下"⑤,足见墨子学派影响之大。

---

① 王增文:《墨子宋人考辨——兼驳墨子为鲁国人、鲁阳人、印度人三说》,《史学月刊》1996年第5期。
② [清]孙诒让:《墨子间诂》,中华书局2001年版,第482—483页。
③ 顾颉刚:《顾颉刚古史论文集》(第一册),中华书局2011年版,第457—458页。
④ [清]王先慎:《韩非子集解》,中华书局1998年版,第456页。
⑤ [清]焦循:《孟子正义》,中华书局2011年版,第456页。

《墨子·鲁问》述及墨子将出而游说时,他的弟子魏越问道:见到各国的君主时,老师先说什么?墨子回答说:

> 凡入国,必择务而从事焉。国家昏乱,则语之尚贤、尚同;国家贫,则语之节用、节葬;国家憙音湛湎,则语之非乐、非命;国家淫僻无礼,则语之尊天、事鬼;国家务夺侵凌,即语之兼爱、非攻。故曰择务而从事焉。①

这段话概括了墨子思想的十个方面:尚贤、尚同、节用、节葬、非乐、非命、尊天、事鬼、兼爱、非攻。

尚贤,就是尊重贤能,实现贤能政治。

尚同,就是同一和统一于上,人们的思想见解,是非好恶,一切行为准则都要逐次统一于上,直到天子,天子还要最终统一于上天。

节用,就是反对铺张浪费,去其无用之费。节用的主要原则是:"凡足以奉给民用则止;诸加费不加于民利者,圣王弗为。"②

节葬,就是反对厚葬久丧,尤其是反对贵族的厚葬。主张不分贵贱,一律桐棺三寸,不分亲疏,一律葬后即照常生产。

非乐,就是不进行音乐、表演之类的东西。墨子认为,国家的当务之急是使民众可以饥者得食,寒者得衣,劳者得息。而音乐活动,"撞巨钟,击鸣鼓,弹琴瑟,吹竽笙而扬干戚"③,不能解决民众的实际困难,因此,他提出非乐。

非命,就是反对命定论。商朝时期,人们信神。春秋早期,统治者还在用"命"来为自己的统治辩护。墨家学派从社会生活实践中发现,命运说是没有道理的。

尊天,也称"天志",认为天有意志。墨子认为上天是实实在在的存在,是至高无上的。这是墨子借以宣传和实行其思想学说的需要,同

---

① [清]孙诒让:《墨子间诂》,中华书局2001年版,第475页。
② [清]孙诒让:《墨子间诂》,中华书局2001年版,第162页。
③ [清]孙诒让:《墨子间诂》,中华书局2001年版,第252页。

时更是他所代表的小生产者群体的精神寄托和希望所在。

事鬼，也称"明鬼"，这是一种有鬼论。墨子鬼神论的性质和特点，和"天志"是相辅相成的。同时认为上天与鬼神毫无二致，但对于上天与鬼神的区别，则没有论及。

兼爱，墨子从小生产者的利益出发，主张兼爱互利。他看到当时国与国互相攻伐，家与家互相抢夺，人与人互相残杀，以及强凌弱、富侮贫、贵傲贱、诈欺愚这些社会现象时，认为这都是"天下之大害"。他把原因归结为人们的"不相爱"，因此提出"兼相爱、交相利"的原则作为救世的良方。

非攻，就是反对不义之战。有战争就有死亡伤残，就有破坏，历来战争中付出最多、遭受痛苦最大的是民众。墨子有鉴于此，他反对战争。墨子反对战争有其独特的基础，即"兼爱"。

墨子的思想反映了"农与工肆之人"的利益，他是当时小生产者、小私有者阶层在政治上的代言人。墨子重视劳动。他认为人与禽兽的区别就是能否参加劳动，并认为"不与其劳，获其实"是不仁不义的行为，这反映了墨家学派主张自食其力，反对不劳而食的要求。

三　庄子是宋国人

庄子名周，是战国中期的哲学家和文学家，一般认为其生年约为公元前369年，卒于公元前286年。战国初期的一些人物，如墨子、列子、杨朱、商鞅、申不害、孙膑等，比庄子所处的年代早一点；另外屈原、公孙龙、荀子、吕不韦、韩非子等所处的年代比庄子的年代晚一些。特别是惠施和孟子，与庄子几乎是同时的。

庄子继承和发展了老子的思想，留有《庄子》一书，是我国道家学派的创始人之一，世人并称"老庄"。庄子不仅创立了一个独特玄深的哲学体系，而且影响了一批后学弟子。庄子及其后学的理论大大丰富了中国古代的哲学思想。

庄子的生平材料保存下来的很少。《庄子·秋水》中记载楚威王用重礼聘请他为相，被他拒绝一事，司马迁在《史记·老庄申韩列传》中也有记载。

关于庄子的故里，司马迁在《史记·老庄申韩列传》中说："庄子者，蒙人也，名周。周尝为蒙漆园吏，与梁惠王、齐宣王同时。其学无所不窥，然其要本归于老子之言。故其著书十余万言，大抵率寓言也。"①

司马迁之后，历代不少学者大多认为庄子是蒙人。如《史记》司马贞《索隐》引刘向《别录》："庄子，宋之蒙人也。"②《淮南子·修务训》高诱注："庄子名周，宋蒙县人。"③唐陆德明《经典释文·序录》："庄子者，姓庄名周，梁国蒙县人也。"④唐成玄英《庄子序》："其人姓庄，名周，字子休，生宋国睢阳蒙县。"⑤宋乐史《太平寰宇记》宋州"人物"条："庄周，宋蒙人。"⑥

那么，宋国之蒙在何处呢？唐《括地志》："宋州北五十里大蒙城为景亳。"⑦清顾祖禹《读史方舆纪要》云："蒙城在府东北四十里，亦曰大蒙城。"⑧蒋廷锡《尚书地理今释》"三亳"条："今河南归德府商丘县北四十里有大蒙城。"⑨《中国地名大辞典》"蒙泽"条："春秋宋邑，今河南商丘县东北蒙县故城是。"⑩以上记载表明，古代宋之蒙在今商丘市北（或东北）20—25公里处⑪。

值得注意的是，20世纪70年代初，考古工作者曾在商丘市北18

---

① ［汉］司马迁：《史记》，中华书局1982年版，第2143页。
② ［汉］司马迁：《史记》，中华书局1982年版，第2143页。
③ 何宁：《淮南子集释》，中华书局2011年版，第1355页。
④ 吴承仕：《经典释文序录疏证》，中华书局1984年版，第141页。
⑤ ［清］郭庆藩：《庄子集释》，中华书局2010年版，第6页。
⑥ ［宋］乐史：《太平寰宇记》，中华书局2007年版，第220页。
⑦ ［唐］李泰：《括地志辑校》，中华书局2010年版，第154页。
⑧ ［清］顾祖禹：《读史方舆纪要》，中华书局2010年版，第2342页。
⑨ 顾颉刚、刘起釪：《尚书校释译论》，中华书局2016年版，第1679页。
⑩ 刘钧仁：《中国地名大辞典》，国立北平研究院出版部1930年版，第829页。
⑪ 李可亭：《庄子故里考辨》，《商丘师范学院学报》2012年第1期。

公里处的李庄乡蒙墙寺村（今属商丘梁园区）发现有古城遗址，出土了一批汉以后的文物。后来，文物部门在整理文物时发现地下有古城墙遗址和隋唐以前的一口枯井。可以看出，蒙墙寺村在隋唐以前应有一定规模的古建筑。如今的蒙墙寺，保留有三间寺庙，寺前有明成化四年所立石碑一通，现为商丘市文物保护单位。

今商丘民权庄子镇青莲寺村有庄子井，民权老颜集乡唐庄村有庄周陵园，可视为庄子曾经生活和死后埋葬的地方。

庄子生于动荡不安的年代，也是宋国灭亡前最为黑暗混乱的时期，同时也正值诸子百家争鸣的时代。不同思想相互交锋，影响了当时的每一个人，庄子也不例外。他的生活与一般老百姓一样，有妻有子，努力在乱世中苟全性命。但他博览群书，深谙人情世故，领悟高明智慧，自有一套人生哲学。庄子坚守自己的理想，保持本真，安贫乐道，藐视荣华富贵，独守超然世外的生活。他为了谋生，曾短期为官，做过蒙地的小官漆园吏。中年以后，他的生活极为贫困，住在穷街陋巷，织鞋为生，常常饿得面黄肌瘦，由此了解到下层人民的生活状况。

古代，在今河南、山东交界处，有一条流经古菏泽区域的河流，叫濮水，是雷夏泽和钜野泽的水源之一。濮阳、濮州都因濮水而得名。据《庄子·秋水》记载，有一次，庄子来到濮水边钓鱼。楚威王听说后，立即派两位大夫前来，请庄子到楚国去，想把楚国的内政交给庄子管理。正在钓鱼的庄子听到来意后，拿着钓竿，头也不回，两眼盯着水面说："我听说楚国有一只神龟，死了已有三千年了，楚王用布帛覆盖着，用竹筐盛装着，藏在庙堂之上。这只神龟，是宁愿死后留下他的骨骸而显示其尊贵呢？还是宁愿活着，拖着尾巴在泥地里爬行呢？"两位大夫赶忙说："它当然是宁愿活着拖着尾巴在泥地里爬行啦。"庄子说："你们请回去吧，我也打算拖着尾巴在泥地里爬行呢。"楚国的卿相之位，也没有能打动庄子。

庄子的朋友不多，惠施是其中之一，而且是庄子最好的朋友。惠施也是宋国人,是当时著名的辩论家。在《庄子》一书中,经常能见到庄子与惠施辩论的场面,但这样的辩论并未影响二人的感情。

《庄子·秋水》记载了这样一个故事。有一次,庄子与惠施在濠水的桥梁上观鱼。庄子见水里的鱼自由自在地游来游去,便向惠施感叹道:"你看这些鱼无忧无虑,自由自在,鱼也有鱼的快乐啊!"惠施一听,马上反驳庄子:"你不是鱼,怎么知道鱼的快乐呢?"庄子立刻反问一句:"你不是我,怎么知道我不知道鱼的快乐呢?"惠施说:"我不是你,当然不知道你。但你也不是鱼,一定也不知道鱼的快乐。"庄子又辩到:"你刚才说'怎么知道鱼的快乐呢',就说明你已经知道我了。既然你知道我,我怎么不知道鱼呢?我就是在桥上知道了鱼的快乐啊!"庄子与惠施的辩论,既针锋相对,同时也有诡辩的成分。

关于"濠梁观鱼"这则故事中的名言"子非鱼,安知鱼之乐"以及由此形成的"鱼游濠水""濠梁之辩""濠梁之上"等成语,已为我们所熟悉。那么,"濠水"在哪里?据郦道元《水经注》记载,濠水在今天安徽凤阳。由此可知庄子活动的范围之广。

庄子博学,司马迁《史记》载:"其学无所不窥,然其要本归于老子之言。故其著书十余万言,大抵率寓言也。……善属书离辞,指事类情,用剽剥儒、墨,虽当世宿学不能自解免也。"[1]鲁迅评庄子"其文则汪洋辟阖,仪态万方,晚周诸子之作,莫能先也"[2]。

庄子是个坦然对待死亡的人,他把个人的生死看成是自然现象,同时反对厚葬。据《庄子·列御寇》记载,庄子快要死的时候,弟子们打算用很多的东西为他陪葬。庄子说:"我把天地作为棺椁,把日月作为美玉,把星辰作为珠宝,万物都来陪葬。难道这么多的陪葬物还不算齐备吗?还有什么比这更好的呢?"弟子们说:"我们担心乌鸦和老鹰会啄食先生的遗体。"庄子说:"放在地面会被乌鸦和老鹰吃掉,深

---

[1] [汉]司马迁:《史记》,中华书局1982年版,第2143—2144页。
[2] 鲁迅:《汉文学史纲要》,见《鲁迅全集》第九卷,人民文学出版社2005年版,第375页。

埋于地下会被蚂蚁吃掉，夺过乌鸦和老鹰的食物交给蚂蚁吃，怎么能如此偏心呢？"庄子视天地为棺椁，将死看成是回归自然，这在当时是非常难能可贵的。

庄子是继老子李耳之后道家学派又一代表人物，大体上继承了老子的学说，并对老子思想进行了发展。老子讲"天道"，倡"无为"，庄子也谈"天道"，宣扬"无为"。这是老、庄思想的核心。但庄子并非仅仅对老子思想进行发挥，他谈"逍遥"、论"齐物"、说"养生"，都有其独到的见解，并形成了个性鲜明的哲学和艺术特色。后世将庄子与老子并称为"老庄"，他们的哲学思想体系，被称为"老庄哲学"。

庄周著述《庄子》十余万言。这部文献的出现，标志着在战国时期，中国的哲学思想和文学语言已经发展到非常玄远、高深的水平，是中国古代典籍中的瑰宝。《庄子》和《周易》《老子》一起并称"三玄"。

庄子最重要的思想是无为、无己，独与天地精神往来，与世间万物一体。与看重人的社会属性，带有强烈的政治伦理色彩的儒家学说相比，庄子思想则是一种重视人的自然本性，关怀人的生命和精神的学说。庄子自然人本精神首先体现在对生命的热爱和珍惜上，带有强烈的个性色彩，在儒家思想为主导的封建社会，庄子的自然人本精神对中国文人独立人格的养成，起着不可忽视的作用。

《庄子》一书主要为庄子及其弟子后学所撰，是继《老子》之后的又一部体现道家思想的著作，是中国古老的哲学原典之一，在唐代被尊为《南华真经》。书中不仅充满了哲思，而且想象奇幻，构思巧妙，语言生动优美，富有诗情画意，充满了浓厚的文学色彩，达到了哲理性与文学性的完美结合，是先秦诸子文章的典范之作。庄子还在书中虚构了众多光怪陆离、丰富多彩的寓言故事，幽默诙谐，瑰丽诡谲，给人以启迪，是浪漫主义文学的杰作。因此，庄子不但是中国哲学史上一位著名的思想家，同时也是中国文学史上一位杰出的文学家。

《庄子》在思想、艺术方面对后世产生了很大的影响。作为道家的原典，该书与儒家原典一起参与了中华民族独特性格、思维方式、处事方式的塑造。《庄子》浪漫的风格和独特的审美思想，影响了一代又一代人，汉代的贾谊、司马迁，唐代诗人李白、李贺，宋代大文豪苏轼，清代小说家曹雪芹等都从其书中汲取了丰富的营养。而书中的寓言故事，对后世小说更是产生了巨大的影响，被誉为"千万世诙谐小说之祖"[①]。书中的语言演变为成语流传的有很多，如"望洋兴叹""东施效颦""朝三暮四""运斤成风""得意忘言"等都为我们所熟知。郭沫若充分肯定了《庄子》的影响，他说秦汉以来的中国文学史差不多大半是在《庄子》的影响下发展的，可见《庄子》一书的地位与影响。即使在当代，《庄子》对新时期文化的建构也有巨大作用。

《庄子》这本先秦道家典籍在海外也受到了欢迎，成为全世界人民的文化遗产。目前，在世界各地有多种语言的注本和译本出版发行，流传较广。《庄子》在海外的流传与影响，对于促进中外文化交流，让世界了解中国文化，确立中国文化在世界文化中的地位有着十分重要的意义。

四　名家惠施的思想

春秋战国以来，社会飞速发展，旧的名词概念已经不能完全反映新事物的实际内容。这种名实不符的矛盾，渐渐成为社会的普遍现象。于是，调整"名""实"关系，日益成为意识形态领域中的重要问题，从而引起各派学者的关注。一些重要思想家，相继提出了"正名"的要求。早在春秋末年，孔子就提出"正名"；战国时期，墨子提出"取实予名"，针对孔子的"正名"进行辩论。战国中期，随着社会变革的加剧，调整"名""实"关系的要求更加迫切。一些思想家为了在学术争鸣中战胜对方，从对"名""实"关系的考察，逐渐发展到对概念和命题的分

---

① ［宋］黄震：《黄氏日钞》，元刻本。

类、剖析,以致判断、推理等逻辑思维研究,他们被称为"名家""辨者"。在这股激流中,主要代表人物是名家惠施、公孙龙和被称为"墨辨"的后期墨家。

惠施(约前370—前318),宋国人,曾任魏相达十五年之久,战国中期的政治家和思想家。《吕氏春秋》载"惠子为魏惠王说法,为法已成,以示诸民人,民人皆善之"①,但由于一些大臣反对,此法最终未能实施。荀子说他"不法先王,不是礼义"②。惠施主张泛爱万物、偃兵、去尊,但却不同于法家。他在当时,还是主张合纵以抗秦的组织者之一。

惠施与庄子友善,多次同庄子辩论,以善辩称于世。他博学多才,"其书五车",对于天地、自然万物均有精深研究,黄缭问其"天地所以不坠不陷,风雨雷霆之故",他竟然"不辞而应,不虑而对,遍为万物说",且"说而不休,多而无已,犹以为寡"③。《汉书·艺文志》录其著作有《惠子》一篇,现已亡佚不存。明代归有光《诸子汇函》,清代马国翰《玉函山房辑佚书》皆辑有《惠子》,惜所辑不全,且多为惠施生平相关事迹,其主张学说所载甚少。

由于惠施于史无传,《惠子》亡佚,考察惠施其人及其思想,只能依赖先秦有关典籍。《庄子》中的《齐物论》《德充符》《徐无鬼》《秋水》《至乐》《寓言》《天下》诸篇,《荀子》中的《非十二子》《不苟》《解蔽》等篇,《韩非子》中的《说林上》《说林下》《内储说上》及《外储说左上》,《战国策》之《楚策》和《魏策》,《吕氏春秋》之《爱类》《淫辞》《不屈》《应言》《开春》等篇,或记其言行,或录其思想资料,或评述其学,都是研究惠施的基本史料。钱穆曾根据上述材料为惠施作传,详见其所著《惠施公孙龙》。

惠施的思想,主要体现在《庄子·天下》中保存的由其提出的十个

---

① 许维遹:《吕氏春秋集释》,中华书局2010年版,第493页。
② [清]王先谦:《荀子集解》,中华书局1997年版,第93页。
③ [清]郭庆藩:《庄子集释》,中华书局2010年版,第1112页。

命题，即"历物十事"，可见惠施思想之一斑：一、"至大无外，谓之大一；至小无内，谓之小一。"二、"无厚不可积也，其大千里。"三、"天与地卑，山与泽平。"四、"日方中方睨，物方生方死。"五、"大同而与小同异，此之谓小同异；万物毕同毕异，此之谓大同异。"六、"南方无穷而有穷。"七、"今日适越而昔来。"八、"连环可解也。"九、"我知天下之中央，燕之北越之南是也。"十、"泛爱万物，天地一体也。"①

惠施是名家"合同异"派的代表人物，他的"历物十事"虽然主要是对自然界的分析，却贯穿着"合同异"的思想，含有辩证的因素。惠施认为："大同而与小同异，此之谓小同异；万物毕同毕异，此之谓大同异。"这是指事物本身的同一与差别的相对性。什么是"大同"呢？比如马，凡是属于马这一类动物都包括在内，而其中黑马、白马、大马、小马等又有差别，叫做"小同"。由此，惠施得出万物"毕同"的结论，这样就把相同的事物和不同的事物都抽象地统一了起来，从而更进一步推出了"泛爱万物，天地一体"的结论。

惠施"历物十事"研究的对象是物质世界。他善于对物质世界的本质和规律作出哲学的概括。在"名""实"关系上，他从现实存在出发，承认"实"是第一性的，而"名"是"实"的反映，是第二性的。

惠施与庄子是好朋友，两人经常在一起辩论。由于二人性格上的差异，导致了基本立场的不同。据《庄子·秋水》记载，惠施在梁国做相时，庄子去看他。有人散布谣言说庄子是来代替惠施的相位的。惠施听后心里恐慌，便派人在国都中搜索了三天三夜。后来庄子去见惠施，便对他讲了一个寓言，把其居相位比喻为猫头鹰得着臭老鼠而自以为美。

惠施与庄子，尽管在现实政治观点和学术观念上有对立和不同，但在情谊上，惠施确是庄子的契友，这从《庄子·徐无鬼》所记载的惠施死后的一件事上可以看出。有一次庄子送葬，经过惠子的坟墓，回

---

① ［清］郭庆藩：《庄子集释》，中华书局2010年版，第1102页。

头对跟随他的人说:"楚国郢人,鼻尖上溅到一滴如蝇翼般大小的泥污,他请匠石替他削掉。匠石挥动斧头,呼呼作响,随手劈闪过去,那泥点已被完全削除,而郢人的鼻子却没有受到丝毫损伤,其人也是面不改色。宋元君听说这件事,把匠石找来说:'替我试试看。'匠石说:'我以前可以,但是我的搭档早已经死了!'于是,庄子感慨道,自从先生去世后,我也是再没有辩论的对象了!"一篇短短的寓言,流露出二人纯厚真挚的感情。

五 融合道、墨的思想家宋钘

宋钘,即宋经、宋荣子,战国时宋人。与尹文同游稷下,合称"宋尹"。宋钘提倡"接万物以别宥为始"(《庄子·天下》),认为事物首先要破除成见;提出"情欲寡浅""见侮不辱"和"救人之斗",企图从思想上消除人与人之间的矛盾。他同尹文一起号召"禁攻寝兵,救世之战",反对诸侯间的兼并战争。《汉书·艺文志》著录《宋子》十八篇(亡佚),列小说家,注谓"其言黄、老意"。

宋钘的一生,以追求利天下为己愿,在其态度和热情上有些迷执和强固。从他利天下并把禁功息兵作为义之所在来说,与墨子有相似甚至相同之处。正因为如此,后人认为宋钘和墨子思想无甚差异。实际上,宋钘的看法比墨子要激进得多。《庄子·天下》云宋钘言行:

> 不累于俗,不饰于物,不苟于人,不忮于众,愿天下之安宁以活民命,人我之养,毕足而止,以此白心。古之道术有在于是者,宋钘、尹文闻其风而悦之。作为华山之冠以自表,接万物以别宥为始。语心之容,命之曰"心之行"。以聏合欢,以调海内。请欲置之以为主。见侮不辱,救民之斗,禁攻寝兵,救世之战。以此周行天下,上说下教。虽天下不取,强聒而不舍者也。故曰:上下见厌而强见也。虽然,其为人太多,其自为太少,曰:"请欲固置五升之饭足矣。"先生恐不得饱,弟子虽饥,不忘天下,日夜不休。曰:"我

必得活哉！"图傲乎救世之士哉！曰："君子不为苛察，不以身假物。"以为无益于天下者，明之不如已也。以禁攻寝兵为外，以情欲寡浅为内。其小大精粗，其行适至是而止。①

宋钘的行为与精神，与墨家最接近。宋钘是极能自己刻苦实行兼爱的。宋钘学说的核心就是"以禁攻寝兵为外，以情欲寡浅为内"。宋钘以利天下为大愿，希望天下人安宁乐居，民生无害。因此，他反对战争并反对民人的争斗。墨子反对战争，因为战争滥杀无辜，是违背天意的不义行为，而且造成财产的浪费；宋钘反对战争，主张止功息兵，是因为他不愿意因战争而伤民命。由此看来，他固执地要求谒见诸侯，所主张的就是劝以毋相侵害而已。同时，他还劝民不斗，办法是让他们知道"见侮不辱"。亦即不以他人之侮为辱，通过内心的无限恢弘宽大，化干戈为玉帛。宋钘的行为，是很能表现兼爱精神的。他说："明见侮不辱，使人不斗。人皆以见侮为辱，故斗也；知见侮之为不辱，则不斗矣。"（《荀子·正论》引）说明白这种道理，人与人之间就没有争斗了。因此，他强调人与人之间应该宽容。宋钘的非攻之法就是调和劝说，但他的主张却不能为人所接受。因为见侮不辱，必定不会停留在心理上，而必然也表现在行为上。不管之间如何，对于来自外界的侮辱，我一定会加以反抗的，因为我被侮辱，是感情甚于立志，尽管有时可能是直接的行为错了，那种侮慢仍是要加以抗拒的。在另一种情况下，人们也难以接受这种理论。从道德上说，对我来说是侮辱的行为，我当然会视为恶行，加以反抗。但是，宋钘有其辩解的理由。

首先，对于反对者来说，在不道德的社会及强权面前，人们并没有感到侮辱，甚至捍卫尊卑等级秩序。其次，宋钘说，人们以为名誉、地位的丧失是一种侮辱，但这些都是身外之物。《庄子》曾描述过"不累于俗，不饰于物"的态度，说明他确有违背世俗的见解！《庄子·逍遥游》

---

① ［清］郭庆藩：《庄子集释》，中华书局2010年版，第1082—1083页。

说："故夫知效一官，行比一乡，德合一君，而征一国者，其自视也亦若此矣。而宋荣子犹然笑之。且举世誉之而不加劝,举世非之而不加沮,定乎内外之分,辩乎荣辱之境,斯已矣。"宋荣子真诚地以此教人。最后，这确实为一种解决争斗的方法。如果每个人都能以侮为外物，不伤及内心世界，或者在观念中认为不值得计较，以德报怨，而不是冤冤相报，争斗也就不会有了。

宋钘见侮不辱的依据是情欲寡浅。情欲寡浅是自我节制的生活态度。这种生活态度体现在宋荣子身上是很完美的。后人评议"其自为太少"，可谓明证。尽管荀子讥之甚烈，以为情欲之满足乃是理之当然，但宋钘从个人生活的节制引出互不侵扰、相互安止并非没有根据。

情欲寡浅与道家生活态度相似。老子主张少私寡欲，表现为"见素抱朴，少私寡欲"(《十九章》)"治人、事天莫若啬。夫唯啬，是为早服，早服谓之重积德"(《五十九章》)。宋钘认为"人之情，欲寡"，批评"以己之情为欲多，是过也"。与老子"大辩若讷""知者不言"的论辩观不同的是，宋钘积极宣扬自己的寡欲观，"故率其群徒，辨其谈说，明其譬称，将使人知情欲之寡也"(《荀子·正论》)。

宋钘禁功寝兵的思想也与老子相似。战争带给人民的永远是灾难。老子主张"以道佐人主者,不以兵强天下"(《三十章》),基于战争的危害："师之所处，荆棘生焉，大军之后，必有凶年。"（同上）老子强烈反对战争。但老子尚能正视不可避免的战争，不反对自卫战争，而且提出"抗兵相加，哀者胜矣"(《六十九章》),"以奇用兵"(《五十七章》)等战术原则和用兵方法。宋钘"禁功寝兵"出自老子的"不以兵强天下"，只是宋钘丢弃老子"不得已而用之"的前提，否定一切战争的必要性，以"见侮不辱"的修养原则说服统治者不以意气用事，不逞强好胜，以此达到禁功。应当说宋钘不了解战争的原因,但是他主张的"见侮不辱"却是老子所主张的心理调适方法和出世做人的原则。老子认为能承受国之垢和天下不祥之人才是真正的君主。国之垢尚且能受，何况是一般的侮辱呢？能明此道理，一切纷争自可平息，战争自可止。

而宋钘"不累于俗，不饰于物，不苟于人，不忮于众"的生活态度，又与墨家成为比照。此外，"见侮不辱"这一观念，加深了不累于俗的思想个性。因而，宋钘的人生哲学的特色就由此突出了。

《庄子·天下》还叙及宋钘"作为华山之冠以自表"，也是真实的。华山之冠，即平坦均齐，使人人都能满足，以寡浅的情欲为满足。如果贫富悬殊过甚，富贵者表现为追求情欲的偏见，贫者不能生存。因此，均平是人我皆毕足的条件。宋钘的理论，包含了反对等级贵贱以及君主政治的内容。这种理论，被后来主张尊卑次序的荀子大加鞭答，并以为其泯灭差等而不分君臣，是惑世之见。

不言而喻，宋钘及其追随者是利他主义者。如果说墨子的利天下已经足以使人感动，那么，宋钘的追求就更加可钦可赞了。墨子希望人们的互爱互利，包含着对权贵阶层的期望。但宋钘却否定那种上下尊卑等级，而是通过情欲寡浅的修养，放弃斗殴，以互助均平来实现天下民众皆能安宁的理想。他们达到了自己虽饥而不忘天下的境界，更是对墨派精神的弘扬。不过，这种生活态度在具有救世行为的同时，也带有谦抑自足而缺少社会发展眼光。墨子认为天下人互利以合理的自理，利也多，善就越多；宋钘则认为，只要均平，不能所求过多，否则会引起争斗。这就是宋钘与墨家理想的异同之处。

六　孟子与宋国

孟子是我国古代伟大的思想家，在儒学发展史上，他是继孔子之后先秦儒家的最重要代表。他的思想继承和发展了孔子学说，对后世儒学，特别是宋明理学，有着深刻的影响，为中国传统思想文化作出了非常重要的贡献。

孟子，名轲，战国时期邹国人，大约生于公元前 372 年，卒于公元前 289 年。孟子的家世，史书上没有可靠的记载。相传孟子的先祖是鲁国贵族孟孙氏，后来家族衰落，不知何时徙居邹国。孟子幼年丧父，家庭贫穷，母亲对他的教育非常严格。《韩诗外传》载有"孟母断织"，《列女传》载有"孟母三迁"的故事，大致反映了孟子少年时代的家庭状况。孟子青年时代在鲁国求学，《史记》说他"受业子思门人"（《史记·孟子荀卿列传》），他自己也说："予未得为孔子徒也，予私淑诸人也。"（《离娄下》）他师事孔门后学，得孔子学说的嫡传。他说："乃所愿，则学孔子也。"（《公孙丑上》）以孔子思想的继承人自居。

四十岁之前，孟子主要在邹、鲁一带讲学，他继承孔子思想，宣扬仁义学说，但此时尚是庶民，在政治上影响不大。约在四十岁时，邹穆王闻其贤名，举他为士，这才算登上了政治舞台。他曾劝谏邹穆王实行仁政，爱民安邦，但邹国是一个弱小国家，难以实现孟子治国平天下的政治抱负。他在四十岁时，便率领弟子出游实力强盛的齐国。在齐国期间，孟子积极宣扬仁政主张，而齐威王却一心要振兴齐桓公的霸业，对他的主张不感兴趣。公元前323年，孟子离开齐国。

离开齐国后，孟子率领弟子前往宋国，帮助宋王偃实行仁政。当时宋王偃年轻而又沉迷于酒色，左右贤才不多。

孟子对帮助宋国以"仁政"而"王天下"充满信心。《孟子》一书记载，他的弟子万章问他："宋国是个小国，而今将要实行仁政，齐、楚两个大国很厌恶它，用武力进行征伐，怎么办呢？"孟子以商汤王和周武王成就大业为例，回答说：依靠实力称霸诸侯，必须大国才能够办到，而以仁政使天下顺从，就不必一定是大国，小国也能办到。因为实行仁政，商汤仅依靠方圆七十里的土地，周文王仅依靠方圆百里的土地，也能深得民心，最后使天下归顺。依靠实力迫使人家服从，人家不会心服，只不过是因为实力比不上罢了；依靠仁德使人服从，人家就真心实意地顺从，好比是七十多位弟子归顺孔子那样。宋王偃"苟行王政，四海之内皆举首而望之，欲以为君，齐、楚虽大，何畏焉？"可见他对帮助宋王偃称霸的信心。

孟子的人格观念极强。他到了宋国，住在馆驿里等待宋君召见。弟子公孙丑问他：为什么要等宋君召见，不去主动请求宋君接见呢？他说"古者不为臣不见"，意思是说，我不是他的臣子，没有义务去见他。又说："说大人，则藐之，勿视其巍巍然。"意思是：向诸侯进言，应该藐视他，不要看见他的威严就胆怯。

宋国的主政大尹（国相）戴不胜去见孟子，孟子有些不悦，他问戴不胜宋君身边的大臣有多少赞成实行仁政的。戴不胜说只有薛居州最热心。当时宋王偃还年幼，宋国是太后和大尹主政。孟子说："你希望你的君王向善吗？我明白告诉你吧。比方说，楚国有一个大夫想让他的儿子学习齐国话，是叫他去齐国学习好，还是请一个齐国人到楚国教他好？"戴不胜说："当然是前者。"孟子说："对呀。请一个齐国人到楚国教他，他身边都是说楚国话的人，整天吵吵嚷嚷地搅扰他。在这样的环境中，就是用鞭子抽他，他也学不会齐国话。如果那位大夫将儿子带到齐国去，让他在齐国都城临淄的闹市住几年，他的齐国话很快就会学好，即使不让他说齐国话，甚至用鞭子抽他强迫他说楚国话也办不到！薛居州是个道德高尚又有学问的人。但如今宋君生活在充满征战气氛的环境中，身边只有一个主张行仁政的薛居州，能影响他多少呢？"他认为宋国要施行仁政，必须要靠外部力量对宋君进行感化，而宋王偃身边只有薛居州、戴不胜等少数几个仁人善士，仅靠他们是远远不够的，于是他建议在宋君周围大量安排善士。如果宋君身边都是薛居州那样的人，年幼的宋君受的都是良好的影响，宋国的事情就好办了。

戴不胜向孟子请教实行仁政的具体事项。孟子说，譬如收税，可废除其他杂税，只收十分之一的税。戴不胜说："实行十抽一的税率，废除关卡与商品的赋税，今年还难以办到，稍减轻一点还可以，等明年再完全实行怎样？"孟子说："如果有一个人一天偷邻居一只鸡，有人告诫他说：'这不是正派人所干的事。'他回答说：'请求减少一点，一个月偷一只鸡，等明年再不偷了。'你觉得怎么样……如果知道原来做的不符合道义,就应该马上停止,为何要等到明年?"

孟子在宋国一段时间,发现宋国君主手下的贤臣很少,而无德无才的人却很多。宋君手下竟有人说:老夫子的仁政这么好,他为什么不在邹国推行,反倒来宋国兜售?明明是来骗饭吃的。还有人说他连过去的墨子都不如,墨子讲非攻也讲军事,研究守城之械,他则一点军事都不讲,他是知其不可为而为之。有一位宋臣劝孟子放弃仁政主张,说若能如此,就保举他在宋国任要职。

这些使孟子非常失望,便要离开宋国。宋王偃听说他要走,便以七十镒金馈赠,他接受了。后来他的弟子陈臻问他:"前日于齐,王馈兼金一百而不受;于宋,馈七十镒而受……前日之不受是,则今日之受非也。今日之受是,则前日之不受非也。夫子必居一于此矣。"(《孟子·公孙丑下》)孟子说,前日之不受和今日之受"皆是也",无一是不对的。"当在宋也,予将远行,行者必以赆。辞曰:'馈赆。'(赠你作路费)予何为不受?若于齐,则未有处也(没说出馈赠的理由)。无处而馈之,是货(收买)之也。焉有君子而可以货取乎?"

第五章 秦朝时期

第一节 秦朝时期商丘地区的行政归属

秦朝建立后,秦始皇分天下为三十六郡,郡下设县,县下设乡,乡又由亭、里组成。秦朝在今商丘一带设砀郡、陈郡。

一 砀郡及其今属商丘地区的辖县

关于秦之砀郡,在战国时期当属魏地。据史料记载,公元前225年秦灭魏,取其地设郡,并因境内有砀山而得名。郡治砀(今安徽砀山县南,河南夏邑东北)。关于秦代砀郡的大致位置,根据谭其骧的观点:

> (砀郡)西界至大梁,辨见三川。北无济阴,辨见东郡。西南柘、苦二县当属陈,《汉志》如是也。南界当有《汉志》沛郡西北诸县之地。《梁孝王世家》:武帝元朔中,平王襄有罪,削其八城(《汉书·文三王传》作五县,钱氏大昕已证其不可信)。《王子侯表》,孝元以后梁王子分封属沛者又八国。以地望准之,自郸、谯北至芒、栗,则所削八县也;自栗以西北,则分封别属之八邑也。(见《汉志》者六)沛与山阳、陈留皆邻接梁国,所以知削县入沛者,以《汉志》三郡领县之数,沛为特多也。(沛三十七,山阳二十三,陈留十七,沛属县得自其他王国分封者仅二县,而山阳领县中,已有八县得自梁、东平之分封)故吴、楚之反,先击梁棘壁,足证其时砀南之地,

犹为梁有。(棘壁即《睢水注》之棘亭,在芒县西南)汉之东平及东郡之寿良,虽亦在梁孝王封域内,地近齐、鲁,似不得属砀,山阳自泗以东亦然。全祖望曰:东平本宋地,宋亡,齐得之,本不属梁,其属梁自封彭越始,秦属齐郡,楚汉之际,属楚国也。今按项羽自王梁楚地九郡,而齐地别为齐、济北、胶东三国,东平若秦属齐郡,则羽不得有之,当从《元和志》作属薛郡。迨羽亡而分其楚地王韩信,梁地王彭越,楚大梁小,故割东平之地以畀梁耳。①

可知,砀郡的大致位置在今安徽砀山以西,亳州以北,河南开封以东,山东巨野以南的广大地区。有关秦砀郡置县的具体数量及其确切位置,文献没有直接记载,我们仅能从其他文献中予以旁证。

砀县。秦封泥有"砀丞之印","砀"即为砀县。传世文献中有关秦末砀县的几则史料,亦为秦代砀县的存在提供了充分依据。《史记·项羽本纪》:"项羽军彭城西,沛公军砀。"②《史记·曹相国世家》:"东取砀、萧、彭城。"③《水经·获水注》:"应劭曰:县有砀山,山在东,出文石,秦立砀郡,盖取山之名也。"由于彭城、萧县在秦代置县史上已为定论,从上述前两则史料的语序看,砀县在秦之存在当属可信。《水经》乃我国古代记载河流的地理专著,加之引用汉代学者应劭观点,应劭生活年代离秦代不远,其史料真实性当可令人信服。关于秦代砀县的辖域,清代顾祖禹曾在《读史方舆纪要》中考证:"砀山县,州西百七十里。西北至山东单县九十里,东南至河南永城县百二十里。秦置砀郡及砀县。二世二年,沛公攻砀,拔之。汉改郡曰梁国,砀县属焉。"④由此考证,今商丘夏邑以东、商丘永城芒砀山以北的部分区域应属于秦代砀县辖区范围。

---

① 谭其骧:《秦郡界址考》,见《长水集》,人民出版社1987年版,第15—16页。
② [汉]司马迁:《史记》,中华书局1982年版,第305页。
③ [汉]司马迁:《史记》,中华书局1982年版,第2025页。
④ [清]顾祖禹:《读史方舆纪要》,中华书局2010年版,第1407页。

芒县。秦封泥有"芒丞之印","芒"即为芒县。文献记载如：

《史记·高祖本纪》："高祖即自疑,亡匿,隐于芒、砀山泽岩石之间。"①

《通典》："谯郡永城,有砀山,汉高帝隐于芒、砀山泽间,即此地。汉芒县故城在今县北。"②

《元和郡县图志》卷七："永城县,因隋旧县,本秦芒县地。"③

关于芒县的具体位置：《读史方舆纪要》河南归德府永城县："在府东一百八十里。西北至徐州砀山县百二十里,东南至南直宿州百三十里,西南至亳州百五十里。春秋芒邑地,汉为芒县,属沛郡。"④由此可以断定,今河南永城市东北、北部部分区域应归属于秦代芒县管辖范围。

酇县。秦封泥同样有"酇丞之印",为秦代设置酇县提供了证据。《史记·陈涉世家》：葛婴"攻铚、酇、苦、柘、谯皆下之"⑤。《读史方舆纪要》："酇县城,在县西南,本秦县,属泗水郡。陈胜初起,攻酇下之。汉亦为酇县,属沛郡。"⑥后代学者认定,此书认为酇县在秦代属于泗水郡为误,酇县当属砀郡,其故址在今河南永城西。

虞县。《史记·高祖本纪》："汉王从之,稍收士卒,军砀。汉王乃西过梁地,至虞。"⑦《史记·绛侯周勃世家》："下下邑,先登。赐爵五大夫。攻蒙、虞,取之。"⑧《史记·曹相国世家》："又攻下邑以西至虞,击章邯车骑。"秦虞县故址在今河南虞城北。

蒙县。《史记·绛侯周勃世家》："攻蒙、虞,取之。"其故址即今河南商丘梁园区境内。

睢阳县。《史记·项羽本纪》："东至睢阳,闻之皆争下项王。"《史记·魏

---

① [汉]司马迁：《史记》,中华书局1982年版,第384页。
② [唐]杜佑：《通典》,中华书局1988年版,第4665页。
③ [唐]李吉甫：《元和郡县图志》,中华书局1983年版,第187页。
④ [唐]顾祖禹：《读史方舆纪要》,中华书局2010年版,第2350页。
⑤ [汉]司马迁：《史记》,中华书局1982年版,第1952页。
⑥ [唐]顾祖禹：《读史方舆纪要》,中华书局2010年版,第2351页。
⑦ [汉]司马迁：《史记》,中华书局1982年版,第299页。
⑧ [汉]司马迁：《史记》,中华书局1982年版,第2065页。

豹彭越列传》："彭越攻下睢阳、外黄十七城。"《史记·樊郦滕灌列传》："灌婴者，睢阳贩缯者也。"《水经·睢水注》："睢水又东径睢阳县故城南。周成王封微子启于宋，以嗣殷后，为宋都也。……秦始皇二十二年，以为砀郡。"《读史方舆纪要》："商丘县，附郭。古商丘，为阏伯之墟。春秋宋国都也。秦置睢阳县。汉因之，梁国都于此。"考古调查表明，河南商丘睢阳故城略呈平行四边形，东墙长 2900 米，西墙长 3010 米，南墙长 3550 米，北墙长 3252 米，时代从东周至汉代，汉代城墙下叠压春秋宋国都城，汉代为梁孝王之都。

外黄县。《史记·项羽本纪》："还攻外黄，外黄未下。"《正义》引《括地志》云："故周城即外黄之地，在雍丘县东。"又："外黄令舍人儿年十三，往说项王。"① 《史记·张耳陈余列传》："张耳尝亡命游外黄，外黄富人女甚美……嫁之张耳……张耳以故致千里客，乃宦魏为外黄令。"② 《史记·魏豹彭越列传》："彭越攻下睢阳、外黄十七城。"③ 《史记·樊郦滕灌列传》："（樊哙）击破王武、程处军于外黄。"④ 《读史方舆纪要》："外黄城，县东北六十里。《左传》：鲁惠公季年，败宋师于黄。杜预曰：外黄县东有黄城。《战国策》：苏代曰：决白马之口，魏无黄、济阳。秦置外黄县。二世二年，沛公、项羽自雍丘还攻外黄。汉四年，项羽攻外黄，怒其不早下，将坑之，以舍人儿言而止。汉亦曰外黄县，属陈留郡，郡都尉治焉。张晏曰：魏郡有内黄，故此加外。"考古调查表明，商丘民权外黄故城的面积约 78 万平方米。

襄邑县。《史记·樊郦滕灌列传》："（灌婴）起阳武，至襄邑，击项羽之将项冠于鲁下，破之。"⑤ 《史记·傅靳蒯成列传》："（靳歙）起

---

① ［汉］司马迁：《史记》，中华书局 1982 年版，第 299 页。
② ［汉］司马迁：《史记》，中华书局 1982 年版，第 2571 页。
③ ［汉］司马迁：《史记》，中华书局 1982 年版，第 299 页。
④ ［汉］司马迁：《史记》，中华书局 1982 年版，第 2564 页。
⑤ ［汉］司马迁：《史记》，中华书局 1982 年版，第 2668 页。

荥阳，至襄邑。"①《水经·淮水注》："又东径襄邑县故城南，故宋之承匡、襄牛之地。宋襄公之所葬，故号襄陵矣。……西有承匡城，《春秋》'会于承匡者也'。秦始皇以承匡卑湿，徙县于襄陵，更为襄邑。"②《元和郡县图志》："襄邑县，本汉旧县。即春秋时宋襄牛地也。秦始皇徙承匡县于襄陵，改为襄邑县。"《读史方舆纪要》："襄邑废县，今州治。故宋承匡邑之襄牛地。……秦置襄邑县。"秦襄邑故址即今河南省睢县。

谷县。秦谷县即文献中之甾县。马王堆汉墓出土《战国纵横家书》中"苏秦自赵献书于齐王章"言："今燕赵之兵皆矣，愈疾攻甾。"又《史记·傅靳蒯成列传》："略梁地，别将击邢说军甾南，破之。"《集解》引徐广曰"今曰考城"。《索隐》："（甾）音灾。今为考城，属济阴也。"③《汉志》作甾，属梁国。马非百考证引《陈留风俗传》曰："（考城县）秦之谷县也，后遭汉兵起，邑多灾年，故改曰甾县，王莽更后嘉谷。汉章帝东巡过县，诏曰陈留甾县，其名不善。高祖鄙柏人之邑，世宗休闻喜而显获嘉应，亨吉元符，嘉皇灵之故，赐越有光，列考武王，其改甾县曰考城。"④秦谷县故址在今河南民权境。秦时该地多遭水灾，县址屡次迁移，至清乾隆四十八年（1783），考城知县雷逊筑新城于固阳（今兰考县城），考城县县治才迁入今兰考境界。此前，谷县、甾县、考城等，其治地多在现商丘民权境内。

栗县。《史记·绛侯周勃世家》："攻爰戚、东缗，以往至栗。"⑤《史记·项羽本纪》："项梁已并秦嘉军，军胡陵，将引军而西。章邯军至栗。"⑥《资治通鉴·秦纪三》："十二月，沛公引兵至栗，遇刚武侯，夺

---

① ［汉］司马迁：《史记》，中华书局1982年版，第2710页。
② ［北魏］郦道元著，陈桥驿校证：《水经注校证》，中华书局2007年版，第710页。
③ ［汉］司马迁：《史记》，中华书局1982年版，第2709—2710页。
④ 仓修良：《方志学通论》，齐鲁书社1990年版，第164页。
⑤ ［汉］司马迁：《史记》，中华书局1982年版，第2066页。
⑥ ［汉］司马迁：《史记》，中华书局1982年版，第299页。

其军四千余人，并之；与魏将皇欣、武满军合攻秦军，破之。"《商丘地区地名荟萃》："古县名。故城即今夏邑县老城。秦置栗县，属砀郡。西汉仍之，属沛郡。征和元年（前92）封赵敬肃王子乐为侯国。王莽改曰成富，东汉省。三国魏复置县。北魏孝昌二年（526）移下邑县于栗城，栗遂废。"①

棘壁县。《史记·梁孝王世家》："吴楚先击梁棘壁。"②《史记·楚元王世家》："戊则杀尚、夷吾，起兵与吴西攻梁，破棘壁。"《正义》引《括地志》云："大棘故城在宋州宁陵县西七十里，即梁棘壁。"③从上述史料的叙述看，吴楚大军在攻打梁国进程中，先攻打棘壁，然后再攻打睢阳。棘壁与睢阳在战略地位及行政区划上应有类似的可能。加之吴楚大军击破棘壁后，杀梁国士兵万余人，如果不是一个军事重镇，布置如此重兵的可能性也很小。依《括地志》观点，秦之棘壁县应在今天宁陵境内。而从汉代吴楚之乱推断，此观点似不可信。七国之乱之际，梁王刘武派兵守住棘壁，被吴楚兵一鼓陷入，杀伤梁兵数万人。再由梁王遣将截击，复为所败。梁王大惧，固守睢阳。从当时的历史事实看，吴楚大军的目的在于打通去往洛阳、荥阳乃至长安的道路，如果棘壁在今天宁陵县西七十里的话，既然攻破了棘壁，就可一路西行，直捣洛阳与荥阳，哪还有再回头攻打睢阳的道理。由此断定，棘壁应在睢阳以东今河南永城西北、夏邑东南之间的梁国境内。

下邑县。《国语·晋语九》："下邑之役，董安于多。"④《史记·曹相国世家》："又攻下邑以西。"⑤《史记·高祖本纪》："吕后兄周吕侯为汉将兵，居下邑。汉王从之，稍收士卒，军砀。"⑥

---

① 商丘地区地名办公室编：《商丘地区地名荟萃》，中州古籍出版社1991年版，第173页。
② [汉] 司马迁：《史记》，中华书局1982年版，第2082页。
③ [汉] 司马迁：《史记》，中华书局1982年版，第1988页。
④ [春秋] 左丘明：《国语》，上海古籍出版社1978年版，第328页。
⑤ [汉] 司马迁：《史记》，中华书局1982年版，第2021页。
⑥ [汉] 司马迁：《史记》，中华书局1982年版，第371页。

嘉靖《夏邑县志》卷八:"归德府下邑县尹商君其人也。君讳晦,字继显,东昌人。"上述史料表明,秦代已有下邑建置,但其治所位置,以往学界多认定在今天安徽砀山县城以东,但从其他下邑建置变革的历史变迁而言,应在今河南夏邑与安徽砀山之间。

二 陈郡及其今属商丘地区的辖县

关于秦代是否设有陈郡,学界也有截然不同的观点。

第一种观点认定秦代设有陈郡,治所在陈,即今河南淮阳。也有人称淮阳郡、陈国或淮阳国等。《史记·秦始皇本纪》:二十三年,"取陈以南至平舆,虏荆王"①,但没有提到置郡之事。《史记·陈涉世家》云:"陈涉收兵北至陈,攻陈,陈守令皆不在。"王国维认为,"至二世时,则有陈守、东海守见于《陈涉世家》,则秦之末年又置陈与东海二郡"②。谭其骧《中国历史地图集》与《辞海·历史地理分册》中都坚持秦代设有陈郡的观点。并通过考证认为,陈郡地望大致在今河南省中东部、南部,共管辖县治12个,大致为陈县、固陵、阳夏、柘县、苦县、新阳、汝阴、寝县、新蔡、平舆、上蔡、项县。

柘县。秦封泥有"柘丞之印"。《汉志》淮阳国有柘县。《史记·陈涉世家》:"攻铚、酂、苦、柘、谯皆下之。"徐广曰:"苦、柘属陈。"《史记·樊郦滕灌列传》:"击破柘公王武,军于燕西。"《元和郡县图志》柘城县云:"本陈之株邑,……至秦为柘县,……至晋太康中废。隋开皇十六年复置。"秦柘县故址在今河南省柘城县。

苦县。西安相家巷出土秦封泥有"苦丞之印"。《史记·老子韩非列传》:"老子者,楚苦县厉乡曲仁里人也。"《史记·陈涉世家》:"葛婴将兵徇蕲以东,攻铚、酂、苦、柘、谯皆下之。"《史记·樊郦滕灌列传》:"(灌婴)攻苦、谯,复得亚将周兰,与汉王会颐乡。"集解引徐广曰:"苦县有颐

---

① [汉] 司马迁:《史记》,中华书局1982年版,第234页。
② 王国维:《秦郡考》,见《观堂集林(外二种)》,河北教育出版社2003年版,第273页。

乡。"《汉志》淮阳国苦县,"莽曰赖陵"。《读史方舆纪要》河南归德府鹿邑县苦县城:"县东七十里,即楚之苦县。汉因之,县属淮阳国。"秦苦县其治地在今河南鹿邑。

由此可见,今天商丘的建置在秦代大部分属于砀郡,小部分属于陈郡。由于很难考辨当时郡与郡之间的具体划界,也不排除当时的周边郡辖地区管制今天商丘地区的可能,就县域而言,大致有砀县、芒县、鄫县、棘壁县、下邑县、栗县、蒙县、虞县、睢阳县、谷县、襄邑县、外黄县及柘县、苦县等。

第二节 轰轰烈烈的反秦斗争

秦朝建立后,统治残暴,给人民带来深重的痛苦和极大的灾难,也加速了自身走向消亡的进程。秦朝暴政主要表现在两个方面:一是赋税与徭役沉重。秦王朝为了维持庞大的军队和官僚机构,频繁向民众大量征收赋税。苛重的赋敛给刚刚有所恢复的农业带来毁灭性打击,致使出现"男子疾耕不足于粮饷,女子纺绩不足于盖形"的局面。二是秦朝法令苛刻严酷。为了加强中央集权,秦朝从中央至乡亭,均布置了严密的刑网,在苛刻严酷的刑法基础上,又赋之"族诛"与"连坐"等,最终导致"赭衣塞路,囹圄成市"的局面。

公元前210年,秦始皇又一次开始大规模的巡游,当年七月,在巡游途中,病死于沙丘平台。秦始皇死后,少子胡亥与中车府令赵高合谋而篡夺皇位,史称秦二世。

二世篡夺皇位后,便暴露其凶残毒辣的真面目。他开始大肆屠杀异己,首先与赵高合谋,除掉公子扶苏;为防止其他诸公子争位,便采取各种残忍的手段,对他们大开杀戒,如逮捕公子将闾兄弟三人到宫廷问罪,史载:"二世使使令将闾曰:'公子不臣,罪当死,吏致法焉。'将闾曰:'阙廷之礼,吾未尝敢不从宾赞也;廊庙之位,吾未尝敢失节也;受命应对,吾未尝敢失辞也。何谓不臣?愿闻罪而死。'使者曰:'臣不得与谋,奉书从事。'将闾乃仰天大呼天者三,曰:'天乎!吾无罪!'昆弟三人皆流涕拔剑自杀。"① 公子将闾兄弟三人被杀后,"宗室振恐"②。除此以外,秦二世还与赵高以莫须有的罪名除掉秦始皇的功臣、手握兵权的蒙恬、蒙毅兄弟等。

在屠杀功臣、异己之余,秦二世还滥杀无辜,如在埋葬秦始皇时,由于担心修筑陵墓的工匠们泄露机密,竟下令将全部工匠关进墓中作为陪葬。此时,"法令诛罚日益刻深,群臣人人自危,欲畔者众"③,"刑者相半于道,而死人日成积于市。杀人众者为忠臣"④。

不仅如此,秦二世还大兴徭役,加重赋敛,进一步加重了对农民的剥削与压迫,横征暴敛异常严重,"赋敛愈重,戍徭无已"⑤,"田租口赋,盐铁之利,二十倍于古"⑥,农民生活异常悲惨,"衣牛马之衣,食犬彘之食"⑦。秦二世的残暴统治,促进了社会矛盾的进一步恶化。秦王朝的横征暴敛,不仅严重破坏了社会经济,更加速了自身的灭亡。正是在这种情况下,一场以推翻暴秦统治为目的的农民起义一触即发。后来,陈胜、吴广振臂一呼,天下云集响应,最终导致秦王朝土崩瓦解。

一 陈胜、吴广起义与商丘

陈胜(?—前208),字涉,阳城(今河南平舆阳城镇)人,秦末农民起义领袖。陈胜出身于贫苦农家,少时迫于生计,为人佣耕,深受剥削和压迫,但胸怀大志,萌生反剥削与压迫的思想。陈胜不甘心为人奴役,有一次在耕种田地时曾对同伴们说"苟富贵,无相忘",同

---

① [汉] 司马迁:《史记》,中华书局1982年版,第268页。
② [汉] 司马迁:《史记》,中华书局1982年版,第268页。
③ [汉] 司马迁:《史记》,中华书局1982年版,第2553页。
④ [汉] 司马迁:《史记》,中华书局1982年版,第2557页。
⑤ [汉] 司马迁:《史记》,中华书局1982年版,第2553页。
⑥ [汉] 班固:《汉书》,中华书局1962年版,第1137页。
⑦ [汉] 班固:《汉书》,中华书局1962年版,第1137页。

时发出了"燕雀安知鸿鹄之志哉"这样含有改变自身命运的强烈呼声。吴广(?—前208),字叔,阳夏(今河南太康)人,出身贫农。陈胜、吴广相同的出身,让他们走到了一起,共同投身于反秦的时代洪流中,成为秦末农民起义的主要领导者。

秦二世元年(前209)七月,朝廷征发闾左贫民百姓九百余人戍守渔阳(今北京密云西南),押解队伍的是两名朝廷的监军。陈胜、吴广也被编在这支队伍中,同时被监军选为屯长,作为队伍的管理者。当他们途径蕲县大泽乡(今安徽宿州西南)时,天降暴雨。大泽乡靠近淮河支流浍河,地势低洼,大水淹没了道路,迫使队伍停了下来。因道路阻塞,不能按时到达目的地渔阳,大家都非常担心,因为按照当时的律法,误期当斩,死亡威胁着每一个人。

陈胜、吴广心急如焚,他们共同商量,认为误期是死,逃亡被抓是死,起来反抗也是死,同样是死,还不如起来反抗,或许还有一条生路。情急之下,陈胜、吴广领导戍卒在大泽中杀死了两名监军,发动兵变,拉开了秦末农民起义的序幕:"始皇既没,余威震于殊俗。然而陈涉,瓮牖绳枢之子,氓隶之人,而迁徙之徒也。材能不及中人,非有仲尼、墨翟之贤,陶朱、猗顿之富。蹑足行伍之间,俯起阡陌之中,率疲弊之卒,将数百之众,转而攻秦。斩木为兵,揭竿为旗,天下云合响应,赢粮而景从,山东豪杰遂并起而亡秦族矣。"① 中国历史上第一次大规模的农民起义就这样爆发了。《史记·陈涉世家》记载:陈胜、吴广起义时,"陈胜自立为将军,吴广为都尉。攻大泽乡,收而攻蕲。蕲下,乃令符离人葛婴将兵徇蕲以东。攻铚、酂、苦、柘、谯皆下之。行收兵。比至陈,车六七百乘,骑千余,卒数万人。攻陈,陈守令皆不在,独守丞与战谯门中。弗胜,守丞死,乃入据陈。数日,号令召三老、豪杰与皆来会计事。三老、豪杰皆曰:'将军身被坚执锐,伐无道,诛暴秦,复立楚国之社稷,

---

① [汉]贾谊撰,吴云、李春台校注:《新书·过秦上》,见《贾谊集校注》,天津古籍出版社2010年增订版,第4页。

功宜为王。'陈涉乃立为王,号为张楚。当此时,诸郡县苦秦吏者,皆刑其长吏,杀之以应陈涉"①。陈胜起义时令葛婴所攻的酂(今商丘永城酂城镇)、柘(今商丘柘城)等地,均在今商丘境内,而这些地方,也是陈胜起义后的主要活动区域。

陈胜攻下陈(今河南淮阳)后,拥兵数万,自立为王,定国号张楚。张楚政权的建立,促进了反秦斗争的高涨,各地纷纷响应,涌现出了刘邦、项羽等著名的反秦起义首领。

秦二世二年,"腊月,陈王之汝阴,还至下城父,其御庄贾杀以降秦。陈胜葬砀,谥曰隐王"②。陈胜被车夫庄贾杀害后,葬于砀,唐人张守节《史记正义》云:"(砀)音唐。今宋州砀山县是。"③《水经注》:"获水又东径砀县故城北,应劭曰:县有砀山,山在东,出文石,秦立砀郡,盖取山之名也。……陂水东注,谓之谷水,东径安山北,即砀北山也。山有陈胜墓,秦乱,首兵发秦,弗终厥谋,死,葬于砀,谥曰隐王也。"④《水经注》所提及的砀北山,即今商丘永城芒砀山。

陈胜墓位于今永城芒砀山主峰西南麓,高5米,周长约50米,坟茔以1.5米高的青石围圈,墓前立高2.56米石碑一通,上刻郭沫若手书"秦末农民起义领袖陈胜之墓",掩映在青松翠柏之中。

陈胜、吴广起义虽然失败了,但他们的起义是秦亡汉兴的导火线,正如司马迁所说的那样:"陈胜虽已死,其所置遣侯王将相竟亡秦,由涉首事也。"⑤虽然陈胜没有最终推翻秦王朝政权,但其"首事"之功不可低估,刘邦正是响应陈胜、吴广而起义的,最终灭掉秦朝并建立西汉政权。为了表彰陈胜"首事之功","高祖时为陈涉置守冢三十家砀"⑥,

---

① [汉]司马迁:《史记》,中华书局1982年版,第1952—1953页。
② [汉]司马迁:《史记》,中华书局1982年版,第1958页。
③ [汉]司马迁:《史记》,中华书局1982年版,第1958页。
④ [北魏]郦道元著,陈桥驿校证:《水经注校证》,中华书局2007年版,第560页。
⑤ [汉]司马迁:《史记》,中华书局1982年版,第1961页。
⑥ [汉]司马迁:《史记》,中华书局1982年版,第1961页。

至汉武帝时,依然举行"血食"祭祀。由陈胜起义的主要活动区域和其卒葬之地不难看出,商丘是可以称得上"汉兴之地"的。

二 刘邦芒砀山起兵反秦

秦朝的暴政导致政权千疮百孔,危机四伏。早在陈胜、吴广起义之前,沛县亭长刘邦就聚众在芒砀山酝酿反秦活动。尽管陈胜、吴广战死,但农民起义军对秦朝的巨大冲击,更加坚信了刘邦的抗秦决心。

(一)刘邦起兵芒砀山

刘邦(前256—前195),字季,出身农民家庭,秦朝泗水郡沛县(今江苏沛县丰邑中阳里)人。为人仁而爱人,喜施,常有大度,不事生产作业。初为泗水亭长,主要职掌社会治安与邮传,亦兼管服役刑徒的征调与押送。据《史记·高祖本纪》记载,刘邦为亭长时,曾"为县送徒郦山,徒多道亡。自度比至皆亡之,到丰西泽中,止饮,夜乃解纵所送徒。曰:'公等皆去,吾亦从此逝矣!'徒中壮士愿从者十余人。高祖被酒,夜径泽中,令一人行前。行前者还报曰:'前有大蛇当径,愿还。'高祖醉,曰:'壮士行,何畏!'乃前,拔剑击斩蛇。蛇遂分为两,径开。行数里,醉,因卧。后人来至蛇所,有一老妪夜哭。人问何哭,妪曰:'人杀吾子,故哭之。'人曰:'妪子何为见杀?'妪曰:'吾子,白帝子也,化为蛇,当道,今为赤帝子斩之,故哭。'人乃以妪为不诚,欲告之,妪因忽不见。后人至,高祖觉。后人告高祖,高祖乃心独喜,自负。诸从者日益畏之"①。

刘邦"送徒骊山",为秦始皇修筑陵墓,因为工程浩大,人力财力耗费惊人,征调的民工不够使用,为弥补人力不足,囚犯也被征调前来修建陵墓。刘邦作为沛县亭长,负责押解囚犯前往骊山。被押囚犯深知,此去骊山修陵必是九死一生,于是都在积极寻找机会逃脱,逃囚事件时有发生。此时,又适逢雨季,道路泥泞难行,队伍行进速度非

---

① [汉]司马迁:《史记》,中华书局1982年版,第347页。

常缓慢,已经无法按时到达骊山。按照秦法,队伍不能按时到达,因犯们要被砍头。另外,作为押解囚徒狱吏的刘邦,如果大量囚犯逃脱,必然要担负相应的连带责任。于是刘邦在芒砀山斩蛇起义,举兵反秦。为了鼓励部众的抗秦决心,树立自己在队伍中的权威,聪明的刘邦暗地又组织人员自编自导了一幕"老妇人哭诉赤帝子诛杀白帝子"的好戏,为其王命天赐大造舆论。在神权思想盛行的时代,刘邦的这种做法显然是有效的。刘邦的精心策划得到了队伍的拥护,反秦大幕顺势在芒砀山拉开。

(二)沛县初战"告捷"

大泽乡起义不久,沛县县吏萧何、曹参劝谏沛县县令认清形势,顺势造反,呼应起义军。县令起初不敢,但经过萧何、曹参等人的劝说,最后决心抗秦。于是命刘邦夫人吕雉和樊哙前去芒砀山寻找刘邦,希望刘邦起义军前来助己一臂之力。

当吕雉与刘邦相见之际,聪明的吕雉又巧妙运用所谓的"天子气"给刘邦赚足了人气。在樊哙的精心布局下,刘邦领导芒砀山起义军,浩浩荡荡向沛县进发。这次带兵前去沛县,可谓刘邦军事征伐的开始。当刘邦部众达到沛县之时,沛令因发现萧何等人与刘邦交情甚笃,担心发生变故,便立刻反悔此前邀请刘邦入沛之举,下令关闭城门,防守城池,并将诛杀萧何、曹参。

萧、曹二人大为惊恐,随即逃出城去投奔刘邦以求自保。刘邦便在绸绢上草就一书,用箭射到城上,送给沛县的父老,陈说利害关系。父老们便率领年轻一辈一起杀掉了县令,敞开城门迎接刘邦,拥立他为"沛公"。萧何、曹参为刘邦召集沛县青年,得三千人,以此响应诸侯抗秦。

三 刘邦、项羽在商地并肩作战

刘邦、项羽起兵之初,他们的共同敌人是秦王朝,因此,二者在较长一段时间内形成了联合反秦的局面。通过仔细分析形势，刘邦选择依附项氏叔侄。他们三人再加上英布、吕臣、蒲氏、陈婴等起义军，便汇合成了一支强大的反秦力量，是继陈胜、吴广之后，推翻秦朝统治的主要队伍。刘邦与项羽的队伍在商丘地区展开了诸多反秦战争。

（一）项梁、项羽与秦军在商丘的交锋

秦二世二年（前208），得知陈王兵败，章邯将至，项梁被委任楚上柱国，引兵西向击秦。项梁、项羽叔侄率八千江东子弟兵，一路西进，先后收编东阳（今江苏盱眙东）令史陈婴两万余人，英布、蒲将军部众至下邳（今江苏宿迁西北）时，项梁、项羽军队迅速扩大到六七万人。

吴广部下秦嘉得知陈胜兵败，乃立楚国旧贵族景驹为楚王，驻军彭城东，欲与项梁对抗。项梁对军吏说："陈王先首事，战不利，未闻所在。今秦嘉倍陈王而立景驹，逆无道。"乃进兵击秦嘉，在胡陵（今山东鱼台东南）击杀秦嘉，收降了他的部众，景驹走死梁地。项梁在击败秦嘉后，完成了张楚政权内部力量的暂时统一，自觉扮演了抗秦主力的角色。

项梁率军继续西进，与秦将章邯遇于栗县（今河南夏邑境内）。两军在栗县展开激烈交锋。面对来势汹汹的章邯大军，项梁令部将朱鸡石、余樊君迎战。由于双方实力悬殊，加之项梁军队迎战经验不足，战争朝着有利于章邯的方向发展。经过激烈厮杀，余樊君战死，朱鸡石败走至胡陵。这场与秦军的首次交锋，以项梁部众的失败而结束。尤其朱鸡石的临阵逃脱，更给项梁军队带来重大的负面作用。项梁为此十分恼火。后来，项梁率军取薛（今山东滕县东南）后，诛杀了朱鸡石，以惩其败军之罪。

在薛城，项梁命项羽攻襄城，发生了著名的襄城之战。由于守城的秦军负隅顽抗，拒不投降，项羽激战攻克后，愤怒下令坑杀守城将士。襄城之战，初次体现了项羽勇于拼杀的战斗风格，但也表露了他的残忍，这一点也正是他以后走向失败的原因之一。据史料记载，刘邦正是吸取了项羽滥杀无度的教训，才最终赢得了民心，获得天下。"项羽为人僄悍猾贼。项羽尝攻襄城，襄城无遗类，皆坑之，诸所过无不残灭。……今项羽僄悍，不可遣。独沛公素宽大长者，可遣。"①

（二）刘邦、项羽退守彭城、砀郡，以观事变

刘邦依附项梁叔侄不久，便取得了一系列胜利战果。譬如，项梁先是率领起义军大败秦军于东阿（今山东阳谷东北），接着又派刘邦、项羽攻下城阳（今山东菏泽东）。刘邦、项羽在濮阳、定陶、雍丘（今河南杞县）等地接连打败秦军，斩秦守李由。

公元前208年八月，项梁面对胜利有骄色，不听宋义的谏议，被秦军章邯大破于定陶，项梁死。楚怀王见形势危急，迁都到彭城，令陈胜旧部吕臣退守彭城东，项羽退守彭城西，刘邦退守砀郡，收缩战线，互为掎角之势，拱卫彭城。秦将章邯认为项梁已破，楚地兵不足忧，领兵北渡黄河攻击赵国，彭城压力暂时缓解。

当革命形势处于低谷之际，刘邦、项羽和吕臣等被逼无奈，引兵退守彭城和芒砀山，休整军队并静观形势的发展，为下一阶段更为残酷的军事斗争养精蓄锐。

（三）刘邦收编砀地军队，壮大力量

在项梁、项羽团结力量、奋勇抗秦的同时，刘邦也不甘示弱，积极发展自己的力量。据《史记·高祖本纪》记载，秦军"北定楚地，屠相，至砀。东阳宁君、沛公引兵西，与战萧西，不利。还收兵聚留，引兵攻砀，三日乃取砀。因收砀兵，得五六千人。攻下邑，拔之。还军丰。闻项梁在薛，从骑百余往见之"②。在这场战役之前，刘邦的兵力只有三千左右，在众多的农民起义军之中，根本得不到当时抗秦领袖项梁的重视。而砀战大捷后，刘邦以弱克强，不得不让项梁刮目相看，加之在此战役后，刘邦收编秦军五六千人，使自己的军事力量大增，近万人的规模也使项梁不得不考虑收编这支重要的抗秦力量。

---

① ［汉］司马迁：《史记》，中华书局1982年版，第356—357页。
② ［汉］司马迁：《史记》，中华书局1982年版，第352页。

秦二世三年（前207）春二月，刘邦由砀率军西上，联合彭越领导的反秦军千余人，进攻昌邑（今山东金乡西北）不利，还至栗县（今河南夏邑境内），编并了刚武侯的部队四千余人，声势渐大。然后折而向西，路过今天商丘的夏邑、虞城、宁陵、睢县、民权、柘城等地，过高阳（今河南杞县西）时，采纳监门郦食其的献计，首先攻破天下要冲且积粟甚多的陈留，得到充分的补给后，继而西进击秦。

四 刘邦、项羽在商地的斗争与厮杀

公元前206年，秦朝灭亡。早在公元前207年，项羽就自封为西楚霸王，建都彭城，同时又分封包括章邯在内的十九个诸侯王，其中，封刘邦为汉王，都南郑（今陕西汉中）。由于分封极不合理，加之项羽为巩固战争胜利而任由军队肆虐，更加激化本来就危机四伏的各起义军内部矛盾以及广大人民的反抗情绪。远在西部的刘邦，在身边谋士萧何的建议下，利用当时的反楚情绪，并以讨伐"弑君逆贼"为名，拉开了长达四年之久的楚汉争霸序幕。

（一）下邑决策，扭转战机

公元前205年春，刘邦接连收降常山王张耳、河南王申阳、韩王昌、魏王豹和殷王卬五个诸侯，得兵五十六万，军力大增。同年四月，刘邦乘项羽集中力量攻打田荣之机，率兵伐楚，直捣楚都彭城。结果，汉军没有遭遇太多抵抗，就轻易拿下彭城。项羽闻知彭城失陷，立即亲率三万精兵，从小路火速回赶，急救彭城，大败刘邦。

刘邦一行几十人好不容易逃到下邑，张良建议刘邦组建"抗楚联盟"，即激化九江王英布与项羽的矛盾，拉拢魏相国彭越，重用韩信。这就是史上著名的"下邑之谋"。

"下邑之谋"虽然不是全面的战略计划，但它构成了刘邦关于楚汉战场计划的重要内容。正是在张良的谋划下，一个内外联合共击项羽的军事联盟终于形成，扭转了楚汉战争的局势，使刘邦由战略防御转为战略进攻。事实证明了张良"下邑之谋"的正确性,最后兵围垓下打败项羽,主要依靠的正是这三支军事力量。

(二)刘邦、项羽在商丘其他地区的争夺

关于楚汉军事力量在商丘地区的争夺,史料多有记载。《史记·高祖本纪》:汉四年(前203),"(项羽)乃行击陈留、外黄、睢阳,下之。汉果数挑楚军,楚军不出,使人辱之五六日,大司马怒,度兵汜水。士卒半渡,汉击之,大破楚军。尽得楚国金玉货赂。大司马咎、长史欣皆自刭汜水上。项羽至睢阳,闻海春侯破,乃引兵还"①。"项羽解而东归。汉王欲引而西归,用留侯、陈平计,乃进兵追项羽,至阳夏南止军,与齐王信、建成侯彭越期会而击楚军。至固陵,不会。楚击汉军,大破之。"②

从以上几次楚汉争霸的史料及它们发生的主要战场区域来看,几次重大的战争都发生在睢阳与阳夏、荥阳及彭城之间,而柘城正处于阳夏与睢阳间,下邑、砀县、虞县、蒙县、睢阳及谷县等均正处于荥阳与彭城的中间地带,因此,商丘可以称得上楚汉争霸的主战场。今柘城县西北十五公里的伯岗集,旧称霸王冈,又有藏甲城,相传为项羽藏兵之地。

商丘先民因不堪忍受秦朝暴政,自觉参与到反抗暴秦的起义洪流中,他们的英勇奋战推动了历史的发展。楚汉争霸在此区域展开多重争夺与厮杀,战争给商丘人民带来了沉重的痛苦,人口减少,田地荒芜。直到西汉初年,稳定的时局才使人民生活得以安定下来。

第三节 商丘为汉兴之源

就秦末农民起义的主战区而言,商丘地区人民毫无疑问对陈胜吴广、项梁项羽、刘邦等义军给予了重大支持。

---

① [汉]司马迁:《史记》,中华书局1982年版,第375页。
② [汉]司马迁:《史记》,中华书局1982年版,第378页。

首先，商丘民众成为刘邦义军的主力军。

刘邦在永城芒砀山举起反秦大旗，芒砀山周围的民众因不满秦朝的暴政纷纷响应，加入到刘邦的队伍之中。这样，芒砀山周边民众是构成最初刘邦起义军的主体。

关于刘邦集团基本力量的最初构成，《史记·高祖本纪》大致有如下记载：

> 到丰西泽中，止饮，夜乃解纵所送徒。曰："公等皆去，吾亦从此逝矣！"徒中壮士愿从者十余人。

> 吕后曰："季所居上常有云气，故从往常得季。"高祖心喜。沛中子弟或闻之，多欲附者矣。

> （萧何、曹参）乃令樊哙召刘季。刘季之众已数十百人矣。

从上面三则资料可以看出，从刘邦刚刚起兵的几十人，到后来的"刘季之众"，尽管此处有沛县慕名而来者，但芒砀山民众应是"数十百人"的主力构成。

在《史记·高祖功臣侯者年表》中，可以发现追随刘邦的早期武装力量骨干中，有许多与"砀"有关，尽管他们有"从起砀""初起砀""初从起砀""从起砀中""起砀从"之别，但概括而言，他们都是在"砀"地加入刘邦集团的功臣。如：

> 博阳侯陈濞。以舍人从起砀，以刺客将，入汉，以都尉击项羽荥阳，绝甬道，击杀追卒功，侯。

> 颍阴侯灌婴。以中涓从起砀，至霸上，为昌文君。入汉，定三秦，食邑。以车骑将军属淮阴，定齐、淮南及下邑，杀项籍，侯，五千户。

> 蓼侯孔藂。以执盾前元年从起砀，以左司马入汉，为将军，三以都尉击项羽，属韩信，功侯。

> 费侯陈贺。以舍人前元年从起砀，以左司马入汉，用都尉属韩信，击项羽有功，为将军，定会稽、浙江、湖阳，侯。

> 隆虑哀侯周灶。以卒从起砀，以连敖入汉，以长铍都尉击项羽，

有功，侯。

曲成圉侯虫达。以西城户将卒三十七人初从起砀，至霸上，为执珪，为二队将，属悼武王，入汉，定三秦，以都尉破项羽军陈下，功侯，四千户。以将军，击燕、代，拔之。

河阳庄侯陈涓。以卒前元年起砀从，以二队将入汉，击项羽，身得郎将处，侯。以丞相定齐地。

芒侯耏跖。以门尉前元年初起砀，至霸上，为武定君，入汉，还定三秦，以都尉击项羽，侯。

棘丘侯襄。以执盾队史前元年从起砀，破秦，以治粟内史入汉，以上郡守击定西魏地，功侯。

东茅敬侯刘钊。以舍人从起砀，至霸上，以二队入汉，定三秦，以都尉击项羽，破臧荼，侯。捕韩信，为将军，益邑千户。

台定侯戴野。以舍人从起砀，用队率入汉，以都尉击籍，籍死，转击临江，属将军贾，功侯。以将军击燕。

乐成节侯丁礼。以中涓骑从起砀中，为骑将，入汉，定三秦，侯。

平皋炀侯刘它。汉六年以砀郡长初从，赐姓为刘氏，功比戴侯彭祖，五百八十户。现项氏，赐姓。

另外，还有商丘其他地方的功臣，如：

阳陵景侯傅宽。以舍人从起横阳，至霸上，为骑将，入汉，定三秦，属淮阴，定齐，为齐丞相，侯，二千六百户。

宁陵夷侯吕臣。以舍人从陈留，以郎入汉，破曹咎成皋，为上解随马，以都尉击陈豨，功侯，千户。

上述陈留、横阳均在商丘辖区以内，由此可见，在高祖兴汉的功臣中，至少有十五人以上，这个数字多于"从起沛"的十四人，反映了商丘地区的军事将领对刘邦成就帝业的重要意义。

其次，商丘地区成为刘邦抗秦与楚汉争霸的大后方。

自刘邦从芒砀山起家，至汉代江山稳定，商丘地区一直在刘邦军事行动中起到重要作用。

起兵初期，刘邦利用芒砀山的神秘及特殊的地理环境得到民众的支持，为其取得沛郡获得了政治资本。

在与秦兵直面交战初期，刘邦因砀郡战役大捷，扩大了自己队伍阵容的同时，也为获得项梁认可赚取了政治资本。获得项梁认可后，刘邦成为当时抗秦的重要力量之一。在楚怀王的统一管理下，被授予砀郡长，继续在砀郡经营自己的军队，把砀作为自己的根据地。

在楚汉战争中，在砀郡的一次重大决策，最终扭转了战争的形势，使战争的胜利天平向汉军倾斜。汉二年（前205）春，刘邦与项羽在彭城发生了直面交锋，结果汉军惨败，几乎全军覆没。许多诸侯王，纷纷背汉向楚，形势十分危急。刘邦带领少数随从逃回砀郡重阵——下邑。刘邦重要谋臣张良高屋建瓴地分析了当时的形势，建议刘邦争取当时三大抗楚关键力量，即英布、彭越与韩信。这次决议可谓扭转了当时被动的局面，为刘邦霸业起到了关键性作用。《史记·高祖本纪》："吕后兄周吕侯为汉将兵，居下邑。汉王从之，稍收士卒，军砀。汉王乃西过梁地，至虞。使谒者随何之九江王布所，曰：'公能令布举兵叛楚，项羽必留击之。得留数月，吾取天下必矣。'随何往说九江王布，布果背楚。"这场在下邑（安徽砀山与河南夏邑交界）的决策，在虞（河南商丘虞城）实施的策略，最终改变了战争的形势。

通过上述分析，芒砀山的神秘为汉的兴起提供了丰富的舆论素材，其特殊的地理环境为起义军安营扎寨聚众群雄提供了得天独厚的处所，这里的民众反抗暴秦的氛围使刘邦起义军拥有了良好的群众基础，也为起义军提供了稳定可靠的后方。一旦起义军行动遇有波折，这里都会成为他们休整、蓄势待发的首要之地。由此看来，包括芒砀山在内的商丘地区，在汉朝建立的过程中起到了关键性的作用，因此，商丘是汉兴之地。

第六章　汉代梁国

第一节　梁国的建立

  梁，原是西周时期的封国。《左传》桓公九年记载："秋，虢仲、芮伯、梁伯、荀侯、贾伯伐曲沃。"杨伯峻注云："梁，国名。……梁为嬴姓。今陕西省韩城县南二十二里有少梁城，当即古梁国。"① 郑樵注《通志》云："秦仲有功，周平王封其少子康于夏阳梁山。夏阳今为同州县，犹有新里城。新里，梁伯所城者。乐史云：'新里在澄城。'僖十九年，秦取之，子孙以国为氏。晋有梁益、梁弘、梁由靡，以晋有解梁城、高梁、曲梁之地，此则以邑命氏者。"② 后来，梁为秦所灭。《左传》僖公十九年云："初，梁伯好土功，亟城而弗处。民罢而弗堪，则曰'某寇将至'。乃沟公宫，曰：'秦将袭我。'民惧而溃，秦遂取梁。"③《汉书·司马迁传》："惠襄之间，司马氏适晋。晋中军随会奔魏，而司马氏入少梁。"颜师古注云："少梁，本梁国也，为秦所灭，号为少梁。"④《水经注》卷二二对梁的变迁也有细致的说明，其云："秦始皇二十年，王贲断故渠，引水东南出以灌大梁，谓之梁沟。又东径大梁城南，本春秋之阳武高阳乡也，

---

① 杨伯峻：《春秋左传注》，中华书局1981年版，第125—126页。
② [宋]郑樵：《通志二十略》，中华书局1987年版，第59页。
③ 杨伯峻：《春秋左传注》，中华书局1981年版，第384—385页。
④ [汉]班固：《汉书》，中华书局1962年版，第2707—2708页。

于战国为大梁。周梁伯之故居矣。梁伯好土功，大其城，号曰新里。民疲而溃，秦遂取焉。后魏惠王自安邑徙都之，故曰梁耳。《竹书纪年》'梁惠成王六年四月甲寅，徙都于大梁'是也。秦灭魏以为县，汉文帝封孝王于梁，孝王以土地下湿，东都睢阳，又改曰梁，自是置县。以大梁城广，居其东城夷门之东，夷门，即侯嬴抱关处也。"①

从以上材料不难看出，梁，先是封国，从战国后期到西汉前期，梁国一直是魏国的别名。从历史渊源而言，西汉初的梁国可以算是秦汉之际魏国的继续。程有为认为："西汉梁国既建立在战国时期的梁（魏）国故地，它的得名也是沿袭战国时期梁国之名称。"② 刘洪生亦云："西汉时梁国的建立和国号的由来，与战国时的魏国有很大关联。"③ 所言均有道理。

一　彭越初封梁王

楚汉战争期间，刘邦为了壮大自己，根据战争形势的需要，曾陆续分封异姓功臣为诸侯王，以钳制对抗项羽。汉初梁王彭越就是其中之一。

彭越（？—前196），字仲，昌邑（今山东金乡西北）人，先前常在钜野湖泽中打鱼，伙同一帮人做强盗。陈胜、项梁起兵反秦时，有人对彭越说："诸豪桀相立畔秦，仲可以来，亦效之。"彭越说："两龙方斗，且待之。"④ 几年后，泽中少年有起事者聚众百余人，往请彭越为头目，彭越应允。

高祖元年（前206）秋，齐王田荣叛项王，刘邦乃使人授彭越将军印，一起攻击楚军。项羽命萧公角率兵攻击彭越，彭越大破楚军。高祖二年春，彭越与魏王豹及诸侯东击楚，率领三万兵马在外黄归汉，刘邦说："彭将军收魏地得十余城，欲急立魏后。今西魏王豹亦魏王咎从弟

---

① [北魏] 郦道元著，陈桥驿校证：《水经注校证》，中华书局2007年版，第530页。
② 程有为：《论西汉梁国的都城迁徙——与王遂一先生商榷》，《河南大学学报》1995年第6期。
③ 刘洪生：《西汉诸侯国梁国刍议》，《渭南师范学院学报》2017年第5期。
④ [汉] 司马迁：《史记》，中华书局1982年版，第2591页。

也，真魏后。"于是"拜彭越为魏相国，擅将其兵，略定梁地。汉王之败彭城解而西也，彭越皆复亡其所下城，独将其兵北居河上"①。高祖三年，彭越曾多次出奇兵切断项羽粮道，为刘邦打败项羽建立西汉政权立下了大功。高祖四年冬，"项王与汉王相距荥阳，彭越攻下睢阳、外黄十七城"。高祖五年秋，项羽南走阳夏，彭越又收复昌邑附近二十余城，得粮食十余万斛，"以给汉王食"②。

高祖五年冬十月，刘邦追项羽至阳夏南，与齐王韩信、魏相国彭越相约攻击项羽，但韩信、彭越不至。项羽反击刘邦，大破汉军。在危急的情况下，为了召彭越并力击楚，刘邦曾问计于留侯张良。张良曰："齐王信之立，非君王之意，信亦不自坚。彭越本定梁地，功多，始君王以魏豹故，拜彭越为魏相国。今豹死毋后，且越亦欲王，而君王不蚤定。与此两国约：即胜楚，睢阳以北至谷城，皆以王彭相国；从陈以东傅海，与齐王信。齐王信家在楚，此其意欲复得故邑。君王能出捐此地许二人，二人今可致；即不能，事未可知也。"③于是刘邦派使者到彭越那里，按照留侯的策划行事。使者一到，彭越就率领着全部人马在垓下（今安徽灵璧南）和刘邦的军队会师，大败楚军。不难看出，刘邦当时分封异姓王彭越的主要目的是为了战胜强大的对手项羽。当然，上述史实也证明彭越在楚汉战争中的表现也是一心向汉的。刘洪生认为，这些史料"更充分强调了彭越、韩信二人在战争关键时刻的举足轻重地位，同时也强调了齐、梁之地决定楚汉胜负的重要地理位置。……彭越的封梁，完全是因为他在艰苦的楚汉战争中的卓著战功"④。所言是矣。

鉴于彭越在楚汉战争中的贡献以及当初许下的诺言，"取睢阳以北至谷城皆以王彭越"⑤。高祖六年春正月，刘邦即下令："魏相国建城侯

---

① [汉]司马迁：《史记》，中华书局1982年版，第2592页。
② [汉]司马迁：《史记》，中华书局1982年版，第2592页。
③ [汉]司马迁：《史记》，中华书局1982年版，第2593页。
④ 刘洪生：《西汉诸侯国梁国刍议》，《渭南师范学院学报》2017年第5期。
⑤ [汉]班固：《汉书》，中华书局1962年版，第49页。

彭越……其以魏故地王之，号曰梁王，都定陶。"①彭越成为西汉首任梁王，其封地范围大致在今河南省东部、山东省西南部一带。

高祖五年，随着项羽兵败垓下、乌江自刎而死，历时四年半之久的楚汉战争终以刘邦胜利而告终。是年春，刘邦接受将士之推举，于汜水之阳即皇帝位，建国号曰汉。不久定都长安，史称西汉。西汉建国初，由于先前秦王朝的残暴统治，加上连年战争，社会经济凋敝，人民大量逃亡。汉初人口，较之秦时大大减少，大城市人口剩下十分之二三，甚至出现了"作业剧而财匮，自天子不能具钧驷，而将相或乘牛车，齐民无藏盖"②的现象。由于长时间的战争，城市商业严重破坏，一批"不轨逐利之民"开始囤积居奇，"蓄积余业以稽市物，物踊腾粜"，以致"米至石万钱，马一匹则百金"③。面对市场混乱、物价奇高、国库匮乏、百姓生活流离失所、社会经济遭受重创的严峻局面，统治阶层不能不有所触动。正是在这种情况下，刘邦采用无为而治的理念，在政治上采取"郡国制"，先后分封异姓王、同姓王。地方上实行郡县制，县辖乡、里，最基层的组织是编户齐民的什、伍，形成郡县制与封国制并存的局面。所以，西汉王朝成立之后，高祖刘邦对那些在楚汉战争中所封的异姓诸侯王正式加以剖符分封，分别为燕王臧荼、韩王信、赵王张耳、楚王韩信、淮南王英布、梁王彭越、长沙王吴芮。刘邦的此次分封，其实就是对既定的现实加以承认而已。历史证明，刘邦在楚汉战争期间分封异姓诸侯，不仅有利于刘邦集团内部的稳定，而且拉拢了地方实力派，取得了他们的拥护和支持，从而孤立项羽，分化敌人，为最终战胜项羽集团起到了重要的作用。

但刘邦所分封的那些异姓诸侯王，不久便开始谋反。汉高祖十年秋（前197），赵相国陈豨在代地谋反，汉高祖自往平定，至邯郸，征梁王

---

① [汉] 班固：《汉书》，中华书局1962年版，第51页。
② [汉] 司马迁：《史记》，中华书局1982年版，第1417页。
③ [汉] 司马迁：《史记》，中华书局1982年版，第1417页。

兵马。彭越称病，派手下将领领兵去邯郸。高祖很生气，派人去责备梁王。
"梁王恐，欲自往谢。"他的部将扈辄说："王始不往，见让而往，往则
为禽矣。不如遂发兵反。"①彭越不听，只得继续装病。这时彭越恼怒他
的太仆，想杀掉他。这个太仆逃到了刘邦那里，告彭越与部将扈辄谋反。
于是汉高祖立刻暗地派人去逮捕彭越，彭越没察觉，被捕，囚于洛阳。
经审理，认定已构成谋反罪行，奏请按法施刑。但高祖刘邦赦免了他，
降为庶民，流放到蜀郡青衣县（今四川雅安）。彭越向西被押送到郑地，
路遇从长安来洛阳的吕后，便向吕后哭诉自己无罪，愿回故乡昌邑。吕
后答应了彭越，同他一起回到洛阳。吕后见到高祖刘邦说："彭王壮士，
今徙之蜀，此自遗患，不如遂诛之。妾谨与俱来。"②于是吕后亲自安排，
让彭越的家臣告发他再次谋反。廷尉王恬开奏请诛灭彭越家族，高祖
批准。彭越全族被杀。彭越死后，其封国随即被取消。

对于彭越，司马迁有过精彩的评价，其曰："魏豹、彭越虽故贱，
然已席卷千里，南面称孤，喋血乘胜日有闻矣。怀畔逆之意，及败，不
死而虏囚，身被刑戮，何哉？中材已上且羞其行，况王者乎！彼无异
故，智略绝人，独患无身耳。得摄尺寸之柄，其云蒸龙变，欲有所会
其度，以故幽囚而不辞云。"③司马迁的眼光是很有见地的。班固《汉书·韩
彭英卢吴传》赞曰："昔高祖定天下，功臣异姓而王者八国。张耳、吴
芮、彭越、黥布、臧荼、卢绾与两韩信，皆徼一时之权变，以诈力成
功，咸得裂土，南面称孤。见疑强大，怀不自安，事穷势迫，卒谋叛逆，
终于灭亡。"④刘邦为了巩固皇权统治，消除异姓诸侯王的威胁，在分封
异姓诸侯王的第二年，便开始逐个剪除异姓诸侯，进而以同姓诸侯代
之，"于是剖裂疆土，立二等之爵。功臣侯者百有余邑，尊王子弟，大

---

① ［汉］司马迁:《史记》，中华书局1982年版，第2594页。
② ［汉］司马迁:《史记》，中华书局1982年版，第2594页。
③ ［汉］司马迁:《史记》，中华书局1982年版，第2595页。
④ ［汉］班固:《汉书》，中华书局1962年版，第1895页。

启九国。自雁门以东，尽辽阳，为燕、代。常山以南，太行左转，度河、济，渐于海，为齐、赵。榖、泗以往，奄有龟、蒙，为梁、楚。东带江、湖，薄会稽，为荆吴。北界淮濒，略庐、衡，为淮南。波汉之阳，亘九嶷，为长沙。诸侯比境，周匝三垂，外接胡越"①。至汉高祖十二年（前195），这项事业基本完成。其时，"高祖子弟同姓为王者九国，唯独长沙异姓"②。这九个同姓诸侯王分别为楚王刘交、齐王刘肥、赵王刘如意、代王刘恒、梁王刘恢、淮阳王刘友、淮南王刘长、吴王刘濞、燕王刘建。刘邦在完成由分封异姓诸侯王向同姓诸侯王的转变之后，曾与诸王刑白马而盟，提出了"非刘氏而王，天下共击之"③的盟誓。高帝此时所封的长沙国及九个同姓诸侯国，在地域上连成一片，总封地面积不仅超过了此前异姓诸侯国的总面积，也超过了西汉疆域的一半。

二 刘武王梁国

刘武（前186？—前144），汉文帝次子，汉景帝同母弟。文帝前元二年（前178）初，被封为代王（代国都在今河北蔚县东北），四年改封淮阳王（淮阳国都在今河南淮阳）。文帝十二年，梁怀王刘揖不慎堕马而死，无子，按例国除。曾任刘揖太傅的贾谊上书文帝，指出废除梁国的弊端，建议为梁王刘揖立继承人。其云："臣之愚计，愿举淮南地以益淮阳，而为梁王立后，割淮阳北边二三列城与东郡以益梁；不可者，可徙代王而都睢阳。梁起于新郪以北著之河，淮阳包陈以南揵之江，则大诸侯之有异心者，破胆而不敢谋。梁足以捍齐、赵，淮阳足以禁吴、楚，陛下高枕，终亡山东之忧矣，此二世之利也。当今恬然，适遇诸侯之皆少，数岁之后，陛下且见之矣。夫秦日夜苦心劳力以除六国之祸，今陛下力制天下，颐指如意，高拱以成六国之祸，难以言智。苟身亡事，

---

① ［汉］班固：《汉书》，中华书局1962年版，第393—394页。
② ［汉］司马迁：《史记》，中华书局1982年版，第801页。
③ ［汉］司马迁：《史记》，中华书局1982年版，第400页。

畜乱宿祸,孰视而不定,万年之后,传之老母弱子,将使不宁,不可谓仁。臣闻圣主言问其臣而不自造事,故使人臣得毕其愚忠。唯陛下财幸!"①文帝听了贾谊的建议,于是迁淮阳王刘武为梁王,都睢阳。景帝中元六年（前144）,刘武卒②,在位三十五年,谥号曰孝,故史称梁孝王,死后葬于芒砀山保安峰东麓。

刘武主政梁国时,身份特殊,又深受生母窦太后的宠爱,平时"赏赐不可胜道",《汉书·文三王传》赞曰:"梁孝王虽以爱亲故王膏腴之地,然会汉家隆盛,百姓殷富,故能殖其货财,广其宫室车服。"③以至于梁国"多作兵器弩弓矛数十万,而府库金钱且百巨万,珠玉宝器多于京师"④,"孝王未死时,财以巨万计,不可胜数。及死,藏府余黄金尚四十余万斤,他财物称是"⑤。

刘武王梁国后不久将都城迁往睢阳。睢阳居天下之要冲,素称"中原之户",襟带齐、鲁、吴、楚,背依黄河,屏蔽江淮,高墙深池,为兵家之所必争。东方吴、楚等国若有所举动,无论西进,还是北上,均要经过睢阳。因此,睢阳成为"捍齐赵""禁吴楚"的战略要地。后来吴楚七国之乱时,梁孝王积极率众抵抗,《史记》曾载韩安国之言曰:"夫前日吴、楚、齐、赵七国反时,自关以东皆合从西乡,惟梁最亲为艰难。梁王念太后、帝在中,而诸侯扰乱,一言泣数行下,跪送臣等六人将兵击却吴楚,吴楚以故兵不敢西,而卒破亡,梁王之力也。"⑥由于梁孝王坚守属地,率众抵抗,不仅阻断了吴楚西进之路线,也严重削弱了吴、楚之元气,在平叛七国之乱中立下大功。七国之乱后,"梁最亲,有功,又为大国,居天下膏腴地。地北界泰山,西至高阳,四十余城,皆多

---

① [汉]班固:《汉书》,中华书局1962年版,第2261—2262页。
② 刘武在王位先后三十五年:刘武初封代王,在位二年;次封淮阳王,在位八年,后封梁王,在位二十五年。
③ [汉]班固:《汉书》,中华书局1962年版,第2220页。
④ [汉]司马迁:《史记》,中华书局1982年版,第2083页。
⑤ [汉]司马迁:《史记》,中华书局1982年版,第2087页。
⑥ [汉]司马迁:《史记》,中华书局1982年版,第2858页。

大县"①。此后,梁孝王日渐骄奢,不仅仿照皇家园林的规模营建梁园,"方三百余里,广睢阳城七十里,大治宫室,为复道,自宫连属于平台三十余里。得赐天子旌旗,出从千乘万骑。东西驰猎,拟于天子。出言跸,入言警"②。此时,梁国成为诸侯国之翘楚,达到西汉史上的鼎盛时期。梁孝王也如日中天,其入朝,汉景帝派使持节乘舆驷马,迎梁王于关下,"入则侍景帝同辇,出则同车游猎,射禽兽上林中"③。此外,窦太后还曾数次出言,要景帝身后传位于胞弟梁王。而景帝在一次宴请梁孝王时更对其说:"千秋万岁之后,传位于王。"如此均令梁孝王野心大涨。

景帝前元七年(前150),"上立胶东王为太子。梁王怨袁盎及议臣,乃与羊胜、公孙诡之属阴使人刺杀袁盎及他议臣十余人。逐其贼,未得也。于是天子意梁王,逐贼,果梁使之。乃遣使冠盖相望于道,覆按梁,捕公孙诡、羊胜。公孙诡、羊胜匿王后宫。使者责二千石急,梁相轩丘豹及内史韩安国进谏王,王乃令胜、诡皆自杀,出之。上由此怨望于梁王。梁王恐,乃使韩安国因长公主谢罪太后,然后得释"④。但自此以后,"景帝益疏王,不同车辇矣"⑤。

景帝中元六年(前144)冬天,梁孝王复朝,给景帝上疏欲留京城,景帝未允。归梁国后,竟忽忽不乐。后病热,卒于封国。

梁孝王死后,窦太后甚哀。景帝为了宽慰窦太后,将梁国一分为五,分立刘武的五个儿子为王。

三 梁王世系

(一) 西汉梁王世系

西汉梁国从公元前202年立国至公元9年被王莽除国,共经历十四

---

① [汉]司马迁:《史记》,中华书局1982年版,第2082—2083页。
② [汉]司马迁:《史记》,中华书局1982年版,第2083页。
③ [汉]司马迁:《史记》,中华书局1982年版,第2084页。
④ [汉]司马迁:《史记》,中华书局1982年版,第2085页。
⑤ [汉]司马迁:《史记》,中华书局1982年版,第2085页。

代，凡二百一十年，是西汉延续时间最长的一个诸侯王国。具体世系如下。

第一任梁王彭越（前202—前197在位）。公元前202年，建城侯彭越被高祖立为梁王，都定陶，为第一代梁王，在位凡六年[①]，曾于高祖九年（前198）、十年（前197）先后两次来朝。后因遭人诬告谋反，被高祖刘邦派人逮捕，先囚于洛阳，后因吕后用计而遭诛杀，灭族，国除。

第二任梁王刘恢（前196—前181在位）。高祖庶子。《汉书》记载："高皇帝八男……诸姬生赵幽王友、赵共王恢。"[②] 刘恢先为赵共王。彭越被处死后的次年（前196）二月丙午[③]，刘恢被徙为梁王，是为第二任梁王。刘恢为梁王，开始了汉代梁国刘姓为王的历史。刘恢在位凡十六年，曾于惠帝七年（前188）来朝。高后七年（前181）正月丁丑，赵幽王刘友死。二月，吕后徙梁王刘恢为赵王，刘恢心怀不乐。吕后以吕产之女作为赵王后，诸从官皆为吕氏，居内擅权，赵王刘恢不得自恣。后因爱姬被王后鸩杀而悲思终日，于当年六月自杀。吕后听说后，认为刘恢因爱姬故而废弃宗庙之礼，于是废除其后代继承王位之权。

第三任梁王吕产（前181—前180在位）。吕产乃吕后之侄，汉初单父（今山东单县）人，吕后长兄周吕侯吕泽之子，吕王台弟，西汉第三任梁王，在位二年。高祖时，封吕产为交侯。汉惠帝死，吕后临朝执政，推行打击刘姓诸侯王的政策，"遂立周吕侯子台为吕王，台弟产为梁王"[④]。吕产与其兄吕台被任为将，分掌南北军。吕台死后，亦称吕王。高后七年（前181）二月，"吕王产徙为梁王"[⑤]，梁王产不之国而为帝太傅，同时将梁国更名为吕国，故梁王产又称吕王产。《史记》载："（八

[①] 《史记·汉兴以来诸侯王年表》记载，高祖十年，彭越"来朝。反，诛"。（中华书局1982年版，第810页。）
[②] ［汉］班固：《汉书》，中华书局1962年版，第1987页。
[③] ［汉］司马迁：《史记》，中华书局1982年版，第811页。
[④] ［汉］班固：《汉书》，中华书局1962年版，第3939页。
[⑤] ［汉］司马迁：《史记》，中华书局1982年版，第404页。

年）七月中，高后病甚，乃令赵王吕禄为上将军，军北军；吕王产居南军。吕太后诫产、禄曰：'高帝已定天下，与大臣约，曰"非刘氏王者，天下共击之"。今吕氏王，大臣弗平。我即崩，帝年少，大臣恐为变。必据兵卫宫，慎毋送丧，毋为人所制。'"①七月辛巳，吕后崩，遗诏以吕产为相国。吕禄、吕产将兵秉政，阴谋作乱。朱虚侯刘章与汉大臣周勃、陈平等商讨诛灭诸吕，吕产、吕禄相继被杀，并悉捕诸吕男女，无论少长皆斩之。吕产被诛后，国除，设为郡。

第四任梁王刘太（高后八年八月戊辰—后九月晦日在位）。高后七年（前181）二月，"吕王产徙为梁王，梁王不之国，为帝太傅。立皇子平昌侯太为吕王。更名梁曰吕，吕曰济川"②。高后先立皇子刘太为吕王。后来将梁国更名为吕国后，吕后又将原先的吕国更名为济川国，刘太为济川王。高后八年，"八月……戊辰，徙济川王王梁"③，即高后于八年八月戊辰，改让济川王刘太任梁王。刘太是为第四任梁王，也是西汉最短命的梁王，他在担任梁王仅两个多月的时间即被诛杀："后九月晦日己酉……夜，有司分部诛灭梁、淮阳、常山王及少帝于邸。"④是年闰九月晦日，梁王刘太、淮阳王、常山王及少帝刘弘因生母为宫女，一并被诛杀。

《汉书·周勃传》记载：吕后死后，大臣认为"少帝及三弟为王者（包括梁王刘太）皆非惠帝子，复共诛之"。其实汉少帝及三个弟弟皆是惠帝子，不过是宫女所生。梁王刘太与少帝刘弘同时被杀。

第五任梁王刘揖（前178—前169在位）。汉文帝元年（前179）复置梁国。文帝二年（前178）二月乙卯，汉文帝把最宠爱的少子刘揖封为梁王。《汉书·文三王传》记载："孝文皇帝四男，窦皇后生孝景帝、

---

① ［汉］司马迁：《史记》，中华书局1982年版，第406页。
② ［汉］司马迁：《史记》，中华书局1982年版，第404页。
③ ［汉］司马迁：《史记》，中华书局1982年版，第410页。
④ ［汉］司马迁：《史记》，中华书局1982年版，第411—412页。

梁孝王武，诸姬生代孝王参、梁怀王刘揖。"刘揖为第五任梁王。刘揖，亦名刘胜，是文帝的小儿子，好读《诗》《书》，文帝爱他胜过其他几个儿子。《史记·梁孝王世家》载："初，武为淮阳王十年，而梁王胜卒，谥为梁怀王。怀王最少子，爱幸异于他子。"① 《汉书·文三王传》记载："梁怀王揖，文帝少子也。好《诗》《书》，帝爱之，异于他子。"② 文帝七年（前173），文帝任贾谊为梁怀王刘揖太傅。《汉书·贾谊传》载："怀王，上少子，爱，而好书，故令谊傅之，数问以得失。"③ 刘揖曾于文帝七年（前173）、十一年（前169）两次来朝。第二次来朝时，不幸堕马而死，无子，按例国除。刘揖在位十年，死后谥怀王，史称梁怀王。

  第六任梁王刘武（前168—前144在位）。梁怀王刘揖堕马死后，因其无后，依例应取消其国。时任梁怀王太傅的贾谊看到了梁国地理位置的重要，上《请封建子弟疏》，建议文帝为梁国立后，增益淮阳国与梁国之势力，贾谊云："为梁王立后，割淮阳北边二三列城与东郡以益梁。不可者，可徙代王而都睢阳。"④ 贾谊的此项建议，后人称之为"益梁"之策，主要是强调梁国地理位置之重要，建议扩大梁国的封地，选择最亲近可靠的人为梁王，以捍卫朝廷，抵御东方诸侯的叛乱。对贾谊的这个建议，文帝基本上是接受的，"乃徙淮阳王武为梁王，北界泰山，西至高阳，得大县四十余城"⑤。刘武为第六任梁王，其任梁王时，曾于汉文帝前元十五年（前165）、后元三年（前161）、后元六年，汉景帝前元二年（前155）、前元三年、前元七年、中元二年（前148）、中元六年先后八次来朝，在梁王位凡二十五年。死后，谥为"孝王"，史称梁孝王。

---

① ［汉］司马迁：《史记》，中华书局1982年版，第2082页。
② ［汉］班固：《汉书》，中华书局1962年版，第2212页。
③ ［汉］班固：《汉书》，中华书局1962年版，第2230页。
④ ［汉］贾谊撰，吴云、李春台校注：《请封建子弟书》，见《贾谊集校注》，天津古籍出版社2010年增订版，第371—372页。
⑤ ［汉］班固：《汉书》，中华书局1962年版，第2263页。

史书对于梁孝王去世的日期记载不一。《史记·孝景本纪》记载:"中六年……四月,梁孝王、城阳共王、汝南王皆薨。"①《汉书·景帝纪》记载:"(中元六年)夏四月,梁王薨,分梁为五国,立孝王子五人皆为王。"②而《史记·梁孝王世家》记载梁孝王死于景帝中元六年:"六月中,病热,六日卒,谥曰孝王。"③对于这两种记载,本书倾向于《史记·梁孝王世家》所记载的卒于六月之说。毕竟该章节主要是集中记载刘武生平事迹的,其对刘武生卒日期的记载应该是可信的。另外,《史记》在记载梁孝王之死时还说到良山有"牛足出背上"一事:"(梁孝王)三十五年冬,复朝。上疏欲留,上弗许。归国,意忽忽不乐。北猎良山,有献牛,足出背上,孝王恶之。六月中,病热,六日卒,谥曰孝王。"④索隐引张晏曰:"足当处下,所以辅身也;今出背上,象孝王背朝以干上也。北者,阴也。又在梁山,明为梁也。牛者,丑之畜,冲在六月。北方数六,故六月六日薨也。"⑤

梁孝王在位期间,是西汉梁国发展最为强盛的时期。此时的梁国,不仅在西汉梁国史上疆域达到最大,而且财富甚丰:"孝王未死时,财以巨万计,不可胜数。及死,藏府余黄金尚四十余万斤,他财物称是。"⑥"府库金钱且百巨万,珠玉宝器多于京师。"⑦

第七任梁王刘买(前143—前137在位)。梁孝王刘武死后,汉景帝将梁孝王刘武的五个儿子皆封为王,以至于梁国一分为五,孝王长子刘买为梁王,次子刘明为济川王,三子刘彭离为济东王,四子刘定为山阳王,五子刘不识为济阴王。除梁王刘买之外,余四王皆一代而终,地入于汉。汉景帝后元元年(前143),刘买继位,为第七任梁王,在

---

① [汉]司马迁:《史记》,中华书局1982年版,第446页。
② [汉]班固:《汉书》,中华书局1962年版,第149页。
③ [汉]司马迁:《史记》,中华书局1982年版,第2086页。
④ [汉]司马迁:《史记》,中华书局1982年版,第2086页。
⑤ [汉]司马迁:《史记》,中华书局1982年版,第2086页。
⑥ [汉]司马迁:《史记》,中华书局1982年版,第2087页。
⑦ [汉]司马迁:《史记》,中华书局1982年版,第2083页。

位七年。自刘买始，梁国由盛转衰，成为一个小王国。

第八任梁王刘襄（前136—前97在位）。公元前136年，刘买长子刘襄继王位，是为梁平王。刘襄曾于汉武帝元朔二年（前127）、太初元年（前104）先后来朝，在位四十年卒，谥为平王。

平王王后姓任，深得平王宠爱。平王祖父刘武在世时有罍樽，价值千金。刘武曾告诫后代，要妥善保管罍樽，不得与人。任王后听说后非常想得到罍樽，平王祖母李太后不同意。后来，刘襄暗中指使他人私开府库取出罍樽交与任王后。李太后知道后非常生气，从而爆发了祖孙罍樽之争的事件。李太后打算趁汉使来梁国之机，禀报此事，因刘襄与任后的极力阻止而未果。李太后与食官长及郎中尹霸等人私通，淫行被刘襄与任后发觉，便"以此使人风止李太后，李太后内有淫行，亦已"①。后来，李太后病死。病时，任后未尝请病；死后，又不持丧。这些事情后被告到朝廷，"天子下吏验问，有之。公卿请废襄为庶人。天子曰：'李太后有淫行，而梁王襄无良师傅，故陷不义。'乃削梁八城，枭任王后首于市。梁余尚有十城。襄立三十九年卒。……子无伤立为梁王也"②。《汉书·文三王传》云："襄立四十年薨，子顷王无伤嗣。"③

第九任梁王刘无伤（前96—前86在位）。汉武帝太始元年（前96），刘襄之子刘无伤继梁王位，在位十一年卒，谥为顷王。由上文所引《史记·梁孝王世家》及《汉书·文三王传》可知，第九任梁王均为刘无伤，而《汉书·诸侯王表》作"刘毋伤"："太始元年，贞王毋伤嗣。"④

第十任梁王刘定国（前85—前46在位）。汉昭帝始元二年（前85），刘无伤之子刘定国继梁王位。《汉书·诸侯王表》记载："始元二年，

---

① ［汉］司马迁：《史记》，中华书局1982年版，第2087页。
② ［汉］司马迁：《史记》，中华书局1982年版，第2088页。
③ ［汉］班固：《汉书》，中华书局1962年版，第2215页。
④ ［汉］班固：《汉书》，中华书局1962年版，第406页。

敬王定国嗣，四十年薨。"① 刘定国在位四十年卒，谥为敬王。

第十一任梁王刘遂（前45—前40在位）。汉元帝初元四年（前45），刘定国之子刘遂继梁王位，《汉书·诸侯王表》记载："初元四年，夷王遂嗣，六年薨。"② 刘遂在位六年卒，谥为夷王。

第十二任梁王刘嘉（前39—前25在位）。汉元帝永光五年（前39），刘遂之子刘嘉继梁王位，《汉书·诸侯王表》记载："永光五年，荒王嘉嗣，十五年薨。"③ 刘嘉在位十五年卒，谥为荒王。

第十三任梁王刘立（前24—2在位）。汉成帝阳朔元年（前24），刘嘉之子刘立继梁王位，在位二十七年卒。刘立在位的末期，西汉已被王莽所篡。

梁王刘立骄恣无度，一日犯法至十一。相禹奏"立对外家怨望，有恶言"。有司按验，因发其与姑母刘园子私通，奏"立禽兽行，请诛"④。太中大夫谷永上疏曰："臣闻'礼，天子外屏，不欲见外'也。是故帝王之意，不窥人闺门之私，听闻中冓之言。《春秋》为亲者讳。《诗》云：'戚戚兄弟，莫远具尔。'今梁王年少，颇有狂病，始以恶言按验，既亡事实，而发闺门之私，非本章所指。王辞又不服，猥强劾立，傅致难明之事，独以偏辞成罪断狱，亡益于治道，污蔑宗室，以内乱之恶披布宣扬于天下，非所以为公族隐讳，增朝廷之荣华，昭圣德之风化也。臣愚以为王少，而父同产长，年齿不伦；梁国之富，足以厚聘美女，招致妖丽；父同产亦有耻辱之心。案事者乃验问恶言，何故猥自发舒？以三者揆之，殆非人情，疑有所迫切，过误失言。文吏蹑寻，不得转移。萌牙之时，加恩勿治，上也。既已案验举宪，宜及王辞不服，诏廷尉选上德通理之吏，更审考清问，著不然之效，定失误之法，而反命于下吏，

---

① ［汉］班固：《汉书》，中华书局1962年版，第406页。
② ［汉］班固：《汉书》，中华书局1962年版，第406页。
③ ［汉］班固：《汉书》，中华书局1962年版，第406页。
④ ［汉］班固：《汉书》，中华书局1962年版，第2216页。

以广公族附疏之德，为宗室刷污乱之耻，甚得治亲之谊。"①天子由是寝而不治。此后，梁王刘立多次杀人，均不治。汉成帝元始中，"立坐与平帝外家中山卫氏交通，新都侯王莽奏废立为庶人，徙汉中。立自杀。二十七年，国除"②。

第十四任梁王刘音（5—9在位）。汉平帝元始五年（5）二月丁酉，立刘音王梁国，《汉书》云：刘立被杀，"后二岁，莽白太皇太后立孝王玄孙之曾孙沛郡卒史音为梁王，奉孝王后。莽篡，国绝"③。刘音在位五年。9年，王莽贬梁王刘音为公。始建国二年（10），王莽废刘音为庶人。梁国灭亡。

（二）更始至东汉初年梁王世系

1. 刘永（23—27在位）。更始元年（23），刘永继梁王位。据《后汉书》记载，刘永乃梁孝王八世孙，第十三任梁王刘立之子。《后汉书·刘永传》载："刘永者，梁郡睢阳人，梁孝王八世孙也。传国至父立。元始中，立与平帝外家卫氏交通，为王莽所诛。更始即位，永先诣洛阳，绍封为梁王，都睢阳。"后来，刘永趁更始政乱而起兵，"以弟防为辅国大将军，防弟少公御史大夫，封鲁王……及更始败，永自称天子"④。东汉光武帝建武二年（26）夏，刘秀派遣虎牙大将军盖延等伐刘永，围睢阳城数月，城破，刘永逃奔虞城。虞人反，杀刘永母与妻子。刘永与部下数十人逃奔至谯（今安徽亳州）。苏茂、佼强、周建合军救永，为盖延所败，苏茂奔还广乐，佼强、周建跟随刘永败走保湖陵。次年春，刘永遣使立张步为齐王，董宪为海西王。朝廷遣大司马吴汉等围苏茂于广乐，周建率众救苏茂，苏茂、周建战败，弃城重又回到湖陵。此时睢阳人反，迎永，吴汉与盖延合军围睢阳，城中食尽，刘永与部下庶人逃往酂，"诸

---

① ［汉］班固：《汉书》，中华书局1962年版，第2216—2217页。
② ［汉］班固：《汉书》，中华书局1962年版，第2219—2220页。
③ ［汉］班固：《汉书》，中华书局1962年版，第2220页。
④ ［南朝宋］范晔：《后汉书》，中华书局1965年版，第494页。

将追急，永将庆吾斩永首降"①。

2. 刘纡（28—29 在位）。刘永被庆吾斩杀后，刘永部将苏茂、周建逃奔至垂惠（今安徽蒙城西北），迎立刘永子刘纡为梁王。建武四年七月，捕虏将军马武、偏将军王霸围刘纡于垂惠，"苏茂将五校兵救之，纡、建亦出兵与武等战，不克，而建兄子诵反，闭城门拒之。建、茂、纡等皆走，建于道死，茂奔下邳与董宪合，纡奔佼强"。建武五年，光武帝刘秀"亲自搏战"，大破刘纡。刘纡战败，"不知所归"，后为军士高扈所杀，"梁地悉平"②。

（三）东汉梁王世系

1. 刘畅（79—98 在位）。刘畅，汉明帝刘庄与阴贵人之子。东汉明帝永平十五年（72），刘畅受封为汝南王。七年后，汉章帝建初四年（79）夏四月己丑，徙汝南王刘畅为梁王，都睢阳。因刘畅"母阴贵人有宠，畅尤被爱幸，国土租入倍于诸国"，同时，朝廷又"以陈留之郾、宁陵，济阴之薄、单父、己氏、成武，凡六县，益梁国"，使梁国一度成为东汉诸侯国中最为强大者。刘畅始为梁王时，竟不就国，直至汉章帝章和二年，"帝崩，其年就国"。这也反映了刘畅特殊的身份。另外，刘畅"性聪惠，然少贵骄，颇不遵法度"，与从官卜忌祠祭求福，卜忌等谄媚云"神言王当为天子"③。刘畅很高兴，并与他们相互应答。和帝永元五年（93），豫州刺史梁相知道后，奏报朝廷弹劾刘畅不道，有司奏请征召回京交廷尉审讯惩处，和帝不同意。有司重奏废除其封国，并流放九真郡（今越南中部），和帝念及亲情而不忍心，仅削其成武、单父二县。刘畅在王位凡二十七年，任梁王二十年，永元十年（98）去世，谥号节，故称梁节王。

2. 刘坚（99—124 在位）。梁节王刘畅去世后，由长子刘坚继位，在位凡二十六年，谥号恭，史称梁恭王。

---

① ［南朝宋］范晔：《后汉书》，中华书局1965年版，第495页。
② ［南朝宋］范晔：《后汉书》，中华书局1965年版，第495—497页。
③ ［南朝宋］范晔：《后汉书》，中华书局1965年版，第1675—1676页。

3. 刘匡（125—135在位）。刘坚去世后，其子刘匡继位，在位凡十一年，谥号怀，史称梁怀王。

4. 刘成（136—164在位）。梁怀王刘匡无子，汉顺帝封刘匡弟孝阳亭侯刘成为梁王。刘成在位凡二十九年，谥号夷，史称梁夷王。

5. 刘元（165—180在位）。刘成去世后，其子刘元继位，在位凡十六年，谥号敬，史称梁敬王。

6. 刘弥（181—220在位）。刘元去世后，其子刘弥继位，在位凡四十年。魏受禅，封为崇德侯，死后无谥号。至此，东汉梁国不复存在。

汉代梁王世系简表

序号	谥号及姓名	在位	都城	备注	在位时间
西汉梁王世系					
1	彭越	高祖五年至高祖十年（前202—前197）	定陶	因谋反被诛，夷三族。	6年
2	刘恢	高祖十一年至高后七年（前196—前181）	定陶	吕后七年二月，徙梁王刘恢为赵王，改梁国为吕国，封吕产。	16年
3	吕产	高后七年至高后八年（前181—前180）	定陶	吕后八年七月辛巳，吕后崩，朱虚侯刘章与汉大臣周勃、陈平等商讨诛灭诸吕，吕产被诛，国除，设为郡。	2年
4	刘太	高后八年八月戊辰至后九月晦日（前180）	定陶	《史记·吕太后本纪》：高后八年，"八月……戊辰，徙济川王王梁"，"后九月晦日己酉……夜，有司分部诛灭梁、淮阳、常山王及少帝于邸"。	2月余
5	怀王刘揖（胜）	文帝二年至文帝十一年（前178—前169）	定陶	文帝十一年（前169）第二次来朝时，不幸堕马而死，无子，按例国除。	10年

续表

序号	谥号及姓名	在位	都城	备注	在位时间
6	孝王刘武	文帝十二年至景帝中元六年（前168—前144）	先大梁，后睢阳	刘揖去世后次年，贾谊上"益梁策"，文帝采纳贾谊的建议，"乃徙淮阳王武为梁王"。刘武于景帝中元六年"六月中，病热，六日卒"。刘武去世后，梁国一分为五。	25年
7	共王刘买	景帝后元元年至武帝建元四年（前143—137）	睢阳	刘武死后，景帝将其五个儿子皆封为王，长子刘买为梁王。	7年
8	平王刘襄	武帝建元五年至武帝天汉四年（前136—前97）	睢阳	因不孝、不义，朝廷乃削梁八城，余尚有十城。	40年
9	贞王刘毋伤	武帝太始元年至昭帝始元元年（前96—前86）	睢阳	《汉书·诸侯王表》："太始元年，贞王毋伤嗣。"一作刘无伤。	11年
10	敬王刘定国	昭帝始元二年至元帝初元三年（前85—前46）	睢阳	《汉书·诸侯王表》："始元二年，敬王定国嗣，四十年薨。"	40年
11	夷王刘遂	元帝初元四年至元帝永光四年（前45—前40）	睢阳	《汉书·诸侯王表》："初元四年，夷王遂嗣，六年薨。"	6年
12	荒王刘嘉	元帝永光五年至成帝河平四年（前39—前25）	睢阳	《汉书·诸侯王表》："永光五年，荒王嘉嗣，十五年薨。"	15年
13	刘立	成帝阳朔元年至平帝元始二年（前24—2）	睢阳	《汉书·诸侯王表》："元延中，因罪削五县，元始三年，废为庶人，自杀。"	27年
14	刘音	平帝元始五年至王莽始建国元年（5—9）	睢阳	《汉书·文三王传》："立孝王玄孙之曾孙沛郡卒史音为梁王，奉孝王后。莽篡，国绝。"	5年
更始至东汉初年梁王世系					

续表

序号	谥号及姓名	在位	都城	备注	在位时间
1	刘永	更始元年至光武帝建武三年（23—27）	睢阳	《后汉书·刘永传》："更始即位，永先诣洛阳，绍封为梁王，都睢阳。"光武建武三年，"永将庆吾斩永首级"。	5年
2	刘纡	光武帝建武四年至五年（28—29）	垂惠	刘永死后，其子刘纡为梁王。建武五年（29），刘纡战败，为军士高扈所杀，"梁地悉平"。	2年
东汉梁王世系					
1	刘畅	章帝建初四年至和帝永元十年（79—98）	睢阳	《后汉书·孝明八王列传》："（建初）四年，徙为梁王，以陈留之郾、宁陵、济阴之薄、单父、己氏、成武，凡六县，益梁国。……立二十七年薨，子恭王坚嗣。"	20年
2	刘坚	和帝永元十一年至安帝延光三年（99—124）	睢阳	《后汉书·孝明八王列传》："坚立二十六年薨，子怀王匡嗣。"	26年
3	刘匡	安帝延光四年至顺帝阳嘉四年（125—135）	睢阳	《后汉书·孝明八王列传》："匡立十一年薨，无子，顺帝封匡弟孝阳亭侯成为梁王，是为夷王。"	11年
4	刘成	顺帝永和元年至桓帝延熹七年（136—164）	睢阳	《后汉书·孝明八王列传》："立二十九年薨，子敬王元嗣。"	29年
5	刘元	桓帝延熹八年至灵帝光和三年（165—180）	睢阳	《后汉书·孝明八王列传》："立十六年薨，子弥嗣。"	16年

续表

序号	谥号及姓名	在位	都城	备注	在位时间
6	刘弥	灵帝光和四年至魏文帝黄初元年（181—220）	睢阳	《后汉书·孝明八王列传》："立四十年薨，魏受禅，以为崇德侯。"	40年

第二节 梁国疆域

一 梁王彭越时期的疆域

第一任梁王彭越王梁国时，史书对其疆域是这样记载的。《汉书·高帝纪》云："魏相国建城侯彭越勤劳魏民，卑下士卒，常以少击众，数破楚军，其以魏故地王之，号曰梁王，都定陶。"《史记·魏豹彭越列传》曾用留侯张良之语说："彭越本定梁地，功多，始君王以魏豹故，拜彭越为魏相国。今豹死毋后，且越亦欲王，而君王不蚤定。与此两国约：即胜楚，睢阳以北至谷城，皆以王彭相国。"可见，彭越王梁国时，其疆域主要是睢阳以北至谷城的原魏国故地。

关于魏故地，《汉书·地理志》说："故秦砀郡，高帝五年为梁国。"由此可知，彭越王梁国时期，其疆域主要是以秦砀郡为基础。秦砀郡，据谭其骧《中国历史地图集》，所管辖县邑有：砀、芒、谯、鄼、下邑、栗、虞、单父、东缗、爰戚、昌邑、睢阳、蒙、菑、襄邑、济阳、外黄、雍丘、陈留、大梁、启封等。

魏故地之"东郡"为秦所置。据《汉书·地理志》记载，其辖县二十二，分别为：濮阳、观、聊城、顿丘、发干、范、茌平、东武阳、博平、黎、清、东阿、离狐、临邑、利苗、须昌、寿良、乐昌、阳平、白马、南燕、廪丘。《汉书·高帝纪》记载，高祖十一年（前196），"梁王彭越谋反，夷三族。诏曰：'择可以为梁王、淮阳王者。'燕王绾、相国何等请立子恢为梁王，子友为淮阳王。罢东郡，颇益梁"。不难看出，彭越为梁王时，并非占有东郡的所有城邑。不然，就不会有后来"罢东郡，颇益梁"之说了。另据今人谭其骧考证："东郡，东以济水为界，济东谷城秦属济北……迨始皇五年，定酸枣、燕虚，明年拔濮阳，遂并陶于卫，以置东郡；其后汉收项羽梁地东、砀二郡，自取东郡河、济之间以通齐，而以砀郡及东郡济、濮以左王彭越，都于济阴之定陶，济阴自是属梁，迄于梁孝王不改。"①可见，彭越为梁王时，其辖地中的东郡主要是"济、濮以左"的地区，这些地区相当于汉后来的济阴郡之地，主要包括定陶、冤句、成阳、鄄城等县。马孟龙据现代出土的秦汉简牍及近人研究成果，对彭越时期的梁国地域重新进行修正，他指出："现在我们可以基本复原出彭越梁国的封域范围：北界约在谷城、廪丘、离狐一线，与汉之东郡接壤；西界约在平丘、雍丘一线，与汉之河南郡接壤；西南界约在睢阳、襄邑一线，与汉之淮阳郡接壤；东南界约在建平、敬丘、砀一线，与楚国沛郡接壤；东界约在方与、下邑一线，与楚国薛郡接壤。彭越的梁国辖域应以秦之砀郡为基础，另增东郡之'济阴地'，而泗水以东及'东平地'属楚国，非彭越所有。从出土文献及汉初侯国地域分布格局来看，谭其骧先生对秦代砀郡辖域的复原是可信的，而对彭越梁国的复原则需要修正。"②马孟龙认为"彭越的梁国辖域应以秦之砀郡为基础，另增东郡之'济阴地'"可信。周振鹤《西汉政区地理》认为："秦于故魏地置有东、砀二郡，东郡置于始皇五年攻魏取二十城之后（《始皇本纪》），砀郡置于始皇二十年取大梁灭魏之后（睢水注）。魏大梁于《汉志》为浚仪，属陈留郡；睢阳《汉志》为梁都，定陶为济阴郡治；谷城在东

---

① 谭其骧：《秦郡界址考》，见《长水集》，人民出版社1987年版，第15页。
② 马孟龙：《西汉梁国封域变迁研究（附济阴郡）》，《史学月刊》2013年第5期。

平国北,属东郡,于是彭越之梁国大体方位已定。"① 如此,则彭越之梁国,其疆域应以秦时砀郡为主体,还包括汉时济阴郡部分城邑。后来,马孟龙在《西汉侯国地理》一书中认为"彭越之梁国只有秦砀郡之地"②,值得推敲。

另外,前文引张良之语"睢阳以北至谷城,皆以王彭相国",唐张守节《正义》注曰:"从宋州已北至郓州以西,曹、濮、汴、滑并与彭越。"③考《新唐书·地理志》:宋州睢阳郡辖十县,即宋城、襄邑、宁陵、下邑、谷熟、楚丘、柘城、砀山、单父、虞城;郓州东平郡辖九县,即须昌、寿张、郓城、钜野、平阴、卢、东阿、阳谷、中都;曹州济阴郡辖六县,即济阴、考城、宛句、乘氏、南华、成武;濮州濮阳郡辖五县,即鄄城、濮阳、范、雷泽、临濮;汴州陈留郡辖六县,即浚仪、开封、尉氏、封丘、雍丘、陈留;滑州灵昌郡辖七县,即白马、卫南、匡城、韦城、胙城、酸枣、灵昌。对照秦时所置东郡与砀郡所辖疆域,则梁国初建时的疆土相当于唐代宋州及曹州、濮州、汴州、滑州部分地区,约辖二十余城(县),大致相当于今东起山东东平,西至河南开封,北到山东平阴一带,南至河南商丘。

二 梁王刘恢时期的疆域

刘恢为梁王时,梁国疆域有所扩大。高祖十一年(前196),"梁王彭越谋反,夷三族。诏曰:'择可以为梁王、淮阳王者。'燕王绾、相国何等请立子恢为梁王,子友为淮阳王。罢东郡,颇益梁"。高祖将东郡划给了梁国,大大增加了梁国的疆域。另据前文《汉书·地理志》可知,秦时东郡辖二十二县。现将东郡划归梁国,则梁国当有四十余城。此时,梁国疆域增加了相当于今天河南濮阳、清丰、南乐以及山东聊城、茌平、

---

① 周振鹤:《西汉政区地理》,人民出版社1987年版,第54页。
② 马孟龙:《西汉侯国地理》,上海古籍出版社2013年版,第114页。
③ [汉]司马迁:《史记》,中华书局1982年版,第2593页。

东阿、阳谷等一大片地区。

当然，高后主政时，汉廷曾收回东郡，梁国的疆域开始变小。马孟龙通过研究认为："高后元年，汉廷将东郡收回，故高后元年至七年的梁国封域又恢复到彭越时期的形势。高后七年，汉廷徙刘恢为赵王，改梁国为吕国，封吕产。次年，周勃除吕产，梁国收归汉廷。文帝二年（前178）二月乙卯，立皇子刘揖为梁王，'十年薨，无后'。吕产、刘揖之吕国、梁国封域当与彭越之梁国相同。"①

三 梁王吕产时期的疆域

高后七年（前181）正月，赵王刘友幽死。二月，高后"徙梁王恢为赵王。吕王产徙为梁王"②。由上文所引马孟龙的研究可以看出，吕产王梁国时期，其疆域与彭越王梁国时相同。此后，刘太、刘揖时期的梁国疆域亦大致如此。

四 刘武王梁国时期的疆域

梁孝王刘武王梁国时，梁国国土面积达到最大，疆域先后曾有两次扩展。第一次是在梁怀王刘揖堕马死后，汉文帝徙刘武为梁王时。梁怀王刘揖堕马死，梁太傅贾谊向文帝进言："愿举淮南地以益淮阳，而为梁王立后，割淮阳北边二三列城与东郡以益梁；不可者，可徙代王而都睢阳。""文帝于是从谊计，乃徙淮阳王武为梁王，北界泰山，西至高阳，得大县四十余城。"③《史记·梁孝王世家》也说："（梁）地北界泰山，西至高阳，四十余城，皆多大县。"高阳，《史记集解》引徐广曰："在陈留圉县。"又引司马彪曰："圉有高阳亭也。"《史记索隐》云："圉县

---

① 马孟龙：《西汉梁国封域变迁研究（附济阴郡）》，《史学月刊》2013年第5期。
② ［汉］司马迁：《史记》，中华书局1982年版，第404页。
③ ［汉］班固：《汉书》，中华书局1962年版，第2361—2363页。

属陈留。高阳,乡名也。"① 据以上史料推算,此时梁国疆域又增添了淮北北边二三列城和东郡若干县,拥有四十多个大县。其疆界南起新郪(今安徽太和北),北至古黄河与赵国为邻,西至高阳(今河南杞县西南),东与泰山郡、鲁国接壤。

梁国第二次扩大疆域是在吴楚七国之乱后。此时,梁国的疆域到底有多大,史书没有确切记载,但根据相关史料,还是能够知道其大概情况。根据《汉书·地理志》记载,梁孝王之后,梁国曾一分为五,分别是梁、济川、济东、山阳、济阴五国。当然,这五部分在梁孝王时是完整的,皆属于梁国的疆域。《汉书·地理志》"梁国"条下记载云:"故秦砀郡,高帝五年为梁国。莽曰陈定,属豫州。"其辖八县:砀(今河南永城境)、甾、杼秋(今江苏砀山东)、蒙、己氏(今山东曹县东南)、虞(今河南虞城)、下邑(今河南夏邑)、睢阳(今河南商丘)。八县多在今山东河南交界一带,即商丘、夏邑、永城等地。《汉书·地理志》"东平国"条下记载云:"故梁国,景帝中六年别为济东国,武帝元鼎元年为大河郡,宣帝甘露二年为东平国。"这个记载说明"东平国"是宣帝时期所设置,而梁孝王时期则是梁国故地。东平国(即济东国)辖无盐、任城、东平陆、富城、章、亢父、樊七个县。《汉书·地理志》"山阳郡"条下记载云:"故梁。景帝中六年别为山阳国。武帝建元五年别为郡。"该郡下辖二十三个县:昌邑、南平阳、成武、湖陵、东缗、方与、橐、钜野、单父、薄、都关、城都、黄、爰戚、郜成、中乡、平乐、郑、瑕丘、甾乡、栗乡、曲乡、西阳等。主要包括今山东金乡县、邹城、鱼台东南、金乡县东北、钜野等地。《汉书·地理志》"济阴郡"条下记载云:"故梁,景帝中六年别为济阴国。宣帝甘露二年更名定陶。"其下辖定陶、冤句、吕都、葭密、成阳、鄄城、句阳、秺、乘氏等九个县。《汉书·地理志》"陈留郡"条下记载云:"武帝元狩元年置,属兖州。"陈留郡下辖县十七,

---

① [汉]司马迁:《史记》,中华书局1982年版,第2083页。

其中"浚仪，故大梁，魏惠王自安邑徙此，睢水首受狼汤水，东至取虑入泗，过郡四，行千三百六十里"。陈留郡所辖的县当有一些是汉初梁国的地域，如浚仪（故大梁）、宁陵、封丘、外黄、东缗，包括陈留，皆在"北界泰山，西至高阳"的范围。"这些郡国属县虽是西汉末期的状况，但西汉前期与此相比应没有太大出入。由此可见，梁孝王刘武王梁国时疆域是西汉梁国疆域最大的时期。"[1]

五　梁孝王之后梁国的疆域

梁孝王之后，梁国一分为五。其中济川王刘明、济东王刘彭离因犯罪，被废为庶人，国除。山阳王刘定、济阴王刘不识死后无子，国除。这样，梁孝王四个儿子的封国皆被废除，收归朝廷。梁共王刘买王梁国时，梁国仅辖砀、甾、杼秋、蒙、己氏、虞、下邑、睢阳八县，相当于今河南永城至商丘一隅之地。

汉武帝元朔年间（前128—前123），平王刘襄及夫人任王后因与其祖母李太后（梁孝王刘武妻）争夺梁国传世珍宝罍尊，双方产生矛盾。后李太后生病，任王后未去探望，病逝后，又不持丧，犯下严重的不孝罪。后事发，武帝"削梁王五县，夺王太后汤沐成阳邑"，此五县分别为鄌、敬丘、栗、祁乡、建平，此后"梁尚余八城"，当即上面所列八县。

汉成帝元延年间（前12—前9），梁王刘立"以公事怨相掾及睢阳丞，使奴杀之，杀奴以灭口。凡杀三人，伤五人，手驱郎吏二十余人。上书不拜奏。谋篡死罪囚。有司请诛，上不忍，削立五县"[2]。此时，梁国尚余睢阳、蒙、砀三县。

以上分析不难看出，梁国的疆域在梁孝王时期达到鼎盛，已然成为诸侯大国。因梁孝王与汉景帝的特殊关系，梁孝王死后，其五子均得

---

[1] 陈华光：《西汉梁国管窥》，《中州今古》2002年第3期。
[2] ［汉］班固：《汉书》，中华书局1962年版，第2217—2218页。

以封王，从而导致梁国一分为五的局面。汉景帝如此封赏梁孝王五子，在让人感到皇恩浩荡的同时，也让人感觉到他在肢解诸侯大国。后来济川、济东、山阳、济阴四国均被除国，昔日繁盛的梁国仅存五分之一。此后，梁国的疆域逐步缩小。西汉末年，王莽篡权，梁国被除。

六　更始时期梁国疆域

更始时期，政局动荡。梁王刘永父子也趁势起兵，《后汉书·刘永传》载："更始即位，永先诣洛阳，绍封为梁王，都睢阳。永闻更始政乱，遂据国起兵，以弟防为辅国大将军，防弟少公御史大夫，封鲁王。遂招诸豪杰沛人周建等，并署为将帅，攻下济阴、山阳、沛、楚、淮阳、汝南，凡得二十八城。又遣使拜西防贼帅山阳佼强为横行将军。是时，东海人董宪起兵据其郡，而张步亦定齐地。永遣使拜宪翼汉大将军、步辅汉大将军，与共连兵，遂专据东方。及更始败，永自称天子。"[1]刘永先绍封为梁王，后于建武元年自称天子。刘永初为梁王时，因史料缺乏，梁国疆域未知。但从西汉末年梁国所辖疆域来看，刘永时期的梁国估计应该保留着其父刘立时期的规模，约有睢阳、蒙、砀三县。后来，刘永据国起兵，攻下济阴、山阳、沛、楚、淮阳、汝南六郡，得二十八城，疆域显然增大许多。

刘永自称天子，分封张步、董宪为王，《后汉书·刘永传》记载："（建武）三年春，永遣使立张步为齐王，董宪为海西王。"张步为齐王，"得专集齐地，据郡十二"。董宪为海西王，一直占据着东海郡。在这种情况下，刘永实际控制"北至河，南及陈、汝"等广大土地，"当在东郡、东平、济阴、山阳、鲁、陈留、梁、淮阳（即陈）、汝南、沛、楚、颍川、临淮等豫、兖、徐州刺史部所辖范围之内"[2]。李晓杰在考论相关史料后认为，《袁纪》称刘永所据之地"北至河，南及陈、汝"之说实乃泛言

---

[1]［南朝宋］范晔：《后汉书》，中华书局1965年版，第494页。
[2] 李晓杰：《东汉政区地理》，山东教育出版社1999年版，第257页。

之论，并非实指。建武二年之时，刘永至多应据有东郡、东平、济阴、山阳、鲁、陈留、梁、沛、楚等九郡之地①。这个时候，应该是刘永称王、称天子以来所控制土地面积最大的时期。

建武三年，刘永为部将庆吾所杀，庆吾归降刘秀，而刘永部将"苏茂、周建奔垂惠，共立永子纡为梁王。佼强还保西防"②。正是从此时开始，在光武帝刘秀大军的大力围剿下，梁国疆域逐渐缩小，直至建武五年，刘纡为军士高扈所杀，梁地最终被平。

七 东汉梁国疆域

东汉时期的梁国始建于汉章帝建初四年（79），此时离建武五年（29）刘纡被杀、梁国被废已过去整整五十年。据《后汉书·孝明八王列传》记载，汉章帝建初四年，徙汝南王刘畅为梁王，"以陈留之郾、宁陵，济阴之薄、单父、己氏、成武，凡六县，益梁国"。另据《后汉书·郡国志》"梁国"条记载："秦砀郡，高帝改。其三县，元和元年属。雒阳东南八百五十里。九城（户八万三千三百，口四十三万一千二百八十三）：下邑、睢阳（本宋国阏伯墟。有卢门亭。有鱼门。有阳梁聚）、虞（有空桐地，有桐地，有桐亭。有纶城，少康邑）、砀山（出文石）、蒙（有蒙泽）、谷熟（有新城。有邳亭）、鄢（故属陈留）、宁陵（故属陈留。有葛乡，故葛伯国）、薄（故属山阳，汤所都）。"③ 分析此两则史料，不难看出，《后汉书·郡国志》所载梁国的县城与建初四年增益梁国的县城有不一致的地方。

对于上述第一则史料中的六县，前人曾指出其误。如清代学者惠栋认为："郾属颍川，讹，当依注作鄢。"钱大昕认为："前志己氏本属梁国，薄、单父、成武本属山阳，且济阴王长亦同时益封，以理揆之，

---

① 李晓杰：《东汉政区地理》，山东教育出版社1999年版，第258页。
② ［南朝宋］范晔：《后汉书》，中华书局1965年版，第495页。
③ ［南朝宋］范晔：《后汉书》，中华书局1965年版，第3426页。

不应夺济阴以畀梁,恐传文误也。"① 上述第二则史料所提到的梁国九城,应该是东汉和帝永元五年之后梁国所辖的疆域。

和帝永元五年(93),因从官卞忌等谄媚云"神言王当为天子"一事,刘畅遭到豫州刺史弹劾。后来,和帝念及亲情仅削减成武、单父二县,刘畅心中恐惧,向汉和帝上书谢罪,表示愿意"乞裁食睢阳、谷孰、虞、蒙、宁陵五县,还余所食四县"②。和帝原谅了刘畅,并把罪责归于梁相。

和帝下诏曰:"傅相不良,不能防邪,至令有司纷纷有言。"而刘畅"固让,章数上,卒不许"③。由此不难发现,和帝永元五年后,东汉梁国的辖县应该是除去成武、单父之外的睢阳、谷孰、虞、蒙、宁陵五县及另外四县,共计九县。自刘畅之后,后继诸王多湮没无闻,梁国疆域九县现状很可能一直持续到曹魏代汉。

现在再看和帝永元五年之前的梁国疆域。前文所提及的两则关于梁国所辖县的史料,鄢、宁陵、薄三县重复,则当时梁国应该有睢阳、谷孰、虞、蒙、宁陵、下邑、砀山、鄢、薄、单父、己氏、成武十二县才是。这显然又与前文所提及的除去成武、单父之外尚余九县相矛盾。矛盾的焦点在于己氏。关于己氏,《后汉书》注曰:"己氏,今宋州楚丘县也。"前文引钱大昕亦曰:"己氏本属梁国。"如此,则《后汉书·郡国志》"梁国"下应该有此县才是,但史书恰恰缺载。其中原因,李晓杰的分析是有道理的,他说:"己氏自建初四年复属梁国,而《续汉志》梁国下无此县,又由《续汉志》济阴郡下领有该县,故可知其复别属济阴。唯别属之年,史籍无载。己氏位于成武、单父二县之南,以其地望揆之,该县别属济阴不会早于成武等二县,又由上文知成武等二县自永元五年由梁国别属济阴,而此后梁国所领九县中亦无己氏之名,故可断己氏应在永元五年与成武、单父二县一起别属济阴,《梁节王畅传》所载

---

① [清]王先谦:《后汉书集解》,中华书局1984年影印,第588页。
② [南朝宋]范晔:《后汉书》,中华书局1965年版,第1676页。
③ [南朝宋]范晔:《后汉书》,中华书局1965年版,第1677页。

恐有遗漏。"① 如此，则东汉梁国疆域以永元五年为界，东汉梁国立国至永元五年，所辖十二县；永元五年后，辖九县，并一直持续到曹魏代汉。

第三节　梁国都城和梁园

一　梁国都城

（一）西汉梁国都城

在西汉梁国十四任梁王中，其都城曾有三次变迁。彭越王梁国时，定都定陶。梁孝王王梁国时，先短暂徙都大梁，后因大梁土地下湿，梁孝王又将都城迁至睢阳。在三个都城中，西汉梁王定都睢阳的时间最长，先后达一百七十余年；其次，定都定陶的时间凡三十余年；而定都大梁的时间最短。

1. 初都定陶

西汉梁国的都城先设在定陶（今山东定陶西北），《史记·高祖本纪》记载：五年正月，立建城侯彭越为梁王，都定陶。《汉书·高帝纪》载：汉五年冬十月，高帝许以"取睢阳以北至谷城皆以王彭越"。次年春正月下令："魏相国建城侯彭越勤劳魏民，卑下士卒，常以少击众，数破楚军，其以魏故地王之，号曰梁王，都定陶。"《汉书·彭越传》记载：高祖乃"立越为梁王，都定陶"。此后，刘恢、吕产、刘太、刘揖王梁国时，都城均在定陶。

定陶历史悠久，尧舜时期为古陶国，春秋时期为曹国都城，名陶丘。《汉书·地理志》云："济阴定陶，《诗·风》曹国也。武王封弟叔振铎于曹，其后稍大，得山阳、陈留，二十余世为宋所灭。"②战国时期称陶，始属于宋国，后又属齐、秦两国。定陶地理位置优越，在古代商业交

---

① 李晓杰：《东汉政区地理》，山东教育出版社1999年版，第34页。
② ［汉］班固：《汉书》，中华书局1962年版，第1663页。

通上有"天下之中"①之誉。定陶也是有名的都会："夫自鸿沟以东，芒、砀以北，属巨野，此梁、宋也。陶、睢阳亦一都会也。"②楚汉之际，彭越攻下昌邑附近二十余城，陶在昌邑西，与昌邑相邻，也被彭越所攻占。定陶是战国时宋国的大商业城市，时称陶邑，地当菏、济为交，成为当时货物交易的"天下之中"，定陶城的手工业和商业都很发达，人口众多。

2. 徙都大梁

关于梁国是否有徙都大梁之说，学界存有争议。王遂一《汉梁孝王封于开封质疑》认为：梁国都城先在定陶，后迁睢阳，根本未都开封（大梁）③。徐伯勇在《有关开封历史的几个问题》一文中认为"刘武封于大梁，据近人研究，认为出于衍字"，即衍"大"字，证据是："《史记·梁孝王世家》中关于'平台'的魏人如淳曰：'在梁东北，离宫所在。'而《汉书》中同一个'平台'，同一个如淳注就变成：'在大梁东北，离宫所在。'恰多出了一个'大'字，把事情弄坏了。"④显然，徐伯勇认为梁孝王都大梁，是衍一"大"字而造成的错误。王良田《西汉梁国》一书认为梁孝王并没有徙都大梁，并给出了六点理由⑤。当然，也有不同的声音。程有为《论西汉梁国的都城迁徙——与王遂一先生商榷》一文⑥，据《水经注》及《史记正义》引《括地志》之说，认为："梁孝王刘武始封于大梁（浚仪），后徙都睢阳。如果没有确凿依据，对此不可随意否定。"笔者认为，尽管《史记》与《汉书》没有记载梁孝王徙都大梁之说，但《水经注》及《史记正义》引《括地志》之说也不能轻易否定，故而暂存

---

① 《史记·越王勾践世家》载：范蠡事越王勾践灭吴之后，"浮海出齐，变姓名，自谓鸱夷子皮，耕于海畔，苦身戮力，父子治产。居无几何，致产数十万。齐人闻其贤，以为相。范蠡喟然叹曰：'居家则致千金，居官则至卿相，此布衣之极也。久受尊名，不祥。'乃归相印，尽散其财，以分与知友乡党，而怀其重宝，间行以去，止于陶，以为此天下之中，交易有无之路通，为生可以致富矣。于是自谓陶朱公"。（中华书局1982年版，第1752页）
② ［汉］司马迁：《史记》，中华书局1982年版，第3266页。
③ 王遂一：《汉梁孝王封于开封质疑》，《河南大学学报》1995年第1期。
④ 中国古都学会编：《中国古都研究》，浙江人民出版社1985年版，第230页。
⑤ 王良田：《西汉梁国》，中国广播电视出版社2003年版，第31—34页。
⑥ 程有为：《论西汉梁国的都城迁徙——与王遂一先生商榷》，《河南大学学报》1995年第6期。

梁孝王徙都大梁一说。

梁孝王刘武王梁国时,初都大梁(今河南开封),后东徙睢阳(今河南商丘)。《史记正义》引《括地志》云:"宋州宋城县在州南二里外城中,本汉之睢阳县也。汉文帝封子武于大梁,以其卑湿,徙睢阳,故改曰梁也。"①《水经注》卷二二云:"汉文帝封孝王于梁,孝王以土地下湿,东都睢阳,又改曰梁。"② 可见,梁孝王始王梁国时,都城在大梁。

程有为通过考证认为,大梁是战国后期梁(魏)国的都城。梁(魏)国联合齐、楚两国灭宋,三分其地,宋国都城睢阳(今河南商丘南)及其周围地区也成为梁(魏)国的辖区。当时,西起大梁,东到睢阳以东的芒、砀,都被称为梁(魏)地。后来秦灭梁(魏),在梁(魏)故地设置砀郡,治所在砀县(今河南永城北),管辖砀、芒、谯、鄼、下邑、栗、虞、单父、东缗、爰戚、蒙、睢阳、菑、昌邑、济阳、外黄、雍丘、陈留、大梁等二十余县。学界有学者认为梁孝王始都大梁是错误的,程有为认为梁孝王始都大梁不是没有可能的,他说:"曾为战国后期梁(魏)国都城的大梁秦时也归砀郡管辖。反秦战争与楚汉战争期间人们不称这一地区为砀郡,而称为梁地或魏地。史书所谓周市略定魏地、魏豹攻下魏地二十余城、彭越收魏地十余城、彭越攻下睢阳、外黄十七城、彭越复下昌邑旁二十余城,虽然说法有异同,城邑多少有差别,但是都指这一地区,而且大多包括西部的大梁等县邑。"程有为还认为:"西汉前期的梁国是在战国时期的梁(魏)国故地和秦朝砀郡的基础上建立的,大梁(浚仪)既属梁(魏)故地,也属砀郡。……梁国西境到今河南开封市与中牟县之间,大梁(后称浚仪,即今开封市)一直属于梁国管辖。……要之,在汉文帝封其次子刘武为梁王以前,浚仪一直属于梁国辖地,刘武被封于开封并不是不可能的。"③ 程有为的

---
① [汉]司马迁:《史记》,中华书局1982年版,第2082页。
② [北魏]郦道元著,陈桥驿校证:《水经注校证》,中华书局2007年版,第530页。
③ 程有为:《论西汉梁国的都城迁徙——与王遂一先生商榷》,《河南大学学报》1995年第6期。

说法是有道理的。

3. 定都睢阳

《史记·梁孝王世家》："孝文帝即位二年，以武为代王，以参为太原王，以胜为梁王。""梁王"下，裴骃《集解》引徐广云："都睢阳。"显然，徐广认为梁怀王刘揖（刘胜）已经将都城迁往睢阳。值得思考的是，如果早在刘揖时既已迁都睢阳，那么，梁怀王太傅贾谊在上文帝《请封建子弟疏》中便没有必要提出"可徙代王而都睢阳"的建议。毕竟之前刘揖为梁王时已迁都睢阳，贾谊建议为梁王立后而上之"益梁策"，完全可以直接说成"可徙代王而王梁国"，而没有必要提出"都睢阳"之言。此正说明在贾谊之前，睢阳并非梁国都城。同时也说明了贾谊已经看到睢阳城地理位置的重要性，建议让文帝徙代王刘武都睢阳，是作为"益梁策"中非常重要的建议之一，这项建议也能确保引起文帝的重视。后来吴楚七国之乱的历史发展也证明了贾谊"可徙代王而都睢阳"的正确性。

梁孝王将都城迁往睢阳的确切时间很难知道。既然其在大梁居住的时间并不长，那么其将都城迁往睢阳大概即在文帝十二三年左右。

睢阳，在今河南商丘，因位于古睢水北岸，故得其名。梁孝王迁都睢阳后，便开始大治宫室，《史记·梁孝王世家》云："孝王筑东苑，方三百余里，广睢阳城七十里，大治宫室，为复道，自宫连属于平台三十余里。"《史记索隐》云："盖言其奢，非实辞。或者梁国封域之方。"睢阳城建于宋国故城之上，宋国故城的建置对后来的睢阳城曾产生过很大影响。

关于睢阳城的布局与设置，商丘地区文物工作队的阎道衡通过考古认为：汉代的睢阳城在春秋时期宋国都城的基础上进行了扩建，汉代梁国的睢阳城门多沿袭春秋战国时期的宋都城门名。关于睢阳城的面积及周长究竟是多少，历来史料记载不一，主要有"城方七十里"说、"三十里"说、"十二"里"十三里"说、"二十里"说、"城方三十七里"

说等。阎道衡通过大量的文献记载，结合考古发掘成果，认为睢阳"城方三十七里"的记载是正确的，其他记载多为抄写之误或者以讹传讹。阎文认为睢阳"城方三十七里"比较可信的原因有三：一、凡记载睢阳城方三十七里或三十里的文献，如司马彪《郡国志》、郦道元《水经注》等，都是成书时代比较早的作品，而且郦道元在著《水经注》前还曾到这一带考察过，可信度较大。二、睢阳城方三十七里说被本地区的地方史家在其著述中采用，如清代的《商丘县志》《归德府志》等。虽然这些书成书较晚，但由于是本地区人所写，想必作过考证，因此，也是可信的。至于"三十里"和"三十七里"的差别，可能是后人在抄写中漏"七"字所误。三、睢阳城三十七里比较符合汉代梁国的历史发展实际，梁国在梁孝王时"北界泰山，西至高阳，四十余城，皆多大县"，是全国人口密度较大的区域，又为中原腹地，为大国，政治、经济、文化都非常发达，城市三十七里应该说比较符合汉代梁国的情况①。

阎文还认为，睢阳城可分为东西两城，其中东城可能为宫殿区，西城为旧城、居民区和作坊区。梁孝王时睢阳城的宫殿是极其宏大、华丽壮观的，形成规模很大的建筑群体。从宫殿区至平台，诸宫观相连，绵延三十余里。宫殿区的附近又有许多亭台楼阁，梁王和大臣及文人学士曾在此饮酒赋诗。梁孝王的宫殿不仅有前宫（正宫），也有后宫，都是仿当时天子之制而建的。睢阳城的具体位置，应当在今天的商丘古城南南关外至西周宋国都城城北及以东的范围内，与文献所记载的位置是相吻合的②。

自梁孝王迁都睢阳，至王莽废除梁国止，睢阳一直是西汉梁国的都城，约有一百七十余年的都城历史。它不仅是梁国的政治、经济、文化中心，也是当时天下最为著名的繁华都市之一，而且也是屏蔽淮徐、备御江南的战略要地，汉代历史上数次重大事件和战争都与睢阳有千

---

① 阎道衡：《汉代梁国睢阳城考略》，《黄淮学刊》1996年第4期。
② 阎道衡：《汉代梁国睢阳城考略》，《黄淮学刊》1996年第4期。

丝万缕的联系。

(二) 更始与东汉时期梁国都城

更始时期，刘永称梁王，其都城仍在睢阳，《后汉书·刘永传》载："更始即位，永先诣洛阳，绍封为梁王，都睢阳。"刘永被杀后，其部将苏茂、周建在垂惠迎立刘永子刘纡为梁王，都城即垂惠。唐李贤等注《后汉书》云："垂惠，聚名，在今亳州山桑县西北，一名礼城。"①《后汉书集解》引惠栋曰："《续志》：汝南山桑有垂惠聚。"王先谦曰："在今颍川府蒙城县西北。《旧志》：二十里。"②东汉时期，六任梁王之都城均在睢阳。

二　梁园

西汉梁国以方圆三百里规模的梁园而闻名天下。梁园规模之大，仅次于当时的皇家园林上林苑。这是一座供诸侯王游赏、驰猎、娱乐等多功能于一体的苑囿，也是一处由离宫别馆、亭台楼榭、假山岩洞、湖泊池塘、奇花异草、珍禽异兽等组成的一座园林艺术精品。因此，梁园在某种意义上也成为梁国的代名词。

(一) 刘武与梁园

梁园，为西汉梁孝王刘武所筑，又名梁苑、东苑、兔园、睢园、竹园等。刘武主政梁国凡二十五年，一生中重要的活动和建树都在此处完成。吴楚七国之乱时，由于刘武拒吴楚有功，"梁所破杀虏略与汉中分"。有此功劳，与汉"最亲"的梁国的疆界大为扩大，南起今安徽太和北，北至古黄河与赵国为邻，西到高阳（今杞县西南），东与泰山郡、鲁国接壤，显然是当时九个封国中比较重要的一个，"在政治、经济、军事、

---

① [南朝宋] 范晔：《后汉书》，中华书局1965年版，第36页。
② [清] 王先谦：《后汉书集解》，见《续修四库全书》第二百七十二册，上海古籍出版社2002年版，第222页。

文化等方面具有举足轻重的地位,为汉封国之翘楚"①。

《汉书·文三王传》赞曰:"梁孝王虽以爱亲故王膏腴之地,然会汉家隆盛,百姓殷富,故能殖其货财,广其宫室车服。"②随着政治、经济地位的提升,梁孝王私欲之心也开始膨胀,遂在自己的封国内建起了离宫别馆——梁园。梁园初建时名东苑,"于是孝王筑东苑"③,也名兔(菟)园,慕名前来梁国的文人枚乘曾作《梁王菟园赋》:"修竹檀栾,夹池水,旋菟园,并驰道,临广衍,长冗板,故径于昆仑,猥观相物,芬焉子有,似乎西山。"西晋葛洪《西京杂记》卷二云:"梁孝王好营宫室苑囿之乐,作曜华宫,筑兔园。"④南朝宋诗人谢惠连《雪赋》:"梁王不悦,游于兔园。"因谢惠连《雪赋》名声较大,东苑又名雪苑。又因园中遍植修竹,故也称竹园、修竹园。《水经注疏》卷二四:"睢水又东南流,历于竹圃。水次绿竹荫渚,菁菁实望,世人言梁王竹园也。"⑤引《括地志》:"兔园,俗人言梁孝王竹园也。"⑥又引《九域志》:"兔园中有修竹园。"又引《寰宇记》:"修竹园在宋城县东南十里。"⑦

梁园的建造,凸显了梁孝王好大喜功的心理。在这种心理影响下,梁园建造规模宏大,富丽堂皇。整个梁园"方三百余里,广睢阳城七十里。大治宫室,为复道,自宫连属于平台三十余里。得赐天子旌旗,出从千乘万骑。东西驰猎,拟于天子。出言跸,入言警"⑧。此处所言梁园"方三百余里","方"为"方圆"的意思,但方圆三百里并非实指,所以唐司马贞《史记索隐》说"盖言其奢,非实辞"⑨。"广睢阳城七十里"之"广"

---

① 李可亭:《汉梁文化的内涵与建构特征》,《商丘师范学院学报》2006年第3期。
② [汉]班固:《汉书》,中华书局1962年版,第2220页。
③ [汉]司马迁:《史记》,中华书局1982年版,第2083页。
④ [晋]葛洪撰,成林、程章灿译注:《西京杂记全译》,贵州人民出版社1993年版,第82页。
⑤ [清]杨守敬:《水经注疏》,见《杨守敬集》第四册,湖北人民出版社1997年版,第1472—1473页。
⑥ [清]杨守敬:《水经注疏》,见《杨守敬集》第四册,湖北人民出版社1997年版,第1473页。
⑦ [清]杨守敬:《水经注疏》,见《杨守敬集》第四册,湖北人民出版社1997年版,第1472页。
⑧ [汉]司马迁:《史记》,中华书局1982年版,第2083页。
⑨ [汉]司马迁:《史记》,中华书局1982年版,第2083页。

意为比睢阳城大七十里。《汉书·地理志》说睢阳城"城方十三里",《水经注疏》曰"筑城三十里"。可以看出,梁园的面积大致在方圆 40 公里至 50 公里之间。梁园的位置,西起睢阳城东北(今商丘古城东南),东至今商丘古城东北 7 公里左右的平台镇。今平台镇西北角有梁苑遗址,为县级文物保护单位。

刘武在园中遍置假山、亭台楼榭,广植奇花异树,饲养珍禽异兽,西晋葛洪《西京杂记》卷二云:"园中有百灵山,山有肤寸石、落猿岩、栖龙岫。又有雁池,池间有鹤洲凫渚。其诸宫观相连,延亘数十里,奇果异树,瑰禽怪兽毕备。王日与宫人宾客弋钓其中。"①《太平御览》卷一五九中引《图经》云:"梁孝王有修竹园,园中竹木,天下之选,集诸方游士各为赋,故馆有邹、枚之号。又有雁鹜池,周回四里,亦梁王所凿。又有清泠池,有钓台,谓之清泠台。"②

依赖雄厚的经济实力,梁园建成后,梁孝王滋生了一种养士以游的逸乐情致,开始"招延四方豪桀,自山以东游说之士莫不毕至"。由于梁孝王爱好文学,喜爱辞赋,他在梁园聘贤待士,令天下文人心向往之。于是四方文人雅士开始云集梁园,在此游憩畋猎,宴集作赋,风雅一时。枚乘在《梁王菟园赋》中记录了当时天下士人争相游览梁园的盛况:"于是晚春早夏,邯郸、襄国、易阳之容丽人,及其燕饰子,相与杂遝而往款焉。车马接轸相属,方轮错毂,接服何骖,披衔迹蹶。自奋增绝,怵惕腾跃,水意而未发,因更阴逐心相秩奔……高冠扁焉,长剑闲焉。左挟弹焉,右执鞭焉。日移乐衰,游观西园之芝。……于是从容安步,斗鸡走兔,俯仰钓射,煎熬炮炙,极欢到暮。"③南朝齐随郡王子隆《山居序》也云:"西园多士,平台盛宾,邹马之客咸在,《伐木》之歌屡陈,是用追芳昔娱,神游千古,故亦一时

---

① [晋]葛洪撰,成林、程章灿译注:《西京杂记全译》,贵州人民出版社 1993 年版,第 82 页。
② [宋]李昉编纂,王晓天校点:《太平御览》(第二册),河北教育出版社 1994 年版,第 509 页。
③ [清]严可均辑,任雪芳审订:《全汉文》,商务印书馆 1999 年版,第 203 页。

之盛事。"① 另外,《梁王菟园赋》对梁园中饲养的珍禽异兽也作了细致的描写,其云:"鹡鹩鹞雕,翡翠鸲鸽,守狗戴胜,巢枝穴藏。被塘临谷,声音相闻。喙尾离属,翱翔群熙。交颈接翼……"梁园广袤的空间,丰饶的财物,优美的环境,不仅能为那些云集之士提供游乐场所,同时也为其提供了创作素材与创作灵感,使得梁园一时人才济济,形成了"帝子风流孰比称,鹤洲凫渚盛宾朋"(清陈履中《吊梁孝王》)②的盛况。

文人雅士云集梁园逐渐形成了一个具有一定创作倾向的作家群,慢慢形成了梁园文人集团,主要代表人物有枚乘、公孙诡、邹阳、严忌、羊胜、韩安国、司马相如等,作品主要以辞赋与散文为代表。

梁园文人集团生活在一种轻松和谐的氛围中,这种惬意、浓郁的文化氛围,成为后代文士向往和追求的梦想,成为历代文士萦绕于心的"梁园情结"。梁园,实际已成为一种文化符号。作为一种文化符号,"梁园"以其丰厚的文化底蕴,历代有很多文人墨客都曾前来游览胜景,吊古怀今,南朝宋谢惠连,唐代骆宾王、王昌龄、李白、杜甫、高适、岑参、储光羲、刘长卿、杜牧,宋代范仲淹、晏殊、宋祁、梅尧臣、张方平、司马光、王安石、苏轼、苏辙、秦观、贺铸、张耒,明代李梦阳、王廷相、李攀龙、李嵩、吴国伦,清代毛奇龄等,都曾慕名前来,留下众多吟咏梁园的佳作,成为古代文学宝贵的财富。

(二)梁园七台八景

梁园八景,习惯上是指与"七台"相连而形成的八景。尚起兴认为:"梁园七台八景之说流传已久,但究竟是哪七台八景,史书没有记载,众说纷纭,至今仍是个谜。"尚起兴通过实地考察,认为:"所谓'七台',应指阏伯台、灵台、平台、老君台、清泠台、三陵台和青陵台。《西京杂记》云:'苑中有落猿岩、栖龙岫、雁池、鹤洲、凫渚。'除以上所

---

① [清]严可均辑,许少锋、史建桥审订:《全齐文 全陈文》,商务印书馆1999年版,第68页。
② 刘清惠、马国强、李传申选注:《梁园吟》,中州古籍出版社1988年版,第190页。

提到的五景外，作为八景还应有南湖、金果园和孟诸泽。"① 本文大致采用尚起兴的观点，并结合相关史书，对"七台八景"及园内的著名景点略作介绍。

阏伯台，又名火神台，在睢阳区古城西南三里火星台村后。《左传》襄公九年："陶唐氏之火正阏伯居商丘。"《括地志》载："古阏伯之墟，即商丘也。"阏伯管理大火（星名）之祀有功，后人尊为火神，死后葬此并建庙纪念。台为圆形，夯土筑成，高17.2米，台基直径56米，顶部直径20米。元大德年间（1297—1307）在台上建拜厅、大殿等。明清以来，几经修葺。每年正月初七有传统庙会，谓之"朝台"。向为游览胜地，现为省级文物保护单位。

平台，在城东北二十里，为梁孝王所筑。《水经注》卷二四记载："如淳曰：'平台，离宫所在。今城东二十里有台，宽广而不甚极高，俗谓之平台。'余按《汉书·梁孝王传》称，王以功亲为大国，筑东苑，方三百里，广睢阳城七十里，大治宫室，为复道，自宫连属于平台三十余里。复道自宫东出杨之门，左阳门，即睢阳东门也，连属于平台则近矣，属之城隅则不能，是知平台不在城中也。"

三陵台，在城西北十八里，因西周宋国戴公、武公、宣公三座陵墓相峙，故名。西汉初，梁孝王刘武曾在台上建离宫，曾有瓦片出土。

清泠台，也叫清凉台，在城西北十八里处的清泠寺村，台高6.6米，台上筑有楼台亭榭，乃西汉时梁孝王刘武所建。清泠台规模庞大，殿宇辉煌。台下有清泠池，池畔绿树成荫，池鱼垂杆可钓，是西汉梁国达官贵人的憩息之所。

蠡台，在旧城南。《资治通鉴》注引司马彪《郡国志》曰："睢阳……有卢门亭，城内有高台，甚秀广，巍然介立，超焉独上，谓之蠡台。"又引《续述征记》曰："回道似蠡，故谓之蠡台。"《水经注》卷二四记载：

---

① 尚起兴等：《三陵台》，新华出版社2009年版，第144页。

蠡台旁，又有女郎台、凉马台。

文雅台，也叫凉马台，在城东南里许。《水经注》卷二四记载："蠡台如西，又有一台，俗谓之女郎台。台之西北城中有凉马台。台东有曲池，池北列两钓台，水周六七百步。"

朱台，也叫古吹台。《水经注》卷二四记载："蠡台直东，又有一台，世谓之雀台也。城内东西道北，有晋梁王妃王氏陵表，并列二碑，碑云：妃讳粲，字女仪，东莱曲城人也，齐北海府君之孙，司空东武景侯之季女。咸熙元年嫔于司马氏，泰始二年妃于国，太康五年薨，营陵于新蒙之，大康九年立碑。东即梁王之吹台也。基陛阶础尚在，今建追明寺。故宫东即安梁之旧地也，齐周五六百步，水列钓台。"

尚起兴所提及的梁园八景中，落猿岩、栖龙岫、雁池、鹤洲、凫渚五景载于《西京杂记》。今天已难知其确切位置，下面对其余三景略作介绍。

南湖，古县城的南部有一大片水域，是西汉梁园的南湖。

金果园，亦名兔园、竹圃、修竹园，在今县城东南十里古宋乡陈坟村西南，是汉梁孝王所建梁园建筑群之一，其中有宫室、园圃、山岩、池洲、奇花、异果、珍禽、异兽、台榭，延绵数十里。《水经注》卷二四云："睢水又东南流，历于竹圃，水次绿竹荫渚，菁菁实望，世人言梁王竹园也。"今为沃野，偶有汉代砖瓦、陶器残片出土。

孟诸泽，亦称盟诸泽、望诸泽。在今商丘虞城八里堂西北至商丘刘口东一带，周回五十里。《尚书·禹贡》："导菏泽，被孟猪。"《尔雅·释地》："十薮，宋有孟诸。"《左传》僖公二十八年："楚子玉自为琼弁、玉缨，未之服也。先战，梦河神谓己曰：畀余，余赐女孟诸之麋。"均指此。

（三）文人雅士云集梁园

"梁客皆善属辞赋"，如此一来，汇集于梁园的文人就形成了一个以创作辞赋为主的作家群，其创作情况，可从《西京杂记》中略知一二。《西京杂记》卷四"忘忧馆七赋"条记载了"梁孝王游于忘忧之馆，集诸游士，各使为赋"的情况：其中枚乘为《柳赋》，路乔如为《鹤赋》，公孙诡为《文鹿赋》，邹阳为《酒赋》，公孙乘为《月赋》，羊胜为《屏风赋》，韩安国作《几赋》，不成，邹阳代作。事后"邹阳、安国罚酒三升，赐枚乘、路乔如绢，人五匹"。《西京杂记》所提到的枚乘、路乔如、公孙诡、邹阳、公孙乘、羊胜、韩安国以及严忌、司马相如等人，都是梁园文人集团的中坚。以上文士除公孙乘、路乔如等人生平事迹不详外，其余文士在史书中均有记载。以下结合《汉书·艺文志》及《西京杂记》等文献，简单介绍一下这些文士各自的主要事迹及作品。

枚乘（？—前140），淮阴人。据《汉书·贾邹枚路传》记载，枚乘先为吴王刘濞郎中。"吴王之初怨望谋为逆也"，枚乘曾奏书劝谏，"吴王不纳"。枚乘于是"去而之梁，从孝王游"。吴楚七国乱发，汉景帝斩晁错后，枚乘还曾劝说吴王。"吴王不用乘策，卒见禽灭。""汉既平七国，乘由是知名"，汉景帝乃召拜枚乘为弘农都尉，而枚乘"久为大国上宾，与英俊并游，得其所好，不乐郡吏，以病去官。复游梁，梁客皆善属辞赋，乘尤高"。梁孝王死后，枚乘返居故里淮阴。武帝为太子时，已闻乘名。即位后，以安车蒲轮征乘入京，死于途中。《汉书·艺文志》载其赋九篇，其中《梁王菟园赋》即作于梁地，最为传诵。

公孙诡（？—前148），齐人。在梁王门客中，公孙诡最受器重。据《史记·梁孝王世家》载："公孙诡多奇邪计，初见王，赐千金，官至中尉，梁号之曰公孙将军。"时孝王怨袁盎阻帝立己为嗣，乃与公孙诡、羊胜等暗中使人刺杀袁盎等大臣，事泄后景帝究其事，遣使至梁捕公孙诡与羊胜，孝王不得已，令公孙诡与羊胜自杀于后宫。《汉志》不载其赋，《西京杂记》载其《文鹿赋》。

邹阳（前206—前129），齐人。据《汉书·贾邹枚路传》记载："汉兴，诸侯王皆自治民聘贤。吴王濞招致四方游士，阳与吴严忌、枚乘等俱仕吴，皆以文辩著名。"后因吴王不听劝谏，转仕梁王。"为人有智略，慷慨不苟合，介于羊胜、公孙诡之间。胜等疾阳，恶之孝王。孝王怒，下阳吏,将杀之。"在狱中,邹阳作《狱中上梁王书》,申诉冤屈。释放后,为梁王座上客。后来羊胜、公孙诡事败被杀,"孝王恐诛,乃思阳言,深辞谢之,赍以千金,令求方略解罪于上者",邹阳乃西往长安托人进言汉景帝,后来梁孝王果然没有被治罪。《汉志》载其文七篇。《西京杂记》载其赋有《酒赋》《几赋》。

严忌(约前188—前105),吴人。原姓庄,东汉时因避汉明帝刘庄讳,改其姓为严,后世遂称严忌。据《汉书·贾邹枚路传》:"吴王濞招致四方游士,阳与吴严忌、枚乘等俱仕吴,皆以文辩著名。"严忌和邹阳、枚乘先仕吴,后因吴王谋反,严忌、邹阳、枚乘劝谏不听,"是时,景帝少弟梁孝王贵盛,亦待士。于是邹阳、枚乘、严忌知吴不可说,皆去之梁,从孝王游"。《汉志》载其赋二十四篇,今仅存《楚辞》中所收《哀时命》一篇。

羊胜(?—前148),齐人。曾与公孙诡一起受梁孝王指使暗中派人刺杀袁盎,事泄,自杀于梁王宫中。《汉志》不载其赋,《西京杂记》载其《屏风赋》。

韩安国(?—前127),梁成安人,后徙睢阳。据《史记》本传记载,安国"事梁孝王为中大夫。吴楚反时,孝王使安国及张羽为将,捍吴兵于东界。张羽力战,安国持重,以故吴不能过梁。吴楚已破,安国、张羽名由此显"。后"梁内史之缺也,孝王新得齐人公孙诡,说之,欲请以为内史。窦太后闻,乃诏王以安国为内史","安国为人多大略,智足以当世取合,而出于忠厚焉。贪嗜于财。所推举皆廉士,贤于己者也。于梁举壶遂、臧固、郅他,皆天下名士,士亦以此称慕之,唯天子以为国器"。

司马相如(约前179—前118),蜀郡成都人。据《汉书·司马相如列传》记载,相如早年"以訾为郎,事孝景帝,为武骑常侍,非其好也。会景帝不好辞赋,是时梁孝王来朝,从游说之士齐人邹阳、淮阴枚乘、吴严忌夫子之徒,相如见而说之,因病免,客游梁,得与诸侯游士居,数岁，乃著《子虚之赋》"。司马相如于汉景帝前元七年（前150）时从梁王游，其《子虚赋》即作于梁地。梁孝王死后，司马相如回到蜀郡临邛。《汉志》载司马相如赋二十九篇。

　　从上述介绍可以看出，邹阳、严忌、枚乘等都曾仕吴，且皆以文辩著名，可以算得上是"辩士"。他们离开吴国共游梁，一方面出于对政治的选择，另一方面也由于他们兼具文人雅士的身份。再加上"梁王好士"，爱好文学，喜爱辞赋，他们的到来是必然的选择。后来才子司马相如朝见景帝，"会景帝不好辞赋"，当他见到梁孝王、邹阳、严忌、枚乘等人时，便怦然心动，后游梁，"与诸侯游士居"。由此可见，文人雅士云集梁园，并非完全出于政治上的考虑，而爱好文学则是他们共同的目标。正是由于这个目标，梁园逐渐聚集了一群具有一定创作倾向的作家。梁园文人集团主要"人物的活动和他们的作品铸就了梁园的闲雅风调，使得西汉文学在景帝年间便涌起第一个高潮。他们才是梁园的灵魂"[1]。在这个文学集团中，梁孝王是推动梁园文学创作的关键性人物，"在众多门客的围随中，梁孝王过着雍容典雅的诗酒生活。他供养了这些人，反过来，他们也点缀了他个人的生活。尽管他与门客之间的主仆关系无法改变，但他对文学的爱好、对文士的赏识，不断激发着门客们的创作欲，大大推动着文学事业的进展"[2]。

　　从四方云集而至梁园的文人雅士，似乎可以分成两个派别。其一是以公孙诡、羊胜等人为代表。由于公孙诡"多奇邪计"，他们身上还浸染着战国时期游士的风气，而这种风气并未因为他们游梁而彻底除尽。后来梁孝王怨袁盎阻帝立己为嗣，指使公孙诡与羊胜暗中派人刺杀袁盎等大臣。由此可见，公孙诡与羊胜等人并未完成由游士向文人的精神转变，尽管他们在忘忧馆也留下了赋作，展现了他们的文学才能，但这并不能说明他们已经成为真正的文人。

----

[1] 杨树增：《中国文学史话》（秦汉卷），吉林人民出版社1998年版，第143—144页。
[2] 杨树增：《中国文学史话》（秦汉卷），吉林人民出版社1998年版，第147页。

另一派则以枚乘、邹阳、严忌及司马相如为代表。由于枚乘、邹阳、严忌有过游吴的经历,可以称他们为吴府士人。这些人"以文辩著名",也算得上是策士。但这一派士人与公孙诡、羊胜等人在本质上是不一致的,其中最大的区别在于,他们在梁园慢慢完成了由游士向文人的精神转变。程世和认为,枚乘、邹阳、严忌等人的变化,"实质正根源于吴府士人文士意识的觉醒","总括以言,由吴入梁后,邹阳、枚乘诸人尤其是枚乘大体上已经完成了由策士向文士的转变。这种转变既根源于梁孝王在其前期与汉皇的互爱关系,根源于梁府士人'忘忧'的自由游放生活;也根源于梁府士人文士意识的觉醒;根源于他们自觉不自觉地对原有策士身份的自我消解"①。所言是有道理的。

在四方文人雅士云集梁园之际,梁国还出现了一些本土学者,若"以《汉书》记载为限,见于《儒林传》而出身于'梁'的学者,就有梁国人丁宽、项生、焦延寿、陈翁生、戴德、戴圣、桥仁、杨荣、周庆,梁国砀人田王孙、鲁赐等。可见这一地区文化积累之丰足,学术滋养之醇厚"②。在这些梁国的学者中,戴德及其侄戴圣以《礼》学名家,汉宣帝时,戴氏叔侄皆被立为今文经学博士,又同时立于学官。丁宽、田王孙、焦延寿同为《易》学大家,"均是西汉《易》学开宗立派的关键性人物"③。西汉出现的施、孟、梁丘、京之《易》学,均与此三人有直接的渊源关系,而丁宽、田王孙、焦延寿三人,在《易》学上也存在师承关系。后来,"丁氏易学,经田王孙、施雠、孟喜、梁丘贺等后学的弘扬,至汉宣帝时已大显于世,施、孟、梁丘各自成家,成为易学中影响最大的一支"④。

梁国学者通过自身的努力,逐步形成了梁国《易》学中心、梁国《礼》学中心。此外,梁怀王刘揖"好《诗》《书》",《诗》《书》《春秋》之

---

① 程世和:《汉初士风与汉初文学》,苏州大学博士学位论文,2001年。
② 王子今:《汉初梁国的文化风景》,《光明日报》2008年1月13日。
③ 张巍:《西汉地方〈易〉学中心考》,《五邑大学学报》2007年第2期。
④ 白效咏:《〈史记〉〈汉书〉所载易学传授体系与汉初的易学传承考辨》,《中国人民大学学报》2011年第4期。

学也在梁国广泛传播。梁太傅贾谊修《春秋左氏传》，为《左传》训诂。梁人萧秉曾从胡常学《左氏》，王莽时为讲学大夫。梁人陈翁生从林尊学《尚书》，官至信都太傅，家世传业，由是《尚书》欧阳学中又有陈氏之学。

总之，作为一个诸侯大国，梁国文化事业尤为繁荣，文化名人群星璀璨，并为后世留下了辉煌的文化遗产。

第四节　梁国的政治和经济

梁国作为汉代重要的分封侯国，在封建社会家天下的时代背景下，其政治与经济命运很难完全掌控在自己手中，汉代王室政权的更迭及国家政策的重大调整均会对梁国产生重大影响。基于这种现实，与其他封建侯国一样，梁国的政治与经济保持着鲜明的侯国特色，同时也与西汉政治与经济发展的陡升陡降相统一。

一　梁国的政治

（一）汉代梁国政治因革发展轨迹

西汉初年，因时局之需要，高祖刘邦采取封异姓功臣为王的方法。公元前202年，高祖封建城侯彭越"以魏故地王之，号曰梁王，都定陶"。其实，这种封立异姓诸侯王的做法并非出自刘邦本意，实属"徼一时权变，以诈力成功"的无奈之举。在这种情势下，刘邦虽然给予了封建侯国一定的政治权力，但同时也时刻提防与努力规避异姓王威胁中央政权的风险。因此，在分国封侯时，也对封建侯国的政权进行了很大程度的限制。此时的梁国，作为众多封建侯国的一员，并未表现出与其他诸侯国相异的任何政治特权。

后来，随着异姓诸侯王反叛的担忧逐渐变为现实，中央政权便开始下决心铲除异姓王，同时分封同姓王，以期形成"形错诸侯间，犬牙相临","用承卫天子"的局面。公元前197年，刘邦以莫须有的罪名，处心积虑为诛杀异姓王找到了一个"体面"的借口。在刘邦的积极"努力"下，史书最终留下"梁王彭越谋反，废迁蜀；复欲反，遂夷三族"的千古奇冤。顺利解决彭越"叛乱"后，刘邦便开始着手解决结束其他异姓王的现实问题。因有"前车之鉴"，加之梁国特殊的地理与政治地位，梁王的人选自此多由获得汉帝信任且与皇室关系极为密切者承担。在重臣的力荐下，高祖立次子刘恢为第二代梁王。

吕后时期，中央政权发生重大变故，吕氏大有取代刘氏皇权的倾向。公元前181年，吕后决定"徙梁王恢为赵王。吕王产徙为梁王"①。尽管这次梁王人选又成为异姓王，但正是这样的举动，更加鲜明地反映了梁国在当时特殊的政治地位。公元前180年，吕后病死，吕产因作乱被杀，梁王人选的更换也势在必行。诛杀吕氏势力的政治活动尚未完全结束，周勃、灌婴等功臣就积极运作徙济川王刘太为梁王之事，希冀在最短时间内把吕氏在梁国的政治痕迹尽可能地剔除干净。后来，随着皇室内部政治权力的博弈，梁王刘太因其身份未被皇室认可，而惨遭杀害。梁王再次成为政治斗争的牺牲品。

汉文帝登基初始，便废吕后之封，复刘氏旧国，乃汉初政治与政区地理的一大变动期。文帝继续采纳分封同姓王的方式来治理广大疆土，如"文帝尊宠元王，子生，爵比皇子。景帝即位，以亲亲封元王宠子五人"。公元前178年，汉文帝封少子刘揖为梁王，公元前169年刘揖"因堕马死"，文帝于是徙淮阳王刘武为梁王。梁武到任后，迁都睢阳（今商丘），进行诸多政治与经济改革，其治梁期间是梁国历史上最强盛的时期。梁国的富庶与强大一定程度上为自己博得了重要的政治地位，但这种政治地位的攀升也对皇权构成极大威胁，为后来削弱梁国埋下了伏笔。

景帝继位初，御史大夫晁错上《削藩策》，希望通过此举强化中央

---

① ［汉］司马迁：《史记》，中华书局1982年版，第404页。

集权，以避免重蹈周朝末年"礼崩乐坏"的覆辙，为景帝所采纳。至此，中央与地方矛盾激化。公元前 154 年春，吴、楚等七国反，"先击梁棘壁，杀数万人。梁孝王城守睢阳，而使韩安国、张羽等为大将军，以距吴、楚。吴、楚以梁为限，不敢过而西，与太尉亚夫等相距三月。吴、楚破，而梁所破杀虏略与汉中分"①。此次平叛，梁国战功赫赫，"吴、楚以故兵不敢西，而卒破亡，梁王之力也"②。加之，梁孝王又是窦太后少子，非常受宠，赏赐数不胜数。

然而，梁国与梁孝王刘武的这种政治"优厚"并没有维系太久。在景帝看来，既然因削藩而引发如此大的兵变，削藩的政策势必不能半途而废，定要继续推行下去。朝廷一面急于削藩，而刘武却因平定七国之乱立下赫赫战功而导致政治诉求大增，再加上窦太后"不恰当"的误导，景帝与梁孝王之间的政治博弈成为摆在他们面前一个非常棘手的政治难题。其实，早在平定七国之乱时，梁孝王刘武就曾三番五次请求周亚夫援救梁国，而周始终置之不理，后人说这是周亚夫高瞻远瞩，其实背后有着巨大的隐情。倘若没有皇权的授意，即使周亚夫有天大的本事也不敢拿梁国的存亡做冒险的筹码。可以看出，景帝之所以让梁国与吴楚大军交锋，其实就是希望在这次两军厮杀中，大大削弱双方的实力。既然梁孝王侥幸得以功成，那么景帝对其实力的削弱势必更会加大力度。遗憾的是，刘武在巨大的政治危机面前却浑然不觉，后来，为了发泄继承皇位夙愿受阻之恨，还导演了一出刺杀袁盎的闹剧，结果因此断送了自己的政治前途。尽管这场政变以相对"体面"的方式解决，但梁孝王刘武给景帝削弱梁国政权留下了把柄，自此，梁孝王再无任何政治举动，朝廷对梁国的担忧却时时存在。最终，朝廷借梁王刘武之死将梁国一分为五。梁国的政治特权从此江河日下。

武帝即位后，在政治上继续推行削弱诸侯国的策略，在思想上则是

---

① ［汉］司马迁：《史记》，中华书局 1982 年版，第 2082 页。
② ［汉］班固：《汉书》，中华书局 1962 年版，第 2394 页。

"罢黜百家，独尊儒术"。这一时期，梁国的政治权力进一步削弱，兵权几乎被剥夺。梁平王因不孝罪，被削五县，并"夺王太后汤沐成阳邑"。此时梁国"尚余八城"。综观西汉一代，从刘襄以后，梁王继任者分别为刘无伤、刘定国、刘遂、刘嘉、刘立，直至刘音王梁时因"莽篡，国绝"，梁国的政治地位随着辖域缩小而渐趋式微。

东汉后，梁国的政治地位又有所恢复，梁王刘畅时，"以陈留之郾、宁陵，济阴之薄、单父、己氏、成武，凡六县，益梁国"，此为梁国在东汉时期管辖地域较广时期。公元220年，三国魏受禅，刘弥为崇德侯，梁国不复存在。

（二）汉初梁国政治地位凸显的原因

汉初梁国一直是除都城长安外，政治、经济与文化的另一中心，其原因大致有以下几端：

首先，梁地乃高祖发迹之地。芒砀山地势险要，高祖在穷困潦倒之际，"隐于芒砀山泽岩石之间"，最终在此斩蛇起义，后又带领芒砀山众子弟揭开了反秦斗争的大幕。

其次，砀郡开国功臣辈出，为梁地政治地位提升奠定了基础。在反秦战争中，刘邦多次军砀，率砀兵与秦军作战。如"（沛公）引兵攻砀，三日乃取砀。因收砀兵，得五六千人"；"吕臣军彭城东，项羽军彭城西，沛公军砀"；"（楚怀王）以沛公为砀郡长，封为武安侯，将砀郡兵"；"汉王从之，稍收士卒，军砀"。西汉开国功臣中，从起砀者就有十三人之多，如博阳侯陈濞、颍阴侯灌婴、蓼侯孔蓁、费侯陈贺、隆虑哀侯周灶，等等。此外，楚汉对峙时，"彭越将兵居梁地，往来苦楚兵，绝其粮食"。以刘邦为首的高层政权当然明白，梁地民众的鼎力支持是西汉获得政权的重要保障，因此在感情上对梁国给予偏好与政策上有所照顾也是情理之中。

第三，梁国地理位置重要，成为保护长安的重要屏障。

梁国地理位置优越，尤其在汉代政区分布中更具特殊意义。《汉书·贾谊传》载:"梁起于新郪以北著之河,淮阳包陈以南揵之江,则大诸侯之有异心者,破胆而不敢谋。梁足以捍齐、赵,淮阳足以禁吴、楚。"《读史方舆纪要》曰:"归德足以鞭弭齐鲁,遮蔽东南,中天下而立,以经营四方,此其选矣。"其地理位置在战略意义上的重要性可见一斑。另外,尽管汉代都城在长安,但洛阳与荥阳乃汉代重要军事要地,七国之乱时,交战双方对洛阳与荥阳的精心布局与激烈争夺足以显现其重要军事地位。然而,梁国处于吴楚对峙的最前沿,成为洛阳、荥阳的天然屏障。七国之乱是汉代江山自吕氏之乱后的第二场重大政治事件。在平叛七国之乱中,梁国以其突出的地理位置力阻吴楚军队西进,保护了长安政权的稳定。梁孝王刘武与众位将士的忠心赤胆也为梁国政治地位的崛起赚足了资本。

第四,梁国土地肥沃,物产丰富。汉代初期,社会相对安定,生产发展恢复较快。梁国土地除适宜于农作物种植外,还广泛种植树木桑麻,其蚕桑纺织和家畜饲养业相当发达。芒砀山资源丰富,梁国的冶铁业从而成为独立的手工业。梁都定陶和睢阳都是当时商业发达的城市,经济的富足也在某种程度上提升了梁国在西汉时期的政治地位。

最后,刘武与景帝的特殊关系。

在人治特色极浓的封建时代,一个侯国的政治地位更大程度上是由诸侯王与朝廷的亲疏关系决定的。梁国之所以在刘武时期达到空前繁荣,就明确反映了这一历史规律。尽管学界总认定刘武在平定七国之乱立下赫赫战功是梁国取得特殊政治地位的主因,但众所周知,刘武乃景帝之同母弟,又深受其母窦太后宠爱,亦成为梁国在当时政治地位凸显的主要原因。

(三)梁国管理机构及职官设置

汉代梁国的管理机构既大致略同于西汉政府,又保有特殊的封国特色。《汉书·百官公卿表》云:诸侯王,"掌治其国……群卿大夫都官如汉朝"。《汉书·高惠高后文功臣表》亦云:"列侯大者至三四万户,小国自倍。"

汉诸侯国之制形同中央，即在参照中央机构的基础上形成自身的管理机构。汉王朝对侯国派遣官吏。《汉书·百官公卿表》"诸侯王"条载："有太傅辅王，内史治国民，中尉掌武职，丞相统众官，群卿大夫都官如汉朝。景帝中元五年（前145）令诸侯王不得复治国，天子为置吏，改丞相曰相，省御史大夫、廷尉、少府、宗正、博士官，大夫、谒者、郎诸官长丞皆损其员。武帝改汉内史为京兆尹，中尉为执金吾，郎中令为光禄勋，故王国如故。损其郎中令，秩千石；改太仆曰仆，秩亦千石。成帝绥和元年（前8）省内史，更令相治民，如郡太守，中尉如郡都尉。"《后汉书·百官志》载："汉初立诸王，因项羽所立诸王之制，地既广大，且至千里。又其官职，傅为太傅，相为丞相，又有御史大夫及诸卿，皆秩二千石。百官皆如朝廷。国家唯为置丞相，其御史大夫以下皆自置之。"由上述两段记载可以看出，汉代尤其是西汉早期，封国的机构十分庞杂，与汉朝廷大体相同，亦有太傅、丞相、御史、中尉、内史、郎中令、太仆等。除太傅、丞相由朝廷委派外，其他官员均由诸侯王自选，官吏众多，后虽几经损减，但仍有较多保留。

梁国在文景之世享有特殊权力，"梁王以至亲故，得自置相、二千石"。诸侯国中的二千石官即太傅、御史大夫、中尉等。梁国二千石官员可由梁王自择，报朝廷认可，和别国不同。后景帝罢诸侯国御史大夫，更名诸侯国丞相为相，又令诸侯王不得治国，天子为置吏，国政由汉朝廷委派的官吏治理。梁国官职见于记载的有太傅（如贾谊）、相（如轩丘豹）、中尉（如公孙诡）、内史（如韩安国）、将军（如丁宽）、中大夫（如韩安国）、大夫（如栾布）等。此外，还有太仆、侍中、郎、谒者等。

汉代在封国的同时，也采取"立二等之爵"，封功劳大者为王，小者为侯的决策。后来随着中央集权的加强，武帝时颁"推恩令"，使各封国分为若干小国，又"作左官之律，设附益之法，诸侯惟得衣食税租，不与政事"①。各诸侯国与各郡相同,下辖若干县、邑、道等县级行政区。

关于汉代梁国县及以下管理机构及职官设置问题,传世文献记载不详,我们仅可从东海郡尹湾汉简予以佐证。

1. 县(侯国、邑)的行政机构及职官设置

根据学界最新研究成果,《吏员簿》开列东海郡所辖各县(侯国、邑)各色吏员数及相互等级次序为:"令"(或"长",若为侯国则为"相")——"丞"——"尉"——"有秩"(先"官有秩",后"乡有秩")——"令史"——"狱史"——"啬夫"(先"官啬夫",后"乡啬夫")——"游徼"——"牢监"——"尉史"——"佐"(先"官佐",次"乡佐",再次"邮佐")——"亭长"。如果是侯国,接下去开列"侯家丞"——仆、行人、门大夫——先马、中庶子。令、长、丞、尉,皆具石数,明其为"长吏"。"有秩"以下皆不具石数,明其为"少吏"。"令"分千石、六百石两档;"长"与"相"分四百石、三百石两档;"丞"与"尉"分四百石、三百石、二百石三档。丞、尉的石数随令、长、相而定,且保持一定的级差。县(侯国、邑)令(或长、相)丞必设,尉则大县二人,小县一人,甚或不设。

鉴于在基层社会治理层面,史料中并没有体现出梁国与汉朝其他地域存有差异,因此,从上述考证结果可以看出,汉代梁国县级行政长官应为县令、县长或县相(根据其县的规模或是否为侯国而定),另外设置县丞、县尉以及其他有秩辅佐县令、县长或县相。其中,县令(县长、县相)、县丞与县尉成为长吏,明确享有国家俸禄,其俸禄的高低根据其级别与所供职县的政治身份差异而有所不同。至于"有秩"以下的少吏与其他佐吏,则没有规定具体石数,其俸禄的来源与具体数量无从知晓。

2. 乡、里与邮、亭的职官设置及关系

关于乡、里、亭的关系,史书记载都很简略,且多矛盾。《汉书·百

---

① [汉]班固:《汉书》,中华书局1962年版,第395页。

官公卿表》记:"大率十里一亭,亭有长。十亭一乡,乡有三老、有秩、啬夫、游徼。三老掌教化。啬夫职听讼,收赋税。游徼徼循禁贼盗。"乡辖亭,亭辖里,乡、里、亭成为一个行政管理系统,都主民事。

《后汉书·百官志》则记为:"乡置有秩、三老、游徼。……亭有亭长,以禁盗贼。本注曰:亭长,主求捕盗贼,承望都尉。里有里魁,民有什伍,善恶以告。"这里虽然也是按乡、亭、里顺序叙述,但不提统辖关系。而且,从职责与管辖关系看,亭长"主求捕盗贼,承望都尉",与乡官也有明显区别。

《汉官仪》也是将亭长列入准军事系统。"民年二十三为正,一岁以为卫士,一岁为材官、骑士,习射御骑驰战阵。……材官、楼船年五十六老衰,乃得免为民就田。应合选为亭长。亭长课徼巡。尉、游徼、亭长皆习设备五兵。……设十里一亭,亭长、亭候;五里一邮,邮间相去二里半,司奸盗。亭长持二尺版以劾贼,索绳以收执贼。"①

针对上述史料中的相互抵牾问题,出土文献给予了订正。根据出土汉简文献推测,当时汉代地方管理体系中,乡、里应为同一个系统,亭、邮应为同一个系统。至于乡,设有秩、啬夫、游徼,根据具体情况,可三者都设,也可设置其中两个。大致说来,乡级机构虽然可有四人(一人为乡有秩或乡啬夫,一人为游徼,一人为乡佐,另一人不知名称,但不算吏),但实际上许多乡的官吏没有达到四人。亭设亭长,下设卒四至五人;邮设邮佐,实际多空缺。

从规模上看,乡的管辖范围要比亭的管辖范围小,而亭的官吏设置要比乡少得多。从职责上看,乡与亭的区别也很大。乡级机构有教化、收赋税、听讼、维持治安等责,可以说包括基层民政的方方面面。亭长的职责就比较单一,只负责维持治安及相关事务。

---

① [清]孙星衍等辑:《汉官六种》,中华书局1990年版,第153页。

二　七国之乱中的梁国

（一）七国之乱爆发的导火索及原因

汉初的休养生息政策很大程度上促进了生产力的恢复与社会秩序的稳定，为中国封建王朝史上第一个盛世"文景之治"提供了保障。与此同时，汉初政府为适应时局所推行的分王封侯举措，也给文景时期政权的稳定带来极大隐忧，即封建诸王的势力日大，中央难于统制。中央尽管为规避这种风险也曾由异姓王向同姓王过渡，但在巨大的政治利益面前，血缘与宗亲的制约也显得愈发苍白无力。

至西汉文、景之时，中央政权与藩国势力之间的矛盾日益尖锐。正如吕思勉所说："至文、景之世。功臣外戚之患皆除，而同姓诸王，转为治安之梗也。"① 针对这种政治危局，青年政治家贾谊（后成为梁国太傅）上《治安策》以谏文帝，建议通过增加诸侯数量而达到削弱其实力的主张，这种"众建诸侯而少其力"的主张最终被文帝采纳。随后，晁错又上《削藩策》，再次陈述诸侯的罪过。而在推行削藩策略的同时，文帝又将其子刘武封于当时最为富庶之地——梁，以为屏障。此举对于巩固中央政权有益，但却加剧了另一矛盾的发展。吴乃当时另一宗藩大国，而汉代中央实行的削藩政策，大大削弱了吴国的政治、经济利益，面临如此危局，早有异志的吴王刘濞便联合楚、赵等六国发动叛乱，合力对抗中央政权。

表面看来，七国之乱系中央政权削藩政策引起，其深层原因却要复杂得多。首先，吴国与中央生隙已久。文帝时，吴太子入宫，得侍皇太子饮博。因双方年轻气盛，发生争执，皇太子气不过，便随手提起棋盘，击吴太子，致死。吴王"由是怨望，稍失藩臣礼，称疾不朝"，就此埋下谋反祸根。

其次，削藩之举威胁到吴国的根本利益。景帝二年（前155），御

---

① 吕思勉：《秦汉史》，北京理工大学出版社2016年版，第78页。

史大夫晁错上书劝皇帝实行削藩，认为藩国地大势强，不利中央控制，不如早削。景帝纳其言，三年（前154）初，乃削东海郡、赵常山郡、胶西六县之地。三年冬，景帝下令削吴会稽、豫章二郡，吴王恐削地不已，乃谋反起兵。

此外，吴王濞素有骄奢之名，并以大国自居，早有不臣之心。吴王曾对诸王讲："寡人节衣食用，积金钱、修兵革、聚粮食，夜以继日，三十余年矣。凡皆为此，愿诸王勉之。"① 所谓"凡皆为此"，即暗指谋叛一事，足见刘濞蓄谋已久。加之吴乃藩国中之大国，据《汉书·荆燕吴传》记载："昔高帝初定天下……大封同姓，故孽子悼惠王王齐七十二城，庶弟元王王楚四十城，兄子王吴五十余城。封三庶孽，分天下半。"② 足见吴国之大。吴王刘濞因平黥布反，立下战功，故得以继承刘仲的封地吴。吴国广大的疆域，饶足的国用，为其谋反奠定了较为坚实的经济基础。从史书记载可以看出，吴楚七国初起兵时，来势甚猛。吴王发兵时曾蛊惑众人说："寡人年六十二，身自将。少子年十四，亦为士卒先。诸年上与寡人同，下与少子等，皆发。"③ 如此，仅吴一国之兵即达到二十余万，加之其他六国及南越增兵，数目相当可观。

历史经验再次表明，在封建社会时期，中央与地方权力关系的正确处理是关系国家稳定与否的一个哲学命题。如何在中央政治力量与地方权力的长期博弈中，找到恰到好处的那个平衡点，的确是一个历史难题。

（二）梁国对七国联军的牵制

景帝三年（前154），吴王刘濞、楚王刘戊纠集赵王刘遂、济南王刘辟光、淄川王刘贤、胶东王刘雄渠与胶西王刘昂，以"诛晁错，清君侧"为名，举兵向西。吴、楚七国兵起，半个国土变色，东方大乱。

政治经验尚有待历练的景帝似乎被这突发阵势所吓倒，显得有些惊

---

① ［汉］班固：《汉书》，中华书局1962年版，第1910页。
② ［汉］班固：《汉书》，中华书局1962年版，第1906页。
③ ［汉］班固：《汉书》，中华书局1962年版，第1909页。

慌无措。而吴王刘濞却显得相对从容与老道,为了消除后患,必须先把景帝身边的晁错之流消灭掉。以此名义,他先派吴相袁盎求见景帝,建议"独斩晁错,发使赦吴楚七国,复其故削地,则兵可无血刃而俱罢"①作为谈判筹码。在此计策之下,景帝终将晁错斩于东市,以谢七国,希冀借此消弭兵变,并任袁盎为太常,以劝吴、楚退兵。

刘濞见景帝妥协,更彻底暴露了自己的野心,他明确告诉回来劝其退兵的袁盎,说:"我已为东帝!"不仅不肯罢兵,反而加紧进攻。这时,景帝才发觉自己上了当,在这危险的情况下,突然想到高祖临终教诲,说周亚夫是一个关键时刻值得信赖的将才。于是,在慌忙无措中,急忙命令周亚夫率兵迎敌。

梁国作为抗击七国军队的最前线,担负着阻击强敌、护卫京师的重责。战事初起,由于景帝迎敌决策摇摆不定,梁国以己之力承担抗敌重担。由于力量悬殊,伤亡较为惨重。"吴王之度淮,与楚王遂西败棘壁,乘胜前,锐甚"②,大有破竹之势。

早在景帝决心抗敌前夕,梁孝王已经充分认识到梁国在这次抵御中的重要性,这从梁将韩安国的一段话中看得很清楚。韩安国为梁使,他在拜见长公主时说:"夫前日吴、楚、齐、赵七国反时,自关以东皆合从西向,惟梁最亲为艰难。梁王念太后、帝在中,而诸侯扰乱,一言泣数行下,跪送臣等六人将兵击却吴楚,吴楚以故兵不敢西,而卒破亡,梁王之力也。"③正因如此,梁孝王曾屡次上书,请发救兵。然而,事情却未如梁孝王所希望的那样,景帝所派的军队并未前来援助。梁国军队孤军抗敌的窘境并没有改观。原来,出于战略全局的考虑,周亚夫所率军将并未急于救梁,也不与吴楚乱军争锋,而是屯兵昌邑南,坚壁清野,派兵切断淮河、泗水要道,截断吴军粮道。

---

① [汉]司马迁:《史记》,中华书局1982年版,第2830—2831页。
② [汉]司马迁:《史记》,中华书局1982年版,第2834页。
③ [汉]司马迁:《史记》,中华书局1982年版,第2858页。

梁王是景帝的同母弟，当初文帝把他从代王改封梁王时，就给他指定了任务，捍卫朝廷，一旦遇吴、楚、齐等作乱，要坚决抗击，决不让他们西进威胁京师。这时面对七国的反叛，他决心抗击到底。梁王派中大夫韩安国和张羽为将军，分别率兵抗击吴、楚的进攻。张羽竭力拼战，韩安国谨慎稳重地谋划，因而能够多次击败敌军。敌军众多而又勇猛，两将军就退守城邑，顽强抗击。

吴楚大军欲西进，梁孝王坚守属地，双方屡有战斗，总是相持不下。如此相持三月余，吴楚军队元气大伤，加上后方空虚，粮道断绝，军需供应难以为继，乱兵乘战斗之机逃跑很多。于此乱军疲惫之时，梁孝王联合周亚夫出精兵攻击，大破吴楚之军。吴王刘濞弃军逃至丹徒（今江苏镇江），最后死于东越；楚王刘戊兵败自杀，群龙无首，七国之乱被平。

七国之乱的平定，梁国功不可没。据史书记载，"吴楚破，而梁所破杀虏略与汉中分"①。梁孝王在战争中不惜屈万金之躯，跪送将士出兵力抗吴楚，其功之大，不言自明。由于梁国处于吴楚等国西进的要冲，被推至战争的前沿，阻挡叛军长达三个月，为汉军赢得了主动，最终战胜吴楚叛军。其实，梁国被推至战争之前沿，也是周亚夫出于战争全局的需要。战前，周亚夫曾问计于邓都尉，都尉谋曰："吴兵锐甚，难与争锋。楚兵轻，不能久。方今为将军计，莫若引兵东北壁昌邑，以梁委吴，吴必尽锐攻之。将军深沟高垒，使轻兵绝淮泗口，塞吴饷道。使吴、梁相敝而粮食竭，乃以全制其极，破吴必矣。"②显然，梁国成败事关战争全局。由于梁孝王忠于职守，亲守睢阳，全体将士奋力抵抗，终使吴楚不能越梁而西进，从而有力地保证了汉军在战略全局上的主动，为战争的最后胜利赢得了时机，也使汉朝渡过了一场危机。

由于梁国在七国之乱中拒敌有功，战争结束后，给梁国带来了发

---

① ［汉］司马迁：《史记》，中华书局1982年版，第2082页。
② ［汉］班固：《汉书》，中华书局1962年版，第1913页。

展机遇，使得梁孝王政治地位得以提升，最终使得梁国在经济发展上、疆域面积的扩展上，都是其他诸侯国无法企及的。

三 梁国经济

与政治兴衰趋势大致略同，汉代梁国的经济发展也随着国运的变迁而改变。梁孝王时期，梁国经济得以高速发展，其富庶程度为最，后来随着封国政治地位的下降，其经济体量在全国所占比重亦随之缩小，经济影响力也随之下降。

（一）梁国农业发达，是汉代重要的粮食产区

梁国历来是我国古代农业经济相对发达的地区，这与其优越的地理与自然环境密不可分。《尚书·禹贡》载，豫州"导菏泽，被孟猪。厥土惟壤，下土坟垆"，兖州"厥土黑坟，厥草惟繇，厥木惟条"[1]。而梁国恰恰地处兖豫平原，湖泊众多，灌溉便利，土壤肥沃，具有适合农业生产的先天条件。《水经注疏》卷二四："睢水又东南流，历于竹圃。水次绿竹荫渚，菁菁实望，世人言梁王竹园也。"竹子本性喜温湿，足见梁国湿润的自然环境。温暖湿润的气候丰富了梁国农作物品种，梁国农作物以稻、麦、粟、菽为主。

汉初实行休养生息政策，梁国经济得到恢复和发展。首先，帝王大修水利工程，梁孝王乃开汴河，修筑蓼堤，从大梁"至宋州凡三百里"，堤"高六尺，广四丈"，成为当时一项较大的水利工程。其次，重视推广先进的生产工具。汉昭帝时，有人在盐铁会议上说："农，天下之大业也；铁器，民之大用也。器用便利，则用力少而得作多，农夫乐事劝功。"[2] 呼吁政府积极推广铁器农具。这一建议最终得以采纳。传世文献及出土文物也充分证明，铁制农具在汉代梁国已是普遍使用，梁国王室墓葬出土的铁器不仅种类繁多，而且质量很高，有锸、镢、锄、镰、斧等。铁器

---

[1] 黄怀信整理：《十三经注疏·尚书正义》，上海古籍出版社2007年版，第216—218页。
[2] 王利器：《盐铁论校注》，中华书局1992年版，第429页。

农具的广泛使用，使农业生产及农耕技术有了显著的改进，也促进了梁国农业经济的繁荣。《史记》记载："汉五年秋，项王之南走阳夏，彭越复下昌邑旁二十余城，得谷十余万斛，以给汉王食。"① 不难看出，当时梁国已成为重要的产粮区，粮食储备富裕。

此外，梁人亦好稼穑，《史记·货殖列传》载："夫自鸿沟以东，芒、砀以北，属巨野，此梁、宋也。陶、睢阳亦一都会也。昔尧作于成阳，舜渔于雷泽，汤止于亳。其俗犹有先王遗风，重厚多君子，好稼穑，虽无山川之饶，能恶衣食，致其蓄藏。"② 梁国人好农，自然使得梁国成为重要的粮食产区，其农作物种类也十分丰富，"沂、泗水以北，宜五谷桑麻六畜，地小人众，数被水旱之害，民好畜藏，故秦、夏、梁、鲁好农而重民"③，"淮北、常山已南，河济之间千树萩"④。由此可见，重农、好稼穑的梁国，其农作物的种植规模也比较大。

（二）梁国发达的手工业

梁国的手工业主要体现在冶铁业、纺织业及玉器制作上。据《史记·货殖列传》记载："宛孔氏之先，梁人也，用铁冶为业。秦伐魏，迁孔氏南阳。"⑤ 足以反映商丘素有冶铁传统。汉武帝实行盐铁官营后，在山阳、东平、沛、彭城等处设置铁官。在河南永城就发现有汉代砀县城冶铁遗址，河南永城条河鱼山村出土的五铢钱，说明梁国冶金制造的发展，验证了汉代梁国冶铁业的繁荣。

梁国是汉代丝织品的重要产地，据史料记载，"齐、陶之地，盛产缣；兖、豫之地，多产丝、绨、纻"⑥。西汉朝廷在全国设有两处服官，商丘之襄邑即为其一；另一处是齐郡，"齐部世刺绣，恒女无不能。襄邑俗

---

① ［汉］司马迁：《史记》，中华书局1982年版，第2592页。
② ［汉］司马迁：《史记》，中华书局1982年版，第3266页。
③ ［汉］司马迁：《史记》，中华书局1982年版，第3270页。
④ ［汉］司马迁：《史记》，中华书局1982年版，第3272页。
⑤ ［汉］司马迁：《史记》，中华书局1982年版，第3278页。
⑥ 白寿彝主编：《中国通史·第四卷》（上册），上海人民出版社2007年版，第576页。

织锦，钝妇无不巧"①，形象描写了当时齐部、襄邑丝织业已成为当时较为著名的两大主流产业。陈留郡襄邑县（今河南睢县）以出文绣著称，西汉朝廷在此设置服官，管理丝织和刺绣作坊，坊中织工常达数千人之多。西汉末期，这里已经使用提花织机，织成的锦绣源源不断地输送到京师，以满足宫廷和官僚贵族的需要。同时，睢阳也是重要的丝织品产地，西汉开国功臣灌婴，便是"睢阳贩缯者也"。

此外，梁国的玉器制作业也很发达。近年来，考古学家对河南永城芒砀山梁王陵进行了考古发掘，先后从保安山三号汉墓、僖山一号汉墓、窑山二号汉墓、柿园汉墓、保安山二号汉墓、黄土山二号汉墓发掘出大量汉代玉器。玉器种类繁多，有玉璧、玉璜、玉佩、玉环、玉圭、玉戈、玉钺、玉猪、玉鸽、玉鸠和玉质男女舞人等。上述玉器均经过选料、切割成型、琢磨、钻孔、雕琢纹饰、打磨抛光等数道工序，器物线条流畅规整，纹饰雕琢精美，造型生动逼真，表现出较高的工艺水平。

（三）梁国的商业

农业和手工业的发展必然会促进商业的繁荣。睢阳位于今河南和山东交界地，历来是农产品集散地，其商业贸易以农产品为主，这一时期农产品在商业贸易发展中占有重要地位，一度成为汉代五大商业经济圈之一。早在春秋时期，古宋地区就是当时的商业中心，越国政治家范蠡居陶，人称陶朱公，在此经商，曾"三致千金"。"朱公以为陶天下之中，诸侯四通，货物所交易也。"②西汉时期，梁国的商业进一步繁荣发展，与当时的洛阳一道成为天下公认的商业中心。而在众多商业圈之中，历史学家劳榦认为，"当时天下之财富在关东，关东之财富凑于齐、梁，而道路之中枢，实在梁国"③。在众多侯国之中，梁国成为仅次于京师的

---

① ［汉］王充撰，黄晖整理：《论衡校释》，中华书局1990年版，第539页。
② ［汉］司马迁：《史记》，中华书局1982年版，第3256页。
③ 劳榦：《论汉代之陆路与水运》，《历史语言研究所集刊》第16本，商务印书馆1948年版，第70页。

富足之地,出现"多作兵弩弓数十万,而府库金钱且百巨万,珠玉宝器多于京师"①的奇观,"孝王未死时,财以巨万计,不可胜数,及死,藏府余黄金尚四十余万斤"②。梁共王刘买墓出土铜钱二百二十五万枚,重一万余斤,还出土有大量的车辆、兵器、鎏金铜器等残件,梁国之富,可见一斑。

第五节 梁王墓群

自20世纪80年代起,随着永城芒砀山及周边村民的开山炸石活动,一些汉代墓地及文物被逐渐发现,盗墓及文物走私现象也时有发生。在当地公安及文物部门的关切下,芒砀山汉墓的发掘及保护工作被提上日程。通过有关部门考察与勘探,在芒砀群山及周边发现汉代王陵十三座,并形成群落分布。

一 梁王墓群概况

梁国自西汉初年到王莽篡位历经十四位梁王,其王室陵墓多在商丘市东约90公里的永城芒砀山上。芒砀山是由芒砀山主峰及其周围的保安山、僖山、黄土山、夫子山、铁角山、马山、窑山、磨山等大小不一而又连绵相属的小山组成。梁国王室陵墓多在这些小山的山腰开凿而成。芒砀山汉墓陵区主要有以下几个部分组成。

(一)保安山陵区

保安山陵区是当前发现梁王墓地的主要地区。其代表陵墓是梁王刘武、刘武王后及共王刘买的墓地。

1. 梁孝王墓

梁王派人暗杀袁盎及其他议臣事发后,"三十五年冬,复朝。上疏

---

① [汉]班固:《汉书》,中华书局1962年版,第2208页。
② [汉]班固:《汉书》,中华书局1962年版,第2211页。

欲留，上弗许。归国，意忽忽不乐。北猎良山，有献牛，足出背上，孝王恶之。六月中，病热，六日卒，谥曰孝王"①。刘武死后，葬在芒砀山。由于当时梁国富甲一方，"孝王未死时，财以巨万计，不可胜数，及死，藏府余黄金尚四十余万斤，他财物称是"，由此梁孝王墓冢屡被盗窃。《艺文类聚》卷八三引《曹操别传》云："引兵入砀，伐梁孝王冢，破棺收金宝数万斤。"②关于曹操盗墓，正史也有诸多记载，《后汉书·袁绍传》记载："梁孝王先帝母弟，坟陵尊显……操率将吏士，亲临发掘，破棺裸尸，掠取金宝，至令圣朝流涕，士民伤怀。又署发丘中郎将、摸金校尉，所过毁突，无骸不露。"③

建国后梁孝王墓被发现之初，因墓室内文物被盗窃一空，根本无法断定其建造年代与归属。当地群众习惯称之为"秦王避暑洞"，墓冢主人的谜案长期没有得以解决。20 世纪 90 年代初，当地文物部门组织专家对此墓进行了再次发掘与整理，在洞口前方的空阔地带，即寝园建筑基址中发现带有"孝园"文字的瓦当，而西汉诸梁王死后谥号为"孝"者，仅刘武一人。《水经注疏》记载"梁孝王墓在永城县北五十里，砀山南岭上"；《史记·梁孝王世家》索隐引《述征记》云"砀有梁孝王之冢"；《水经注》引应劭曰"县有砀山，山在东，出文石，秦立砀郡，盖取山之名也。……山有梁孝王墓，其冢斩山作郭，穿石为藏"；清光绪《永城县志·古迹》记载"孝王洞在保安山之东麓，其中有十字街，饮马池"。因此，最终确定此洞为梁孝王墓。

梁孝王墓位于保安山（当地人又称"奶奶山"）南麓，是目前在芒砀山已发现的梁国王室墓中规模最大、建筑结构最复杂的石室墓。梁孝王墓斩山为郭，穿石为藏，全墓长 96.45 米，最宽处有 30 余米，总面积约 600 余平方米，总容积约 1367 立方米。

---

① ［汉］司马迁：《史记》，中华书局 1982 年版，第 2086 页。
② ［唐］欧阳询辑：《艺文类聚》卷八三引《曹操别传》，上海图书馆藏宋刻本。
③ ［南朝宋］范晔：《后汉书》，中华书局 1965 年版，第 2396 页。

梁孝王寝园位于梁孝王墓东侧的平地上，面积约6600平方米，主要由墙垣、寝殿、便殿、前庭、回廊等组成。修建年代大致与梁孝王墓同时，使用年代在景帝中元六年（前144）直至西汉末年梁国被废(3)以后不久。其间寝园存世达一百五十余年，经过多次修葺。基址内出土有大量的筒瓦、板瓦、铜钱、铁器及陶器碎片等，部分筒瓦上有"孝园"二字。

梁孝王墓则由墓门、墓道、耳室、甬道、主室、侧室、回廊、角室及排水系统等组成。该墓规模宏大，结构严谨，布局规整，体现了中国建筑的对称性特征。墓的甬道、墓室壁面与顶、底部棱角规则，凿制平整，室门、排水沟槽、祭台等设置齐全，显然都是经过精心设计，并由工匠艰难开凿而成。该墓对于研究西汉时期的王室葬制、建筑形式、石刻工艺等，提供了十分重要的实物资料。

2. 孝王后李氏墓

《史记·梁孝王世家》载，梁孝王死后，梁国一分为五，梁孝王长子买为梁王，是为共王。共王死后，其子刘襄为梁王，即梁平王。"梁平王襄十四年，母曰陈太后。共王母曰李太后。李太后，亲平王之大母也。……后病薨。病时，任后未尝请病；薨，又不持丧。"① 由此可见，李太后乃梁平王祖母，实系孝王之王后。李太后死后，葬芒砀山。

1991年5月，当地村民在梁孝王墓的北侧炸石，发现此西汉大型石室墓，被炸部位是一耳室的顶部，室内已空无一物。其顶、底与四壁凿制平整，墓道内叠塞着巨大的石条。墓顶山坡上还发掘有陪葬坑，出土两千余件鎏金铜车马饰。在陵墓的周围，至今还残存有陵垣的神墙和陵寝建筑的基础。在陪葬坑中出土一枚刻有"梁后园"的铜印玺，由此断定，此墓乃为梁孝王王后的墓葬。

梁孝王王后墓长约210米，最宽处72.6米，最高处4.4米，墓室内总面积约1600余平方米，总容积约为6500余立方米，规模形制之复杂，是迄今国内发现的最大的石室陵墓。

---

① [汉]司马迁：《史记》，中华书局1982年版，第2087页。

梁孝王王后墓有东西两个墓道。东墓道位于保安山东坡半山腰上，是在岩石上露天开凿而成的，总长37.7米。东墓道的西端连接前庭，前庭北壁有两个侧室。因为在侧室门口的方形石块上发现刻有"东车""西车"的字样，室内又出土有马骨和铜马衔，因此，专家认定这两个侧室是车马室。东墓道西端有门并与甬道相连。甬道南北两侧各凿有两个侧室，是放置陪葬品的地方。墓的前室西部有一斜坡甬道与回廊和后室即主室相连通。后室是梁王后墓的主体建筑部分，周围有回廊环绕。后室西半部凿有一长方形凹槽，后室北壁凿有棺床室、侧室和过道。过道西壁有两个小侧室，南侧室为浴室，北侧室为厕所。在南回廊的东段南侧有一仿楼阁式侧室，被称为储冰室。

3. 梁共王刘买墓

梁孝王死后，梁国一分为五。其长子刘买为梁王，刘买在位七年后去世，谥号共王，葬于芒砀山。该墓于1986年5月村民开山采石时被发现，当地文物部门从1987年9月至1991年9月对其进行四次发掘，是芒砀山汉代梁国王陵墓地的重大考古发现，1991年被评为全国十大考古新发现之一。

刘买墓也称柿园汉墓，位于梁孝王墓东南500米的保安山余脉上，与梁孝王墓相对。该墓墓门向西，由墓道、甬道、主室、耳室、过道等组成。墓道全长约60米，宽5.5米，墓道及甬道全部用塞石封填，其中一石上刻有"贞王"二字，为确定墓主人提供了线索。墓葬主室长9.2米、宽5.2米、高3.1米，墓壁雕凿精细，顶部及两侧绘有以青龙、白虎、朱雀及云气纹图案为主要内容的彩色壁画，色彩鲜艳，线条流畅，整个画面栩栩如生。这是我国目前发现时代较早、保存较好的汉代壁画。该墓虽早年被盗，但仍于墓道内清理出彩绘守门俑、女侍俑、骑马俑等四十三件；俑的附近排列着鎏金、鎏银及铁质车马器饰件；还有弩机、承弓器、铜镞、铁剑、带扣、带钩及其他装饰品；马头饰复杂，主要有鎏金铜泡、节约、项圈、马衔等一万余件。在墓顶上还发现有多处陪葬坑，为石坎，内埋有陶俑。

墓室顶部的大型彩色壁画《四神云气图》，东西宽 3.27 米，南北长 5.14 米，面积约 16.8 平方米。画面以一条盘旋飞腾的巨龙为主题，羽翼丰满，身有鳞纹，巨口獠牙，双目圆睁暴凸，双角粗壮有力，四足张弛腾跃，形象大气磅礴，有遨游云天之势。飞龙长舌如钩，舌尖卷一鸭嘴鱼身异兽。龙上方一羽处，有朱雀口衔龙角，龙腹下方一只白虎昂首作登山状，山顶生长一株灵芝。穿插围绕龙、虎、朱雀、异兽一周祥云缭绕，花朵含苞欲放。外围以绶带穿璧组成矩形装饰边框。画面传达出飞龙在天的意蕴，应该饱含着墓主人乘龙升天的寓意。1992 年 7 月，河南省古代建筑保护研究所对壁画进行整体揭取，现保存于河南博物院。1993 年底，在原墓室顶部对壁画进行了复原。

4. 石料厂（平顶山）一带汉墓

石料厂墓位于保安山二号墓西北方向约 350 米处，1975 年建石料厂时被炸毁。据当时目击者介绍，该墓为竖穴石室墓，墓室长 5—7 米、宽 3—5 米，炸出玉衣片数百枚，墓室已不复存在，但周围封土仍有残存，封土为夯土，从断面看，当时应有一较大的封土冢，此类墓葬在保安山周围仍有存在，应为梁国王室成员或大臣之墓。

在石料厂院的西侧，石料厂墓西北 100 米处有一椭圆形土丘，长径约 60 米，短径约 40 米，其上堆积 7—8 米厚的封土，当地居民称之为"点将台"，据专家考证，也应为一较大型墓葬。

（二）僖山陵区

僖山在保安山东北方向二里许，相传因西周宋僖公葬于此而获名。山顶和山南坡各有一墓，以山顶汉墓最具代表性。山顶汉墓亦遭部分破坏。1980 年，当地群众开山打石，在东断崖上部发现一墓道断面，上宽约 4 米，深约 3 米，内填碎石。1986 年，经国家文物局批准，商丘地区文化局、博物馆与永城县文化馆组成联合发掘队，对山顶汉墓进行发掘，发现大型墓葬两座，分别为僖山一号墓与僖山二号墓。

1. 僖山一号墓

该墓为一座凿山竖穴石室墓，平面呈"甲"字形，上面用封土夯实，墓顶封土达10米以上。全墓由墓道、墓门、墓室三部分组成。墓道开口向东，残长11米、宽4.2米、深1.6—2米，墓道内出土有鎏金铜熊、鎏金铜鸠首、青铜弩机、圆玉片等。墓道后段用四百零八块塞石封堵，大部分石块上刻有文字，内容为石块的方位、编号和工匠的姓名等。墓室凿山为穴，呈长方形，东西长约7米，南北宽近4米，高4米。墓口用十四块长条石盖板。墓室内出土器物主要是大量精美的玉器，有玉衣片一千多枚，现已复原成金缕玉衣。玉璧七十多块，玉质刀剑装饰品二十四件及青玉戈、青玉钺、青玉圭、玉猪、玉鸽、玉鸠和玉质男女舞人等，这些玉器雕琢精细，技法高超，还有一些比较珍贵的水晶珠、玛瑙珠、墨玉贝等。出土的铁器有刀、剑、斧等。从灰烬中发现有木、竹漆器和纺织品的残块等，在出土文物的总数中，礼器、兵器占的比例较大。根据墓葬的形制、规模及出土文物，经初步考证，应是一座西汉末期梁国国君之墓。

2. 僖山二号墓

1993年底，僖山山顶西侧一座汉墓被盗，公安部门缴获了四百枚玉衣片及玉戈、玉璧等。经审问发现，距离僖山一号墓大约50米还有一座大型墓葬，该墓位于一号墓西侧，亦为竖穴石室墓。经河南省文物局批准，1995年8月由商丘地区文物工作队主持，对此墓进行了抢救性发掘，发掘出少量汉代遗物。该墓被编为僖山二号墓。

僖山二号墓与僖山一号墓连成一线，规模比一号墓略小，墓地凸起不明显。墓地上方封土最厚处约4米。根据该墓的形制结构和出土文物，推测应为与一号墓时代相近的国王或王后之墓。至于究竟系哪位梁王或王后之墓冢，因史料缺乏及墓室文物被盗窃严重，已无从考证。

(三) 夫子山陵区

夫子山陵区位于王陵区的西北部，以夫子山为中心，陵墓数量较多，分布不甚集中，多种形制并存。

1. 夫子山一号、二号墓

夫子山位于该陵区的中部，东北距芒砀山主峰 1700 米，东距芒山镇 2000 米。传说春秋时孔子曾在此避雨，故名夫子山。整个山势呈马鞍状，有南、北两个对峙的峰巅，峰巅下各有墓葬一座，南为一号、北为二号，两墓相距 100 米，皆坐西向东，二号墓早年被盗，现暴露出墓道、门外两耳室及部分甬道，从现有迹象观察，应为一大型洞室墓。一号墓类同于二号墓，墓上有厚厚的封土，保存较好，自上而下有三个覆斗形台阶。封土最上一层上边长 2.75 米、宽 1.75 米，下边长 3、4 米、宽 2 米、高 0.30 米；第二层上边长 6.25 米、宽 3.75 米，下边长 6.75 米、宽 4.50 米、高 0.30 米；第三层长 9.75 米、宽 7.25 米。地表及土层中含有汉代陶片。在一号墓东南侧的断崖上（距墓顶 50 米处）也可看到岩石上有封土，封土与岩石之间有薄薄的一层草木灰痕迹，该层灰烬应为封土之前焚烧山顶草木所致。1990 年，商丘地区劳改石料厂在墓东 50 米处开山采石，炸出墓道附近的陪葬坑一个，出土陶俑二十余个，铜车饰、铜盖弓帽、铜车軎、铜伞柄、铜带钩等四十余件，还有鎏金熊、狮等珍贵文物。

2. 铁角山一号、二号墓

铁角山位于夫子山东北 700 米，芒砀山主峰西 1000 米，海拔高度 110.6 米。一、二号墓都位于铁角山顶部，两墓相距 20 米，墓门朝东，南为一号墓，北为二号墓。一号墓暴露出墓道、甬道，并可窥其主室。二号墓仅暴露出墓道。从观察到的迹象看，两墓规模较小。

3. 西黄土山一号、二号墓

西黄土山位于芒山镇窑山村西，为一南北走向的小低山，南距夫子山 800 米，东距铁角山 900 米。两墓均位于山顶下，顶为平顶，约有 10 米厚的封土，封土面积 4000 平方米。北部为一号墓，1989 年发现并被清理。该墓由墓室和墓道组成，墓门朝东，墓道宽 2.3 米，下部有封门石充填，上部筑以夯土。墓室为竖穴岩坑石室，平面呈长方形，东西长 7.2 米、南北宽 4.1 米、高 4.25 米。其建造方式是先在岩石上开凿出一个长方形竖穴岩坑，底部錾平，然后用规整的长方形石板叠砌南、北两壁，其两壁搭成"八"形坡壁，上部两端都用带燕尾槽石块压顶，整个墓室内轮廓为覆斗形，外轮廓似长方形的巨大石匣。墓室内壁石板上阴刻有多处文字，如"丙田长史""司马子平"等，长史、司马都是西汉诸侯王国的官名，墓壁上这些字的出现，表明墓主人与上述官员有某种联系，或者就是某位梁国官员之墓。

4. 南山墓

南山位于夫子山与铁角山之间，西南距夫子山二号墓 300 米。该山为一小土山，山顶有 10 米左右的封土，面积 4000 余平方米，封土平面呈长方形，南北狭长，可能为两座并列墓。

5. 黄土山墓

黄土山又名皇姑山，传说因该墓葬有皇姑而得名。黄土山位于夫子山东南 1000 米，海拔高度 66.4 米。墓顶封土厚 10 余米，面积近 6000 平方米，封土冢平面形状为马鞍形，南北狭长，墓道尚不明显，看其形状应为南北并列的两座墓，可能为竖穴石室墓。以前，群众曾在山上捡到玉衣片等。1983 年，在黄土山西侧发现一小型石坑墓，被破坏，出土有漆器、五铢铜钱等。

二 梁国汉墓文化

由于墓葬文化最能反映历史真实，我们从梁国墓葬结构、形制、装饰及陪葬器物等，均能发现诸多传世文献难以呈现的汉代社会真实情况。

（一）汉代墓葬结构与形制

在芒砀山及周边已发现的十三座汉代王陵，其墓葬规模宏大、墓室结构复杂，是我国罕见的大型石室陵墓群，具有极为重要的历史、艺术、科学研究价值。

在芒砀群山的各个山头上，几乎都有大型的墓葬。根据考古发掘的情况来看，这些大中型墓葬主要分为两类，一类是"斩山为廓，穿石为藏"的石崖墓，一类是竖穴的石室墓。一般为一山二墓，一为王墓，一为王后或嫔妃墓，两墓位置多为南北并列（僖山两墓是东西并列）。墓门一般面朝东方，当然由于山势地形的限制，也有特例，如黄土山二号墓朝北，僖山二号墓、柿园汉墓墓道则向西。此外，在这些大中型墓葬的周围还发现了一些较大的封土冢，有些墓里还出土了一些玉衣片等随葬品，级别较高，可能是王室成员或贵族大臣的墓葬。

在二十余座大中型墓葬中，位于保安山的一号、二号以及柿园汉墓三座大型石崖墓，非常具有代表性。据考古工作者推定，"该区大型陵墓时代都比较早，应为武帝以前，三座大墓的墓主分别为梁孝王及王后，其子共王刘买。与整个陵区的墓葬相比，该区的墓葬规模都比较大，结构复杂，出土器物也比较丰富，充分显示了梁国早期的鼎盛面貌"[①]。所言"梁国早期"主要是在梁孝王刘武时期，陵墓形制的复杂与规模的庞大体现了梁国府库的充实与经济的富足。其中梁孝王刘武墓及王后李氏墓，在整个芒砀山陵区，以至于国内目前已经清理发掘的汉代藩国王陵墓中，亦是首屈一指的。

（二）出土壁画及画像石

尽管芒砀山已发掘的汉代梁国王陵多被盗窃，所留遗物不多，但墓室所留壁画却极具文物价值。另外，永城周边汉墓出土有许多画像石，画像石呈现的内容再现了汉代的文化风貌，也反映了当时雕刻技艺的发展及地方特色。

1.《四神云气图》

《四神云气图》是1986年发现于河南永城芒砀山柿园村梁王刘买墓顶端的一幅壁画。

---

① 河南省文物考古研究所：《永城西汉梁国王陵与寝园》，中州古籍出版社1996年版，第10页。

柿园汉墓出土壁画共有三幅，均位于墓地主室，顶部一幅，南壁与西壁交界处一幅，西壁北端一幅，现存面积约24.92平方米。三幅壁画画幅均为长方形，四周饰有边框。顶部壁画保存最为完整，南北长5.14米，东西宽3.27米，面积约16.8平方米，图中绘有一龙、一虎、一朱雀、一鸭嘴鱼身兽，在空隙处填绘有仙花、灵芝、云气纹等。在南壁、西壁交界处壁画中绘有仙山、一豹、一朱雀、一灵芝等；在西壁北端的壁画与前两幅壁画边框图案大致相同，边框内绘有璧形图案、火焰纹、云气纹、绶带等。

在三幅壁画之中，《四神云气图》最具代表性，图中的动物活灵活现，栩栩如生。底色为朱红色，以墨线勾勒或平涂构图，辅以彩色。龙是该壁画的主题图案，形象生动逼真，昂首张口，獠牙外露，怒目圆睁，头生带枝双角，颈生飘带状长须，身生双羽，四爪，全身布满鳞甲，身体弯曲成两个相连的"S"形，作腾空飞舞状。巨龙头朝东方，口中长舌卷鸭嘴鱼身兽，朱雀口衔龙角，白虎在龙之下方，作追随状。朱雀颈下生花，长尾，尾端生出两枝变形云气纹。白虎昂首张口，作咆哮状，四蹄前扒后蹬，身上布满条状斑纹，尾部特长，头上双耳处各生一枝长茎含苞待放的花朵，下有两叶片衬托。

柿园汉墓出土壁画具有极高的历史价值，主要体现在如下几个方面：首先，填补了我国西汉前期巨幅彩色墓室壁画的空白。至今为止，我国西汉时期的绘画资料虽然发现较多，但多数为零星的、小面积的。在芒砀山梁王刘买墓地壁画问世之前，画幅面积较大的为湖南长沙马王堆一号汉墓木棺彩绘，约3平方米，不及柿园汉墓主室顶部壁画面积的五分之一。其次，具有较高的艺术价值。该墓所见三幅壁画，不仅构图精美，线条流畅，技法娴熟，而且表现出很高的艺术水平。不像洛阳卜千秋西汉墓壁画显得粗犷有余而纤细不足，也不像临沂金雀山汉墓帛画"起画稿的朱砂线和淡墨线并不十分严整，甚至比较潦草"。而柿园汉墓壁画从构图到笔法均显现出较高的技艺水平，形神兼备。以顶部壁画中的龙为例，不仅各部位比较适中,而且神态刻画恰到好处,腾空飞舞的形象跃然纸上,栩栩如生。最后,《四神云气图》以含蓄的方式表现了汉代丧葬观念中死后升天的思想,为后人了解汉代丧葬文化提供了重要史料。

柿园汉墓出土壁画是中国目前所见时代最早、画面最大、级别最高、保存最为完整的壁画。在我国绘画史、丧葬文化以及社会史上具有非常重要的史料价值。

2. 汉代画像石刻

商丘地区是汉代画像石分布较为集中的地区之一,近年来,商丘共清理发掘汉画像石墓二十余座,出土汉画像石二百余块,出土地主要分布在永城茴村镇、永城酂城、永城太丘中学、夏邑桑堌乡吴庄、夏邑胡桥乡程庄以及永城芒砀山汉代王陵区。

从上述几地出土的汉代画像石内容来看,分别有二龙穿璧画像、狩猎画像、神兽嬉戏画像、舞乐百戏画像、瑞鸟神兽画像、斗兽画像等;按照事物类别,大致可分为人物故事画像、祥瑞辟邪、神话传说与珍奇异兽四类。例如永城太丘中学出土的狩猎画像石,画面中共有三只奔逃的野兔和几只不同姿态的鸟,左边一人弓步挺胸,用力端起盛满猎物的网毕,另一猎手用一根棍子挑着猎获的野兔和鸟儿满载而归,在他后方,一人身系背篓,奔跑逐兔,最右端一骑,手持弓箭飞奔射猎,描绘了一幅田园狩猎的热闹场面,生活气息较为浓厚。

从已出土汉代画像石制作方式及图案内容简繁差异,大致可将其制作年代分为三个时期,西汉早期、西汉中晚期与东汉时期。

专家考证,梁孝王后墓及梁共王刘买墓出土的四块汉画像石应制作于西汉早期。这一时期的画像石均采取阴线刻法,勾勒出简单的画像图案。图案内容可以分为内外两个区域,外部区域多为用菱形回字纹、短斜直线组成的三角纹等装饰图案,用于映衬内部的主题图案,内部主题图案内容涉及到常青树、朱雀、玉璧、绶带及亭形建筑等,内容多蕴涵死者灵魂能够长生不老、上天升仙之意。

西汉中晚期画像石主要见于夏邑吴庄汉墓、夏邑毛河汉墓等。此时的画像图案多直接刻在石椁椁板内壁。雕刻方法采用细线阴刻法。画像内容分为内外两大区域，内部区域为主题图案，外部区域为装饰图案。由此可见，西汉时期芒砀山周边的画像石雕刻技艺具有传统性。

永城僖山汉画像石、永城苘村镇堌上村汉画像石与夏邑胡桥乡程庄汉画像石多应为东汉早期制作。尽管画像内容依然分为内外两大区域，内区为主题图案，外区为装饰图案，与西汉时期没有变化，但相较前一时期的雕刻手法及图案内容而言，此时均有较大变化。首先，主题图案内容比西汉时期更为复杂，已经出现三足乌、双龙穿璧、朱雀铺首衔环、车骑出行、执笏门吏、玉兔捣药、执矛门卒、神兽相戏等图案，外区的装饰图案也不单单局限于早期的回形纹、三角纹，出现更形象的垂幔纹、十字连环及水波纹等，雕刻手法也发展成为主题部分运用浮雕，画像局部施以细线阴刻法。这一时期的汉画像石雕刻技艺有了明显的发展。

到东汉中晚期，汉画像石雕刻技艺进一步发展。这一时期的汉画像石主要见于永城太丘汉墓、永城酂城汉墓及夏邑杨集。画像主题图案新增了舞乐百戏、田园狩猎、河伯雷公、牧归图、伏羲捧日、女娲捧月、直线十字穿环等内容。雕刻技法在保持原来的浮雕技术外，又出现了凸面线刻法技术。此时，画面布局和画像石的边饰更为一致，如用连弧纹、连珠纹（或用水波纹）、菱形连续共同组成边饰，并且边饰所占石面空间的比例与画像所占面积相同，形成商丘汉画像石的特点。

商丘出土汉画像石内容丰富，制作年代纵贯两汉，为我们了解当时的社会风俗、人文环境以及汉代历史具有重要的史料价值。汉画像石的雕刻手法独特，具有地方特色，在中国美术史上占有一定地位。更为重要的是，其极富寓意的图案内容也为我们了解汉代墓葬文化提供了有力证据，具有极高的学术价值。

（三）出土玉器

中国自古有"贵玉"传统，尤其是儒家文化更把这一思想发挥到了极致,如汉代董仲舒曾有"玉有似君子"与"君子比之玉"之论。因此,佩玉渐渐成为君子风范的文化潮流,死后葬玉也成为对死者高尚道德的认定。永城及周边汉墓出土文物中发现有诸多形状与质地各异的玉器。由于墓地多遭盗窃,出土玉器较为分散与凌乱,为便于分析,我们把芒砀山汉代梁国王陵墓地出土玉器列表如下:

河南永城梁王、后(妃)出土玉器

时代	出土墓葬与时间	出土玉器	资料来源
西汉中期	1971年永城梁王保安山三号墓	玉衣片586,玉鼻塞2,玉玲1,玉璧5,玉板80,玉环3,等	河南省商丘市文物管理委员会、河南省考古研究所、河南省永城市文化管理委员会:《芒砀山西汉梁王墓地》,文物出版社2001年版,第77—79页
西汉早中期	1990年永城柿园汉墓	玉片2	河南省商丘市文物管理委员会、河南省文物考古研究所、河南省永城市文物管理委员会:《芒砀山西汉梁王墓地》,文物出版社2001年版,第231页
西汉中期	永城梁王黄土山二号墓	玉蝉4	河南省商丘市文物管理委员会、河南省文物考古研究所、河南省永城市文物管理委员会:《芒砀山西汉梁王墓地》,文物出版社2001年版,第307页
西汉晚期	1998年永城梁王窑山一号墓	玉衣片300,玉璧9,玉环1	河南省商丘市文物管理委员会、河南省文物考古研究所、河南省永城市文物管理委员会:《芒砀山西汉梁王墓地》,文物出版社2001年版,第249—255页
西汉晚期	1989、1993年永城梁王窑山二号墓	玉衣片51,玉璧37,玉璜1,玉板1,玉握1等	河南省商丘市文物管理委员会、河南省文物考古研究所、河南省永城市文物管理委员会:《芒砀山西汉梁王墓地》,文物出版社2001年版,第266—270页

续表

时代	出土墓葬与时间	出土玉器	资料来源
西汉晚期	1995年永城梁王僖山二号墓	玉衣片3，玉璧1，玉璜1	河南省商丘市文物管理委员会、河南省文物考古研究所、河南省永城市文物管理委员会：《芒砀山西汉梁王墓地》，文物出版社2001年版，第289页
西汉晚期	永城梁王僖山一号墓	玉衣片1000余，玉璧70余，玉质刀剑装饰品24件，以及玉猪、玉耳塞、玉鼻塞、青玉戈、青玉钺、青玉圭、玉猪、玉鸽、玉鸠和玉质男女舞人等	商博：《永城芒山发现汉代梁国王室墓葬》，《中国文物报》1986年10月31日第1版。河南省文物考古研究所：《永城西汉梁国王陵与寝园》，中州古籍出版社1996年版，第13页

按照出土玉器的用途分类，大致可分为丧葬用玉、礼仪用玉与装饰用玉三种。

丧葬用玉是汉代玉器中最有特色的部分，一般由玉衣、九窍塞、口含、手握几个部分组成。与其他地方出土汉代金缕玉衣大致略同，梁王陵墓出土的玉衣形制外观与人体基本相同，由头罩、面罩、上衣、裤筒、手套和玉鞋等部分组成。僖山一号墓出土金缕玉衣全套复原后共用玉片二千零八片，各玉片之间均用金丝编缀与连接。玉九窍塞是指人体九窍的塞盖用玉，包括眼盖、鼻塞和耳塞各二件，口塞、肛门塞、阴茎罩或阴门塞各一件。九窍塞源于中国丧葬文化，古代贵族死后入葬时，总习惯用水银朱砂浸泡尸体，因考虑水银遇玉则凝，为了防止水银进入尸体，故用玉塞满九窍。另外，古人还认为用玉敛尸可保尸体不腐。《抱朴子》曾谓"金玉在九窍，则死人为之不朽"，大意即此。对于汉代梁王而言，使用玉九窍塞在当时当属普遍现象。在永城芒砀山梁王墓中并没有发现完整的九窍塞，仅见鼻塞和耳塞两种，其形制为圆柱形，皆以白玉制作。口含是指死者含在口中的玉制品，多为蝉形。永城芒砀山梁王陵墓所出土玉蝉用青玉制作，玉质温润晶莹，以洗练的刀法刻出蝉的双眼、双翅和尖尾，形态生动逼真。手握是握于死者手中的玉器，多为玉璜、玉佩、玉猪等。永城梁王墓所出土的手握，有玉猪一件，以褐色玉制作，呈卧伏状，以简练的刀法雕出猪的嘴、耳和四肢，线条简洁生动。

礼仪用玉是专指璧、琮、圭、璋、璜、琥这六种玉器，称之为"六器"。古人用苍璧礼天，黄琮礼地，青圭礼东方，赤璋礼南方，玄璜礼北方，白琥礼西方，配合阴阳五行之说，产生了祭祀天地四方的礼器。永城梁王陵墓出土的礼仪用玉仅见圭、璧，其余四种均未见，其中原因可能与墓葬制度演变有关，也有可能与墓葬屡遭劫难有关。永城芒砀山汉墓所出玉圭用青玉琢成，有灰色斑，上端尖首，下端平直，近底部有一小圆形孔，通体素面。除玉圭、玉璧以外，永城梁王墓还出土有青玉戈和碧玉钺各一件，青玉戈以青玉琢成，两面皆饰勾连云纹，琢磨极精细，碧玉钺以碧玉制成，其刃部为半圆形，銎部呈长方形，銎口饰阴刻卷云纹，这两件玉器显然是仿武器的形制而用于仪仗的礼仪用玉。

玉装饰品是当时最常见的一类玉器，永城梁王墓所出玉装饰品有玉剑饰和玉佩饰两种。玉剑饰是佩剑上的装饰品，一般分为玉剑首、玉剑格、玉剑等，剑首是剑茎顶端的圆形玉饰物，剑茎和剑身之间的玉饰称为剑格，用于穿系佩戴的玉饰为剑，剑是剑鞘下端的玉饰物。永城梁王墓所出之玉剑格，以白玉制作，上有红色斑纹，一面阴刻出兽面卷云纹，另一面高浮雕龙纹，后面还有一小熊咬住龙的后腿，雕琢精致，构图生动。玉剑亦以白玉制作，局部有褐斑，体呈三角形刀尖状，两面均以透雕云纹为饰，中间雕镂勾连云纹，其造型较为少见。梁王墓所出玉佩饰中有玉璜、形佩、玉舞人佩等数种，玉璜以白玉制作，整体呈扁平半环状，采用透雕和阴线刻两种工艺雕琢而成。璜两端雕成对称的连体龙首形，边沿雕饰卷云纹。上部中间有一长孔，两端各有一小圆孔。形佩由心形佩演变而来，亦以白玉制作，体为修长椭圆状，两侧透雕云纹，中间有一圆孔，通体采用双面雕法，雕琢精致，造型优美。玉舞人佩在西汉时期也比较流行，一般皆作"翘袖折腰"舞蹈之形，即一袖翘起越过头顶，一袖从腰部下垂，腰向一侧弯曲，此大约是文献记载的赵飞燕翘袖折腰舞蹈的形象。此外，还有墨玉雕成的玉贝形饰一件，形状似海贝，正面略突，背面平，中间有一凹槽，两侧有锯齿状牙口。

从出土玉器的质地看，早期玉衣材料明显优于晚期玉衣，尤其是梁王刘武时的玉器质地较好，早期与晚期玉衣质地的差异或许与梁国因政治地位变迁而导致的经济渐衰以及汉代王权等级观念有着密切的关系。从出土玉器质地来看，大多数玉石应系梁国本地生产。当然也不排除有一些玉器源自朝廷的赏赐。上述出土玉器的制作工艺上乘，文化内涵丰富，为研究西汉时期的制玉工艺、葬玉制度以及诸侯王埋葬制度均提供了极其珍贵的实物资料，具有不可低估的学术价值。

（四）出土陶器[①]

除壁画、汉画像石及玉器外，陶器也是汉代梁国王陵墓地出土的重要文物，陶俑主要见于西汉梁国王陵墓地的封土、墓葬或陪葬坑内。

1985年，永城芒山镇柿园村村民在开山炸石清理岩石之上的封土时，发现三件陶俑。1986年，经考古人员勘探，封土之下为大型汉墓，发掘后发现，此汉墓就是闻名中外的柿园汉墓。1987—1991年，在发掘柿园汉墓的过程中，工作人员在墓道封石中发现守门陶俑一件，封石西侧封土之下的墓道底部，出土陶俑四十四件。在这四十四件陶俑之中，有侍女俑四件、骑士男俑四十件。1992年，当地民众在柿园汉墓墓道南侧封土中又发现两件，其形制、大小、造型等均与1985年发现的三件相同。1993年12月，原商丘地区劳改石料厂在夫子山开山采石时，发现一座汉墓陪葬坑。由于毁坏严重，最后只

[①] 本部分内容引自郑清森《河南永城芒砀山出土西汉梁国陶俑初论》，《中国历史文化》2006年第1期。

征集到文物共五十七件，其中陶俑十七件，分别为男俑十一件，女俑六件。

上述出土陶俑，男女性别兼有。女陶俑的身份多为侍女，而男陶俑的身份则较为多元与复杂。按照职业不同，大致可分为守陵陶俑、守门陶俑、骑士陶俑与侍从陶俑四类。上述陶俑，因身份不同，其形制也有明显的差别。以男陶俑为例，守门陶俑呈站立姿势，双手拱于胸前，胸稍前倾，头带武弁冠，身着拖地长衣，足蹬齐头翘首履等；骑士男陶俑呈青灰色，个体陶俑的身高、胖瘦及神态各不相同，差异明显，这些骑士男陶俑多为裸体，昂首，双腿外撇成八字，呈骑马姿势，臀部以下至双腿内侧为一弧形平面；男侍从陶俑呈直立站姿，身穿二重长袍，双手相合交于胸前，长襦落地，微露脚尖等。

尽管出土陶俑形态各异，风格迥异，但制作工艺大致经历几个相同的过程，即"塑型""窑烧""彩绘"等过程。"塑型"是制作陶俑最为关键的一道工艺程序，其中包括先把经过精心筛选和淘洗的上乘陶土备好，然后制作师傅要用模具把和好的陶土制作成初胎，再经过捏塑、刻划与抹等复杂过程，上述过程能够确保陶俑的神态更为逼真与传神，以便与他的身份更为契合。"窑烧"指陶俑"塑型"后，放入窑中进行焙烧，经过高温焙烧后，使陶俑的质地更为坚硬与结实。"彩绘"一般为制作陶俑的最后一道工序，制作人员先在焙烧好的陶俑表面普施一层白色为底，然后进行彩绘，绘彩往往根据人体相应部位的颜色来决定，一般情况下，发髻与毛发均施以黑色，唇部涂以朱红，而外露的颜面、躯干与下肢则涂抹朱红色或橙红色，形象逼真，衣服颜色多为黑、红两种。

上述出土陶俑人体结构比例匀称，人物形象生动逼真，面部表情与身份职业契合，呈现出较高的艺术风格与制作技术。

汉代梁国王陵墓地出土陶俑的制作工艺、艺术风格既表明了当时的科技已得以长足发展，其艺术风格也反映了当时的政治社会生活原貌及墓葬文化内涵，理应成为我们了解汉代社会的重要史料，值得关注。

第六节 梁国文化

早在先秦时期，梁宋地区就是当时闻名遐迩的文化重镇。这里既是道家、墨家等先秦伟大思想的发源地，又是百家思想激烈碰撞与融合的区域，宋国人墨翟著有《墨子》，楚国苦县（今河南周口鹿邑东）人李耳著有《道德经》，宋人庄周著有《庄子》，足以说明这个地区的文化厚重度。丰厚的文化积淀对汉代梁国文化的发展产生了积极的影响。发达的经济，再加上梁孝王招贤纳士，当时名流大家多云集梁国，致使其文学及经学成就一度引领了西汉文化潮流，梁园也成为当时文化与学术中心。同时，文化的繁荣也必然促进艺术与科技的发展。

一 以梁园文学为标志的文学成就

汉代时期，商丘地区文化发达，特别是梁孝王时期盛极一时。梁园文学成为最能代表汉代梁国文化成就之一。所谓梁园文学，系指汉初著名的文学群体，它是以梁孝王刘武为主导，枚乘、邹阳、严忌、司马相如、公孙诡、羊胜等文人参与。他们宾主相得，过着文酒高会的生活，对汉初文学发展起到了巨大的推动作用。提及梁园文学，我们不得不提及汉代梁孝王刘武与他精心打造的梁园。梁孝王刘武与景帝同为窦太后所生，并在对抗吴楚七国之乱中立下大功，又居天下膏腴之地，乃为大国。于是，孝王广筑苑囿，招揽四方豪杰、文士。由于梁苑构置宏大，盛景华丽，加上梁孝王修筑梁园的特殊历史背景，使得梁园声名远播，成为汉代文人雅士竞相趋集的场所，对丰富汉代文化宝库产生了积极作用。加之梁孝王刘武是西汉诸侯王中最喜爱文学的一个，他在梁园"聘贤待士"，"招延四方豪杰"，海内名士望风而来，一时俊逸之士如枚乘、公孙诡、邹阳、严忌、羊胜等从孝王游于梁园，形成对后世文学极具影响的文学群体。

梁园文学主要表现出三个特征，一是梁园士人博识善辩，人格独立；二是梁园君臣置酒高会，游赏唱和，创造了理想的士人生活模式；三是梁园文学沉博闳丽，成就卓著，是西汉文学成熟的标志。

梁园士人的辞赋成就是梁园文学中最为出彩的部分。据《西京杂记》卷四记载："梁孝王游于忘忧之馆，集诸游士，各使为赋。"随之，枚乘为《柳赋》，路乔如为《鹤赋》，公孙诡为《文鹿赋》，邹阳为《酒赋》，公孙乘为《月赋》，羊胜为《屏风赋》，韩安国作《几赋》，不成，邹阳代作。事后"邹阳、安国罚酒三升，赐枚乘、路乔如绢，人五匹"。此外，贾谊在梁太傅任上写的《治安策》、邹阳的《上梁王书》等都是脍炙人口的散文名篇。司马相如"客游梁，得与诸侯游士居，数年，乃著《子虚之赋》"。

枚乘是梁园文学集体中的杰出代表。枚乘为了游梁，先后两次辞官，因年事高和辞赋优而被尊称为"枚夫子"。《汉书·艺文志》载有枚乘赋九篇，其中《七发》《梁王菟园赋》《柳赋》颇受人称道。《梁王菟园赋》记述了梁孝王率宾客游览赏乐的生动场面，开创了汉赋夸饰铺陈的先河。

西汉以后历代文人墨客都把梁园作为向往之地，追寻梁园盛迹，写下了流传千古的名篇佳作。这也足以反映梁园文学具有久远的影响力，如南朝宋谢惠连的《雪赋》、唐李白的《梁苑吟》、唐代杜甫的《遣怀》等，都通过对梁园文学盛景的感怀来表达自己的情感。

梁园文学对后世影响之大，直到明末清初，商丘文人侯方域等人所组织的诗社还称"雪苑社"。1988年中州古籍出版社出版的《梁苑吟》一书，收录汉至清八十四位文人吟咏梁园的佳作一百零四篇，足见梁园文学在文人心中的重要地位。直至今天，学界依然把梁园文化现象作为一个热门话题进行研究。

二 汉代梁国的经学成就

西汉王朝建立初期，推行以与民休息相适应的无为政治，到了西汉中期，汉武帝刘彻听从董仲舒的建议，罢黜百家，独尊儒术，以《诗》《书》《礼》《易》《春秋》为五经，立五经博士，儒学取得独尊的地位。统治阶级不仅在都城设立太学，教授五经，而且在郡、诸侯国、县设立学校，设置经师。文人学士要做官，则必须学习五经，因此攻读五经成为当时人们升官发财的敲门砖。由此，宗经成为汉代社会的主流风气。由于经学与文化之间有着千丝万缕的联系，汉代经学的繁荣一定程度上推动了汉代文学的发展，同样的道理，汉代文学的繁荣一定层面反哺了汉代经学的再次勃兴，汉代文学与经学的繁荣致使经学大师层出不穷。当时，梁国是西汉经学最兴盛的地区之一。

梁国经学发达的主要原因与其所在的重要地理位置有关。刘歆曾说："在汉朝之儒，唯贾生而已。至孝武皇帝，然后邹、鲁、梁、赵颇有《诗》《礼》《春秋》先师，皆起于建元之间。"[①]贾生即梁太傅贾谊，建元为武帝年号（前140—前135）。邹、鲁乃战国时期儒学之乡，儒学在楚汉战争时期复兴。"及高皇帝诛项籍，引兵围鲁，鲁中诸儒尚讲诵习礼乐，弦歌之音不绝。"[②]梁国与邹鲁毗邻，受儒学之风影响颇深，经学兴盛发达。西汉时立于学官的"今文十四博士"有六家都与梁有关，如《礼》立大戴（德）、小戴（圣）二家；《易》立施（雠）、孟（喜）、梁丘（贺）、京（房）四家。由此看来，汉代梁国可谓经学大师辈出，应为经学研究的重镇。从汉代经学发展源流来看，梁国经学既开启了西汉经学的新局面，又推动了西汉经学的蓬勃发展。

（一）汉代梁国易学成就

西汉梁国是易学发展的重镇。西汉易学立为博士的几家中，施雠、孟喜、梁丘贺、京房四家与梁国易学存有渊源关系。另外，梁国土生

---

① [汉]班固：《汉书》，中华书局1962年版，第1969页。
② [汉]司马迁：《史记》，中华书局1982年版，第3117页。

土长的丁宽、田王孙、焦延寿等人也是不折不扣的易学大家,"均是西汉《易》学开宗立派的关键性人物"①,在西汉易学发展史上拥有举足轻重的地位。

1. 丁宽易学

丁宽,字子襄,梁人。"初,梁项生从田何受《易》,时宽为项生从者,读《易》精敏,材过项生,遂事何。学成,何谢宽。宽东归,何谓门人曰:'《易》以东矣。'宽至雒阳,复从周王孙受古义,号《周氏传》。景帝时,宽为梁孝王将军距吴楚,号丁将军,作《易说》三万言,训故举大谊而已,今《小章句》是也。"②丁宽从田何受《易》,学成东归后,田何感叹"《易》以东矣"。可见,丁宽尽得田何之传。后丁宽又从周王孙受古义,"古义者,非孔氏十翼,盖即许慎所谓秘书。汲冢古《易》,但有阴阳秘书者是也,即阴阳灾变之学也"③。丁宽学成之后,一边著书立说,一边开门授徒。丁宽之著述,《汉书·艺文志》著录有"《丁氏》八篇",惜未流传下来。前所引《汉书》言丁宽曾"作《易说》三万言",惜已散佚,但从《汉书》所云"训故举大谊而已,今《小章句》是也",大略可知其解《易》之法。清人马国翰据众书辑有《周易丁氏传》二卷,并序之曰:"考陆氏《释文·子夏易传》下引荀勖云:'丁宽所作。'则丁《传》必本子夏而成。推其义例,或如毛苌之《诗传》欤?今既辑录《子夏传》,即据《中经簿录》所云,转属丁氏。师承渊源,可以考见。"④马国翰以《子夏易传》为《丁氏易传》,遭到了黄寿祺的质疑,其云:"今案,《释文》于《子夏易传》引《七略》云:'汉兴,韩婴传。'《文苑英华》载唐司马贞议云:'王俭《七志》引刘向《七略》云:"《易传》,子夏韩氏婴也。"'明婴字子夏,故曰'子夏韩氏婴',以别于卜子夏。又《汉书·艺文志》《易》十三家,有'韩氏二篇',注'名

---

① 张巍:《西汉地方〈易〉学中心考》,《五邑大学学报》2007年第2期。
② [汉]班固:《汉书》,中华书局1962年版,第3597—3598页。
③ [清]尚秉和撰,常秉义点校:《焦氏易诂》,光明日报出版社2005年版,第11页。
④ [清]马国翰:《周易丁氏传序》,《玉函山房辑佚书》(第一帙卷二),光绪九年长沙馆雕版。

婴',是'韩氏二篇'即《子夏传》。故臧庸《拜经日记》据《七略》《汉志》断为'韩婴撰'。荀勖,晋人,时代远后于刘向,乃国翰不从向说,徒据荀勖一语,遂以《子夏传》属之丁氏,殊为未审。"①所言在理,故马国翰所辑之《周易丁氏传》二卷,不能算作丁宽的易学著作。

丁宽学成后,开门授徒。"(丁)宽授同郡砀田王孙。王孙授施雠、孟喜、梁丘贺。由是《易》有施、孟、梁丘之学。"②由此可见,丁宽授徒已自成一派,其再传弟子施雠、孟喜、梁丘贺均被朝廷立为学官。足见此派易学在当时影响之大。

田王孙,与丁宽同郡人,亦是梁国人,元朔中为《易》经博士。史书对此人身世缺载,此人也无易学著作传世。但他的三位弟子——施雠、孟喜、梁丘贺同立学官,成为西汉易学三家,各自成立了自己的学派,分别为《施氏易》《孟氏易》《梁丘易》。

2. 焦延寿易学

孟喜的弟子焦延寿,梁人,生卒年月不详,传世易学著作有《焦氏易林》。唐王俞曾为《焦氏易林》作序,称"延寿传经于孟喜,固是同时,当西汉元、成之间,凌夷厥政,先生乃或出或处,外比苞蒙,辄以《易》道上干梁王,遂为郡察举,诏补小黄令,而邑中隐伏之事,皆预知其情"③。关于焦延寿的身世,《汉书》未曾为其专门立传,而是在介绍其学生京房时附带介绍其人的,《汉书》云:"延寿字赣。赣贫贱,以好学得幸梁王,王共其资用,令极意学。既成,为郡史,察举补小黄令。以候司先知奸邪,盗贼不得发。爱养吏民,化行县中。举最当迁,三老官属上书愿留赣,有诏许增秩留,卒于小黄。赣常曰:'得我道以亡身者,必京生也。'其说长于灾变,分六十四卦,更直日用事,以风雨寒温为候:各有占验。

---

① 黄寿祺撰,张善文点校:《易学群书平议》,北京师范大学出版社1988年版,第1—2页。
② [汉]班固:《汉书》,中华书局1962年版,第3598页。
③ [唐]王俞:《汉焦小黄周易变卦筮叙》,载焦延寿《易林》,凤凰出版社2017年版,第3页。

房用之尤精。"①

焦延寿师承孟喜。孟喜开辟卦气说，其主要内容是以四正卦主四时，直二十四气，以四正卦之外的六十卦配月、直候、直日。孟氏的卦气说仅限于理论上的创新，真正落实于实践的是焦延寿。焦氏撰《易林》，继承并发展了孟氏的卦气说，"分六十四卦，更直日用事，以风雨寒温为候：各有占验"。焦氏的"分卦直日"法，《汉书》颜师古注引孟康曰："分卦直日之法，一爻主一日，六十四卦为三百六十日。余四卦，《震》《离》《兑》《坎》，为方伯监司之官。所以用《震》《离》《兑》《坎》者，是二至二分用事之日，又是四时各专王之气。各卦主时，其占法各以其日观其善恶也。"② 这种"分卦直日"法，具体是把六十四卦分别置于从立春到大寒的二十四节气之中，每两节气凡三十日配五卦，其中《震》《离》《兑》《坎》各直一日（冬至、夏至、春分、秋分），余六十卦各直六日。

焦氏的六十四卦分配与排列完全同于孟喜。但他同时又创造出六十四卦变占的方式，即在确定六十四卦所直之日后，便以直日之卦为本卦，以本卦所直之日内行占所筮遇的卦为之卦。而之卦又有六十四种，这样以六十四个直日之卦为本卦就会形成四千零九十六种变卦。焦氏又在每种变卦下面另作卦辞（林辞），这样就有了四千零九十六条卦辞，每条卦辞乃为四言韵语（极少数为三言）。由于焦氏在卦象下面未作分爻，因此每卦只有卦辞而无爻辞。

焦氏在易与象数之中，别为占候一派，独创一家之说。焦氏《易林》创造了四千零九十六种变卦与卦辞，主要是将由孟喜创造的象数学运用于筮占上。占蓍时，查阅直日之内的本卦所统摄下的之卦卦辞，就可以推出吉、凶、祸、福的结论。如此，则四千零九十六条卦辞即成为筮占、占候的解说辞。黄伯思对焦氏的占蓍之法曾作这样的概括："谓延寿之法，凡筮得某卦之某卦，则观其所之卦林，以占吉凶。或卦爻不发，

---

① ［汉］班固：《汉书》，中华书局 1962 年版，第 3160 页。
② ［汉］班固：《汉书》，中华书局 1962 年版，第 3160 页。

则但观本卦林词。"① 黄氏提及的卦林，就是该卦的卦辞。由于焦氏"更直日用事，以风雨寒温为候"，往往"各有占验"。唐人王俞曾为此书作序，对利用此书占卜一事做过总结，其云："大凡在变化象数之中者，莫逃乎《易》。唯人之情伪，最曰难知，《系》称卜筮尚占，忧患兴虑……自三古以降，杂说歧分，矧卜筮多门，亡羊殆尽……夫自知知人，乃曰明哲，则隗炤易数于龚使，焦赣发诚于君明。炤既没，不显其占；赣明且哲，乃留其术。……所著《大易通变》，其卦总四千九十六题，事本弥纶，同归简易。其辞假出于经史，其意雅合于神祇。但率洁精专，事无不中，而言近意远，易识难详，不可渎蒙，以为辞费。"② 可见焦氏利用《易林》之法进行卜筮，往往灵验。

《易林》林辞用韵语写成，模仿《诗经》而作。作者也有意识地将其当作诗来写，如其《大有》之《贲》云："楚鸟逢矢，不时久放。离居无群，意昧精丧。作此哀诗，以告孔忧。"作者在作诗过程中工于拟象，语言质朴自然，不尚文饰，继承并发扬了汉乐府诗"饥者歌其食，劳者歌其事"的特点。林辞广泛运用多种修辞手法，使韵语达到诗的审美标准，富有较高的文学价值。

林辞仿照《诗经》而作，在表现手法上也惯用赋、比、兴等艺术手法，增添了诗句的文学性。如赋，林辞语言虽简，但善于铺陈其事。大多数林辞基本上通篇敷陈，如"典册法书，藏在兰台。虽遭乱溃，独不遇灾"（《坤》之《大畜》），简明扼要地叙述了典籍藏于兰台，虽经战乱亦不会遭劫的事实。也有部分林辞在叙事时增添了想象与夸张的成分，如"金牙铁齿，西王母子。无有患殃。扶舍徙道，到来不久"（《小畜》之《大有》），将西王母之子想象成金牙铁齿，增强了诗歌的艺术表现力。再如比，林辞善用比喻手法，如"伯去我东，发梐如蓬。展转空床，内怀忧伤"（《比》之《复》），句中"发梐如蓬"写出了女子在丈夫远去后无心梳洗打扮

---

① ［宋］黄伯思：《校定焦赣〈易林〉序》，载焦延寿《易林》，凤凰出版社2017年版，第857页。
② ［唐］王俞：《汉焦小黄周易变卦筮叙》，载焦延寿《易林》，凤凰出版社2017年版，第1—2页。

的情形。"敏捷劲疾,如猿升木。彤弓虽调,终不能获"(《泰》之《蛊》),将拉弓者的敏捷身手比作猿猴攀木,形象生动。再如兴,如"凤凰在左,麒麟处右。仁圣相遇,伊吕集聚。时无殃咎,福为我母"(《讼》之《咸》),以"凤凰在左,麒麟处右"起兴,从而引出仁圣相遇时的非凡场面。当然,林辞中的比兴手法常常是联合在一起的,形成比兴的体式,如"豕生鱼鲂,鼠舞庭堂。奸佞施毒,上下昏荒,君失其国"(《蒙》之《比》),作者用"豕生鱼鲂,鼠舞庭堂"起兴,引出"奸佞施毒",同时又将奸佞比作豕、鼠,做到了比兴合一,增强了批判与讽刺效果。

《易林》的文学价值很早就引起了人们的关注,如宋陈振孙说它"皆韵语古雅,颇类左氏"①。明钟惺、谭元春认为:"焦延寿用韵语作《易》占,盖仿古谣辞,如'凤凰于飞,和鸣锵锵'之类也。其语似谶似谣,似浑似隐,似愚似脱,异想幽情,深文急响,取其灵警奇奥、可纯乎四言者,以存汉诗一派。"②现代历史上第一个关注到《易林》文学价值的学者是闻一多,他曾打算将其写进中国文学史,并对《易林》的文学价值给予了较高的评价,其云:"如果我说汉代文学不在赋而在乐府与古诗,想来是不会有多少人反对的。如果我又说除乐府古诗外,汉代还有着两部分非文学杰作,一部分在《史记》里,另一部分在《易林》里;关于《史记》你当然同意,听到《易林》这个名目,你定愕然了。《易林》是诗,它的四言韵语的形式是诗;它的'知周乎万物'的内容尤其是诗。——这意见在我心里远十年以前就已确定了。"③

晚于闻一多的钱锺书先生在《管锥编》中对《易林》的文学价值,也给出了更高的评价,他认为《易林》"几与《三百篇》并为四言诗矩蠖焉"④。同时,钱先生还以独到的眼光在《管锥编》中另立《焦氏易林》

---

① [宋]陈振孙:《直斋书录解题》,中华书局1985年版,第361页。
② [明]钟惺、谭元春:《古诗归》,复旦大学图书馆藏明闵振业三色套印本。
③ 孔党伯、袁謇正主编:《闻一多全集(10)》,湖北人民出版社1993年版,第61页。
④ 钱锺书:《管锥编(二)》,生活·读书·新知三联书店2001年版,第221页。

专题,对《易林》的文学价值进行大力挖掘,从"造境寓意""拟象变象""词令之妙"等方面,论述了自《乾》《坤》至《未济》等三十林林辞的文学价值。现代学者陈良运认为:"钱先生称赞《焦氏易林》'几与《三百篇》并为四言诗矩矱',确非虚语,他的阐述和慧眼独具的评点之作,给我们认识《易林》的文学价值大有启发。"①

《易林》林辞常为四句韵语,偶有三句、五句、六句不等。每句四言,偶有三言。林辞原为焦氏解读卦象的解说辞,但内涵丰富,包含了从上古至汉代的神话传说、历史评判、社会现实、生命意识、人生哲理、男女爱情等,具有较高的学术价值。

(二) 大、小戴《礼记》与汉代礼学发展

1. 发达的梁国礼学

《礼》学主要是指研究《仪礼》《周礼》《礼记》的学问,习惯上称为"三礼"。西汉梁人在《礼》学传播方面的贡献也是卓著的,主要以戴德、戴圣叔侄为主,二人的《礼》学同时被立于学官,世称大小戴。

戴德,字延君,梁(今河南商丘)人,汉宣帝时,曾为信都王刘器太傅,后拜为博士,与兄子戴圣同学《礼》于后仓,时称"大戴",其所传《礼》学世称"大戴礼"或"太傅礼",是汉今文《礼》学重要学派之一。戴德所传《礼》后被编成《大戴礼记》八十五篇,今残存三十九篇。

戴圣,字次君,梁(今河南商丘)人,戴德侄,官至九江太守。汉宣帝时立为博士,时称"小戴"②,是汉今文《礼》学重要学派之一。其所传《礼》后被编成《小戴礼记》,即今本《礼记》。

西汉立五经博士,今文《礼》学博士凡三家:后仓《礼》、大戴《礼》、小戴《礼》。汉宣帝时期,大戴《礼》、小戴《礼》被立为博士之后,基

---

① 陈良运:《〈易林〉几与〈三百篇〉并为四言诗矩矱——钱钟书论〈易林〉述评》,《周易研究》2002年第5期。
② 《汉书·何武传》附记:"九江太守戴圣,《礼经》号小戴者也。"([汉]班固:《汉书》,中华书局1962年版,第3482页)

本上取代了后仓《礼》学的地位。另外，小戴《礼》学的传承者也有梁国人："小戴授梁人桥仁季卿、杨荣子孙。仁为大鸿胪，家世传业，荣琅邪太守。由是大戴有徐氏，小戴有桥、杨氏之学。"① 戴德、戴圣、桥仁、杨荣均为梁国人，且都是当时的《礼》学名家，足见梁国《礼》学之发达。

2. 大、小戴礼学与大、小戴《礼记》

其实，当初戴德、戴圣叔侄随后仓所习之《礼》，实为《仪礼》。此可从西汉初年的《礼》学传播脉络中得到印证。《汉书·艺文志》载："汉兴，鲁高堂生传《士礼》十七篇，讫孝宣世，后仓最明。戴德、戴圣、庆普皆其弟子，三家立于学官。"② 《汉书·儒林传》也说："孟卿，东海人也。事萧奋，以授后仓、鲁闾丘卿。仓说《礼》数万言，号曰《后氏曲台记》，授沛闻人通汉子方、梁戴德延君、戴圣次君、沛庆普孝公。孝公为东平太傅。德号大戴，为信都太傅；圣号小戴，以博士论石渠，至九江太守。由是《礼》有大戴、小戴、庆氏之学。"③ 高堂生所传的《士礼》十七篇，即今《仪礼》。《仪礼》有今文本与古文本之分，《汉书·艺文志》云："《礼古经》五十六卷，《经》七十篇。"④ 其中的"《经》七十篇"当为"《经》十七篇"之误倒。"《经》十七篇"即是指"《仪礼》十七篇"。《汉志》中的"《礼古经》"与"《经》"，前者为古文，后者为今文。既然高堂生所传《礼》为《仪礼》，那么，汉宣帝时其后学后仓所说之《礼》也是《仪礼》，后仓弟子戴德、戴圣、庆普所习之《礼》也应该是《仪礼》。关于这一点，清人毛奇龄在《经问》中已有辨析。皮锡瑞认为毛奇龄"分别《仪礼》《礼记》……则极精确"⑤。

后来，高堂生所传的《礼》演变为四种本子，即大戴本、小戴本、

---

① ［汉］班固：《汉书》，中华书局1962年版，第3615页。
② ［汉］班固：《汉书》，中华书局1962年版，第1710页。
③ ［汉］班固：《汉书》，中华书局1962年版，第3615页。
④ ［汉］班固：《汉书》，中华书局1962年版，第1709页。
⑤ ［清］皮锡瑞：《经学通论》，中华书局1954年版，第10页。

庆氏本①、刘向《别录》本,四本的差别仅在篇目次序上。四种本子十七篇的次序分别如下表②:

大戴本	小戴本	庆氏本(武威木简甲本)	刘向《别录》本
士冠第一	士冠第一	[士冠第一]	士冠第一
昏礼第二	昏礼第二	[昏礼第二]	士昏第二
相见第三	相见第三	士相见之礼第三	士相见第三
士丧第四	乡饮第四	[乡饮酒第四]	乡饮酒第四
既夕第五	乡射第五	[乡射第五]	乡射第五
士虞第六	燕礼第六	[士丧第六]	燕礼第六
特牲第七	大射第七	[既夕第七]	大射第七
少牢第八	士虞第八	服传第八	聘礼第八
有司彻第九	丧服第九	[士虞第九]	公食大夫第九
乡饮酒第十	特牲第十	特牲第十	觐礼第十
乡射第十一	少牢第十一	少牢第十一	丧服第十一
燕礼第十二	有司彻第十二	有司第十二	士丧第十二
大射第十三	士丧第十三	燕礼第十三	士丧下(既夕)第十三
聘礼第十四	既夕第十四	泰射第十四	士虞第十四
公食第十五	聘礼第十五	[聘礼第十五]	特牲馈食第十五
觐礼第十六	公食第十六	[公食第十六]	少牢馈食第十六
丧服第十七	觐礼第十七	[觐礼第十七]	少牢下(有司彻)第十七

在《仪礼》流传过程中,学者们关于研习《仪礼》所作的笔记——《记》也开始传世,《汉书·艺文志》著录:"《记》百三十一篇。"注云:

---

① 据《武威汉简》称:此次武威出土的汉简共有三种:甲、木简,字大简宽,凡存七篇,称武威甲本;乙、木简,字小简窄,仅《服传》一篇,称武威乙本;丙、竹简,仅《丧服》一篇,称武威丙本。据研究者考证,武威本《仪礼》最有可能是庆氏《礼》。详见中国科学院考古研究所、甘肃省博物馆编:《武威汉简》,文物出版社1964年版,第13—52页。
② 此表《仪礼》各本之篇次及名称参照《武威汉简》一书的相关内容。见《武威汉简》,第10—11页。

"七十子后学者所记也。"①洪业先生认为当时关于《礼》的《记》文有很多，他说：

> 所谓记无算者，以其种类多而难计其数也。且立于学官之礼，经也，而汉人亦以《礼记》称之，殆以其书中既有经，复有记，故混合而称之耳。……案《汉书·艺文志》列《礼》十三家，其中有"记百三十一篇"，原注云："七十子后学者所记也。"明云记者，仅此而已。然"王史氏二十篇"，而后云"王史氏记"；"曲台后仓九篇"，而如淳注曰"行礼射于曲台，后仓为记，故名曰《曲台记》"，是亦皆记也。至于"明堂阴阳三十三篇"，"中庸说二篇"，后人或指其篇章有在今之《礼记》中者，是亦记之属欤？又《礼》家以外，《乐》家有《乐记》二十三篇，《论语》家有《孔子三朝》七篇，亦此类之记也。略举此数端，已见"礼记"之称甚为广泛矣。②

洪业先生所提及的"记无算"，其实就是说"记无数"。从洪业先生的这段话中不难看出，从先秦到西汉，礼学家传《礼》时，不仅注重传《礼》之经文，以形成自己的《礼》学体系；还注重对经文本身进行阐释，这样就形成了各种《记》，相当于传。戴德、戴圣叔侄也不例外，他们既形成了自己的学术体系——大小戴《礼》学，也有论说或解释礼制的文章汇编——《大戴礼记》《小戴礼记》。戴德、戴圣叔侄的《礼记》主要"补《礼经》之不足，又备朝廷议礼、制礼所需，同时也是作为在太学向博士弟子教授《礼经》的重要参考资料"③。又由于二戴的《礼记》都保存了大量的有关西周时期的各种礼制材料，理所当然成为我们研究上古社会极具价值的历史文献。

关于二戴《礼记》的成书及流传情况，最早提及的应属东汉郑玄的《六艺论》，其云：

---

① [汉]班固：《汉书》，中华书局1962年版，第1709页。
② 洪业等编纂：《礼记引得》，上海古籍出版社1983年版，第20页。
③ 杨天宇注说：《礼记》，河南大学出版社2010年版，第9—10页。

  案《汉书·艺文志》《儒林传》云，传《礼》者十三家，唯高堂生及五传弟子戴德、戴圣名在也。……《六艺论》云："今礼行于世者，戴德、戴圣之学也。"又云"戴德传《记》八十五篇"，则《大戴礼》是也；"戴圣传《礼》四十九篇"，则此《礼记》是也。①

郑玄《六艺论》言及二戴《礼记》的篇数。唐人魏徵撰《隋书·经籍志》，也著录了二戴《礼记》：

  汉初，河间献王又得仲尼弟子及后学者所记一百三十一篇献之，时亦无传之者。至刘向考校经籍，检得一百三十篇，向因第而叙之。而又得《明堂阴阳记》三十三篇、《孔子三朝记》七篇、《王史氏记》二十一篇、《乐记》二十三篇，凡五种，合二百十四篇。戴德删其烦重，合而记之，为八十五篇，谓之《大戴记》。而戴圣又删大戴之书，为四十六篇，谓之《小戴记》。汉末马融，遂传小戴之学。融又定《月令》一篇、《明堂位》一篇、《乐记》一篇，合四十九篇；而郑玄受业于融，又为之注。②

以上两家说法虽有出入，但戴德传《记》，八十五篇是一致的。戴圣《礼记》篇数虽有偏差，但流传至郑玄时，确为四十九篇。郑玄注经时，因本人曾受小戴之学，便注《小戴礼记》，此书因此而流传于世，备受世人推崇，后成为儒家"十三经"之一，也即今人所说的《礼记》。而《大戴礼记》因郑玄未注，关注之人渐少，文本逐渐散佚，以至于流传至今仅残存三十九篇。

  《大戴礼记》虽然有所散佚，但该书的学术与史料价值不可低估，如其中的《孔子三朝记》与《曾子》等篇，是研究儒家早期思想的重要资料。《夏小正》篇生动地记载了上古先民对历法的研究，在天文学史上具有重要价值。《诸侯迁庙》《投壶》等篇是研究古代礼仪制度的

---

① [唐]孔颖达：《礼记正义序》，李学勤主编《十三经注疏·礼记正义》，北京大学出版社1999年版，第8—9页。
② [唐]魏徵等：《隋书》，中华书局1973年版，第925—926页。

重要资料。由此可见,《大戴礼记》虽有所残缺,但其所保存的资料无可替代。

(三) 其他经学在梁国的传播

《汉书·文三王传》记载:"梁怀王揖,文帝少子也。好《诗》《书》,帝爱之,异于他子。"① 汉文帝少子梁怀王刘揖好《诗》《书》,说明《诗经》《尚书》在梁国也得到了传播。文帝七年(前173),汉文帝在宣室接待贾谊之后,便派贾谊担任梁怀王刘揖的太傅,据《汉书·贾谊传》记载:"怀王,上少子,爱,而好书,故令谊傅之,数问以得失。"② 文帝让博学多才的贾谊担任好读《诗》《书》的梁怀王刘揖的太傅,是意味深长的。贾谊任太傅后,"数问以得失",不仅能在学习方面给予刘揖以指导,指导其读《诗》《书》,增进学问;而且在做人、治理国事等方面,也能给刘揖以帮助、引导。其实,贾谊太傅梁怀王期间,不仅仅辅导其读《诗》《书》,也可能曾辅导其学习《左传》等经书。据《汉书·儒林传》记载:"汉兴……梁太傅贾谊……修《春秋左氏传》。谊为《左氏传》训故,授赵人贯公,为河间献王博士。"③ 这说明贾谊在春秋学方面也有较高的造诣。那么,贾谊在辅导刘揖时,就有可能传授其春秋学。

在春秋学的传播方面,除了贾谊,西汉梁国还有周庆、丁姓皆从荣广受《穀梁春秋》,后皆为博士,据《汉书·儒林传》载:"武帝时……上因尊《公羊》家,诏太子受《公羊春秋》,由是《公羊》大兴。太子既通,复私问《穀梁》而善之。其后浸微,唯鲁荣广王孙、皓星公二人受焉。广尽能传其《诗》《春秋》,高材捷敏,与《公羊》大师眭孟等论,数困之,故好学者颇复受《穀梁》。沛蔡千秋少君、梁周庆幼君、丁姓子孙皆从广受。……宣帝即位……上善《穀梁》说……刘向以故谏大夫通达待诏,受《穀梁》,欲令助之。江博士复死,乃征周庆、丁

---

① [汉] 班固:《汉书》,中华书局1962年版,第2212页。
② [汉] 班固:《汉书》,中华书局1962年版,第2230页。
③ [汉] 班固:《汉书》,中华书局1962年版,第3620页。

姓待诏保宫,使卒授十人。……《穀梁》议郎尹更始,待诏刘向、周庆、丁姓并论。……由是《穀梁》之学大盛。庆、姓皆为博士。姓至中山太傅,授楚申章昌曼君,为博士,至长沙太傅,徒众尤盛。"①另外,据《汉书·儒林传》记载,梁人萧秉也曾从胡常受《穀梁春秋》,王莽时为讲学大夫②。

在《尚书》学的传播方面,西汉梁人陈翁生从济南人林尊受《尚书》,后来"翁生信都太傅,家世传业。由是欧阳有平、陈之学。翁生授琅邪殷崇、楚国龚胜"③。

从上述西汉梁国《春秋》《尚书》学的传播来看,周庆、丁姓、陈翁生等人在研习经学之后,或为博士,或为太傅,正如陈华光所说的那样,"研读经学的梁国人大多以经学敲开了升官及获取荣禄之门,吸引了更多的梁国人从事经学的研究,使梁国经学在西汉文化中占有主导地位"④。

三 艺术

汉代梁国的艺术也取得了快速发展,主要表现在两个方面,一是音乐戏曲,一是绘画。

(一)以《睢阳曲》为代表的民间乐舞

汉代人民所创造的音乐文化,是中华民族音乐发展史上的一座里程碑。汉代对先秦音乐传统及自身民间音乐发展给予汲取与整合,进而形成了颇具楚汉气质的新的文化氛围。这种文化氛围一改先秦时期音乐文化中雅乐独大的状况,把人文精神及讴歌生活的意旨融入艺术创造之中,《睢阳曲》就是这种音乐新气象的代表。

---

① [汉]班固:《汉书》,中华书局1962年版,第3617—3618页。
② [汉]班固:《汉书》,中华书局1962年版,第3619—3620页。
③ [汉]班固:《汉书》,中华书局1962年版,第3604页。
④ 陈华光:《西汉梁国文化三题》,《中州今古》2002年第5期。

《睢阳曲》因其曲源于睢阳而得名。据《宋书·乐志》记载："筑城相杵者,出自梁孝王。孝王筑睢阳城,方十二里,造倡声,以小鼓为节,筑者下杵以和之,后世谓此声为《睢阳曲》,至今传之。"①《史记索隐》引《太康地理记》云：睢阳"城方十三里,梁孝王筑之。鼓倡节杵而后下和之者,称《睢阳曲》,今踵以为故,所以乐家有《睢阳曲》,盖采其遗音也"。上述两则史料大致说明了《睢阳曲》的缘起、演唱场合、演唱特点及伴奏乐器等情况。总的看来,《睢阳曲》应为梁国劳动人民在筑城劳作中创作的一种新的音乐形式,即在筑城夯土时,伴随着鼓杵的节拍而演唱的夯歌,俗称为"打夯号子"。

《睢阳曲》是劳动人民筑城时的创作,与人们的日常生活劳作息息相关,因此这种乐曲气势高昂,简单易学,在民间易于流传。正因如此,《睢阳曲》这种人们喜闻乐见的夯歌从西汉魏晋以来广为流传,历代不衰,对后世产生了深远的影响。《宋书·乐志》《旧唐书·音乐志》中均有记载,充分说明了汉代梁国劳动人民对我国传统音乐文化发展的伟大贡献。

以《睢阳曲》为代表的民间音乐的发展必然带动梁国乐舞文化的繁荣。司马相如的《上林赋》就鲜活地描写了当时梁国宫廷乐舞活动的盛况。我们从出土汉代画像石上的图案也能看到当时民间乐舞的情景,如商丘永城太丘汉墓出土的舞乐百戏画像石就形象地再现了当时的歌舞盛景,画像中,左起六人拱手端坐,观赏舞乐、杂技表演,中间一人舒广袖翩跹起舞,右有倒立、跳丸者,另一人手举一伞状物,似在做平衡动作,其后一人持桴击鼓,另一人抚琴,最右端立一侍者。

（二）绘画艺术

关于汉代绘画艺术记载,传世文献多见。如《汉书·郊祀志》云,

---

① ［梁］沈约：《宋书》,中华书局1974年版,第559页。

武帝"作甘泉宫，中为台室，画天地泰一诸鬼神，而置祭具以致天神"。《汉书·苏武传》云，宣帝"甘露三年，单于始入朝。上思股肱之美，乃图画其人于麒麟阁，法其形貌，署其官爵姓名"。又《后汉书·宋弘传》云："弘当宴见，御坐新屏风，图画列女，帝数顾视之。弘正容言曰：'未见好德如好色者。'帝即为彻之。"《后汉书·朱祐传》云："永平中，显宗追感前世功臣，乃图画二十八将于南宫云台，其外又有王常、李通、窦融、卓茂，合三十二人。"上述史料表明，汉代绘画艺术已成为较为流行的艺术形式且具有较高的艺术水平。

而关于梁国的绘画史料，传世文献记载鲜见，仅能从出土的众多汉墓壁画、漆画、画像石、画像砖的线刻画中睹其容，窥其貌。如芒砀山柿园汉墓的彩色壁画，气势恢宏，线条流畅飘逸，妙夺天工。汉代艺术家无穷的智慧，非凡的创造力，丰富的审美体验，令今人叹为观止！

四 民俗

风俗文化来源于下层社会，群众基础广泛，影响范围更广，其反映社会真相的能力也更强。概括而言，汉代梁国民间的游侠风尚、诸侯王的养士情结、厚葬风俗及死后升天思想是当时民俗文化的主要内容。

（一）游侠风尚

早在先秦时期，梁宋之地的游侠风尚就十分盛行。秦朝暴政所引发的流民运动一定程度上更助长了这种民风的发展。逐鹿中原的两大强者——刘邦和项羽，其阵营中就吸收了大量的游侠之士、豪侠之徒。如刘邦及其身边的萧何、曹参、樊哙、陈平、彭越、韩信、张良等，都有较浓的游侠身份。项羽和他左右的项梁、项伯、英布、季布等人，也多出身于游侠。这些侠客将领，不仅立下赫赫战功，还以他们的侠性品质，影响着刘、项两大集团的发展趋向，发挥着重要作用。

譬如，刘邦曾以亭长身份押送刑徒前往骊山，路途多有逃亡，他干脆在丰县西部的大泽中，释放所有刑徒，说："公等皆去，吾亦从此逝矣！"这无疑是一种"义举"，由此，吕思勉认为，"汉高为游侠者流，显而易见"。也正是这种侠义精神，在当时刑徒心中产生共鸣，刑徒中的"壮士十余人"当即表示愿追随刘邦，为其芒砀山举起反秦大旗奠定了群众基础。

再如，游侠季布因为曾是楚将，多次穷追刘邦，在汉初遭到通缉；但他为人讲义气，当时豪杰之士如淮阳周氏和大侠朱家等，都愿意帮助他。具有豪侠气质的刘邦也一笑泯恩仇，拜季布为郎中。由此可见，当时商丘周边的游侠民风较为盛行。

正是刘邦本人的游侠气质，加上汉初黄老治国思想所影响下的法治松弛，在一定程度上更加助推了游侠民风在汉初达到鼎盛。《史记·平准书》称汉兴七十年以来，"网疏而民富，役财骄溢，或至兼并豪党之徒，以武断于乡曲"。索隐："谓乡曲豪富无官位，而以威势主断曲直。"① 正是游侠的真实写照。

刘武王梁时，梁国的经济、政治得到空前繁荣，为了达到自己的政治目的，刘武及历代梁王均喜好"招贤纳士"。据史料记载，梁孝王刘武曾"招延四方豪杰，自山以东游说之士莫不毕至，齐人羊胜，公孙诡，邹阳之属"。很明显，"豪杰"应指当时的游侠。后来，也正是这些"豪杰"帮助刘武实现了影响梁国历史的一件大事，即帮助梁王刘武"刺杀袁盎及他议臣十余人"。无独有偶，梁孝王刘武子济东王刘彭离"骄悍，无人君礼，昏暮私与其奴、亡命少年数十人行剽杀人，取财物以为好"②。上层对游侠的重用是导致梁国游侠风尚盛行的主要原因。

当然，汉代梁国的游侠民风也因汉代中央的控制措施改变而有所变化，尤其是随着梁国政治地位的下降，这里的游侠风尚有所减弱，但

---

① ［汉］司马迁：《史记》，中华书局1982年版，第1420页。
② ［汉］司马迁：《史记》，中华书局1982年版，第2088—2089页。

游侠文化对此地社会的影响却长期存在。

（二）厚葬风俗

"视死如生"思想的泛滥及汉代帝王的大肆赏赐必然导致汉代梁国厚葬风俗的形成，譬如已发现汉代梁国的墓地形制上模仿地面建筑，且很重装饰，装饰的主要形式有壁画、画像石、画像砖等，时人对随葬品也力求应有尽有，以至于死者"器用如生人"。

以芒砀山保安山梁孝王刘武墓为例，其墓地结构十分复杂，内部设施已十分奢华。墓有墓门、墓道、墓室、耳室、厢房和套间等结构组成，全墓长近60米，最宽处达30余米，规模巨大，工程艰巨，为迄今发现汉墓中的佼佼者。其寝园基址面积达4000多平方米，由前庭、大殿、后院、后室、庖厨等建筑组成。基址内还出土了大量的筒瓦、板瓦、卷云纹瓦当、柱础、铜钱、铁器及陶器碎片等。另外，僖山汉墓出土的金缕玉衣以及墓地内所见形色各异、做工精巧的各色玉器，都一定程度上反映了当时崇尚厚葬的奢靡风气。

第七节　梁国政要群体

秦末汉初，芒砀山曾一度成为当时的政治中心。高祖曾以芒砀山为据点，举起反秦大旗，自此，以芒砀山民众为核心的农民力量发动了一场惊天动地的政治潮流，这场革命洪流最终推翻了强大的秦朝，建立汉朝。在"文景之治"时期，当时的梁国又是另一政治中心，梁国见证了这一时期的政治变迁。正是这种特殊的政治地位，梁国政要辈出，开国功臣中有十多位来自砀地。

一　西汉名相申屠嘉

申屠嘉（？—前155），梁国睢阳人，文、景时期的名相，"为人廉直，门不受私谒"①。

楚汉战争时期，申屠嘉开始跟随刘邦攻打项羽，因军功升任一个叫队率的小官。当九江王黥布叛乱时，他又跟随刘邦攻打黥布，作战英勇，立下战功，升任都尉。惠帝时，升任淮阳郡守。文帝时，张苍任丞相，申屠嘉任御史大夫。张苍免相后，汉文帝本想任命皇后的弟弟窦广国为丞相。广国"贤有行"，但又担心这样做会使天下人认为皇帝偏爱皇后的弟弟，任人惟亲。于是，"念久之不可"，遂决定任用申屠嘉为丞相，并封他为故安侯②。当时，太中大夫邓通特别受文帝宠爱，文帝赏赐给他的钱多达万万计，并且曾到他家饮酒作乐，可见一斑。一次，申屠嘉拜见文帝，而邓通正站在文帝的身边，礼节上有些怠慢。申屠嘉奏事完毕对文帝说："陛下爱幸臣，则富贵之；至于朝廷之礼，不可以不肃。"文帝说："君勿言，吾私之。"申屠嘉上朝回来，坐在相府中下了一道手令，要邓通到相府来，如果不来，就把他斩首。邓通非常害怕，进宫告诉了文帝。文帝说：你尽管前去无妨，我立刻就派人召你进宫。邓通来到丞相府，摘下帽子，脱掉鞋子，给申屠嘉叩头请罪。申屠嘉很随便地坐在那里，故意不以礼节对待他。同时教训他说："夫朝廷者，高皇帝之朝廷也，通小臣，戏殿上，大不敬，当斩。吏今行斩之！"③邓通吓得连连磕头，至于流血，申屠嘉仍不说饶恕他。文帝估计丞相已经让邓通吃尽了苦头，才派使者持节召通。

申屠嘉为相五年，文帝去世，景帝即位。景帝二年（前155），晁错担任内史，贵幸用事，奏请皇帝变更法令制度，削弱诸侯王的权力。而申屠嘉有感于自己所说的话不被采用，因此嫉恨晁错。晁错担任内史，内史府的大门本来是由东边通出宫外的，使他进出有许多不便。这样，他就自作主张改凿一道墙门向西南通出。所开凿的墙正是太上皇

---

① ［汉］司马迁：《史记》，中华书局1982年版，第2683页。
② ［汉］司马迁：《史记》，中华书局1982年版，第2683页。
③ ［汉］司马迁：《史记》，中华书局1982年版，第2683页。

宗庙的外墙，申屠嘉听说后，就想借晁错擅自凿开宗庙围墙这一理由，把他法办治罪，奏请皇帝杀掉他。但晁错的门客很快得知并告诉了晁错，晁错听后非常害怕，连夜进宫拜见景帝，向景帝说明情况。第二天早朝，丞相申屠嘉奏请诛杀晁错，景帝说：晁错所凿的墙并不是宗庙的墙，而是宗庙的外围短墙，况且这事是我让他这样做的，晁错并没有什么过错。退朝以后，申屠嘉仍耿耿于怀，对属下长史说："吾悔不先斩错，乃先请之，为错所卖。"①回到相府，因气愤吐血而死。谥号节侯。

二　御史大夫韩安国

韩安国（？—前127），字长孺，西汉梁国成安（今商丘宁陵）人，后来举家迁往睢阳。韩安国曾师从邹县人田生学习"韩子"和杂家学说，后来在梁孝王刘武手下做官，任中大夫。

吴楚七国之乱时，韩安国和张羽一道受命为将，梁孝王命令他们在梁国东部抵御吴楚七国的兵马。当时，韩、张相互配合，协调作战。张羽率领将士加强守卫，严阵以待，与来犯之敌进行正面交锋；韩安国负责后方调动。由于分工明确，战术得当，御敌战略取得成效，以至吴军几次试图进兵都不能取胜，最终为歼灭吴楚叛军赢得了有利战机。

平定七国之乱之后，韩安国和张羽因平叛有功，名声享誉梁国及汉朝朝廷。梁王刘武也因平定七国之乱有功，受到皇帝的嘉奖，加之又为皇上的弟弟，最后获得在封国内任免丞相和二千石官吏之权。权力的提升使梁孝王刘武有点忘乎所以，最后竟然不顾政治禁忌，在出入所用的仪仗上也开始模仿天子的规格。此举惹得汉景帝十分不悦。窦太后知道梁王此举惹得景帝不高兴，就斥责梁王刘武不知道好歹。梁王见自己惹

---

① ［汉］司马迁：《史记》，中华书局1982年版，第2683—2684页。

了大麻烦,就慌忙派使者前去朝廷游说。鉴于韩安国的才干及崇高名望,被选派为使者去见太后。太后不见韩安国,韩安国费尽周折见到了景帝的姐姐长公主,极力为梁王刘武开脱。大长公主把韩安国的话禀奏给了太后,太后本来就对梁王宠爱有加,马上把事情的原委告诉了景帝。景帝召见韩安国,给他很丰厚的赏赐,太后和长公主也用重金赏赐韩安国。

后来,宠臣公孙诡和羊胜怂恿梁王倚靠窦太后的关系使之说服汉景帝立梁王为太子,并且希望扩大梁国的疆域。他们的计划得到窦太后的支持,但却遭到大臣袁盎的反对,计划最终没有得逞,梁王羞恼成怒,就暗地里派公孙诡和羊胜等人前去暗杀袁盎等人。事情最终败露,景帝非常恼怒,就派人在全国范围内捉拿公孙诡和羊胜,并要求务必把公孙诡和羊胜两个人捉拿归案。中央政府连续十次派人到梁国缉拿公孙诡和羊胜,可见朝廷办案决心之大。可是搜索了一个多月后,结果仍一无所获。韩安国闻听公孙诡和羊胜就躲藏在梁王的家里,就去哭着劝梁孝王交出公孙诡、羊胜。汉景帝不但没有治梁王的罪,反而因韩安国化解了一场事关汉朝政局稳定的政治风波,得到景帝的器重与太后的赞赏。梁孝王去世之后,共王刘买继位,韩安国后因被别人牵连而触犯法律,遭免官,长期闲居在家。

汉武帝建元年间(前140—前135),武安侯田蚡担任汉朝太尉,受宠幸而手握大权。韩安国送给田蚡价值五百金的财物,拜托他在武帝面前为自己说情。田蚡就在王太后面前极力为韩安国美言。王太后早对韩安国忠心耿耿为梁王尽职尽责的美名有所耳闻,加上田蚡力荐,她便在汉武帝面前说尽了韩安国的好话。汉武帝也非常清楚韩安国的情况,知道他的为人,便任命他为北地都尉,不久又晋升为大司农。田蚡被拜为丞相之后,韩安国被任命为御史大夫。后来,闽越、东越互相攻伐,韩安国和王恢领兵征伐。还没有到达越地,越人就杀死了他们的国王向汉朝投降,汉军也就此收兵。

建元六年（前135），武安侯田蚡担任丞相，韩安国担任御史大夫。当时匈奴派人前来请求和亲，武帝交由朝臣讨论。其实，汉武帝好大喜功，加上当时汉朝国库充盈，经过几十年的休养生息，国家蒸蒸日上，而且兵强马壮，又有充足的财力，因此汉武帝心里更加倾向于解除西汉初期以来匈奴对西北边境的威胁，不愿再实行和亲的政策。他让大臣们议论这件事，其目的就是看一看大臣们的意见。当时朝臣中间产生两种截然不同的意见，一是以武将王恢为代表的反对和亲派，主张对匈奴进兵。另一派是以韩安国为代表的和亲派，坚决不同意对匈奴用兵，朝中大臣有很多人赞成韩安国的看法。于是，汉武帝仍然采取了和亲的政策。

韩安国有才有识，为人忠厚，他举荐的名士不计其数，有许多名声还在他之上，但他从不妒贤嫉能。丞相田蚡去世之后，韩安国代理丞相，汉武帝本来要任命他为丞相，但是他年纪大了，体弱多病。后来，任命平棘侯薛泽为丞相，韩安国为中尉。不久又升迁为卫尉。

韩安国后随大将军卫青攻打匈奴，在战斗中失败，损失惨重，汉武帝对他非常不满，韩安国也非常惭愧，不久郁闷病死。

三　西汉名将灌婴与栾布

灌婴（？—前176），秦末汉初睢阳人。原为以贩布为生的小商人，在当时商业中心睢阳城营生。后逢秦末战乱，灌婴顺应时势，投奔刘邦，加入刘邦反秦大军之中。

灌婴为人有勇有谋，善于在关键时刻把握机遇。在跟随刘邦与强秦斗争的战场上攻城略地，斩将搴旗，每次都冲锋在前，表现异常勇猛，在成武打败了东郡郡尉的军队，在杠里打败了驻守的秦军。后又跟随沛公在亳县以南及开封、曲遇一带与秦军交战，后又跟随沛公在尸乡以北地区击败秦军，领兵南下而平定了南阳郡，拔除了秦军在中原的主要据点。因奋力拼杀，被赐与执帛的爵位，号为宣陵君。又向西进入武关,在蓝田与秦军交战,一直打到霸上,攻取了栎阳,逼秦王子婴投降,平定了三秦之地。

暴秦覆灭后,刘邦和项羽逐鹿中原,争夺天下。彭城一战,汉军败退到河南荥阳,楚骑兵穷追不舍。在这危急之中,刘邦挑选善于骑战的将领,灌婴虽然年轻,却以作战经验丰富被提拔为中大夫,率骑兵迎敌,挫败楚骑兵于荥阳东,并乘胜切断了楚军后方粮食供应线,很快使汉军扭转了被动局面。战后,灌婴升任御史大夫。

高祖三年(前204),灌婴以御史大夫的身份率领骑兵,与韩信合兵在历下击败齐国的军队,攻下齐都临淄,俘齐国首相田光。旋又击败齐国骑兵,亲俘齐亚将周兰,平定齐地。然后他又单独率军挥师南下,打败了项羽部下项声、郯公、薛公等所率领的楚军,在平阳击败楚军骑兵,攻陷楚都彭城,俘获楚国柱国项佗,横扫楚军在江淮一带的主要据点。

高祖五年(前202),汉、楚在垓下决战,项羽溃败,率八百余骑突围,刘邦命灌婴率五千骑猛追,迫使项羽自刎乌江。尔后,灌婴挥师渡江,俘吴郡郡守。刘邦称帝后,拜灌婴为车骑将军。此后几年,在消灭燕王臧荼、九江王黥布等发动的叛乱中,灌婴都不辞险远,攻城野战,勇往直前,所向无敌。为表彰灌婴对创建西汉王朝和巩固汉初中央政权所立下的巨功殊勋,汉高祖封他为颍阴侯,成为汉初的开国功臣之一。

刘邦死后数年,吕后揽权,违背刘邦生前"非刘氏而王,天下共击之"的誓约,陆续封吕姓诸侯王十人。到了高后八年(前180),吕后在临终前又命其侄吕禄、吕产分别为上将军和丞相,把持了朝中军政大权。太尉周勃、丞相陈平等大臣或被架空,或被免职。当时政治局面十分危急。尽管如此,吕后还不放心,又指使诸吕在她死后"必据兵卫宫,慎毋送丧,为人所制"①,密谋发动武装暴乱,夺取刘氏天下。

---

① [汉]班固:《汉书》,中华书局1962年版,第3939页。

吕太后死去，诸吕谨遵吕后意旨，图谋作乱篡位之计划也在紧锣密鼓筹划之中。当时齐悼惠王的儿子朱虚侯刘章恰在长安，他的妻子系吕禄的女儿，"阴知其谋"，因怕受连累，便把诸吕阴谋向刘章揭发。于是诸吕谋反之事曝露。以周勃、陈平为首的反吕力量，立即采取应对措施。在周勃等大臣的支持下，刘章劝说其兄齐哀王起兵讨伐。于是齐王连络琅邪王刘泽举兵而西，并致书其他刘氏诸王侯，声讨诸吕"擅废帝更立"，杀三赵王，"劫列侯忠臣，矫制以令天下"的罪状。

以齐哀王为首的刘氏诸侯王的起兵，使以吕禄、吕产为核心的诸吕集团感到十分恐惧，急忙令大将军灌婴率兵东出潼关以抵挡"叛军"，灌婴"欣然"领命，心腹劝灌婴不要帮助吕氏抗刘，以免落下助纣为虐的恶名，灌婴解释说，诸吕势力强大，如果当面抗命，不仅自身性命难保，还会耽误大事。如若吕氏改派他人为将，很有可能发生一场损失惨重的战争，与其那样，倒不如表面遵命，见机行事。于是，灌婴忙于备战，获得诸吕的信任。灌婴率兵到达荥阳，传命就地驻扎，不再前行。为了安稳军心，灌婴对部下又做了攻心战。灌婴同时又派人去见齐王等其他刘氏诸侯王，他在给刘氏诸王的信中力劝齐楚众诸侯不要内讧，合力诛吕，刘氏诸王深受触动，暗中响应。由于诸吕担心太尉周勃和丞相陈平在内，灌婴与齐黜联军在外，所以一直犹豫不决，致使"发乱关中"的计划一拖再拖。京师的太尉周勃和丞相陈平也在加紧做联合与加强各种反吕力量之间的团结，同时积极分化瓦解诸吕集团。在内外联合下，最终诛灭了诸吕叛乱，稳定了汉代江山。大臣们共迎刘邦的第四子代王刘恒入京，立为天子，是为文帝。

孝文帝元年（前179），冬十月，文帝封陈平为左丞相、周勃为右丞相、灌婴为太尉。

文帝三年（前177），灌婴继周勃出任丞相。他为相期间，推行与民休息政策，减免赋税，鼓励生产，为"文景之治"立了大功。

五月，匈奴趁文帝登基之初，再次侵犯北地。文帝只有再次启用老臣灌婴,发诏曰:"汉与匈奴约为昆弟,毋使害边境,所以输遗匈奴甚厚。今右贤王离其国,将众居河南降地,非常故,往来近塞,捕杀吏卒,驱保塞蛮夷,令不得居其故,陵轹边吏,入盗,甚敖无道,非约也。其发边吏骑八万五千诣高奴,遣丞相颍阴侯灌婴击匈奴。"[1]灌婴率八万五千大军迎击匈奴,在高奴迎击右贤王,又发中尉材官防守长安。文帝还亲自到甘泉督战,结果右贤王兵败逃出塞外。灌婴率众乘胜追击,汉文帝从甘泉到达高奴,并取道高奴去太原。不料就在这时,济北王刘兴居得知文帝去太原,以为他要亲自指挥追击匈奴,乃起兵发动叛乱。汉文帝闻讯,立即命令灌婴罢兵,同时赶回长安,平定济北王的反叛。

文帝四年(前176),灌婴去世,谥号为懿侯,被称为西汉"开国功臣,治国名相"。

栾布(?—前145),梁人,年轻时就与彭越私交甚笃。因家贫,曾在齐地卖酒的人家当佣工。后彭越在巨野为盗,而栾布却被强人劫持卖到燕地做奴仆。此间,栾布曾替他的主人家报了仇,燕将臧荼推荐他担任了都尉。后来臧荼做燕王,任用栾布为将军。等到臧荼反叛,西汉王朝攻破燕国,栾布被俘。彭越为梁王时,向刘邦进言,请求赎回栾布并让他担任梁国的大夫。

栾布当了梁国大夫后,经常出使各国。有一次,栾布出使齐国时,恰逢朝内发生了"梁王彭越谋反"案。当时,陈豨在代地造反,汉高祖刘邦御驾亲征。军队到达邯郸之后,刘邦突然没有了底气,就向梁王彭越求援。彭越推说自己有病,只派出将领带着军队到邯郸。刘邦于是怀恨在心,派人去训斥彭越,弄得彭越十分紧张。恰在此时,彭越手下有人跑到高祖那里控告梁王阴谋反叛,刘邦本来就因征兵之事对彭越有所猜疑,于此刘邦下令彭越当斩,并连株三族。彭越的头被砍下来悬挂在洛阳城门之上示众,下令任何人不准同情彭越。

---

[1] [汉]司马迁:《史记》,中华书局1982年版,第425页。

栾布从齐国回来后,见彭越遭此劫难,非常痛心。栾布于是来到城门外,对着彭越高高悬起的人头报告出使齐国的情况,一边说话一边痛哭。栾布因此被捕,而被刘邦召见,并被下令处死。临刑前,栾布说:"当初皇上被困在彭城的时候,还有荥阳、成皋一带打败仗的时候,项王没有顺利西进,那是因为有彭越在梁地把守,跟汉军联合,使得楚军陷于困境当中。当时,天下大势其实就在彭越手里,彭越跟楚军联合,汉军就失败,跟汉军联合,楚军就失败。再有垓下战争的时候,如果没有彭越,项羽也不会灭亡。天下平定了,朝廷分封彭越,彭越也想把爵位传至万代。如今皇上向梁国征兵,彭越因为生病不能前来,皇上就起了疑心,以为彭越要谋反。但是哪里知道有谋反的迹象呢?而您却因为微不足道的细节就毫不犹豫地杀掉了他!皇上如果再这样下去,那么有功的大臣们也会觉得自己危机重重。现在彭越的头都被挂在了城门之上,那我活着还有什么用!我甘愿受罚!"刘邦听后,不仅没有诛杀栾布,反而让栾布做了都尉。

文帝时,栾布担任燕国的国相,又做了将军。栾布曾扬言说:在自己穷困潦倒之时,没有辱身降志才是好汉;等到了富有显贵之时,不能称心如意的,也不是贤才。于是,栾布对曾经有恩于自己的人,便优厚地报答他;对有仇怨的人,一定用法律来除掉他。吴楚七国之乱时,栾布因平叛有功被封为俞侯。后复为燕相,名气大盛,燕、齐之间为其建造祠庙,叫做栾公社。汉景帝中元五年(前145)栾布去世,其子贲嗣封为俞侯,任太常之职,后因祭祀时所用牺牲不合法度而封国被除。

四 东汉梁国名相桥玄

桥玄(110—184),字公祖,东汉梁国睢阳人。桥氏在梁地乃名门望族。桥玄七世祖桥仁,曾从同郡儒学大师戴德学习礼学,著《礼记章句》四十九篇,在当时学界产生广泛影响,被时人称为"桥君学"。成帝时桥仁一度为大鸿胪(掌管诸侯及少数民族事务),权重一时。祖父桥基,做过广陵太守。父亲桥肃，做过东莱太守。显赫的家境及严格的教育对桥玄成长裨益甚多，逐渐养成刚直大胆、嫉恶如仇的个性。

桥玄年轻时做过梁国的县功曹。一次，豫州刺史周景到梁国视察，桥玄前去谒见，当面揭发陈相羊昌的贪污及其他罪恶，并请求周景允诺自己去做领陈从事，以便深入调查其罪行。桥玄的胆识与勇敢让周景很是敬佩，于是当即任命桥玄为领陈从事，前去办理羊昌贪污案件。桥玄到达后，在详查羊昌案件后，把羊昌的宾客及与其过从甚密者全部逮捕，严加拷问羊昌犯罪情由。

羊昌与位高权重的时任大将军梁冀交往过密，面临此景，急忙向梁冀求助，希望能够替他快马草檄救援。梁冀命令周景阻止桥玄的行为。周景无奈，只好把梁大将军的檄文送给桥玄，并让使者告诉桥玄停止对羊昌案的继续追查，桥玄看周景竟然因怵怕梁冀而阻止自己执法，十分不满。他不仅没有按照周景的指示办，而是把周景送来的檄文原封不动退给周景，更加严厉追查案件。在桥玄的努力下，羊昌贪污罪行最终大白天下，羊昌被押送进京，受到应有的惩罚。因此，桥玄被时人所称颂。

后来，桥玄被举为孝廉，补洛阳左尉。恰好此时，梁冀的弟弟梁不疑为河南尹。桥玄因公事去梁府拜谒梁不疑，梁不疑借故侮辱桥玄。桥玄性格耿直，深感耻辱，毅然弃官回到乡里。

桥玄后来又经历四次升迁，历经宦海沉浮，最后做了齐相。后因事犯罪被罚为城旦。刑期完毕后，再次被征召，一度升为上谷太守与汉阳太守。

桓帝末年，鲜卑、南匈奴及高句丽嗣子伯固一起反叛。他们在边境烧杀抢掠，给边民带来重大伤害。紧急时刻，四府联合举荐桥玄为"度辽将军"，"假黄钺"，前去平定叛乱。桥玄到达边境以后，休兵养士，积极备战，然后监督各将领讨伐胡虏以及伯固等，由于措施得力，平叛工作取得重大进展，叛军被打得四散逃逸。桥玄在边疆任职三年，敌人不敢再犯，边境得以安静。

灵帝初年，桥玄因功再次被召回做河南令尹，转少府，为大鸿胪。建宁三年（170），桥玄又升为司空，后转为司徒。桥玄本来与南阳太守陈球积怨颇深，但等到自己登上三公之位时，不仅不计前嫌，反而力推陈球做廷尉。桥玄认为国家现时力量薄弱，并且揣度自己的能力没有用武之地，于是托病上奏，把各种灾害归咎在自己身上，于是被免职。

一年之后，桥玄再次被拜为尚书令。桥玄掌握了太中大夫盖升依仗灵帝的宠信，在做南阳太守期间大肆收受贿赂的证据，并向灵帝上奏，要求罢免盖升，没收他的财产。但是灵帝很宠信盖升，不但没有处置他，反而升了他的官。桥玄看不惯盖升的所作所为，于是称病辞职，回了老家。

曹操微贱时，经常怀才不遇，不被时人所重，而桥玄却独具慧眼，非常赏识他的才能。曹操曾到桥玄那里问候，桥玄见了觉得有些奇异，对他说："现在天下汹汹，大乱将起，安定社会、拯救百姓的重任寄托在你的身上了啊！"这番鼓励与赏识之言最使曹操感动。后来，曹操即以天下为己任，为平定天下而南北征战，把拯救百姓的重担挑在肩上。曹操发迹后，非常感念桥玄当初的鼓励之恩，所以每当经过睢阳，就一定要备厚礼凭吊桥玄墓。他在《祀故太尉桥玄文》中高度赞扬桥玄的"懿德高轨"，称他为师表，自谦为弟子流辈，表示"士死知己，怀此无忘"①。《后汉书·桥玄传》论赞说，"桥公识运，先觉时雄"，即是对他慧眼识人的中肯之论。

---

① ［三国］曹操：《祀故太尉桥玄文》，见《曹操集》，中华书局2010年版，第68页。

主　编　刘玉杰
本卷主编　李可亭

文化商丘

商丘通史

下

中华书局

第七章 三国两晋南北朝时期

自汉末三国以降，近四百年的战乱频仍，人民生活于动荡、颠沛流离之中，社会经济、文化遭到极大破坏。与这一时代特征相对应，魏晋南北朝时期的商丘及周边人民饱受战乱之苦，商丘重要的战略地位，成为各大势力竞相争夺的重要对象，许多重大的战役在此发生。战乱给人民带来巨大伤害的同时，也在一定程度上促进了不同民族间的文化交流与民族融合。

第一节 建置沿革与地方行政管理体制

战乱频仍，分裂割据，"城头变换大王旗"，朝代更迭频繁，统治中心多元化，导致商丘地区的政区建制与隶属关系不断变动。清代学者洪亮吉在撰写《补三国疆域志》时，就在自序中感叹描写三国政区建制的困难。三国时期的商丘，亦是如此。

一 三国时期商丘的建置沿革及地方行政管理体制

因政局不稳，各地方政权均把主要精力放在对外武力征伐及政治博弈之上，而在地方建制与内部管理层面却创获不多。总的说来，这一时期的行政区划设置继承东汉时期实行的州、郡、县三级制。而与东汉有所不同的是，与县等同的邑与道皆已废除，一律称县；另外，此时的州刺史的权力进一步加大。通行以州辖郡、郡辖县的三级体制。此时，商丘地区多属魏国政权之下。

延康元年（220）十月，曹丕代汉自立，为魏文帝。次月，魏文帝改汉代的诸侯王为崇德侯，列侯为关中侯。曹魏政权在原来汉代梁国的基础上设置梁郡，治所在睢阳县，梁王刘弥与其他诸侯王一道被降为崇德侯，归豫州管辖，当时豫州刺史为丞相祭酒贾逵。汉代梁国的建置至此结束。

为了便于管辖，曹丕改曹操设定的九州为十二州，因曹魏政权的势力范围主要限定在黄河流域，其行政区划主要有司、豫、兖、青、徐、雍、凉、冀、并、幽、荆、扬十二州。在上述十二州中，当时的商丘地区为梁郡，大多属豫州，其中一小部分属兖州。这一时期，魏国在州下设郡或王国，郡、王国下又置县、县王国、县公国与侯国。

三国时期，梁郡的行政归属并非一成不变。魏前期，当时的梁郡隶属豫州、兖州，为梁国、陈郡、陈留国、沛国、谯郡等分辖。当时梁国治睢阳，统领八县，分别为睢阳、鄢、蒙、薄、宁陵、虞、下邑、砀。此八县大部分地区都在今天商丘境内；沛国治相县，统领十四县，其中建平及相县有很大部分在今天商丘永城境内。陈郡治陈县，领八县，其中柘县部分地区在今天商丘柘城境内。陈留国治陈留，领十七县，其中襄邑、考城、外黄、小黄部分地区分别在今天商丘睢县、民权境内。谯郡治谯，共领七县，其中酂在今天商丘永城境内。

魏后期，梁郡的建制又有所调整，据魏元帝景元三年（262）的行政区划，梁郡仍隶属豫州、兖州，为梁国、陈郡、陈留国分辖。梁国辖睢阳、宁陵、鄢、蒙、虞、砀；陈郡辖武平、柘；兖州陈留国辖襄邑、己吾、考城。上述地区大多为今天商丘所辖。

在地方行政管理体制方面，魏国也对东汉有着明显的继承与发展，体制更加完善。州的长官为刺史，已经成为当时最高的行政长官。各级地方长官属吏的职能分工更为精细与明确，譬如魏国刺史的佐属主要有别驾、治中从事、诸曹从事、部从事、主簿、门亭长、录事、记事书佐、诸曹佐、守从事、武猛从事、都水从事等，分管各类行政事务。

为了加强地方治安，魏国继续强化了自西汉武帝开始创设的司隶校尉制度。为了适应当时军事纷争的时代特征，曹魏政权又赋予刺史一定的军事管理权限，在许多刺史后面加上了"将军"的称谓。刺史后面带有"将军"称谓，也并不意味着刺史一定带有兵将，而只是表明一种管理军事的职能与地位。

魏国在郡设太守一人，为行政长官。与州刺史类似，魏的郡太守往往也加将军名号。太守的佐官为郡丞，每郡一人，边疆地区称为长史。各郡除去太守，还设有都尉掌管兵马。与此同时，在与郡级别相同的封国，魏国继续实行封地制度。魏国县级地方行政管理同样保持东汉的特色，在大县设县令一人，县丞、县尉各二人，小县县丞、县尉各一人。在诸多县王国、县公国及侯国，其长官则由中央直接派遣。县以下的基层社会，大乡设有秩、三老，小乡设啬夫进行管理。这种基层管理体制同样与秦汉保有明显的继承性。

二 两晋、南北朝时期的商丘建置沿革

咸熙二年（265），司马炎代魏称帝，国号晋，都洛阳，史称"西晋"。因西晋承汉魏之后，所以它的地方行政多因袭汉魏旧制，即各州以下设置郡、国，而郡、国之下又设县及侯国。西晋地方行政制度中依然保留许多与县及侯国同等的王国、公国。晋武帝大量分封子弟和异姓士族，列土建国并赋以兵权，用来屏藩帝室，防止士族中野心家的叛乱。太康年间，西晋在其统辖区域设十九州和西域长史府。据晋武帝太康二年（281）的行政区划，现商丘之域分属豫州、兖州，为梁国、陈留国分辖。己吾、襄邑、考城部分地区属于兖州管辖，其他地区属豫州，其县名也无太大改变。

西晋灭亡后，司马睿在江南建立东晋王朝。东晋十六国的政区体

制，基本还是沿袭西晋的州、郡、县三级制。需要说明的是，这一时期东晋政区出现的新特点是"侨州"与"侨郡"的大量出现。由于大批北方世家大族率领全族南渡江左，为安抚及获得世家大族的政治支持，东晋政府划出小块地区准其暂时安家自治，保留原来的州郡籍贯不变，所以叫侨州、侨郡。这种侨州与侨郡的大量设置，使得东晋以及南朝各代的地方行政制度显得尤为混乱。

在商丘地区，西晋政府设有梁国与陈留郡，归属豫州管辖。豫州设刺史，负责纠察管郡长官，治理民事。陈留郡设太守，梁国设相或内史，掌治民、进贤、决讼、检奸。大县设令，小县设长，乡置史、佐、正。州置吏、卒数十人，郡县依据户数多寡，置吏、职吏、散吏数十至百余人不等。诸州郡所驻军队不等，由中尉领之。

东晋孝武帝太元三年（378），南梁郡改属豫州。太元七年，商丘隶属兖州为梁郡。东晋太元八年（383）十一月，在寿阳侨置南梁郡，撤销寿阳县，侨置睢阳县，兼郡治，属徐州。南梁郡领睢阳、蒙、虞、谷熟、陈、义宁、新汲、崇义、宁陵、阳夏、安丰、义昌等十二个侨县。义熙九年（413），南梁郡去"南"字为梁郡。元熙二年（420）六月丁卯，刘宋代晋，梁郡属南豫州。由于东晋的实际控制区域只限于淮水以南、汉水的下游、巴蜀盆地的长江以南地区，直接管辖八州，八十多郡，而对于兖、青、幽等侨州和若干侨郡及侨县，则只有名义的控制，而在具体社会管理层面没有实际意义。当然，东晋在与北方王朝的争夺过程中，也一度实际控制商丘地区，但总的看来，这种控制时段是非常有限的。

此时，在广大的北方，各诸侯分裂割据，自刘渊建汉至北魏统一北方，经历了一百三十多年的混战与割据，史称十六国时期。与其他北方地区一样，商丘地区也先后经历羯、鲜卑及氐等北方少数民族的统治。在四分五裂的政局下，各诸侯国政区建置更迭频繁，疆界划分也非常混乱。但总的来说，此时的地方政权仍以州、郡、县三级管理为特色。这一时期，商丘先后隶属前赵、后赵、前燕、前秦、后燕、后秦。

前赵政权一度在此设置河南郡，梁地归其管辖。大兴四年（321），后赵政权趁东晋北伐将领祖逖病死之际，占据河南、皖北等地区，商丘被后赵统辖。后赵一度在商地设置洛州与豫州，洛州下辖河南、河东、弘农、荥阳、建昌、濮阳国、东燕郡等郡国，其中，襄邑县隶属建昌郡；豫州下辖颍川郡、汝南郡、襄城郡、汝阴郡、新蔡国、梁国、陈郡、沛国、谯郡、鲁郡、弋阳郡、安丰郡等，其中梁国全境属于今天商丘地区，梁国又设有睢阳、蒙、虞、下邑、宁陵、谷熟六县；酂县则属于谯郡管辖。前燕慕容氏于永和八年（352）攻陷中原，消灭冉魏政权，商丘被前燕政权所管辖。前燕在商丘地区大致设有中州与豫州。中州下设河内郡，再下设襄邑，管辖今天睢县及周边地区；豫州内的郡县设置大致与前燕政府略同，同样由梁国与谯郡两部分组成，其县名及县的数量也基本没有变化。太和五年（370）十一月，前秦灭掉前燕，商丘的统辖权又落在了前秦之手。前秦设豫州，梁为下置十四郡之一，梁之疆域大致略同于今天的商丘。后来，东晋与前秦在河南、山东等广大地区展开激烈争夺，商丘地区一度被划入东晋的版图。太元十一年（386），慕容垂建立后燕政权，定都中山。随着后燕的崛起，东晋对商丘地区的短暂控制结束，商丘的部分地区被后燕所控制。后燕在此置豫州，下置梁国，治所移至下邑。随着政权的频繁更迭，后秦政权又在此置徐州与兖州，徐州下置六郡，其中，梁国、睢阳、蒙及谯郡等四郡的部分地区属于今天的商丘。兖州下设十一郡，其中陈留郡、襄邑、小黄及外黄的部分地区在今天商丘境内。

　　从刘裕代晋建立刘宋王朝到隋文帝统一中国共经历一百七十年，这一时期史称南北朝时期。这一时期，南北政权继续对峙，但北方长期的割据混战局面有一定程度好转。随着刘宋代晋以及北魏统一北方，商丘的行政归属又发生了新的改变。南北朝时，宋魏尚能安好相处，商丘地区一度处于刘宋的控制之下，刘宋在此设置豫州与徐州共辖。后南齐承之，南齐政权在位仅二十三年，地方建置并无太大变化，但此时商丘大部分已属于徐州管辖。随着宋、南齐与北魏军事争夺的开始，商丘又被北魏占领。北魏孝文帝迁都洛阳后，在商丘设有梁郡与谯郡，属于兖州管辖。东魏时，商丘隶属梁州、南兖州。梁州为梁郡，而兖州为马头郡。北齐后主武平三年（572），商丘隶属梁州，辖梁郡。

南北朝时期，中国南北分立，政区建置更迭频繁，疆界划分也非常混乱，地方政权仍以州、郡、县相称。各国的地方行政机构设置，基本上与魏晋相同。

第二节 政治军事动荡中的商丘

一 三国时期的商丘

三国时期，军事纷争给当时的商丘地区带来了巨大冲击。各军事割据势力为政治利益博弈，军事手段成为他们获取政治利益的惯用手段。商丘处于重要的地理位置，历来为兵家必争之地，在兵荒马乱的年代，这样特殊的地理位置反给当地的百姓带来了重大灾难。当然，特殊的地理位置也决定了政治势力重视该地的社会管理，一定层面上也给这里的经济与文化发展带来了机遇。

中平六年（189），董卓利用朝内政治混乱之际，入朝专权，立年仅九岁的汉灵帝之子陈留王刘协为帝，即汉献帝。董卓为达政治目的，不仅以示柔的手段招揽当时的重要政治势力，还大肆诛杀异己，并以"搜牢"为名对民众大肆抢掠，给当时包括商丘部分地区在内的兖州陈留郡，司州河南尹、河内郡、弘农郡，豫州颍川郡等广大地区民众带来了沉重的灾难。初平三年（192）三月，董卓命令部将带兵东下，掠夺陈留郡、颍川郡诸县，所过之处杀掳无遗。兖州陈留郡女诗人蔡琰亲身经历了这场劫难,后在其《悲愤诗》中写道:"卓众来东下……猎野围城邑，所向悉破亡。斩截无孑遗，尸骸相撑拒。……欲死不能得，欲生无一可。"①

----
① ［南朝宋］范晔：《后汉书》，中华书局1965年版，第2801页。

董卓的暴行也激起了当时民众及不同政治集团的激烈反抗。

早在董卓拉拢政治集团势力时，命曹操为骁骑校尉，希图借此拉拢曹操，被曹操拒绝。曹操易名出关，中途被捕，后被释放。曹操投奔了陈留太守张邈。张邈"少以侠闻，振穷救急，倾家无爱，士多归之。太祖、袁绍皆与邈友。辟公府，以高第拜骑都尉，迁陈留太守"①。曹操到陈留后，招揽义兵，准备讨伐董卓。中平六年（189），曹操起兵于己吾县，获兵卒五千人，开始拥有独立的军事力量。谯县的曹氏和夏侯氏子弟纷纷前来。

曹操兴兵之初，形势对其十分不利，兵源不足成为最大的困难。去扬州招揽新兵时，又遇龙亢军变，曹操只好又到沛国境内的蕲县和建平县招募了一千六百余丁壮，然后返回酸枣。

初平四年（193），袁术带军北上，对曹操造成极大威胁。双方在颍川郡、兖州及梁郡交界匡亭一带展开激烈争夺。先是曹操与夏侯惇联合抵御袁术主力，结果曹军大获全胜。袁术被迫退保封丘，曹操领兵围困。袁术只好弃城逃跑，夏侯惇奉命追击。袁术接连败退，先退至襄邑县，再往太寿县。夏侯惇攻城不下，挖开了睢阳渠水，大水冲入太寿城里，淹死军民无数。袁术冒险突围，急忙逃命，然刚到宁陵，喘息未定，曹军又至。因当时已经溃不成军，无任何抵抗能力，只得再逃往淮南的九江郡，到了寿春县（今安徽寿县）才停住脚。匡亭之战是曹军壮大的转折点，自此，曹操军事行动逐渐取得主动。

兴平元年（194）春，曹操原属下张邈、陈宫背叛曹操，协助吕布接管曹操的兵兴之地——兖州。曹军与吕布、张邈部众在雍丘一带展开激烈交锋。曹操在收复定陶以后，分兵平定叛乱各地，经过艰苦斗争，形势大有好转，叛乱的郡县除雍丘县外，最后也都换上了曹操的旗号。张邈的弟弟张超据守雍丘，城内住着张氏三族。后来，曹操集重兵攻

---

① ［晋］陈寿：《三国志》，中华书局1982年版，第221页。

打雍丘。雍丘被围三个多月，粮尽城破，张超及张氏全家也被曹军杀戮。曹操最终重新控制兖州、豫州等大片土地。

二 东晋十六国时期的商丘

晋惠帝元康元年（291）发生的"八王之乱"，长达十六年之久，使西晋的统治摇摇欲坠。晋愍帝建兴四年（316）匈奴贵族刘曜攻入长安，愍帝出降，西晋灭亡，此后近二百年，北方诸少数民族陆续入主中原，中国北方陷入战争频仍、政权更迭频繁、政权林立、战争多发的混乱时期。北方的匈奴、鲜卑、羯、氐、羌等少数民族，先后建立了前凉、成汉、前赵、后赵、前燕、前秦、后燕、后秦、西秦、后凉、南凉、北凉、南燕、西凉、夏、北燕等十六个割据政权，史称"五胡十六国"。晋朝廷在南方重建，史称东晋。东晋共经历十一位皇帝一百零四年，恭帝元熙二年（420），晋相国、宋王刘裕代晋，东晋灭亡。

（一）前秦与西晋在商丘的争夺

永嘉二年（308）十月，原在成都王部下为官的刘渊在蒲子城称帝，国号为大汉。第二年初又迁都平阳，威胁着西晋的命运。当时，恰逢西晋朝廷内部出现东海王司马越滥杀群臣的政治危机，大汉政权乘机对中原用兵。永嘉四年，汉主刘渊病死，刘聪即帝位。大汉政权内部也出现激烈的权力争夺，大将石勒趁朝廷混乱之际，积极扩充实力。是年十月，刘粲、刘曜、王弥和石勒又带领六万重兵进攻洛阳，在渑池击败裴邈指挥的晋军，长驱入洛川。刘粲攻掠梁、陈、汝、颍之间，石勒进攻仓垣。晋怀帝被俘后，晋臣苟晞已在蒙城拥戴豫章王司马端为皇太子，置行台，司马端命其为录尚书事、都督中外诸军事。石勒深知攻克蒙城乃为征服中原的关键所在，汉嘉平元年（晋永嘉五年，311）九月发兵进攻，先攻克阳夏（今河南太康），擒获晋朝陈留太守王瓒。苟晞并没有担负起抵抗少数民族侵犯中原的重责，在驻守梁国蒙城时期，不仅不能清晰认识当时的严峻形势，精心政务专心备战，反而刑政苛虐，纵情肆欲，最终导致众叛亲离，莫为所用。后石勒袭蒙城，苟晞及豫章王司马端战败被俘。石勒拘执苟晞，署为司马，月余乃杀之。此后，中原一带基本上已为汉军所占。

（二）祖逖与后赵在商丘的争夺

面对少数民族对中原故土的蹂躏，偏安江南的东晋政府却着意经略江南，不思北伐。当时，部分南迁的名士时刻心怀复国大计，祖逖就是其中典型。祖逖向来志向远大，逢乱渡江以后，左丞相司马睿让他担任军咨祭酒。后来，祖逖要求镇守建邺的琅邪王司马睿遣军命将，收复中原失地。

北伐初期，祖逖受到商丘及周边地区民众的大力支持。许多地主豪强组建的坞壁及下层民众自建的流民组织都积极响应祖逖北伐壮举。如祖逖初入河南，蓬陂坞主陈川就派兵助战，许多流民自愿加入北伐军的行列。当时河南一带，有不少地主武装的据点——坞堡，与石勒对抗。流民张平、樊雅各聚众数千，在河南和安徽交界处的谯县为坞主。司马睿派行军参军谯国人桓宣游说张平和樊雅，二人归附。祖逖兵到芦洲，派参军殷乂前往联络张平和樊雅，殷乂对张平十分轻蔑，张平见殷乂出言不逊，怒而杀了殷乂，然后勒兵固守。这时樊雅又居守谯城，抗拒祖逖，祖逖还攻樊雅，不克，感到兵力不足，请求南中郎将王含援助，王含派参军桓宣率兵五百前来助战。大兴二年（319），祖逖引兵到蓬关攻击陈川，石勒派石虎率兵五万来救，祖逖在浚仪同石虎交战不利，退屯梁国。

（三）东晋北伐与前燕在商丘的争夺

永和六年（350），石虎养孙汉人冉闵兄弟夺取了后赵政权，建立大魏政权，定都邺城，史称冉魏政权。永和七年（351），氐人苻坚攻占长安，据有关陇，自称大秦天王、大单于，国号大秦，史称前秦。352年改称皇帝，都长安。当时商丘隶属于冉魏政权。永和八年，前燕出兵灭冉魏，商丘被前燕所控制。尽管商丘地区被前燕所控制，但前秦、东晋也一直没有停止对商丘地区的争夺。

晋永和八年，羌族首领姚弋仲死，其子姚襄率领部下六万多人马南下攻克阳平、元城等地，后归附于东晋，同时封官设职，驻谯城，积蓄力量，占据一方。永和九年（353）九月，东晋将领殷浩在寿春，忌讳姚襄的强盛，囚禁了姚襄的几个弟弟，屡次派遣刺客行刺姚襄，而刺客们都把内情转告给姚襄，行刺计划失败。安北将军魏统死去，兄弟魏憬代管他的家兵。殷浩认为这次时机成熟，就暗中派遣魏憬率领部众五千人袭击姚襄，结果，姚襄斩了魏憬，兼并了他的部众。殷浩更加憎恶姚襄，双方的矛盾也渐趋明朗化。后来，为了达到自己诛灭姚襄的目的，殷浩让龙骧将军刘启守卫谯城，而把姚襄迁徙到梁国的蠡台，并上表奏请授予姚襄为梁国内史。

升平三年（359），前燕派慕容垂为河南大都督、征南将军，镇守在梁国，对商丘地区进行治理。

随着前燕占领河南大部，东晋政府决定再次北伐。太和三年（368），桓温率军伐燕。为了抵抗桓温北伐，前燕派名将慕容垂率五万大军迎战，同时派人向前秦求助，前秦也派邓羌率两万部众增援。双方争夺中原控制权的战争再次在商丘一带展开。起初，桓温派豫州刺史袁真进攻谯郡和梁郡。袁真先后攻克谯郡、梁郡多县。最后，在对石门的争夺中，桓温受挫。在撤退的过程中，慕容垂率军在后猛追，而慕容德则在襄邑埋下四千精兵，形成前后夹击之势，重创晋军，斩首三万余人。桓温北伐，至此宣告失败。为重新控制历经战乱的商丘地区以及避免东晋政府再次北伐，前燕再次委派吴王慕容垂领重兵镇守梁国蠡台。

（四）前秦、后燕、东晋及后秦在商丘的争夺

在抵抗桓温北伐的战争中，为了争得前秦的增援，前燕答应以割地为代价。抗击桓温北伐战争取得胜利后，前燕政府并没有履行诺言，并否认割地盟约。前秦派兵攻伐前燕，最终灭亡前燕，控制了包括商丘在内的河南大部分地区。

太元八年（383），前秦苻坚亲自率军征伐东晋，淝水之战，前秦被晋军重创。被前秦统治的各少数民族，趁势纷纷独立，北方重新处于混乱的局面。慕容垂巧妙利用当时的时局，重新建立了后燕政权。商丘地区再次处于东晋、前秦与后燕的争夺中。

东晋政府利用慕容垂后燕政权初定、前秦政权衰亡的有利时机，派谢玄收复中原。经过艰苦斗争，加上时机得当，太元十一年（386），黄河南北的广大河南地区再次被东晋政府所占领。随着后燕实力的增强，后燕与东晋又进行了一系列争夺中原的战争。太元二十年（395），后燕取得黄河以南部分河南领土，在此设置陈留、梁郡、河南及荥阳等四郡。其中，陈留与梁郡的部分地区即为今天的商丘地区。

义熙五年（409）前后，后秦占领河南大部分地区，后秦在洛阳设豫州，在陈留设兖州，在梁郡设徐州，并置弘农、河南、荥阳、襄城、颍川、陈郡、新蔡、汝南、梁郡、陈留等十个郡。

义熙十二年，东晋刘裕率大军北伐后秦，次年，晋兵攻入长安，后秦灭亡。商丘地区的控制权再次落入东晋之手。

三 南北朝时期的商丘

东晋元熙二年（420），刘裕迫使东晋恭帝禅让帝位，建立宋朝，都城仍定建康，史称刘宋。而早在十六国后期就已建立的鲜卑拓跋部的魏国，在灭掉后燕政权后，势力已经达到黄河北岸，史称北魏。从刘裕建宋到隋朝建立前夕的170年，中国呈现南北两政权对峙的局面，史称南北朝时期。由于商丘地区处于南北政权冲突的最前线，所以，双方的争夺对商丘影响很大。

北魏与刘宋、萧齐对商丘的争夺。北魏泰常七年（422），明元帝拓跋嗣乘宋武帝刘裕新死，便把刘宋的使节沈范扣留在魏，想趁机夺取刘宋所占领的洛阳、虎牢和滑台等地。博士祭酒崔浩则认为，刘裕刚死，内部分裂之局面尚未显现，应暂缓用兵，相机而动，崔浩力劝拓跋嗣要等待刘宋朝内国力屠弱之际再做进攻打算。崔浩的建议被拓跋嗣断然否定。九月，明元帝拓跋嗣派司空奚斤等率军南伐刘宋。魏军将行，崔浩又以南人擅长守城为由，建议先分军掠地，以占领淮水以北为限，设置地方官吏，收敛租税，则洛阳、滑台、虎牢被孤立，取之如探囊取物。此时，宋冠军将军、司州刺史毛德祖镇守虎牢，东郡太守王景度屯守滑台，河南太守王涓之守金墉，陈留太守严稜守仓垣（今河南开封西北），颍川太守李元德守许昌。宋司马楚之在陈留降于北魏。王景度见魏军渡河而来，向毛德祖告急，毛德祖即遣司马翟广等率步骑三千前往救援；为防魏军南下，又派长社令王法政率兵五百戍守邵陵、将军刘道怜率二百骑守雍丘。马楚之引军进攻刘道怜，不克，魏军袭占仓垣，宋军弃城逃去。由于奚斤坚持以"攻城"为指导的错误作战思想，致使滑台数月久攻不下。拓跋嗣闻知大怒，遂改变攻城的策略，拜崔浩为相州刺史加左光禄大夫，为随军参谋，亲率五万大军，浩浩荡荡，南下攻宋。拓跋嗣接受教训，采纳崔浩以"掠地"为主的策略。由于战略得当，北魏很快占领了洛阳、颍川、陈郡，百姓无不归附，刘宋陈留太守严稜也率部投降。在"掠地"为主的思想指导下，攻取滑台、虎牢、洛阳三镇及周围一些郡县，把统治势力扩张到黄河以南。从此，黄河以南地区成为双方争夺的目标。为了巩固黄河以南的新拓疆土，北魏泰常八年（423），经过激战，北魏终于攻克虎牢城，城中的宋军，除参军范道基率二百人突围南走外，均为魏军俘获。魏军士卒由于疫病，死者也有十之二三。至此，司、兖、豫诸州大部郡县均被魏占领。

宋元嘉七年（430），文帝派使者向北魏提出：河南旧是宋土，今当收复，不关河北。魏太武帝严辞拒绝。于是，宋将到彦之统率安北将军王仲德、兖州刺史竺灵秀共五万军队沿黄河进攻；以骁骑将军段宏将精骑八千直指虎牢。魏军主动撤出河南，宋军不战而收复所失三镇。同年秋天，魏军展开反攻，刘宋军队一再溃败，宋、魏在黄河两岸处于胶着状态，商丘地区民众也再次备受战乱之苦。

宋文帝元嘉二十七年（450）二月，魏太武帝率十万大军南下，围攻悬瓠。悬瓠守军不满千人，无不以一当百，杀伤万计。七月，宋出动大军分数路进攻北魏，命王玄谟、臧质、刘骏、刘秀之等各率部北伐，以太尉刘义恭驻彭城指挥全局。十月，王玄谟进围滑台，但久攻不下。魏太武帝号称领军百万，南救滑台。王玄漠仓皇逃走，死者万人。十二月，魏太武帝引军南下，命鲁秀出广陵、拓跋那出山阳、拓跋仁出横江，所过无不残灭，宋将皆弃城邑，望风奔溃。太武直抵瓜步，声言渡江。双方激战三十多天，魏军因多染疾病而退兵。当时，西路将领柳元景攻至弘农（今河南灵宝北），连连取胜，但也只得退还。"魏人凡破南兖、徐、兖、豫、青、冀六州，杀伤不可胜计，丁壮者即加斩截，婴儿贯于槊上，盘舞以为戏。所过郡县，赤地无余。春燕归，巢于林木。魏之士马死伤亦过半，国人皆尤之"①，这场战争不仅给南北各族人民造成了巨大的灾难，而且成为南北势力消长的转折点。

昇明三年（479）四月，萧道成建立齐朝，史称萧齐。太和十八年（494）十一月，北魏都城迁到洛阳，在以后的五六年中连续三次伐齐。双方在河南地区互有胜败。中兴二年（502），萧衍建立梁朝，魏国、梁国又在河南地区进行争夺，至天监二年（503），河南全境被北魏控制。北魏在与南朝对河南长达七八十年间的争夺中，胜多败少，这一时期，河南全境大多时间都在北魏的控制之下。

纵观三国两晋南北朝时期，商丘地区大多时间处于各军事势力的争夺之中，频繁的军事行动，给这里的人民的生活带来巨大的伤害。导致民众频繁向外迁徙，一定程度上促进了这一时期商丘地区文化的交流与民族的大融合。商丘民众的外迁，也把中原文化带到了迁徙地，促进了当地的文化繁荣与发展。

---

① ［宋］司马光：《资治通鉴》，中华书局1995年版，第3966页。

第三节　魏晋南北朝时期商丘地区经济的曲折发展

魏晋南北朝时期，尽管有短暂的局部统一及各割据势力的和平相处，但时局动荡确为这一时期的总体政治特征。基于此，传统观点多对魏晋南北朝的经济持否定态度。与汉的强盛与隋唐的盛世而言，这种观点不无道理，但这一时期的经济尚取得了一定的发展。

一　曹魏时期商丘地区的经济发展

曹魏政权特别重视商丘地区的社会治理工作，往往将其作为曹氏子孙的封地。宁陵县属豫州刺史部梁国。此时期，曹仁之子曹泰、孙子曹初先后封宁陵侯。《三国志·魏书·诸夏侯曹传》载："（曹仁）子泰嗣，官至镇东将军，假节，转封宁陵侯。泰薨，子初嗣。"①

曹操在长期征战中，目睹了社会的动荡，深谙法制对稳定新生政权的重要性。曹魏政权建立之前，曹操就十分着意以法治军，曹魏政权成立后，更是继承了这一优良传统。魏文帝黄初元年（220），曹丕任命丞相祭酒贾逵为豫州刺史。当时国家刚刚安定，各州刺史大都不能统辖所属各郡的事务，刺史之名多为虚衔。有感于"长吏慢法，盗贼公行"，贾逵到官数月，"考竟其二千石以下阿纵不如法者，皆举奏免之"。他还认真处理民事，开垦水田，疏通转运粮米的水道，受到官员和百姓的称赞。包括商丘在内的豫州地区经济得以快速发展，豫州成为当时各地学习的榜样。

曹魏创设了卓有成效的屯田制度。《晋书·食货志》云："魏武既破黄巾，欲经略四方，而苦军食不足，羽林监颍川枣祗建置屯田议。魏武

---

① ［晋］陈寿：《三国志》，中华书局1982年版，第276页。

乃令曰:'夫定国之术在于强兵足食,秦人以急农兼天下,孝武以屯田定西域,此先世之良式也。'"① 于是以任峻为典农中郎将,募百姓屯田许下,得谷百万斛。屯田在曹魏辖境内普遍兴起,田官负责管理屯田事务的典农系统。大郡设典农中郎将,小郡设典农校尉。县设相当于令长的典农都尉,或称屯田都尉,典农都尉下属的生产单位是屯,屯置司马一人,主管本屯生产事务,每屯有奴婢各五十人。郡国列置田官,数年之中,其所积粟,仓廪皆满。

许下屯田取得成功后,曹魏便在全国其他地方大力推行屯田制。据清杨晨《三国会要·食货》谓:

> 俞正燮曰:《晋书》言何曾、傅玄典农,皆在魏末晋初,知非普罢。魏典农可考者:长安、河内、原武、颍川、弘农、河东、魏郡、蕲春、洛阳、睢阳、宜阳、义阳、列人、广陵;其与蜀、吴连界处屯田,则领以将军,屯田与典农有兵民之别。②

《三国志》卷二二《卢毓传》中也记载了当时梁国设置典农校尉的事实:"魏国既建,为吏部郎。文帝践阼,徙黄门侍郎,出为济阴相,梁、谯二郡太守。帝以谯旧乡,故大徙民充之,以为屯田。而谯土地瘠,百姓穷困,毓愍之,上表徙民于梁国,就沃衍,失帝意。虽听毓所表,心犹恨之,遂左迁毓,使将徙民为睢阳典农校尉。毓心在利民,躬身临视,择居美田,百姓赖之。"③ 另外,林甘泉也根据历史事实证明了兖州陈留郡也曾在夏侯惇为太守时设有类似的屯田官吏。

为了配合屯田事业,恢复农业发展,曹魏政权各州郡官吏对水利灌溉事业都比较重视。建安七年(202),曹操行军至浚仪,在浚仪与睢阳之间"治睢阳渠",即汴渠,引黄河沟通淮水。后来,曹丕与司马懿父子又先后在黄河之南、淮河之北修了贾侯渠、讨虏渠、广济渠、淮阳渠、

---

① [唐]房玄龄等:《晋书》,中华书局2003年版,第783—784页。
② [清]杨晨:《三国会要》,中华书局1955年版,第348页。
③ [晋]陈寿:《三国志》,中华书局1982年版,第651页。

百尺渠等渠道，既可灌溉又能水运。从此，"每东南有事，大军兴众，泛舟而下，达于江、淮，资食有储，而无水害"①。水利的发达为大量旱田改为水田创造了条件，单位产量也因之提高。此间，灌溉陂渠的修复与兴建非常普遍。襄邑的太寿陂、寿春的芍陂、萧县的郑陂、蓟城的戾陵堰和车厢渠，都是著名的灌溉工程。水利工程建设致使官民有蓄，"比年大收，顷亩岁增，租入倍常，民赖其利"②。

由于上述经济措施得当，经过农民数十年的辛勤劳动，包括商丘在内的广大北方的社会经济终于从极度凋零中得以逐渐复苏，以致过去由于关中荒残而流入荆州的十余万北方流民，"闻本土安宁，皆企望思归"③，出现了"流人果还，关中丰实"④的景象。北方经济的恢复，为重新统一全国奠定了物质基础。

二 南北朝时期北魏对商丘地区的管理

北魏政权为了控制包括商丘在内的广大兖州地区，采取了两大措施：一为改革租税制度，减免杂调；一为迁徙民众垦荒，促进农业经济发展。

文成帝即位伊始，就深感当时社会赋役太重，民多流散，田亩多荒。这一问题如果不能得以很好解决，势必影响社会稳定，基于此，文成帝决定在治国策略上做出重大调整，即从热衷对外军事争夺向着意经济发展转变。因此，文成帝"屡下宽大之旨，蠲除烦苛，去诸不急，欲令物获其所，人安其业"⑤，"薄赋敛以实其财，轻徭役以纾其力，欲令百姓修业，人不匮乏"⑥。

---

① [晋]陈寿：《三国志》，中华书局1982年版，第776页。
② [晋]陈寿：《三国志》，中华书局1982年版，第511页。
③ [晋]陈寿：《三国志》，中华书局1982年版，第610页。
④ [唐]房玄龄等：《晋书》，中华书局2003年版，第784页。
⑤ [北齐]魏收：《魏书》，中华书局2003年版，第116页。
⑥ [北齐]魏收：《魏书》，中华书局2003年版，第118页。

北魏太和九年（485），魏孝文帝颁布均田制，在地方组织及经济体制方面进行重大改革。规定将土地分为露田（粮田）、桑田、麻田及宅地。太和十年，实行"三长制"，代替十六国时期的"宗主督护制"，实行"三长制"，遂使"课有常准，赋有恒分，苞荫之户可出，侥幸之人可止"[①]，荫庇户口逐渐减少，编户齐民数量和国家财政收入逐渐增加。

北魏政权推行的均田制及"三长制"，对商丘地区的社会稳定与经济发展提供了法制基础，对战乱中的社会经济曲折发展提供了保障。

三　战乱给商丘地区经济带来的破坏

由于兵乱频仍，各割据势力为争夺私利，他们对包括商丘在内的广大中原地区的掠夺与伤害，也使这里的人们处于水深火热之中。

首先，战争使人们颠沛流离，居无定所，人口锐减。魏、蜀、吴三国建成前后所进行的战争，次数多，规模大，战斗酷烈，人们为了躲避战乱，不得不颠沛流离，昔日繁华的梁国，已经变得满目疮痍。汉代梁国本来为人口集中地带，也因战争的多发，导致人口锐减。此时，"名城空而不居，百里绝而无民者，不可胜数"，成为战乱多发地的普遍社会现象。

其次，战争使经济发展止步不前，昔日繁华的经济景象不再。频繁的战争使北方经济空前萧条，农业生产严重萎缩，粮食和物资极度匮乏，结果造成许多地方上演"人相食啖，白骨委积，尸骸满路"的人间悲剧。甚至连当时各割据势力的军队也遭受严重粮荒，袁绍的军队"仰食桑椹"，刘备"军在广陵，饥饿困败，吏士大小自相啖食"。即便曹军兴起于农业相对发达的商丘，也因粮食缺少、经济匮乏而不得不以盗墓来维持军需，可见当时经济的凋零是如此严重。尽管三国中后期和西晋时期，政局趋于安定，百姓得以片刻的苏息，社会经济也略有起色。但是，

[①]　［北齐］魏收：《魏书》，中华书局 2003 年版，第 1180 页。

长期的军事战争使中国社会经济元气大伤，社会经济的自我调整机能也被严重破坏，因而在长时期内都很难恢复。从总体上看，三国西晋时期的城市处于衰落状态，由于战争和经济、社会环境的改变，北方的几个大工商业城市以及富庶的农业生产带都先后遭到致命的破坏。例如，汉代梁国治所睢阳是著名的商业经济中心之一，而经历长期的战乱，这里的经济已遭到严重破坏，其商业中心地位不再。

第四节　三国两晋南北朝时期的商丘文化

魏晋南北朝时期政治上虽然极为混乱和黑暗，但是大一统中央集权帝国的崩溃，政治左右文化的力量大为减弱，各个割据政权也无力推行文化专制主义政策，因此，思想文化方面的发展空间相对较为宽松。这种相对宽松的社会环境，激发出秦汉以来从未出现过的文化思想上的多元化和思想自由开放的趋势，就连被汉代儒家礼教压抑得繁琐、僵化的文人学士的性格和价值观念也被激活，变得异常丰富多彩，逐步形成以儒学为主的"三教并流"局面。随着玄学空谈弊端的凸显，呼唤功利主义及唯物主义无神论的思潮也一度得以发展。在这文化多元发展的时代，作为各割据势力争夺异常激烈的中心地带，随着各种政治斗争与军事事变在此上演，商丘的文化也呈现出既多变又颇具时代烙印的特征。

一　哲学思想的发展

从当时主流思想魏晋玄学而言，其重在探求天地自然虚玄之本体，其玄远旷放的精神境界，使人形超神越。个体受到尊重，人的价值相应得到提高。玄学对宇宙人生各种关系的哲学探索，对人格个性的推崇，萌发出强烈的主体自我意识。它愤世嫉俗的放达行为、通达洒脱的生活态度，使人的个性得以张扬，并在社会生活的各个领域引起极大的反响。概括而言，崇尚自然的精神，人性自觉的意识，人格自主的风貌,精神自由的境界是这一时期玄学思想的积极因素。随着玄学的发展,一批学者就针对其消极性进行了反思与批判,其中杨泉就是典型代表。

（一）杨泉其人及其著作

杨泉,字德渊,生于三国魏,卒于西晋,睢阳人。汉末黄巾起义以及豫州兵乱期间,为躲避战乱,杨氏一族自梁入吴。西晋太康元年（280）灭吴以前,他曾一度居于会稽。时任会稽相朱则上书晋武帝,称"杨泉清操自然,征聘终不移心",力荐朝廷诏拜杨泉为郎中,杨泉辞不就,北上入洛,终生保有"处士"身份,潜心著书立说。

杨泉一生著述甚丰,据《隋书·经籍志》云："梁有杨子《物理论》十六卷,杨子《太玄经》十四卷,并晋征士杨泉著。"又："晋处士《杨泉集》二卷。"他的《太玄经》是仿扬雄《太玄经》的哲学著作,其中包含了丰富的天文思想。《物理论》可以说是我国古代第一部理论物理学专著,其中广泛涉及自然科学各个领域,尤其是天文学,可惜均已散佚,今只能从《太平御览》《意林》《初学记》《艺文类聚》等书中看到零星片断。他的著作在南北朝、隋、唐和北宋时期,广为流传,一直受到学界重视。南宋以后,其著作大都散佚。清乾嘉年间,学界始辑杨泉佚著。孙星衍辑《物理论》一卷,刻入平津馆丛书,《太玄经》十余条,载入《玉函山房辑佚书》。另有赋五篇、文一篇,收入《全三国文》。从杨泉所留遗著而言,其学术涉猎大致在哲学与天文学之间。从后人对其哲学成就的评价观之,杨泉不仅是商丘文化名人的代表,也是我国哲学史上一位颇具影响力的重量级人物。其哲学思想不仅引领了魏晋哲学发展的方向,也为中国古代哲学的丰富做出了突出贡献。

（二）杨泉的哲学思想

杨泉强调火灭无"遗炎",人死无"遗魂",坚持了桓谭、王充以来的无神论的形神观,这对与玄学合流的佛教神不灭论,可说是迎头痛击,启迪了后来何承天、范缜等人的反佛斗争。

杨泉还概括了当时农业、手工业及其他科技生产知识,在天人关系即自然的客观规律和人的主观能动作用的关系问题上，表现出一种十分可贵的朴素辩证法思想。杨泉主张发挥人的主观能动作用，在农业生产方面，提出要处理好耕种与收获之间的关系，提高耕种效率，强调"良农之务"。在手工业生产方面，赞美工匠们的创造才能和智慧，强调"工匠之巧"。杨泉否定了玄学家们鼓吹"无为无造""顾命而终"，甘为自然奴隶的宿命论思想。

杨泉在《物理论》中对"名士"们所煽起的清谈玄风作了抨击，指出凭靠"谈者之口""爱憎之心"来品评人物，是不能发现真正人才的，反而会培养一批"冠尧之冠，行桀之行"的虚伪浮华之人。因此，他对玄学家们的"虚无之谈，尚其华藻"十分反感，把它比作春天的青蛙叫和秋天的蝉鸣那样繁琐而令人生厌。

杨泉是一位长期被埋没的哲学家，他的思想理应受到思想界和哲学界的高度重视。

二 文学的发展

魏晋南北朝时期既是我国古代五言诗步入黄金时代，辞赋内容与形式的转变时期，也是我国的特殊文体——骈文的形成时期。

南朝文学名家有着明显的商丘江氏世家的痕迹，尽管他们远离家乡，偏居江南，但其家族厚重的文化传统毫无疑问是他们在文学上取得辉煌成就的主因。南北朝时期，江氏家族有诗名者颇多，其中，江淹、江洪、江总在江氏家族中诗名最著。另外，江氏家族的文化修养整体较高，又是商丘地区厚重传统文化积淀的外现。

（一）江淹辞赋成就与中国古代文学的发展

1. 江淹其人与文学著述

江淹（444—505），字文通，南朝刘宋时期考城人，其故里在今商丘民权县程庄乡江集村。《南史》和《梁书》均有传。济阳江氏原居陈留国圉县，后徙考城，聚族而居，自晋江统而后始贵显，故江统前称江氏籍贯时多作"陈留圉",而自江统后则称作"济阳考城"。江淹家族先由陈留圉地迁徙至济阳考城,再至成皋,而后又至南徐州之济阳考城,济阳江氏乃东晋南朝时期的高门大族之一,江氏郡望中声名显赫者云集,其中就有晋朝护军将军江霦、南朝刘宋名臣江夷、刘宋著名太守江秉之以及江道、江逌、江湛、江敳、江革、江统等人。然而在济阳江氏高门大族中,江淹这一支却逐渐衰落,其父江康之、祖江耽仅做过县令一类的小官,与其他南朝高门大族相比,仅是惨淡经营而已。由其父、祖不立史传,亦可证明此点。《梁书》载其"少孤贫好学,沉静少交游",也足以证明其幼年生活多舛的境遇。

江淹一生游走于政治与学术之间,在两个领域均可谓成就斐然,备受后人瞩目与褒扬。纵观江淹之仕途,早年仕途不顺,历经坎坷;后期致力于官场,其间虽小有波折,但基本一帆风顺,最后官至金紫光禄大夫。观其一生,可以称得上是一个成功的政治家。江淹之所以能够在官场取得如此成就,实与其敏锐的政治预判力有关,而其仕途屡遭波折的原因,又与其为官清正、嫉恶如仇的个性有着很大的关系。

江淹少时即在文学上表现出极强的创作天赋,加之个人的努力,受到当时名士檀超的赏识,当时檀超因在文学领域久已成名,为当世所重。檀超不仅礼待江淹,而且"常升以上席",这种礼遇当然会提振江淹的名声,年仅二十余岁便博得青年才俊美名,并经常出入诸王王府之间。

江淹的文学成就表观在两方面:一是辞赋成就,另是骈文成就。江淹一生著述颇丰。《梁书》载其"凡所著述百余篇,自撰为前后集,并《齐史》十志,并行于世"①。江淹著述多散佚,今存梁宾所辑四卷本《江文通集》,考订较详。其存赋一般而言为二十七篇,部分学者把他的拟骚作品《应谢主簿骚体》《杂三言五首》《山中楚辞五首》《刘仆射东山集学骚》以及《遂古篇》也算在赋作里,总篇数就多达四十篇,成为南

---

① [唐]姚思廉:《梁书》,中华书局2003年版,第251页。

北朝时期存赋最多的一位作家。

江淹又是南朝时期的骈文大家，是当时骈文领域的领军人物之一，仅鲍照、刘峻、徐陵与其齐名。其所著骈文最为知名者当数他在狱中写给建平王刘景素的《诣建平王书》，文章辞气激扬，不卑不亢，真情实感流注于字里行间。刘景素看了江淹的这篇上书后，深受感动，立即释放了他。江淹的《报袁叔明书》等，《与交友论隐书》均为当时名篇。另外，江淹的诗作成就虽不及他的辞赋和骈文，但也不乏优秀之作，其特点是意趣深远，在南朝齐梁诸家中尤为突出。善于拟古是江淹在诗歌领域的突出特色，所作面貌酷似前人，几可乱真。

2.江淹赋作的文学特色

江淹的赋作，成就很高，抒情特色浓郁，带有明显的楚辞印痕。前后两个时期的特点有所不同。

谪居建安吴兴之前，其赋作大致分为两类：情感赋与骚体赋。谪居建安吴兴时期，是江淹赋作的高峰期，也大致分为两类：一类是抒发被谪他乡的失意与悲愁，属于情感赋；另一类是风景与人物赋。从文学史发展角度看，江淹赋作主要有以下几个特色：

首先，集情感赋作之大成。《恨赋》与《别赋》是江淹情感赋领域的代表作，但是与二赋相类的辞赋作品还有不少。著名学者钱锺书对其情感赋评价极高。以《别赋》为例，开篇以"黯然销魂者，唯别而已矣！"开宗明义，点明了整篇苍凉哀婉的情感基调。作品分别刻画了贵人之别、刺客之别、从军之别、去国离乡之别、夫妻之别、得道成仙之别、恋人之别等，把各类人在离愁别绪下的不同表现刻画得真挚细腻，情动之处不禁让人潸然泪下。《别赋》以淋漓的笔墨抒写离情，从多重角度解读"别"的美学意境，把情感赋推到一个新的高峰，同时期及后人很难超越。

其次，骚赋精神的继承与延续。江淹的拟骚作品有《应谢主簿骚体》《杂三言五首》《山中楚辞五首》《刘仆射东山集学骚》以及《遂古篇》等；骚体赋作品主要有《哀千里赋》《伤友人赋》《江上之山赋》等。明末清初的王夫之对其评价甚高，论其"含心千古，非研思合度，末繇动人哀乐，固矣。此江氏所以轶汉人而直上也"①；"文笔沉郁，意指蕴藉，不忍忘君之意，溢于尺幅"②。清代学者对江淹学习屈原辞赋的成就也予以高度肯定，如张惠言《七十家赋钞目录序》言："坌乎其气，煊乎其华，则谢庄、鲍照之为也。江淹为最贤。其原出于屈平《九歌》，其掩抑沉怨，泠泠轻轻，其纵脱浮宕而归大常，鲍照、江淹，其体则非也，其意则是也。"③言下之意，发轫于屈原的骚体文学，在江淹得以继承与延续。

第三，推动赋体骈化的进程。江淹不仅深得赋体之精髓，还在语言风格上汲取骈体的精华，把赋作推向新的高度。清代学者孙梅成对此赞誉说：陆（机）以下，渐趋整炼，齐梁而降，益事妍华，"赋自左（思）古赋一变而为骈赋，江（淹）、鲍（照）虎步于前，金声玉润，徐（陵）、庾（信）鸿骞于后，绣错绮交"④。由此可见，江淹赋作大大推动了赋体骈体化的进程，得到学界的高度认可。

（二）江总与南朝"宫体艳诗"的繁荣

1. 江总其人及其文学著述

江总（519—594），字总持，出身于济阳考城（今商丘民权）江氏望族，是南朝后期文学家，历梁、陈、隋三代。其十世祖江统是西晋名臣，曾因警世名作《徙戎论》而闻名当世；九世祖江澄，在东晋初亦颇显赫；五世祖江湛是宋文帝的心腹大臣，官至左光禄大夫开府仪同三司。其祖父江蒨在梁朝任光禄大夫，在当时很有名望；其父江紑，幼有孝行，及父卒，因悲痛过分而去世，事迹记载在《梁书·孝行传》里。从江总祖辈显赫政治地位而言，江总所在家族应是名门望族。然而天有不测风云，在江总七岁的时候，其父早逝，江总只好由舅父抚养，才得以长成。

---

① ［清］王夫之：《楚辞通释》，见《船山全书》第十四册，岳麓书社 2016 年版，第 442 页。
② ［清］王夫之：《楚辞通释》，见《船山全书》第十四册，岳麓书社 2016 年版，第 447 页。
③ 刘志伟主编：《文选资料汇编·赋类卷》，中华书局 2013 年版，第 119 页。
④ 郭维森、许结：《中国辞赋发展史》，江苏教育出版社 1996 年版，第 513 页。

江总天资聪慧，又勤奋好学，深得舅舅喜爱与赞赏。

梁武帝大同三年（537），江总年十八岁，因才华出众，被任命为宣惠武陵王府法曹参军，后又被授为何敬荣军府主簿，调任为尚书殿中郎。梁武帝读了江总的诗作后，深为叹赏，又迁转为侍郎。江总的文采也被当时名家所赏识，如尚书仆射范阳人张缵、度支尚书琅邪人王筠、都官尚书南阳人刘之遴，都是才华之士，因欣赏江总才华而结为莫逆之交。江总后又调任太子洗马，出任临安县令，调任中军宣城王府限内录事参军，又转任太子中舍人。侯景寇犯京师时，江总先后避难至会稽，后又从会稽前往广州投靠其舅。平定侯景乱后，江总再次被征召为明威将军，后因江陵陷落而没能成行，江总自此寄居岭南达一年之久。天嘉四年（563），以中书侍郎的职位被征召还朝，历任司徒右史、掌东宫管记、给事黄门侍郎、兼领南徐州大中正、太子中庶子、通直散骑常侍、左民尚书、太子詹事等。后主即位后，又被授为祠部尚书兼领左骁骑将军，参与主持选举之事。后转任散骑常侍、吏部尚书。不久调任尚书仆射，参掌选事依旧。祯明二年（588），进戎号为中权将军。京城陷落后，来到隋朝，任上开府。开皇十四年（594），在江都去世，享年七十六岁。

江总在文学领域贡献颇巨，《隋书·经籍志》著录有开府《江总集》三十卷，又有《江总后集》二卷。《旧唐书·经籍志》《新唐书·艺文志》则皆谓《江总集》二十卷，视《隋书》已少十二卷，疑在唐时已渐散失，今并二十卷本亦已散佚。明张溥《汉魏六朝百三家集》中有《江令君集》，系从史书、类书等典籍中辑出。清陈祚明以为江总诗"特有清气"，而其与后主唱和之作，翻不多见，"大抵入隋后作，一往悲长"。又谓"江总持诗如梧桐秋月、金井绿阴之间，自饶凉气"。今观江总诗中与陈后主及群僚唱和、互赠之作，虽不甚精彩，然避乱居广州时作《秋日登广州城南楼》及入隋后所作《南还寻草市宅》《并州羊肠坂》《于长安归还扬州九月九日行薇山亭赋韵诗》，清恻悲凉，与梁陈风气大殊。至于《哭鲁广达》一诗，尤悲怆，一洗绮丽之习而有真情实感。唐人如韩愈、刘禹锡、李商隐等，皆颇重其文才。

2. 江总的文学成就

论及江总的文学成就及特色，总与南朝时期尤其是梁、陈年间盛行的"宫体诗"有着密切的关系。至于何为"宫体诗"，魏徵所言对后世影响较大，《隋书·经籍志》集部叙云："梁简文之在东宫，亦好篇什，清辞巧制，止乎衽席之间；雕琢蔓藻，思极闺闼之内。后生好事，递相放习，朝野纷纷，号为宫体，流宕不已，讫于丧亡。"① 由此可知，从风格上看，"宫体诗"呈现出明显的浮靡轻艳，带有"清辞巧制"与"雕琢蔓藻"的特点；而就其题材而言，主要是写艳情，带有"止乎衽席之间"与"思极闺闼之内"的特色。换句话讲，"宫体诗"即指在梁代宫廷中形成的一种以雕饰绮靡形式寄寓情色放荡内容的诗风。

关于江总的文学成就，后世多以讥讽其侧艳诗为主，如《陈书·江总传》写道："（江总）于五言、七言尤善，然伤于浮艳，故为后主所爱幸。多有侧篇，好事者相传讽玩，于今不绝。"② 从这则史料中，我们可以解读出两则重要信息：其一，江总以艳体诗制胜；其二，江总的文风受到当世及后人的追捧。江总的确留有诸多艳体诗篇，如其最为著名的七言艳诗《闺怨篇》，全诗音调流丽，字面华艳，借哀婉的笔调，抒发闺中少妇独守空房的幽怨。据《南史·后主本纪》记载："（后主）常使张贵妃、孔贵人等八人夹坐，江总、孔范等十人预宴，号曰'狎客'。先令八妇人襞采笺，制五言诗，十客一时继和，迟则罚酒。君臣酣饮，从夕达旦，以此为常。"③ 如此看来，江总的确代表了当时艳体诗的最高水平，其备受后人讥讽也在情理之中。

其实，稍加分析我们就不难发现，宫体诗并非江总诗作的全部。其传世的百首诗篇，宫体诗仅占三分之一。另外，即便他的宫体诗，也是

---

① ［唐］魏徵等：《隋书》，中华书局1973年版，第1090页。
② ［唐］姚思廉：《陈书》，中华书局1972年版，第347页。
③ ［唐］李延寿：《南史》，中华书局2003年版，第306页。

在浮艳的背后渗透着悲凉与忧伤。这也许正是他真实感情的自然流露。因为面临山河破碎、家国将倾的时局，所有的欢畅与浮华都只是表相。

再者，梁、陈时代的文学之士整体人数就不多，他们全部集中于宫廷，换句话讲，宫廷文人是当时特殊社会背景下的产物。在这种文人入仕途径单一的时代，他们要想实现自己的梦想，只有采取直接依附于君主（或诸王），以文华取幸而得一官半职的唯一道路，别无他途。基于此，对宫体诗、江总文学成就及南朝文学成就的总体评价我们应尽可能地抱以客观态度。

三　三国两晋南北朝时期的商丘人物

三国两晋南北朝时期，商丘地区的变局给商丘士人的崭露头角提供了有利条件，其中，既有思想家、科学家和文化名人，也有政府官吏、高门望族。

（一）济阳考城江氏望族

门阀政治是魏晋南北朝时期政治的主要特征，当时按门第高下选拔和任用官吏。在此政治语境下，门阀士族成为一个具有特殊权益的阶层，并控制着朝廷和地方大权。而士族门阀为了保全自己的既得利益，通过实行"身份内婚制"、制定《百家谱》等方法竭力压制庶族，严格划分士庶界限，以儒传家、遵守儒家礼仪又是士族门阀维系其特殊地位的思想基础。基于此，官员与学者身份兼备也是这一政治形态下的必然产物。

考城江氏世家是东晋南朝时期的名门大族之一，据史料记载，该族系在正史中被提及的人数多达七十余人。济阳考城江氏的家族史以南迁为界分为前后两个时期。南迁前，先后居住陈留圉地（今河南杞县）与考城（今河南民权）；南迁后，侨居南徐州（治所在今江苏镇江）一带。东汉末年，江氏族人从圉分居济阳考城，是其家族兴旺的发端。渡江后，至于江氏家族何以没能侨居当时南朝的政治中心建康，主要原因是南渡前夕该家族在北方的发展还没有足够强大，可追溯的世系也不够长久，而江统中途病死成皋（今河南荥阳汜水镇西北），使宗族元气大伤及地位骤降，也是重要因素之一。

如果说渡江前江氏家族还保有荣衰与共的特征，渡江后，家族整体与内部均出现了新的变化。对整个家族而言，战乱及颠沛流离的遭遇导致江统去世的残酷事实使这个家族的地位一度中衰，许多族人遭遇不测，生活陷入困窘。而在家族内部，由于个体家庭已经成为社会经济的基本单位，家族个体的不均衡发展导致许多家族分崩离析，士族之间也有了升沉、穷富的区别。考虑到当时的门阀政治特征，为了全族的社会地位，江氏家族内部彼此之间必须保有凝聚力，各个支派又有谋求自身发展的独立性。我们从江淹与江总的少年境遇便可清晰看出这种变化。

同时，为了追求政治利益的最大化，江氏家族与其他望族联姻以及结交官宦的实例并不鲜见。渡江之前，江氏家族社会地位并不显赫，企图通过联姻结交高于自身名望与社会地位的世家，成为他们日常生活的重要内容。

江氏在魏晋南北朝时期的发迹，要追溯到江蕤。江蕤乃东汉太守江德的十世孙。江德官至谯郡太守，因功封亢父，其家族开始兴旺。此后，江氏家族名人辈出，历五朝而不衰。江蕤家族在济阳考城生活。江蕤育有四子，长子江祚，官至南阳太守；次子江春，任宜春令；三子江允，任芜湖令。江祚与江允后代均发展成为名门大族。

江祚独子江统，袭父爵为亢父男。曾任山阴县令，累官至黄门侍郎、散骑常侍。永嘉之乱，他携族人南下避难，最终病亡成皋。江统也因此成为江氏南迁的始祖。江统育有四子，其中两子史有记载。子江彪曾任简文帝相，于政事多所补益，名声显赫当时；另一子江惇，性好学，儒玄并综，高节迈俗，不乐仕进。因学养深厚，曾被东晋授官著作郎。苏峻之乱起，避居东阳山，后朝廷屡召不就，与名士养志二十余年不就官。永和九年去世，著有《论语注》《通道崇检论》等。

江彪之子江敳，东晋时官至琅邪内史、骠骑咨议参军、太子中庶子。其子江僧安、江恒与江夷史有记载。江僧安为宋书法家，官至太子中庶子。工书，健利轻媚，有行书一纸八行传世。江恒于元熙元年间任西中郎长史。江夷少有才气，南朝宋大臣。初仕晋，后随刘裕起兵，入宋，官至吏部尚书，政绩显著。

江夷之子江湛（408—453），善弹琴，明算术。初为著作佐郎，历次升迁任太子中庶子，尚书吏部郎。江湛有五子，分别为江恕、江憼、江愻、江恁、江法寿，均死于"刘劭之乱"。其中，江恁颇具才气，官著作佐郎，娶宋文帝第九女淮阳长公主为妻，生子江敩。

江敩在宋、齐两朝，才艺超群，雅好文辞，精于围棋，棋艺朝中第一，先后任中书郎、豫章内史、侍中等职，累官至都官尚书。江敩有四子，分别为江蒨、江昙、江禄、江葺。

这一家族先后传十三世不衰，显贵于六朝各代。要么出将为相，要么以学术传世，还有的成为皇亲国戚，荣耀当时，毫无疑问是江氏家族中最为显赫的一支。

（二）济阳考城蔡氏家族

济阳考城（今河南兰考）蔡氏同样要追溯到陈留圉县蔡姓，代表人物当属东汉末年著名学者、书法家蔡邕。蔡邕及其叔父蔡质在朝廷与宦官进行斗争失败，蔡质遭杀害，陈留蔡氏受到沉重打击。为免遭不测，保存血脉，蔡质的儿子蔡睦携家属避居到考城，因此《元和姓纂》说："（蔡）质始居陈留，分为济阳，因为郡人。"蔡睦移居考城时，考城尚属陈留郡辖。直到西晋惠帝时，始将考城、济阳二县划出，设置济阳国，后又改为郡，治所在济阳。此蔡姓分支后来历经三国、魏晋，逐渐得到复苏、发展，重新显名于史。西晋末年，济阳蔡氏避乱南渡之后，生息繁衍，发展迅速，形成了许多支脉。其代表人物有：

蔡谟，济阳蔡姓家族渡江南下的第一代。当时，晋明帝还只是东中郎将，请蔡谟作了参军，后升为吴国内史。苏峻叛乱，他起兵征讨，平定叛乱后，以功封济阳男。后改任太常卿，领秘书监。蔡谟博学，礼仪宗庙制度多所议定。曾撰《汉书集解》，《隋书·经籍志》著录有集四十三卷，已佚。

蔡廓（397—425），蔡谟曾孙，博览群书，言语行动都依礼而行，正直刚毅，能干练达，官至司徒左长史，出外当豫章太守，再调为吏部尚书。

蔡兴宗（415—472），蔡廓之子，宋孝武帝时，曾任尚书吏部郎、司徒左长史、侍中等。

蔡撙（467—523），蔡兴宗之子，为人耿直，办事认真，历仕宋、齐、梁，官至中书令、吏部尚书。

蔡景历（514—573），南朝陈大臣、学者。少时英姿俊爽，孝敬父母，家贫好学，善于写文章，尤长于草隶。官至秘书监、中书通事舍人。

蔡徵，蔡景历之子。幼聪敏，精识强记。历尚书民部仪曹郎，转给事郎。子蔡翼，治《尚书》，官至司徒属、德教学士。入隋，为东宫学士。

四 魏晋南北朝时期的其他商丘名人

（一）梁习

梁习字子虞，三国曹魏重臣。陈郡柘县（今河南柘城）人，官至大司农，为官清正廉直，封申门亭侯。

曹操为司空时，梁习因才被征召，后升任乘氏、海西、下邳县令，因善于治理地方而被民众称道。后又任西曹令史，调任西曹属，兼并州刺史。梁习知人善用，经常推荐名士入仕。但凡梁习推荐的名士，都有成就和好的名声。为此，深受曹操嘉奖。

建安十八年（213），并州归并于冀州，又命梁习为议郎西部都督从事，虽统属于冀州，但仍总领以前的部下。此后单于入内地称臣，西北边境消除了忧患，梁习与有功焉。

曹丕继位，再次设置并州，梁习又出任并州刺史，进封为申门亭侯，食邑一百户。太和二年（228），梁习被任命为大司农。

梁习在并州二十余年，生活简朴，反对奢侈。太和四年（230），梁习去世，他的儿子梁施承袭了他的爵位。

（二）范粲

范粲（202—285），字承明，陈留外黄（今河南民权）人。官至太子中庶子，不与司马师、司马炎为伍，品行高洁。幼时好学，博涉强记，有很高深的学问。三国魏时，州郡都请他出来做事，均未答应。后来才应命为治中，转别驾，又任太尉掾、尚书郎，出为征西司马，所历职都有显著政绩。魏明帝景初三年（239）正月，明帝卒，司马懿受命辅佐齐王曹芳，范粲迁武威太守。到郡后，"选良吏，立学校，劝农桑"。当时常有少数民族入侵郡界，范粲加强防御，武威郡境内的丝绸之路畅通无阻。因武威郡与周围少数民族接壤，他辞去这个重镇的职务，遭朝廷责怪，降职为乐涫县（今甘肃酒泉东南）令。西晋太康六年（285）卒，享年八十四岁。范粲之子范乔为西晋著名学者，理思周密，清白异行，著《刘扬优劣论》，评论刘向、扬雄。

（三）典韦

典韦，东汉陈留己吾（今河南宁陵）人。据《三国志·魏书·二李臧文吕许典二庞阎传》记载，典韦"形貌魁梧，臂力过人，有志节任侠"，为魏军都尉，三国猛将，曾三救曹操于危难。典韦嫉恶如仇，喜打抱不平。

典韦投奔曹操后，成为夏侯惇的部下，因英勇善战，数立战功，被拜为司马。《三国志》载，濮阳大战中，"太祖讨吕布于濮阳。布有别屯在濮阳西四五十里，太祖夜袭，比明破之。未及还，会布救兵至，三面掉战。时布身自搏战，自旦至日昳数十合，相持急。太祖募陷陈，韦先占，将应募者数十人，皆重衣两铠，弃盾，但持长矛撩戟。时西面又急，韦进当之，贼弓弩乱发，矢至如雨，韦不视，谓等人曰：'虏来十步，乃白之。'等人曰：'十步矣。'又曰：'五步乃白。'等人惧，疾言'虏至矣!'韦手持十余戟,大呼起,所抵无不应手倒者。布众退。会日暮,太祖乃得引去"①。典韦深受曹操赏识,拜为都尉,带领亲兵数百人,跟随曹操左右,保护曹操的安全。

典韦战死,曹操派人取回他的遗体,送回襄邑安葬。让他的儿子典满担任郎中、司马。曹丕即王位,任命典满为都尉,赐予他关内侯的爵位。

第五节 文学形象花木兰

今河南虞城县营郭镇大周庄村前,建有花木兰祠,为纪念传说中代父从军的女英雄花木兰而建。

虞城县营郭镇木兰祠始建于唐代,金泰和年间(1201—1208),敦武校尉归德府谷熟县营郭镇酒都监乌林答撒忽剌又重修大殿、献殿各三间,并创塑了花木兰像。元代元统二年(1334),睢阳府尹梁思温倡议,募捐重新扩建。清嘉庆十二年(1807),该祠僧人坚让、坚科和其徒弟募资修祠立碑。

木兰祠原祠宇占地面积一万多平方米,共有三个院落,自南而北依次为大门、大殿、献殿、后楼和各院东西配房及僧人住房等。祠内塑有花木兰少女像、戎装坐像、全家像及花木兰的坐骑。祠院外古槐翠柏,苍劲壮观。

木兰祠1943年毁于战火,新中国成立后由政府拨款和群众捐资多次修复。祠内原有碑刻十余通,现仅存两通,一为元代元统二年所立《孝烈将军祠像辨证记》,一为清朝嘉庆十一年所立《孝烈将军祠辨误正名记》。

在河南虞城,传说花木兰生于农历四月初八日,此时木兰花开,故名"花木兰"。每年的这一天,当地百姓前来祭祀、朝拜,形成了传统

---

① [晋]陈寿:《三国志》,中华书局1982年版,第451—452页。

的庙会，现在发展成传统工艺品和农副产品的大型交易会。

2007年11月，中国民间文艺家协会授予商丘虞城为"中国木兰之乡"。

北朝民歌《木兰诗》（也称《木兰辞》）和传统戏剧《花木兰》塑造了一个代父从军的女英雄形象，以致家喻户晓，妇孺皆知，但实际上花木兰本人不可考。历史上有无此人，此人故里在何地，其事迹与传说有多大出入，现存遗址有无附会之嫌，至今尚无定论。

据目前研究情况，我们可以做出这样推论：(1)《木兰诗》成于北魏时期，虽为民歌，但由于其中的一些句子工整对仗，疑经文人加工润饰；(2)《木兰诗》反映了当时人民群众反对战争、希望和平统一的愿望，并一洗妇女无才无能的历史冤屈；(3)"木兰"是当时人们比较喜欢且多用的名字，她是人民群众的集中代表。

范文澜先生在《中国通史简编》中说："北朝有《木兰诗》一篇，足够压倒南北两朝全部士族诗人。"又说："可能有一个女儿，曾代老父从过一次军，这自然是非常动人的奇迹。民间歌颂这个英雄女儿，逐渐扩充成大篇，修改成精品。诗中描写的木兰，确实表现中国妇女的英雄气概和高洁道德。"① 在这里，范文澜指出：第一，《木兰诗》为"北朝"民歌，后"修改"成精品；第二，"可能"有一个女儿，"可能"即非确指。

关于花木兰生活的时代，有三种说法：一是汉代，二是南北朝，三是隋唐。"汉代说"源于河北完县（治所在今河北顺平）保存的一块元代碑刻，名曰《汉孝烈将军记》，说花木兰是汉文帝时人。"南北朝说"源于明代徐渭《四声猿》中《雌木兰》戏二折，清代褚人获《隋唐演义》也称花木兰为南北朝人。"隋唐说"源于元代侯有造为河南虞城营郭镇"孝烈将军祠"题的《孝烈将军祠像辨证记》碑，言花木兰为隋恭帝时人。湖北省《黄陂县志》言花木兰为唐贞观年间人。

关于花木兰的籍贯，争议最为激烈，其说有四：一为安徽亳州，二

---

① 范文澜：《中国通史简编》第二册，人民出版社1964年版，第522页。

为河南虞城，三为陕西延安，四为湖北黄陂。"亳州说"依据河北《完县志》记载："木兰姓魏，亳州人。"安徽《亳州志》谓："木兰，一名花弧，魏姓，谯郡城东魏村人。"今亳州有花木兰祠、花木兰墓。"虞城说"依据侯有造《孝烈将军祠像辩证记》说虞城营郭镇乃"古亳方域，孝廉之故墟也"。"延安说"依据明代邹之麟《侠女传》言："木兰，陕人也。"豫剧《花木兰》也说花木兰是延安府上易村人。今延安万花山下的花源头村有花木兰陵园。"黄陂说"，今黄陂县北30公里有一座木兰山，《太平寰宇记》说："旧木兰县取此为名。"《黄陂县志》载：唐贞观年间，木兰山北双龙镇千户长朱异，字寿甫，号天禄，年逾半百无后，尝登山求嗣，归而生一女，以山取名为木兰。木兰年十八，女扮男装，代父从军。

关于花木兰姓氏，南朝宋何承天《姓苑》说花木兰姓木，为孔子弟子子贡（端木赐）之后，因避仇远迁改姓木。"延安说"花木兰姓花，"黄陂说"花木兰姓朱，"亳州说""虞城说"花木兰姓魏。

关于花木兰之死，《亳州志》《凤阳府志》《颍州志》《虞城县志》《商丘县志》均说花木兰代父从军，建功而还，帝知其为女儿身后，欲纳之宫中，花木兰以死拒之。"黄陂说"和"延安说"均言花木兰建功回乡后，侍奉双亲，无疾而终。"黄陂说"言花木兰活到九十岁，"延安说"则言活到八十多岁。

可见花木兰事迹言人人殊，多有附会之嫌。其原因是花木兰为文学作品中塑造的一个典型形象，具有现实意义，但终归为"文学中人"，其事迹不可考。

《木兰诗》及巾帼英雄花木兰的事迹在民间产生了深远影响，并对于中国文学艺术、民族精神的塑造产生了巨大的作用。花木兰用自己忠孝两全的形象，以及巾帼不让须眉的气概，广为人传。

杜牧有《题木兰庙》诗："弯弓征战作男儿，梦里曾经与画眉。几度思归还把酒，拂云堆上祝明妃。"既说出了花木兰的英武，还把她拔高到了像王昭君一样追求民族和解的高度。宋人有诗曰："木兰买马替爷征，班昭嗣兄成汉表。人生得此二子者，安用痴儿闹昏晓。"借花木兰故事嘲弄社会上重男轻女的风气。

元明清时期出现了一批以花木兰为题材的小说和戏曲。戏曲如元代南社作品《白兔记》，明代徐渭《雌木兰》，小说如清代褚人获《隋唐演义》、张绍贤《北魏奇史闺孝烈传》以及光绪年间的《忠孝勇烈奇女传》等。

20世纪20年代，梅兰芳改编的京剧《木兰从军》，突出表现其反对封建礼教束缚、追求妇女解放的思想。抗日战争时期，周贻白改编的话剧《花木兰》则突出表现了反对侵略战争的民族思想，首次赋予花木兰形象以爱国主义精神。解放战争初期，林岩改编的《花木兰》强调的是花木兰为保卫自己的劳动成果而参战的自觉性。中华人民共和国成立初期，言慧珠改编演出的京剧《花木兰》和陈宪章、王景中改编，常香玉演出的豫剧《花木兰》等，也都突出了爱国主义的"时代主旋律"。虽然这些现代戏曲中的花木兰形象与《木兰诗》里的"木兰"是有差异的，但却证明了花木兰形象的无穷文化魅力和蓬勃的生机。

第八章　隋朝时期

第一节　隋朝商丘的政区和人口

北周宣帝大成元年（579），荒淫无忌、刑政苛酷的周宣帝，禅位于年仅 7 岁的儿子宇文阐，即周静帝，改年号大象。次年五月，宣帝病死。典掌朝政机密的汉族官员刘昉、郑译等人矫诏引外戚杨坚入总朝政，拜大丞相，都督内外诸军事。

杨坚总揽朝政后，为收揽人心，革除宣帝弊政，"大崇惠政，法令清简，躬履节俭"①，力行改革，大大加强了自己的政治地位。在相继平定相州（今河南安阳）总管尉迟迥、郧州（今湖北安陆）总管司马消难、益州（今四川成都）总管王谦等人发动的武装叛乱，及诛杀以赵王宇文招为首的一批企图反抗的宗室之后，杨坚已经完全控制了北周政局，年幼的周静帝被彻底孤立。大定元年（581）二月，大丞相杨坚以"受禅"为名，废周自立，改国号为隋，年号开皇，仍都长安。杨坚就是中国历史上的隋文帝。

隋朝建立后，消灭后梁，讨平陈朝，招降岭南，建立起南北统一、高度集权的强大的隋帝国。至炀帝大业五年（609），隋朝疆域"东西九千三百里，南北万四千八百一十五里，东、南皆至于海，西至且末，

---

① ［唐］魏徵等：《隋书》，中华书局 1973 年版，第 3 页。

北至五原，隋氏之盛，极于此也"①。

一　建置沿革

隋文帝建国后，在中央官制上，废除北周的天、地、春、夏、秋、冬六官制，综合汉魏、两晋和南朝中央职官的设置，建立"三省六部"。所谓"三省"，指内史省、门下省和尚书省。内史省是秉承皇帝旨意起草并颁发诏令的决策机构，长官为内史令；门下省负责纠核朝臣奏章，复审内史省草拟的诏令，如有违失，可予封驳，是审议机构，长官为纳言；尚书省总领六部，执行政令，是执行机构，"事无不总"，长官为尚书令。三省长官为集体宰相，分工明确，既相互牵制，又互相补充，共同辅佐皇帝。这样，完整的相权被分割，皇权得到了加强。所谓"六部"，指吏部、度支（即唐代户部）、礼部、兵部、都官（后改称刑部）、工部，分别掌管官吏的考核选拔、户口钱谷、礼仪贡举、兵籍军政、法律刑狱、工程营建等方面的政事。六部长官为尚书，副为侍郎。

三省六部制的确立，是中央集权制度的进一步完善，它为封建国家建立了一套相当严密的统治机构，对全国进行有效的统治。此制历代沿袭，名称虽有改动，但实质未变，六部的划分一直沿用至清朝末年。

在地方机构设置上，隋朝加以裁减与并省，废除郡制，直接以州统县，实行州、县二级制。南北朝时期，州郡设置不断增多，既滥且乱，职方记载往往难于备述。沈约撰《宋书·地理志》时，就曾经感慨："地理参差，其详难举，实由名号骤易，境土屡分，或一郡一县，割成四五，四五之中，亟有离合，千回百改，巧历不算，寻校推求，未易精悉。"②如南朝疆土最为狭小的陈国，实际上不出原来荆、扬两州的范围，却"州有四十二，郡唯一百九，县四百三十八"。虽经北朝齐、周两代一番并省，可到北齐灭亡时，仍然"州九十有七，郡一百六十，县三百六十五"。

---

① ［唐］魏徵等：《隋书》，中华书局1973年版，第808页。
② ［梁］沈约：《宋书》，中华书局1974年版，第1028页。

周静帝大象二年（580），北周境内"通计州二百一十一，郡五百八，县一千一百二十四"①。加上后梁与陈国，三国共有三百一十二州，可谓是"百室之邑，便立州名；三户之民，空张郡目"②。隋朝建立后，地方建置依然混乱。正如河南道行台兵部尚书杨尚希所说："窃见当今郡县，倍多于古。或地无百里，数县并置；或户不满千，二郡分领。具僚已众，资费日多；吏卒人倍，租调岁减。……所谓民少官多，十羊九牧。"③为改变这种现状，隋文帝采纳杨尚希的建议，按照"存要去闲，并小为大"的原则，于开皇三年（583）对地方行政机构进行调整，"遂废诸郡"，废去郡一级机构，将以往的州、郡、县三级制，改为州、县两级制，直接以州统县，废郡五百余。"廓定江表，寻以户口滋多，析置州县"④，裁并许多州、县。

隋炀帝继位后，"并省诸州"，减少州的数量。大业三年（607），炀帝又仿效汉制，改州为郡，恢复秦汉时的郡县制，并对郡、县进行整编和省并。至大业五年，全国共有"郡一百九十，县一千二百五十五"⑤。迄于隋朝末年，其郡数未加更改。

今商丘市在隋朝文帝时称宋州。据《隋书·地理志》记载：开皇十六年（596）设置宋州，统县十三，共有民户十五万五千四百七十七。隋炀帝大业三年，罢州改郡，将宋州改为梁郡，仍统领十三县，即宋城（今河南商丘睢阳区）、襄邑（今河南睢县）、宁陵、虞城、谷熟（今河南虞城谷熟镇）、陈留（今开封祥符区）、雍丘（今开封杞县）、下邑（今河南夏邑）、考城（今河南民权及兰考东部）、楚丘（今山东曹县东南）、砀山、圉城（今河南杞县南）、柘城。东与彭城郡之丰县、萧县接壤；南与谯郡之谯县（今安徽亳州）、酂县（今河南永城酂城镇）、谷阳（今

---

① ［唐］魏徵等：《隋书》，中华书局1973年版，第807页。
② ［唐］李百药：《北齐书》，中华书局1972年版，第63页。
③ ［唐］魏徵等：《隋书》，中华书局1973年版，第1253页。
④ ［唐］魏徵等：《隋书》，中华书局1973年版，第807页。
⑤ ［唐］魏徵等：《隋书》，中华书局1973年版，第808页。

安徽固镇)、淮阳郡之太康县相邻；西与颍川郡及荥阳郡之浚仪（今河南开封）毗邻；西北连东郡之封丘县；北同济阴郡之外黄县、成武县、单父县（今山东单县）交界。地域相当于今天河南省商丘市、宁陵县、柘城县北半部、睢县、民权县、虞城县、夏邑县、开封东、杞县、兰考县及安徽砀山县、山东曹县东南。

据《隋书·地理志》记载，梁郡政区置县大体如下：

  宋城，旧曰睢阳，置梁郡。开皇初，郡废，十八年县改名焉。大业初又置郡。又梁置北新安郡，寻废。

  雍丘，后魏置阳夏郡。开皇初郡废。十六年置杞州。大业初，州废。

  襄邑，后齐废，开皇十六年复。

  宁陵，后齐废，开皇六年复。

  虞城，后魏曰萧，后齐废，开皇十六年置，改名焉。又后魏置沛郡，后齐废。

  谷熟，后魏废，开皇十六年复。

  陈留，后魏废，开皇六年复。十六年析置新里县，大业初废入焉。又有小黄县，后齐废入。有睢水、浍水。

  下邑，后齐废，己吾县入焉。

  考城，后魏曰考阳，置北梁郡。后齐郡县并废，为城安县。开皇十八年以重名，改曰考城。

  楚丘，后魏曰己氏，置北谯郡。后齐郡县并废。开皇四年又置己氏。六年改曰楚丘。

  砀山，后魏置，曰安阳。开皇十八年改名焉。有砀山、鱼山。

  圉城，旧曰圉，后齐废。开皇六年复置，曰圉城。

  柘城，旧曰柘，久废。开皇十六年置，曰柘城。[1]

---

[1]［唐］魏徵等：《隋书》，中华书局1973年版，第836页。

可见，隋代商丘和现在商丘的行政区划有所不同，不包括今天的永城市。当时永城属谯郡，称酂县。《隋书·地理志》记载，谯郡统县六：谯、酂、城父、谷阳、山桑、临涣。"酂"即今永城酂城一带，秦时置县，后废。开皇十六年恢复。隋大业六年（610），改置更名为永城县。但隋代的商丘包括现属于开封市的陈留、杞县、兰考东部，以及今属于安徽省的砀山、砀城和属于山东省的楚丘。由此可见，隋朝时的宋州，比今天商丘市管辖的范围要大得多。

二 人口和经济社会状况

（一）人口状况

魏晋以来，战乱频仍，户口大减。加上一些豪强地主把大量的朝廷编户变为依附于自己的佃客，政府直接掌握的人口数量大为减少。据杜佑《通典》记载，北周大象三年（581），隋朝取代北周政权时，仅有民户约三百六十余万。开皇五年（585），由于有些农民为了逃避赋役负担，或成为脱离政府户籍的隐户，或虚报年龄，致使政府的编户数量与实际不相符合。为改变这种状况，增加政府控制的户口，扩大赋役来源，隋文帝下令，在全国范围内整顿户籍，清点户口，登记姓名、出生年月与相貌，然后要求各州县地方官按照户籍上注册的年龄大小，与本人的实际体貌挨户核对，史称"大索貌阅"。如有谎报年龄、诈老诈小以逃避课役的情况，一经查出，其保长、闾正、族正、里正、党长等都要发配远方。隋王朝还鼓励百姓互相检举，规定亲属关系在堂兄弟以下的，必须分居，各自立户，称为"析籍"，以防止发生户口不实的情况。经过这次检括，使当年户籍"计账进四十四万三千丁，新附一百六十四万一千五百口"①。

---

① ［唐］魏徵等：《隋书》，中华书局 1973 年版，第 681 页。

（二）社会经济

1.农业状况

隋朝建立后，隋文帝为巩固中央集权制封建国家的统治，在对政治、军事、律法等方面进行改革的同时，在经济方面也进行一系列的改革，推行均田制，轻徭薄赋，兴修水利，大大提高了农民的生产积极性，从而促进了农业生产的发展和社会经济的繁荣。不仅使全国人口数量大幅度增加，垦田面积也不断扩大。开皇九年（589），全国垦田数为一千九百四十万四千二百六十七顷，按定垦之数每户合垦田二顷有余。至大业中期，"天下垦田五千五百八十五万四千四十顷，按其当时有户八百九十万七千五百三十六,则每户合得垦田五顷余"[1]。二十年垦田面积增长了两倍多。

国家编户增加，垦田面积扩大和农业生产的发展，使社会财富急剧增多，隋王朝的赋调收入也大为增加。开皇十二年时，官府仓库里的粮食和绢布已堆积如山，以至于"府藏皆满，无所容，积于廊庑"，"更辟左藏之院,构屋以受之"。同时诏令河北、河东等地"今年田租,三分减一，兵减半，功调全免"[2]。为了转运和储藏粟帛，以及储粮备灾，隋政府从洛阳到长安，沿黄河和渭水两岸构筑起许多大型的粮仓，如卫州（今河南浚县）置黎阳仓，洛州置河洛仓，陕州置常平仓，华州置广通仓等。每仓多者储粮千万石，少者也有几百万石。大业元年，置洛口仓于巩县东南平原上，仓城周围20余里，穿粮窖三千个，每窖可容八千石。洛阳城内的子罗仓，储盐二十万石，储粳米六十余窖，每窖容米八千石。在洛阳考古发现的建于大业年间的含嘉仓，已探明粮窖二百五十九个，大窖可储粮一万数千石，小窖可储粮数千石，至今还留下已经炭化的谷子五十五万多斤。隋代府库的殷实，是历代封建王朝所罕见的。到

---

[1] ［唐］杜佑：《通典》，中华书局1988年版，第29页。
[2] ［唐］魏徵等：《隋书》，中华书局1973年版，第682页。

隋文帝末年,"计天下储积,得供五六十年"①。隋朝粮仓的丰实,既反映了隋王朝对劳动人民的残酷经济剥削,同时也反映了当时农业生产的发展和社会财富的增加。

隋朝商丘经济状况。一般而言,人口密集的地区,也往往是经济发展的地区。隋朝乃至唐前期,北方旱作农业区最发达的首推河北、河南,其中包括宋州。河北、河南二道地处肥美广袤的华北大平原,气候适宜,有睢水、涡河、汝水、颍水、蔡河、古汴水等天然河道,加以当地百姓朴实勤劳,"今好尚稼穑"②,及长期积累的先进生产技术和丰富经验,使之在全国范围内保持着农业生产的优势。《隋书·食货志》记载,当隋都所在的关中地区遇灾短粮时,河北、河南与河东汾、晋、绛地区一道向长安供应粮食,"诸州调物,每岁河南自潼关,河北自蒲坂,达于京师,相属于路,昼夜不绝者数月"③。这些都有力地证明了河南道及其所包括的宋州是当时富庶的农耕地区、产粮之地。

宋州社会经济遭到破坏是在隋炀帝时期。隋炀帝大业元年(605)三月,朝廷征调河南、淮北民工一百多万开挖通济渠。这些被征的民夫都是农村的丁壮,是农业生产上的主要劳动力,被迫离开农业生产,束缚在工役之中,并且死亡众多,致使农村劳动力空前缺乏,农业生产遭到极大破坏。通济渠于当年七月竣工,流经宋州的宁陵、宋城、虞城、夏邑、永城而达淮河。八月,隋炀帝率后妃、百官等乘龙舟、杂船数千艘,顺通济渠去往江都(今扬州)游幸,途经宋州。大业十二年(616),隋炀帝率数千艘舟船再次经通济渠游幸江都至宋州时,官绅率军民上书谏阻,惨遭杀害者甚多。炀帝每次巡游,所过州、县,五百里内皆令献食,人民苦不堪言。大业七年,山东、河南等地发生大水灾,淹没三十余郡,宋州也在其中,灾情极其严重,死亡甚多。在人祸天灾交迫之下,

---

① 吴兢撰,谢保成集校:《贞观政要集校》卷八,中华书局2003年版,第466页。
② [唐]魏徵等:《隋书》,中华书局1973年版,第843页。
③ [唐]魏徵等:《隋书》,中华书局1973年版,第681—682页。

农业生产几乎陷于停顿，以至于"黄河之北，则千里无烟；江淮之间，则鞠为茂草"①。

2.手工业发展状况

随着农业的发展，隋代的手工业也发展起来。纺织、造船以及制瓷等部门的生产都取得了显著的成就。隋朝纺织业相当发达，炀帝时曾于大业六年正月，集诸酋长到洛阳，乐工都穿着锦绣缯帛；宫树秋冬落叶，炀帝命人剪裁制成花叶，满缀枝头，颜色残褪就更换新的，使其常如阳春。炀帝三次下江都，随行船只几千艘，彩锦作帆，相衔二百余里。唐代诗人李商隐《隋宫》诗云："春风举国裁宫锦，半作障泥半作帆。"所有这些既反映了隋炀帝的穷奢极侈，同时也说明隋朝时我国手工业的发展与纺织业的发达。隋唐时期，河北、河南、山东和四川都是纺织业的中心，所出产的绫、绢、锦等纺织品，都非常精良。

隋代是我国制瓷技术的重要发展阶段，尤其是青瓷的烧制技术有了进一步提高。隋朝制瓷选料比较精细，烧制技术有所改进，胶体物质增加，胎体较薄，烧造过程中变形和损坏率有所降低。安阳发掘的开皇十四年（594）的张盛墓和仁寿三年（603）的卜仁墓中，有许多生活用具、俑群和明器等，代表了当时制瓷技术的发展水平。

隋代的造船业已具有一定水平和相当的规模，造船技术比以前任何时代都要进步。隋初准备伐陈时，杨素在永安督造五牙大战船，船上有五层楼，高百余尺，左右前后置六个拍竿，以拍击敌人，可容战士八百人。炀帝出游江都时，建造大小船只数千艘，种类繁多，造作精良。最大的龙舟，高四十五尺，阔五十尺，长二百尺；船身分为四层，上层有正殿、内殿、东西朝堂，中间两层有"百二十房间，皆饰以金玉"，构造奇丽，俨然是一座水上官殿，可见隋代的造船技术水平是很高的。

反映隋代梁郡手工业的具体资料很少，但后来的《新唐书》《元和

---

① ［唐］魏徵等：《隋书》，中华书局1973年版，第1617页。

郡县图志》《唐六典》《资治通鉴》及商丘地方文献均有记载。黄河流域河南、河北二道产绢的州数超过了江南地区，不仅数量上，而且质量上也是如此。《唐六典》卷二〇记载，当时绢分为八等，一等绢的产地是宋、亳二州。二等绢的产地为郑、汴、曹、怀。四等以上全部集中在河南、河北，大都在通济渠和永济渠流域。除普通丝织品外，一等绢主产于汴河（即通济渠）中游的宋州一带，这里向有"襄邑俗织锦，钝妇无不巧"之说。正是因为宋州民间织的绢，其质量居全国第一位，绢也就成为宋州向朝廷贡献的主要产品。隋代运河通济渠段的开通，更带动、促进了商丘城市的发展和繁荣。唐朝时期商丘称宋州，城市称宋城。宋城是当时全国著名城市，商业繁盛，手工业发达。顾况《宋州刺史厅壁记》中说，宋州"无土不殖，桑麦翳野，舟舻织川，城高以坚"[①]，是一个农业发达、人口密集、水运便利、商人云集之地。唐代后期刘晏进行盐铁官营改革时，曾设四大盐场，十监和十三巡院。宋州为十三巡院之一。唐前期宋城城市手工业中，缫丝、织绵、纺纱、刺绣是其主要的生产部门，丝织业是最为发达的行业，宋州成了我国东方地区丝织业交易中心。唐初，宋州有户数一万一千三百零三，天宝时户数增加到十二万四千二百六十八。所有这些，足以从侧面证明隋代梁郡的手工业也应该是比较先进的。

3.商业状况

政治上的统一，全国市场的扩大，特别是农业和手工业生产的发展，促进了隋朝商业和贸易的繁荣。不仅古老的商业城市日益发展，新兴的商业都市也伴随着运河、漕渠的疏浚，以及商品贸易的普遍发展不断涌现，各地的商业活动因地因时而异，独具特色。

隋朝大运河开通之后，商丘的商业活动更加繁荣。唐、宋时期的商丘，由于大运河的通航，西到京师，南达江淮，北到幽燕，十分便利。

---

① ［清］董诰等编：《全唐文》，中华书局1983年版，第5371页。

漕运商旅，八方辐辏，粮商、盐商、茶商、丝商等集聚于此，使商丘成为当时著名的商业大都市。正如安作璋《中国运河文化史》所述：大运河沟通了南北，促进了南北经济、文化的交流，成为隋唐帝国的命脉。沿运河流域经济带，一些城市发展起来。如"淮（安）、扬（州）、苏（州）、杭（州）"，当时号称四大都市，其他如黄河、汴河交汇处的汴州，还有泗州、宋州。黄河之北则有魏州、蓟州等都得到了发展。特别是位于通济渠北侧的宋城县治所睢阳，这里成为中央朝廷通往东南的交通要道，商旅往返，舳舻相接，促进了商丘城市人口迅速增加，商业繁荣，成为当时较大的商业都市之一。隋末瓦岗军初起时，徐世勣曾劝说翟让："宋、郑两郡，地管御河（指通济渠），商旅往还，船乘不绝，就彼邀截，足以自相资助。"① 翟让听从徐世勣的建议，引兵攻打汴水（通济渠）所经的荥阳郡和梁郡，夺取来往的船只货物，由此"资用丰给"。

盛唐著名诗人杜甫、李白、岑参等均曾漫游商丘，并写下了许多著名佳作。如杜甫所作《遣怀》一诗，诗中云："昔我游宋中，惟梁孝王都。名今陈留亚，剧则贝魏俱。邑中九万家，高栋照通衢。舟车半天下，主客多欢娱。"② "邑中九万家"，按照户均五口人计算，宋城城市人口达四十五万，这在当时全国来说应该是规模很大的了。此虽指唐时商丘，但由此亦可推断隋朝商丘的繁荣。

第二节　隋唐大运河在商丘

隋唐大运河是相对于元代疏浚开通的京杭大运河而言的，它是由隋炀帝诏令开凿的，以东都洛阳为中心，北抵涿郡，南达余杭，全长2700公里，途经北京、天津、河北、山东、河南、安徽、江苏、浙江八省、市，沟通了海河、黄河、淮河、长江、钱塘江五大水系，把中原同江南、

---

① ［后晋］刘昫等：《旧唐书》，中华书局1975年版，第2483页。
② ［清］彭定求等编：《全唐诗》，中华书局1960年版，第2359页。

河北和关中等广大地区联结起来，并把长安、洛阳、涿郡（幽州）、浚仪（汴州）、梁都（宋州）、山阳（楚州）、江都（扬州）、吴郡（苏州）、余杭（杭州）等通都大邑联缀在一起，初步形成了以洛阳为中心的南北水运交通大动脉，不仅加强了隋皇朝对广大南方、北方地区的政治、军事控制，便利了江南财物向洛阳、长安的转输，而且大大加强了我国南方和北方的经济、文化联系，对此后的唐、宋王朝也具有深远的影响。

一　隋唐大运河的开凿

隋朝统一后，随着政治局势的稳定、经济的发展和南北经济文化的交流，以洛阳为中心、沟通南北的大运河的开凿已是历史发展的必然趋势。但对于隋代开凿大运河的评价，历来褒贬不一。隋炀帝利用通济渠、山阳渎从洛阳乘龙舟巡游江都，满足其私欲，并利用永济渠对辽东用兵，暴露了炀帝的暴虐，隋朝大运河也因此而遭人非议。但隋代开凿大运河的主要原因，是由政治局势和经济发展决定的，而非单纯由于隋炀帝个人的意志和欲望。

（一）隋唐大运河开凿的背景和条件

1. 转运物资的经济需要

我国古代社会的经济重心一直在黄河流域。西汉时期，关中地区是全国最富庶的地区，是经济区域重心。但到东汉时期关中地区的优越地位已发生了显著的变化，失去了它先前的重要性。相反，潼关以东地区则经济迅速发展，黄河流域的经济重心日趋东渐，转移到黄河中下游。三国以后，由于江南地区战争较少，社会相对稳定，中原百姓为躲避战乱，纷纷南迁，给南方带去了先进的生产技术，经过六朝时人民的辛勤经营，已经成为繁华富庶之地。

隋朝定都长安，但就各地经济发展的情况而言，长安作为京师已显现出不适应的端倪，八百里秦川已难以满足庞大统治集团的物质供应和上百万京城百姓的生活需要。开皇初年，虽然隋文帝力行省徭息役，但由于京师仓廪空虚，为备水旱之用，便"诏于蒲、陕、虢、熊、伊、洛、郑、怀、邵、卫、汴、许、汝等水次十三州，置募运米丁"①，"漕关东及汾、晋之粟，以给京师"。又命宇文恺率水工凿渠，引渭水至潼关，转运通利，将关东的粮食布帛运往长安。但每逢水旱，仍不免饥馑，如开皇十四年，"关中大旱，人饥。上幸洛阳，因令百姓就食"。这时，江南的粮食和布帛对隋朝有着巨大的吸引力。特别是隋炀帝杨广，长期驻守扬州，对江南富庶有更深的感受，因此，开凿沟通三吴地区的大运河，解决南粮北运问题，已成为隋朝统治者的当务之急和广大人民的迫切需要。

2. 加强对江南控制的政治需要

南北朝后期以来，长期垄断国家政权的门阀士族虽已腐朽没落，但各地强宗大族依然拥有相当强大的政治经济实力，社会影响大，仍属破坏安定，乃至肢解统一王朝不可轻视的社会政治势力。

隋朝统一前，中国南北曾长期处于阻隔状态，南北对立，分裂割据。平定陈朝之后，虽然江南、岭南地区归附于隋王朝，但江南的士族和地方豪强与隋朝中央之间始终存在着比较尖锐的矛盾，旧陈中心地带——吴会地区就发生过大规模的叛乱。开皇十年（590），土豪汪文进等人发动武装叛乱，"民间复讹言隋欲徙之入关，远近惊骇。于是婺州汪文进、越州高智慧、苏州沈玄憎皆举兵反，自称天子，署置百官。乐安蔡道人、蒋山李棱、饶州吴世华、温州沈孝彻、泉州王国庆、杭州杨宝英、交州李春等皆自称大都督，攻陷州县。陈之故境，大抵皆反，大者有众数万，小者数千，共相影响"②，他们攻陷州县，杀死朝廷派去的官吏，致使局势非常紧张，隋朝的安全受到严重威胁。隋文帝诏上柱国、内史令、越国公杨素率大军进行镇压，历经两年用兵才平定了江南的叛乱。因南方图谋作乱迹象继续存在，于是，文帝在南方设置扬州大总管府，总统南方四十四州军事，杨广坐镇扬州十年之久。为了加强对江南地区的控制，

---

① ［唐］魏徵等：《隋书》，中华书局1973年版，第683页。
② ［宋］司马光：《资治通鉴》，中华书局1995年版，第5529—5530页。

解决交通不便,"关河悬远,兵不赴急"的问题,开凿贯通南北的大运河便成为解决政治问题的必然趋势。可见,开凿运河固然有炀帝巡游享乐的成分,但他更为主要的动机还是在于巩固国家统一的政治意义。

3. 巩固边防用兵高丽的军事需要

从隋朝建国开始,便与突厥、吐谷浑对峙。从6世纪以来,突厥时为边患。文帝开皇二年(582)突厥首领沙钵略纵兵从木硖、石门两路入侵,"武威、天水、安定、金城、上郡、弘化、延安六畜咸尽"[①]。由于边境不宁,干戈不息,故隋朝经常屯兵数万以备边疆。此时,东北的形势也不容乐观,朝鲜半岛上的高丽政权不断派兵南侵,进犯隋之辽东地区。文帝时曾派大军征讨高丽,结果是无功而返,损失惨重。因此,在隋炀帝看来,继续对高丽用兵势在必行,而要发动大规模的战争,需要运输大量的军用物资和粮饷。江南地区虽是经济富庶之地,但距离北方用兵前线路途遥远,漕运尚未打通,而陆路运输又十分艰巨,如何解决这一问题,这也是开凿大运河的重要原因之一。

4. 隋朝已具备开凿运河的条件

隋朝建立后,文帝采取了一系列政治、经济改革措施。这些措施在加强中央集权的同时,也刺激了社会经济的发展。全国垦田面积及人口增长较快,出现了"衣食滋殖,府库盈溢",天下私储可供五六十年的繁盛局面,这就为运河的开凿,提供了充足的人力和物力资源。

这时,冶铁技术普遍应用,科学技术如数学、地理学等均有所发展,为运河的规划、设计以及施工,提供了必需的技术和设备。运河的开凿和使用是一项综合性的技术,从吴国开邗沟算起,到隋朝时,中国已有一千多年的运河开凿和通航历史,这就为隋代大运河的开凿既奠定了基础,又提供了经验教训。

总之,隋代运河的开凿,是当时巩固统治、维护统一的需要,是封

[①] [唐]魏徵等:《隋书》,中华书局1973年版,第1866页。

建社会政治、经济、科技文化长期发展的必然结果,是水运工程合乎规律的发展,也是我国劳动人民智慧和创造力的结晶。

(二)隋唐大运河的开凿

隋唐大运河以洛阳为中心,从北向南分别由永济渠、通济渠、山阳渎和江南河四段组成,最早开发的是通济渠。

隋朝之前,"连接黄河、淮河的水路有两条:东线为汴渠,由黄河入汴渠至彭城(今江苏徐州)再入泗水通淮河;西线由黄河通过颍水、涡水入淮河。这两条水运都由于常受黄河浊流、多沙、善淤和决溢泛滥的影响,修则通,不修则塞。从南北朝到隋初,一直处于浅涩淤阻的状态"①,极大地影响着南北之间的水运交通。对于隋朝来说,能否稳固地控制南方地区,顺利转输江淮地区的租赋,以巩固国家的统一,是当务之急。于是,隋炀帝在营建东都洛阳时,便着手开凿从洛阳绵延东南的通济渠工程。

《隋书·炀帝纪上》记载:大业元年(605)三月,征发河南诸郡男女百余万,开通济渠,自西苑引谷、洛水达于河,自板渚(为板城渚口的简称,在今河南荥阳汜水镇东北黄河侧)引河通于淮。《资治通鉴》也说:征发河南、淮北诸郡民,前后百余万,开通济渠。"自西苑引谷、洛水达于河,复自板渚引河历荥泽入汴,又自大梁之东引汴水入泗,达于淮"②。

通济渠斜贯黄淮平原的南半部,自然地势自西北向东南倾斜,流向与地势相一致。全渠分为东西两段:西段自洛阳西苑起,由此引谷水和洛水,穿洛阳城南,东经偃师至巩县洛口入黄河。该渠段解决了由黄河至洛阳城下的水运问题。东段自板渚引河水入汴达于淮河。其所流经的地方,按现今之政区所在,即河南省的荥阳市、郑州市区、中牟县、开封市祥符区、杞县、睢县、宁陵县、商丘市区、虞城县、夏邑县、

---

① 安作璋:《中国运河文化史》,山东教育出版社2001年版,第292页。
② [宋]司马光:《资治通鉴》,中华书局1995年版,第5618页。

永城市与安徽的濉溪县、宿州市埇桥区、灵璧县、泗县，最后在江苏盱眙县注入淮河。

通济渠全长1700里，是隋代运河的主要部分，中原通向江淮的水运纽带，直接沟通了黄河、汴水、淮河等几大水系。这段工程从大业元年三月动工，至当年八月结束，历时不足半年，工程规模之大，开渠进度之快，堪称奇迹。其中一个重要原因，就是黄淮平原土质疏松，易于开挖，并且沿途又充分利用了天然河道和历代开挖的人工河道。这样，不仅工程量大为减少，而且在水源方面，既有黄河水为其主源，又有淮河北侧的汝水、颖水、涡河、泗水等淮河支流补充和调节水量。

隋唐大运河中国古代伟大的水利工程，对于隋朝本身乃至后来的唐朝、宋朝都产生了深远的影响。就其意义而言，运河的开凿，有利于维护国家统一和加强中央集权，促进了我国南北方经济、文化的交流。促成了唐、宋等后世王朝的强盛。

唐末著名的文学家皮日休在《汴河铭》中评价通济渠的作用时说："在隋之民，不胜其害也；在唐之民，不胜其利也。"在《汴河怀古》中说："尽道隋亡为此河，至今千里赖通波。若无水殿龙舟事，共禹论功不较多。"[①] 将杨广和大禹相比较，足以证明唐人对炀帝修运河功绩的充分肯定。北宋立国时把都城定在大梁（今开封），更显示出隋朝大运河的重要作用。《宋史》记载："汴河（即通济渠）……岁漕江、淮、湖、浙米数百万，及至东南之产，百物众宝，不可胜计。又下西山之薪炭，以输京师之粟，以振河北之急，内外仰给焉。故于诸水，莫此为重。"[②] 所以，当时有"天下转漕，仰给在此一渠水"之说。据统计，北宋真宗、仁宗二朝，每年通过运河运到汴京的稻米，曾达到八百万石。北宋时期的汴渠（即隋朝通济渠），已经成为联结南北的纽带和运输动脉。自唐以后，沿运河两岸兴起了一批商业都市，运河一线开辟了新的商业区，

---

① 申宝昆：《皮日休诗文选注》，上海古籍出版社1991年版，第139页。
② [元]脱脱等：《宋史》，中华书局1977年版，第2316页。

杭州、镇江、扬州、淮安、淮阴、开封等地，都逐渐成为新兴的商业都会，这些城市历经宋、元、明、清而不衰，不仅是一方繁盛的都市，而且也成为物资和人文荟萃之所。

当然，我们在肯定隋唐大运河功绩的同时，也不否认劳动人民为此付出了沉重的代价。炀帝在修建这一工程时，动用了数以百万计的民工，甚至出现男子不足、役及妇女，"举国就役"的局面。正是由于征徭太多，役使迫促，已突破了隋代人民可以忍受的限度，阶级矛盾急剧激化。加上隋炀帝无休止的游乐，旷日持久的征战，不仅耗费国家的大量财富，极大地破坏社会生产，而且造成严重的社会危机，正如《旧唐书·李密传》所载："父母不保其赤子，夫妻相弃于匡床，万户则城郭空虚，千里则烟火断灭。"① 隋炀帝以自己的暴行成为彻底孤立的独夫民贼，以至于"黎庶愤怨，莫非仇雠，左右之人，天下土崩""普天之下，皆为敌国"②。濒于死亡的广大农民，为求生存发动了反隋大起义。

二 隋唐大运河的考古发现

隋唐大运河的现状是一半在地上，一半在地下。

南宋初年，通济渠段多半陷于金手，南宋以淮河为界与金对峙，运河河道得不到正常的清淤，淤塞严重，通航运输能力减弱。到南宋末年，部分河道由于年久淤塞，官府又未加清理，逐渐废弃。元朝取代金和南宋之后，建都大都（今北京），先后开通了济州河、会通河、通惠河，接通了卫河，直达今北京城的积水潭，完成了历史上大运河的改弯取直工程，呈现出今天所见的大运河面貌和流域形态。这样一来，由杭州到大都不再绕道商丘、开封、洛阳，后人将之称为"京杭大运河"。取直后的大运河全长为1794公里，流经今天的浙江、江苏、山东、河北四省及天津、北京两市。明、清两代多次对大运河进行扩建、改道和完善，

---

① ［后晋］刘昫等：《旧唐书》，中华书局1975年版，第2214页。
② ［唐］魏徵等：《隋书》，中华书局1973年版，第96页。

增修了闸坝，加固了河堤，使运河更加安全，航道更加畅通。

隋唐大运河虽然久已衰落、废弃，但并不像人们想象的那样，完全找不到踪迹。2010年3月，曾经游历过世界六十多个国家、当选过"中国十大当代徐霞客"的六十八岁旅行家李存修，开始了"远见中国行·京杭大运河"科学考察活动。在之后的近两年时间，李存修不仅考察京杭大运河，还重走隋唐大运河。经过对隋唐大运河的考察，得出隋唐大运河的现状是：一半在地上，一半在地下。

隋唐大运河商丘段在商丘古城南关外从西向东流过，西部从开封杞县与商丘睢阳交界处入商丘境，经睢县等六县区，由永城市与安徽淮北濉溪县交界处出商丘境进入淮北境，全长199.7公里。其中，虞城县中部以东直至永城全境，1993年以前，地表还能看到河床，这一段运河有些河段地面上还保留着3—5米高的河床土岭。虞城县中部以西河段因为历史上受黄河泛滥淤积严重，河床全部深埋于地下。

1993年10月，商丘市文物工作队和永城市文管会在进行永城新城芒山路文物钻探的同时，在永城市侯岭乡谢酒店村对隋唐运河故道进行试掘，发现运河堤为相对较硬的黑褐色土，河床内淤满泥沙，河床底部被河水冲刷得较为光滑，河床下部泥沙中出土有隋唐时期的瓷器、陶器、铜钱、铜镜等遗物，河床上部泥沙中出土有宋代瓷器、陶器、铜钱等遗物。经测量，永城市侯岭乡谢酒店村运河河床宽约30米，深约5米，河床横截面为底部窄、上部宽的倒梯形。

1996年春，永城市政府在拓宽永（城）宿（县）公路时，在永城侯岭隋唐运河故道内发现一艘唐代木船，报请河南省文物局批准，商丘市文物工作队与永城市文管会联合对该木船进行抢救性发掘，发现木船一艘和一批唐代遗物。木船为一艘唐代货船，保存基本完好，木船长约25米，宽5米余，深约1.5米。出土遗物共六十七件，其中瓷盆十二件，瓷碗三十件，三彩注子三件，三彩盆一件，三彩方壶一件，瓷罐二件，瓷碟一件，釉陶碗二件，陶盆三件，陶器盖二件，陶丸一件，开元通宝铜钱二枚，柳条筐一件，竹席一片和桃核五粒。

1999年前后，在夏邑县济阳镇西街运河故道内不到100米距离范围内，出土两艘古代木船。由于是村民在生产中发现，木船具体情况不详。济阳镇西街这段河床保存很好。故道现保存水面长约2000米，水面宽50余米，水深3—5米不等。故道两边现仍植有杨柳，走在河岸上，仍能感受到当年白居易在《隋堤柳》诗中描述的"柳色如烟絮如雪"的隋堤美景。"隋堤烟柳"是夏邑当年美景之一。

2003、2004年，在商（丘）永（城）公路南路拓宽、改造过程中，大运河河床出土隋唐等时期的文物达数万件之多，几乎包括了唐宋时期我国南北方各个窑口的瓷器，其数量之多、器形之丰富、窑口之齐全，是任何一处遗址都无法比拟的，堪称我国古代的瓷器地下宝库。但由于施工不当，也造成了大运河故道被破坏。事发后，商丘市人民政府高度重视，立即向有关县（市）区印发了《关于做好大运河文物保护工作的通知》，及时有效地保护了大运河文物免遭进一步破坏。

2008年初，商丘市文物局报请河南省文物局并报国家文物局批准，组建了"商丘市大运河考古调查与勘测办公室"，并由该办公室编制了《大运河商丘段考古调查与勘测工作方案》，该方案2008年3月5日获得河南省文物局组织专家的论证、批准。为确保考古调查与勘测工作顺利进行，商丘市文物管理局抽调商丘市博物馆、文物工作队，睢阳区文物局、博物馆、文物队专业技术人员，组建了"大运河商丘段考古调查工作队"，邀请河南省文物考古研究所、洛阳市文物工作队二队参加，并与中国人民解放军信息工程学院合作，解决田野考古调查中的技术问题，对大运河商丘古城南关外大运河码头遗址和夏邑县济阳镇遗址进行考古调查与勘测。

勘探发现，商丘古城南关码头遗址位于商丘古城南关外2.5公里，商丘古城正南稍偏东方向，河道为西北、东南走向，距地表深1.7—2.0米不等。考古人员在古城南关码头遗址发掘面积有2000平方米，发掘最深处达 11 米，发现文化层厚 6 米，在距地表 13—16 米间发现有砖面台阶，文化层内含有大量的隋唐至北宋时期的砖、瓦、陶器、瓷器等残片，还发现有砖砌的排水设施。

夏邑县济阳镇大运河故道位于夏邑县西南 15 公里的济阳镇西街，西距商丘市 30 公里。1996 年，济阳镇村民在故道水域 100 米范围内发现两艘古代木船，水面靠近大运河北岸。2001—2005 年，公路部门扩宽 S325 省道在此取土时，发现大量的唐宋时期的瓷器，出土数量之多、窑口之全，几乎涵盖了唐宋时期我国南北各个窑口的瓷器。

2011 年 4 月，中国社会科学院考古研究所文化遗产保护研究中心与夏邑博物馆合作，对夏邑县汴河济阳镇段的古运河进行了高密度电法的考古勘探工作。在此基础上，从 2012 年 3 月开始，河南省文物考古研究所与夏邑县文物局、夏邑博物馆联合组成考古工作队，对济阳镇刘铺村西大运河南堤进行考古发掘，取得了可喜的阶段性成果。

大运河是我国古代创造的一项宏伟工程，是我们祖先遗留下来的珍贵文化遗产。近年来，由于大运河具有的重大文化遗产价值的逐步呈现，对于隋唐大运河的保护工作，也引起人们的普遍重视，沿线有关政府部门相继出台了一些保护政策，有关文物管理单位也采取了相应的保护措施。为了更好地保护中国大运河这一特殊的人类文化遗产，2005 年底，国家文物局古建筑专家、中国长江学会名誉会长罗哲文与城市规范建筑专家郑孝燮、雕塑家朱炳仁等，联名给大运河沿岸的十八位市长写信，呼吁联合申报世界文化遗产。在 2006 年的全国"两会"上，罗哲文等五十八位政协委员提交了关于大运河保护和申报世界文化遗产的提案。此后，国家文物局启动了大运河保护与申报世界文化遗产的工作。2006 年 5 月，全国政协副主席陈奎元率领全国政协大运河保护与申遗考察团，考察了京杭大运河。之后在杭州召开了为期三天的"京杭大运河保护与申遗研讨会"，并通过了《京杭大运河保护与申遗宣言》。2006 年 6 月，国家文物局确定大运河为全国重点文物保护单位。2007 年 6 月 20

日，由国家文物局召集、大运河沿线二十四个城市及相关单位参加的"大运河保护与申遗工作协调会"在北京召开，会议决定把隋唐大运河其他河段扩充进京杭大运河，以"中国大运河"名称申报世界文化遗产。2012年，国家文物局组织专家对各地大运河保护与申遗工作进行评估和验收，确立最终申遗预备名单，正式向世界遗产组织申报，其中，通济渠上的商丘段就是古城南关码头遗址和夏邑县济阳遗址。2014年6月22日，在卡塔尔多哈举行的第38届联合国教科文组织世界遗产委员会会议上，以中国文化遗产研究院为申遗文本和管理规划编制单位的中国世界文化遗产提名项目"中国大运河"被批准列入《世界遗产名录》，成为我国第三十二处世界文化遗产和第四十六处世界遗产。

第九章 唐五代时期

第一节 睢阳郡的设置

一 睢阳郡的设置

隋朝末年,隋炀帝荒淫暴政,致使社会矛盾极其尖锐,农民起义遍地蜂起,汹涌澎湃。大业七年(611),山东邹平人王薄揭开了反隋起义的序幕。据守北方重镇太原的李渊父子早有取隋而代之的政治野心。李渊出身关陇贵族,以其为代表的贵族集团是反隋大军中极为重要的一支力量。大业十三年(617)五月,李渊建立大将军府,自称大将军,以其长子李建成为陇西公、左领军大都督,次子李世民为敦煌公、右领军大都督,裴寂为长史,刘文静为司马,唐俭、温大雅、武士彟等人也各有任命,统率大军起事,向关中进发。是年十一月,攻下隋都城长安。义宁二年(618),李渊废掉隋恭帝杨侑,称帝建国,改义宁二年为武德元年,定国号为唐,定都长安。

唐王朝建立后,开始着手进行统一全国的战争。在相继解除了西北、东北方向对关中根据地的威胁,并使秦、晋之地连为一片之后,唐朝开始全力经略中原等地。武德四年(621),唐朝廷讨平王世充,收梁郡,改为宋州,领宋城(州治,商丘城南)、襄邑(睢县)、宁陵(宁陵县)、下邑(夏邑县)、谷熟(商丘县东南)、柘城(柘城县西北)、虞城(虞城县北)七县。隋代建立之初,已形成州、县数目过多,区划相对较小的局面，尤其是州级政权已达三百之多，由朝廷直接管理多有不便，故隋大业三年（607），朝廷大举并省州县，同时改州为郡，使地方行政区划层次回归到郡县二级制上来。然郡县二级制实行不过十年，隋代复蹈秦代二世而亡的结局。唐代建国以后，郡又被改为州，该地区的梁郡被改为宋州。

唐建立之初，同样面临州一级政权过多，难以实行有效管理的问题。唐太宗贞观元年（627），为加强朝廷对地方的控制，根据山川形便，把全国分为十道（关内、河南、河东、河北、山南、陇右、淮南、江南、剑南、岭南），即在二级制政区之上增加一层监察区，对州刺史加以纠察。唐玄宗开元二十一年（733），增为十五道（山南、江南各分为东西二道，又增加京畿道、都畿道和黔中道）。上述所设的道为监察政区，宋州隶属河南道。天宝元年（742），改宋州为睢阳郡，仍隶属河南道。

天宝十四年（755），安史之乱爆发，惊破了唐玄宗的太平清梦。为平定安史之乱，朝廷被迫采取战时紧急措施，把仅适用于边境地区的节度使制度推广至全国，新的三级制行政区划也在金戈铁马的撞击声中初露端倪。河南节度使置于天宝十四年，治汴州，宋州（睢阳郡）隶之。乾元元年（758），改睢阳郡复为宋州，隶汴州都防御使。乾元二年，废汴州都防御使，置汴滑节度使，治汴州，宋州隶属汴滑节度使。上元二年（761），废汴滑节度使。宝应元年（762），复置河南节度使，治汴州，仍辖领宋州。大历十一年（776），废河南节度使，宋州割隶永平军节度。建中二年（781），置宋亳颍节度使，治宋州，领宋、亳、颍三州，寻号（建号）宣武军。兴元元年（784），增领汴州，徙治汴州。至唐朝末年，宋州隶属宣武军节度使。《通典》载：

> 睢阳郡，东至彭城郡西界二百十里。南至谯郡百三十里。西至陈留郡三百里。北至济阴郡百六十里。东南到谯郡酂县界百八十里。西南到淮阳郡二百八十里。西北到济阴郡百六十里。东北到鲁郡

四百十七里。去西京千五百四十里，去东京七百八十里。①

二 睢阳郡辖区沿革

唐朝建立之初，朝廷为奖赏为建国立下汗马功劳的将士，曾在地方增设州县。政局稳定后，过多的州县造成地方管理不便，闲官冗员又增加百姓的负担。自唐太宗贞观元年（627）开始"大加并省"，以实现朝廷对地方更好的管理。武德四年（621），宋州设置之初，领宋城、宁陵、柘城、谷熟、下邑、砀山、虞城七县。是年，将虞城划归东虞州管理。五年（622），废东虞州，仍将虞城划归宋州管理。贞观元年（627），废杞州，将襄邑县划归宋州②，同时废柘城县。十七年（643），将原属戴州的单父、楚丘划归宋州管理③。永淳元年（682），再次设置柘城县。此后，宋州辖领宋城、宁陵、柘城、谷熟、下邑、砀山、虞城、襄邑、单父、楚丘十县。光化二年（899），朱全忠将原属宋州的砀山、虞城、单父划归辉州管理。三年（900），将辉州治所迁至单父。直至唐灭亡，宋州领宋城、宁陵、柘城、谷熟、下邑、襄邑、楚丘七县。共有一万一千三百三户，六万一千七百二十人。天宝领县十，共有一十二万四千二百六十八户，八十九万七千四十一人④。

唐代宋州隶属及辖区变动沿革表

| 武德四年（621） | 宋州，治宋城 | 宋城、宁陵、柘城、谷熟、下邑、砀山、虞城，是年，割出虞城 |
| 五年（622） | 宋州 | 复领虞城 |

---

① ［唐］杜佑：《通典》，中华书局1988年版，第4664页。
② 《新唐书》载贞观九年，襄邑隶属宋州应有误。《元和郡县图志》卷七《河南道三·宋州》载，武德二年，复置杞州，以县属焉。贞观元年州废，县隶宋州。《旧唐书》亦载贞观元年隶宋州。此不取《新唐书》。
③ 《新唐书》卷三八《地理二·宋州》楚丘条载贞观七年属宋州应有误。《元和郡县图志》卷七《河南道三·宋州》楚丘条载贞观十七年废戴州，隶宋州。
④ ［后晋］刘昫等：《旧唐书》，中华书局1975年版，第1440页。

续表

贞观元年（627）	宋州，隶河南道	宋城、宁陵、襄邑、谷熟、下邑、砀山、虞城
十七年（643）	宋州	宋城、宁陵、襄邑、谷熟、下邑、砀山、虞城、单父、楚丘
永淳元年（682）	宋州	宋城、宁陵、襄邑、谷熟、下邑、砀山、虞城、单父、楚丘、柘城
天宝元年（742）	改称睢阳郡，隶河南道	宋城、宁陵、襄邑、谷熟、下邑、砀山、虞城、单父、楚丘、柘城
十四年（755）	睢阳郡，隶河南节度使	宋城、宁陵、襄邑、谷熟、下邑、砀山、虞城、单父、楚丘、柘城
乾元元年（758）	复改称宋州，隶汴州都防御使	宋城、宁陵、襄邑、谷熟、下邑、砀山、虞城、单父、楚丘、柘城
二年（759）	宋州，隶汴滑节度使	宋城、宁陵、襄邑、谷熟、下邑、砀山、虞城、单父、楚丘、柘城
宝应元年（762）	宋州，隶河南节度使	宋城、宁陵、襄邑、谷熟、下邑、砀山、虞城、单父、楚丘、柘城
大历十一年（776）	宋州，隶永平节度使	宋城、宁陵、襄邑、谷熟、下邑、砀山、虞城、单父、楚丘、柘城
建中二年（781）	宋州，隶宣武节度使	宋城、宁陵、襄邑、谷熟、下邑、砀山、虞城、单父、楚丘、柘城
光化二年（899）	宋州，隶宣武节度使	宋城、宁陵、襄邑、谷熟、下邑、楚丘、柘城

三 睢阳郡据战略要冲

唐朝在地方实行州县两级制度，按照经济、地理、人口等因素把州级政权分为都督府、都护府、府、辅州、雄州、望州、紧州、上州、中州、下州等十个等级。宋州定为望州。宋州位于交通要道之上，与西邻被称为"四战之地"的汴州相距仅三百里。唐人曾这样评论汴州："大梁当天下之要，总舟车之繁，控河朔之咽喉，通淮湖之漕运。"[①] 宋、汴两地

---

① ［唐］刘宽夫：《汴州纠曹厅壁记》，见［清］董诰等编：《全唐文》，中华书局1983年版，第7649页。

唇齿相依，互为股肱，若论当地形势，则多梁、宋并举。陆贽曾论述："梁、宋之间，地当要害，镇压齐鲁，控引江淮。"① 时漕运关乎朝廷的富足与安稳，梁宋之间更是如此。唐德宗颁布诏书特别指出："梁宋之地，水陆要冲，运路咽喉，王室藩屏。"②

宋州东临徐州和兖州，北邻曹州，再向北过滑州或濮州均可达河北魏州，魏州当时是一个水陆交凑的中心所在，也是河北重要都会城市。宋州之南为亳州，再往南可达颍州，颍州内的颍水是唐后期沟通南北的另外一条漕运通道。大历十一年（776）八月丙寅，因李灵曜据汴州叛乱，朝廷开颍、蔡运河一线作为新的漕运通道。"勉（李勉）署芘（李芘）兼亳州防御使，练达军事，兵备甚肃；又开陈、颍运路，以通漕挽。"③ 唐建中二年（781）杜佑改漕运路线时，把它与蔡河通连起来。颍州境内的颍水，上接陈州境内的蔡水，最后入汴水，抵东都（洛阳），这一线就成为沟通南北的主要漕运通道。颍、蔡二水流经汴、宋、陈、蔡，宛如一条纽带，将汴河水系与淮河水系便捷地沟通起来④。由上可见，唐代宋州位于要冲，交通十分便利。

第二节　安史之乱与张巡守睢阳

一　安史之乱

唐玄宗天宝十四年（755）十一月，范阳、平卢、河东三镇节度使安禄山纠合史思明叛乱，史称安史之乱。安禄山除身兼三镇节度使外，又兼任河北、河东采访处置使等职，节制十八万军队，集军事、民政、财政大权于一身，管辖范围遍及自今山西北部至辽宁西部广大地区。随

---

① ［唐］陆贽：《论汴州逐刘士宁事状》，见［清］董诰等编：《全唐文》，中华书局1983年版，第4845页。
② ［唐］白居易：《与韩宏诏》，见［清］董诰等编：《全唐文》，中华书局1983年版，第6754页。
③ ［后晋］刘昫等：《旧唐书》，中华书局1975年版，第3655页。
④ 王力平：《唐后期淮颍（蔡）水运的利用与影响》，《河北学刊》1991年第2期。

着势力的不断膨胀，加之对朝廷内部矛盾的了解，特别是晚年玄宗"自恃承平，以为天下无复可忧，遂深居禁中，专以声色自娱，悉委政事于（李）林甫"①的情况，安禄山便逐渐不把朝廷放在眼里，亦有了窥伺神器、问鼎中原的野心。是年，宰相杨国忠建言削减安禄山的势力，为此招致安禄山不满，于是"发所部兵及同罗、奚、契丹、室韦凡十五万众，号二十万，反于范阳。……以讨杨国忠为名"②。安史之乱爆发，大唐王朝自此由盛转衰。

安史叛乱后，叛军自幽州出发，迅速挥师南下。因当时百姓常年没有经历过战事，早已不熟悉兵器和装备的使用，各州郡军备废弛已久，"铠仗皆穿朽钝折不可用，持梃斗，弗能亢"③。叛军"所过州县，望风瓦解，守令或开门出迎，或弃城窜匿，或为所擒戮"④。十二月二日在灵昌（今滑县）渡过黄河，很快便攻下陈留、荥阳等地。唐朝廷派安西四镇节度使封常清奔赴洛阳指挥抵御安史叛军。封常清虽在很短时间内便招募数万兵力，可是这些人大都是坊市之间的临时雇工和游手好闲之人，没有作战能力，双方刚一交锋，唐军便一溃千里。十二月十二日，叛军攻陷东都（洛阳）。

安史叛军攻占东都洛阳后，由于河北等地勤王之师的增多和河南诸郡加强防备，加之唐军固守潼关，致使叛军无法顺利继续西进，战事出现暂时缓和的形势。安禄山于天宝十五年（756）正月一日在洛阳称帝，国号大燕，建元圣武。安禄山欲把河南作为其统治中心，便不断派军队东进西犯。西进的目标是京都长安，东进的目标是雍丘（今开封杞县）和睢阳（今商丘）。一旦攻下睢阳，便能控制运河，挥师南下，横扫江淮，实现统治全国的意图。尚未被攻陷地区的军民同仇敌忾，为保卫家园

---

① ［宋］司马光：《资治通鉴》，中华书局1995年版，第6914页。
② ［宋］司马光：《资治通鉴》，中华书局1995年版，第6934—6935页。
③ ［宋］欧阳修、宋祁：《新唐书》，中华书局1975年版，第6417页。
④ ［宋］司马光：《资治通鉴》，中华书局1995年版，第6935页。

誓死抵抗叛军，尤其是睢阳地区军民，其顽强抵抗叛军的斗争极为震撼人心，有效阻止了叛军南下的进程。

二 睢阳等地军民抵抗叛军

天宝十四年（755）十二月，安禄山任命张通晤为睢阳太守，联合陈留长史杨朝宗率数千骑兵一度攻下睢阳城。不久，单父（今山东单县南，时属睢阳郡）尉贾贲率军民收复睢阳城，杀死伪太守张通晤。至德元年（756）正月，原济南太守李随率兵数万人抵达睢阳郡，被朝廷任命为河南节度使，前高要县尉许远被任命为睢阳郡太守兼防御使，成为抵御叛军的重要力量。

（一）张巡固守雍丘

至德元年二月，在雍丘（今开封杞县）展开了一场抗击叛军的斗争。时真源（今周口鹿邑）县令张巡率兵与单父尉贾贲会合，进驻雍丘。此前，雍丘县令令狐潮投降安禄山，曾率兵镇压淮阳、襄邑（今商丘睢县）等地的义军，后被义军击败。张巡"屠其妻子，磔城上"①，令狐潮因此怀恨在心，复率兵猛烈进攻雍丘，贾贲阵亡。张巡指挥军民再次击退令狐潮的疯狂进攻。三月，令狐潮与叛军将领李怀仙、杨朝宗等率领四万大军进攻雍丘。看到来势凶猛，众人临阵心存畏惧，主将张巡镇定自若，鼓舞士气说："贼兵精锐，有轻我心。今出其不意击之，彼必惊溃。贼势小折，然后城可守也。"面对强敌，张巡身先士卒，率将士两千与叛军激战。此战历"六十余日，大小三百余战，带甲而食，裹疮复战"②，最终大获全胜。在叛军溃败撤退之时，张巡率军主动出击，斩俘叛军两千多人，自此军威大振。后又突袭屯驻白沙涡（今商丘宁陵北）的叛军，俘斩七千多人。率军返还至桃陵（今杞县东南）时，恰遇增援的四百多名叛军，遂迅速将其全部歼灭。五月，令狐潮再次攻打雍丘县城，

---

① ［宋］欧阳修、宋祁：《新唐书》，中华书局1975年版，第5535页。
② ［宋］司马光：《资治通鉴》，中华书局1995年版，第6956页。

激战四十多天，自己损兵折将，后败退至陈留郡。七月，令狐潮又四攻雍丘，均被张巡率军打败。历经多次战斗，张巡的军队声威日盛，"旬日间，民去贼来归者万余户"①。八月，伪河南节度使李庭望率蕃汉军士两万余人向东突袭宁陵、襄邑等县，在雍丘城外三十里安营扎寨。在一个月黑风高之夜，张巡率轻兵三千余人偷袭叛军，杀伤大半，李庭望率残军败回陈留。

至德元年正月至十二月，在粮草缺乏、兵力单薄的情况下，张巡率领弱势兵力随机应变，奋勇杀敌，以灵活的战术战法，大小三百余战，挫败了令狐潮数万叛军的围攻，弹丸之地雍丘县城一时固若金汤。

张巡守雍丘，是古代城邑保卫战中以少胜多、以弱制强的一个典型战例。张巡在敌众我寡的形势下，据守孤城，以忠义激励将士，随机应敌，智谋超群，因而取得了防守雍丘的胜利。

叛军见雍丘城久攻不下，遂在雍丘城北另置杞州，以切断雍丘的军粮供应。随着临近的兖州、郓州、曹州等相继陷于叛军，睢阳城也失去了北部屏障。此时驻守彭城的河南节度使嗣虢王李巨闻之大惊，夺路向南逃去，撤至临淮（今江苏泗洪临淮镇），睢阳又失去东部屏障。由此，叛军得以抽调更多的兵力向雍丘反扑。叛军将领杨朝宗率军两万逼近宁陵，包抄雍丘，以切断张巡的退路。形势危急之下，张巡不得不撤出坚守数月的雍丘城，退守至宁陵，与睢阳太守许远会合，派遣大将雷万春、南霁云等领兵守宁陵北部，大战杨朝宗，"昼夜数十合，大破之，斩首万余级，流尸塞汴而下，贼收兵夜遁"②，宁陵之战又取得大捷。

（二）张巡、许远等坚守睢阳

至德二年（757）正月，安庆绪杀其父安禄山，自称皇帝。任命大将尹子奇为汴州刺史、河南节度使，令其打通挺进江淮的通道。正月下旬，尹子奇率众十三万绕过宁陵，直接进攻睢阳。睢阳太守许远向张

---

① ［宋］司马光：《资治通鉴》，中华书局1995年版，第6989页。
② ［宋］司马光：《资治通鉴》，中华书局1995年版，第7010页。

巡告急，张巡留下部分兵力驻守宁陵，亲自率兵进驻睢阳，与许远及城父（今安徽亳州东南）令姚誾等合兵固守睢阳。尹子奇第一次围睢阳城十六天，遭到守城军民的顽强抵抗。"（张）巡督励将士，昼夜苦战，或一日至二十合；凡十六日，擒贼将六十余人，杀士卒二万余，众气自倍。"① 许远以自身指挥打仗不比张巡，便让出指挥权与张巡。许远曰："公智勇兼济；远请为公守，公请为远战。"② 张巡负责指挥作战，许远负责军粮调运、战备筹集等后勤工作。

三月，尹子奇率兵重围睢阳城，时张巡、许远两军士兵不足万人，然叛军拥十三万之众，兵力悬殊很大，形势极为严峻。当时虢王李巨吝惜财物，不愿赏赐给立功将士，张巡担心众将士因怨气而不能奋勇杀敌，遂对将士说："吾受国恩，所守，正死耳。但念诸君捐躯命，膏草野，而赏不酬勋，以此痛心耳。"③ 张巡宰牛犒劳三军，率众将士直冲贼阵，一举击溃叛军，斩将三十余人，杀士卒三千余人。如此往复数次，屡挫敌锋。面对尹子奇的重兵围困，张巡常出奇以制胜。张巡令将士在夜里擂鼓，造成要出城攻击的假象，叛军在城外严阵以待，折腾了一夜。天亮时，张巡令鼓声息绝。叛军探知此况，遂解甲休息。此时张巡与将军南霁云、郎将雷万春等十余将各率五十骑开门突出，直冲敌营，结果是叛军大乱，斩杀贼将五十余人，杀士卒五千余人。

至七月，尹子奇再次集兵马数万人围攻睢阳。起初，许远在城中筹备粮食六万石，嗣虢王李巨命令分一半给濮阳、济阴二郡，虽许远力争，但终未能保住。结果是济阴郡得到粮食后竟以城投降叛军，而睢阳粮食所剩无几。睢阳被围困达半年之久，城内粮草绝尽，"将士人廪米日一合，杂以茶纸、树皮为食"④。将士负伤仍坚持战斗，战死后不能迅速

---

① [宋]司马光：《资治通鉴》，中华书局1995年版，第7016页。
② [宋]司马光：《资治通鉴》，中华书局1995年版，第7016—7017页。
③ [宋]司马光：《资治通鉴》，中华书局1995年版，第7022页。
④ [宋]司马光：《资治通鉴》，中华书局1995年版，第7027页。

补充，邻近救援迟迟不到，军士消耗严重，仅剩下一千六百余人，致使战斗力严重下降。张巡只得令四门紧闭，不出战迎敌。尹子奇料知城中守军不多，遂攻势甚急。

这时新任河南节度使贺兰进明驻屯临淮，许叔冀、尚衡居彭城，均观望而不愿驰援。张巡派遣南霁云请许叔冀出兵救援，许不答应。南霁云又求救于贺兰进明，贺兰进明却说："睢阳存亡已决，兵出何益？"又挽留南霁云，"为大飨，乐作"，南霁云泣曰："昨出睢阳时，壮士不粒食已弥月。今大夫兵不出，而广设声乐，义不忍独享，虽食，弗下咽。今主将之命不达，霁云请置一指以示信，归报中丞也。"①因拔佩刀断其手指，举座大惊。南霁云到了真源，李贲遗马百匹，至宁陵，又得兵三千，深夜破围入城。叛军发觉后，合力拒其入城。经奋力拼杀，士兵大多战死，到睢阳仅剩千人。

贼将尹子奇知道城外已无外援，便征兵加紧攻城。其时多人建议撤离睢阳向东退守。张巡、许远则认为："睢阳，江淮保障也，若弃之，贼乘胜鼓而南，江淮必亡。"②为顾全大局，他们选择坚守睢阳，而后多次挫败尹子奇的进攻，大小四百余战，斩杀叛军十二万人。为了维持生命，实现持久抗敌，他们"茶纸既尽，遂食马；马尽，罗雀掘鼠；雀鼠又尽，巡出爱妾，杀以食士。远亦杀其奴；然后括城中妇人食之。继以男子老弱。人知必死，莫有叛者，所余才四百人"。最后，因将士多伤病，不能再战，张巡西向再拜曰："臣力竭矣，不能全城，生既无以报陛下，死当为厉鬼以杀贼！"终因寡不敌众，睢阳城陷，张巡、许远均被叛军抓捕。尹子奇问巡曰："闻君每战，辄眦裂齿碎，何也？"巡曰："吾志吞逆贼，但力不能耳。"③尹子奇以刀撬开其口察看，发现张巡嘴里仅剩下三四颗牙。张巡大骂曰："我为君父义死。尔附逆贼，犬彘也，安

---

① ［宋］欧阳修、宋祁：《新唐书》，中华书局1975年版，第5539页。
② ［宋］欧阳修、宋祁：《新唐书》，中华书局1975年版，第5539页。
③ ［宋］司马光：《资治通鉴》，中华书局1995年版，第7038页。

能久哉!"① 尹子奇欣赏其忠义之举,想保全张巡性命。但其手下有人说:"彼守节者也,终不为用,且得士心,存之,将为后患。"② 于是张巡与雷万春、南霁云等皆被斩杀,壮烈殉国。张巡时年四十九岁。许远为睢阳太守,官衔最高,叛军为邀功请赏,遂押解许远至洛阳,在安庆绪兵败渡河北走时,惨遭杀害。张巡、许远坚守睢阳,是平定安史之乱中极为悲壮的一页。

睢阳城陷后三日,张镐大军赶到,击败正要进犯江淮的尹子奇大军。十天后,郭子仪收复洛阳,叛军被迫北走,睢阳转危为安。时隔三年,史思明又率兵攻打睢阳城,宋州刺史李岑为贼所围,副元帅李光弼派河南节度使田神功前去救援,最后击退叛军。

睢阳保卫战,有力地打击了叛军的嚣张气焰,彻底打破了叛军南下横扫江淮的意图。保护了南方人民生命及财产的安全,使东南经济体得以保全,在原有基础上更加稳步发展。

睢阳"实江淮之屏蔽,而河洛之襟喉","南控江淮,北临河济,彭城踞其左,汴京连于右,形胜联络,足以保障东南,襟喉关陕,为大河南北之要道"③。隋唐大运河之通济渠段,穿雍丘、宁陵、睢阳等地,直下江淮。通济渠是江淮财物进抵京师的重要通道。张巡、许远就是认识到睢阳地理位置的重要,方才死守睢阳。然叛军同样注意到睢阳的战略价值,故派遣大军进攻睢阳,并为此付出了沉重的代价。张巡、许远坚守睢阳,对朝廷最终平定叛乱作出极大贡献。

唐人李吉甫曾评价说:"然使贼锋挫衄,不至江、淮,巡、远之力也。"④ 韩愈评论说:"守一城,捍天下,以千百就尽之卒,战百万日滋之师,蔽遮江淮,阻遏其势,天下之不亡,其谁之功也?"⑤《读史

---

① [后晋]刘昫等:《旧唐书》,中华书局1975年版,第4901页。
② [宋]司马光:《资治通鉴》,中华书局1995年版,第7038页。
③ [清]刘德昌修,叶沄纂:(康熙)《商丘县志》,清光绪十一年(1885)刻本,第9页。
④ [唐]李吉甫:《元和郡县志》,中华书局1982年版,第179页。
⑤ [唐]韩愈:《张中丞传后序》,见[清]董诰等编:《全唐文》,中华书局1983年版,第5628页。

方舆纪要》称睢阳之战,"既足以挫贼之锋,使不敢席卷东下,又即以分贼之势,使不得并力西侵。江淮得以富庶全力,赡给诸军。贼旋荡覆,张、许之功,于是乎伟矣"①。时人李翰亦言:"以数千卒横挫贼锋,若无巡则无睢阳,无睢阳则无江淮。有如贼因江淮之资,兵广而财积,根结盘据,西向以拒,虽终歼灭,其旷日持久必矣。今陕、鄢一战,犬羊骇北,王师震其西,巡扼其东,此天使巡举江淮以待陛下,师至而巡死,不谓功乎?"②

张巡(709—757),蒲州河东(今山西永济)人③,生于唐中宗景龙二年(708),卒于唐肃宗至德二年(757)。张巡少聪敏好学,博览群书,为文落笔成章;长成后有才干,讲气节,倾财好施,扶危济困。开元末年,张巡中进士第三名,初仕为太子通事舍人。天宝年间(742—755),调授清河(今河北清河)县令,政绩卓著,任期满后回京。时杨国忠执掌朝政,权势显赫,留京待迁的官员纷纷走杨国忠的门路。有人劝张巡去拜见杨国忠,但被他拒绝了。不久,他调授真源令。

张巡战死后,朝廷下诏追赐张巡为扬州大都督,许远为荆州大都督,南霁云开府仪同三司、再赐扬州大都督,皆立庙睢阳,岁时祭祀,并恩宠其子孙。张巡的儿子张亚夫拜金吾大将军,许远儿子许玫为婺州司马。睢阳、雍丘赐免徭役赋税三年。大中(847—860)时,把张巡、许远、南霁云三人的图像置于凌烟阁。睢阳亦称为"双庙"。宋大观(1107—1110)年间,赐侯爵,谥忠烈。睢阳人民为张巡等立庙,名"六忠祠"(祀张巡、许远、南霁云、雷万春、贾贲、姚訚),岁时致祭。六忠祠在今商丘古城内,城南门外有新修的张巡祠。

许远,唐杭州盐官(今浙江海宁盐官镇)人。其曾祖父为高阳公许

---

① [清]顾祖禹:《读史方舆纪要》,中华书局2005年版,第2340页。
② [宋]欧阳修、宋祁:《新唐书》,中华书局1975年版,第5778页。
③ 关于张巡籍贯,《旧唐书》本传载为蒲州河东,《新唐书》本传为邓州南阳,《旧唐书》早出,应以为准。后人也多采《旧唐书》所载,如彭定求等编《全唐诗》、乐史《太平寰宇记》即是。

敬宗，龙朔中宰相。许远精明能干，初从军于河西，任碛西支度判官。唐开元末年进士，曾入剑南节度使府为从事。安史乱后，其家乡盐官县城亦建双忠庙以奉祀。宋代王安石、文天祥均有题诗，庙中并有"国士无双双国士，忠臣不二二忠臣"名联传诵于世。

南霁云，唐魏州顿丘（今河南清丰）人。南霁云年少时家境贫寒，勤劳能干，善骑射。睢阳城陷后，与张巡等人同时遇害。

雷万春，出生信息不详。领兵打仗，刚毅顽强，守雍丘城时，脸中六箭，坚守不动，叛军以为木人。睢阳城陷后，与张巡等人同遇害。

贾贲，故阆州刺史贾璇之子，为拥兵两千之单父尉。至德元年（756）二月，他与张巡一起奋勇抗击已经投敌的原雍丘令狐潮叛军，战死疆场。

姚訚，陕州平陆人，性情豪爽，喜好饮酒，善弹奏乐器。历任寿安尉、城父令，与张巡素相亲善。随张巡守睢阳，坚守不屈，睢阳城陷后，与张巡、南霁云、雷万春等三十六人同时遇害。

（三）宋州在唐后期稳定河南方镇时起关键作用

1. 阻挡史朝义南下

宝应元年（762）五月，叛军史朝义率兵围困宋州长达数月，城中粮食耗尽，宋州城即将陷入敌手，时宋州刺史李岑不知如何应对。易州遂城府左果毅刘昌披甲上阵，手持盾牌登上城头，向叛军陈述利害关系，贼众畏服，强行攻城的势头稍有缓解。十五天后，副元帅李光弼率救援大军抵达宋州，兖郓节度使田神功奉命救援，叛军溃败。此次宋州的坚守与解围，再一次阻挡了叛军南下的企图。

2. 平定李灵曜之乱

大历十一年（776）五月，"汴宋留后田神玉卒。都虞候李灵曜杀兵马使、濮州刺史孟鉴，北结田承嗣为援"，欲专擅汴、宋等八州之地。朝廷"以永平节度使李勉兼汴、宋等八州留后"，紧接着又"以灵曜为濮州刺史"。李灵曜依仗魏博节度使田承嗣的支持，拒不接受朝廷任命。

朝廷只得"以灵曜为汴宋留后,遣使宣慰"。李灵曜既为节度留后,日益骄横傲慢,"悉以其党为管内八州刺史、县令,欲效河北诸镇"。八月"甲申,诏淮西节度使李忠臣、永平节度使李勉、河阳三城使马燧讨之。淮南节度使陈少游、淄青节度使李正己皆进兵击灵曜"①。

在讨伐李灵曜叛乱过程中,宋州牙门将刘昌"遣僧神表潜说李僧惠"。李僧惠时任汴宋兵马使、摄节度副使,是李灵曜的主要谋士。李僧惠召问其有何计策,刘昌"为之泣陈逆顺"。僧惠"乃与汴宋牙将高凭、石隐金遣神表奉表诣京师,请讨灵曜"。九月壬戌,朝廷以李僧惠为宋州刺史。壬申,李僧惠率兵在雍丘大败李灵曜叛军。加之五镇进兵神速,其势难当,李灵曜连战失利②。

3. 平定李希烈叛乱

建中三年(782),唐德宗命李希烈兼任平卢、淄青节度使,奉命征讨割据淄青的李纳。结果他反与李纳通谋,并与河北藩镇朱滔、田悦等勾结叛乱,自称天下都元帅、太尉建兴王。建中四年十二月,李希烈攻打李勉于汴州,李勉坚守汴州城数月,因救兵迟迟不至,于是率其众一万多人逃奔宋州。建中五年庚午,李希烈攻入汴州,旋称楚帝,年号武成。滑州刺史李澄以城投降李希烈,李希烈任命李澄为尚书令兼永平节度使。宋州刺史刘洽遣其将高翼率精兵五千往守襄邑(宋州属县),李希烈攻下襄邑县城,高翼赴水自杀身死。叛军李希烈乘胜进攻宋州所辖宁陵县。

兴元元年(784)正月,朝廷加刘洽汴、滑、宋、亳都统副使,知都统事,李勉把自己的部众交给刘洽调遣。二月,李希烈率兵五万围攻宁陵,引水灌城。濮州刺史刘昌率三千兵坚守宁陵,兵不卸甲长达四十五天。后镇海军节度使韩滉遣其大将王栖曜率兵救刘洽。王栖曜率数千强弩夜间游过汴水,潜入宁陵城,天亮后从城头狂射李希烈兵,

---

① [宋]司马光:《资治通鉴》,中华书局1995年版,第7237—7238页。
② [宋]司马光:《资治通鉴》,中华书局1995年版,第7401页。

李希烈惊曰："宣、润弩手至矣！"① 遂解围而去。闰十月，李希烈遣其将翟崇晖率兵围攻陈州，久之未能攻克。滑州刺史李澄焚烧李希烈所授的旌节，率众归降朝廷，朝廷以李澄为汴滑节度使。宋亳节度使刘洽遣马步都虞候刘昌与陇右、幽州行营节度使曲环等领兵三万救陈州，十一月，于陈州西大败翟崇晖，杀敌三万五千人，并生擒翟崇晖。大军乘胜进攻汴州，李希烈畏惧，遂逃归蔡州。李澄引兵奔汴州，至汴州城北，但不敢进城，后刘洽兵至城东。李希烈守将田怀珍很快打开城门投降。

李希烈反叛后，先攻陷汴州，随后向东攻下襄邑（今河南睢县），又进攻宁陵，无疑是为了占领宋州，掌控连通江淮的汴水漕运线。这一目的若能实现，李希烈便可以截断江南财物运往京师的通道，且可以把这些财物据为己有，这对于叛军无疑是如虎添翼。宋州军民的坚持抵抗，打破了李希烈的战略意图。东进宋州不成，李希烈又进围陈州，其目的是通过陈州，然后再拿下颍州，进而可以控制颍、蔡运河一线，借此也可以抵达江南，或是从江南运输财物。结果又是宋亳节度使刘洽遣将率兵驰援陈州，并生擒李希烈的陈州守将。后李希烈担心汴州被围，便急忙逃归蔡州。至此，李希烈希望打通南北通道的第二个行动又在宋州将兵的打击下破灭了。由上可知，在平定李希烈反叛中，宋州起到较为关键的作用。

4. 平定庞勋起义

咸通九年（868），庞勋率众起义，时汴水一路已为叛军所占，江、淮往来皆经过寿州（今安徽淮南寿县）。叛军又乘胜围寿州，抢掠诸道贡物及商人财货，颍、蔡运河一线也遭破坏。朝廷调集各镇兵力平定叛乱，时诸道兵马大集于宋州，对占据徐州的庞勋造成极大的威慑。《资治通鉴》载："徐州始惧，应募者益少，而诸寨求益兵者相继。勋乃使其党

---

① ［宋］司马光：《资治通鉴》，中华书局1995年版，第7401页。

散入乡村，驱人为兵。又见兵已及数万人，资粮匮竭，乃敛富室及商旅财，什取其七八，坐匿财夷宗者数百家。又与勋同举兵于桂州者尤骄暴，夺人资财，掠人妇女，勋不能制，由是境内之民皆厌苦之，不聊生矣。"①

咸通十年九月，庞勋袭击宋州，曾攻陷其南城。据《读史方舆纪要》载：宋州于唐建中时为宣武军城，"城有三。……咸通十年，徐贼庞勋袭攻宋州，陷南城"②。但宋州刺史郑处冲守北城，贼探知其防备甚严，最终放弃攻打宋州，"渡汴，南掠亳州"③。由此可见，在阻挡庞勋叛军西进的过程中，宋州起着非常重要的作用。

5. 稳定宣武重镇

宣武军治所在汴州（今河南开封），长期管理汴州、宋州、亳州、颍州，但其设置前后变动较大。建中二年（781），建号宣武军，驻地宋州，下辖宋州、亳州、颍州。自天宝十四年（755）安史之乱始，中原成为叛镇和唐中央政府反复争夺的重要地区。为平叛安史祸乱，唐政府在中原地区设置了一些方镇，宣武节度使便应运而生。

大历末年，时河朔三镇及河南道部分方镇拥兵自重。平卢节度使李正己，先后有淄、青、齐、海、登、莱、沂、密、德、棣、曹、徐、濮、兖、郓十五州之地。田承嗣有魏、博等七州之地。李宝臣有恒、易等七州之地。梁崇义有襄、邓等六州之地。他们相互结援，就是朝廷也奈何不得。建中二年，德宗命扩大汴州城，就是为讨伐李正己等做准备。时汴州为永平军节度使治所，永平军节度使领汴、宋、滑、亳、陈、泗、颍七州。朝廷为加强该地区的力量，有效牵制骄横跋扈的淄青平卢镇，从永平镇中分出宋、亳、颍三州，另立宋亳颍节度使。

兴元元年（784），"宣武军节度使徙治汴州"④。宣武镇治所由宋州

---

① ［宋］司马光：《资治通鉴》，中华书局1995年版，第8137页。
② ［清］顾祖禹：《读史方舆纪要》，中华书局2010年版，第2341页。
③ ［宋］司马光：《资治通鉴》，中华书局1995年版，第8149页。
④ ［清］钱大昕：《廿二史考异》，中华书局1985年版，第858页。

迁至汴州，盖因其扼通济渠上游，为水陆要冲，同时又可通颍、蔡运河一线，堪称是两条漕运通道之咽喉，更是王室之屏障。时宣武镇东有李正己，北有田承嗣，西南有梁崇义，各藩帅拥有重兵，与朝廷分庭抗礼，都想攻占汴州作为西犯长安的军事基地。故宣武节度使以汴州为治所较宋州更具有战略意义。

第三节　唐五代时期商丘的社会经济

由于隋末的暴政，农业生产遭到严重破坏。唐朝建立后，统治者为恢复社会经济的发展创造条件，制定推行了一些有利于生产发展的政策措施，以促进农业、手工业和商业的发展。宋州地处水陆冲要，政治、经济地位都十分重要，唐朝统治者非常重视该地区的经济恢复和社会发展。该时期宋州地区的经济总体上趋于上扬，但也有波动，特别是安史之乱及藩镇割据时期，因战乱造成宋州经济的滑坡。

安史之乱前后历时八年，河南处于战乱的中心，其经济发展所受的破坏也最为惨重。早在叛军进入河南时，每攻占州郡城池，都会纵兵杀掠，使当地居民饱受战乱之苦。特别是叛军围攻睢阳时，不仅城内居民死亡殆尽，而且附近百姓也屡遭兵灾。唐朝参加平叛的其他军队，如神策军、朔方军等也都有胡作非为的情形。战乱结束后，睢阳等地区满目疮痍，人口锐减，经济萧条，社会发展出现了严重的停滞及倒退。《旧唐书》记载："东至郑、汴，达于徐方，北自覃怀，经于相土，人烟断绝，千里萧条。"① 与之前的繁荣景象相比，真是天壤之别。

安史之乱后，宋州成为唐朝廷控制中原方镇的重要区域，经历多次战乱，对该地区的经济发展无疑会带来负面影响。如唐末农民战争对宋州社会和经济的影响很大。时人刘崇远曾言："始盗贼聚于曹、濮，皆承

---

① ［后晋］刘昫等：《旧唐书》，中华书局1975年版，第3457页。

平之蒸民也。……初则窥夺谷粟，以救死命；党与既成，则连衡同恶，跨山压海，东逾梁宋。"①唐末农民起义的首领王仙芝和黄巢分别是濮州（今濮阳范县濮城镇）和冤句（今山东菏泽西南）人，他们起义和早期活动的地点在今河南东北部和山东西南部一带，旧属梁、宋之地，所以被当时统治者称作"巨盗起梁宋，兵火照天下"②。无辜百姓被逼无奈发动农民战争，对该地区的社会和经济发展造成破坏，加重了本地的社会危机。

影响宋州经济发展的因素还有自然条件。因农业经济对自然条件的依赖性很强，故旱、涝、大风等灾害无疑会严重影响农业生产。自唐代立国，宋州地区发生过多次较为严重的自然灾害，多数为天灾，也有一些是人为造成的灾害。

一 农业

唐朝建立后，武德七年（624），唐高祖下令继续推行均田制和租庸调制。

唐代均田制较之前有新的特点：一是在一定条件下土地可以买卖；二是士族门阀地主势力趋于衰落，授田减少；三是注重增加劳动力，提高土地的可利用空间，以增加社会财富，实现国家的发展与稳定。

由于隋末农民战争，致使河南道各州人口大量减少，且人口分布不均衡，总体上看，唐初河南道属于地多人少的宽乡。唐代均田令规定："田多可以足其人者为宽乡，少者为狭乡。狭乡授田，减宽乡之半。"③从贞观十三年（639）的户口统计来看，宋州人口稀少，属于宽乡。从唐代几次迁移北方少数民族到宋州的情况来看，亦可以判断宋州属于地多人少的宽乡。如万岁通天元年（696），迁浮渝靺鞨乌素固部落，归宋州管治④；万岁通天二年，迁契丹李去闾部落、突厥乌突汗达干部落于徐、

---

① [五代]刘崇远：《金华子杂编》，中华书局2014年版，第288—289页。
② [唐]张保和：《新移抚州子城记》，[清]董诰等编：《全唐文》，中华书局1983年版，第8625页。
③ [宋]欧阳修、宋祁：《新唐书》，中华书局1975年版，第1342页。
④ [后晋]刘昫等：《旧唐书》，中华书局1975年版，第1524页。

宋州安置①。上述表明宋州具备实施均田的客观条件，应是均田制推行较好的地方之一。在均田制下，特别是在宋州这样的宽乡，一般农民都能从政府手中获得一定数量的授田，这在一定程度上改变了隋末农民战争以前的不合理的土地占有情况，有利于提高农民的生产积极性，也有利于宋州地区社会经济的恢复和发展。

在推行均田制的基础上，唐代的赋役制度实行租庸调制。该制度规定，凡为均田人户，无论授田多少，均按丁口交纳定额的赋税及服一定的徭役。具体内容是：每丁每年向国家交纳粟二石，称作租；交纳绢二丈、绵三两或布二丈五尺、麻三斤，称作调；服徭役二十天，是为正役，若不愿亲服徭役，则每丁可按照每天交纳绢三尺或布三尺七寸五分的标准，交足二十天的数额以代役，这称作庸，也叫"输庸代役"。若出现水旱虫霜等严重自然灾害，农作物损失十分之四以上免租，损失十分之六以上免调，损失十分之七以上赋役全免。

由于均田制和输庸代役制度的推行，使得农民能有较多时间进行农业生产，对宋州社会生产力的发展起到了推动作用，具有一定的积极意义。宋州地区的土地也得到进一步开垦，农业稳步发展。当时农作物的种类主要有粟、小麦、水稻、豌豆、大麦等。而且均田制规定永业田必须种榆、枣、桑等树种，这样又使传统的植桑养蚕业发展起来。宋州的土产主要有漆、枲、绤、绵、绝、縠、绢等。

二 手工业

在农业发展的基础上，唐朝宋州的手工业亦有了进一步的发展。城市手工业中，缫丝、织锦、纺纱、刺绣是其主要的生产部门。唐朝时期，全国大部分地区都产绢。当时，"绢分为八等，布分为九等"，而"宋、亳之绢……第一等"②。宋绢是宋地贡赋中常有的物品。早在秦汉时期，

---

① ［后晋］刘昫等：《旧唐书》，中华书局1975年版，第1522、1525页。
② ［唐］李林甫等：《唐六典》，中华书局1992年版，第541页。

宋地就有不少以贩卖纺织品为业的商人，灌婴早年即是以此为业。"距睢阳不远的襄邑同样以织锦出名。直到魏晋之间，盛名犹未稍息。汉时且在襄邑设立织室，纺织皇室服装的用品。唐时睢阳、襄邑仍为宋州属县，种桑养蚕仍是当地农家的要务。"① 宋州民间有大量的丝织业作坊。

由于唐代文化教育事业的发展，对各类纸张和书籍的需求量也相应增加，因此促进了造纸业的发展。当时的造纸技术较前代有很大提高，出现了一些技术较为复杂的高级纸张。在宋州地区曾生产过一种带条纹的高级纸，"织成界道绢素，谓之乌丝栏、朱丝栏，又有茧纸"②。茧纸是一种用纺织剩余的蚕茧等制成的纸张。由于纸张质地洁白，带有黑、红等颜色的条纹，所以被称为界道绢素或乌丝栏、朱丝栏。将织绢剩余的原料加工成纸张，不仅能够物尽其用，又开创了造纸业的新途径，为当时手工业的发展做出重要贡献。

三 城市发展和商业繁荣

宋州的地理位置决定了它在唐朝国内商业贸易上的重要地位，成为具有一定影响的地方都会城市。如《通典》载，当时国内的交通路线以长安为中心，东经汴州、宋州，至山东半岛，西到岐州。水路方面，运河开通后，宋州是该交通动脉上的重要一环。又如唐高宗封禅泰山归来时，由兖州到达亳州，则须经过宋州。由亳州南行，可达颍州（治所在今安徽阜阳）。由庐州（治所在今安徽合肥）去往长安和洛阳的二京路须经颍州。由此可见宋州是贯通南北的重要交通都会城市。水陆交通的发达，加上其农业和手工业的恢复和发展，更促进了宋州商业的发展。如唐代诗人皮日休在《汴河铭》中云："今自九河外，复有淇（即永济渠）、汴（即通济渠），北通涿郡之渔商，南运江都之转输，其为利也博哉。"③

---

① 史念海：《隋唐时期运河和长江的水上交通及其沿岸的都会》，《中国历史地理论丛》1994年第4期。
② ［唐］李肇：《唐国史补》，上海古籍出版社1979年版，第60页。
③ ［唐］皮日休：《汴河铭》，见［清］董诰等编：《全唐文》，中华书局1983年版，第8363页。

交通便利是促进商业繁荣的重要条件，关键是政府陆驿、水驿的设置及私人邸店的普遍兴起。唐承前朝旧制，在水陆交通要道上大致凡三十里置一驿站，全国有水路驿站二百六十所，陆路驿站一千二百九十七所。陆路驿站备有马匹，水路驿站备有船只，以供官吏往还和官府文书的传递。驿站的设置，便利了交通要道上城市间的人员往来，增添了商贸往来的人员要素。特别是私人开设的邸店，专门接待行商等各类行人。史载开元天宝（713—756）时期，"东至宋、汴，西至岐州，夹路列店肆待客，酒馔丰溢。每店皆有驴赁客乘，倏忽数十里，谓之驿驴。南诣荆、襄，北至太原、范阳，西至蜀川、凉府，皆有店肆，以供商旅。远适数千里，不持寸刃"①。由此可见，私人开设的商业邸店在宋州当是常见，也在一定程度上反映了宋州商业的繁荣程度。

李勉埋金的典故就与宋州的邸店有关。李勉，字玄卿，唐朝宗室，其曾祖李元懿为唐高祖李渊第十三子。天宝（742—756）年间，有一个读书人借宿在宋州的一家旅店中，当时李勉年轻贫穷，与这个书生同住在这家旅店。不到十天，这个书生突发重病，后无药可救，临终前对李勉说："我家住洪州（今江西南昌），原来想到北都（太原）求得一官半职，不想患此重病，且命不保矣，这是命中注定的。"于是从布袋中拿出一百两金子交给李勉，又说："我的仆人不知道我有这些金子，您拿着它为我料理后事，余下的都送给您。"李勉答应为他料理后事。后事办好后又把剩余的金子秘密地放在墓穴中和死者一起埋下。时隔数年，李勉赴开封任职县尉，病逝书生的兄弟带着洪州府的公文来寻找书生。到了宋州，探听到李勉曾为其哥哥主持过丧事，就特地来到开封找李勉，并询问其兄银子的下落。李勉请了假陪同前往商丘墓地，挖出剩余的金子交给书生的兄弟②。

唐代社会观念的包容也为宋州商业繁荣奠定基础。从授田给工商业

---

① ［唐］杜佑：《通典》，中华书局1988年版，第152页。
② ［宋］欧阳修、宋祁：《新唐书》，中华书局1975年版，第4509页。

者来看,国家并未过分抑制商业。当时,越来越多的人愿意把商业当做一个行业。加之从事农业生产获利少,且负担较重,所以弃农经商的现象较为普遍。当时许多有识之士认为"官家不税商,税农服作苦"①,而"金多众中为上客"②,成为吸引人们弃农经商的重要原因。当时在一些地方,"客行野田间,比屋皆闭户。借问屋中人,尽去作商贾"③。那些经商致富之人,同样看不上从事农业生产之人:"农夫何为者,辛苦事寒耕。"④利益的驱动引起时人思想观念的转变,促使更多农民弃农经商,促进了唐代商业的发展。

经济的发展也带来了城市的繁荣,当时宋州治所所在地宋城已是颇具规模的商业城市。杜甫在《遣怀》诗中盛赞说:"昔我游宋中,惟梁孝王都。名今陈留亚,剧则贝魏俱。邑中九万家,高栋照通衢。舟车半天下,主客多欢娱。"⑤陈留指汴梁,时属陈留郡。"名今陈留亚"即宋州的名气仅次于汴梁之意。可见当时宋州都会之雄壮、人物之殷盛。

唐末至五代十国,由于藩镇割据,连年混战,宋州经济受到很大影响,乡村稀落,市镇萧条。特别是后梁宣武军节度使袁象先坐镇宋州十余年,对人民疯狂掠夺,当时的人民苦不堪言。宋州的经济也因此再度陷入低谷。

第四节 唐五代时期商丘的文化与教育

一 诗文

中国古典诗歌发展到盛唐时已进入最为辉煌的时期,宋州境内出现了许多诗文作家。

---

① [唐] 姚合:《姚少监诗集》,上海古籍出版社1994年版,第30页。
② [清] 彭定求等编:《全唐诗》,中华书局1960年版,第4287页。
③ [唐] 姚合:《姚少监诗集》,上海古籍出版社1994年版,第30页。
④ [清] 彭定求等编:《全唐诗》,中华书局1960年版,第3974页。
⑤ [唐] 杜甫撰,[清] 仇兆鳌注:《杜诗详注》,中华书局2004年版,第1447页。

（一）以诗名世的崔曙、刘宪

崔曙，宋城人，幼孤，自小背井离乡，西上少室山（嵩岳西峰），拜师求学。玄宗开元二十六年（738）考中进士，无意做官而专心致力于文章之事。唐代诗人殷璠称其诗作："言辞款要，情兴悲凉，《送别》《登楼》，俱堪下泪。"崔曙自幼独立谋生于异土他乡，历经诸多艰辛坎坷，尝尽人间疾苦，体味人间世态炎凉，故而凡所见闻极易引发其伤感之情，万物皆着思乡之愁："晚霁长风里，劳歌赴远期。云轻归海疾，月满下山迟。旅望因高尽，乡心遇物悲。故林遥不见，况在落花时。"崔曙虽少小离家谋生，但故土的一草一木时常令其魂牵梦萦，思念之情流露于其诗作之中。如《送薛据之宋州》"客处不堪别，异乡应共愁""风土至今忆，山河皆昔游""君去问相识，几人成白头"①，该诗描写送别友人前往宋州的复杂心绪。篇中熔送别与思乡于一炉，自叙身世之感，抒发"人情同于怀土兮，岂穷达而异心"的胸臆，且咏且叹，一往而情深，堪称是其送别诗的代表之作。其《登水门楼见亡友张贞期题望黄河作因以感兴》也是感人肺腑的上等佳作，诗曰："人随川上去，书在壁中留。……时与交友古，迹将山川幽。……流落年将晚，悲凉物已秋。天高不可问，掩泣赴行舟。"②

崔曙传世之作共十五首，《全唐诗》卷一五五存诗一卷，《全唐文》卷三五五收《瓢赋篇》，《全唐诗逸》上卷辑句两联。现存十五首诗作多被唐以来的诗集多次选收，如《国秀集》《河岳英灵集》《唐诗品汇》《唐诗纪事》等，足以表明其诗作价值颇高，深受后人青睐。十五篇诗作中，五言律诗五首，五言排律六首，五言绝句一首，五言古风一首，七言律诗、绝句各一首。

刘宪，字元度，宋州宁陵人。其父刘思立，高宗时为侍御史。刘

---

① ［宋］计有功撰，王仲镛校笺：《唐诗纪事校笺》，中华书局2007年版，第675页。
② ［唐］殷璠编：《河岳英灵集》，见傅璇琮、陈尚君、徐俊编：《唐人选唐诗》（增订本），中华书局2015年版，第257页。

宪弱冠之年就擢进士第，调任河南尉，后又任左台监察御史。后因遭酷吏来俊臣诬陷被贬为邻水令。后再迁司仆丞。来俊臣伏诛后，刘宪被擢为给事中，不久又转任凤阁舍人。刘宪与张易之友善，经张易之推荐，自礼部侍郎出为渝州刺史。不久又入京为太仆少卿，兼修国史，加修文馆学士。景云初年，迁为太子詹事。其时玄宗在东宫，留意经籍，雅好坟史，对此，刘宪作《上东宫劝学启》一文陈述所见，言之凿凿，语意恳切，感人至深，得到玄宗的赏识。第二年，刘宪卒，赐兖州都督。则天武后时，敕令吏部不记名位高低，选拔贤才，惟刘宪与王适、司马锽、梁载言列第二等。

刘宪有文集三十卷，作品以诗歌为主，兼擅散文。其诗歌大都是奉和、应诏、侍宴一类的作品，内容较为空泛，形式大同小异，无非是歌舞升平，叩恩谢宠。诗风婉弱，缺乏雄壮挺拔之气。刘宪的文章，对仗工稳，音韵铿锵，如其代表作《上东宫劝学启》就类似于骈文。

（二）学者陈希烈、刘熙古

唐朝是我国历史上的盛世，除政治清明、社会稳定、经济发达外，还表现在文化科技等方面。当时在宋州也出现了许多颇有建树的学者，代表人物为陈希烈和刘熙古。

陈希烈，宋州宋城人。据史料载，可推知其出生于唐高宗后期，一生经历了高宗、武后、中宗、玄宗、肃宗诸朝，享年八十余岁。

陈希烈自幼聪颖勤奋，二十岁左右便考中进士。中年以后，其为人处世更为练达，学识更为渊博，勤思善问，博览群书，特别是对黄老之学有很深的造诣，诗句辞章甚为出色。开元年间（713—741），唐玄宗较为留心经义之学，陈希烈与凤翔（今陕西）人冯朝隐被召到禁中，主要为玄宗皇帝讲解《老子》《易经》等诸家典籍。陈希烈讲解经义时，往往能够敷尽微隐，应答皇帝诏问常能曲尽其意，因而很受玄宗皇帝恩宠，后累迁至中书舍人。开元十九年（731）又迁为集贤院学士，进工部侍郎，代张九龄专判集贤院事。在此期间，唐玄宗凡有撰述，必借陈希烈之手助其完成。时隔不久,又迁为门下侍郎。天宝年间(742—756),陈希烈累迁为左丞相兼兵部尚书,封许国公,"一时宠遇和李林甫齐等"。天宝十四年(755),安禄山、史思明发动叛乱后,陈希烈及诸多朝廷官员来不及追随玄宗皇帝出逃,后被安史叛军俘获,受伪命为中书令。唐肃宗至德二年(757),唐肃宗还驾长安,对做过伪官的人以六等定罪。陈希烈论罪当斩,肃宗念其久为太上皇宠臣,故赐死于家。

关于陈希烈的著述情况,史无详述。《新唐书》仅著录他参与注解《御刊定礼记月令》一卷。现存其文三篇,诗三首,分别收在《全唐文》《全唐诗》中。其三篇著文是《道士萧从一见玄元皇帝奏》《请以南华真经宣付史官奏》《修造紫阳观敕牒》,皆述仙道之事,对我们今天研究唐代道教盛行情况有一定的参考价值。其诗作三首是《赋得云生栋梁间》《奉和圣制三月三日》《省试白云起封中》,或奉和应制,或歌功颂德,或描写景物,自抒情怀,论成就不如其辞文。

刘熙古(901—975),字义淳,宋州宁陵人,出身于官宦世家,是唐朝左仆射刘仁轨的第十一世孙。其祖父刘实进,曾经做过汝阴县令。

刘熙古自幼聪慧,勤谨好学,十五岁时,已通晓《易》《诗》《书》等经书。到十九岁时,又通晓《春秋》及"子""史"部书籍。因为避祖父名讳,未参加科举考试,后唐明宗长兴年间(930—933),刘熙古以其所著《三传》被举荐。当时翰林学士和凝执掌天下举人贤士、官吏选授和勋封考课事务。刘熙古献上所著《春秋极论》二篇、《演例》三篇,和凝大加赞赏,遂引荐他参加进士考试。刘熙古以其渊博的学识及第擢用,后又历任下邑县令、三司户部巡官、卢氏令、节度判官、左谏议大夫、刑部侍郎、兵部侍郎、户部尚书等职。

刘熙古一生淳谨纯笃,敬业若神,虽至显贵而不改寒素作风,历仕后唐、后晋、后汉、后周、北宋五朝。除参与政务之外,刘熙古未曾忘记著书立说,曾经汇集古今事迹为《历代纪要》五十卷。又精通小学、文字、训诂、音韵学,曾作《切韵拾玉》二篇,摹刻以献,太祖降诏国子监付梓颁行于世。熙古又兼通阴阳象纬之术,著有《续隶斯歌》一卷,《六王释卦序例》一卷传世。

(三)著名诗人咏商丘

唐代宋州以厚重的历史文化为时人所仰慕,备受文人骚客青睐,成为他们游玩和以诗文咏怀的对象。隋唐大运河开通之后,宋州处于两京与江淮的水路要道上,为时人游玩宋州提供了便利的交通条件。

盛唐时期,怀才不遇的文人多喜欢到宋州游历,寻访昔日梁孝王刘武与著名文士司马相如、枚乘、邹阳等君臣相知的历史遗风,以此释放自己理想无法实现的郁闷心情。因此,当时文人对宋州有着异乎寻常的"梁宋情结"。

在唐代著名诗人中,游历宋州或歌咏宋州的有高适、李白、杜甫、王昌龄、李贺、杜牧、张谓、韦应物、刘长卿、孟云卿、岑参、储光羲、李嘉祐、钱起等。

高适,沧州渤海(今河北景县)人。《旧唐书·高适传》:"适少濩落,不事生业,家贫,客于梁、宋,以求丐取给。"[①]据刘开扬《高适年谱》考证,他从二十一岁到四十六岁的二十五年间,除几次出游外,其余时间大都是在宋州度过。唐玄宗开元十九年(731),高适曾北上蓟门,经过魏州、巨鹿、真定,出卢龙塞。二十年冬,开始自蓟门回归,过邯郸、漳水、卫州。二十一年冬,高适方才回到宋州。天宝四年(745)至六年(747),高适出游鲁、楚等地。据刘开扬《高适诗集编年笺注》考证,高适在宋州创作的诗歌,能够确认的有六十九首。

开元十二年(724),高适自负通晓文武之道,心怀济世报国之志,如其在《别韦参军》一诗中写到:"二十解书剑,西游长安城。举头望君门,屈指取公卿。"然高适在长安不遇,美好的愿望在无情的现实面前破灭,因"许国不成名,还家有惭色",于是开始旅居宋州长达二十余年,写

---

① [后晋]刘昫等:《旧唐书》,中华书局1975年版,第3328页。

下多篇反映其耕钓生活的诗作,也写下多首反映梁宋历史遗迹的诗篇,以表达自己怀才不遇的郁闷心情。如《宋中十首》其一:"梁王昔全盛,宾客复多才。悠悠一千年,陈迹惟高台。寂寞向秋草,悲风千里来。"①

开元二十二年,高适三十一岁,是年在宋州的诗作有《赠别晋三处士》《送萧十八与房侍御回还》《酬裴秀才》《寄孟五少府》《宋中遇刘书记有别》《宋中遇林虑杨十七山人,因而有别》《宋中别李八》《酬岑二十主簿秋夜见赠之作》《宋中别司功叔,各赋一物得商丘》《苦雪四首》《送蔡山人》《平台夜遇李景参有别》《同颜六少府旅宦秋中之作》《别韦兵曹》《别从甥万盈》《别孙䜣》《秋日作》《田家春望》《闲居》等。

开元二十五年,高适三十四岁,在宋州作《哭单父梁九少府》《睢阳酬别畅大判官》。开元二十七年,作《宋中送族侄式颜,时张大夫贬括州使人召式颜,遂有此作》。天宝元年(742)秋,有《酬鸿胪裴主簿雨后睢阳北楼见赠之作》。冬,有《同群公十月朝宴李太守宅》,又有《画马篇,同诸公宴睢阳李太守,各赋一物》《奉酬睢阳李太守》等诗。天宝二年二月,作诗《同李司仓早春宴睢阳东亭》。天宝三年,自大梁回到睢阳,作《宋中别周、梁、李三子》等诗。天宝四年,作《饯宋八充彭中丞判官之岭外》。天宝七年,在睢阳与陈兼、贾至、独孤及等人交往,作《宋中遇陈二》等诗。"天宝中,海内事干进者注意文词。适年过五十,始留意诗什,数年之间,体格渐变,以气质自高,每吟一篇,已为好事者称颂。"② 宋州刺史张九皋以其有奇才,荐举有道科。天宝八年夏,赴长安应试中第。时右相李林甫擅权,薄于文雅,仅以举子待之。后任其为汴州封丘尉,但该职位并不符合高适志向,遂辞官不做,客游河右(泛指黄河以西地区)。

高适的诗反映了其在宋州生活的情况,如《别韦参军》载:"归来洛阳无负郭,东过梁宋非吾土。兔苑为农岁不登,雁池垂钓心常苦。"③

---

① [唐]高适撰,刘开扬笺注:《高适诗集编年笺注》,中华书局2008年版,第4页。
② [后晋]刘昫等:《旧唐书》,中华书局1975年版,第3328页。
③ [唐]高适撰,刘开扬笺注:《高适诗集编年笺注》,中华书局2008年版,第10页。

《途中酬李少府赠别之作》云:"余亦惬所从,渔樵十二年。种瓜漆园里,凿井卢门边。"①《酬庞十兵曹》亦载:"托身从畎亩,浪迹初自得。雨泽感天时,耕耘忘帝力。"②上述诗中所提及的"兔苑""雁池""漆园""卢门"等地点,可推断高适当时可能居住在宋城东门或南门附近。主要描写其在宋州从事农业生产的情况,曾经从事耕地、除草、种瓜、凿井等劳动,闲暇之时也会进行垂钓和采樵等。虽也曾经有过向往隐逸的思想,如《宋中遇林虑杨十七山人因而有别》,其羡慕十七山人"萝径垂野蔓,石房倚云梯。秋韭何青青,药苗数百畦。……耕耘有山田,纺绩有山妻"③的洒脱生活,但也不掩饰他"箕山别来久,魏阙谁不恋"④的入世心态。

高适在宋州期间曾多次外出游览名胜,吟诗交友,其间写了不少送别应酬的诗作。如高适在平台夜遇李景参,分手时作诗一首:"离心忽怅然,策马对秋天。孟诸薄暮凉风起,归客相逢渡睢水。昨时携手已十年,今日分途各千里。岁物萧条满路歧,此行浩荡令人悲。"⑤又如《宋中别司功叔各赋一物得商丘》:"商丘试一望,隐隐带秋天。……即此伤离绪,凄凄赋酒筵。"⑥再如《宋中遇刘书记有别》:"相逢梁宋间,与我醉蒿莱。……末路终离别,不能强悲哀。"⑦

因为理想与现实之间的矛盾冲突,使他内心十分不满,故抒发怀才不遇的悲愤成为其宋州诗作的主体风格。《宋中十首》是咏物感怀诗的代表,宋州历史上的人物与事件成为高适抒发心情的寄托对象。看到昔日梁国所筑高台,想起招才纳贤的梁孝王刘武,发出"君王不可见""昔贤不复有""寂寞向秋草,悲风千里来"的感慨。发迹于芒砀山之间知人善任的汉高祖刘邦、仁慈宽厚的宋景公、曾经路过宋国又有着同样

---

① [唐]高适撰,刘开扬笺注:《高适诗集编年笺注》,中华书局2008年版,第83页。
② [唐]高适撰,刘开扬笺注:《高适诗集编年笺注》,中华书局2008年版,第13页。
③ [唐]高适撰,刘开扬笺注:《高适诗集编年笺注》,中华书局2008年版,第67页。
④ [唐]高适撰,刘开扬笺注:《高适诗集编年笺注》,中华书局2008年版,第69页。
⑤ [唐]高适撰,刘开扬笺注:《高适诗集编年笺注》,中华书局2008年版,第74页。
⑥ [唐]高适撰,刘开扬笺注:《高适诗集编年笺注》,中华书局2008年版,第78页。
⑦ [唐]高适撰,刘开扬笺注:《高适诗集编年笺注》,中华书局2008年版,第66页。

悲惨遭遇的鲁仲尼、曾为漆园吏的庄周、曾经称霸一时的宋襄公、身不下堂而治单父县的宓子贱、商族的始祖阏伯等都成为高适抒发当时心情的参照。他这种不满的心情随着时间的流逝而愈加深沉,如《别孙䜣》:"帝乡那可忘,旅馆日堪愁。谁念无知己,年年睢水流。"①悲愁的心情如穿过宋州的睢水一样年年不息。

高适在《宋中十首》中,有"梁王昔全盛,宾客复多才""朝临孟诸上,忽见芒砀间""梁苑白日暮,梁山秋草时""逍遥漆园吏,冥没不知年""五霸递征伐,宋人无战功""阏伯去已久,高丘临道傍"②等句,处处体现出商丘的文化元素。

高适喜好论及王霸大略,务实功名,崇尚节义。生逢多难之际,常以安危为己任。他旅居宋州数十年,对宋州感情至深,离开宋州之后,宋州蒙难,仍心系宋州安危。至德二年(757),睢阳被叛军围困,情况紧急,高适曾写书信给贺兰进明,"令疾救梁、宋,以亲诸军";又与许叔冀书,"绸缪继好,使释他憾,同援梁、宋"③。

李白,唐代浪漫主义诗人。开元二十年(732),三十二岁的李白曾经过宋州。天宝元年(742)秋,在道士吴筠的推荐下,受诏入京,被召见于殿前,授待诏翰林。李白的文章风采震惊世人,然其桀骜不驯的性格加之酗酒,得罪了高力士、杨贵妃等权贵,终为他们所不容,仅在长安待了两年半时间。天宝三年,李白请求弃官不做,唐玄宗赐金许其还乡,自此李白开始了游历四方的生涯。是年秋天,李白到达梁宋,在此期间遇见高适、杜甫,三人前已结友畅游梁宋。他们曾一起到过宋州城东边的平台、东北的孟诸泽、单父县(时隶属宋州,今山东单县)西北琴台(孔子弟子宓子贱弹琴处)等处游赏、吟诗作赋。在宋州期间,李白写下著名的《梁园吟》:"我浮黄云去京阙,挂席欲进波连山。

---

① [唐]高适撰,刘开扬笺注:《高适诗集编年笺注》,中华书局2008年版,第80页。
② [唐]高适撰,刘开扬笺注:《高适诗集编年笺注》,中华书局2008年版,第4—5页。
③ [后晋]刘昫等:《旧唐书》,中华书局1975年版,第3331页。

天长水阔厌远涉,访古始及平台间。平台为客忧思多,对酒遂作梁园歌。"诗中所记梁园,亦曰梁苑,汉代梁孝王所建;平台,春秋时宋皇国父为宋平公所建。这两个遗迹都在宋州境内。在这首《梁园吟》中,李白借酒浇愁,发出了"梁王宫阙今安在,牧马先归不相待。舞影歌声散绿池,空余汴水流东海。沉吟此事泪满衣,黄金买醉不能归"的感慨,虽也有政治上失意之后及时行乐的颓废,但也体现出古今豪贵不足恃、形势无常的智慧见解,是借宋州历史古迹以遣愁绪,作歌抒情的佳作。

据裴斐《李白年谱简编》考证,天宝十年春,李白五十一岁,由南阳北上洛阳,"返梁园"。天宝十一年,经华州入关,返梁园。天宝十二年春天,李白到宋州,从宋州赴曹南,复从曹南返宋州,又从宋州往宣城。安史之乱爆发后,中原战乱频繁,李白主要活动在江南,几未再游宋州。自天宝三年至天宝十二年的十年间,李白游历梁宋次数较多,时间也比较长,固有"一朝去京国,十载客梁园"(《书情赠蔡舍人雄》)①之说。

比李白小十二岁的杜甫与李白相遇于洛阳,两人一见如故,相互欣赏,大有相见恨晚之意。两人曾共游梁宋,"醉眠秋共被,携手日同行"②,"醉舞梁园夜,行歌泗水春"③。到宋州后他们又遇见著名诗人高适。杜甫《遣怀》诗云:"昔我游宋中,惟梁孝王都。名今陈留亚,剧则贝魏俱。邑中九万家,高栋照通衢。舟车半天下,主客多欢娱。……忆与高李辈,论交入酒垆。两公壮藻思,得我色敷腴。气酣登吹台,怀古视平芜。芒砀云一去,雁鹜空相呼。"④三人此时皆怀才不遇,可谓是同病相怜,于是一起凭吊梁园旧迹,吟诗作赋,慷慨怀古。

著名诗人王昌龄"曾为大梁客",也写下了吟咏宋州的优秀诗篇,如《梁苑》:"梁园秋竹古时烟,城外风悲欲暮天。万乘旌旗何处在,平

---

① [唐]李白撰,[清]王琦注:《李太白全集》,中华书局2010年版,第516页。
② [唐]杜甫撰,[清]仇兆鳌注:《杜诗详注》,中华书局2004年版,第45页。
③ [唐]杜甫撰,[清]仇兆鳌注:《杜诗详注》,中华书局2004年版,第662页。
④ [唐]杜甫撰,[清]仇兆鳌注:《杜诗详注》,中华书局2004年版,第1447—1448页。

台宾客有谁怜。"①字里行间流露出物是人非、伤时感怀的情状。

唐代著名现实主义诗人白居易，其诗中曾多次写到梁园往事。白居易曾到宋州梁园与友人畅饮，借兴吟咏诗歌。如"梁园不到一年强，遥想清吟对绿醑。更有何人能饮酌，新添几卷好篇章"（《早春同刘郎中寄宣武令狐相公》）②；"兔园春雪梁王会，想对金罍咏玉尘。今日相如身在此，不知客右坐何人"（《雪中寄令狐相公兼呈梦得》）③，诗句自比昔日梁国的司马相如，却不见当年招贤纳士的梁孝王，心中不免有些许遗憾。回到洛阳后，又自比昔日的邹阳和枚乘，即使梁孝王这样的人在，却也错过惺惺相惜、吟诗唱和的良机，如"今日邹枚俱在洛，梁园置酒召何人"（《洛下雪中频与刘李二宾客宴集因寄汴州李尚书》）④；"梁园应有兴，无不召邹生"（《雪朝乘兴欲诣李司徒留守先以韵戏之》）⑤，流露出诗人生不逢时，艳羡梁孝王与邹、枚及司马相如在梁园论辩作赋的生活。

唐代田园山水诗派代表诗人之一的储光羲，因仕途失意，曾隐居终南山。据谭优学考证，天宝四年（745）其复为安宜（今扬州安宜镇）县尉⑥。笔者认为，储光羲自京城赴任途经宋州，于时写下《登商丘》一诗："河水日夜流，客心多殷忧。维梢历宋国，结缆登商丘。汉皇封子弟，周室命诸侯。摇摇世祀怨，伤古复兼秋。鸣鸿念极浦，征旅慕前俦。太息梁王苑，时非牧马游。"⑦

唐代诗人储嗣宗（储光羲曾孙），受王维、储光羲影响，善写山林幽景，多发尘外之思。他曾在宋州感怀昔日梁园，"雁池衰草露沾衣，河水东流万事微。寂寞青陵台上月，秋风满树鹊南飞"（《宋州月夜

---

① ［明］高棅编：《唐诗品汇》，中华书局2015年版，第1560页。
② ［唐］白居易：《白居易集》，中华书局1979年版，第566页。
③ ［唐］白居易：《白居易集》，中华书局1979年版，第566页。
④ ［唐］白居易：《白居易集》，中华书局1979年版，第768页。
⑤ ［唐］白居易：《白居易集》，中华书局1979年版，第810页。
⑥ 谭优学：《唐诗人行年考》，四川人民出版社1981年版，第184页。
⑦ ［清］彭定求等编：《全唐诗》，中华书局1960年版，第1394页。

感怀》）①。

刘长卿曾有"知到梁园下，苍生赖此游"（《送勤照和尚往睢阳赴太守请》）②。他本是洛阳客，为了生计，辗转来到宋州，生活之艰难和离别愁绪涌上心头，发出"惆怅梁园秋"（《睢阳赠李司仓》）③的感慨。韩琮诗"梁苑隋堤事已空，万条犹舞旧春风"（《杨柳枝》）④。唐代诗人孟迟离开睢阳去淮南时，咏诗表达对睢阳的留恋："梁王池苑已苍然，满树斜阳极浦烟。尽日回头看不见，两行愁泪上南船。"（《还淮却寄睢阳》）⑤诗人贾岛写信给宋州刺史，表达诚挚的怀念："古郡近南徐，关河万里余。相思深夜后，未答去秋书。自别知音少，难忘识面初。旧山期已久，门掩数畦蔬。"（《寄宋中田中丞》）⑥刘禹锡写诗表达对梁园生活的向往："迟迟未去非无意，拟作梁园坐右人。"（《答裴令公雪中讶白二十二与诸公不相访之什》）⑦

诗人岑参借梁园、雁池、平台、琴台等抒发感慨，表达物是人非、昔日辉煌不再的情怀："君不见梁孝王修竹园，颓墙隐辚势仍存。……池中几度雁新来，洲上千年鹤应在。……当时置酒延枚叟，肯料平台狐兔走。万事翻覆如浮云，昔人空在今人口。……辎轩若过梁园道，应傍琴台闻政声"（《梁园歌送河南王说判官》）⑧；"梁园日暮乱飞鸦，极目萧条三两家。庭树不知人死尽，春来还发旧时花"（《山房春事二首》其一）⑨。一幅凄楚萧条的景象令人伤感。

安史之乱后，张巡等人率领睢阳城内军民以死相搏的壮举，赢得时

---

① ［清］彭定求等编：《全唐诗》，中华书局1960年版，第6887页。
② ［清］彭定求等编：《全唐诗》，中华书局1960年版，第1510—1511页。
③ ［清］彭定求等编：《全唐诗》，中华书局1960年版，第1537页。
④ ［清］彭定求等编：《全唐诗》，中华书局1960年版，第6552页。
⑤ ［清］彭定求等编：《全唐诗》，中华书局1960年版，第6460页。
⑥ ［清］彭定求等编：《全唐诗》，中华书局1960年版，第6673页。
⑦ ［清］彭定求等编：《全唐诗》，中华书局1960年版，第4124页。
⑧ ［清］彭定求等编：《全唐诗》，中华书局1960年版，第2053页。
⑨ ［清］彭定求等编：《全唐诗》，中华书局1960年版，第2106页。

人的尊重，也成为唐代诗人咏怀的对象。诗人李端途经宋州时，忆起昔日睢阳之战，有感而发，对宋州军民表达崇高的敬意："睢阳陷虏日，外绝救兵来。世乱忠臣死，时清明主哀。荒郊春草遍，故垒野花开。欲为将军哭，东流水不回。"（《过宋州》）① 唐代诗人李嘉祐途经宋州，写诗流露出战后宋州的一片凄惨景象，读来令人心酸："梁宋人稀鸟自啼，登舻一望倍含凄。白骨半随河水去，黄云犹傍郡城低。平陂战地花空落，旧苑春田草未齐。明主频移虎符守，几时行县向黔黎。"（《宋州东登望题武陵驿》）②

唐代诗人耿湋作《宋中》两首："百战无军食，孤城陷虏尘。为伤多易子，翻吊浅为臣。漫漫东流水，悠悠南陌人。空思前事往，向晓泪沾巾。""日暮黄云合，年深白骨稀。旧村乔木在，秋草远人归。废井莓苔厚，荒田路径微。唯余近山色，相对似依依。"③ 第一首诗表达对宋州深陷孤城、军民俱损的深切同情；第二首诗是对宋州因战乱造成的悲戚境况的白描，令人触目伤怀。诗人耿湋对屯驻临淮的贺兰进明和驻屯彭城的许叔冀、尚衡等人不援助睢阳表达了尖锐的讽刺："唇齿幸相依，危亡故远归。身轻百战出，家在数重围。上将坚深垒，残兵斗落晖。常闻铁剑利，早晚借余威。"（《代宋州将淮上乞师》）④

唐代诗人韦应物多以山水诗见长，景致优美，感受深细，清新自然而饶有生意。而其《睢阳感怀》则是少有的悲愤之作："豺虎犯天纲，升平无内备。长驱阴山卒，略践三河地。张侯本忠烈，济世有深智。坚壁梁宋间，远筹吴楚利。穷年方绝输，邻援皆携贰。使者哭其庭，救兵终不至。重围虽可越，藩翰谅难弃。饥喉待危巢，悬命中路坠。甘从锋刃毙，莫夺坚贞志。宿将降贼庭，儒生独全义。空城唯白骨，同往无贱贵。

---
① ［清］彭定求等编：《全唐诗》，中华书局1960年版，第3245页。
② ［清］彭定求等编：《全唐诗》，中华书局1960年版，第2163页。
③ ［清］彭定求等编：《全唐诗》，中华书局1960年版，第2991、2977页。
④ ［清］彭定求等编：《全唐诗》，中华书局1960年版，第2979页。

哀哉岂独今，千载当歔欷。"①该诗既有对张巡等人的敬佩，也有对邻近不援的愤慨，又有对睢阳壮烈之举的哀惋痛惜。

唐代诗人张南史曾游历宋州，面对昔日的战乱之地，心中充满惆怅："九拒危城下，萧条送尔归。寒风吹画角，暮雪犯征衣。道里犹成间，亲朋重与违。白云愁欲断，看入大梁飞。"（《送司空十四北游宋州》）②诗人张谓少时曾客游宋州，多年之后仍把宋州看作故乡，但回想睢阳城深陷掳掠，昔日的好友惨遭不幸时，仍不禁潸然泪下："少小客游梁，依然似故乡。城池经战阵，人物恨存亡。夏雨桑条绿，秋风麦穗黄。有书无寄处，相送一沾裳。"（《别睢阳故人》）③

二 佛教文化对商丘的影响

佛教自两汉时期从印度传入我国，历经三国、两晋、南北朝数百年之久，直到隋唐时期，才和中国文化完全融合，其发展之迅速、传播之广泛，大有凌驾于儒、道二家之上的趋势。宋州地处中原地带，佛教文化发展较为迅速。首先表现在兴建寺庙上，如在宁陵县西南三十里有后梁大定二年（556）修建的黄岗寺；在归德府城东灵台上，有隋开皇二年（582）所建的灵台寺；永城县北，有唐初修建的均庆寺。其次是当时中州有道高僧很多，其功业卓著者有法琳、玄奘、一行、怀素、道信、神秀、智周等，对宋州佛教产生了重要影响。

唐太宗和则天武后时期曾先后嘉奉佛教，召集名僧，组织翻译大量佛经，大兴佛寺。各地受其影响，也争相效仿，尊崇和推广佛教文化。

位于今民权县城西南二十公里的白云寺，即始建于贞观年间（627—649），明清时期毁于战火，后于清康熙年间大加修葺。另有今睢县西

---

① ［清］彭定求等编：《全唐诗》，中华书局1960年版，第1968页。
② ［清］彭定求等编：《全唐诗》，中华书局1960年版，第3358页。
③ ［清］彭定求等编：《全唐诗》，中华书局1960年版，第2018页。

北的乾明寺，也是贞观年间所建。

唐代中期，国力较为强盛，佛教的发展盛极一时，时大力兴建的寺院有开元寺、平布寺等。这些寺院的僧人，少则十几人，多则数百人，其中不乏有道高僧在寺院传道说法，大力弘扬佛教。由于佛教在中原地区的广泛流传，许多乡村中也建有相对较为简陋的佛堂、僧舍等，召集僧人做主持，经常诵经念佛，行善救济，师徒相传，确保了佛教在广大乡村的传播与发展。因此可以认为，唐代是佛教在中国发展非常重要的一个时期，对后世的影响深远。

开元寺在宋州府城南，宋代更名为宝融寺，又名隆兴寺，现位于商丘城南500米处。进入院内，可以看到一座造型优美的八角亭，内有一座八棱石幢。石幢高约3.2米，每面宽约0.5米。石幢八面刻，每面八行，行二十八字，为颜真卿晚年撰写的《有唐宋州官吏八关斋会报德记》，立于大历七年（772）五月八日。这块八棱石碑在唐会昌年间（841—846），因武宗李炎灭佛，曾与开元寺一起被废，石碑被錾为数段。大中五年（851），崔倬为宋州刺史，将埋于土中的残碑重新立起。"文革"中，碑被砸为三段，上部约四分之三部分现存商丘市博物馆，其余不知去向，后在开元寺东建八关斋，新刻《八关斋会报德记》石碑，立于八关斋内。

三 教育的发展

唐代教育有很大的发展，为社会进步作出了重要贡献。唐代的教育政策是"尊崇儒术，兼重道佛"，与隋代"崇佛尊儒"的教育政策不同，唐代更为重视道家学说。唐朝以"李氏出自老君，故崇道教"[①]。统治者既借老子来提高李氏家族的地位，又利用道教和儒术来抑制佛教势力的过度膨胀，最终达到稳定社会的统治目的。

---

① [唐]封演：《封氏闻见记》，中华书局2005年版，第2页。

唐代的学校教育分为官学和私学两种，以官学为主。中央官学主要是"六学二馆"。六学是指国子学、太学、四门学、律学、书学和算学，隶属于国子监。

国子学设于东都国子监，在中央官学中的等级最高，条件最为优越，师资力量最为雄厚，学生多为贵族子弟，生三百人。教师有博士、助教、直讲、五经博士，这些教师同时也是不同等级的政府官员。

太学的等级次于国子学，然规模大于国子学，生五百人。太学教师的官品及学生的入学资格都低于国子学。教师有博士六人、助教六人，"五分其经以为业，每经百人"①。

四门学的等级低于太学，类似于中、小学教育阶段，生千三百人。教师有博士六人、助教六人、直讲四人。四门学的学生入学资格相对较为宽松，又是初等教育场所，因此学校规模相对较大。

律学在唐代置废无常。高宗龙朔二年（662），东都设律学，隶属国子监。所收学生不多，开始置学名额五十人，其后则日渐减少。教师有博士三人，助教一人。

书学初置于龙朔二年，隶属东都国子监。次年，归兰台领导。初定生员三十人，其后人数日渐减少，素无常额。教师有博士二人，助教一人。

算学亦置废无常。算学初置于龙朔二年，隶属于东都国子监。次年，归秘阁领导。所收学生人数低于律学，初定生员三十人，其后亦日渐减少。教师有博士二人，助教一人。

国子监是唐代教育领导机构。东都洛阳于高宗龙朔二年设国子监，置祭酒一人，从三品；司业二人，从四品下，掌儒学训导之政；丞一人，从六品下，掌判监事；主簿一人，从七品下，掌印，句督监事；录事一人，从九品下。"凡学六，皆隶于国子监。"② 这些官学都由国子监统一领导及管理，但其隶属关系据形势需要也曾有变动。如高宗龙朔三年所下

---

① ［宋］欧阳修、宋祁：《新唐书》，中华书局1975年版，第1266页。
② ［宋］欧阳修、宋祁：《新唐书》，中华书局1975年版，第1159页。

的诏书中载:"以书学隶兰台,算学隶秘阁,律学隶详刑寺。"① 表明书学、算学和律学此时应是不再隶属国子监的领导。东都洛阳除设六学之外,还设有广文馆和崇玄馆。唐朝前期,为适应社会的发展,从中央到地方设立各级类型的官学,形成了一个较为完整的教育体系。

地方官学由京都学、都督府学、州学、县学、市镇学、里学组成,以经学和医学为主要教学内容。州、县学的领导和管理由"长史"负责,学生由州、县长官选送入学。官学之外,唐朝廷"许百姓任立私学"②,多由未仕之人或退休的官僚招徒授业。唐代学校教育在组织体系、科目设置、学校管理等方面都比较健全。太宗朝的学校教育较为昌盛,仅"六学二馆"的学生就多达三千二百人③,玄宗朝更趋发展,安史之乱后,学校教育渐趋衰落。

唐代统治者确立了"尊崇儒术"的教育政策,因此经学的教育更为发达,官学教材主要是经学,故经学在唐代官学教育体系中占据主导地位。封建官学自产生便是学习和研究以儒家经典为主的教育机构,唐代的私学也主要以学习经学为主,这与唐代科举考试的内容有关。唐代选拔官吏均以儒家经术作为取舍标准,士子们也以钻研经书为入仕的途径,官私教育也应以教学儒家经术为主。

唐效仿隋朝科举制,并使之渐次趋于完善。唐代的科举分为常举和制举两种。常举主要有秀才、明经、进士、明法、明书、明算、道举、童子等八科,其中以明经和进士两科最为重要。明经考试的内容为帖经、经义和时务策,以帖经为主;进士考试的内容为帖经、诗赋和时务策,以诗赋为主。考帖经靠死记硬背即可,而考诗赋则需要独立思考,因而考中明经相对容易,考中进士则十分困难。时明经的录取率为十分之一二,进士的录取率仅为百分之一二,故时有"三十老明经,五十

---

① [后晋]刘昫等:《旧唐书》,中华书局1975年版,第84页。
② [宋]王溥:《唐会要》,中华书局1955年版,第635页。
③ [宋]王溥:《唐会要》,中华书局1955年版,第633页。

少进士"①之说。

武后天授年间（690—692），宋州宋城人郑惟忠考中进士，成为史书记载中宋州考中进士的第一人。随后授井陉尉，转任汤阴尉。宋州宁陵人刘宪，擢进士，景云（710—712）初三迁太子詹事。宋州人崔曙，开元（713—741）进士。高钌，宁陵令，元和（806—820）初进士及第，判入等，补秘书省校书郎。其弟高铢，元和六年（811）登进士第，高锴，元和九年登进士第，升宏辞科，累迁吏部员外。宋城人许书，天复（901—904）进士。宋州人萧希甫，天复进士，初为袁象先节度巡官，后唐明宗时为谏议大夫。科举之外，还有征辟的方式推举贤人，宋州人程袁师以孝被举荐为官②。

第五节　唐五代时期的商丘人物

一　宰相魏元忠

魏元忠，宋州宋城人。本名真宰，为避武后母讳，改今名。"以诸生见高宗，高宗慰遣，不知谢即出，仪举自安，帝目送谓薛元超曰：'是子未习朝廷仪，然名不虚谓，真宰相也。'"③说明魏元忠为太学生时，志气倜傥，跌荡少检，不拘小节，因性格原因，年轻时没能被委以重任。

仪凤年间（676—679），唐西部边陲逢多事之秋。魏元忠少小时就熟读兵法，通晓军事，遂奔赴东都洛阳上书献策，论述命将用兵之道，陈述破敌之法。他认为，治理天下的关键在于使用人才。社会需要人才，人才就应运而生。哪个时代没有人才？又有哪个人才不希望为国家建功立业？历史上曾有过人才被埋没的时候，却没有无人才的时候。然时下考察文士只着眼于文章的华丽而不讲求实质内容，论列武士多空

---

① ［五代］王定保撰，姜汉椿校注：《唐摭言校注》，上海社会科学院出版社2003年版，第10页。
② ［后晋］刘昫等：《旧唐书》，中华书局1975年版，第3117页。
③ ［宋］欧阳修、宋祁：《新唐书》，中华书局1975年版，第4349页。

谈其弓马射技而不注重攻战谋略之法。这些迂阔的做法，使得大批怀瑾握瑜的栋梁之才徒叹"知己难而所遇罕"，或困于沟壑，或老于草野，就像汉代的飞将军李广一样，终生难展大志。唐高宗十分佩服他的见解，遂任命他为秘书省正字，令值中书省，仗内供举。不久，又被提升为监察御史。

武则天临朝称制，徐敬业举兵作乱。大将军李孝逸督军讨之，武后命魏元忠监其军事。李孝逸率军至临淮（今江苏泗洪临淮镇）时，偏将雷仁智被徐敬业先锋打败，接着徐敬业大军又攻陷润州（今江苏镇江），回兵以抵抗李孝逸。孝逸畏惧，按兵不敢动。然魏元忠果断统兵迎敌，最终平定徐敬业之乱。魏元忠因平乱有功，升为御史中丞。时酷吏周兴、来俊臣经常罗织罪名，迫害正直大臣，魏元忠也未能幸免，被发配到贵州。后有机会复为中丞，继而又为来俊臣、侯思止所陷害，流放岭南，及诸酷吏被诛，才得以复官。魏元忠先后三次被流放，时人多称其无罪。

圣历二年（699），魏元忠擢拜凤阁侍郎、同凤阁鸾台平章事，检校并州长史。不久，又加银青光禄大夫，迁左肃政台御史大夫，兼检校洛州长史。长安中，相王李旦为并州元帅，魏元忠为副元帅。时武后宠宦张昌宗、张易之兄弟势倾朝野，大臣多曲意阿附，魏元忠却上书斥骂二张是"君侧小人"。张易之常纵其家奴凌暴百姓，魏元忠杖杀了其中一个恶奴，为乡民除害，因此权豪都非常敬畏。张家二兄弟对他是又畏又恨，于是诬陷魏元忠曾说过这样的话："主上老矣，吾属当挟太子而令天下。"①武则天被张家兄弟所惑，遂把魏元忠打入大牢。

唐中宗李显复辟后，魏元忠因名高望重，被召回委以重任，授卫尉卿，同中书门下三品。后复迁兵部尚书，知政事如故。不久，又进拜侍中，兼检校兵部尚书。武则天死后，中宗守丧，军国大政全部由魏元忠处理。时隔不久，迁中书令，加授光禄大夫，又进封齐国公，兼修国史。神龙

---

① ［后晋］刘昫等：《旧唐书》，中华书局1975年版，第2953页。

二年（706），魏元忠与祝钦明等人撰写《则天皇后实录》二十卷，编次文集一百二十卷。中宗甚是欣赏，赐给他很多财物。但由于其年事已高，渐失早年的锐气，"亲附权豪，抑弃寒俊，竟不能赏善罚恶"①，在政治上没有太大的建树。在李重俊之乱后，垂垂老矣的魏元忠竟受构陷遭贬，后病逝于涪陵（今重庆彭水）。朝廷追赐他为尚书左仆射、齐国公、本州刺史，令所司给灵车送至乡里。睿宗即位，制令陪葬定陵。景云三年（712），又降制曰："故左仆射、齐国公魏元忠，代洽人望，时称国良。历事三朝，俱展诚效，晚年迁谪，颇非其罪。宜特还其子著作郎晃实封一百户。"②开元六年（718），赐谥号曰"贞"，给予极高评价。

二　袁象先与朱全忠

唐哀帝天祐四年（907）四月，宣武军节度使朱全忠篡唐自立，改国号为梁，建元开平，历时近三百年的大唐王朝寿终正寝，中原地区进入五代十国的分裂时期。

朱全忠，原名朱温，宋州砀山人，幼年家贫，成年后也不事生业。黄巢起义后，朱温前往参加，在升为黄巢部下大将后又叛变义军。投降唐朝后，被朝廷赐名全忠，封为河中行营副招讨使，进封宣武军节度使。自此，朱全忠转变为帮助唐朝廷镇压农民起义，他和李克用等用血腥手段残酷镇压了黄巢领导的农民起义，后又吞并了蔡州的秦宗权势力，并设计消灭了山东的朱瑾、朱瑄和王师范等割据势力，成为关东势力最强的割据方镇。势力崛起后，其野心也不断膨胀，朱全忠与朝廷重臣崔胤相勾结，开始清除对自己不利的异己势力。在战败凤翔李茂贞后，以自己的亲信部下应募为皇帝的亲军，随后令人杀死崔胤，威逼昭宗迁都洛阳，便于自己控制。天祐元年（904），昭宗迁都洛阳。是年九月，朱全忠派人杀死昭宗，立昭宗十三岁的儿子李柷为皇帝，实际就是朱

---

① ［后晋］刘昫等：《旧唐书》，中华书局1975年版，第2953页。
② ［后晋］刘昫等：《旧唐书》，中华书局1975年版，第2955页。

全忠篡夺帝位前的傀儡皇帝。天祐四年，朱全忠废掉李柷，自立为皇帝，国号为梁。朱温就是梁太祖，以宣武军节度使治所汴州（今开封）为都城。开平二年（908），李柷为朱全忠所杀，谥为哀帝。

袁象先（864—924），宋州下邑（今夏邑）人，梁太祖朱全忠外甥，是后梁的一位大将。《新五代史》谓其"为梁将未尝有战功，徒以甥故掌亲军"。袁象先历任宣武军内外马步军都指挥使，任宿、洛、陈三州刺史，累迁左龙武统军，在京马步军都指挥使。

朱全忠做了皇帝以后，不理朝政，贪恋美色，特别是到了晚年，荒淫暴躁，与众儿媳均有乱伦关系。朱氏父子、兄弟之间为争夺权位而相互厮杀。乾化二年（912）六月，朱全忠在一场家庭政变中被其三子朱友珪杀死，朱友珪矫诏称帝。时朱全忠四子朱友贞留守东都（汴州），也有篡位之心，与大臣赵岩密谋，阴谋杀掉朱友珪。赵岩说："此事如反掌耳，但得招讨杨令公一言谕禁军，则事可成。"① 时袁象先为禁军统帅，朱友贞则派人到魏州与节度使杨师厚密谋如何行事。杨师厚又派人到洛阳与侍卫亲军都指挥使袁象先商议，袁象先同意行事。后袁象先杀掉朱友珪，推朱友贞即皇帝位，是为梁末帝。因袁象先帮助朱友贞夺得帝位有功，故末帝拜袁象先为镇南军节度使，同中书门下平章事、开封尹、判在京马步军诸军事，进封开国公。后又为宣武军节度使，坐镇宋州。袁象先"在宋州十余年，诛敛其民，积货千万"②。

后唐同光元年（923），庄宗李存勖灭掉了后梁，建立后唐，建都洛阳。二年（924），袁象先携带盘踞宋州十余年掠夺的数十万赃银逃至洛阳，投奔后唐李存勖。李存勖厚待袁象先，并赐名李绍安，改原来的宋州宣武军为归德军，仍以其为归德军节度使。李存勖告诉袁象先说："归德之名，为卿设也。"③ 即袁象先投降了后唐，就是归顺德行，也有应天

---

① ［宋］欧阳修：《新五代史》，中华书局1974年版，第494页。
② ［宋］欧阳修：《新五代史》，中华书局1974年版，第495页。
③ ［宋］欧阳修：《新五代史》，中华书局1974年版，第495页。

顺民之意。是年，袁象先卒，享年六十岁，赐太师。

三　政治家、史学家朱敬则

朱敬则（635—709），字少连，亳州永城（今河南永城）人。朱敬则出身名门，世代以孝义闻名于世。幼年时胸怀大志，勤奋好学，早年以文章著称。为人重义，言出必行，常助人，为乡里敬重。朱敬则亦善交友，在入仕之前，与名士左史江融及左仆射魏元忠为好友。

武则天长寿年间，朱敬则被授予右补阙之职，负责规谏皇帝，并举荐人才。武则天称帝后，任用酷吏，朝堂安置铜匦，广开告密之门，诛杀异己，致使人人自危，惶恐不安。朱敬则上疏武则天，希望朝廷能因时制宜，"改法制，立章程"，"窒罗织之源，扫朋党之迹，使天下苍生坦然大悦"①。朱敬则的上疏，言辞有据，合理中肯，为武后接受，遂废酷吏，朝廷制度回归常态。《新唐书》朱敬则传赞曰："敬则一谏，而罗织之狱衰，时而后言者欤！"②

长安三年（703）正月，朱敬则迁升正谏大夫，同时参与编修国史。正谏大夫专掌论议，为朝廷要官。武则天多次召他进宫，听其论政得失，后升其为同凤阁鸾台平章事。据《资治通鉴·唐纪》记载，该年"秋七月癸卯，以正谏大夫朱敬则同平章事"③。同平章事是同中书门下平章事的简称，相当于宰相的官衔。朱敬则以正谏大夫代理宰相之职，是其一生仕途的顶峰。

长安三年九月，武则天幸臣张易之诬构御史大夫魏元忠、凤阁舍人张说，魏、张二人将遭极刑。朱敬则性情耿直，谏言称："元忠、张说素称忠正，而所坐无名。若令得罪，岂不失天下之望也！"④魏、张二

---

① [后晋]刘昫等：《旧唐书》，中华书局1975年版，第2914页。
② [宋]欧阳修、宋祁：《新唐书》，中华书局1975年版，第4221页。
③ [宋]司马光：《资治通鉴》，中华书局1995年版，第6562页。
④ [后晋]刘昫等：《旧唐书》，中华书局1975年版，第2914—2915页。

人因此得免死刑，魏元忠贬职为高要县尉，张说流放岭南。

长安四年，朱敬则因年老有疾辞去官职。后又任成均祭酒，累转冬官侍郎，仍兼修国史。唐中宗神龙元年（705），朱敬则被降职处分，改任郑州刺史。神龙二年，侍御史冉祖雍因一向与朱敬则关系不和，诬奏朱敬则与王同皎亲善，王同皎因谋反罪已被处死，朱敬则因此又被贬为庐州刺史。数月后，告老还乡。据《旧唐书》朱敬则本传记载："还乡里，无淮南一物，唯有所乘马一匹，诸子侄步从而归。"① 唐中宗景龙三年（709）五月，朱敬则在家中去世，享年七十五岁。

朱敬则为官清廉，刚正忠直，常救人急难，深受时人赞赏。睿宗朝吏部尚书刘幽求评价说："故郑州刺史朱敬则，往在则天朝任正谏大夫、知政事，忠贞义烈，为天下所推。"② 《旧唐书》本传亦称颂："朱敬则文学有称，节行无愧，谏诤果决，推择精真。"③

朱敬则是一位杰出的政治家，也是位优秀的史学家，曾著有《十代兴亡论》《五等论》等，《旧唐书·经籍志》《新唐书·艺文志》均著录《十代兴亡论》十卷，惜现已散佚。但在清人搜集整理的《全唐文》中，仍保存了十一篇，即《魏武帝论》《晋高祖论》《宋武帝论》《北齐高祖论》《北齐文襄论》《北齐文宣论》《梁武帝论》《陈武帝论》《陈后主论》《隋高祖论》《隋炀帝论》。《五等论》因收录于《旧唐书》本传，得以完整地保存下来。这些都是以人物为主体，以时代为背景，擅长总结政治得失的史论，鲜明地体现了他在史学理论和史学方法上的独到眼光。瞿林东先生认为，朱敬则是盛唐时期精于"史论"的著名代表之一④。

朱敬则编修国史期间，重视史官选拔，提倡秉笔直书。长安三年（703）正月，朱敬则奉召与刘知几、吴兢等人共同撰写国史。在修史过

---

① ［后晋］刘昫等：《旧唐书》，中华书局1975年版，第2915页。
② ［后晋］刘昫等：《旧唐书》，中华书局1975年版，第2917—2918页。
③ ［后晋］刘昫等：《旧唐书》，中华书局1975年版，第2924页。
④ 瞿林东：《唐代史学论稿》，北京师范大学出版社1989年版，第365页。

程中，他们受到当朝权贵的干涉，致使写史者不能独立行事，刘知几和吴兢等人都深感无奈。时朱敬则以正谏大夫之职参与编修国史，他认为如果不能选出敢于秉笔直书、不虚美不隐恶的史官，则不可能写出流芳百世的史书。是年七月，他奏请"高史官选，以求名才"①，即上《请择史官表》。他在表中说："国之要者，资其笔削；三王盛业，藉以垂名。此才之难，其难甚矣！……伏以陛下圣德鸿业，诚可垂范将来，倘不遇良史之才，则大典无由而就也。且董狐南史，岂止生于往代而独无于此时？在乎求与不求、好与不好耳。今若访得其善者，伏愿勖之以公忠，期之以远大，更超加美职，使得行其道，则天下幸甚。"②朱敬则认为如能选拔史才，委以重任，定能写出好的史书，将是国家幸事。关于修史良才的基本素质和标准，他引用刘知几的话说："史才须有三长，谓才也、学也、识也。"③所谓"史才"，是指写史的能力，包括选择、组织和驾驭史料的综合能力；"史学"是指具有渊博的历史知识，掌握丰富的历史资料；"史识"是指史家的见解、见识，即对历史是非曲直的观察、鉴别和判断能力。

朱敬则秉笔直书的史学思想对刘知几产生了一定影响。长安三年（703）他们一起修史时，朱敬则六十八岁，刘知几四十二岁，二人颇相友好，属忘年之交。朱敬则作为前辈，其史学思想对刘知几产生了一定影响。据《新唐书》朱敬则本传载："侍中韦安石尝阅其稿史，叹曰：'董狐何以加！世人不知史官权重宰相，宰相但能制生人，史官兼制生死，古之圣君贤臣所以畏惧者也。'"④韦安石将朱敬则比作董狐，赞许其秉笔直书的史学精神。刘知几在《史通·自叙》中写道："当时同作诸士及监修贵臣，每与其凿枘相违，龃龉难入。故其所载削，皆

---

① ［宋］欧阳修、宋祁：《新唐书》，中华书局 1975 年版，第 4221 页。
② ［宋］王溥：《唐会要》，中华书局 1955 年版，第 1100—1101 页。
③ ［宋］王溥：《唐会要》，中华书局 1955 年版，第 1101 页。
④ ［宋］欧阳修、宋祁：《新唐书》，中华书局 1975 年版，第 4220 页。

与俗浮沉。虽自谓依违苟从，然犹大为史官所嫉。嗟乎！虽任当其职，而吾道不行；见用于时，而美志不遂。……故退而私撰《史通》，以见其志。"①可见，刘知几因无法坚持自己秉笔直书的主张，愤而辞去修史之职，退而私修《史通》。《史通》中的很多观点借鉴了他和朱敬则一起修史时的思想。

朱敬则重视史论，目的是探讨治乱兴衰的原因，总结历史经验以为劝戒，《十代兴亡论》现存十一篇专论中，对魏武帝曹操、晋高祖司马懿、宋武帝刘裕、北齐高祖高欢、北齐文襄帝高澄、北齐文宣帝高洋、梁武帝萧衍、陈武帝陈霸先、陈后主陈叔宝、隋高祖杨坚、隋炀帝杨广等十一位帝王进行了客观的评价，并总结出十代兴亡经验教训："眇观史策，遍采兴亡，开役者多是爱臣，害上者无非近习。然庸君暗主，莫肯远之，复何言哉！"②

朱敬则特别强调变通，只有不墨守成规，才能真正达到借鉴历史的目的。在《请除滥刑疏》中说："览秦汉之得失，考时事之合宜，审糟粕之可遗，觉蓬庐之须毁，见机而作"，尽快"杜告密之源，绝罗织之迹"③。希望武后能够以此为鉴，尽快结束告密之制。在《五等论》中，朱敬则论述了郡县制取代分封制的历史必然性，是时代发展的需要，大势所趋，不可逆转，主张分封者，"皆不知时也"④。朱敬则"政合时而变"的史学思想，对武周政权起到了一定的规劝作用。

四　曹华与朱瑄

曹华，宋州楚丘人，曾是宣武军级别较低的武将，在战乱中逐渐表现出卓越的才能。贞元（785—805）末年，淮西吴少诚叛乱，曹华因

---

① ［唐］刘知几撰，［清］浦起龙释：《史通通释》，上海古籍出版社1978年版，第290页。
② ［清］董诰等编：《全唐文》，中华书局1983年版，第1747页。
③ ［清］董诰等编：《全唐文》，中华书局1983年版，第1736页。
④ ［后晋］刘昫等：《旧唐书》，中华书局1975年版，第2917页。

骁勇善战、果敢智谋，担任襄城戍将。淮西叛军多次进攻襄城（今河南襄城），均为曹华所挫败。德宗因此特赐旗甲。元和九年（814），因战功被授为宁州刺史，未及赴任，而淮西吴元济叛乱，朝廷命河阳节度使乌重胤讨伐吴元济。乌重胤以曹华善战，请其为怀汝节度行营副使。经过数十次战役，曹华率军大破叛军于青陵城。此次叛乱被平定后，朝廷授曹华棣州刺史，封陈留郡王。

曹华具有较强的治理地方能力。曹华所任职的棣州与郓州相邻，时常会遭到郓州盗贼的侵犯。曹华赴任后，采用以毒攻毒的办法，开始招募本地贼盗中最为强悍的人，把他们补充到军营中，并令他们分别据守险要之地。其后，郓州贼盗再次侵犯时都被击败，致使贼盗不敢北顾棣州，老百姓能够安心从事农业生产。

曹华重视对所辖军民的教化，认为："邹、鲁儒者之乡，不宜忘于礼义。"① 于是他亲自以礼对待儒士，学习俎豆祭祀的仪容，春秋二季在孔子庙祭奠，设立学校传经布道，儒士多从四方赶来这里。他拿出自家财物供给他们生活所需，使成名者入仕，从而宾至如归。

李岕叛乱于汴州，曹华前往征讨。李岕方遣兵三千人欲攻取宋州，曹华驰援宋州，逆袭击败叛军。由是，宋、亳两州不跟随李岕为乱。李岕叛乱被平，曹华以功加检校尚书右仆射。后因河朔拒命，朝廷移曹华为滑州刺史、义成军节度使。长庆三年（823）七月，卒于义成节度使任上，时年六十九岁。

朱瑄，宋州人。其父朱庆曾因盗盐触犯唐律。朱瑄出逃至青州，后为淄青节度使王敬武手下将士。中和元年（881），黄巢攻占长安，下诏向全国征兵。王敬武遣牙将曹全晟率兵三千赴难关西，时朱瑄已经为军候。恰逢青州军情危急，王敬武召曹全晟回援，援兵途径郓州（今山东郓城）。时郓州帅薛崇为义军王仙芝所杀，郓州大将崔君裕权知州

---

① ［后晋］刘昫等：《旧唐书》，中华书局1975年版，第4243页。

事。曹全晸获知其兵马不多，遂袭杀崔君裕，据有郓州，自称留后。因朱瑄立功，署为濮州刺史。

光启元年（885），魏博镇节度使韩简欲兼并天平军节度使，出兵攻打天平镇首府郓州。曹全晸出兵迎战，被魏军打败，曹全晸战死。朱瑄收合残部，坚守郓州城，韩简围攻约半年之久，终不能攻下郓州。后魏博军队发生内乱而退走，朝廷嘉奖朱瑄，加其为天平军节度使，授其节钺。

据天平镇期间，朱瑄势力不断壮大，麾下有将士三万人，其弟弟朱瑾，能征善战，勇冠三军，逐渐滋生争夺天下的野心。时奉国军节度使秦宗权势力强盛，亦有夺取中原、最终夺得天下的野心，故多次侵犯郑、汴等州。宣武军节度使朱全忠被秦宗权多次进攻，情况甚为窘迫，于是向朱瑄求救。朱瑄令其弟朱瑾出师救援，最终击败秦宗权，朱全忠自此与朱瑄情极隆厚。朱全忠生性狡诈多变，有吞并藩邻的野心。秦宗权被诛杀后，便开始急攻徐州。徐泗节度使时溥求援于朱瑄，朱瑄修书给朱全忠，请宽释时溥并修复关系，朱全忠表面同意修好，待攻占徐泗地区后，便开始移兵郓州。此后的三四年间，每年春秋季节入其境剽掠，致使百姓无法耕种，民众被俘虏达到十之五六，朱瑄为防备入侵已经殚精竭虑。景福二年（893），朱瑄与其弟朱瑾合两镇之兵，与朱全忠进行一场决战，结果朱瑄兄弟二人俱败，兵士大多陷没。朱全忠大将朱友裕以长堑围城。乾宁四年（897）正月，城中粮食耗尽，"瑄与妻荣氏出奔，至中都，为野人所害，传首汴州"①。荣氏至汴州为尼。

---

① ［后晋］刘昫等：《旧唐书》，中华书局1975年版，第4718页。

第十章 宋金时期

第一节 宋时的商丘

一 北宋的建立与宋州

商丘在宋金时期称宋州，宋朝国号的确定与宋州有关。唐朝灭亡直到北宋建立之前，在中原地区相继出现了后梁、后唐、后晋、后汉、后周五个朝代，史称"五代"。与五代几乎同时，在南方和河东地区，则先后或同时并存着吴、南唐、前蜀、后蜀、吴越、南楚、闽、南汉、南平、北汉十个主要的割据政权，史称"十国"。

宋州在五代时期的建置变化，史籍主要有以下记载。后梁开平三年五月己丑（909），升宋州为宣武军节镇，领宋、亳、颍、辉（单）四州。后梁末帝贞明六年（920）五月乙酉，升宋州为大都督府。后唐同光元年（923）十一月，改宋州宣武军为归德军。后周广顺二年（952）七月，割单州隶属曹州彰信军节度，割颍州隶属陈州镇安军节度。

五代十国是中国历史上又一个割据分裂时期，是唐后期藩镇割据的延续与加剧。各政权集团彼此攻伐杀掠，政权更替频繁，进一步加剧了动乱分裂的局面。五代十国的统治者大多做过节度使，依靠武力起家，凭武力割据一方，大者称帝，小者称王。后晋承德节度使安重荣曾言："天子，兵强马壮者当为之，宁有种耶！"（《旧五代史·安重荣传》）

掌权后的统治者们大力加强中央权力，强化禁军，限制和削弱地方割据势力。后周时期，世宗柴荣一方面减免苛捐杂税，均田赋，罢营田赐民为永业田，大力发展生产；另一方面整肃军队，加强军事训练，展开一系列促进统一的战争，取得巨大成功。柴荣先后从后蜀夺取秦（甘肃天水）、凤（陕西凤县东南）、成（甘肃成县）、阶（甘肃陇南武都东）四州，随后亲率大军打败南唐，夺取淮南江北十四州之地。显德六年（959），柴荣又率军北伐，准备收复燕云十六州，但在占领瓦桥、益津、淤口三关后身染重疾，无奈之下，回师开封。柴荣病逝后，由其年仅七岁的幼子柴宗训继位，是为恭帝，这时，长期追随世宗南征北战的大将赵匡胤逐渐成为举足轻重的人物。

赵匡胤生于洛阳，祖籍涿州，出身于官宦之家，青年时期在郭威手下做过下级军官。后汉末年，郭威在澶州（河南濮阳）发动兵变，进军开封，代汉建周。在这一过程中，赵匡胤追随郭威，积极支持拥立郭威称帝，因此深受重用。郭威去世后，其养子柴荣继位，是为周世宗，世宗柴荣对赵匡胤信任有加。后周显德六年七月，以赵匡胤"为宋州节度使，依前检校太尉、殿前都点检，进封开国侯"（《旧五代史·周书·恭帝纪》），他代替张永德（郭威的女婿）出任统帅禁军的殿前都点检，掌握了禁军的最高统帅权。

后周显德七年正月，赵匡胤以镇（河北正定）、定（河北定州）二州的名义，称契丹联合北汉举兵南侵，时宰相范质、王溥等不辨虚实，立刻派赵匡胤率军出征。当时"策点检为天子"之说已引起了极大轰动，士民恐怖，争为逃匿之计，唯独内廷不知。赵匡胤率大军出发，驻军于开封东北四十里处的陈桥驿，赵匡胤的弟弟赵匡义与掌书记赵普等于此发动兵变，以黄袍披于赵匡胤身上，推其为天子，遂回师开封，取代后周王朝。赵匡胤正式称帝，史称宋太祖。因赵匡胤起事时兼任后周宋州节度使，节度使治所在宋州，所以代周称帝后改国号为宋，史称北宋。

二 建置沿革

宋朝初保留五代时期的藩镇，节度使除节制本州府外，还统领一州或数州，称为支郡，拥有辖区内的军、政、财大权。宋太祖、太宗两朝都采取了一些政策措施，削弱节度使的军、政、财权，以加强中央集权。乾德三年（965），朝廷令各藩镇获得的赋税收入除正常军费必需外，全部上交朝廷，逐步收回节度使处理地方财赋的权力。同时，朝廷命令诸州府需遴选精兵上送中央，削弱地方的兵权。太祖在平定湖南时，令潭、朗等州直属朝廷，各州长吏有权直接向朝廷奏事，不再受节度使节制。太平兴国二年（977），右拾遗李瀚认为，节度使统领支郡，各自为政，控其关市，不利于商贸往来，若能罢其所统摄，分解其权，则有利于强化中央对地方的有效控制。朝廷遂下诏邠、宁、泾、原、鄜、坊、延、丹、陕、虢、襄、均、房、复、邓、唐、澶、濮、宋、亳、郓、济、沧、德、曹、单、青、淄、兖、沂、贝、冀、滑、卫、镇、深、赵、定、祁等州均直属朝廷，节度使所领只是一州府。朝廷又以朝臣出任知州、知府，节度使遂变为一种荣誉性的虚衔。北宋建立初，归德军节度使治所在宋州，辖宋、亳两州。太平兴国二年始，归德军节度使不再赴治所宋州治理政事，其所统领的宋州和亳州直属朝廷，知州由朝臣出任。至道三年（997），宋州隶京东路。

（一）应天府的设置

宋真宗景德三年（1006），因赵匡胤发迹于宋州，并以顺天命而为，改宋州为应天府，仍隶京东路。《宋大诏令集·升宋州为应天府诏》曰："睢阳奥区，平台旧壤。两汉之盛，并建于戚藩；五代以还，荐升于节制。地望雄于征镇，疆理接于神州。实都畿近辅之邦，乃帝业肇基之地……用彰神武之功，具表兴王之盛，宋州宜升为应天府。宋城县为次赤，宁陵、楚丘、柘城、下邑、谷熟、虞城等县并为次畿。"上述材料表明宋州在宋代之前的历史沿革及昔日辉煌，又因地理上为京都屏障和帝业肇基之地，为彰显兴王之盛，故升为应天府。

（二）陪都南京

真宗大中祥符七年（1014），以泰山封禅"驻跸"应天府，升应天府为南京，建归德殿与鸿庆宫，作为宋朝的陪都，与东京开封、西京洛阳、北京大名合称"四京"。熙宁七年（1074），京东路再分为东西两路，南京隶京东西路。

《宋会要辑稿·方域二》记载，大中祥符七年正月诏曰："睢水名区，实一方之都会；商丘奥壤，为三代之旧邦。形势表于山河，忠烈存于风俗。惟文祖之历试，盖王命之初基……用志兴王之地，允符追孝之心。应天府宜升为南京，正殿以归德为名。咨尔都民，承予世德，庆灵所佑，感悦良多。"

南京城有宫城和京城。《宋史》卷八五《地理一》记载，南京"宫城周二里三百一十六步，门曰重熙、颁庆，殿曰归德。元丰六年，赐度僧牒修外城门及西桥等。京城周回一十五里四十步。东二门：南曰延和，北曰昭仁。西二门：南曰顺成，北曰回銮。南一门，曰崇礼。北一门，曰静安。中有隔城，又有门二：东曰承庆，西曰祥辉。其东又有关城，南北各一门"。据上可知，宋朝时南京城规模较大。

（三）宋州辖区变化

《太平寰宇记》卷一二记载，唐代光化二年（899）之前，宋州领宋城、宁陵、襄邑、谷熟、下邑、砀山、虞城、单父、楚丘、柘城十县。今领七县：宋城、楚丘、柘城、谷熟、下邑、虞城、宁陵。三县割出，襄邑入开封，砀山入单州，单（父）入单州。

三县割出之时间，据《新唐书》卷三八《地理二》，光化二年，唐朱全忠以砀山、虞城、单父，曹州之成武，表置辉州，《资治通鉴》卷二六一"昭宗光化二年"条同，宋州还领宋城、宁陵、襄邑、谷熟、下邑、楚丘、柘城七县。《太平寰宇记》卷一二宋州的"虞城"县条："辉州废，今隶宋。"《太平寰宇记》卷一四"单州"条："后唐同光二年（924），改辉州为单州。"则虞城复隶宋州可能在后唐同光二年。又据《五代会要》

卷二〇"州县分道改置"载，宋州襄邑县，后晋天福三年（938）十月，"复割隶开封府"。

宋州辖领七县在有宋一朝也有伸缩变化。根据《宋史·地理一》"拱州"条记载，崇宁四年（1105），建拱州，"以开封之考城、太康，南京之宁陵、楚丘、柘城来隶。大观四年，废拱州"，政和四年（1114），"复为州"，宣和二年（1120），"以襄邑、太康、宁陵为属县，余归旧隶。六年，又以宁陵归南京，太康归开封，复割柘城来隶"。根据该材料可知，崇宁四年至大观四年间，南京（宋州）领宋城、谷熟、下邑、虞城四县。大观四年至政和四年间，复领宋城、宁陵、谷熟、下邑、虞城、楚丘、柘城七县。政和四年至宣和二年间，领宋城、谷熟、下邑、虞城四县。宣和二年至六年间，领宋城、谷熟、下邑、虞城、楚丘、柘城六县。宣和六年之后，南京领宋城、宁陵、谷熟、下邑、虞城、楚丘六县。

宋代宋州隶属及辖区变动沿革表

建隆元年（960）	宋州，治宋城	宋城、宁陵、谷熟、下邑、虞城、楚丘、柘城七县
咸平四年（1001）	宋州，治宋城，隶京东路	宋城、宁陵、谷熟、下邑、虞城、楚丘、柘城七县
景德三年（1006）	应天府，治宋城，隶京东路	宋城、宁陵、谷熟、下邑、虞城、楚丘、柘城七县
大中祥符七年（1014）	南京，治宋城，隶京东路	宋城、宁陵、谷熟、下邑、虞城、楚丘、柘城七县
熙宁七年（1074）	南京，治宋城，隶京东西路	宋城、宁陵、谷熟、下邑、虞城、楚丘、柘城七县
崇宁四年（1105）	南京，治宋城，隶京东西路	宋城、谷熟、下邑、虞城四县
大观四年（1110）	南京，治宋城，隶京东西路	宋城、宁陵、谷熟、下邑、虞城、楚丘、柘城七县
政和四年（1114）	南京，治宋城，隶京东西路	宋城、谷熟、下邑、虞城四县
宣和二年（1120）	南京，治宋城，隶京东西路	宋城、谷熟、下邑、虞城、楚丘、柘城六县
宣和六年（1124）	南京，治宋城，隶京东西路	宋城、宁陵、谷熟、下邑、虞城、楚丘六县

三　宋州在北宋时期的政治与经济地位

（一）宋州在北宋时期具有较高的政治地位

大中祥符七年（1014），于宋州建归德殿，"赦境内及京畿车驾所过流以下罪"（《宋史·真宗本纪三》）。又建鸿庆宫，并在天圣元年（1023）二月，奉置太祖、太宗像于其中。庆历七年（1047）七月，奉置太祖、太宗、真宗御容于其中。鸿庆宫属于宋朝神御殿之一，宋太祖、太宗有神御殿七座，宋真宗有神御殿十四座，其中均有鸿庆宫。朝廷也因此对宋州赐予特赦、减免税收等，"降南京畿内囚罪一等，徒以下释之；赐民夏税之半；除灾伤倚阁税及欠折官物非侵盗者"（《宋史·仁宗本纪三》）。

宋州有阏伯庙和微子庙。王安石变法期间，新法规定卖掉河渡、坊场和天下祠庙，朝廷净收其利。阏伯庙每年收钱四十六贯，微子庙十三贯。时签书南京判官刘挚认为不妥，遂拜见南京留守张方平，并请上奏朝廷。张方平委托刘挚上奏曰："阏伯迁商丘，主祀大火，火为国家盛德所乘，历世尊为大祀。微子，宋始封之君，开国此地，本朝受命，建号所因。又有双庙者，唐张巡、许远孤城死贼，能捍大患。今若令承买小人规利，冗亵渎慢，何所不为，岁收微细，实损大体，欲望留此三庙，以慰邦人崇奉之意。"（《宋史·刘挚传》）张方平亦言："宋王业所基，阏伯封于商丘，以主大火；微子为始封之君，是二祠者，亦不得免乎？"神宗皇帝对此事极为震怒，批牍尾曰："慢神辱国，无甚于斯！"（《宋史·张方平传》）于是天下祠庙皆不得出卖，说明宋朝廷对宋州祭祀火神的阏伯庙足够重视，把火神阏伯当作庇佑国运之神予以供奉。

（二）宋州为汴河沿岸一方都会

北宋王朝对于宋州一带的重视并非只是"以太祖旧藩也"，还与其地理形势有关。此地自古为战略要地，康熙四十四年《商丘县志》说它"南控江淮，北临河济，彭城居其左，汴京连于右，形胜联络，足以保障东南，襟喉关陕，为大河南北之要道焉"。北宋定都开封，本地即成为东南之重要门户，近可以屏蔽徐淮，远可以南通吴越，加之紧临汴梁，《读史方舆纪要·河南五·归德府》称："舟车之所会，自古争在中原，未有不以睢阳为腰膂之地者。"

北宋时期的宋州位于汴河沿岸，是运河线上的都会城市。北宋时期的汴河是联系京师和江南的重要通道，也是沟通京师与东南海上丝绸之路的主要通道，对京师的经济繁荣和国库充盈有着重要贡献。宋宣徽南院使张方平言："今之京师，古所谓陈留，天下四冲八达之地，利漕运而赡师旅。国初，浚河渠三道以通漕运，立上供年额，汴河六百万石，广济河六十二万石，惠民河六十万石。"（《宋史·食货上三》）汴河畅通与否直接影响京师与本地粮食的供应。靖康初年，汴河决口达百步之宽，"塞之，工久未讫，干涸月余，纲运不通，南京及京师皆乏粮。责都水使者陈求道等，命提举京师所陈良弼同措置。越两旬，水复旧，纲运沓至，两京粮乃足"（《宋史·食货上三》）。由上可知，沟通京师的主要漕运通道中，汴河承担了最为重要的运输任务。

清朝初年的朱彝尊曾这样描述过当时此地的商业发展景象："商丘，宋之南京也。东都盛时，由汴水浮舟达通津门，三百里而近。车徒之毂互，冠盖之络绎，妖童光妓自露台瓦市而至，乐府之流传，朝倚声而夕勾队于照碧堂上……"（《枫香词序》）这里商旅辐辏，经济繁荣，呈现出北宋时本地经济发展繁荣的情景。

在今商丘市睢阳区古城南考古发掘出唐宋时期通济渠（北宋汴河）流经宋州的码头。该河段河道宽约120米，南北堤岸属夯土建筑，陡直且坚固，河深约4.2—5.2米。通过考古挖掘，清理出唐宋时期的河岸，保存尚完整，挖掘过程中，发现倒塌房屋两处，烧火灶一处，木船板一块（长5米余，宽0.4米，厚0.045米），出土有北宋"熙宁元宝"铜钱、骨制骰子和造型精美的宋代红陶狗。从目前出土文物判断，该段河岸主要建筑于唐宋时期，废弃于金代。①

四　赵构应天府称帝

北宋末年发生"靖康之变"，赵构于靖康元年十二月在相州（今河南安阳）建立大元帅府后，先是派少量士兵南下，作为疑兵麻痹对方，自己则率大队人马出相州北门，经临漳逃往大名。副元帅宗泽从磁州赶往大名，建议赵构率领大军南下澶渊（今河南濮阳），伺机以解开封之围。然而赵构不听建议，先至东平，继而又至济州（今山东西南部）。谢克家以"大宋受命之宝"至济州，赵构恸哭跪受，令谢克家还京师，办理就皇帝位的仪礼物件。靖康二年三月，金王朝立张邦昌为伪楚皇帝的消息传来，汪伯彦劝赵构南下宿州，宗泽则言，"南京乃艺祖兴王之地，取四方中，漕运尤易。遂决意趋应天"（《宋史·高宗本纪一》）。五月一日，赵构在南京登坛受命，礼毕后恸哭，向北遥谢二帝，正式称帝，重建宋王朝，史称南宋，改元建炎，是为宋高宗。当年，对南京税收和科考士子给予特殊待遇，免除南京及元帅府常驻军一月以上州县夏税，特奏名举人并与同进士出身，可以不经过解试和省试。

宋高宗称帝后任命黄潜善为中书侍郎，汪伯彦为同知枢密院事，宗泽为襄阳知府，启用李纲为右相。张邦昌以知几达变，勋在社稷，封为王。李纲提出备战及改革政治，并要求惩罚张邦昌等降金官吏。宗泽上书指出宋高宗即位四十天，未闻有所号令，是想逃往江南，偏安于一方。

五　宋都南迁

金朝以傀儡张邦昌被废为借口，准备再次南侵。建炎元年九月初，高宗听说金军侵入河阳（今河南孟州西）地区，没有核实消息是否属实，立即准备南逃，并下令"有敢妄议惑众沮巡幸者，许告而罪之，不告者

---

① 刘海旺、刘昭允等：《河南商丘汴河遗址（南关段）考古发掘收获》，《中国文物报》2013年8月2日。

斩"。十月初，赵构从南京（今河南商丘）出发，月底抵达扬州，十一月初，派王伦赴金朝求和。实际上，金军此前的南侵行动主要是攻取两河州郡，用以巩固其在黄河以北的统治，直至十二月，金军才分兵三路南侵。讹里朵率东路金军自沧州渡河，进攻山东；粘罕率中路金军自河阳渡河，直攻河南；西路金军由粘罕所派的娄室率领，西攻陕西。

建炎二年（1128）七月下旬，金王朝决定派讹里朵部与粘罕部主力，追击宋高宗，意图消灭宋王朝。十月间，粘罕率河东金军主力快速南下，由黎阳渡河会河北金军讹里朵部于濮州城，之后分兵一路进攻开德府，粘罕围攻濮州，宋将姚端出其不意，于深夜率军出城突袭，粘罕梦中惊醒，衣冠不整，方寸大乱，在混乱中择路逃命。讹里朵部主将金兀术没能攻下开德府，此时也率军赶来围攻濮州。濮州在两支金军主力的围攻下坚守了33天，十一月中旬，濮州城破。

在金军南下攻城略地之际，南宋王朝派魏行可赶往澶渊向金军求和，东京留守杜充则采取使黄河决口改道的办法阻止金军，以图挽救危局，但均未能阻止金兵南侵。

金军在建炎三年正月二十七日攻占徐州期间，同时派兵奔袭扬州。三十日金军抵达泗州，二月初三占领天长军，此时距离扬州不过一百多里路程。是日午前，金军逼近的消息传至扬州，宋高宗从瓜洲乘小船渡江逃往镇江。

金军千里奔袭扬州，目的是捉捕宋高宗，消灭南宋政权，但是没能成功，而江淮人民又纷纷联合抗金，加之金军主力远在徐州一带，因而率兵北撤。宋高宗从镇江逃至临安。七月末，金军金兀术由南京（今商丘）南下，从建康渡江追击，但由于南宋军民的英勇抗战，金军未能得逞。第二年，金兀术部被迫从江南退到江北，金兵已无力南侵，宋朝廷也无意北进，故江淮地区暂时稳定下来。南宋王朝的都城临安，是南宋一朝的政治中心，也是全国最大的商业城市。北宋元丰年间，临安的户口近二十万户（包括属县）；南宋初年，兵火灾祸之后，人口锐减，南宋安定之后，北方流离之人涌向南方，人口快速增长。临安也仿照汴京开封设有九厢，以后又扩展为十三厢，便于进行城市管理。

宋高宗逃到临安后，任命凌唐佐为南京知府，令其留守，故历史上凌唐佐被称为"南京留守知府"。面对数十万金兵铁骑的围攻，凌唐佐带领军民奋勇抵抗，终因寡不敌众而被俘。为保全城百姓，凌唐佐诈降，并借此机会秘密开辟一条南渡通道，将城内士子及百姓以及书院典籍源源不断转运江南，同时暗中联络大名知府李亘和曹州知府宋汝为（两位南宋官员），私下搜集金军军事情报，奏于南宋，打算里应外合收复南京。不料事情泄露，凌唐佐再次被捕。宋高宗听闻凌唐佐为国捐躯，颁诏天下，驰赠徽猷阁待制并御赐白玉碑立于凌唐佐坟前。到了明代，当地官民曾在商丘古城内建了一座褒忠祠，其中就有南宋留守知府凌唐佐。

第二节　金朝时期的商丘

一　商丘在金称归德府

南宋初年，金军穷追宋高宗未果，返回北方，自此金朝亦无力南侵，形成金与南宋对峙的局面。金灭掉北宋，在其占据的中原北部地区，无法用女真族的方式管理，只得保存原来的生产方式，以培养傀儡政权的办法统治。先是立张邦昌为大楚皇帝，及宋高宗即位后，张邦昌被废；又立刘豫为大齐皇帝，定都大名府，建元阜昌。金朝为利用刘豫统治，把山东、河南、陕西划归伪齐。金天会十五年（1137），刘豫打击南宋政权屡战屡败，金朝不满，伪齐政权被废。

金政权在河南、陕西设京、路、府、州、军、县进行行政管辖。当时的归德府（金天会八年改为应天府）属南京路，南京路治所在汴京（金贞元元年更名为南京）。归德府下辖楚丘、柘城、谷熟、下邑、宁陵及宋城（更名为睢阳）六邑。

二 金哀宗退守归德府与金的灭亡

金章宗泰和六年（1206），成吉思汗建国。金卫绍王大安三年（1211），蒙古军开始南侵。金朝统治集团内部腐朽，互相倾轧，百姓反抗不断，军事上缺少统一策划指挥，故而节节败退。金哀宗天兴元年正月钧州（今河南禹州）三峰山一战，金军主力被击溃，河南十余州县城池均被蒙古攻陷。蒙古军又派速不台急攻汴京（金国都，金朝于宣宗贞祐三年迁都汴京）。金哀宗及其大臣惊恐万状，遂向蒙古求和，而汴京居民则奋勇抗战，蒙古军中将士死伤者极多，速不台被迫引军撤退。周围州县俱遭蒙古军抄掠，遭难百姓纷纷逃入汴京，城中人口激增。入夏之后，瘟疫流行，死者几达百万。进入秋季，蒙古遣人入汴京城，意图迫使金朝投降，被金将士杀死，因此蒙古军不再议和。蒙古军于中牟（今河南中牟）击溃前来救援的金军，汴京粮尽援绝，城中居民出现人食人的现象。

金哀宗向群臣问询计策，有大臣建议向东撤退到归德府，归德四面皆水，易守难攻，可以自保。天兴二年（1233）初，金哀宗带领部分大臣和将士出逃，几经辗转，逃至归德府。同时，河北溃败军民也相继逃至归德，归德城由此出现军多粮少的问题，因此，朝廷只留下元帅蒲察官奴忠孝军四百五十人和都尉马用军二百八十余人驻扎城中，其余军马分赴徐、宿、陈三州，以缓解粮食不足带来的压力。三月初，石盏女鲁欢乞尽散卫兵出城就食，哀宗无奈，勉强从之。

金哀宗到归德后，蒙古诸军也逐渐会集到归德府附近，蒙古撒吉思卜华军在归德城北，临城背水扎营，持续攻城达四月之久，但久攻不下。哀宗和蒲察官奴命令军中准备火枪战具，准备主动出击。蒲察官奴率忠孝军四百五十人，从南门登船，自东向北，乘夜色突袭，杀死蒙古守堤的巡逻兵，转战到城北王家寺。哀宗到城北门观战，系舟等待，见机行事。时至四更，两军交战，短兵相接，金军以小船分军出栅外，前后夹攻，并持火枪突入袭击。蒙古军终不能支，溃败而逃。但归德府城毕竟不是久留之地，正值哀宗准备从归德南迁蔡州之时，蒙古军攻陷汴京。金哀宗留元帅王璧坚守归德城，自己逃往蔡州。天兴三年（1234），在蒙古和宋军联合进攻下，蔡州城破，金哀宗自缢身亡，金朝灭亡。

第三节　社会经济

一　农业

唐末五代以来，长期的分裂割据争战，严重破坏了当时的社会经济。北宋的政治统一，为恢复农业生产提供了一个安定的社会环境。太祖、太宗两朝，多次召集流民，奖励垦荒，水利建设得到优先考虑，经济很快恢复起来。交通南北的运河流经宋州境内，灌溉十分便利。北宋时，出现了大规模的人工放淤，改造盐碱地。史书记载，宋真宗时期，应天府一带开运河，设斗门，淤田数百顷，原来亩收谷五七斗的田地，"自灌淤后，其直三倍，所收至三两石"（《宋史·河渠五》）。淤灌后，土质极为细润，农作物生长良好。熙宁八年（1075），据王安石估计，仅开封府的黄河淤田，每年可增加数百万石粮食（《续资治通鉴长编·神宗熙宁八年》）。应天府与开封府情况相似。

北宋前期，宋州境内汴水曾多次决口，给居民的生产生活带来不利影响，朝廷对发生在宋州境内的水灾颇为重视，及时派遣使臣到宋州督促修筑河堤，开仓赈灾，安顿灾民，处理溺亡者善后事宜，同时通过减免税赋等方式，鼓励灾民种植农桑，积极恢复农业生产。如太祖开宝三年（970）六月，汴水在宋州宁陵县决口，朝廷诏发宋、亳两州丁男修堵汴水决口。太宗太平兴国三年（978）六月，宋州宁陵县河溢，河堤决口。朝廷下诏组织宋、亳两州丁夫四千五百人堵塞决口，派遣西上阁门使郭守文监督修复河堤，又发畿内丁男三千二百人塞汴口，以判四方馆事梁迥监督管理。八年正月，宋州因多次遭遇水灾造成民众饥荒，官府调出义仓米三万四千石贷给灾民，其后督促民众偿还官府所借粮食，民因无法偿还多流亡他处，朝廷获知情况后，下诏免除所有灾民借贷。

真宗大中祥符八年（1015），京东大雨，宋、亳间积涝成灾，民田毁者数百千顷。农民为了耕种土地，在低洼积水之地挖渠排涝。仁宗天圣二年（1024），张君平奏请宋廷借调汴梁地区的农夫在宋州等地大搞排涝。经过农民的辛勤劳动，土地开发出来，耕地面积逐步扩大。

朝廷重视对农业生产工具和耕作技术的扶持。唐末五代以来，战乱和瘟疫严重，耕牛缺乏，特别是北宋初年，宋州一带，牛多病死。淳化五年（994）三月，宋州之民去江、淮之地买耕牛，因路途遥远，短时间内难以买回，又逢应时降雨，太宗考虑到恐会耽误及时耕稼，太子中允武允成献踏犁，以人力即可拉犁耕地，不用牛亦可耕作，皇帝立即命令秘书丞、直史馆陈尧叟等前往宋州，仿照踏犁进行制造，并分发给民众。至道三年（997）十月，允许宋州耕农先贷钱买牛，当年收获后尚不能全部还贷，可以承诺来年夏秋征税时一并还款。

北宋时期的宋州，地处黄河冲积平原，良田千里，土地肥沃，是全国最重要的粮食产地之一。北宋的农作物主要有稻、麦、粟、豆、芝麻及萝卜等，经济作物中桑、麻种植普遍。当时，农民常在桑园里实行桑麻间作套种。经济作物收入增多，提高了在农业中的比重，使手工业和商业也获得了很大的发展。

二 手工业

与农业结合的家庭手工业，在我国封建社会是一种占统治地位的生产形式，宋代亦如是。家庭手工业又以纺织业为主，由于宋州地区桑、麻等经济作物的种植比较盛行，产量又高，所以宋州地区的家庭纺织产品很多，而且出现了一批独立经营的机户，由官员们供丝织造。麻织业在纺织业中占有重要位置。宋州也是麻织品的重要产地，每年夏秋两季，岁纳赋税的布匹有十万匹之多。

宋州土地肥沃，农业发达，多余的粮食多用于酿酒。一年中可以酿酒两次，自春至秋酿出即卖的酒，谓之"小酒"，酒的价格自五钱至三十钱，有二十六个等级；腊月所酿入夏卖出的酒，谓之"大酒"，价格自八钱至四十八钱，有二十三个等级（《宋史·食货下七》）。酿酒主要用粟、黍、麦等原料，宋州官府酿酒所需要的谷麦通过市场购买粮食，不得使用仓储的谷物。

在农业、手工业发展的基础上，农副产品及手工业产品亟须扩大交换市场。宋州位于汴河沿岸，拥有便利的水陆交通条件，这为商品交换创造了极为有利的条件，宋州商品经济得以空前繁荣。

第四节 教育状况

一 应天府书院的建立和发展

宋代是中国历史上文化繁荣昌盛的时期，陈寅恪曾评价说："华夏民族之文化，历数千载之演进，造极于赵宋之世。"[①] 宋代文化的发展原因较为复杂，可以从政治、经济、文化诸多方面进行详细阐发，然而无论从哪方面考察分析，我们都不应忽视书院的特殊功能。北宋"四大书院"有曰岳麓书院、白鹿洞书院、应天府书院（睢阳书院）、嵩阳书院者，有曰岳麓书院、白鹿洞书院、应天府书院（睢阳书院）、石鼓书院者。无论哪种说法，应天府书院都在北宋著名书院中占据一席之地。

应天府书院，一名睢阳书院，原名南都学舍，五代时期创立，位于今河南省商丘市。五代时期的名儒杨悫乐于教育，开坛讲学，始办南都学舍；弟子戚同文承其志，改建南都学舍为"睢阳书院"。宋真宗时，宋州改为应天府，书院被命名为应天府书院；大中祥符七年（1014），应天府升格为南京，成为北宋王朝的陪都，所以应天府书院又名南京书院，其后又升格为南京国子监。应天府书院的发展主要经历三个阶段：

---

① 陈寅恪：《金明馆丛稿二编》，上海古籍出版社1980年版，第245页。

1. 戚同文时期的睢阳学舍

五代时期，天下大乱，割据一方的统治者大多关注政治安全，基本上无暇顾及教育。但在当时宋州虞城有一位力学勤志、不求闻达的学者杨悫，聚徒授学，立志教育。杨悫死后，戚同文继承其教育基业。

《宋史·戚同文传》载："戚同文，字同文，宋之楚丘人，世为儒。幼孤，祖母携育于外氏，奉养以孝闻……闻邑人杨悫教授生徒，日过其学舍，因授《礼记》，随即成诵，日讽一卷，悫异而留之。不终岁毕诵五经，悫即妻以女弟。自是弥益勤励读书，累年不解带。时晋末丧乱，绝意禄仕，且思见混一，遂以'同文'为名字。悫尝勉之仕，同文曰：'长者不仕，同文亦不仕。'悫依将军赵直家，遇疾不起，以家事托同文，即为葬三世数丧。直复厚加礼待，为筑室聚徒。请益之人不远千里而至。登第者五六十人，宗度、许骧、陈象舆、高象先、郭成范、王砺、滕涉皆践台阁。同文纯质，尚信义，人有丧者，力拯济之；宗族闾里贫乏者周给之，冬月多解衣裘与寒者。不积财，不营居室，或勉之，辄曰：'人生以行义为贵，焉用此为。'由是深为乡里推服。"

从记载可看出，戚同文孝行感人，学识渊博，精通五经，又教学有方，其所教授学子中有五六十人登第。关于这五六十人，其中张去华、刘蒙叟、柴成务为太祖年状元；许骧、宗度、郭成范、董循、陈象舆、王砺、滕涉等七人大中祥符二年（1009）及第；李昌图、李昌龄、李昌言太平兴国三年（978）进士及第。戚同文弟子中名人辈出，睢阳戚先生声名鹊起，风靡海内，闻风前来拜谒请益之人纷至沓来，宋州很快成了宋初中原地区学人荟萃之地，睢阳书院为北宋王朝前期培养了大批栋梁之材。

2. 赐额"应天府书院"

戚同文卒于宋太宗太平兴国元年。宋真宗大中祥符二年，应天府民曹诚，家资雄厚，藏书丰富，他出资招募能工巧匠，在府城戚同文旧舍处建成书院，且以学舍入官。此次共建房屋一百五十余间，聚书一千五百卷，并邀请戚同文之孙、枢密直学士戚纶之子奉礼郎戚舜宾主教，戚舜宾继承祖业，"制为学规，凡课试、讲肄、劝督、惩赏，莫不有法；宁亲、归沐，与亲戚还往，莫不有时；而皆曲尽人情，故士尤乐从焉"（徐度《却扫编》）。

大中祥符二年（1009），宋真宗赐"应天府书院"额，《宋史·戚同文传》载："诏赐额为本府书院。命纶子奉礼郎舜宾主之，署诚府助教，委本府幕官提举之。"王应麟《玉海》卷一六七"应天府书院"载："天圣三年，应天府增解额三人。六年九月，晏殊言请以王洙充书院说书，从之。明道二年十月乙未，置讲授官一员。景祐二年十一月辛巳朔，以书院为府学，给田十顷。"应天府书院进入一个快速发展的时期。

3. 范仲淹执教

范仲淹"少有志操，既长，知其世家，乃感泣辞母，去之应天府，依戚同文学"（《宋史·范仲淹传》）。五年寒窗苦读，奠定了其成为政治家、教育家的基本素质。天圣五年（1027），范仲淹丁母忧居于南京（今河南商丘），应晏殊之请执掌应天府书院，天圣六年，服丧期满，应诏为秘阁校理。范仲淹两年授徒，为时虽短，却为社会输送了一批优秀人才。他带给应天府书院的，除了渊博的知识，还有时时心系国家的爱国爱民思想。由于他的巨大贡献，宋、元、明、清各代一直保留着他在书院讲学时的讲堂，立有《范文正公讲院碑记》，建有藏书楼以示纪念。

4. 升格为国子监

宋朝廷特别重视应天府书院的发展，不断给予特殊的支持。如天圣六年十二月，免除应天府书院地基税钱；明道二年（1033）十月，置应天府书院讲授官一员；景祐二年（1035）十一月，以应天府书院为府学，"仍给田十顷"。至此，应天府书院纳入官学体系，史载"州郡置学始此"（《宋会要辑稿·崇儒》），范仲淹《南京书院题名记》载"天下庠序，视此而兴"，庆历三年十二月，"以南京府学为国子监"（《续资治通鉴长编》）。应天府书院是北宋四大书院之一，而且是四大书院中唯一被升入国子监的一个,它与东京国子监、西京(洛阳)国子监遥相辉映,是中国历史上独有的从民办书院到国子监的典范。

二 范仲淹与应天府书院

范仲淹是北宋一位很有影响的政治家,他一生"先天下之忧而忧,后天下之乐而乐",以贤能称颂于后世。他还是一位文学家,是北宋诗文革新的先驱之一。他与应天府书院有着极为密切的关系,应天府书院培养造就了他,他在宋仁宗天圣年间振兴了应天府书院。

北宋大中祥符四年(1011),二十三岁的范仲淹来到向往已久的南京应天府书院求学。《宋史·范仲淹传》载,他在应天府书院"依戚同文学,昼夜不息,冬月惫甚,以水沃面;食不给,至以糜粥继之。人不能堪,仲淹不苦也",南宋楼钥的《范文正公年谱》也说他"昼夜苦学,五年未尝解衣就枕",这些记载,基本上概括了范仲淹在应天府书院五年的生活学习情况。

大中祥符七年正月,宋真宗亲谒亳州太清宫。这次谒观,声势很大。从上年的八月已开始准备。正月二十七日从亳州回,二十八日驾临应天府。遇此盛事,应天府书院的学生争先恐后,皆往观之,唯独范仲淹诵读如常。当时有人问他,为什么不去看一看,他回答说:"异日见之未晚。"(《范文正公年谱》)明何孟春辑《余冬录·人品》载一佚事:应天留守有子居学,见范仲淹食粥,归告其父,并以丰盛饭菜相赠,但范仲淹并未动筷。问他为何不吃,范仲淹辞谢说:"非不感厚意,盖食粥安之已久,今遽享盛馔,后日岂能啖此粥乎?"

范仲淹经过五年的刻苦攻读,终于学有所成。大中祥符八年,范仲淹考中进士,出任广德军司理参军,可以说他是从商丘起步,踏上仕途的。

宋仁宗天圣五年(1027),范仲淹为母守丧而退居应天府,受当时南京留守晏殊之聘,掌管应天府书院。范仲淹自这年春末夏初入书院授徒,到天圣六年(1028)底离去,前后执教两年。范仲淹"泛通《六经》,长于《易》,学者多从质问,为执经讲解,无所倦。尝推其奉以食四方游士"(《宋史·范仲淹传》),"日于府学之中,观书肄业,敦劝徒众,讲习艺文,不出户庭","训督学者,皆有法度,勤劳恭谨,以身先之。由是四方从学者辐辏,其后以文学有声名于场屋朝廷者,多其所教也"(《范文正公年谱》)。

范仲淹执教应天府书院两年中,对书院的教育教学等方面进行了深入的改革,不仅提升了书院的地位,使应天府书院达到了鼎盛,也为以后的兴学活动提供了经验。

1. 重振儒学权威的办学理念

范仲淹重视教师的言传身教,以身作则,训导与教务合一,目的是要培养出经世致用的士人,以改变学风。范仲淹在《上时相议制举书》中比较系统地阐述了他的教学思想:

夫善国者,莫先育材,育材之方,莫先劝学,劝学之要,莫尚宗经。宗经则道大,道大则才大,才大则功大。盖圣人法度之言存乎《书》,安危之机存乎《易》,得失之鉴存乎《诗》,是非之辨存乎《春秋》,天下之制存乎《礼》,万物之情存乎《乐》。故俊哲之人,入乎六经,则能服法度之言,察安危之机,陈得失之鉴,析是非之辨,明天下之制,尽万物之情,使斯人之徒辅成王道,复何求哉!至于扣诸子,猎群史,所以观异同,质成败,非求道于斯也。

范仲淹认为,在培养人才方面,最重要的莫过于宗经,也就是劝勉学生尊奉和学习儒家经典,以六经作为刻苦学习、炼就品格的根本。所以才智出众的人,辅以六经之学,就能遵从法律制度,观察安危的征兆,陈述得失的借鉴,辨别是非,明白天下的事理,而让这些尊奉儒家经典的人辅佐君王,就会成就君王的统治。

范仲淹在教学内容上提倡以儒家传统经典为主要科目,其目的正在重振儒学权威,改变当时科举专以辞赋和墨义取士而导致的士人追求辞藻声律、死背经书的弊端，用来培养能通达儒家经邦治国之术的人才，这与北宋中期儒学复兴思潮相合。

2. 识拔后学

范仲淹以《易》与《中庸》为根基进行学术研究，成为关学、洛学与濂学的先导。仁宗年间，被誉为"德高天下"的大儒孙复，就是其中之一。

孙复（992—1057），字明复，号富春，北宋晋州平阳（今山西临汾）人。因长期居泰山讲学，人称"泰山先生"。孙复幼年家贫，父早亡，但力学不辍，饱读六经，贯穿义理。天圣五年（1027），孙复谒见范仲淹，范给予其经济资助，并为他谋了学职，授以《春秋》。《宋元学案·泰山学案》对此有详细记载：

> 范文正在睢阳掌学，有孙秀才者索游，上谒文正，赠钱一千。明年，孙生复过睢阳，谒文正，又赠一千，因问何为汲汲于道路，生戚然动色曰："母老，无以为养，若日得百钱，甘旨足矣。"文正曰："吾观子辞气，非乞客也，二年仆仆，所得几何，而废学多矣！吾今补子学职，月可得三千以供养，子能安于学乎？"生大喜，于是授以《春秋》，而孙生笃学，不舍昼夜。明年，文正去睢阳，孙生亦辞归。后十年，闻泰山下有孙明复先生以《春秋》教授学者，道德高迈，朝廷召至，乃昔日索游孙秀才也。

孙复成为宋初三先生之一，开启了理学研究。他的成就与范仲淹的培养与提携，以及应天府书院的教育密不可分。

范仲淹在书院执教时期，为北宋培养了大批人才。这些优秀人才继承了范仲淹"但使斯文天未丧"（范仲淹《睢阳学舍书怀》）的儒者情怀，以及复兴儒家礼乐、文教道德的志向和使命感，不仅如此，他们还受到其师的教诲和提携，广泛活跃于当时的政治、文化教育、学术思想等舞台之上。这是范仲淹在应天府书院所做出的教学成绩，也正因如此，应天府书院在中国书院史上书写了浓重的一笔。

第五节　宋金时期的商丘人物

一　政治家张去华

张去华（938—1006），字信臣，襄邑（今睢县）人。建隆二年（961）中进士。张去华一生宦海沉浮，历仕后周、北宋两代，经历了周世宗、宋太祖、宋太宗、宋真宗四位皇帝。

宋太祖建隆元年，张去华携文游京师，受到文学家李昉的赏识。入仕北宋后，仅在秘书郎一职上任职一年，便通过临轩策试加官晋爵升任右补阙。宋太宗雍熙三年（986），张去华著《大政要录》三十篇进献，得到太宗皇帝嘉奖。真宗时（997—1006），年老多病的张去华仍受重用，转任地方官，体察民情，在朝挂职，以备咨询。

张去华少有才华，善于写作、议论，敢于直言，颇具辩才，出言蕴藉，思维敏捷，立论新颖，认识深刻，著述颇丰。其名篇《治民论》《大政要录》《元元论》等以流畅的文笔，丰富的史实，严密地论证阐述了"民为邦本""民重君轻"的道理。他强调了历来不为统治者所看重的普通民众在社会发展中的作用，指出统治者应如何对待黎民百姓，表现了朴素的"民本"思想。

二　戚同文之子戚纶

戚纶（954—1021），字仲言，楚丘人，太平兴国八年（983）进士，历任沂水主簿、光禄寺丞、盐铁判官、龙图阁待制、兵部员外郎等。在其父戚同文的教育影响下，戚纶在少年时期就以文行知名，笃于古学，喜谈名教。作为一名学者，戚纶的主要贡献，是用他敏锐的眼光发现了宋王朝政治、军事制度的弊端，并用他所崇尚的古学和名理对其进行了一定的改良。

面对"民险悍多构讼"、社会秩序混乱的现实，他将民间经常发生、大家耳闻目睹的生动事例编成"谕民诗"五十首，教男女老幼传阅背诵，规劝和引导人们明事理，讲信义，互相尊敬谦让，以减少纠纷和冲突。对狱中罪犯，他也采取宽容感化政策，不少人改邪归正，弃恶从善，社会秩序明显好转。

咸平元年（998），戚纶因文学纯谨被宋真宗任命为秘阁校理。景德元年（1004），戚纶因上疏言边事有功，又被提升为龙图阁待制，负责收藏太祖御书、御制文集及各种典籍、图画和祥瑞之物，并充当顾问，经常便殿请对。戚纶一生为官清廉，不置家产，临死时，家无余资。著有《论思集》，主要涉及军机要事、备边均田等方面。

三 "诗豪"石延年

石延年（994—1041），字曼卿，宋城人。人称石延年"气貌伟岸，英才磊落"，但"跌宕任气节"，虽才学甚富却未得金榜题名。宋真宗时录为三班奉职。后任金乡知县。在金乡县，治理有方，颇有声名，荐升为乾宁军通判，后因政绩显著，调永静军，不久入朝为大理评事，馆阁校勘，历光禄、大理寺丞。

石延年作文师法韩、柳，以风格劲健著称，他的诗歌深为文坛领袖欧阳修推重，以飘逸豪放、奇峭跌宕为主体风格，个性鲜明。如其得意之作《寄尹师鲁》："十年一梦花空委，依旧河山损桃李。雁声北去燕南飞，高楼日日春风里。眉黛石州山对起，娇波泪落妆如洗。汾河不断天南流，天色无情淡如水。"另外，石延年笔下还有一些气韵沉雄、音调铿锵的金戈铁马之作，如《曹太尉西师》《筹笔驿》等。

仁宗天圣宝元年间，石延年与范仲淹、梅尧臣、苏舜钦、欧阳修、张方平等交游，各以所长而鸣于世，形成了北宋诗文革新运动前期的重要作家群，而石延年"以诗歌豪于一时"，独占"诗豪"之名，文人石介有《三豪诗》，所称即"文豪"欧阳修、"歌豪"杜默和"诗豪"石延年。

四　赵概纂《谏林》

赵概（995—1083），字叔平，虞城人，宋真宗大中祥符五年（1012）进士，历仕仁宗、英宗、神宗三朝，官至参知政事，龙图阁学士、观文殿学士等。

赵概从小勤奋笃学，博通经史，晚年执掌集贤院，署理宫中秘书图籍。宋神宗元丰二年（1079），赵概编选历代谏诤故事撰为《谏林》一书进献给朝廷，并言："臣年八十有二，行将就木，无所干求，以申臣素志尔。"宋神宗看后大悦，题诏曰："士大夫请老而去者，皆以声迹不至朝廷为高。得卿所奏书，知有志爱君之士，虽退休山林，未尝一日忘也。当置座右，以时省阅。"（《宋会要辑稿》）《谏林》120卷，内容既有开明君主虚心纳谏、兴邦治国的成功经验，也有忠臣贤士抨击时弊、冒死以谏的动人事迹。

赵概能取得如此成就，与平日克己修身有着很大关系。宋徐度《却扫编》记：赵概宴居之室必置三器几上，一贮黄豆，一贮黑豆，一空。又间投数豆空器中，人莫明其意。赵概曰："吾平日兴一善念则投一黄豆，兴一恶念则投一黑豆，用以自警。始则黑多于黄，中则黄多于黑，近者二念俱忘，亦不复投矣。"

五　宋庠与宋祁

北宋的宋庠、宋祁为同胞兄弟。《宋史·宋庠传》载："安州安陆人，后徙开封之雍丘。"[①] 宋仁宗天圣二年（1024）二人同科进士，时称"二宋"。

宋庠（996—1066），字公序，初名郊，字伯庠。官至大理评事、参知政事、右谏议大夫、兵部侍郎、中书门下平章事等。英宗时封郑国公，以司空致仕，卒赠太尉兼侍中，谥号元宪。

宋庠自幼勤奋好学，至老读书不倦，知识渊博，著述甚多。据宋

[①] 今商丘民权县双塔镇有双状元塔，故将宋庠、宋祁列入商丘历史人物。"文革"时被拆，今系在原址重建。

史载，他尝校订《国语》，撰《补音》三卷，又辑《纪年通谱》十二卷，《掖垣丛志》三卷，《尊号录》一卷，《别集》四十卷。这些著作中仅《国语补音》有传本，其他均已散佚。修于明初的《永乐大典》对他的诗文及其他著述进行了广泛的搜集和著录，现流行于世的《元宪集》，就出自《永乐大典》。

宋祁（998—1061），字子京，北宋政治家、文学家和史学家。历官翰林学士、史馆修撰、翰林学士承旨。宋祁才华横溢，学问赅贯，涉及音乐、训诂、史学、文学等多个领域。因其是《新唐书》"列传"部分的编纂者，故其史学成就广为人知。

陈寅恪认为"中国史学莫胜于宋"（陈寅恪《金明馆丛稿二编》），宋人修史的热情超过前代。宋代续修前代正史有《旧五代史》《新唐书》和《新五代史》，其中《新唐书》成就最高。《新唐书》修撰的目的在于为饱受政治、军事、财政等诸多危机困扰的宋王朝寻求新的出路，以史为鉴。

后世学者普遍认为《新唐书》"列传"部分的质量和水平比《旧唐书》要高，主要表现在：首先，文献搜罗更为广泛，且选材严谨。宋祁引用了《旧唐书》所未采用的史料，如家谱、野史、行状、碑志等资料，丰富和补充了《旧唐书》的缺漏，与此同时，还对材料进行了甄别和选择。其次，欧阳修论及《新唐书》取舍材料原则时谈到"其事则增于前，其文则省于旧"。宋祁在《旧唐书》基础上采取增删和扩充的方法来重构《新唐书》列传，按照是否遵循"道统"和"尊王"的原则对唐朝各类人物进行系统性的评判。从分类上来看，增添了卓行、奸臣、叛臣、逆臣等四个类传；从人物上来看，删去了《旧唐书》中的 61 人，增写了 331 人。

宋祁的文学成就也很大。《宋史·宋祁传》说："祁兄弟皆以文学显，而祁尤能文，善议论。"《宋史·艺文七》记有《宋祁集》150 卷，又有《濡削》一卷，《刀笔集》二十卷，《西川猥稿》三卷。

六　学者王洙

王洙（997—1057），字原叔，宋城（今商丘）人，北宋著名学者。王洙生于宋太宗至道三年（997），其父王砺为太平兴国五年（980）进士，官至屯田郎中；其兄王涣是仁宗朝的太子宾客、礼部侍郎；兄王渎，累官屯田员外郎，可谓仕宦之家，满门名士。

王洙于仁宗天圣二年（1024）中进士，被任命为庐州舒城县尉，后来因事免官，回到家乡应天府书院任职。此后，朝廷诏举经术士，王洙经人推荐，被召入朝，成为国子监直讲。仁宗景祐元年（1034），他与宋祁、郑戬等共同修撰《广韵》《韵略》，并参与官修图书的编纂。景祐三年，因校勘《史记》《汉书》，擢史馆检讨。庆历元年（1041），参与《崇文总目》的编纂，被任命为太常博士。庆历四年，编修《国朝会要》，赐三品服，兼直龙图阁。后因苏舜钦事被贬在地方任知州。庆历八年，范仲淹专门为他上书朝廷，大力推崇王洙之才。在范仲淹、富弼等人的举荐下，王洙被召回朝廷，复为史馆检讨、天章阁侍讲。嘉祐二年（1057）卒。

王洙的一生，除了庆历间因苏舜钦事被贬在地方任知州的几年外，大部分时间担任的是学官、侍讲、学士这样的头衔，他将精力投入到了图书的编纂、古籍的整理上，其内容涉及史学、经学、小学、目录学、地理、术数等多个方面，是一位有名的藏书家、卓有成就的古文献学家。他重视古籍的版本，对所要整理的典籍，必广罗众本，在此基础上进行编次，并以恢复古书原貌为目标。对古书校勘工作，王洙也发表了独特而重要的意见："公言校书之例，它本有语异而意通者，不取可惜，盖不可决谓非昔人之意，俱当存之。"（王洙《王氏谈录》）

七　王尧臣与《崇文总目》

王尧臣（1003—1058），字伯庸，虞城人，天圣五年（1027）进士，历仕湖州通判、三司度支判官、三司使、枢密副使、参知政事等。

宋仁宗景祐元年（1034），王尧臣参与纂修《崇文总目》。《崇文总目》是宋代第一部综合性的官修目录，也是我国现存最早的一部国家书目。全书六十六卷、叙录一卷，按四部分为四十五类，著录北宋前期图书3445部，计为30669卷，其编纂体例，有叙有释。

《崇文总目》产生在一个高度重视历史的文化环境之中，其内容浸染了史家"辨章学术，考镜源流"的集体意识。作为宋代具有代表性的学术性书目，《崇文总目》的思想体系严密，具有很高的学术价值。或著录图书的名称、著者、版本；或介绍其体例、内容、成书经过、特点得失等，保存了古代书籍的最基本内容；还对各类图书学术思想源流进行系统介绍，对学术文化兴衰分合进行整体评述，为历代学者指示了读书门径。

八　名臣张方平

张方平（1007—1091），字安道，晚年号乐全居士，南京（今商丘）人。少年时就被当时名臣蔡齐、宋绶称为"天下奇才"。景祐元年，中茂才异等科。他身历宋真宗、宋仁宗、宋英宗、宋神宗、宋哲宗五朝；亲历北宋中期风云变幻、波澜起伏的政治斗争；经受过庆历新政、熙宁变法等重大社会变革运动的洗礼，是北宋政治舞台上一位极为引人注目的政治家。

张方平的政治思想带有中国传统儒家士大夫的典型特征。他忧国忧民，胸怀治平理想，有强烈的使命感，故一生不恤毁誉，直言极谏，古稀之年论事愈切。当权者恶其切直，同僚也多敬而远之，与之交往密切的只有范仲淹、宋祁以及后来的苏氏父子数人。苏轼评论他"上不求合于人主，下不求合于士大夫"，唯知"以道事君"，故此"庆历以来名臣为人主所敬莫如公者"。张方平晚年政治上趋于稳健，英宗问治道体要，他以"简易诚明"为对。

张方平的文章长于议论，苏轼认为他的文章有一种"英伟豪杰之气"。《四库全书总目提要》说他："文思敏赡，下笔数千言立就。才气本什伯于人，而其识又能灼见事理，剸断明决。故集中论事诸文，无不豪爽畅达，洞如龟鉴。"著述主要有《玉堂集》二十卷，《乐全集》四十卷。《乐全集》不仅具有较高的文学价值，还是珍贵的历史资料，集中疏奏、论事、对策诸文，广泛地涉及了从仁宗至神宗四十余年的外交、军事、内政、经济等方面的问题，具有很高的史料价值。

九 "沙随先生"程迥

程迥，字可久，宁陵人，家居宁陵沙随镇，时人称为"沙随先生"。少时为避靖康之乱，迁居绍兴余姚（今属浙江）。靖康之乱后，北方学者多迁往钱塘，而程迥得以师从时贤，考德问业。隆兴元年（1163），程迥举进士，出任扬州泰兴尉，开始了仕宦生涯。《宋史》给予他极高的评价，称赞他："居官临之以庄，政宽而明，令简而信，绥强抚弱，导以恩义。积年仇讼，一语解去。猾吏奸民，皆以感激。久而悛悔，欺诈以革。"

程迥不仅是一位正直的官吏，而且颇有文名。他潜心研究经学，著有《古易考》《易考外编》《古易章句》《论语传》《孟子章句》等。程迥继承儒家救世匡时的优良传统，关心民众疾苦，表现出宋学反对墨守旧章、提倡通经致用的基本特点。而且，他兴趣广泛，涉猎面极广，对医学、历史学、声韵学等有较深的研究，著有《医经正本书》《四声韵》《度量权三器图义》《淳熙杂志》《南斋小集》等。

南宋哲学家朱熹在给程迥之子程绚的书信中赞誉程迥道："敬惟先德，博闻至行，追配古人，释经订史，开悟后学。当世之务又所通该，非独章句之儒而已。曾不得一试，而奄弃盛时，此有志之士所为悼叹咨嗟而不能已者。然著书满家，足以传世，是亦足以不朽。"（《宋史·程迥传》）

十　许顗与《彦周诗话》

许顗，字彦周，襄邑人，两宋之交重要的诗论家，具体生卒年史书中无确切记载。许顗出身于书香门第，官宦之家。祖父许拯，曾在景祐年间以通"三经"登第。许顗的外祖父邵安简、伯父许安世、叔父许仲山均是饱学之士。

许顗著作流传较少，唯《彦周诗话》让他在文学史上留下美名。《彦周诗话》以江西诗派论诗为宗，继承了江西诗派尊崇黄庭坚的诗风，注重考据，重视诗歌的工巧，倡导多样的诗歌风格。在接受论中强调"以意求之"和"熟读"，在批评论中强调"论道当严，取人当恕"，"强人使同己则不可，以己所见以俟后之人，乌乎而不可哉！"《四库全书总目提要》评述说："顗议论多有根柢，品题亦具有别裁"，部分条目虽"杂以神怪梦幻，更不免体近小说。然论其大致，瑕少瑜多，在宋人诗话之中，犹善本也"。

十一　医家王怀隐、王贶与张从正

王怀隐（927—994），睢阳人，北宋初年著名的医学家。王怀隐初出家为道士，住在京城建隆观内，擅长医诊。"太宗尹京，怀隐以汤剂祗事。"（《宋史·王怀隐传》）太平兴国初年（976），诏其还俗，命为尚药奉御，三迁至翰林医官使，至此走上仕途，最终成为御用名医。

太平兴国三年五月，王怀隐受命与副使王祐、郑奇，医官陈昭遇对太宗多年收藏的医药名方、家传经验方等进行编排分类，着手编纂《太平圣惠方》。淳化三年（992）书成，历时十四年，太宗亲赐其名，并为序。朝廷下令对该书雕版印刷，颁行天下，并在各州县设置医博士掌教。

《太平圣惠方》主要以《千金要方》《千金翼方》和《外台秘要》为蓝本，全书共一百卷一千六百七十门一万六千八百三十四方。首列诊断法，后按各科论述疾病之病源、症状，每病之前冠以"诸病源候记"，说明病症引发的原因，最后详列方剂和其他各种疗法。此书不仅保存了两汉至隋唐之间的许多名方，同时也保存了许多已失医书的内容。但书中有些地方选材不够精练，兼有迷信的论述，也是作者受历史局限所致。

王貺，字子亨，考城人，生于北宋末年。他少年聪颖，踌躇满志，曾拜南京名医宋道方学习，为其女婿，尽得真传，其技艺甚精，尤擅针灸治疗奇疾，所著《全生指迷方》，为后人多用。

《全生指迷方》，又名《济世全生指迷方》《全生指迷论》《济世全生指迷集》等，共三卷，由丞相吴敏作序。卷一为诊脉法，内容详明。卷二、卷三涉及寒症、热症、痹伤、劳伤等二十种内科杂病及妇科疾病，以选方为主，并于每症之前详记病状、病源、病因、症候，故历代医家多所参考，是一笔珍贵的医学遗产。

张从正（约1156—1228），字子和，号戴人，考城人，与刘完素、李杲、朱震亨并称金元"四大医学家"。张从正学宗刘完素，主张祛邪以扶正，邪去则正自安。临床辨症将疾病分为风、寒、暑、湿、燥、火六门，治之以汗、吐、下三法，运用三法得心应手，是我国医学史上"攻下派"的代表人物。

张从正一生著述甚丰，有《心境别集》一卷，《张氏经验方》二卷，《张子和治疗撮要》一卷，《秘书奇方》二卷等，流传至今的有《儒门事亲》，取意"唯儒者能明其理，而事亲者当知医"。

第十一章　元朝时期

第一节　蒙古夺取中原与归德府建置

一　蒙古夺取中原

铁木真通过统一战争,建立起强大的蒙古政权。金贞祐四年(1216),成吉思汗派大将三木合拔都进攻金朝的关陕地区,十月,蒙军前锋越过嵩山,骚扰了汴京周边郡县,掠夺了部分金帛和人口。这是蒙军首次攻入河南,虽然战争范围和破坏程度都很有限,也未直接影响到归德府,但通过此战大致了解了金军在河南行省的军事部署和战斗力,为稍后的大举进攻准备了条件。

金天兴元年正月,蒙古大军围攻郑州,拖雷率蒙军前锋追击金军至汴京附近。金朝君臣大惊失色,仓皇派遣完颜合达率大军二十万设伏于西禹山(在今邓州)下,企图围歼蒙军,而此时拖雷率领的只是尚不满四万人的蒙军一部,为避免以寡敌众,拖雷令部队分散北上,直攻汴京。完颜合达率兵追击不及,只能与稍后会合的武仙军急援汴京,而途中拖雷派三千骑兵不断骚扰,金军兵马皆不得休息,疲惫不堪。月底,双方主力决战于钧州三峰山,此战前,拖雷已经与蒙古援军次第会合,人数达二三十万,将金军反包围于三峰山下,恰逢连续暴雪三日,金朝军士给养全无,饥不得食,渴不得饮,士气愈加低落,蒙军为避免金军做困兽之斗,采取围三阙一之计,放开面向钧州的一面,金军遂斗志瓦解，全军溃逃，以至于纪律全无，恰逢雪停日出，蒙军以精锐骑兵追击，金军无心恋战，于是大败，悍将完颜合达、陈和尚、杨沃衍等人退守钧州，后皆战死，河南十余州全被蒙古占领，金朝三十余万精锐被全歼。自此，金朝再也无力与蒙古军队野战，只能采取守势，而睢州、徐州、潼关等地的守将都望风而降，蒙军从西、北方向直接威胁到汴京。

三月，蒙军统帅窝阔台、拖雷北还，改派速不台攻汴京。十二月，汴京即将失守，金哀宗于是决议放弃汴京，逃往归德。天兴二年正月，金哀宗留参知政事完颜奴申，枢密副使完颜习捏阿不，户部尚书完颜珠颗，东西南北四元帅把撒合、术甲咬住、崔立、李术鲁买奴等人留守汴京，自率大军向归德府方向转移。十二日，双方战于白公庙，金军大败，同月，留守汴京的崔立叛金，杀完颜奴申等人，以汴京城投降蒙古。

蒙、金双方在归德城及周边地区展开的战争长达十个月。早在天兴二年二月，随着金哀宗逃入归德，围攻汴京的各路蒙军也陆续追击到归德城下。最早到达的是蒙军撒吉思卜华一部。撒吉思卜华是蒙军追击金哀宗的先锋队伍，在白公庙之战后，追哀宗至归德城北门下，前后强攻两个多月，但都被金守军击退。五月初，蒲察官奴率忠孝军夜袭蒙军，蒙军措手不及，撒吉思卜华亦亡于此，金哀宗得以出逃，迁往蔡州。随着汴京投降，蒙军大量后续部队陆续汇集到归德城下，双方展开惨烈的攻守战。到十二月，归德府粮尽援绝，被迫开门投降。

金哀宗入蔡州后，遣使向各州求援，但所派使节皆被蒙军击杀或俘虏，而各地守军又畏惧蒙军，大都止步观望。天兴三年正月，蔡州城破，其在河南残留的地盘被蒙、宋瓜分。

金亡之后，归德城以南大部分地区都被南宋占领，以北则被蒙军占领。但蒙、宋间又迅速爆发战争。蒙古窝阔台汗六年（1234），南宋趁蒙军主力北还之机，派兵北上完全占有了原北宋时期的西京（洛阳）、东京（开封）和南京（归德），并设官治理，但在蒙军反击下迅速溃败，归德府及周边地区又彻底落入蒙古政权手中。七年六月，窝阔台汗以南宋"背盟"为由,派遣两路大军伐宋。八月,东路蒙军在口温不花率领下攻克唐州(今河南唐河),转攻淮西,掩护主力部队进攻襄阳(今湖北襄阳)、郢州(今湖北钟祥);十月,东路蒙军又破枣阳,继而攻打襄阳、邓州(今河南邓州),占领光化军(今湖北老河口)。此后,蒙军全军进攻南宋的汉水防线,但遭到南宋军队的顽强抵抗,此后双方基本以此为线对峙。

二 归德府建置

商丘,元朝时名归德府。"归德"之称始于后唐庄宗。后梁龙德三年(923)四月,李存勖在魏州(今河北大名)称帝,建立后唐,李存勖即后唐庄宗。十月,后唐灭后梁,于十二月迁都洛阳,正式建立其统治。为剥夺后梁所封诸藩镇的权力,稳固自身统治,李存勖重新规划藩镇建置,下诏将大安府恢复原名西京京兆府,改宋州宣武军为归德军,改汴州开封府为玄武军,这是"归德"二字首次作为正式名称出现在史书中,但此时归德还只是军镇。北宋真宗景德三年(1006)升为应天府,正式由"军镇"改为"府",其后又升为"南京"。金朝天会八年(南宋建炎四年,1130),金朝扶持的伪齐皇帝刘豫又重新将归德的政治地位降为"归德府"。

元朝在归德府地区的建置,并非一次性完成,而是反复调整的结果。金天兴三年(1234),金朝在蒙古和南宋的夹击下灭亡,因为河南的汴梁、归德、蔡州三地是金朝抵抗蒙、宋联军的最后基地,故蒙、宋在灭金的过程中各自占领了归德府的部分地区,直至元世祖至元八年(1271)前后,蒙古政权经历了与南宋十余年的争战才完全占有了归德府,正式开始了其在当地的统治。

绍定六年(1233)十月,南宋朝廷派孟珙、江海率忠义军两万人运粮食三十万石北上,在蔡州城下与蒙古军队会师,展开了联合灭金的攻势。

战争中，宋军作战英勇，且金军不断从金、宋战线上收缩军力回援哀宗所在的蔡州，故宋军一路高歌猛进，占领了金朝大片土地，包括寿、泗、宿、亳四州及涟水一军，加上消灭李全后又获得了海州，共计攻占五州一军二十县之地，此外又在南京路夺得唐、邓、息三州十一县，于山东西路夺得邳州下属二县。灭金之战后，又经过蒙、宋双方的斗争、交涉，端平元年（1234）六月末，宋军才收复了宋太祖的发迹之地南京（今商丘），南宋朝廷以赵葵担任应天府知府、南京留守。

金朝亡国不久，蒙古大军即以南宋"背盟"为借口南下，展开灭宋战争，归德府地区因为正处于双方交界处，因此宋属诸州县次第丢失。至元初，南宋所占归德府地域与酂县（今永城市酂城镇）同时归降蒙古政权。至此，归德府地区完全为蒙古政权所有。

从至元二年（1265）归德府完全为元所有，到至元八年立为散府（郡），在此七年间，归德府辖地经过多次变化，其基本情况大致如下：

归德府所属各个州、县中，睢州、永州、徐州、邳州等地最先属元，元置京东行省进行管理，此后经过蒙、宋战争，归德府其余辖地也先后为元所有，元皆置于京东行省下，但京东行省"未几罢"，归德府与陈、亳、邓、汝、颍、邳等二十余州改属汴梁路。至元二年，下令调整行政区划：因虞城、砀山二县位于枯黄河北，距离府治遥远且人口稀少，归德府管理极为不便，于是将二县割属更近的济宁府治；后因为同样原因，又将谷熟县并入睢阳县，酂县并入永州，将永州降为永城县。至此，归德府所辖仅剩永城、宁陵、下邑（即夏邑）三地。

至元八年，元政权建立，因为长期战争和人口逃亡，北方大量州府人口不足，金朝时期制定的行政区划已经不太适用当时情况，于是元世祖忽必烈决定重新划分行政区划，将人口、赋税少者，或者降为下州或县，或者彻底裁撤并入他州（县），在此过程中，令"归德自为一府，割亳、徐、邳、宿四州隶之"（《元史·地理二》）。从至元八年开始，贯穿整个元朝，归德府都是以"散郡"的身份存在，其行政范围也基本确定下来。

归德府设知府、治中、府判各一员，共领四州十二县之地，其中归德府直领四县，全府所领人口在《元史》等史书中没有发现确切数字，但根据相关记载，可以从侧面对此有所了解，如元明宗至顺（1330—1332）年间，归德府纳钱、粮户数为23317户（《元史·地理二》），以我国封建社会家庭组成情况推测，以每户五人为标准，整个归德府的纳税户总人口约有11万6500人，同时考虑到元初权贵有隐匿人口为奴的习惯（奴仆不纳税），以及不纳税的"逃户"，再加上政府特许可以不纳税的僧道等人群，故人口总数量应该超过纳税户口数两倍以上，可以说是元朝比较繁荣的散郡之一。

归德府的行政建置及具体变动情况如下：

府直领四县：睢阳、永城、下邑、宁陵。

永城、下邑、宁陵在至元二年（1265）初次调整时，就已经属归德府直辖，睢阳则是至元八年时从亳州割属归德府直辖。

府领四州：徐州、宿州、邳州、亳州，共领八县。

徐州——南宋端平元年（1234），宋、蒙联军灭金，徐州直接被蒙军占领。金朝时，徐州下属三县一司，分别为彭城、萧县、永固三县及州属录事司。蒙古政权占领徐州后，初设京东行省管理，与归德府平级，之后二者都转属汴梁路；因长期战争导致民户稀少，至元二年徐州被降为下州，下属各县中永固县被并入萧县，彭城及录事司被取消，并入州，此后萧县也并入州；至元八年划属归德府；至元十二年又重新将萧县从州里独立出来，成为单独的基层行政单位。至此，徐州建置定型，州领一县：萧县。

宿州——宋、蒙灭金后，宿州本被南宋占领，但蒙、宋随即爆发战争，宿州被蒙古政权夺取。在金、宋两朝时，宿州原领有四县一司，分别为：临涣、蕲、灵璧、符离四县及州属司候司，同样因民户稀少，至元二年宿州被降为下州，四县一司建制皆被取消，并入州。至元四年，蒙古政权又将灵璧县割属泗州，至元十七年底重新将其归属宿州，而其他几县一直没有重设。至此，宿州建置定型，州领一县：灵璧。

邳州——邳州本为唐高祖武德四年（621）设立，领下邳、良城、郯城三县。唐太宗贞观元年（627）降为下邳县，其地并入泗州，唐宪宗元和四年（809）又改属徐州。金太宗天会七年（1129）重置，领下邳、宿迁、睢宁三县，本属山东路，金宣宗贞祐三年（1215）改属河南路。蒙、宋战争后被蒙古政权占领，同样因民户稀少，并三县入州，降州为下州，至元八年将全州划属归德府。至元十二年重置睢宁、宿迁两县，将两县割属淮安，至元十五年重新划属归德府，恢复原有建置。至此，邳州基本定型，州领三县：睢宁、宿迁、下邳。

亳州——亳州本名谯郡、谯县，北周大象元年（579），周静帝将南兖州改称亳州。隋朝大业三年（607）重新改为谯郡。唐武德四年（621）又改为亳州，下辖谯、山桑、城父、临涣、酂、鹿邑、永城、卫真八县。北宋时升为集庆军。金朝重新改名亳州，领谯、酂、鹿邑、城父、卫真、谷熟六县。蒙、宋战争后，亳州被蒙古政权占领，至元八年，同样因民户稀少，降州为下州，并城父县入谯县，卫真县入鹿邑县，谷熟县入睢阳县，酂县入永城县，并将睢阳、永城改为归德府直属县，后城父县重新从谯县分离。至此，亳州基本定型，州领三县：鹿邑、谯、城父。

总之，整个元朝，归德府所辖地域，包括四州十二县，四州即亳州、徐州、宿州、邳州；十二县是睢阳、宁陵、鹿邑、谯邑、城父、下邑、永城、萧县、灵璧、下邳、睢宁、宿迁，其地域涉及今天的河南、安徽、江苏三省。

第二节 元朝对中原的控制和经营

蒙元政权对中原的经营和控制，以元世祖忽必烈至元八年（1271）

正式定国号为"元"为限，可以分为前后两个阶段。前一个阶段以蒙古式统治方式为主，后一个阶段以汉族式统治方式为主，但每个阶段实际上都是混杂使用蒙、汉两种统治方法，只不过是程度有所不同。

蒙古政权时期，受旧制和习俗影响，在新占领区多倾向于圈地，变良田为牧场，变纳税民户为奴隶，而在延续七年之久的襄樊之战和随后的灭宋战争中，蒙古贵族为了在短期内尽可能聚敛财富和人力支援前线，更喜欢用这种简单粗暴但短期效果非常明显的办法。虽然在耶律楚材的劝告下，窝阔台汗开始有所改变，试图用"汉法"来恢复和发展中原地区的社会和经济，限制蒙军的屠杀行为，但受传统惯性影响，更多的还是采用蒙古式手段，希望通过分封土地和人口来激励蒙古贵族和将领的士气。忽必烈在至元八年以前，为了满足战争需要，也延续了窝阔台汗、贵由汗等时期的做法。

后来，在儒臣王鹗等人建议下，忽必烈为维持新政权的长久性，开始大量采纳传统儒家的治理方法，但为了照顾蒙古贵族的利益，又不得不在一定程度上维持传统的旧制，由此形成了一套有异于其他任何一个朝代的"既采汉法又行旧制"的全新的统治制度。

（一）改元前对中原的经营和控制：行旧制

蒙、宋联合灭金后，双方间又展开漫长的战争。蒙、宋早期战争的主战场为襄阳及其周边地区，河南、河北、山东等地紧邻前线，成为蒙军主要的粮饷筹措地和士兵、民夫来源地，为迅速解决战时面临的各种问题，同时又要顾及蒙古的传统习俗，蒙古政权在中原地区采取了一系列具有非常鲜明的蒙古特征的经营、控制措施，主要可分为括田赏赐和置万户府屯田两种做法。

1. 括户（田）与赏赐：忽必烈至元前

按照蒙古传统，战争是贵族获得财富和奴隶的重要途径和手段。在蒙、宋战争中，许多将领未经上报就理所当然地将大量人口变为自己的奴户，将大片土地变为自己的牧场，而宋人因反抗、逃亡、抢劫而惨遭杀戮的现象更是屡见不鲜。

据《元史·耶律楚材传》记载，太宗窝阔台汗时，蒙军劫掠之风极盛，其参与者身份复杂，包括黄金家族诸王、各部贵族、带军将领、地方守臣乃至世家子弟等，"帝自经营西土，未暇定制，州郡长吏，生杀任情，至孥人妻女，取货财，兼土田。燕蓟留后长官石抹咸得卜尤贪暴，杀人盈市"，"燕多剧贼，未夕，辄曳牛车指富家，取其财物，不与则杀之。时睿宗以皇子监国，事闻，遣中使偕楚材往穷治之。楚材询察得其姓名，皆留后亲属及势家子"，"太祖之世，岁有事西域，未暇经理中原，官吏多聚敛自私，资至巨万"，等等。这些记录绝非个别现象。

鉴于其潜在危害，耶律楚材多次上书窝阔台汗，请求惩戒杀戮、抢劫行为，以聚敛人口，恢复社会安定。窝阔台汗接受其建议，从而保全了大量熟悉农业、手工业的中原人口。如攻占汴京后，耶律楚材认为金朝残留的精华全聚于此，"奇巧之工，厚藏之家，皆萃于此，若尽杀之，将无所获"，窝阔台汗欣然接受，下令禁止屠城，只追索完颜氏族人即止。

耶律楚材虽然名望隆重，却无法与强大的蒙古习俗对抗。虽然窝阔台汗时期的圈地、屠城、抢掠等现象已经减少很多，但顾及旧贵族势力，窝阔台汗在制定中原人口政策时，还是采取了两套标准：将民户一分为二，一部分作为国家的纳税户成为自由民，另一部分则赏赐给宗室、贵族和有功将领作为奴户。这种做法，一直延续到贵由汗时期和忽必烈至元八年以前。

窝阔台汗时，近臣别迭等人曾建议称"汉人无补于国，可悉空其人以为牧地"（《元史·耶律楚材传》），主张杀尽汉人，将中原变为牧场，耶律楚材则诱之以利，使窝阔台汗看到以汉法统治中原的巨大潜在利益。

> 楚材曰："陛下将南伐，军需宜有所资，诚均定中原地税、商税、盐、酒、铁冶、山泽之利，岁可得银五十万两、帛八万匹、粟四十余万石，足以供给，何谓无补哉？"帝曰："卿试为朕行之。"

乃奏立燕京等十路征收课税使,凡长贰悉用士人,如陈时可、赵昉等,皆宽厚长者,极天下之选,参佐皆用省部旧人。辛卯秋,帝至云中,十路咸进廪籍及金帛陈于廷中,帝笑谓楚材曰:"汝不去朕左右,而能使国用充足,南国之臣,复有如卿者乎?"

长期以来,蒙古贵族隐匿人口为奴户,数量极大,"几居天下之半"(《元文类·耶律楚材神道碑》),这极大地影响了国家的财政收入。为掌握纳税户口的真实数量,窝阔台汗五年(1233)派阿同葛检括民户,结果"括中州户,得户七十三万余"(《元史·太宗本纪》);但本次括户受贵族抵制,非常不成功,还是有大量人口隐匿。次年,窝阔台汗以失吉忽秃忽为总领再次括户,鉴于上年括户失败的原因,本次括户尤为严厉,以诏令的形式对大军功贵族人等做出严厉警告,规定战争中被掳掠为奴的人口,居于贵族府邸者继续为奴,但凡是"在外住坐"者,皆"于随处附籍贯",由私人奴隶变为国家纳税人口,原主不得再有争议,若要强认,则会受到严惩(《元典章·户部》),故搜获人口数量远超前次,"得续户一百一十余万"(《元史·太宗本纪》)。① 经过这两次括户搜民,蒙古政权掌握了大量中原农业人口,但因为触犯了旧权贵的利益,遭到他们的强烈抵制,窝阔台汗只得妥协,按惯例将搜括出的户口重新拿出一部分在黄金家族(成吉思汗家族)和功臣、贵族间进行分配,这次分配由失吉忽突忽主持,分封给诸王、贵戚和功臣的中原诸州民户占了前两次括户总数的四成以上,可见此时蒙古政权中传统势力仍旧非常强大,皇帝亦不得不妥协,被分配的奴户被称为"位下"或"投下户",与普通纳粮纳税民户分别立籍。

此后,蒙古政权又有多次括户(如壬子括户、癸丑括户、乙卯括户),

---

① 关于第二次括户的数量,长期以来有两种不同观点。日本学者爱岩松男的《蒙古人政权治下的汉地版籍问题》(《和田博士颂寿纪念东洋史论丛》,1950)认为两次括户共得到纳税户口180余万;而洪金富的《从投下分封制度看元朝政权的性质》(台湾"中央研究院"历史语言研究所集刊》,1987)则认为两次括户共得110余万。但是考虑到第二次括户的严格程度,以及《太宗本纪》中的"续户"的说法,应该以第一种说法更为准确。

但每次括户基本都在重演窝阔台汗时期的做法，在括出大量新的纳税户口的同时，又将相当一部分的民户赏赐给宗室、贵族为奴户。蒙哥汗丁巳年（1257）的括户和赏赐，被赏赐人口虽然没有窝阔台汗时期数量那么多，但也达8万余户，汴梁在城户、汴梁城外户、河南府（指洛阳）户都在此列。归德地区此时尚未单独立府，行政区划上属于汴梁路，因此其民户应该也在分配范围之内。蒙哥汗又"赐（察罕）汴梁、归德、河南、怀、孟、曹、濮、太原三千余户为食邑，及诸处草地，合一万四千五百余顷，户二万余"（《元史·察罕传》），在权贵间分配了包括归德府在内的河南民户。

2. 置万户府和屯田：忽必烈至元初

元朝正式大规模在中原各地置万户府始于中统二年（1261），但在窝阔台汗时已有尝试，耶律楚材曾向窝阔台汗条陈十八事，其中第一条即是"郡宜置长吏牧民，设万户总军，使势均力敌，以遏骄横"（《元史·耶律楚材传》），指出蒙古政权传统的军事首长兼任地方行政首脑的做法已经不适合新占领的广阔地区，很容易造成地方擅权割据，因此宜实施军政分离，按照汉族政权做法设"长吏"管理政事，设万户长管理军事。

耶律楚材的建议虽得到窝阔台汗的认可，但并没有被大规模采用和执行。直到忽必烈中统二年才正式开始尝试军民分治，设置"管领种田、打捕、鹰房、民匠等户万户府，秩正三品。掌归德、亳州、永、宿二十余城各蒙古、汉军种田户差税。中统二年置。初隶塔察儿王位下，其后改属中宫。万户一员，经历一员，知事一员，提控案牍一员，令史四人。领司属凡十处"（《元史·百官四》）。早期万户府事务繁多，包括种田、打捕、鹰房、民匠等，但此处并未提到民事如何管理，就已经很清楚地说明万户府到此时已经不能再参与地方政事。到正式改元后，万户府的许多权力又逐渐被其他机构瓜分，最终只剩下驻守地方、防止叛乱的职责。

在新占领地区屯田的做法在蒙古政权早期就已经被广泛使用，但实质上这却只是一种战时制度。"国初，用兵征讨，遇坚城大敌，则必屯田以守之。"(《元史·兵三》)忽必烈即位后，即严格执行祖先遗留的这种做法，同时出于政治方面的考虑，将屯田变成国家常态措施，或者"以资军饷"，或者"制兵屯旅以控扼之"，由此屯田遍布天下。根据《元史·兵三》记载数据，元朝中前期数任帝王出于战争等原因需要，都不断扩大屯田规模，并在中央和地方行省设置相应机构进行管辖。

在中央，设有枢密院、大司农司、宣徽院三大机构。枢密院下辖左卫屯田（1316顷65亩）、右卫屯田（亩数与左卫同）、中卫屯田（1037顷82亩）、前卫屯田（1000顷）、后卫屯田（1428顷14亩）、武卫屯田（1804顷45亩）、左翼屯田万户府（1399顷52亩）、右翼屯田万户府（699顷50亩）、忠翊侍卫屯田（2000顷）以及左右钦察卫屯田（656顷）、左卫率府屯田（1500顷）、宗仁卫屯田（2000顷）、宣忠扈卫屯田（100顷），所辖屯田共16258顷又73亩；大司农司下辖永平屯田总管府（11614顷49亩）、营田提举司（3502顷93亩）、广济署屯田（12600顷38亩），所辖屯田共27717顷又80亩；宣徽院下辖淮东淮西屯田打捕总管府（15193顷39亩）、丰闰署（349顷）、宝坻屯（450顷）、尚珍署（9719顷72亩），所辖屯田共计25712顷又11亩。

上述元朝屯田，建立于世祖、武宗、英宗、文宗数朝，持续时间长，屯田规模大，可见武宗时朝臣"天下无不可屯之兵，无不可耕之地"之言绝非夸张。①

至元初期，为满足与南宋战争的需要，尤其是为支应襄阳前线战争的需要，忽必烈曾在中原地区发展起为数众多的屯田，这些屯田兼行军屯、民屯两种方式。在河南行省，规模较大的军民屯田主要有四处，其情况具体如下：

南阳府屯田——元世祖至元二年（1265）初立，最早为军屯，后改

---

① 本部分所言屯田之"顷""亩"数据，为《元史·兵三》所载原数，未换算为现代计量单位数据。

为民屯。

　　世祖至元二年正月，诏孟州之东，黄河之北，南至八柳树、枯河、徐州等处，凡荒闲地土，可令阿术、阿剌罕等所领士卒，立屯耕种，并摘各万户所管汉军屯田。（《元史·兵三》）

到至元六年，因襄樊前线粮饷不足，且大量原屯田士兵被调往前线，军屯人数不足，于是征发南京、河南（此处指河南府，即洛阳）、归德各路编民两万余户，至唐、邓、申、裕等处设立民屯，以弥补军屯的损失。但到至元八年，中书省臣上书称军屯、民屯不仅效果较差，并且扰民，还破坏了民间的正常生活秩序，应予以罢免，而屯田田地可以另作安排，"凡屯田人户皆内地中产之民，远徙失业，宜还之本籍"，因此将屯民分散遣还，各回故籍重操旧业，而为弥补因解散屯田造成的军饷不足，建议"南京、南阳、归德等民赋自今悉折输米粮，贮于便近地以给襄阳军食"，上述建议皆被忽必烈采纳（《元史·世祖本纪四》）。从至元二年立，到至元八年散，南阳府屯田前后共延续七年时间，七年间屯田共计100662顷又7亩。

洪泽万户府屯田——世祖至元二十三年（1286），立洪泽南北三处屯田，为军屯，以从南宋投降而来的"新附军"耕种，设万户府统辖。据《元史·兵三》所载，设此处军屯，并非是为了战争需要，而是为了获利。江淮行省的奏折称："国家经费，粮储为急，今屯田之利，无过两淮，况芍陂、洪泽皆汉、唐旧尝立屯之地，若令江淮新附汉军屯田，可岁得粮百五十余万石。"认为在洪泽实行军屯不仅有着便利的交通、水利等基础设施条件，而且有汉、唐屯田成功的先例存在，可以极大地满足政府的需要，由此打动忽必烈。至元三十一年，洪泽屯田万户府下辖一万五千九百九十四人，屯田共计三万五千三百十二顷又二十一亩。从该屯田长期存在的情况来看，其收益应该是达到或者超过了江淮行省的估计。

芍陂屯田万户府——该处屯田于至元二十一年（1284）立，为军屯。

据《元史·兵三》所载，该年二月，江淮行省奏称："安丰之芍陂，可溉田万余顷，乞置三万人立屯。"经中书省议论，认为江淮行省要求的屯田亩数、屯军人数过高，故发军士两千人，姑试行之，但该屯田此后数年获得丰收，屯户增至一万四千八百零八人。

德安等处军民屯田总管府——建于至元十八年（1281），为军民合屯。据《元史·兵三》所载，该年立德安等处军民屯田万户府，包括了金朝投降而来的汉军、从南宋投降而来的"拘收手号新附军"共分为十屯，立屯田万户府，三十一年改万户府为总管府，共辖民九千三百七十五人，军五千九百六十五人，屯田八千八百七十九顷又九十六亩。

通过上述材料可以发现，蒙古政权对中原地区的统治，在忽必烈改元以前，已经开始尝试使用汉法，并且取得了显著成果。但是在更多时候，还是使用蒙古旧制，这种落后简陋的统治措施，给北方社会造成严重破坏。长期的战乱和蒙古军队的屠杀、掠夺，造成中原人口大量逃亡，而贵族阶层"不知抚治，征求百出"（《元史·张文谦传》），进一步加重了这种趋势，以至于大臣刘秉忠上书忽必烈称："天下户过百万，自忽都那演（即失吉秃忽秃）断事之后，差徭甚大，加以军马调发，使臣烦扰，官吏乞取，民不能当，是以逃窜。"（《元史·刘秉忠传》）以邢州（今河北邢台）为例，在金朝最繁荣时共有户口八万余户，但到蒙哥汗即位时，两答剌罕向忽必烈诉苦，称："邢，吾分地也。受封之初，民万余户，今日减月削，才五七百户耳，宜选良吏抚循之。"（《元史·世祖本纪一》）户口仅余半成多，可见战争和执行祖制对中原经济的破坏之大。这种状况也成为忽必烈改元后锐意采用汉法治国的根本原因和动力之一。

（二）改元后对中原地区的经营和控制：既采汉法，又行旧制

至元八年十一月，据《易经》"大哉乾元"之意，忽必烈定国号为"大元"。元朝建立后，忽必烈一方面受窝阔台汗后期诸如耶律楚材等人改

革成果的影响，另一方面在王鹗等汉族文臣的劝说下，决意变革，在维护蒙古贵族既得利益的大前提下，大规模采用汉族式统治方法，由此形成了"既采汉法又行旧制"的蒙汉二重政治制度，形成了独具元朝特色的统治方式。

1. 行省权力分配

早在窝阔台汗和贵由汗时期，蒙古政权就已经尝试模仿金朝的行省制度去经营新占领区，但行省建置屡经变化。到元世祖至元二十七年（1290），形成定制，规定中书省直辖山东、山西、河北等地（称为"腹里"）；全国分置十个行中书省，分别为岭北、辽阳、河南、陕西、四川、甘肃、云南、江浙、江西、湖广行省；中书省和行中书省以下的行政区划，由高到低分别是路、府、州、县。各行中书省的权力极大，掌国庶务，统郡县，镇边鄙，与都省为表里，凡钱粮、兵甲、屯种、漕运、军国重事，无不领之（《元史·百官七》）。为保证权力牢固掌控在蒙古人的手中，路、府、州、县乃至下属的警巡院、录事司、按察司各级部门的最高长官达鲁花赤，都必须由蒙古人或色目人担任；各级副职，如路的同知、治中、府判，散府的知府或府尹，州的知州或州尹、同知、府判，县的县尹、县丞、主簿等，或者由蒙古人担任，或者由汉人担任。但是到元朝中期以后，蒙古贵族迅速腐化，已经无法胜任管理地方的职责，故一般只保留名义上的最高权力，实权逐渐转移到受儒家文化教化的汉族官员手中。如卜天璋（1250—1331，河南洛阳人）在皇庆初为归德知府，在任上"劝农兴学，复河渠，河患遂弭，时群盗据要津，商旅不通，天璋擒百数人，悉磔以徇，盗为止息"（《元史·卜天璋传》）。地方知府能够将百数人行磔刑，可见其权力之大。

相较于其他行省，元政府尤其关注对河南行省的控制和管理。河南身处腹地，尤其是像归德府这类地区，不仅占据着重要的军事地理位置，并且物产丰富，人口众多，是重要的产粮区，对政府有重要的政治、经济、军事利益。一方面扩大河南行省的行政区划范围，在既有区域基础上，

"复割湖广省之德安、汉阳、信阳隶荆湖北道，蕲黄隶淮西道，并淮东道三宣慰司咸隶河南省"（《元史·世祖本纪十四》），另一方面为保证政令通畅准确，在官方使用语言方面也与他省尤其是江南诸省区别开来，如忽必烈明确规定，在传达政令时，河南行省使用蒙古语，福建行省以南使用汉语。

2．基层组织

元朝的基层行政组织，在乡村采用社制，在城关地区则采用隅坊制。

"社"的设置始于隋。开皇五年（585），隋文帝杨坚下令在全国各地建立义仓，这些义仓基本都是设在乡村，选乡民中有资格、有能力者管理，所以也称为社仓，管理者称为社长。因为社在推动农业生产发展、安定基层社会、防范监督犯罪等方面都有着非常明显的效果，所以此后历朝都非常重视这种基层管理形式，并不断尝试将之纳入官府的管理体系。

元世祖忽必烈至元七年二月，根据大司农张文谦的建议，下诏在北方农村全面推行社制，要求符合条件的乡村都必须立社，取得了明显成果。统一天下后，元政府遂在全国范围内大力推行社制。

根据张文谦所奏上的立社条款五十条，忽必烈颁布的立社条例规定，中原地区农村满五十户即可立为一社，但考虑到保持村庄的完整性，即便是超过了五十户，也不再另立新社，超过百户，可增设社长一员；不足五十户，如果条件允许，可与附近同样不足五十户的村落合立一社；不足五十户而实在是地远人稀、不能相合者，也允许自为一社。

社长的主要职责是劝课农桑，教化乡里，其直辖长官不得摊派其他杂务干扰其工作。政府规定，社民须在自家耕地田头树立木牌，清楚标明该田属某社某人种植地段，社长随时检查上报。社长还负有以下几项责任：第一，扶持鳏寡孤独病弱，如果本社有疾病凶丧之家无力谋生，社长需要安排本社人员合力助之，社员不得推辞，或者直接用社仓储粮赡养直至其人有能力谋生；第二，监督乡风民风，倘若社民不服从社长的工作安排或者游手好闲、有不敬父兄教养之举的，社长可以将该人记录，等提点官巡查时实名提交予以惩罚，同时将其所犯罪过书写于其家大门上，①直至其过错纠正后方才允许擦掉，假若顽固不化，就有权将之罚为本社义工，无偿完成某些公共劳动；第三，安排社民互助，如有社民想养蚕但本钱不足、有耕牛死亡无钱购新牛者，社长需组织社民均钱补买或者两和租赁；第四，褒奖勤学勤劳，如果社民中有孝悌者、学文有成者、努力劳作者，社长都要负责记录上报，以待上司奖励优恤，等等。

这些做法，在组织和鼓励农民进行农业生产、教化乡里、减少犯罪等方面，都起到了积极作用。为便于管理各社，元政府又在社之上设乡。乡的负责人为里正，社长要服从里正的工作安排。但到元朝中后期，社和乡的界限已经越来越模糊，在很多地区，由社长兼任里正的情况并不少见。

上述内容为北方村社的普遍情况，归德府是典型的北方地域，且地处元政府统辖的核心范围内，所以其社制的执行情况应该不会有太大差异。

隅坊制使用于城关地区。隅、坊之间的关系类似于乡、社之间的关系，在原则上属于上下两级单位，而在执行过程中也会根据实际情况灵活变动，如有的是在隅下分设若干坊，有的则是直接分为若干隅或若干坊。隅、坊的首脑分别是隅正和坊正，隅正的职责类似于里正，而坊正的职责类似于社长。隅正、坊正的职责虽没有农业生产任务，也要负责地方的道德教化，监视、防范和压制人民的反抗行为。

为保证社制和隅坊制都能够最大程度地发挥其价值和作用，元政府对其负责人选派有着严格的规定。充任里正、社长和隅正、坊正都属于无偿劳务的征役，政府不会为其发放俸禄，也不会给予权利上的优

---

① 此为《元史》的说法，《新元史·食货二》则称"书其罪于粉壁"，二者说法不同，但效果一样，都是将其恶行公布于众以达到警诫和劝告纠正的目的。

待，因此为保证其行事公平公正，不至于为私利而损害地方小民，元政府规定其人选必须在家产、家教、生产经验等方面具备足够的资格。一般按照田地财产的多寡，由高到低摊派，如皇庆元年（1312）即规定根据纳粮数的多寡来指定乡绅担任，由粮多的上户充当里正，而次等户则充当主首（即社长），在此基础上按照"应当里正一季，自上而下，周而复始"的原则轮流担任，每届任期三个月（一季）。同时，也有严格的流程，例如先由各路的总管府提供本府符合条件的人数、姓名，再由上级选择廉干无过者为候选人，候选人按照纳粮等级高低轮流担任相关职务。

3. 戍守

元朝正规军队分为蒙古军、探马赤军、汉军和新附军四类，其战斗力亦由上到下不等。四支军队中，前两者重点防卫中原和东北地区，后两者重点防卫淮河以南地区，河南行省则专门以蒙古军驻守。消灭南宋以后，元政府又下令征集元宋战争中散处各地的蒙古军队，设立数支都万户府，驻守在河南行省的是河南淮北蒙古军都万户府，但所属军队基本都戍守淮河沿岸的各战略要地，而诸如汴梁、归德府等处虽然地理位置非常关键，但无险可守，不太可能发生叛乱，故基本上没有大规模的军事部署，仅设置最基本的治安力量。这种做法贯穿了整个元朝，即便是在元朝中后期地方守臣屡次请求增派兵力驻守的情况下，也未曾改变，如延祐四年（1317）、泰定四年（1327），河南行省多次上书朝廷，称本省为国家腹心，希望能够增派军队驻守，但朝廷都对此请求未做任何回应，皆不了了之。

4. 修河与赈济

黄河水患是历朝历代都非常头痛的一件事情。元朝虽然统治时间不足百年，但面临的黄河水患却不弱于其他朝代，甚至更为严重。从元世祖忽必烈到元顺帝妥懽帖睦尔，几乎朝朝都有水患。除水患外，元代中后期还经常面临着诸如旱、蝗、瘟疫等自然灾害，为安定统治，减少灾害尤其是河患造成的破坏，元朝皇帝在中原地区开展了多次的修河与赈灾工程。

第一，赈灾救济。如成宗大德元年（1297）正月，因汴梁、归德水患，"以米六百余石赈之，给可温种田户耕牛"（《元史·成宗本纪二》）；元年三月，"归德、徐、邳、汴梁诸县水，免其田租"（《元史·成宗本纪二》）；二年七月，"河决，坏堤防，漂没归德数县禾稼庐舍，免其田租一年"（《元史·成宗本纪二》）；九年春正月，"以归德频岁被水，民饥，给粮两月"（《元史·成宗本纪四》）；九年四月，"以汴梁、归德、安丰去岁被灾……并赈恤之"（《元史·成宗本纪四》）；武宗至大元年二月，"汝宁、归德二路旱、蝗，民饥，给钞万锭赈之"（《元史·武宗本纪一》）。翻开《元史》可以发现，整个元朝尤其是中后期，河患、雨灾连绵不绝，每次元政府都会借蠲粮、赈济等手段，减少灾害对民间的影响，但杯水车薪，再加上地方官僚贪腐，真正能发放到灾民手中的物资非常有限，无法从根本上解决问题。

第二，修缮黄河。元朝大规模修缮黄河有三次，每次都投入了大量的人力、物力，但前两次因为措施不当，效果并不明显。元顺帝时贾鲁再次修河，取得了较大成果，但此时元朝统治已经日薄西山，再加上因为治河的巨大耗费以及在治河过程中官员贪腐等问题，本是一件利国利民的工程最终导致民怨丛生，酿成了红巾军大起义，推翻了元朝的统治。

现将元三次修黄河的情况介绍如下：

第一次修河：元世祖至元二十三年（1286）冬十月，因年久失修以及战争破坏，河决开封、祥符、陈留、杞、太康、通许、鄢陵、扶沟、洧川、尉氏、阳武、延津、中牟、原武、睢州十五州处，调民夫二十四万余人，分筑堤防。此次修河的过程和效果如何，《元史》等书并没有详细记载，但从征调民夫数量上看，其规模显然应该不小，但因为治河过程中不得其人其法，仍然单纯采取传统的"堵"法，所以耗费虽大，但成果并不显著，只是暂时使受灾区域不再进一步扩大。至元二十五年,黄河于汴梁路阳武县等二十二处再次决口,虽然此次黄河决口造成的破坏没有前年那么大,但预示着前次治河的失败以及此后河患的必然。

第二次修河:成宗大德三年(1299)五月,黄河在蒲口儿等处再度决口,水淹归德府数郡,严重影响到元政府的收入来源,故元政府再次组织大量人力物力修缮。据《元史·河渠二》所载,本次修缮黄河工程较前次更大,共计用料"苇四十万四千束,径尺桩二万四千七百二十株,役夫七千九百二人",共修缮了沿河两岸"七堤二十五处,共长三万九千九十二步"。但本次治河还是采用"堵"法,治标而未治本,并未解决造成黄河泛滥的沙积、淤堵等根本性问题。此后直至元顺帝以前,黄河虽未再大规模泛滥,但决口事件仍年年发生,而元政府束手无策,只能被动借蠲免税收、赈济等手段尽可能减少民间的动荡。

第三次修河:元顺帝至正四年(1344)五月,因为连续大雨二十余日,黄河水暴涨,这次水患影响范围极大,北自白茅堤、金堤,东、南至济宁、单州、虞城、砀山、金乡、鱼台、丰、沛、定陶、楚丘、武城,以至曹州、东明、巨野、郓城、嘉祥、汶上、任城等处,都非常严重,水势甚至倒灌入会通运河,威胁到两漕司盐场,朝廷派遣官员前往视察,并责令群臣访求治河方略,但因为诸多问题干扰,本年并未真正全面治河,此后数年间,黄河年年决口,而政府皆束手无策。

至正九年冬,脱脱复为丞相。脱脱重视河务,向元顺帝提议彻底整治黄河,并请求亲自负责此事。在皇帝支持下,脱脱挑选曾任山东道奉使宣抚首领官、都水使者并有着丰富治河经验的都漕运使贾鲁主持此事。为保证治河效果,贾鲁在治河前向脱脱提出"堵"和"疏"两种选择。前者是在黄泛区的北面筑堤,只能使水灾面积不再扩大,但无法彻底解决黄河决口的问题;后者是堵塞缺口,配合疏浚故道,增筑堤防,把大河带回故道,仍在商丘北、虞城东、砀山南、萧县北,东出徐州小浮桥,合泗入淮。两种建议,前者耗费少但效果也差,后者耗费大但效果显著。

对于到底采取哪种方法，当时元政府中分为两派：一派以惧怕聚众成工会酿成民变为借口主张采取前者，而脱脱则慨然以后者自任，称"自古河患，即难治之疾也，今我必欲去其疾"（《元史·脱脱传》），选择了第二种方案，并获得元顺帝的支持。

至正十一年四月初四，皇帝下诏，正式命令以贾鲁为工部尚书、总治河防使，开始治理黄河。此次治河，前后延续八个月的时间，至十一月方才完工，共征发汴梁、大名十三路民夫十五万人，又调遣庐州等地戍守士兵十八翼军两万人，工程浩大。据事后欧阳玄《至正河防记》[①]所言，本次治理不仅疏浚了当时通长二百八十里一百五十四步的黄河故道，而且在故道基础上加宽加深，如黄陵冈至南白茅段，"广百八十步，深二丈有二尺"，"凹里村缺河口生地，长三里四十步，面广六十步，底广四十步，深一丈四尺"，"张赞店至杨青村，接入故道，垦生地十有三里六十步，面广六十步，底广四十步，深一丈四尺"；更加关注巩固缺口，"其塞专固缺口，修堤三重（西堤、正堤、东后堤），并补筑凹里减水河南岸豁口，通长二十里三百十有七步"；又筑"截河大堤，高广不等，长十有九里百七十七步"等。在归德府地区，本次修缮共计"归德府哈只口至徐州路三百余里，修完缺口一百七处，高广不等，积修计三里二百五十六步"（《元史·河渠三》）。

本次治河，意义深远，但用工、耗费也非常繁重。其耗费据《元史·河渠三》统计有：

> 桩木大者二万七千，榆柳杂梢六十六万六千，带梢连根株者三千六百，稿秸蒲苇杂草以束计者七百三十三万五千有奇，竹竿六十二万五千，苇席十有七万二千，小石二千艘，绳索小大不等

---

① 欧阳玄（1283—1374），字原功，号圭斋，湖南浏阳人，欧阳修后裔。元延祐二年进士，生平于文学、史学、经学等方面皆有造诣，有《圭斋文集》传世。至元十一年，顺帝以脱脱、贾鲁治理黄河，事后命欧阳玄作《河平碑》以夸赞治河功绩。欧阳玄鉴于司马迁《史记》和班固《汉书》仅记载天下河道沟渠走向而未记载具体治河方法的不足，在向贾鲁和其他治河者询问治河经验的基础上，详细记载了本次治河的经过，写成《至正河防记》。

五万七千，所沉大船百有二十，铁缆三十有二，铁猫三百三十有四，竹篾以斤计者十有五万，硾石三千块，铁钻万四千二百有奇，大钉三万三千二百三十有二。其余若木龙、蚕橼木、麦秸、扶桩、铁叉、铁吊、枝麻、搭火钩、汲水、贮水等具皆有成数。官吏俸给，军民衣粮工钱，医药、祭祀、赈恤、驿置马乘及运竹木、沉船、渡船、下桩等工，铁、石、竹、木、绳索等匠佣资，兼以和买民地为河，并应用杂物等价，通计中统钞百八十四万五千六百三十六锭有奇。经过本次治河，此后直至元朝灭亡乃至明朝初年，黄河都未再发生大规模的决口事件，效果非常显著。事后，贾鲁论功超拜荣禄大夫、集贤大学士，丞相脱脱被赐世袭"答剌罕"称号。

第三节 经济状况

唐至宋代，商丘地处大运河沿岸，交通便利，经济繁荣。从金朝开始，随着宋、金矛盾加剧，大宗的南方商品无法再运至北方，加上黄河多次决口，商业经济日渐衰退。到金朝末年，商丘又成为蒙、宋反复争夺之地，经济更是进一步遭到破坏。并且，随着宋室南渡，经济重心南移，江南地区成为新的经济中心，整个北方的经济不复昔日的繁荣景象。

统治者尝试采取多种措施恢复中原经济。这些恢复措施，主要是从农业、手工业和商业等几个方面着手，其在商丘地区的具体措施和取得的成果并没有确切的资料，但商丘（归德府）因为紧靠腹里，属于元朝重点关注地区，所以在很多方面都可以用当时整个北方地区的经济恢复状况来做参考。

一 农业

黄河流域的农业在金朝统治期间就已经落后于南方，又经历了半个世纪的蒙、金、宋三方混战，人口逃亡，田地荒芜，农业长期处于荒废状态。伴随着蒙元政权的军事征服,在用"旧制"还是"汉法"来统治新占领地区的争论中,耶律楚材用事实证明"汉法"在聚敛财富方面更加高效。

耶律楚材进陈《时务十策》,其十策分别为"信赏罚""正名分""给俸禄""官功臣""考殿最""均科差""选工匠""务农桑""定土贡""制漕运",其中与农业有关者几乎占了一半,窝阔台汗欣然接受,但毕竟此时蒙古传统的影响还很深,所以实施程度非常有限。

但在此之前,在蒙古旧俗和军事需要的双重影响下,中原大片农耕区域已经遭到破坏,变成了牧场。在政府圈占外,皇室宗亲、贵族、将领乃至其亲属也不断夺取民田为牧场,搜捕农民为牧民,甚至有占农田30余万顷为牧场的极端案例(袁桷《郑制宜行状》)。赵天麟也曾在其《太平金镜策》中描述道:"今王公大人之家,或占民田近于千顷,不耕不稼,谓之草场,专放孳畜。"(《续文献通考·田赋考》)忽必烈为安定新政府的统治,在文臣王鹗等人劝告下,开始全面采用汉法来恢复农业。在其"首诏天下"中,即强调要重点恢复农业:"农桑,王政之本也。太祖起朔方,其俗不待蚕而衣,不待耕而食,初无所事焉。世祖即位之初,首诏天下,国以民为本,民以衣食为本,衣食以农桑为本。"(《元史·食货一》)在重视农业的治国意识影响下,忽必烈多次颁布恢复和发展农业的诏令,并成立了相关机构,制定了以恢复农业、招徕人口程度来考核官员称职与否的标准。其措施有如下几个方面:

第一,设专门机构恢复农业。除设社长、里正等地方基层管理人员负责监管具体的农业生产事务外,忽必烈还在中央先后设立了宣抚司、劝农司、大司农司等高级农业管理机构。中统元年(1260),忽必烈设十路宣抚司,命其挑选通晓农事者充当劝农官,推广先进农业经验。次年,又设劝农司,以姚燧为大司农,选陈邃、崔斌等八名精于农事的官员为使,分道考察各行省的农业恢复情况,九月圣旨条画称:"有能安集百姓,招诱逃户,比之上年增添户口,差发办集,各道宣抚司关部申省,别加迁赏；如不能安集百姓，招诱逃户，比之上年户口减损，差发不办，定加罪黜。"（《元典章·户部·荒田》）至元元年（1264）忽必烈沿用金朝兴定元年（1217）颁布的"转迁法"，将"户田增、田野辟、词讼简、盗贼息、赋役均"作为考核地方官政绩的五大标准，以五事俱备者为上等，三事有成者为中等，五事不举者罢黜（《通制条格·选举·五事》），其中第一、二、五条规定皆与农业有关。至元七年，又立大司农司，以左丞张文谦为卿，专门负责农桑水利之事，派遣劝农官和知水利者到各路巡查，察举勤惰，又重申前令，要求地方行政官员必须以农事为本，每年年终考核，必须经过大司农司和户部两个部门审查，首先由大司农司考察其恢复农业和户口增减情况，然后户部再根据大司农司的考察结果判定该人能否升迁以及升迁的等级。

第二，严禁圈地，放奴为良。蒙古政权时，频繁圈地括民，将之赏赐给宗室、权臣，造成最高峰时中原曾经有超过一半的户口变成蒙古贵族私人奴隶的情况。忽必烈即位后，大力改变这种做法，如《通制条格》中的《农桑》等条规定，权贵需将侵占为牧地的农田悉归于民或听民耕垦，申严畜牧损坏禾稼桑果之禁，"诸军马营寨及达鲁花赤、管民官、权豪势要人等，不得恣纵头匹，损坏桑枣，踏践田禾，骚扰百姓"，等等。至元八年，又颁布法令，要求追出被诸王贵族、权豪势要之家非法侵占为奴隶的人口，重新编籍为纳税民户。这些措施都对恢复中原农业有着非常重要的意义，贵族圈地、侵占户口的情况已有了极大改善。

第三，召集逃亡户口，奖励开荒辟田。中统二年（1261），忽必烈颁布诏书，鼓励流民回乡垦荒，种植桑果，并明文规定给予不同程度的优惠。中统三年又命各行中书省、宣慰司、诸路达鲁花赤、管民官需大力劝诱百姓，开垦田土，种植桑枣，不得擅兴不急之役，妨夺农时。

元政府出于发展手工业和避免饥荒等目的，还强令民间每丁必须种植一定数量的桑榆等树和高产量的农作物，并饲养家禽家畜。规定在保证存活率的前提下，如果其家还有闲地，每丁每年必须种植桑树、枣树（如果不宜种植桑枣，也可以种植榆树和柳树替代）二十株，种杂果（即各种果树）十株，必须完成，假如愿意多种，政府不加限制，超出的数量可以少征税（《元典章·户部·农桑》）；另外，各社每户都必须在闲地种植高产的苜蓿，以防饥年；居住在靠近河流的农户，允许自由开凿池塘养鱼、鹅、鸭等，并种莲藕、鸡头、菱角、蒲苇等水生植物，增加收入。对于农户多种多养的树木、家禽家畜，政府以不收税或少收税的形式予以鼓励。

在这些政策的刺激下，许多逃亡的农人回归田地，大量被抛弃的荒田重新被开发和利用，到泰定、天历初年，全国耕地数量大增，有数可查者："河南省，总计官民荒熟田一百一十八万七百六十九顷；江西省，总计官民荒熟田四十七万四千六百九十三顷；江浙省，总计官民荒熟田九十九万五千八十一顷。"（《元史·食货一》）大量中原土地重新得到利用，流民变为国家的纳税户，为中原的社会安定奠定了良好基础。

第四，遍设粮仓，平抑粮价。元朝在窝阔台汗时期就尝试通过设置粮仓、平抑粮价等措施来保护农业生产，减少民间动荡，此后贵由、忽必烈时期继续执行这种做法，粮仓制度逐渐完善。元代面向民间的粮仓主要有常平仓和社（义）仓两种。常平仓创立于至元六年，政府规定各府、路、州、县都必须设置数量不等的常平仓，由各级官府直接负责，"丰年米贱，官为增价籴之；歉年米贵，官为减价粜之"（《元史·食货四》），借助此法，既防止谷贱伤农，也可以赈济灾民，最大程度上防止了灾年奸商囤积居奇的可能性；社仓则主要帮助乡村赡养鳏寡孤独度过饥馑之年，由社长负责，其面向对象较窄，只是本社社民。

第五，编写农书，普及农业经验。忽必烈非常重视总结和推广农业生产经验。他命大司农司搜集自古以来的农业书籍，编成《农桑辑要》一书，该书内容广泛，涉及整地、选种、作物栽培、桑蚕养殖、果蔬禽鱼等诸多领域，同时详细介绍了当时最发达的农业生产技术。忽必烈将此书颁布天下，命令全国各地官员都要在辖地大力推广。此外，元政府还编纂了《农书》和《农桑衣食撮要》，这些书对元朝农业的发展都起到了很好的推动作用。除了上述农业书籍，元朝还非常重视激励民间贡献有效的技术方法，如武宗至大二年（1309）淮西廉访佥事苗好谦据《齐民要术》献种莳之法，仁宗皇庆二年（1313）复申秋耕之令，通过秋耕防止来年蝗灾。这些农业生产技术和经验均得到政府的重视和推广。

经过元世祖的努力，到至元后期，中原的农业经济得到很大恢复。以人口为例，宪宗壬子年（1252）河南的汴梁、河南（指洛阳）、南阳等二路一府，人口仅有四万余户，但到至元三十年（1293），整个中原地区的人口数量回到了巅峰时的水准，全国纳税户数达到"一千四百万二千七百六十"户（《元史·世祖本纪十四》），但是考虑到北方因长期战争造成的人口空缺以及元政府的大力招徕流民、移民等措施，而江南则基本未经历长期大规模的战争，所以北方的人口增长速度和程度应远远超过南方。在耕地方面，大司农司成立后，行之五六年，民间垦辟种艺之业，增前数倍。在农业税收方面，至泰定初年，天下岁入粮数，总计 12114708 石，其中腹里（河北、山东）2271449 石，河南行省 2591269 石，在诸行省中，仅次于江浙行省（4494783 石）（《元史·食货一》），三行省农业税收占据了全国粮食总收入的八成，可见中原农业经济的恢复程度。

至元末期，随着官僚腐化，许多规定变成一纸空文，不仅不再发挥积极作用，反倒成为扰乱农业生产的弊政。许多分派到各地检查农业生产的劝农官对农业根本一无所知，或者将"劝农"工作视为流程去应付，或者胡乱指挥，或者出行前故意泄露信息，让地方做表演式的预备；更有甚者在考察之余，强令地方贡献财货。里正、社长等基层管理人员疲于应付，有的行贿，有的逃脱离职，而后被强令任事之人也基本都名不副实，"年高德劭""通晓农事""为众信服"等资格要求名存实亡，基层的农业管理、督导组织丧失了应有的功能。与此同时，政府、贵族以各种借口圈占民田的现象也重新出现并且越来越多，至元三十一年（1294），世祖为培养人才，曾下令"其无学田去处，量拨荒闲田给赡生徒"（《江苏金石志·学校拨田地诏书碑》），欲将无主荒地变成学田，但在实际操作中被圈占的所谓的荒闲田却绝大部分都已经有主开垦。此外，一些中小地主为获得贵族庇护，还会强指民田为荒地，连同其上人口献给贵族，如武宗时就曾有"冒献河、汴官民地为无主，奏立田粮府"者（《元史·王约传》）。大量纳税户失去田地，被迫变为官奴或者流民，再加上元朝中后期频繁爆发的河患、蝗灾、旱灾，中原乃至于整个中国的农业又出现了发展停滞、生产凋敝的情景。

二　手工业

元代手工业分为官办和私营两种。但相对来说，官办手工业因为有政府支持，在规模和技术、生产能力、市场份额等方面都远超私人手工业。

（一）官办手工业

元代官办手工业发展程度较高，其规模和产量都远超宋、金两朝。早在蒙古政权时，成吉思汗就在频繁的对外征战中掳掠了大量工匠，将之变为匠户，生产各种军需品和奢侈品。到忽必烈改元前，蒙古政权已经在包括汴梁路在内的中国北方建立起众多的手工业生产院局，后来在蒙、宋战争中又从江南掠夺了大批工匠。这样，官营的手工业院局数量越来越多，技术越来越丰富成熟，且能够杂糅南北，发展起新的艺术风格。为强化控制众多的官营手工业院局，元政府建立起完善的管理系统，该系统自上而下分为五级，分别是工部、将作院、大都留守司、武备寺和地方万户府。这五大系统根据职责需要和地方资源的不同，在路、府、州、县各级行政区划内都分别设有相应的生产机构，其产品大部分是仅供皇室、贵族和高级官僚享用的奢侈品，但也有少部分产品是用于军需，或者流向民间。

元政府在归德府地区设置官办手工业院局的具体情况，《元史》记载得比较分散，也非常简单。这里仅根据《元史》等书所见内容，略加介绍。

根据《元史》所载，元代官营手工业院局生产的产品有二十二种之多，包括宫苑、官府、仓库、城郭、桥梁、河渠、郊庙、僧寺、道宫、庐帐、兵器、卤簿、玉工、金工、木工、抟埴、石工、丝枲、皮工、毡罽、画塑、诸匠。这些院局并非各地都要有，而是根据地方具体情况选择性地设置。《元史》等记载中与归德府有关的主要有如下几个方面：

1. 军器的生产与维护

因为战争需要，元代兵器局院大多设在北方。在灭金、宋过程中，蒙古政权在中原、关陇地区设置了大量军器生产院局。忽必烈至元五年（1268），在中央设军器监，统一负责军器的制造，成品拨付给军队后，倘若有损坏则由地方诸万户府选工匠自行修理。归德府因为距离蒙、宋战争的襄樊前线很近，所以设置有数个万户府，这些万户府都有生产和维护军器的职责。消灭南宋后，为强化军器管理，避免地方作乱，至元二十年，忽必烈将军器监改为武备监，次年改监为寺，在地方则置杂造局，将军用物资的制造与军队管理区分开来，地方万户府不得再私铸兵器，但为保证兵器生产过程及成品都严格控制在中央手中，元政府在各杂造局所在地都设有专门机构和负责人，在归德府即设有军器局，局设院长一名。

元代制造的兵器种类繁多，既有传统的弯刀、弓箭、长矛、大盾等制式兵器以及各种战马用品，也有很多从西域各国学到的新式武器，如西域炮、折叠弩等，这些新式武器在蒙、宋战争中发挥了巨大作用。归德府长期地处元、宋战争的前线，故其在军器制造数量、质量方面，要求肯定会更多更高。

2. 盐场的管理

自汉以来，历朝政府都严格实行食盐专卖政策，严禁贩卖私盐，但政府可以通过"盐引"制度，向民间商人转让食盐的售卖权。元朝也是如此。元统一后,在全国各个行省都设有管理食盐生产的机构盐运司(部分行省称转运司、提举司),盐运司下设若干分司,每个分司管理若干盐场,全国共设盐场一百多所,根据出处不同所产食盐分为岩盐、海盐、池盐、井盐等数种。归德府亦设有盐场,隶属两淮盐场。

盐场下设若干团,每团下又细分为若干灶,每灶由一定数目的盐户组成。盐户身份子孙世袭,不得脱离。据《元史·食货二》所言,元代盐场的食盐产量极高,"凡天下一岁总办之数,唯天历为可考","盐,总二百五十六万四千余引。盐课钞,总七百六十六万一千余锭"。天历二年,两淮盐场"额办正余盐九十五万七十五引",而两淮盐场下属盐场有29处,归德府作为两淮盐场之一,平均计算,可以得盐32000多引。

(二)民间手工业

元代归德府地区农村家庭手工业的发展情况,《元史》等书并没有做专门介绍,这里姑且简单介绍北方手工业生产的整体情况。

1. 纺织业

元朝中原地区的纺织业,可以分为棉织、麻织和丝织三大类。

棉纺织兴起于江南。元代黄道婆将海南黎族棉纺织技术引入乌泥泾,并改进生产工具和技术,棉纺织业开始在江南民间大规模发展,并迅速推广到长江以北。据王祯《农书》记载,到元朝中期,棉纺织的工具和流程就已经实现了标准化,一套完整的纺织工具由搅车(轧棉子)、弹弓(弹棉花,元朝又配以檀木椎子)、卷筵(卷棉)、纺车(纺纱)、拨车和軖床(变棉纱为棉纤)、线架(并纱成线)、织机(纺线成布)几个部分组成,极大提升了纺织的质量和效率。再稍后,棉花种植北传,北方也拥有了发展棉纺织业的便利条件,遂成为北方民间经济一个新的重要产业。归德府地处中原,水利、土壤、气候、交通条件都非常便利,因此在发展棉纺织业方面有着极好的先天优势。

丝织业也是元朝民间主要手工业之一。随着元世祖广植农桑政令的推行,立国伊始,丝织业在北方就非常兴盛。中统初年划定的纳税户中就有丝银全科户、止纳丝户、摊丝户等几种人群，政府能够将纳丝户和半纳丝户作为税收对象，就已经说明当时养蚕业的普及情况。《马可·波罗游记》中也描述了中原各城乡居民从事丝织业的情况，如提到京兆居民纺织各种花纹、风格的金锦丝绢，居民多有依赖养蚕丝织为业，甚至以此致富者。归德府地处中原腹心，田土平旷，且广植农桑，养蚕条件便利，其繁盛程度也绝不会亚于他处。

元朝时北方麻纺织业较南方更为发达。元朝时北方种麻者很多，种植和收割、纺麻技术比南方进步，产量更高。在种植技术上，对温度、湿度、麻苗间距、出苗防晒、施肥、收割、沤麻等都有严格要求；在工具上，有刈刀（收割）、苎刮刀（削皮）、绩篗（盛麻绩）、大纺车（制绩）、蟠车（即拨车，变纱为纴）、纼刷（给麻绩刷糨糊增添光泽）、织机（纺织）等；在技术上，已经能够做到根据不同的麻纤维质量采用相应的工艺生产不同的产品，尤其重要的是开始充分利用淘汰的残次麻秆纺织，提高了原料的利用率，其法有铁勒布法（以杂色苎麻为原料）、麻铁黎布法（以杂色老火麻为原料）等，且不影响产品质量。河南陈州、蔡州等地所产麻布最为出名，其布柔韧洁白，比之常布价高一二倍。伴随着麻织品需求量的提高，中原地区开始使用水转大纺车技术，高峰时能达到一昼夜产绩（绩非麻布，而是处理后的麻纤维，用于制造麻线）百斤的程度（《农政全书·蚕桑广类》）。

随着纺织业的兴盛，棉、麻纺织品交易的数量也越来越多，元政府的相关税收也越来越多，在元世祖中统、至元年间，赋税缴纳的形式还只局限于丝和钞，但到天历元年，就又增加了绢、绵和布，且数量颇大，当年所收计有"丝一百九万八千八百四十三斤，绢三十五万五百三十匹，绵七万二千一十五斤，布二十一万一千二百二十三匹"（《元史·食货一》），可见当时民间的产量之大。

2. 矿冶业

元朝冶炼业名义上是政府专营，但也存在民间采矿冶炼的现象。民间采矿冶炼，首先必须得到政府许可，同时每年都要缴纳一定的税课，产品也要有政府抽成。《元史》等书关于民间采矿冶炼的记载，虽然比较分散、简单，但其涉及的地域几乎遍及整个中国，归德府应当也有此类情况。

元朝冶炼金属种类包括金、银、铜、铁、锡、矾等，每年的产量都极为可观。各民办矿场产品，政府所抽比例一般是十分之三。民间开矿、官府收税的做法效果极为明显，甚至在某些矿场，因官办冶炼成本要高于民办，名臣王恽曾建议"罢去当差，许从诸人自治窑冶煽炼，据官用铁货给价和买，深是官民两便"（《论革罢拨户兴煽炉冶事状》），即停止官办，将部分矿场转给私人经营，政府以低于市价的价格购买部分产品，其余部分听由私人买卖。

元朝民间冶炼的风气极盛，只要得到官府的许可并每年缴纳定额的岁课，就能获得矿场的经营权。虽然在绝大多数情况下，这种矿场的经营权都被地方豪族垄断，但普通平民无疑也可以从中获得一定利益。

三　商业

随着农业、手工业和交通运输的恢复和发展，以及统一的钞币在全国范围内使用，元朝的商业经济也逐渐活跃起来。但是，元朝的商业主要还是控制在政府和贵族、官僚以及色目商人手中，地方民间经济基本都是属于前者的附庸。关于元朝归德府地区经济的发展情况，《元史》《归德府志》等书未见有专门详细记载，这里姑且根据《元史·食货志》的相关文字，简单介绍一下北方商业的基本情况，以此了解归德府地区的商业经济构成。

元朝地方商业，有政府专营和民间贸易两种形式，二者互相补充。

（一）政府专营

元代北方商业交易的规模与数量远低于南方，诸如盐、茶、酒、醋等日常必需消费但个人无法完全自给自足的产品较可能会长期、多批、持续地交易，而这类产品以盐、茶最具代表性，故这里以盐、茶的交易情况为代表介绍包括归德府在内的整个北方商业经济的情况。

通观整个元朝，政府对许多商品都采取专营政策，如金、银、珠、玉、铜、铁、盐、茶、水银、朱砂、碧甸子、矾、铅、锡、硝、碱、酒、醋以至农具、竹、木等，在名义上都属于官府专卖，不许民间擅自经营。但政府毕竟精力有限，无法事事亲临，因此其"专营"权力表现为不同形式：或者由政府直接经营；或者由政府以"引"的形式，将成品售卖权交易给商人，由商人运往市场出售，如茶、盐等；或者由政府将矿场的经营权转让给商人，商人自主经营，政府只管抽分产品和收税等。这其中最常见、最典型的就是盐的生产和销售。

元朝政府不仅完全控制了盐的生产，而且控制了盐的销售。政府主要采取商运商销和官运官销两种食盐贩卖方式。但是官运官销的数额占食盐产量的比例很小，且执行并不连续，所以大多数情况下食盐售卖都是采用商运商销这种手段。元政府为保证自身利益，制定了非常严苛的法律，奖励民间告发，规定：凡伪造盐引者，斩首抄家，所抄家财全部奖赏给告发人；贩卖私盐者，徒刑二年，杖七十，没收一半家财，如系他人告发，赏告发者没收数额的一半；如果有盐引但越界贩卖食盐，减私盐罪一等，盐没收一半，将所没收的盐赏赐告发者一半（《元史·食货二》）。

因为实行严格的官控和监督、举告制度，元政府每年通过盐铁等生活必需品的专营获得了大批收入，同样以河南行省为例，到成宗大德前后，税收相对稳定，河南行省的年酒课收入为75077锭左右，在十个行省中排名第三，仅次于云南、江浙两省；醋课收入为2740锭左右，排名第三，仅次于江浙、湖广两省（《元史·食货二》）。

（二）民间贸易

商税的税率在元朝不同时期有所不同，但随着税种的增多以及民间贸易量的增加，总的税率和税额都是呈现出明显的提升趋势。

元代北方绝大多数的民间商人都是小商小贩，属于家庭式或个人式经营，资金和抗风险能力非常有限，处处受到大商人和官府的压制和盘剥。少数大商人则拥有雄厚的资金，甚至拥有地方官府乃至皇室的背景，横行霸市。元统一全国后，由于版图辽阔，南北物资流通便利，经商之人逐渐增多，北方人口虽然禁止迁居南方，但商人却可以自由南下贸易。归德府在运河开通后，成为重要的水上交通枢纽，大量粮食、布帛、地方特产于此南下北上，极大地促进了归德府的商业贸易。但是相对来说，商人还是以南方人居多，北货南下多是由南方商人完成，北方商人南下的案例和贸易额远远无法与之相比，这一点也明显反映于当时的诗词之中，如马祖常《湖北驿中偶成》的"罗衣熏香钱满箧，身是扬州贩盐客"，高启《估客词》"上客荆州商，小妇扬州娼。金多随处乐，不是不思乡"，都表明大商人的江南客身份，却很少有诗词去描述北方商贾。

元初，为恢复和发展商业，取消了前代告缗、借商、经总等苛捐杂税，且商税税率极低，甚至为了保护民间商业，还以朝令的形式严禁官府和贵族通过借贷剥削商人。根据《元史·食货志》，窝阔台汗甲午年（1234），在中原初立课税所，规定税务官必须要"有产有行"，且官府所收商税必须每月按时上交，不得另行放贷，税务官胆敢违犯此项规定，就会受到徒、杖刑的严厉惩罚，"其所办课程，每月赴所输纳。有贸易借贷者，并徒二年，杖七十；所官扰民取财者，其罪亦如之"；忽必烈中统四年（1263），为进一步限制官商、贵族特权，又采用王光祖、阿合马的建议，特别强调："凡在京权势之家为商贾，及以官银卖买之人，并令赴务输税，入城不吊引者同匿税法"，要求官商也必须和普通商人一样纳税，否则予以严惩；至元七年（1270），元世祖制定商税税额，规定三十取一，不仅如此，还限定政府每年征收商税的上限，以银四万五千锭为额；至元二十年（1283），为推动北方城市尤其是大都商业，定上都税课六十取一，旧城市肆院务迁入都城者，四十取一。总的来说，早期蒙元统治者对北方商业采取保护政策，这些政策明显推动了北方商业的恢复和发展。但是，到至元二十二年以后，元政府对商业的态度开始由保护转为盘剥，而归德府等地区因为距离政治中心太近，民间商人资金有限应变能力不及南方商人，故所受影响更为严重。

至元二十六年，听从丞相桑哥的建议，忽必烈大增天下商税，规定"腹里"（今河北、山东等地）商税为20万锭，其数额已经远超至元初制定的税额。此后，历任皇帝都不断增加税收额度和种类，同样根据《元史·食货志》记载，在规定的正课之外，元政府后期又树立大量"额外课"的名目，计有：历日、契本、河泊、山场、窑冶、房地租、门摊、池塘、蒲苇、食羊、荻苇、煤炭、撞岸、山查、曲、鱼、漆、醋、山泽、荡、柳、牙例、乳牛、抽分、蒲、鱼苗、柴、羊皮、磁、竹苇、姜、白药，共三十二门，可以说是无物不税，无商不税。至天历元年（1328），天下商税的总收入已经远超元初规定，"天下总入之数，视至元七年所定之额，盖不啻百倍云"。

总之，在整个元朝，河南行省无论是农业，还是手工业、商业，在全国都处于比较发达的位置，但是所受剥削也极为沉重，尤其是到元朝中期以后，随着吏治日渐腐败，许多忽必烈时期的良法或被推翻，或名存实亡，再加上黄河决口，造成地方经济再次衰退。

第四节　红巾军在商丘

> 堂堂大元，奸佞专权。开河变钞祸根源，惹红巾万千。官法滥，刑法重，黎民怨。人吃人，钞买钞，何曾见？贼做官，官做贼，混贤愚，哀哉可怜！

这首《醉太平》小令很清楚地举出了元末的几项弊政，包括开河、变钞、刑法、吏治等等，但在诸多因素中，"开河"和"变钞"被放在首位，并且被看成是"祸根源"，可见这两件事对元末政治的巨大破坏性，也正是这两件事直接酿成了红巾军起义。

变钞实际上指的是元政府的滥发纸币行为。元朝在忽必烈中统元年即开始发行全国性纸钞中统元宝交钞，中统钞价值与丝挂钩，政府设立储备金，规定银五十两可以交换丝钞一千两，并规定此后丝钞的价值随丝之价值的增降而变化。早期中统钞的发行对元初经济起到了很好的恢复作用。但是，无限制发行纸钞，钞法很快开始败坏。从至元十年开始，纸钞的滥发情况就越来越严重，如至元十三、十四、十五、十六、十七、十八、十九、二十四、二十六年每年的发行量都超过百万锭，二十二、二十三年甚至超过两百万锭，此后虽然有所减少，但从大德六年又开始猛增，到此后的至大、皇庆、延祐等年间，每年发行的至元钞又都超过了二百万锭（《元史·食货一》）。

滥发纸币一方面造成其购买力愈来愈低，中统宝钞、至元宝钞、至大银钞都因为政府滥发而不断贬值；另一方面民间对其毫无信任可言，宁可以物易物也不愿使用钞币。更重要的是，元政府每次变钞，都是对民间财富的一次掠夺，由此激化了民间的反抗情绪。

与变钞相比，"开河"造成的影响更为严重。

从至正四年（1344）到至正十一年这段时间里，黄河两岸的平民长期同时遭遇数种灾难，包括水灾、旱灾、瘟疫、蝗灾等。本就已经怨气丛生，而至正十年前后的"变钞"又进一步加深了民间的怒火，至正十一年朝廷发起治河，征发民夫十五万，戍兵二万，被强征为河工后，应给粮钱又被官吏层层克扣，导致怨气沸腾，最终酿成了元末的红巾军起义。

红巾军一开始是借助白莲教来组织的。白莲教是唐宋以来流传于民间的一种秘密宗教结社，渊源于佛教净土宗，于南宋末年传入北方，因其教义浅显、修行简便得以迅速传播，获得大批信众。元政府起初因其教义有助于统治，采取默许的态度。

元中后期社会矛盾激化时，一些白莲教组织率先成为反元的力量。元政府对白莲教的态度也发生了根本性变化，将之视为邪教而严厉禁止，捣毁庙宇，严禁烧香，责令其信徒还籍，但为时已晚，白莲教反元力量已不可遏止。

韩山童继任为白莲教主后，开始在民间大肆宣扬"天下乱，弥勒佛下生"和"明王出世"等谶言，吸引了大量信徒，"河南及江淮愚民，皆翕然信之"(《元史·顺帝本纪五》)。韩山童网罗了包括刘福通、罗文素、盛文郁、王显忠、韩咬儿等人在内的一大批骨干，他们不断向信徒灌输反抗思想，组织军事力量，准备反元起义。

至正十一年（1351）的治河，为红巾军起义创造了契机。为鼓动信众，神化起义，韩山童派人在治河必经之地黄陵冈（今河南兰考东北与山东曹县附近）预先埋下一个独眼石人，其背后刻有"石人一只眼，挑动黄河天下反"十二字，并在治河民工中大肆宣扬"莫道石人一只眼，挑动黄河天下反"的谶言。同年五月，独眼石人被挖出，民间哗然，韩山童趁机在颍州颍上县白鹿庄召集教徒三千余人，杀黑牛白马起义，对外宣称韩山童是宋徽宗的八世孙，为皇权正统。韩山童发布檄文，宣称将"虎贲三千，直抵幽燕之地；龙飞九五，重开大宋之天"，发动起义，号召民间推翻元朝统治，重建汉族政权。起义军因头裹红巾，故被称为"红巾军"。但出师不利，起义军遭到官府镇压，损失惨重，韩山童在突围中战死。其妻杨氏、子韩林儿逃到武安山（今江苏徐州境内）。刘福通突围后，攻克颍州，并以此为根据地，组织红巾军残余势力，红巾军起义正式开始。

红巾军起义爆发之初，元朝政府并不重视，认为不过是疥癣之疾，仅派遣同知枢密院赫厮、秃赤率六千阿速军及各路汉军前往镇压，并责令河南省地方官员协同，但元军屡战屡败。在刘福通带领下，红巾军迅速占领了包括亳州（今安徽亳州）、项城（今河南项城南）、朱皋（今河南固始北）、罗山（今河南罗山）、真阳（今河南正阳）、确山（今河南确山）等地。九月，又攻占汝宁府（今河南汝南）、息州（今河南息县）、光州（今河南潢川）等地，红巾军所到之处，开仓赈灾，人民纷纷响应，队伍迅速扩充到十余万人。

至此，元政府才开始正视刘福通起义军，派遣大军进行镇压。至正十一年（1351）九月，元顺帝派也先帖木儿等率兵十余万前往镇压，十二月攻陷上蔡，红巾军将领韩咬儿战败身亡。十二年三月，元河南行省平章政事太不花攻陷汝宁。知行枢密院事巩卜班率数万侍卫汉军、鞑靼军屯驻汝宁沙河岸边，刘福通率军偷袭元军营地，元军大败，尽弃粮草、兵器，逃往项城、开封两地。此战过后，元军暂时放松了对刘福通部的打击，主力转而进攻三路北伐军，刘福通部红巾军获得了短暂的休养时间。但是，分别由察罕帖木儿和李思齐率领的两支地主武装，此时也开始在豫东组建。察罕帖木儿（1328—1362），畏兀儿人，其曾祖在元朝初年定居河南，察罕帖木儿为沈丘探马赤军；李思齐（1323—1374），字世贤，罗山人。刘福通起义后，察罕帖木儿与李思齐组建军队配合元军主力进攻红巾军，并屡次得手，由此受到元顺帝的赞赏，授察罕帖木儿汝宁府达鲁花赤，李思齐汝宁府知府。随着与红巾军战争的进展，两人率领的军队扩大到万人规模，以沈丘为基地，从东面对刘福通起义军形成巨大威胁，并在后来的战争中直接造成刘福通军的败亡。

在刘福通的影响下，全国各地农民纷纷起义响应，出现了蕲水的徐寿辉部、萧县的芝麻李部、南阳的布王三部、荆樊的孟海马部、濠州的郭子兴部等。这些部队与刘福通部虽然在事实上互不统辖，但至少表面上都声称服从刘福通部，从而形成了一股庞大的势力。

至正十一年八月，邳州人李二（即芝麻李，因家有芝麻一仓，饥荒时赈济灾民，故称）与赵君用、彭早住父子在萧县起义，占领徐州，后又占领徐州附近数县及宿州、五河、睢宁、虹县、丰、沛、灵璧、安丰、泗县等地。至正十二年正月，元顺帝令逯鲁曾为淮东添设元帅前往镇压，逯鲁曾以两淮盐丁三万人组成"黄军"，围攻徐州城。八月，元中书右丞脱脱亲自节制各支元军，出师徐州，九月，徐州城破，芝麻李突围逃走，后被元军捕获而死，彭早住、赵君用率残余部队逃往濠州，二人因为争夺权力而分裂。

至正十一年十二月，王权（即"布王三"）、张椿等攻占了邓州、南阳，后又占领唐（今河南唐河）、嵩（今河南嵩县）、汝（今河南汝州）、河南府（今河南洛阳），进逼滑（今河南滑县）、浚（今河南浚县）。至正十二年正月，孟海马等攻占两湖的襄阳、房县、秭归、均县、宜昌、荆门等。为镇压王、孟起义，元政府从当年闰三月起，先后派遣四川行省平章政事咬住，四川行省参知政事答失八都鲁，诸王亦怜真班、爱因班，参知政事也先帖木儿等兵分数路镇压。五月，答失八都鲁攻陷襄阳，布王三被俘。十四年正月，攻陷峡州。王、孟起义被镇压。

这些起义虽然都是以失败告终，但毕竟长时间牵制了元军大量兵力，给北方的刘福通部创造了安定的发展机会。

虽然镇压了李、王、孟等部起义，取得了局部胜利，但是总的来说，元政府中前期镇压红巾军起义的战争还是以失败居多，尤其是对刘福通、方国珍、张士诚部的军事行动，都以失败告终。至正十四年（1354）底，随着围攻张士诚部的高邮战役失败，元朝百万大军分崩离析，短期内再也无法组织全面的打击行动，而红巾军在战争中借助开仓放粮、秋毫无犯等做法得到社会底层人民拥护，势力迅速提升，故到高邮战役以后，双方攻守转换，红巾军部队开始对元军展开反攻。

为增强号召力，紧密团结红巾军各部势力，至正十五年二月，刘福通将韩林儿从砀山夹河迎至亳州，正式建立政权，韩林儿号为"小明王"，定国号为"宋"，改元龙凤。韩宋政权在其控制范围内仿照元朝建立起中央和地方各级政权机构，中央设中书省、枢密院、御史台和六部，以杜遵道、郁文盛为丞相，罗文素、刘福通为平章政事，刘六为知枢密院事，后杜遵道被刘福通所杀，韩林儿遂以刘福通为丞相，总掌大权；地方则设行中书省和府、县等行政机构；军队设统军元帅府、管军总管府、管军万户府等，军职则有统军元帅、总管、万户、千户、百户等，均归枢密院管辖。

韩宋政权建立后，元朝加大对红巾军的镇压。至正十五年六月，答失八都鲁率领元军进攻河南红巾军,双方展开激战,刘福通先后取得长葛之战、中牟之战的胜利,但随即败于刘哈喇不花之手,进攻嵩、汝的赵明达又败于察罕帖木儿之手,只能退守都城亳州,答失八都鲁进攻亳州,刘福通在太康再次失利,亳州被元军包围,韩林儿逃至安丰。次年三月,刘福通与元军激战于亳州,元军大败退走。

至正十六年(1356)九月,刘福通为分散亳州的军事压力,决定分兵反攻元朝属地。次年,受毛贵在山东大胜的鼓舞,刘福通又决定分兵三路北伐,从东、西、北三个方向将战火引到元朝统治区:东路由毛贵率领,经山东、河北进攻大都;中路由关先生(即关铎)、破头潘(即潘诚)等率领,进攻山西、河北,直捣元上都,转战辽东;西路由大刀敖、白不信、李喜喜率领,直趋关中,攻占兴元、凤翔,转战四川、甘肃、宁夏。

李武、崔德于至正十六年九月出兵,为西路军。先后攻克了潼关、陕州、虢州等地,但很快被答失八都鲁派遣的察罕帖木儿、李思齐镇压;次年初,李、崔再次西征,攻克商州、七盘、蓝田等,逼近奉元,但又在察罕帖木儿、李思齐、刘哈喇不花的围攻下失败;十月,刘福通增派白不信、大刀敖、李喜喜等人支援西路军,攻克兴元路、秦、陇、凤翔等地,但还是在上述元将的攻击下大败。至此,西路军北伐彻底失败,李喜喜部改称"青巾",南下四川,后投奔武昌陈友谅,李武、崔德带领残军坚守陕甘地区,于二十年(1360)五月向元军李思齐投降。

关先生、破头潘、沙刘二于至元十七年(1357)出兵,为中路军。中路军以太行山为根据地,先后攻克陵川、高平、潞州,但在察罕帖木儿进攻下,不断失利,只能退守太行山。十八年三月后,东、西两路北伐军失利,面对元军主力围攻,北伐军只能在今河北、山西、内蒙古自治区及东北地区间不断转移,先后攻破了上都、辽阳路,威胁元属藩国高丽。二十一年十一月,攻占抚州、安州、开京,此后中路军基本是据守于高丽。至正二十二年正月，元军围攻开京，关先生、沙刘二等人先后战死，破头潘率领残部退守辽阳，后被元军全部消灭。

毛贵于至正十八年二月出兵，为东路军。经过一年奋战夺取了山东全省，并建立起完善的权力机构，又转战于河南行省，于南皮魏家庄击杀元河南行省右丞董抟霄，继而攻克清、沧、蓟等州县，杀元枢密副使达国珍，直逼大都，距京师仅一百二十余里，京师人心惶恐以至于有迁都之议，但在元军围追堵截下，最终败于刘哈喇不花之手，只得退保山东。经过这次战争，东路军精锐损失殆尽，再也无力发动大规模的进攻，只能采取守势。十九年（1359）四月，红巾军将领赵君用杀毛贵，但赵君用随即死于毛贵部将续继祖之手。至此，山东红巾军众将领为争权夺利彻底分裂。

在河南境内，刘福通部继续对元军展开进攻。至元十七年（1357）七月，随着元军节节败退，元归德府知府林茂、万户时公权等人以归德府属地及曹州不战而降。归德府的投降，使全府居民免受战火蹂躏，同时也使刘福通部获得了大量的人力、物力和资源补充，这对韩宋政权有着不可低估的意义。十八年六月，刘福通率军攻汴梁，但屡攻不下，遂继续北上，占领了大名、卫辉两路。至此，河南南部、东部、北部都被红巾军占领，对汴梁形成包围。至正十九年五月，刘福通再次进攻汴梁，汴梁守将竹贞弃城遁逃，红巾军占领了汴梁。汴梁是北宋都城，而韩宋政权又以赵宋继承者自居，因此汴梁具有特别的政治意义，刘福通决定将都城改迁于此，又迎韩林儿于安丰，红巾军势力至此达到顶峰。

红巾军北伐失败后，北方红巾军丧失了大量精锐部队，而元军则重新稳固了后方，镇守在陕甘地区的察罕帖木儿移军东进，先入山西，再进河南，对红巾军步步紧逼。十九年七月，又进攻洛阳，威胁汴梁；在东面，孛罗帖木儿在十九年、二十年两年间先后攻占曹州、代州（今山西代县)、丰州(今内蒙古自治区呼和浩特东)、云内(今内蒙古自治区土默特左旗东南),驻守大同。这样,察罕帖木儿和孛罗帖木儿从西、北、东三个方向彻底压制住刘福通部红巾军主力。元至正二十年(韩宋龙凤六年,1360)五月,察罕帖木儿分兵进击,南路攻陷归、亳、陈、蔡;北路攻陷曹州南部,据守黄陵渡;陕西、山西各路元军,团团包围汴梁城。八月,汴梁被攻破,刘福通、韩林儿率领少量部队突围,逃至安丰,汴梁城内数万红巾军及韩宋政权的官吏、家属尽亡于城,退守安丰的韩宋政权此后彻底孤立无援。北方红巾军至此全面宣告失败,其属地大部分被元军占领,小部分被南方红巾军如张士诚部瓜分。

至元二十三年二月,张士诚遣吕珍围攻安丰,韩林儿向朱元璋求救,朱元璋亲率大军击败吕珍、左君弼,但刘福通已经死于吕珍之手,朱元璋将韩林儿安置在滁州。至正二十六年十二月,朱元璋派遣部将廖永忠接韩林儿至应天,在瓜步(亦名瓜洲,今江苏扬州瓜洲镇)将韩林儿溺亡。朱元璋以韩宋政权中书右丞相、吴王的身份号召北方红巾军的残余势力,凡发布命令,文首皆称"皇帝圣旨,吴王令旨",但因为韩林儿已死,所以实际上是完全篡夺了韩宋政权。

北方红巾军起义始于至正十一年,终于至正二十年,主要势力范围为汴梁、徐州、亳州一带。归德府于至正十七年底归于韩宋政权,此后获得了不到两年的相对安定时间,但因为这两年是北方红巾军最强盛时,且归德府与汴梁几乎是同时为韩宋所有,二者又相距较近,所以韩宋政权的命令在此能够得到很好的执行,不仅给贵族官僚和地方豪强以沉重打击,而且激发了民众的反抗精神,许多社会下层人口都踊跃参军。

但是,从另一个方面来说,正因为距离汴梁太近,所以归德府在此前、此后很长时间内都深受双方战争的影响,受到的破坏也非常严重。这一点,我们可以从当时很多记录发现,如元朝官员张桢上奏说:"臣伏见调兵六年,初无纪律之法,又无激劝之宜……所经之处,鸡犬一空，货财俱尽……今克复之地，悉为荒墟……两淮之北，大河之南，所在萧条。"(《元史·张桢传》)经过元末红巾军起义，中原地区元气大伤，不仅无法再现南宋时期的繁华，连元朝中前期努力的成果也付之一炬。

第五节 文化教育

一 书院和社学

归德府地理位置得天独厚，长期以来都属于我国的文化、政治中心或次中心，文化、经济都非常发达。相对稳定、富足的生活环境，塑造了商丘地区淳朴厚重的民风，明朝李嵩《归德府志》形容当地人口"士有忠义之风，民有仁厚之俗"，"重名节，敦道义"。良好的社会风教，与历朝政府持续关注文化教育有着不可分割的密切关系。

长期的战争造成人心丧乱，为恢复统治秩序，消除民间反抗情绪，在窝阔台汗时期，耶律楚材积极推崇儒学，在汴京寻到孔子的五十一世孙孔元措，"奏袭封衍圣公，付以林庙地"，又征召太常礼乐生、名儒梁陟、王万庆、赵著等人，"使直释九经，进讲东宫。又率大臣子孙，执经解义，俾知圣人之道。置编修所于燕京、经籍所于平阳，由是文治兴焉"。种种措施，获得中原文人归心，为迅速聚集大批儒生、恢复统治秩序奠定了良好基础。元朝统一后，在文教方面再次出现兴盛景象。元代的教育事业，可以分为两类：一是面向精英人士的书院教育；二是面向幼儿群体的社学教育。

书院教育方面，元政府在大力恢复两宋书院的同时，又新建了一批书院，且提升了书院学子的待遇，如朱彝尊《日下旧闻》称："书院之设，莫盛于元，设山长以主之，给廪饩以养之，几遍天下。"关于书院数量，据曹松叶《宋元明清书院概况》(《国立中山大学语言历史学研究所周刊》第十集)统计，有新建书院143所，修复原有书院65所，改建书院19

所，共计 227 所。这些书院虽然主要分布于江南地区，但在黄河流域也有一定数量的分布。元政府通过直接委派官员担任书院山长、严格考核限定私人担任教授的资格等手段，将书院的教育权牢牢掌握在手中，推动了元初书院的恢复和教育的发展。

社学教育主要是面向幼儿群体，从小向儿童灌输忠君爱国、礼义廉耻的思想。

至元初，大司农张文谦曾向忽必烈建议，在农村地区建立"社"这种基层管理组织，在其建议中即有于社内开"社学"之举，要求在农村地区以义务教育的形式在学龄儿童中强制推行儒家基本伦理道德教育。至元二十三年（1286），元世祖颁布诏令，每社立学校一所，选择通晓经书者任教师，社中子弟忙时务农，闲时入学学习。

为保证社学的普及程度和教学效果，忽必烈严令各社子弟凡是年在八岁至十四岁者都必须入学，专门为其建立学籍档案，记录入学信息。为引导儿童入学，元政府采取软、硬两手措施：一是强令适龄入学者的父兄监督其入学学习，家长有不肯送学的要受到惩罚；二是以科举资格来吸引，将农村学子是否曾入社学学习作为能否参加科举考试的重要前置资格，"有司每考送儒学肄业,非由社学者不与"（《泰泉乡礼·乡校》）。为保证入学率，每年十一月朝廷会派专人挨家挨户了解学龄儿童的入学情况，将适合入学者编为书册；为保证社学的教学质量，又专门规定凡是身体有残疾、性格恶劣不驯者可以不送学，倡优隶卒之家子弟严禁入学。学生入学后，学习冠、婚、丧、祭之礼，通过耳濡目染以规范其成年后的行为。

在政府大力推动下，书院和社学在元朝基本实现了普及。尤其是社学，绝大部分社都建立起这个基层教育机构，据《元史·世祖本纪十一》记载：到至元二十三年，各路设立社学共计有 20166 所，至次年，又据大司农调查，全国各路设立社学已达 24400 所，归德府为元朝政治、文化双重（次）中心，政府对书院和社学的要求、检查更严格，水平会更高。由于社学属于官办性质，且其教育程度相当于今天的农村小学，所教授内容多属于基础的儒家道德、伦理知识，不仅面对的受教育群体数量庞大，且教育的对象都是幼儿或以前未接受过教育者，因此对受教育者思想的塑造性很强，对引导淳朴的民风、构建稳定社会起到了很好的作用，而书院因为在山长、教授选择上也有着严格的资格要求，所以其教育效果也非常明显。

二 忠孝贤良

良好的文化底蕴，加上元代对地方教育的重视，引导归德府及其周边地区形成了重视忠、孝的良好风气，因此名留青史者不在少数，这些人或者入仕为官，以重名节而闻名一时；或者身为平民，但能以孝持身，在地方留下了美名。

（一）以忠、廉为官者

1. 陈思济

陈思济（1232—1301），字济民，元朝归德府柘城（今商丘柘城）人，生于窝阔台汗四年，卒于元成宗大德五年，享年七十岁。史称其人幼而聪颖，读书晓大义，以才器见称于同辈。忽必烈为太子时，即闻其名而召备顾问。世祖初即位，即以其人"掌敷奏"，因京兆地区为国重镇，以能臣廉希宪主陕西行中书省，遣陈思济随行，廉氏政令多为陈氏所赞画。

中统元年（1260），廉、陈调回大都，陈思济仍"掌敷奏"，因处事公正，深得当时名臣姚枢、许衡的器重。阿合马与廉希宪争权，每欲肆意而行，陈思济不畏权贵，多严词阻止。至元五年（1268）先后担任承务郎、知高唐州事，以考核成绩最佳，官拜监察御史。在任上，陈思济与魏初等弹劾权臣阿合马等人不法之事，世祖令近臣询问，余人皆讷讷不言，唯有陈思济厉声直言，由此被外放沁州，在州府为政简要，不务苛察，转迁中顺大夫、同知绍兴路总管府事，后转知两浙都转运司事，断狱以仁,蠲免困民之赋役,又调陕西汉中道提刑按察副使。至元二十三年(1286),加少中大夫、同知浙东道宣慰司事,以浙西灾,发浙东仓廪粮赈之,以此"全活者众",又授嘉议大夫、两淮都转运使,尽革弊政,商贾通行,岁课以足。后又有升迁,每到一处,皆有惠政。元政府为表彰其功绩,特赠正议大夫、吏部尚书、上轻车都尉,追封为颍川郡侯,谥"文肃"。

2. 孔德谦

孔德谦,生卒年不详,《元史》无传。据《归德府志》所言,孔德谦为归德府襄邑(今河南睢县)人,元末任中书省左丞,大同行省平章事。朱元璋取大同,孔德谦为大同守将,婴城固守,城破,自杀身亡,死前撰写《自决》等诗数篇,告诫诸子为人当以忠孝持身,并遗言诸子以后当孝顺亲人,不得入明为官,以保证忠孝双全的门风,其诗一云:"我今忠为国,汝辈孝持身。忠孝各尽道,庶几报君亲。"又云:"城陷身羁事已违,孤忠耿耿欲何依。谁知一片丹心苦,日逐白云东北飞。"

3. 盛昭

盛昭,字克明,归德人,生卒年不详。《元史》有传,虽然比较简略,但从中也可见出其人风骨。

盛昭在元末以科举入仕,累迁至淮南行省照磨。^①至正十四年(1354)九月,丞相脱脱率军百万围攻高邮的张士诚。张士诚准备投降,又恐罪在不赦,故犹豫不决,盛昭因此出使张士诚部,但最终被害。

在盛昭出使前,元政府曾派遣使节往高邮劝降,但使者半途即返,谎称张士诚愿降,但求名爵。于是元政府派盛昭携带赦免张士诚的文书诰命入高邮。张士诚不知此事,以为盛昭前来骗降,将之拘留于舟中,盛昭见事不行,对其仆从曰:"吾之止此,有死而已。"恰好此时脱脱

---

① "照磨"为元官名,为"照刷磨勘"的简称,品秩为正八品,据《元典章》所言,其职责有二:中书省下"照磨"负责磨勘和审计工作,肃政廉访司下"照磨"负责"纠弹百官非为,刷磨诸司文案",盛昭之官根据下文分析,当为后者。

率军围攻高邮，张士诚更加坚信盛昭是来骗降，于是威胁他要想活命，便去对抗元军，盛昭道："吾奉命招谕汝，汝拘留诏使，罪不容斩！又欲吾从汝为贼耶？"大骂不绝。张士诚大怒，先剜其臂肉，盛昭仍骂不绝口，遂"磔之"。

4．其他

除上述三人外，商丘地区留名青史者还有多人，简介如下：

华侃，生卒年不详，宁陵人，以人才授都御史；张辑，生卒年不详，当为元末明初鹿邑人，元末举孝廉，明洪武初以明经被征辟为工部主事；霍时雨，生卒年不详，元末明初人，考城人，元末进士，授官怀远知县，为官清廉，在任上"克勤政事，为诸郡最"，故明初"封御史，并赐葬，祀乡贤"，去世后葬于柘城县城西南五里；相居仁，生卒年亦不详，鹿邑人，知孟州，宣布德化，劝课农桑，置肆通交易，决狱无久滞，及代去，民咸思之；单氏三兄弟（单朝阳、单守阳、单元阳），襄邑（今河南睢县）人，单朝阳与单守阳同为至正五年（1345）进士，兄弟三人俱以文学相继为翰林学士，单朝阳后知孟州（《归德府志》）。

（二）以孝持身之民

在文化传统熏陶下，在元朝完善的基层（社学）教育制度影响下，商丘地区出现了众多以孝持身之人。

据《元史》所载，元朝时归德府出现了诸多孝子，其中"居丧庐墓者……归德葛祥、张德成、张逊、王珪、刘粥……天子皆尝表其门闾，或复其家"（《元史·孝友一》）。上述五人是父母亡后，因长期"居丧庐墓"而闻名，父母生时的孝行则不知，故《元史》并未专门记载，仅保留其姓名。除此之外，尚有数人，以下略述。

1．孔全（一作孔佺）

孔全，生卒年不详，鹿邑平民，生平以孝闻名于乡里。父病，孔全效仿古人割股疗亲，割腿肉奉养，其父病愈，但随即又卒。父亡后，孔全守墓三年，坚持负土垒坟，每天背"六十肩"，碰到大风大雨无法负土，所缺数额待天晴后即全数补上,三年后起巨坟,"广一亩,高三丈余"(《元史·孝友一》)。

2．陈乞儿

陈乞儿,生卒年不详,归德夏邑人。陈乞儿九岁母丧,痛不欲生。虽年幼力弱,但仍坚持负土为坟,乡人有怜悯其幼小者,"欲助之,则泣拜而辞"。数年后坟成,高一丈,广十六步(《元史·孝友一》)。

第十二章 明朝时期

第一节 建置沿革

元朝末年，阶级矛盾激化，全国范围的起义风起云涌，最终元朝的统治被推翻。朱元璋在应天府（改集庆路为应天府，今南京）称帝，定国号为"大明"，建元洪武，从此开始了明朝的统治。

商丘在元代时称为归德府，隶河南江北行省。其地理位置十分重要，西接开封府，北临黄河，与山东布政使司相连，东面和东南面与南直隶①相邻，是南北交通的要道。元末归德府战事不断，经济凋敝，人口稀少，原来的府级政区已经不能适应经济发展的需要。明太祖洪武元年（1368），根据各地的实际情况调整政区，归德府由府降为州，隶开封府②。这一调整，减少了官员设置，缓解了国家财政支出，有利于百姓休养生息。原归德府管辖的四州十二县也改变了隶属关系，大多改属于相邻的中都凤阳府，归德州仅辖五县之地，分别是宁陵、鹿邑、夏邑、永城、虞城县。

洪武元年五月，永城县改隶开封府（《明史·地理三》），但永城县

---

① 南直隶：明朝对处于南方直隶于中央六部的府和直隶州的区域的总称。为明朝行政区划两京地区之一，与今江苏省、安徽省以及上海市相当。
② 《明史》卷四二《地理三》，《明太祖实录》卷三二"洪武元年五月戊戌"，康熙四十四年《商丘县志》卷一《沿革》载：初隶河南布政司，洪武二十二年改隶开封府，其他文献均为洪武元年隶开封府。

位于归德州东南方，与开封道路相距太远，不便于直接统辖，当年十一月又将永城县改隶于归德州。

虞城县原隶属山东济宁府，在地理位置上位于归德州治东北仅六十里处，而距离济宁较远，为了行政便利，洪武二年正月改隶于归德州。

洪武四年二月，为了充实中都临濠府（后改为凤阳府）的人口，发展经济，明太祖下诏扩大其统辖地域，将其邻近地区的九州十八县划归其下。这其中，包括元代时归德府下辖的徐州、宿州、邳州三州，以及三州属下的萧县、灵璧、宿迁、睢宁四县。

此后经过一百多年的发展，归德州人口激增，耕地面积增多，经济获得了较快的发展，各项行政事务日益增多，仍隶属开封府，多有不便。嘉靖二十四年（1545）六月，将归德由州升级为府，同时，增设附郭县[①]商丘县，并将开封府所辖睢州及其所辖的考城、柘城二县改隶于归德府。归德府隶河南布政使司，西距布政司三百五十里。至此，归德府共领一州八县，一州为睢州，八县为商丘、永城、宁陵、夏邑、鹿邑、虞城六县，以及睢州的考城、柘城二县。归德府由州升为府，加快了豫东的经济发展，凸显出了归德府的区位优势。

归德府下辖一州八县具体情况，《明史·地理三》记载如下：

> 商丘：倚[②]。元曰睢阳。洪武初省。嘉靖二十四年六月复置，更名。旧治在南，弘治十五年圮于河，十六年九月迁于今治。北滨河。正统后，河决而南。城尝在河北，正德后，仍在河南。北有丁家道口巡检司。东南有武津关巡检司。
>
> 宁陵：府西。南有睢水。北有桃源集巡检司。
>
> 鹿邑：府南。元属亳州。洪武中改属。南有颍水，又蔡河自西

---

① 附郭县：古代区划术语，专指中国古代没有独立县城而将县治附设于府城、州城的县。明清时期内地各省的绝大多数府至少有一个附郭县。参见下文的"倚"注。

② 倚：此指商丘县没有独立县城而将县治附设于当时的归德府城，有"依附"之意，即前文的"附郭县"或"倚郭县"。

流入，谓之蔡河口，即沈丘县之沙河也。又北有涡水，东流入南直亳州境。

夏邑：府东。元曰下邑，洪武初，更名。北滨大河。又东南有睢水。

永城：府东南。洪武元年五月属开封府。十一月来属。北有砀山，又有芒山，皆与南直砀山县界。又睢水、浍水皆在县南。又南有洨水，弘治间淤塞。

虞城：府东北。元属济宁路。洪武二年正月来属。南有故城。嘉靖九年迁于今治。北有黄河。

睢州：元属汴梁路。洪武初，属开封府，以州治襄邑县省入。十年五月降为县。十三年十一月复升为州。嘉靖二十四年六月来属。北滨河。又有睢水亦在州东北。东距府百七十里。领县二。

考城：州北。元末省。洪武四年八月复置，属开封府。十年五月复省。十三年十一月复置，属州。旧治在县东南。正统十三年徙。北滨大河。

柘城：州东南。元末省。洪武四年八月复置，属开封府。十年五月省入宁陵县。十三年十一月复置，属州。北有睢水。南有涡水。

第二节　明朝商丘社会经济状况

有明一代，商丘地区的社会经济经过了由颓废到发展，再到破坏的过程。社会经济的状况与当地的政治、文化等有着密不可分的关系。经济是基础，政治反作用于经济。社会动乱时期，经济必然遭到破坏，社会稳定时期，经济获得发展，而社会的治乱又与各种因素密切相关。

一　明初商丘社会经济的恢复与发展

明初，经过元末的战争，商丘所在的中原地区经济凋残，人烟稀少，在各种文献资料中均可看到相关论述。明太祖曾言："今丧乱之后，中原草莽，人民稀少"，"中原不胜凋弊"，"中原诸州，元季战争受祸最惨，积骸成丘，居民鲜少"。洪武三年（1370），郑州知州苏琦上疏言三事，其中第三件事就是请垦田以实中原，并提到"自辛卯河南兵起，天下骚然，兼以元政衰微，将帅凌暴，十年之间，耕桑之地变为草莽"（《明太祖实录》）。

除了战争的破坏，中原地区自然灾害频繁，黄河、淮河多次决口，归德府所受各种灾害相当严重。明初，归德府由府降为州，隶属于开封府，正是反映了归德府大大衰落的社会现实。

为了重建社会秩序，恢复和发展生产，明政府采取了一系列安抚流民的措施，并命户部核实天下土田，重定赋税。针对河南"田多芜"的情况，明太祖下令"计民授田"，设司农司，开治河南，掌其事。明太祖还听从户部郎中刘九皋"古狭乡之民，听迁之宽乡，欲地无遗利，人无失业也"（《明史·食货一》）的建议，采取了迁民垦荒等措施。《明太祖实录》载，洪武二十一年，"迁山西泽、潞二州民之无田者，往彰德、真定、临清、归德、太康诸处闲旷之地，令自便置屯耕种"。洪武二十二年十一月，明太祖再次发布上谕，以归德等地"民少而遗地利"，山西"民众而地狭"，命官员往谕山西，"愿徙者，验丁给田，其冒名多占者，罪之，复令工部榜谕"。

明初的迁民令，有的是自愿，有的是强制性的政府迁民。明初中原人口减少，田地荒芜情况十分严重，归德地区人口损失严重，接受的移民自然也比较多。根据《明史》《明实录》等史籍记载统计，明初几十年间，从山西洪洞大槐树处往全国各地移民的次数大概有十八次，其中直接迁往河南的就达十次之多，而迁往河南者又以彰德府、怀庆府、开封府、归德府为最多。至今，民间仍有"问我祖先来何处，山西洪洞大槐树""问我老家在哪坡，洪洞县里老鹳窝"之类的谚语。商丘的地方志、家谱、碑文等资料中也多记载着有关明初移民的历史。

我国移民史和人口史学者曹树基先生的研究也为我们提供了数据支撑。曹树基《中国移民史》通过对河南省自然村的时代和原籍的统计，认为洪武时代的移民占商丘县全体人口的50%，其中来自山西的移民又占洪武移民的72%，即山西移民占全体人口的36%。商丘地区其他县也有大量移民，他们对商丘的社会发展均做出了很大的贡献。

为了防止中原地区的迁民逃亡，稳定赋役征派，明初政府采取了鼓励垦荒、减轻赋役等一系列惠民政策。前述提到的洪武二十一年(1388)，往彰德、真定、临清、归德、太康诸处闲旷之地之迁民，"令自便置屯耕种，免其赋役三年，仍户给钞二十锭，以备农具"（《明太祖实录》），还规定"免租三年"，"额外垦荒者永不起科"（《明史·食货一》）。洪武十八年(1385)，明太祖还下令河南、山东等受水灾之地"免今年田租"，其中，免河南租237500余石（《明太祖实录》）。这些都是明初政府为了发展生产、安抚流民采取的惠民政策。在现存的家谱中，就保存有"永不起科"的记载，如民权《渔王氏族谱》载：

> 明初，开封、归德等地皆遇黄河之变，天下之人莫适。及建文即位，黄河又迁，凡已出之地，俱无人耕……圣旨有云：兰阳、仪封、宁陵、考城等县，俱遭黄河之苦，今已出之地，草木畅茂，不堪耕种，无论军民人等，但有能开种者，永不起科。[1]

明政府采取的鼓励垦荒、减轻赋役等政策，对安抚移民和开垦荒地起到了积极的作用。除此之外，政府通过里甲制度的实行，对各地的户口也有了掌握，加强了对人民的管理，稳定了社会秩序。

此外，明初政府在归德境内还设置有归德卫与睢阳卫，卫所的军屯也是发展经济的重要方式之一。归德卫在明初属河南都司，后属中军都督府；睢阳卫于洪武二十二年（1389）设于睢州，初隶南京，景泰初始隶属河南都司。这两个卫所官军各有四千多名，加上随军的家属，

---

[1] 《王氏家谱始序》，载民权《渔王氏族谱》卷首，1954年本。转引自李永菊《明代河南的军事权贵与士绅阶层——归德府世家大族研究》，厦门大学博士学位论文，2008年。

数量庞大，他们也成为归德的移民。当然，卫所军官也逐渐发展成为当地的军事权贵，在社会上占有一定的地位。

经明初一系列的鼓励政策，归德的户口逐渐恢复，垦田数逐年上升，粮食总产量有了大幅度提升，农业、手工业、商业都有了较大程度的发展。

二 明中叶商丘的社会经济状况

明代中期，归德地区的社会矛盾突出，主要表现在土地兼并较为严重，阶级分化日益明显。归德地区河患频仍，自然灾害较为严重，在这样的背景下，农民大量迁徙流亡，造成土地买卖频繁，一些军事权贵和藩王趁机兼并土地，卫所军户和邻县居民也趁河患兼并农田，导致归德府的在册田地大量流失。

首先，军事权贵大量兼并土地。据嘉靖《归德志》（天一阁藏本）记载：

> 国家设军卫而有屯地，此寓兵于农之意，典甚微也。但归德地临大河，沧桑相寻，百七十年来，不知其几鱼鳖矣……今豪右吞渔，奸点诡计，每以世远册费为辞，故田连阡陌之族无升合之输，而贫无置锥之夫甘包赔之苦。

可见，当时的军事权贵、豪强大族，均乘机兼并土地，侵占民田，致使贫穷军民"甘包赔之苦"。军屯与民屯地界相接，不易区分，管理混乱，一旦有自然灾害，民户迁徙不定，地亩更易被侵占。

其次，藩王占有大片土地，不少是侵夺民田而来。"为民厉者，莫如皇庄及诸王、勋戚、中官庄田为甚"，"盖中叶以后，庄田侵夺民业，与国相终云"（《明史·食货一》）。明代分封在河南的藩王众多，其中先后分封在汝宁府（今汝南县）的秀王朱见澍和崇王朱见泽都曾兼并过归德地区的黄河退滩地和部分民田。

再次，一些卫所军户占有大量民田。宣统三年《宁陵县志》卷一一《艺文志·仁政碑记》记载了明朝军户占田的情况：

宁陵壤接商（丘）、睢（州），睢（阳）、宣（武）、归（德）三卫之军屯在焉。军市民田而徭赋例以田供，无复有言。惟睢阳则掩为屯业，一莫之应。盖党盛而势维，彼固有所恃也。宁陵田额不逾四千顷，而鬻入于军者千有奇。

最后，邻县居民也侵吞大量滩地。归德地区河患频繁，出现大量滩地，经常引发滩地资源之争。至明中叶，侵吞争夺丝毫不减。如考城县，临近黄河，经常受到水患的侵蚀，其滩地遂引起地方豪强和开封杞县居民的争夺。民国十三年《考城县志》卷一三《人物列传》记载：

洪武永乐间，诏河南开垦荒田，永不起科，考境黄河屡迁，豪黠吞并滩地，杞县人因入垦田，得八百余顷。宣德时，朝廷收其地，起科征解。景泰中，刘鹏恐为考之害，奏归之杞。于是种地在考，纳粮于杞，考之空粮为累甚巨。

乾隆十九年《归德府志》卷一八《赋税略上·总额》载："李嵩旧志：府境田七万七百八十顷三十八亩四分七厘八毫六丝，此初额也。久而为境外侵没者甚多。"① 可见，明代归德的田地部分为外县居民垦种，但他们户籍不在归德各州县，实际上是不输粮役的，这无疑加重了归德里甲民户的赋役负担。

基于上述诸多因素，为了躲避差役，很多里甲民户分门立户或逃亡流徙，再加上各种自然灾害的发生，使得归德地区的一些村落人口稀少，里甲制度名存实亡。

为改变这种状况，均摊赋役，归德地方官员采取调整差役佥派的办法，进行"粮地通均"的赋役改革。根据嘉靖《夏邑县志》卷三《田赋志·田赋》记载：

明稽古定制，以天下之田定天下之赋，因其地宜立为等则。岁有定额，家有常数。其法未始不善也。然法久弊生，在我夏往

---

① "李嵩旧志"指明嘉靖二十四年李嵩等人纂修的《归德志》。

> 岁之弊极矣。嘉靖辛卯，官司建议而粮地通均，公私似为少便也。而弊岂能尽革之乎？肆于豪强者之兼并，巧于里书者之飞诡，伪于寄庄者之影射，甚而有田无赋，有赋无田，乃至逋负包赔，其害可胜言哉？

夏邑县的赋役改革，目的是整顿全县田地，重新规划田赋的征派。但由于豪强兼并、寄庄影射①等问题，"粮地通均"很难得到贯彻。

对于卫所军户兼并土地的问题，地方官由于品级相对较低，很难与之抗衡。嘉靖年间，明政府为了解决这个问题，规定各卫所军户按田亩数量纳粮，不许抗拒。违者原买民田追夺入官。嘉靖四十二年（1563），政府下旨将军屯管理权移交屯地所在地区的州县行政官员，地方官员开始直接介入屯地管理。

明中叶，经过赋役改革与清理屯田，限制了军事权贵的特权。那些占有大量土地的军事权贵、卫所军户和商人地主等社会阶层，为了维护政治与经济优势，积极追求科举功名和仕途宦绩，逐渐形成了以士绅为中心的世家大族，确立了士绅阶层的地域支配体制。在商丘"八大家"中，至少有四大家来自卫所系统，分别是叶氏、沈氏、侯氏和刘氏四个家族。比如沈氏，到沈鲤时达到鼎盛，位居"商丘八大家"之首。侯方域《沈季宣墓志铭》："沈氏自相国鲤以来为宋之巨族。"商丘民国二十三年《沈氏家谱》载，明朝隆、万之际，沈鲤的子孙"恩例授冠带与衣冠而儒者又复数十人"，他们或为尚宝司卿，或为户部员外，或为中书舍人，是商丘八大家中获恩例最多的家族。

总之，明中叶的归德地区，土地兼并激烈，阶级分化明显，自然灾害频繁，人民迁徙不定，很难形成稳定的宗族制度。社会经济总体上在不断发展，但也存在各种矛盾。由于政府的相关举措，军事权贵的

---

① 寄庄：我国古代社会中地主在本籍以外置备土地，设庄收租，谓之寄庄。明清时期地主为逃避赋役采用易地易名的办法。或是把田庄设置在外地，以逃避本籍赋役，或是借用外地官僚的名义，在本地设置田庄。影射：有"蒙混、假冒"之意。

特权受到抑制，社会风气转向习文，科举事业非常发达，出现了不少名公巨卿，至今传为佳话。

三 明后期归德府的社会危机

明后期归德府的社会危机主要表现在社会矛盾加剧、自然灾害频繁，土地兼并持续，人民流离失所。

明后期归德府在不断发展的过程中，逐渐形成了以士绅阶层为主导的统治秩序和文化规范。他们本身拥有一定的特权，凭借特权占有了大量田地，对内团结族人，对外广结姻亲，通过建立各种关系团体，全方位参与地方事务，在地方社会发展中逐渐占据主导地位。但是，随着士绅大族的发展，部分普通民众的利益受到了损害，这就加剧了缙绅地主与庶民地主之间的矛盾。除此以外，一些乡宦豪强还肆意妄为，欺压百姓。据明末郑廉《豫变纪略》记载：

> （河南四大乡宦）各畜健仆数千人，横行州府，嬉戏之间恒杀人。其平居夺人田宅，掠人妇女，不可胜数。小民不敢一言，有司明知，亦不敢一问也。盖四宦外结响马，家养刺客，人或有言，祸辄发于肘腋。

这段记载生动地描绘了明末河南四大乡宦危害乡里、无恶不作，以及地方官因惧怕而无所作为的情况。其中提到的四大乡宦就是所谓的"四大凶"，他们是睢州褚太初、宁陵苗思顺、虞城范良彦和南阳曹某。这四大乡宦横行乡里，无恶不作，欺压百姓，成为河南人民心中的祸患，因而被称作"四大凶"，而"四大凶"之中，有三个都是归德府人士。

此外，明后期归德府各种自然灾害持续发生，由此带来的饥荒、瘟疫等不断蔓延，本来就受到压迫的普通民众更是面临严重的生存危机。

为了缓和矛盾，归德府的一些开明士绅如沈鲤、吕坤等，推行限制优免、改革役法、宗族建设、会社教化等措施。这些改革的实施,对于当地社会秩序的稳定起到了一定的积极作用。但是,归德府面临的严重社会危机并没有得到真正的解决,特别是后来"士大夫只以门户相雄长,其不肖者遂一跌而至于不忍言"(《豫变纪略》),就连明末清初归德才子侯方域在为沈季宣撰写墓志铭时也指出:沈氏既富,而其人或习为骄奢,或更龌龊狡狯,以谋为滋殖,虽千余指,无复有读书能识字者(《沈季宣墓志铭》)。可见,明末归德府的士绅望族道德状况每况愈下,这就使得归德府的社会危机缺乏有力的人才去解决,反而因为阶级矛盾而加重了危机。

第三节　黄河水患与商丘地方社会

一　水患日趋严重

商丘地理位置决定了它极易受到水患的侵袭。归德府地处黄淮平原,北依黄河,南临淮河,处于黄淮平原的中心腹地,归德府的地势最低,一旦黄河泛滥,归德府所属州县很容易遭到水灾。

宋代以前,黄河、淮河分别东流入海,归德地区河患较少。自南宋之后,由于财政和军事的原因,黄河被人为改道,占夺了淮河的出海通道,归德境内的河患问题日益严重。乾隆十九年《归德府志》载:"自宋中叶,河道南徙,合于淮以趋海,而汴宋之间始多水患","睢州河患,宋、元最甚","自明以来,归德、开封之间,无地不决","黄河为商丘大害,土弱地势卑,民贫无恒产。百年之间,轻者三溢,重者两溢,溢则房舍、鸡犬湮没一空"。可见,宋元以来,归德地区饱受水患的破坏,生态环境发生了重大变化。从明永乐开始,保护运河、保障漕运畅通成为治理黄河的主要目的和指导原则。治理黄河水患与保证运河畅通发生矛盾,统治者会毫不犹豫地选择保障运河。

万历二十一年(1593)五月,河南大雨,黄河决口,夏邑、虞城、永城、宿州、萧县、单县、徐州、济宁等地均被淹。① 人民大饥，甚至出现人相食的惨状。面对这种情况，商丘虞城籍官员杨东明于万历二十二年冒死上《饥民图说疏》，为反映实情，打动皇帝，还绘制了十四幅图画，分别是《水淹禾稼》《河冲房屋》《饥民逃荒》《夫奔妻追》《卖儿活命》《弃子逃生》《人食草木》《全家缢死》《刮食人肉》《饿殍满路》《杀二岁女》《盗贼夜火》《子丐母溺》《伏阙上疏》，每幅图都主题鲜明，还配有简单的文字介绍，真实反映了饥民生活的悲惨状况。

光绪《虞城县志》卷八《艺文志》载杨东明《饥民图说疏》：

> 惟去年五月，二麦已见垂成，忽经大雨数旬，平地水深三尺，麦禾既已朽烂，秋苗亦复残伤。且河决堤溃，冲舍漂庐，沃野变为江湖，陆地通行舟楫，水天无际，雨树含愁。民乃既无充腹之资，又鲜安身之地，于是扶老携幼，东走西奔，饥饿不前，流离万状。夫妻不能相顾，割爱离分；母子不能两全，绝裾抛弃。老羸方行而辄仆，顷刻身亡；弱婴在抱而忽遗，伶仃待毙。跋涉千里，苦旅舍之难容；匍匐归来，叹故园之无倚。投河者葬身鱼腹，自缢者弃命园林，凡此皆臣居乡时闻且见者也。迨至今日，更不忍言。断草莱以聊生，刮树皮以充腹，枯容鹄面，人人俱是鬼形，恨天怨地，个个求归阴路。向言犹卖儿女，今则割儿女之尸体。昔也但弃亲身，今则食亡亲之骨肉。道路警急，行旅戒严，村落萧条，烟火断绝。难支岁月，乃相约以捐生；无耐饥寒，遂结聚而为盗。昼则揭竿城市，横抢货财；夜则举火郊原，强掠子女。据此汹汹靡宁之势，已有炱炱起变之形……

---

① 吴秀玉《杨东明学行与其〈饥民图说疏〉研究》（台北师大书苑有限公司2003年版，第339—341页）列举了史料中所述万历二十一年黄河水患的情况。仅举两例：339页：《明史》载：万历二十一年五月，大雨，河决单县黄堌口，一由徐州出小浮桥，一由旧河达镇口闸。邳城陷水中，高、宝诸湖堤决口无算。340页：《黄河变迁史》载：万历二十一年五月，河决单县黄堌口：一支由虞城、夏邑、永城接砀山、萧县、宿州、睢宁至宿迁出小河口、白洋河（在归仁集北）；一支分萧县两河口，出徐州小浮桥，相距不满四十里。鱼台、巨野、济宁、汶上皆被水。（徐秀荣《黄河变迁史》，台北里仁书局1982年）

有明一代，商丘与黄河的关系非常密切。没有水患的时候，黄河可以成为浇灌田地的有利水源，但是，一旦黄河决口，水淹商丘，其破坏性十分严重。加上政府的"北堵南分"的治河方略，加剧了商丘的河患，商丘的生态环境屡次遭到破坏，社会经济必然也受到严重影响。

二 弘治年间黄河决口与古城重建

明代弘治年间，商丘地区发生了几次水患，比如弘治十一年（1498），黄河在归德州小坝子（现属谢集乡）等处决口。弘治十三年，黄河突然自夏邑大丘、回村等集冲决数口，转向东北，流经萧县，到徐州小浮桥。这两次水患造成的危害文献并没有记述。但是，弘治十五年的水患，文献记载较多，乾隆十九年《归德府志》引《旧府志》载："弘治十五年夏六月，河决入城，廨舍荡然。"康熙四十四年《商丘县志》载："孝宗弘治十五年夏六月，河决入城，公私廨舍，荡然无余。"这一年的水患，冲决入归德州城，造成房屋尽毁，百姓无法生活。当地官员上疏皇帝，请求重建新城。《明孝宗实录》载：弘治十六年九月"河南守臣以归德州城池没于大水，不堪居守，请筑新城于州治之北，从之"。于是，弘治十六年，在原城址北面重新筑城，新城的南门即旧城的北门故址。新城的修筑前后历时八年，至正德六年（1511）建成。康熙四十四年《商丘县志》载，新城由知州杨泰修，周冕继之。正德八年，又建四门外楼（即瓮城门楼）四座及东门和南门内楼两座。

嘉靖二十四年（1545），归德州升为归德府，此城即为归德府城。嘉靖三十四年，又修缮了原来的门楼，增置角楼四座，敌台十三座，警铺三十二座。嘉靖三十七年，巡抚都御史致函给知府，包以砖，初步奠定了今天商丘古城的基本格局。当时的归德府城，有四个门，东门因为迎着太阳，叫"宾阳门"；西门为"垤泽门"，垤泽有阻挡西来之水的意思，寓意保护商丘免受水患；南门因为中午时正对着太阳，所以叫"拱阳门"；北门因为向着北斗星，所以叫"拱辰门"。南北门相对，在一条直线上，东西门不在一条直线上，东门居中，西门向北错一条街。另有水门二个：一在南门东，一在南门西。其后又有知府陈洪范、罗复相继修缮。

重建的归德府古城由内城（砖城）、护城河（城湖）、外城（城郭）三部分构成。砖城属城堡式建筑，呈长方形，南北门相对在中轴线上。城墙内部用素土夯筑，外面包砌青砖。古城四门样式相同，均为拱券式建筑，四门外各有一个瓮城（即在城门外再建一半圆形的小城，旨在加固城防），瓮城又各有一个扭头城门（即城门不在城墙正中），北城门向西，西城门向南，南城门向东，东城门向南。因为有四个城门，四个瓮城门，所以有"四门八开"之说。

砖城外有护城河，距砖城 3.5 米，水面窄处 25 米，宽处 500 米，环城一周。

护城堤，也叫城廓，为嘉靖十九年（1540）巡抚都御史魏有本檄知州李应奎筑，为黄土筑成，是古城军事防御的第一道坚固防线，同时还是古城防水的一道屏障。

鸟瞰古城，外圆内方，犹如一枚巨大的中国古钱币，是古代城池的典范之作。内城地势呈龟背形，中间高，四周低，略向南倾斜，雨水经街旁水沟流入南门两侧水门，排入护城河，整个排水、泄洪系统合理有序。城内的街道顺应了风水学认为城市道路"忌折曲、忌斜射、忌四正"的观点，为传统的棋盘式格局，将城内建筑分成了许多的方块，非常整齐。内城采取南偏西 15°的朝向，有利于城内建筑的采光和取暖，完美地体现了"天人合一"的风水思想。

第四节　明朝时期商丘地区的农民起义

明朝（1368—1644）在我国历史上延续了 277 年，是我国专制主义中央集权制度高度强化的时期。明太祖朱元璋废除了丞相制,权归中央,皇权至高无上。明太祖和明成祖时期,由于皇帝的雄才大略,国家日益强盛。但是从明英宗开始,明朝便显出衰微之象,社会矛盾日益加深。

宦官专权是明代政治的一大特点。英宗时的王振、宪宗时的汪直、武宗时的刘瑾、熹宗时的魏忠贤都权倾一时,使得明朝政治日趋腐败,人民负担加重,社会矛盾更加尖锐。嘉靖年间,朝臣之间的阁权之争、党争较为激烈。尤其是嘉靖二十七年(1548)严嵩取得首辅之位后,任人唯亲,专横跋扈,广聚私财,明代政治空前黑暗。

明中期以后,土地高度集中的状况也日趋严重。皇帝、后妃、藩王、勋戚、官员等普遍侵占土地,各地的豪绅地主也竞相掠夺土地,农民阶级与地主阶级和特权阶层的阶级矛盾不断激化。同时,明中叶以后,明朝边境战争及农民起义消耗了大量人力物力,国力渐衰。比如,明英宗时土木堡之变及北京保卫战,万历年间及明末在东北与女真的战争,万历年间的援朝战争,南方沿海抗击倭寇的战争等,都使得明朝的军费开支大增,为了增加军费,加派在农民身上的赋税负担日益加重。万历年间,张居正改革实行了一条鞭法,一定程度上减轻了人民负担,增加了国家财政收入,但是在实行过程中,由于各种加派,农民负担仍然很重。

以上种种都可以看出,明中后期的政治腐败已经到了无可挽救的地步,归德地区的农民同样受着各种压迫、剥削,再加上自然灾害频繁发生,农民贫困破产流亡,民不聊生,农民起义此起彼伏。

一 师尚诏农民起义

师尚诏领导的农民起义就是在这样的背景下爆发的,这次起义也是当时河南最大的一次起义,产生了深远的影响。

师尚诏(?—1553),柘城县远襄人,早年曾在山东沿海一带贩卖私盐。生活的贫困,乡亲的苦难,以及他在山东贩盐时耳闻目睹的山东地区的农民斗争，激发了他的反抗意识。而在此之前，就有多次农民起义波及到归德，给当地人留下了深刻的印象。如正德六年十月，起义领袖刘六、刘七曾率军攻打归德州城。又如嘉靖元年冬十二月，莱芜王镗（一说王堂）起义，曾率义军转战归德、柘城等地。

嘉靖三十二年二月，师尚诏与同乡好友王邦用一起谋划起义，他们利用荒年之机，联络聚集饥民数百人，组织了一支起义队伍。《明世宗实录》载："结山东响马贼，攻剽远近，邻里畏之，官府不能制。"师尚诏被推为首领，王邦用为副帅。宁陵知县石阯得知情形后，曾极力主张镇压，时任归德府检校的董纶，也向知府尹一仁建议："贼势未炽，宜急捕之。"但当时的巡抚都御史谢存儒及归德府知府尹一仁为了粉饰太平，委任师尚诏为总保长，师尚诏反而利用官职之便，联络民众，七月二十六日，师尚诏起义正式爆发。

起义的第一步，就是攻打豫东重镇归德府。师尚诏指挥起义军星夜北进，直逼归德城下。早已安插在城中的内应开门迎接他们入内，归德城遂被攻破。起义军轻而易举攻下了归德府城，打开官仓，把夺取的财物、粮食分给百姓，起义队伍迅速壮大至万人。

二十七日，起义军兵锋西向，攻打宁陵，但是宁陵县早有准备，初战不利。义军随之西进，直逼睢州城下。睢州闭城戒严，起义军遂舍睢州转而南下，进军柘城。柘城县令望风而逃，城池不战而下。在柘城，师尚诏、王邦用等强逼举人陈闻诗为军师，陈坚辞不就，后在鹿邑自缢而死。

八月一日，农民军攻下鹿邑县城，随后发兵太康。在太康，起义军遇到官军抵抗，连攻三日不下，不得不引兵转移，下鄢陵，克临颍，活动于扶沟、许昌境内。这时，起义波及的范围越来越大，产生了很大的影响，朝廷迅速调遣兵将予以镇压。大中丞杨宜从京师抵达河南，任指挥官。巡按御史霍冀、河南左布政使邹守愚、提刑按察使赵正学、都指挥使尚允绍等从河南各卫所调集精锐兵力近15000人，前往豫东镇压起义军。

八月二十二日,由尚允绍率领的数千军队首先赶到鄢陵,与起义军展开激战,官兵败绩。八月二十七日,官军陆续汇齐,起义军与官军又在襄城展开激战。最终因双方兵力悬殊,起义军失利,副帅王邦用被俘。师尚诏指挥剩余力量冲出官军包围,转移到临颍、西华一带。官军围追不止,师尚诏只能且战且走,逐步向东转移。

九月三日,队伍到达永城,随后进入安徽,攻克皖北重镇宿州。这时,义军还打算继续南下,攻占明皇室的"龙兴之地"——凤阳。明廷严令军队火速追赶。起义军进军到五河县时被官军追上,双方进行了激烈的战斗。农民军这时不仅有了步兵、骑兵,而且还建立了水军,以水陆两路同时迎击官军。但是官军兵力雄厚,最终起义军伤亡惨重,水陆大营皆被攻破。师尚诏指挥余部四散突围而去。

经过五河一战,起义军力量大减,师尚诏率余部向鲁西南一带转移,准备重整旗鼓。但官军穷追不舍,起义军先后在安徽蒙城县和河南商丘县十字河两次遭到官军伏击。师尚诏率领少数随从进入山东境内,起义进入了隐蔽斗争阶段。而此时山东境内的农民起义已处于低潮,师尚诏的发动工作进展不大。同年十月二十七日,师尚诏在山东莘县被官军围困,伏诛。

师尚诏死后,其余部仍在进行零星的反抗斗争,但已不成规模。嘉靖三十二年(1553)底,起义最终被镇压。

师尚诏发动和领导的这次农民起义,虽然持续时间不长,但范围广,影响波及睢州、宿州、柘城、商丘、宁陵、鹿邑、太康、鄢陵、临颍、扶沟、许昌、襄城、永城、五河、蒙城、莘县等州县,打击了明朝的统治,产生了较为广泛的社会影响,充分显示了农民起义的作用和力量。

二 李自成农民起义军在商丘的活动

明末李自成领导的农民起义军,横扫大半个中国,建立了大顺政权,占领了北京，推翻了明朝的腐朽统治，是中国农民战争史上的一座丰碑。河南是李自成农民军活动的主要地区之一，他们攻占了河南大部分地区，曾两次攻打归德府。第一次是在明崇祯八年（1635）三月，李自成和张献忠率兵数万攻打归德府；第二次是在崇祯十五年，李自成在转战陕西途中，攻破归德府城。

崇祯八年，李自成领导的农民革命军处于高潮，他们决定兵分五路，攻打明王朝各地的地主武装。李自成等人担任东攻任务。三月，他和张献忠率兵数万攻打归德府，明政府军凭借城墙固守，在城四周架起火炮，袭击农民军，农民军不能靠近城池，伤亡甚重，遂撤离。但是，归德府附近的村民因为城内地方狭小，无法避难，环堤而守，李自成率军攻陷大堤，死者万人。李自成军从归德败退到睢州时，进攻睢州，官军不堪一击，睢州城即将被攻破，书画家袁枢散家财募勇杀敌，力战七昼夜，睢州城得以保全。

崇祯十五年春，李自成在回师转战陕西途中，与农民军首领罗汝才、袁时中会师归德，联合再次攻打归德府。李自成等人汲取第一次失败的教训，首先攻克睢州，断绝援军道路，接着陷太康。袁时中攻柘城，商丘知县梁以樟调兵救援，击破围城起义军，数千人被杀。其后，李自成等联合攻归德府，攻一昼夜，破西南门。

归德府城被李自成攻破后，当地官员、儒生、缙绅地主及其家属被杀或自杀者甚众，这对归德地区的世家大族是毁灭性的打击。

《明史·王世琇传》记载：

> 十五年二月，李自成陷陈州，乘胜犯归德。世琇将行，僚属邀共守，慨然曰："久官其地，临难而去之，非谊也。"遂与同知颜则孔、经历徐一源、商丘知县梁以樟、教谕夏世英、里居尚书周士朴等誓众坚守。贼攻围七日，总督侯恂家商丘，其子方夏率家众斩关出，伤守者，众遂乱。贼乘之入，世琇、则孔并遇害。则孔女闻之，即自缢。一源分守北城，杀贼多，城陷，巷战，骂贼死。以樟中贼刃，

久而复苏，妻张及子女仆从皆死，以樟竟获免。世英持刀骂贼，死于明伦堂，妻石亦自刎。

　　同死者，尚书士朴，工部郎中沈试，主事朱国庆，中书侯忻，广西知府沈仔，威县知县张儒及举人徐作霖、吴伯胤、周士美等六人，官生沈俊、侯畯等三人，贡生侯恒、沈诚、周士贵等八人，国学生侯憬、沈倜等四人，诸生吴伯裔、张渭、刘伯愚等一百十余人。试，商丘人，大学士鲤之孙。作霖、伯胤、伯裔、渭、伯愚，皆郡中名士。则孔，忻州人。一源，海盐人。世英，祥符人。士朴自有传。贼既破归德，寻陷鹿邑，知县纪懋勋死之。陷虞城，署县事主簿孔亮死之。

当时归德府的乡宦豪强势力强大，加上他们平日嚣张跋扈，与社会各阶层结下不少仇怨，李自成的到来恰好为归德小农提供了机会，大量饥民、难民及其他受压迫阶层纷纷加入李自成的队伍。如归德名宦汤斌所言："中州大乱，李自成拥众数十万，纵横开（封）、归（德）间，兼频年荒旱，饥民相率从贼。"可见，明末战乱，不仅是起义军与官军的对抗，也体现了当时归德地区的阶级压迫与阶级矛盾。在动乱中，当地士绅阶层的力量遭到削弱，世家大族支配地方事务的地位大大动摇。

第五节　文化发展

一　哲学

明代商丘哲学的发展，主要体现在吕坤和杨东明的哲学思想上。他们二人都生活在明代中后期，当时社会上各种思潮并行，社会矛盾突出。他们继承了王阳明的心学，又目睹了地方社会的巨大变化、国家面临的诸多问题，这就促使他们思考理学与社会现实的联系，他们认识到王学"现成良知"和"以无为本"的思想根本无法挽救社会的危机，对此提出了自己的哲学见解。他们都反对心学的空谈，批判道学的迂腐，主张经世致用之学，在现实生活中，他们也躬身实践，积极推行社会变革。

（一）吕坤的哲学思想

吕坤（1536—1618），字叔简，号新吾，商丘宁陵县人。吕坤天资聪颖，六岁时从师学习，读《论语》首篇，便能提出独到的问题。十五岁时读史书及性理诸书，作《夜气钞》《招良心诗》。嘉靖四十年（1561）乡试第三名。万历二年（1574）中进士。授山西襄垣知县，因政绩卓著，调大同，征授户部主事，历郎中。迁山东参政、山西按察使、陕西右布政使，擢右佥都御史，巡抚山西。居三年，召为左佥都御史。历刑部左、右侍郎。

吕坤为官清正，正己修身，所到之处，深受士民爱戴。他与沈鲤、郭正域齐名，被称为万历年间"天下三大贤"。

万历二十五年（1597）五月，吕坤上疏陈述天下安危，劝神宗励精图治，言辞慷慨激昂，其忧国忧民之情溢于言表。奏疏送上，没有回复，再加上遭人诬陷，吕坤愤然称病请求辞官回籍，得到批准，他便致仕归家。

吕坤家居二十年，勤俭节约，朴实无华，除了参与家乡事务，就只与远近弟子讲论身心性命之学，因宁陵春秋时有沙随国，故学子称吕坤为"沙随夫子"。

吕坤所著《呻吟语》，是他积三十年心血写就的一部语录体著作，内容涉及哲理、时弊、人生、宇宙等方面，是我国传统思想文化宝库中的一枝奇葩，至今仍具有很强的现实意义，受到人们的推崇。

吕坤的哲学思想主要包括"气本论"思想、丰富的辩证法思想、实学思想等。

理与气的关系是中国传统哲学的基本问题。吕坤认为"天地万物只是一气聚散，更无别个"（《呻吟语·天地》，明万历二十一年刻本，下引同），坚持"气本论"思想。"宇宙内主张万物底只是一块气，气即是理，理者,气之自然者也。"(《谈道》)吕坤的"气本论"里也蕴含着大量的自然辩证法思想。他认为"气无终尽之时,形无不毁之理"(《性命》),其中既包含了运动的永恒性,又蕴含有具体事物的短暂性。

吕坤认为世界万物是有机的统一体,"宇宙内无有一物不相贯属,不相统摄"(《伦理》)。而且,事物内在的差异和矛盾是事物发展的动力,"天地之气化,生于不齐而死于齐"(《天地》)。他还认为自然界存在着"物极必反"和向对立面转化的辩证规律,"物极则反,不极则不反也"(《治道》),"天地间万事万物未有盛满而不衰者也"(《修身》),"大相反者大相似,此理势之自然也,故怒极则笑,喜极则悲"(《修身》)。

吕坤在知行问题上坚持"知先行后""知行并进"和"行重于知"。他认为"知是一双眼,行是一双脚,不知而行,前有渊谷而不得,傍有狼虎而不闻"(《谈道》),体现了"知先行后"的观点。他还主张知行并进,"知也者,知所行也;行也者,行所知也。知也者,知此也;行也者,行此也,原不是两个"(《谈道》)。他还强调知行是相互促进的,认为"下学工夫须知一寸,才行得一寸;知一尺,才行得一尺"(《答孙立亭格物第四书》),"知行题目虽是两端,知行工夫却是并进。知一分,行一分,是明觉后躬行。行一分,知一分,是体验后解悟"(《答孙立亭格物第三书》)。他还认为"行重于知","行难知易"。"余以为能行方算得知,徒知难算得行"(《谈道》),"行更无多说,只用得一'笃'字。知的工夫,千头万绪,所谓非知之艰,惟行之艰;非苟知之,亦允蹈之"(《谈道》)。

吕坤相信"人定真足胜天"(《应务》),只要人们能积极发挥主观能动性,就可以战胜自然。他也意识到了一些不合常规的偶然现象只是偶然出现,"星殒、地震、山崩、雨血、火见、河清,此是偶然的。吉凶先见,自非常理"(《天地》)。所以,他主张"君子尽其当然,听其自然,而不惑于偶然"(《应务》),要发挥主观能动性,同时还要遵循自然规律,不要被偶然的现象迷惑。

针对当时王学末流只谈心性、忽视事功的偏颇，吕坤进行了尖锐的批评，大力提倡实学。他反对空谈，讲究实务。他在自撰的墓志铭中写道："非日用不谈，非实务不求，非切民生国计不讲……如欲挽回世道，除却秉公尚实，更无别法。"他说："实言实行实心，无不孚人之理"（《呻应务》），"天下万事万物，皆要求个实用"（《治道》）。现实中他也是这么做的。他在朝为官，针对各种社会问题，敢于提出自己的见解，抒发对时政的看法。在家居住时，他热心公益，为家乡百姓做了很多实事，解决了很多问题。

在《呻吟语》中吕坤还自我表白说："人问，君是道学否？曰：我不是道学。是仙学否？曰：我不是仙学。是释学否？曰：我不是释学。是老庄、申韩学否？曰：我不是老庄、申韩学。毕竟是谁家门户？曰：我只是我。"由此可见，吕坤的哲学思想融合各家思想而自成一家，具有独特性。

（二）杨东明的哲学思想

杨东明（1547—1642），字启昧①，号晋庵，别号惜阴居士，虞城县人。明代著名理学家。万历八年（1580）进士。历任中书舍人、礼科给事中、刑科右给事中、太常寺少卿、光禄寺卿、南京通政使、刑部侍郎等职。

杨东明学宗王守仁，被称为"中州山岳"，随着晚明社会矛盾的激化，杨东明转而大力提倡理气一体论，成为晚明时期气本论唯物主义哲学的重要代表。其哲学思想主要有"气本论"、"理气一"论、"气质之外无性"的人性论、"本性之善，乃为至善"的性善论等。

杨东明坚持"气本论"思想。他认为"天地间只是一元之气，生人生物，而气之有条理，便谓之理，非等同性气外又有一个理与之俱来也"（《山居功课》卷五，万历四十年刊本，下引同）。

关于"理"与"气"的关系问题，杨东明坚持陆王心学"理气一体"

---

① 《明史》载杨东明字"启修"，此处按《虞城县志》所载。

的基本观点，主张"理气一也"，提出"理、气二名浑是一物""气即为理""气外无理"的理气观。他还明确指出"理气断非二物也"。他认为"气犹水火，而理则其寒暑之性，气犹姜桂，而理则其辛辣之性，浑是一物，毫无分别"（《明儒学案》）。在此基础上，他进一步提出"理"与"气"是合而为一、不可分割的。

人性问题是杨东明哲学思想的精华所在。以程朱为代表的理学家提倡性二元论，认为人性分为义理之性和气质之性。而杨东明则继承和发扬了王廷相、吴廷翰等人的性一元论思想，指出人性皆来源于宇宙一气，只有气质之性。他说："气质之外无性，气质即性也。"（《明儒学案》）他还指出："气即是性，性即是气，原无性、气之可分也。此可为万古确论矣。"（《山居功课》卷六）

杨东明还对人性善恶问题进行了较为详细的论述。他认为人性无论善恶都来源于气，气不同，人才有高下贤愚之别。他说："夫惟理气一也，则得气清者理自昭著，人之所以为圣为贤者此也，非理隆于清气之内也；得气浊者理自昏暗，人之所以为愚不肖者此也，非理杀于浊气之内也。"（《明儒学案》）杨东明还充分认识到了外部环境及后天教育对人道德品质的影响。

杨东明认为人性本善。他说："盖太极本体，立二五根宗，虽杂揉而本质自在，纵偏胜而善根自存，此人性所以无不善也。"（《明儒学案》）他还认为"善字有二义。本性之善，乃为至善，如眼之明，鉴之明，明即善也，无一善而乃善之所从出也"（《明儒学案》）。可见，杨东明认为"本性之善"为"至善"，而且，他还对"善"进行了详细的划分和论述，使其人性论的内容更为丰富。

此外，杨东明和吕坤一样，注重实学，提倡经世致用之学，并躬行实践。他为官清廉，敢于直谏，在家乡也为百姓做了很多实事，深受人们的敬仰。其哲学思想内容丰富，体现了唯物主义精神，至今仍是我国哲学史上的宝贵思想财富。

(三) 其他哲学思想家

徐养相，字子存，号涵斋，睢州人。他喜欢研究经传，校勘其中的错误，解答疑难之处。他写的文章，气势恢宏，自成一体，效法先秦、两汉。后来他又潜心性理学说，还说"为学不宗濂洛，非学也"。可见，他以宋代濂、洛之学为宗旨。嘉靖三十五年（1556），徐养相登进士第，去浙江余姚任职。他推崇阳明之学，还与众多贤士一起讲学切磋，推动了当地阳明学的兴盛。罢官归家后，他即以传播学问、教化民众为己任，每天聚集学生讲解经书，其讲解极尽玄妙，探求性理之学的精髓。所著有《礼记辑览》等。

王国祯，字嵩河，商丘人①。万历年间中举。他潜心理学，学宗王阳明。聚徒讲学，弟子达千余人。著有《明宗录》。当时群儒认为王国祯知行合一，堪为典范。可见，王国祯当时在商丘一带颇有名气。他能够知行合一，而不是只讲唯心主义的心学，这是他思想的进步之处。

二 史学

明代商丘地区的史学发展成绩，比较突出地表现在地方志的编修上。据现有资料统计，商丘地区在历史上共修出志书三十八种，现存二十九种，其中府志五种，州、县志二十四种，明代成书的略举几种如下：

（一）归德府志

《归德府志》八卷，李嵩纂修，嘉靖四十四年刻本。李嵩，字子中，嘉靖十七年（1538）进士，归德人，官至山东按察司副使。他博学多才，有《前渠集》行世。据清顺治十七年宋国荣增修府志序云："归德明初为州，嘉靖二十四年改为府。又二十年而李公嵩为志，迄今百年矣。"又据乾隆十九年陈锡辂修府志中河南巡抚蒋炳序云："归德府之有志也，

---

① 清康熙四十四年《商丘县志》卷九《儒林》载"王国祯"为"万历丙午举人"，即万历三十四年，同书卷六《选举》载"王国祯"为万历三十七年己酉举人，乾隆十九年《归德府志》卷二十四为"举人"，卷七《选举表》记为"己酉科"。

明李嵩创之。"因此，李嵩志当为最早的《归德府志》。该书现存台湾一部，北京、上海、南京均存该志胶卷。其中"官师记"记事至隆庆元年，因而现存的这部书当系后来的补刊本。

(二) 商丘县志

《商丘县志》十卷，宋纁主持纂修，大学士沈鲤也参与编修。明万历十年刊本。宋、沈二人均为商丘地方名人。修志时的知县为吕乾健，山西曲沃人，进士出身。据清顺治十五年刘之骥修县志序云："旧志之修出于明万历十年邑令吕乾健，毁于崇祯壬午之春，遭'寇乱'也。"又据乾隆十九年《归德府志》卷三〇《艺文略·郡县志乘》云，该书"明万历十年始修，邑人宋纁总其事"。另据清光绪十一年张多寿《重刻商丘旧志序》云："明万历十年邑宰为吕侯，属宋庄敏公成之，后两修（顺治十五年刘之骥修，康熙四十四年刘德昌修）之所本也。"该书现仅存上海图书馆，为残本。

(三) 夏邑县志

《夏邑县志》八卷，郑相修，黄虎臣纂，明嘉靖二十四年修辑，二十七年刊本。1936年上海古籍书店影印天一阁嘉靖本。郑相，选贡出身，直隶广德州人，曾任夏邑县知县。黄虎臣，广南桂平人，举人出身，曾任县教谕。

(四) 永城县志

《永城县志》六卷，郑礼纂修，明嘉靖二十三年刊本。郑礼，浙江人，曾任县学教谕。该书国内仅天一阁存完整的一部，上海图书馆存一残本、一胶卷本。

(五) 宁陵县志

《宁陵县志》，熊秉元纂修。熊秉元，字可山，江西丰城人，进士出身，明嘉靖年间以刑部主事降任宁陵县知县。据乾隆十九年《归德府志》载，该志"始辑于邑人吕坤，嘉靖甲子年知县熊秉元成之"。据清李若星《宁陵县旧志序》称："宁昔无志也，志始于明隆庆改元，乃吕司寇为孝廉时……"由此推测，吕坤于隆庆元年创修了宁陵县志，熊秉元嘉靖四十三年又重修县志。

（六）睢州志

《睢州志》九卷，李孟旸纂修，明弘治十八年本。李孟旸，睢州人，进士出身，官至工部尚书。该书仅存抄本，现藏台湾，北京国家图书馆与南京、上海图书馆各存一胶卷本。

这些志书的编纂，保存了很多有关商丘的宝贵资料，已经成为我们今天了解商丘历史文化的重要资料来源，修志者功不可没。

纵观这些志书的纂修者，几乎都是当时的官僚士大夫，有的是儒学教谕，有的是商丘籍名宦，大多是在商丘任职的知县、知州、知府。这些官僚士大夫多由科举进入仕途，是较为博学多识的一个阶层，他们组织了一个团队进行编修，团队中不乏对史学深有研究的学者，而且，官员本身拥有的政治权力，为他们接触史料、撰写史籍提供了便利。

地方官重视地方志的编修，与明朝政府的重视是分不开的。明政府多次下令各地官员编修地方志，所以，明代地方志保存下来的有几千种之多。商丘的地方官，深受我国史学重史思想的影响，大多本身有志于史学，希望自己能有史著出版，有益于国史的流传，同时也为了提高自己的政绩，响应朝廷的政令。志书的编纂，为时人提供了从历史中寻求济世良方的途径，也为后世留下了可供借鉴的文献。

三 文学

明朝时期，商丘文风浓厚，文学成就斐然，人才济济。在文人学士的带动下，还出现了一些知名的文学社团。代表人物主要有宋纁、沈鲤、杨东明、侯恪、刘格、刘伯愚、吴伯裔等。主要的文学社团有文雅社、雪苑社等。

明初，商丘经济凋敝，人烟稀少。在这样的情况下，人民以温饱为第一要义，无心谈论文学，有名的文人尚不多见。随着政府的经济、政治、文化等措施的推行，加上商丘人民的辛勤劳动，商丘地区人口逐渐增多，经济获得发展，到了明中叶以后，整个社会风气由重武转向习文，科举入仕成为很多文人学子的追求。

科举鼎甲者多来自大家族，家境殷实，拥有扎实的经济基础，可以专心读书，还多有名师指导，学业精进，最终可以科举及第，光耀门楣。明中期军事权贵的特权受到抑制，商人、地主、卫所军户等也都具备一定的经济实力，加上政府重视科举，为了拥有一定的特权，维持家族的地位，他们多注重科举，培养家族子弟应试。这也是商丘文风浓厚的重要原因。不少科举入仕者日后都成为权倾一时的名臣大儒，在全国具有一定的影响力，如沈鲤、宋纁、吕坤、杨东明、侯执蒲、侯恂、侯恪、叶廷桂、练国事等都是名公巨卿。宋纁曾任南京户部右侍郎、户部尚书、吏部尚书，侯恂曾任兵部侍郎、户部尚书，叶廷桂曾任兵部左侍郎，袁可立官至兵部尚书，永城丁氏家族出了"一门两尚书"等。

科举考试客观上促进了商丘文化事业的发展，培养了一批优秀的文化名人，有的家族文人辈出，比如商丘宋氏、沈氏、侯氏家族，都可以称得上文学世家。尤其是侯氏家族，仕途发展不顺利的情况下，便致力于文学创作，如侯执蒲、侯执躬兄弟。侯恪，中进士后不肯为官，在家创作，后出来做官，因得罪阉党，被削籍归家，饮酒赋诗，创作了不少作品。康熙四十四年《商丘县志》收录侯恪诗一首：

秋日登阏伯台

阏伯台高远瞰城，霞天万树倚孤清。

我来正值鸿初到，风至不堪叶乍横。

菟苑烟深村巷寂，武陵花尽野溪晴。

登临剩有筇枝健，五岳何须愧向平。

侯恪才华横溢，在诗中借景抒情，豪情万丈。其他很多文人也多有作品传世，前述的名臣大儒，他们既是朝廷重臣，忧国忧民，尽职尽忠，也是文学名家，博学多识，文学才华极高，令人敬仰。

据《商丘县志》载，刘伯愚之父刘格，也是文学名家，惜未中乡试。刘格推崇前代名家，如司马迁、班固、韩愈、柳宗元等的文章著述，也爱好赋诗，著有《淑少陵初言》数卷。

明末商丘的文化名人还有周士美、周士哲、乔升等。周士美，字君彦。少年时即显示出文学才华，受知于郡守郑三俊。周士哲及乔升也都是诸生，有文名。他们三人都在李自成陷城时死难。

总之，明代商丘文风浓厚，文学成就突出，清初睢州汤斌在《与田箕山书》中回忆明代商丘的繁盛情景时，不无骄傲地说：

> 吾郡先哲，如轩介肃、吕司寇、沈文端、宋庄敏、杨晋庵，皆一代伟人，海内共知……明代文物声名，甲于两河……入明以来，理学勋业，忠节文章，彪炳宇内。

商丘的文学社团，主要有文雅社与雪苑社。

文雅社是大学士沈鲤与其弟沈麟及同乡几位士人在万历年间结成的社团。当时社会风俗恶薄，为了追求孔子文雅之风，他们在商丘东南的文雅台结社，并制定了《文雅社约》，反对奢侈之风，提倡节俭，希望能够挽救世风，教化民众。所以文雅社既是文学社团，其实也意在为改变社会风气而努力。

明末农民起义风起云涌，社会动荡不安，文人们往往聚集一方，盟社会友，抒发伤世之情，寄情于诗酒之中。明崇祯十三年（1640），商丘才子侯方域与侯方镇、贾开宗、吴伯裔、吴伯胤、徐作霖、刘伯愚、张渭等组织"雪苑社"，为文人骚客赋诗论文会聚之所。侯方域是主持者，是雪苑社的灵魂人物。雪苑社创办之前，商丘地区已经出现了确园社、江北应社，侯方域是社事的积极参与者，与不少社团的成员结下深厚友谊，后来这些成员都成为雪苑社的骨干力量。

雪苑社主要成员介绍：

刘伯愚，字千之。自幼聪颖，过目成诵。明末文体日益奇异多变，种类繁多，显得分散，而刘伯愚恪守家学，力追前代贤人。李自成攻占归德，刘伯愚投井死。所作文学作品，多毁于兵乱。

吴伯裔，字让伯。年少孤贫，与弟伯彻依舅舅刘格（刘伯愚的父亲）。刘格聘名师教授伯愚和伯裔兄弟，所以吴伯裔博通古今，自负有才，不趋炎附势，独与侯方镇、侯方域、贾开宗、刘伯愚、张渭为至交。吴伯裔善诗文，崇祯九年（1636）中举。李自成攻占归德时死难。

吴伯胤（彻）①，字延仲，风流文雅，美须眉。学问渊博，为文温婉典雅。当时有皇帝宠臣听闻他的名声，送金求他作妆楼记，被拒。有《感秋》《射潮》等赋，颇为深壮。李自成陷归德，被农民军抓走，不知所终。

徐作霖，字霖仓。其父正颜，曾任枣阳教谕，有学行。徐作霖少年时就显示出独特的才华，为诸生时，好学深思，为文奇丽。崇祯三年（1630），举乡试第一。博学多才，心忧天下，参加科举考试，考官大赞其才，但文章不为温体仁欣赏。李自成陷城，被农民军杀死。

张渭，字伊人，自号狂生，康熙四十四年《商丘县志》将其收入"隐逸"部分，称其"为文敏妙，日成十余篇"，李自成陷归德时被杀。

贾开宗，字静子，别号野鹿居士。天资聪慧，博学多才，狂放不羁，是雪苑社的重要成员。

雪苑社的几位青年才俊，莫不以文采称名，以躬行相砥。在明末的社会环境下，他们相约谈文论道，以文会友，也兼论时政。他们还与江南文人互相交流，吸引了南北文人的目光。复社是当时全国知名的文学社团，雪苑社与复社南北呼应，对改变文坛文风起到了积极的推动作用。雪苑社也声名远播，成为大江南北的著名文学社团。

崇祯十五年（1642），李自成起义军攻陷归德，徐作霖、刘伯愚、吴伯裔、张渭等人皆死于战乱。侯方域逃亡南京，又辗转到扬州。贾开宗避乱山东曹县，后来又到南京。雪苑社停止活动。雪苑社虽然短暂，但成绩卓著，产生了较大影响，使中州成为当时的文学重镇。雪苑社

---

① 康熙四十四年《商丘县志》卷九《文苑》介绍吴伯裔弟为伯彻，但侯方域《雪园六子社序》中称伯胤，其他研究文章中也多称伯胤。应为一人。

几位才俊的遇难，不禁令人扼腕叹息，这是时代的悲剧，也是文学上的重大损失。清初，侯方域返回故里后，雪苑社又慢慢恢复，但随着侯方域的逝去，雪苑社风流云散。

第六节　明朝时期的商丘人物

一　皇甫仲和

皇甫仲和，睢州人，精通天文历算。明代洪武年间任天文生。永乐二十二年（1424），升任钦天监正。

《明史·方伎传》记载了皇甫仲和的一段占卜之事：

> 永乐中，成祖北征，仲和与袁忠彻扈从。师至漠北，不见寇，将引还，命仲和占之，言："今日未申间，寇当从东南来。王师始却，终必胜。"忠彻对如之。比日中不至，复问，二人对如初。帝命械二人，不验，将诛死。顷之，中官奔告曰："寇大至矣。"时初得安南神炮，寇一骑直前，即以炮击之，一骑复前，再击之，寇不动。帝登高望之曰："东南不少却乎？"亟麾大将谭广等进击，诸将奋斫马足，寇少退。俄疾风扬沙，两军不相见，寇始引去。帝欲即夜班师，二人曰："明日寇必降，请待之。"至期果降，帝始神其术，授仲和钦天监正。

皇甫仲和在任期间，也参与了北京古观象台的建设。

北京古观象台建于明正统七年（1442），是世界上现存最古老的天文台之一，同时也是我国明清两代的皇家天文台。它以建筑完整、仪器配套齐全、历史悠久和在东西方文化交流中的独特地位而闻名于世。

明英宗正统二年（1437），时任钦天监正的皇甫仲和上奏说："南京观象台设浑天仪、简仪、圭表以窥测七政行度，而北京乃止于齐化门城上观测，未有仪象。乞令本监官往南京，用木做造，挈赴北京，以较验北极出地高下，然后用铜别铸，庶几占测有凭。"（《明史·天文一》）

英宗同意了。第二年冬，就铸造了浑天仪、简仪放置于北京。北京观象台的工程，从正统二年开始，到正统七年基本完成，皇甫仲和在其中起到了很大的作用。

二　刘国翰

刘国翰，字廷藩，睢州人。他博通典籍，不问家人生产。最初在安徽全椒县担任教谕，负责县学的管理和课业，掌文庙祭拜，教育所属生员。所得俸禄，都分给家境贫寒的学子。后到西安秦王府做教授，多次向秦王直谏。秦王素知其贤，非常尊敬他，也能接纳他的意见。

当时，刘国翰的好友蔡天祐在陕西任参政，执法公正严明。有一逃犯为了逃脱罪责，给刘国翰送千金，让他帮忙说情，遭拒。罪犯最终被依法处置。

刘国翰一生，博览群书，学问超群，为人质朴、善良、公正，性情耿直，其著作有《分节史略》《通鉴大旨》《名义通考》《记事珠》《未髦录》《还童录》《六科比类》等书，共数十卷。

三　宋纁

宋纁（1522—1591），字伯敬，号栗庵，河南商丘人。宋纁天资聪慧，学习勤奋，以至孝闻名乡里。明嘉靖三十一年（1552）举人，三十五年会试中试，三十八年赐进士。初授永平府推官。

宋纁为官清正，体恤百姓，深受百姓爱戴。万历初，宋纁与张居正不合，以病归。张居正死后，宋纁被重新启用，以故官抚保定。万历十一年（1583）获鹿等县正值灾荒，宋纁到任后先开仓赈饥，再上奏禀明神宗。有人劝他等皇帝降旨再开仓赈饥，宋纁却不顾个人安危，他说："待报而行，则沟中之瘠满矣！"坚持先赈饥，神宗知道后，也没有怪罪他。

万历十四年（1586）宋纁升为南京户部尚书。国家多灾多难之时，宋纁为国家着想，为皇帝分忧，为百姓解难，反对奢侈浪费，分别轻重缓急，斟酌开支，处置合理，上自皇帝，下至臣民，都很仰赖他。有人向宋纁提议开矿以增加库银，宋纁说："是利薮亦祸薮也。"还有人提出卖官鬻爵，以解决经费不足的问题，宋纁说："是利府亦弊府也！"都拒绝施行。

神宗知群臣秉性，有的直言进谏，语言过激，甚至指责自己，神宗都不加谴责，大臣多阿谀奉迎，称赞神宗宽宏大量，宋纁却认为："言官论事，正要人主感动，宁天威震赫，责及言官，或尚有儆省。若一概置之，如痿痹之疾，全无痛痒，无药可医矣。"

宋纁性刚直，清廉节俭，家无姬侍，宦游三十余年，只携老仆数人。他言论真诚，论事详明，愚者可解，而智者也很有收获。他为政尚大体，常言："小利近功,必将蓄大患！"人们称赞他可比宋代同籍名宦张方平，超过唐代的魏元忠。《明史》有传。

万历十九年（1591）五月乙亥，宋纁因病死于任上，诏赠太子太保，谥"庄敏"。神宗在祭文中赞他道："赋性直方，提躬清介，筮官郡理，庶狱称平；抡置宪台，百僚见惮。"治丧归里时，百姓相迎于道，焚香哭祭。

宋纁不仅是一位知名的政治家，也是一位著名的学者。他长于著述，为文气骨铿然,有古文大家的风范,尤其受韩愈文风影响较大。著有《四礼初稿》《古今药石》《四书就正录》《易正传》《性理便览》《群书摘粹》等。他还和沈鲤一起，主持编修了《商丘县志》。

四 沈鲤

沈鲤（1531—1615），字仲化，号潜斋，又号龙江，河南商丘人。十九岁乡试中举。嘉靖四十四年（1565）成进士，改庶吉士，授翰林院检讨，后由翰林院检讨升为讲官。

神宗即位，很快晋升他为左赞善。沈鲤举止端庄雅正，所陈说独契帝心，所以神宗极为赞赏。连遭父母丧，万历九年（1581）沈鲤还朝，仍充当皇帝讲官。万历十年升为翰林院侍讲学士，再迁礼部右侍郎。很快转为吏部右侍郎，进左侍郎。在吏部，他公正严明，喜欢推举贤士而不让对方知晓。万历十二年冬，拜礼部尚书。万历十五年加太子少保。

沈鲤为人耿直，摒绝私交。大学士高拱是其会试时的恩师，又是河南同乡，但沈鲤在京任职期间从不以私事拜访高拱。沈鲤初入翰林院时，宦官黄锦因同乡关系，送金子给他，想要结交他，他拒不接受。在翰林院掌院期间，首辅张居正患病，满朝文武官员为了讨好张居正，纷纷为之设坛祈祷，沈鲤却不这样做。有官员劝他说："同官之谊，应如是。"沈鲤回答道："事当论其可与不可，岂论同官与不同官乎？"始终不肯参与。

沈鲤居官四十五年，大部分时间是神宗万历年间。万历中晚期，神宗深居宫中，不理朝政。沈鲤多次上书直谏，于时弊多有补救。在礼部时，针对当时的侈靡之风，他查阅先朝的典章制度，制定了丧祭、冠婚、宫室、器服等方面的标准，颁布全国。又以当时士风不端正，奏请施行学政八事。还请恢复建文帝年号，重定《景帝实录》。皇家祭祀、陵寝方面，沈鲤也多有建议。

万历二十二年（1594），沈鲤起为南京礼部尚书，不就。二十九年，首辅赵志皋卒，沈一贯成为内阁唯一的官员。神宗诏沈鲤以故官兼东阁大学士，入参机务。沈鲤多次推辞，没有获准，于万历三十年七月始入朝，时年已71岁。万历三十二年加太子太保、文渊阁大学士。

对于家乡商丘，沈鲤也做出了极大的贡献。他积极参与地方事务，在筑堤治水、改革盐政、慈善救济等事务中发挥了重要作用。万历年间，黄河中下游多次决口泛滥，民不聊生，沈鲤为民请命，奏明神宗，先后奉旨修筑了两条大堤，后人把这两条大堤称为"沈堤"。"沈堤"的修筑在当时及后世都起到了重要的作用。沈鲤还与时为户部尚书的同乡宋纁共同努力，将归德府盐政改隶山东，减轻了人民负担。沈鲤在家乡创文雅社，立社仓，设义塾，尽力解决灾荒年百姓的生计及贫家子弟的教育问题。

万历四十三年六月十六日，沈鲤在家乡商丘病逝，时年85岁。神宗闻讯，颇为悲伤，赠他为太子太师，谥"文端"，祭文中称赞他是"乾坤正气，伊洛真儒"，并御笔亲书"责难陈善""肖德世臣"二匾以赐。其父、祖也有敕封，家族荣耀，世所罕见。

沈鲤为人耿直，为官清正，不避权贵，忧国忧民，朝野敬畏，为明代万历年间著名的政治家、理学家，其历嘉靖、隆庆、万历三朝，被称为"三代帝王师"，世称"沈阁老""归德公"。著有《亦玉堂稿》《文雅社约》《南宫草》等。《明史》有传。

五　李汝华

李汝华，字茂夫，号桂亭，睢州（今睢县）人，万历八年（1580）进士。初授兖州推官，历任工科给事中、吏科都给事中、太常少卿、右佥都御史、户部左侍郎、户部尚书等。

李汝华以国事为重，对时事经常建言献策。万历二十三年，李汝华升为右佥都御史，巡抚南赣。当时，日本侵略朝鲜，神宗令选精兵赴朝增援，军费开支大增。为了搜刮民财，矿监税使遍布全国各地，为害民间。矿监税使到赣，李汝华尽力抵制他们。税使拿出皇帝的谕旨相威胁，李汝华毫不惧怕，上疏论争。

李汝华在江西十四年，政绩卓著，威望很高，后被诏回京，升为兵部右侍郎，又转户部左侍郎。户部尚书赵世卿去位，李汝华主持户部事务。户部作为管理全国财政的部门，面对财政空虚、入不敷出的问题，李汝华进行了一系列的改革。比如救济灾民、减免赋税以促进生产的发展；裁罢税使；修仓库；兴屯政；整顿两淮盐法及漕粮运输，以增加收入；削减皇宫开支；清理边防虚报冒领等。这些措施的实行，使明王朝的财政危机有所缓和。

万历四十六年，吏部尚书郑继之离职，神宗又命李汝华兼管吏部事务。按惯例，户部、吏部及仓场应该配置两位尚书、五位侍郎，共七人，现在却只有李汝华一人，一个人兼七个人的职责。李汝华三次上疏力辞，都被驳回。明万历后期，中央及地方官署缺员不补的现象极为严重，只好由少数官员支撑，李汝华一人主持户部工作达十一年之久，也体现了他非凡的理财能力。

天启元年（1621），李汝华多次上疏请求辞官归家养老，终获批准，加太子太保，乘驿马而归。李汝华年七十六在家中去世，谥"恭敏"。天启五年，赠少保。

李汝华通晓事理，勤勉机敏，为官公正严明，从不结党营私。他在户部日久，对于国家财政的盈亏，边防储备的虚实，以及盐业、漕运、屯田、牧业等方面的事务，都竭尽心力，裁度调剂。赶上连年歉收，常劝主上宽缓怜悯百姓。唯独增加赋税这方面，他迫于无奈，不能不加，造成内外交相骚乱的局面。在当时的背景下，李汝华的理财能力也得到了发挥，在户部苦心经营，但是终究不能从根本上解决明朝日益加重的财政危机。

六 侯执躬

侯执躬，字觐埅，归德（今商丘）人。自幼勤奋好学，与从弟执蒲互为砥砺，万历十六年（1588）二人同举于乡。万历十七年，侯执躬中进士。初授中书舍人。万历二十五年主持四川乡试，所得皆四川名士，以清望擢吏部文选司主事。侯执躬性格耿直刚正，为官廉正，后外调湖广参政，分守荆南道。又加按察使，迁四川右布政使，很快改任左布政使。又迁光禄寺卿。因为离家太远，为照顾父亲，他乞归养亲。归家后，杜门不出，枕经藉书，手批二十一史，往往有卓见，为时所传。七十七岁因病去世。

七 侯恂

侯恂（1590—1660），字若谷，商丘人。侯执蒲长子。与弟弟侯恪于万历四十三年（1615）同时中举，又同时考中万历四十四年进士。授行人。泰昌元年（1620）改授山西道监察御史。当时辽东边境军情紧急，侯恂上疏论核饷练兵方略，被都察院左都御史邹元标视为左右手。天启二年正月甲子，广宁告急，侯恂上疏道："广宁不守，则山海震撼，山海不固，则京师动摇。亟当趋救广宁……邵武县知县袁崇焕，英风伟略，不妨破格留用。"（《明熹宗实录》）袁崇焕遂被升为兵部职方主事。袁崇焕果然不负众望，在辽东战场独当一面，多次打败清兵。后追论光宗时"梃击""红丸""移宫"三案，侯恂与杨涟、左光斗上疏激论，朝野上下一致称赞侯恂的正直勇气。

天启二年七月，贵州安邦彦叛乱，因为邹元标的举荐，侯恂出任贵州巡按，负责镇压叛乱。最终，侯恂与御史王三善等共同讨伐叛贼，解除了贵州的危机。

侯恂的父亲侯执蒲刚正不阿，闻名朝野。侯执蒲与东林党人赵南星、高攀龙、陈于廷等交善，被看作东林党魁。侯恂的弟弟侯恪身为史官，侯恂在追论"红丸""移宫"案时，也与魏忠贤奸党针锋相对。魏党视侯恂父子为眼中钉，父子三人相继被削职罢官，一时"商丘侯氏，东林党魁"之名，遂震天下。

崇祯登基后，魏忠贤被屏逐，后畏罪自杀，其党羽大多被清除，东林党人重新得到重用。侯恂被任命为广西道监察御史。崇祯二年（1629）升为太仆寺少卿。崇祯三年，边事危急，侯恂被破格升为兵部右侍郎。八月，侯恂与总兵尤世威巡边，到黄花镇时，遇到火灾，二人均被烧伤。侯恂卧床不起，上疏请求罢官治罪。

崇祯六年，侯恂为户部尚书。当时，明王朝内忧外患，国库空虚。侯恂继任后，尽力调度，苦心经营，能勉强应对。崇祯九年，温体仁使言官弹劾侯恂，说侯恂浪费军饷，贻误国家。侯恂被逮下狱，长达七年。

商丘侯恂故居

崇祯十四年夏，侯恂因父亲去世，戴罪出狱，回家奔丧守孝。第二年春，又回到京师监狱。

崇祯十五年六月，李自成农民军合兵围攻开封。当时兵权掌握在左良玉手中，左良玉骄悍不受节制。朝廷认为侯恂能够节制左良玉，且侯恂通晓用兵之道，负有声望，因此，侯恂被特赦出狱，以兵部右侍郎兼右佥都御史的身份，总督保定、山东、河南、湖北等地军务，解开封之围。左良玉畏惧李自成军，故意行军缓慢，迟迟不到。侯恂移军柳园，与开封隔河相对，徘徊观望。九月，黄河决口，开封陷落。因为没有及时解救开封，侯恂被罢官。崇祯十六年，侯恂再次被逮下狱。

崇祯十七年三月，侯恂在其子侯方夏的保护下逃往南京。清兵南下，很快攻破南京，侯恂逃脱，避难到了徽州。清顺治三年（1646）五月，侯恂自江南回到商丘故里，在商丘古城南十里建造了侯府南园。侯恂不愿入仕清朝，便在侯府南园居住，十多年未入城，过着乡野般的隐居生活。

清顺治十六年，侯恂去世，享年七十。他死后即葬于侯府南园。侯恂一生为官清廉，不附权贵，屡遭陷害，两次入狱，仕途坎坷。

八 侯恪

侯恪（1592—1634），归德（今商丘）人，太常寺卿侯执蒲次子。侯恪少年时就才华毕露，与兄长侯恂同时在范文正公讲院读书，受教于知府郑三俊，兄弟二人当时都是讲院中的佼佼者。万历四十三年(1615)，侯恪与侯恂同时中举，万历四十四年，二人又同时中进士。侯恪不肯做官，在家闭门读书。

万历四十七年，侯恪被选为翰林院庶吉士。天启元年(1621)授编修，为皇帝讲经论史，并授命编纂《神宗实录》。后来又参与编修《光宗实录》。侯恪在撰写实录时，据实直书，毫不偏袒，还敢于在实录中揭发魏忠贤党羽的罪恶勾当。

天启三年，侯恪被任命为教习内书堂，教小太监们读书、识字。天启五年，以大学士顾秉谦、魏广微为会试考试官，侯恪等为同考官，协助主考官阅卷。为改变天下文风，侯恪排除文风庸俗华丽之士子，只取思想独立、文字雅正的士子，主考官魏广微对侯恪所推荐的郑友玄、宋玫，有意压制不取，还以权势相挟。侯恪大义凛然，据理力争道："人生贵识大义，岂恋旦夕一官，负天下才人哉！"郑友玄、宋玫等二十二人后被选中，多为名臣。

天启四年，左副都御史杨涟弹劾魏忠贤二十四大罪。杨涟为东林党名士，魏忠贤为此恼羞成怒，依仗手中权势大肆迫害东林党人，侯恪也被牵连其中。天启五年九月，御史智铤上疏弹劾礼科给事中解学龙、翰林院编修侯恪，说他们是"东林鹰犬"，侯恪被削籍为民，离京回籍。

侯恪回家后，在商丘城西郊建遂园居住。崇祯即位，侯恪被任命为中允，还朝，迁庶子，负责撰写起居注。在撰写起居注时，侯恪不避权贵，耿直勇毅，招致首辅温体仁的嫉恨。

崇祯二年四月，侯恪转为南京国子监祭酒。侯恪在任上，校勘古书，考祖制，定监规，积劳成疾。崇祯三年十二月，侯恪因病重告归。在家养病期间，依然不忘吟诗、饮酒。他曾经作诗说："常恐花开颜色少，一春须醉一千回。"这确实是他人生的写照。崇祯七年七月十二日，侯恪病逝，享年四十三岁。

侯恪为人谦和，不拘小节，又正直无私，受到读书人的敬重。他博学多才，擅长书法、诗赋，文学与史学功底都很深厚。所著有《眠云阁集》《嘤鸣集》《静竹斋集》《片石轩存稿》《随史漫录》《归田草》《遂园诗草》《雍余草》《馆阁试草》等诗文集。明末战乱，其子侯方岳从战火中抢救父亲诗集，仅得二十卷，命名为《侯太史遂园诗集》，刊刻于清顺治十二年。现仅存十二卷，藏于复旦大学图书馆、南京图书馆。

九　宋献策

宋献策，又名宋康年，明末永城人。《明季北略》载："献策，河南永城人，善河洛数，初见自成，袖出一数进曰：'十八孩儿，当主神器。'自成大喜，拜军师。献策面狭而长，身不满三尺，其形如鬼，右足跛，出入以杖自扶，军中呼为'宋孩儿'。"

崇祯十七年正月，李自成在西安称帝，建立大顺政权。宋献策被封为"开国大军师"。三月，兵临北京城下。此时，宋献策向李自成奉献谶语："孩儿军师孩儿兵，孩儿攻城管教赢。只消出了孩儿阵，孩儿夺取北京城。"李自成于是选取强壮童子五千人，发兵器参加攻城。三月十九日黎明，农民军进入北京城，宋献策对李自成说："先安民，乃可入。"李自成听从了他的建议，拔箭去镞，向后面军中连发三箭，命令说："军兵入城，有敢伤一人者，斩，以为令。"于是引导李自成由德胜门进入北京城。进入北京后，宋献策借天象示警，又上疏李自成说："帝星不明，应尽快登基。"又说:"天象惨烈,日色无光,亟应停刑。"

上述宋献策与李自成之事出自《甲申传信录》,可见宋献策善言谶语、天象,足智多谋。

宋献策的智慧不仅表现在用兵及稳定统治,他对很多时事都有自己的卓见,《爝火录》中记载了宋献策对明代科举取士制度的分析:"明朝国政,误在重制科,重资格。是以国破君亡,鲜见忠义。"可见,宋献策对于明朝的科举取士制度分析透彻,认识深刻。

至于宋献策的最终结局,《明史》与《清实录》均记载被俘,结局未知。①

清初史学家谈迁的《北游录·纪闻下》中说:"永城宋献策……满洲人重其术,隶旗下,出入骑从甚众。"

另据清徐珂《清稗类钞选录》之《宋献策退日本兵》载:

> 顺治间,总兵某镇泉州。时海氛未靖,总兵颇留意抚戢。一日,有客踵门请见,貌甚猥琐,心易之,姑接与谈,则高谈雄辩,抵掌风生。自云宋姓,湖北人,向为军门记室,闻公好士,愿备驰驱。总兵即延为上客,军书章奏,皆其主裁,部勒兵伍,动合机宜。忽报日本兵自澎湖入犯。时郑成功据台湾,与海酋约结。泉州为闽海门户,军储未广,士卒新募,总兵惶急无计,商之宋。宋云:"倭寇易退,勿烦虑也。"约与俱至海岸五炮台。宋令健卒百人拾沙上乱石,纵横累砌之,如布营垒然。既毕,与总兵坐台上,置酒对酌。夜将半,倏见海上飞舰如蚁,直趋厦门,火炮不绝。将近港口,船忽挥旗鸣金,徐徐敛退。总兵讶其故。宋曰:"适余所布石,乃武侯八阵图也。彼疑大军有备,故遁去。"总兵奇而德之,礼有加焉。久之,卧病增剧,取藏书一箧,避人焚之。总兵适至,见内有阵图

---

① 《明史》卷三〇九《流贼·李自成》载:"顺治二年……获自成两从父伪赵侯、伪襄南侯及自成妻妾二人,金印一。又获伪汝侯刘宗敏、伪总兵左光先、伪军师宋献策。于是斩自成从父及宗敏于军。"《清史稿》卷二一七《诸王三·阿济格》载:"自成走死,斩其将刘宗敏,俘宋献策。"

符箓，深以为惜。宋曰："留此，不适公等用也。"后出一编，授曰："此金创良药秘方，可广传军伍，以备不虞。"因徐语曰："公知余否？余即李自成部下宋献策是也。以择主不良，身名俱丧，今死晚矣！"言已，泣下而殁。

此说宋献策顺治年间在福建泉州总兵府做幕僚，出谋划策，智退日本兵，最后因病去世。

十　袁枢

袁枢（1600—1645），字伯应，睢州（今商丘睢县）人。明朝书画家、收藏鉴赏家、诗人。其父为兵部尚书袁可立，袁枢因荫授詹事府录事，历太仆丞、户部郎中。崇祯末他在其父故宅袁尚书府第开府治事，同乡以其为荣。

袁枢博览群书，擅长诗赋、书法、绘画，喜欢游山玩水。其书法模仿褚遂良、米芾，风格遒劲清新。其诗文韵致甚高，与钱谦益、刘理顺、方以智、王时敏、王铎等名士相唱和，风流倜傥，名满天下。袁枢著有《袁伯应诗集》二十卷及评选古唐诸诗，清兴文字狱，诗稿遭禁毁。袁枢喜爱收藏，其家藏品巨富，为董其昌、王铎等名家所推重，尤以收藏五代十国时期荆浩、关仝、董源、巨然四大家的真迹为多。

崇祯八年（1635），袁枢丁父忧，李自成农民军攻打归德失败，转而攻打睢州，睢阳卫的官军不堪一击，很快战败。李自成军逼近城下。袁枢拿着箭登上城墙，倡议固守，并拿出自家资财两千金招募乡勇杀敌，凡是能杀敌一人者，赏金五十。城中健壮勇士踊跃响应，老妇幼子，也争相搬运砖石，槌击敌人。袁枢一一出金酬劳。李自成军久攻不下，巡抚援军赶到，睢州城得以保全。

崇祯十一年，清军大举侵略明朝东北边境，明将领多畏缩不前，袁枢不畏死，以户部郎中文职督饷于辽左军前。袁枢继承父志，一生抗清。明朝灭亡后，清兵南下攻陷南京，袁枢绝食数日忧愤而死。

第十三章　清朝时期

第一节　归德府建置与政局

明朝末年，女真再度兴盛于东北，并建立起中国封建社会最后一个多民族统一王朝——清朝，开拓了远比明朝辽阔的版图。

清朝地方行政组织基本沿袭明代建置，一般分省、道、府、县四级。清代的商丘地区仍称为归德府，属河南省，下辖一州八县，即睢州（今睢县）、商丘、虞城、夏邑、永城、宁陵、柘城、考城（今兰考、民权）[①]、鹿邑。其中，乾隆四十八年（1783）至光绪元年（1875）间考城县曾划归卫辉府。这一建置基本奠定了今天商丘市的行政区域，惟鹿邑于1965年划入周口地区。

一　清军进入中原

明末的河南是当时社会矛盾最为集中，争夺也最为激烈的地区之一。李自成农民武装在河南迎来了起义的高潮，攻城略地，势如破竹。崇祯十四年（1641）初，农民军攻克洛阳，占据河南府（治所在洛阳）等大量豫西府、州、县。接着三攻开封，其间，连续攻克开封、信阳、汝州等地，十五年又连续攻下豫东归德府（治所在商丘）的商丘、睢州、

[①] 1954年将考城西部与兰封县合并为兰考县，而考城东部则与民权县合并。

柘城、宁陵等州县，基本上消灭了河南省境内的明军主力，大批地方武装也闻风而降。十七年初，大顺政权开始北伐，刘芳亮带领南路大军由河南北部北上，与李自成北路主力夹攻北京。刘芳亮从蒲坂（今山西永济）渡过黄河，沿黄河北岸东进，相继攻下怀庆府、卫辉府等地，设置防御使、府尹和县令等大顺官员后，又攻下豫北门户彰德府，河南全境被农民军政权掌握。

崇祯十七年三月十九日，大顺军进入北京，推翻明朝，河南各地官绅地方武装也暂归大顺政权。四月底，李自成农民军在山海关一役失败，许多地方的地主武装相继发生叛乱。五月间，明归德府知府桑开第得知大顺军战败撤出北京的消息，遂伙同明朝参将丁启光（崇祯朝督师丁启睿的弟弟）发动叛乱，逮捕了大顺政权归德府管河同知以及商丘、鹿邑、宁陵、柘城、夏邑、考城等县知县，并于六月间押解南京，向弘光朝廷邀赏。明河南援剿总兵许定国占据了睢州一带。豫东地区在两三个月里处于近似权力真空的局面。

撤出北京后的李自成大顺政权节节败退，他们将防御的重点选在了山西和河南。在卫辉府一带，留下刘汝魁等将领镇守，并打击反叛的地主武装。如五月间，滑县举人王良翰、程见周等定盟起兵，在浚县，明典史李化桂也约结本地士绅，密谋策划抓捕大顺县令马世聪，均被镇压。六月份，刘汝魁带大军将长垣、滑县、浚县三县及卫辉府诸县的明朝官员押解至陕西边远地区，以消除隐患。同时，为了筹措军饷，大顺政权开始在河南境内征收钱粮，如在辉县驱迫百姓运粮，担负之苦既已难堪，又每地一亩派银五分，追比急如星火，又打造盔甲，种种强征勒索，总欲置民死地。但随着清军入关及其对大顺政权的打击，设在各地的大顺官员越来越难以立足。由于农民军在陕西的主力受到清军多铎和阿济格的围剿，河南等地大顺驻军一部分在当地武装的围剿下处境艰难，另一部分只得奉命转移。正是在这种背景下，清政权一步步把统治力量推进到中原。

崇祯十七年六月四日，清王朝派户部右侍郎王鳌永招抚山东、河南，开始将河南纳入统治范围。七月份，清王朝开始直接向河南选派官员。八月，清军在河南的卫辉府、怀庆府设置镇守总兵，并配备了总兵、副将、参将、游击、守备、千总和把总等官员，设兵五千人，部署了对豫北的统治与管理。

这时，豫西仍然在大顺军的控制之下（其他地方也有小股力量存在），而在河南大部分地方，忠于明政权的将领占了相当大的比例。三大政权逐鹿中原，各自力量在此均有体现，但各自的战略目标和力量对比发生了很大的变化。清军是主动进攻，大顺军欲卷土重来，而明廷则凭借其残余影响，力图恢复。当时河南的情形正如清山东分巡东昌道李栖凤所奏报："河南舞阳以东汝宁一带地方俱属总兵刘洪启（起）将官分据"，"河北（即指上述河南省黄河以北三府）一带地方俱属营头张天乙管，河南睢州一带地方俱属总兵许定国管。八月十二日定国率领兵马将归德府城池残破，蹂躏不堪。金陵口南至许昌、舞阳、西平、遂平、临颍、郾城、扶沟、鄢陵、汝宁迤南等处地方俱属总兵刘洪启（起）管。流寇改禹州为均平府，襄县、南阳、襄阳、河南府（即洛阳府）以西流寇牛头目领兵一枝在各处镇守，以西俱流寇官，而郾城委知县二员，一属弘光，一属西寇。河南各处非兵即寇，各占一方，无处宁静"（顾诚《南明史》）。力图统一中国的清王朝与另两股敌对势力的决战一触即发。

二 睢州之变

崇祯自杀后，明朝政权在各地的统治分崩离析。南明弘光政权却在南京过着文恬武嬉、醉生梦死的生活，并没有在山东、河南一带组织有效的防御和进攻。但入主中原的清政权，一方面招抚利用明朝旧臣故将，一方面实施与民休息，争取民心。

河南各地官绅由于受到大顺武装的打击，大多对农民军政权怀有莫大的仇恨，对明政权有所眷顾，对清朝仍在观望并有所希冀。顺治元年十二月初二日河南巡抚罗绣锦的奏报比较真实地反映出当时河南官绅武将的态度和立场："河南土寇叛乱已久，狡猾性成。前招降李际遇，将近两月，未见来归，以此类推，降诚难信。况中州南有明兵，西临流寇。有报贼抵河南府立营者，有报许定国、高杰等兵马俱临河岸者，有报张缙彦已受明直隶、山西、河南总督职者，又有报凌駉结连土寇，以书招董学礼过河者。种种情形，以臣度之，彼皆伺我军所向以乘其隙耳。"（《清实录·世祖章皇帝实录》）这里提到的李际遇、董学礼、张缙彦、凌駉和许定国均已表示向清军投降，但实际上他们都还在犹豫和观望，并没有死心踏地地追随清军，清统治者对他们也并不信任。

南明弘光小朝廷为争取恢复在河南的统治，曾做过一些努力。顺治元年七月开始，弘光政权先后向河南派任了一批官员，如刘洪起为总兵官，以归降清王朝的张缙彦为河南总督，凌駉为河南御史，还委任了一些州县官员。但这些官员多是一些虚职，并没有有效地建立组织机构，行使政治权力。南明政府甚至也知道其中一些官员已经降清，但仍寄希望通过这些人重新构建在河南的政治统治，只能说是知其不可为而为之了。在这些官员的策应下，南明朝廷向河南派兵，组织了唯一的一次军事行动，但清军已经深入地渗透河南各地，尤其是豫北、豫东一带，最终轻松击退明军残余，基本控制河南。这就是影响清初河南形势的"睢州之变"。

明末清初，豫东归德府因其重要的地理位置，成为清军、明军和农民军争夺的焦点之一。农民军已率先败走，而明军残余和清军的斗争成为两个主要力量，而明军残余各部之间的内讧，为清军的胜利奠定了基础。"睢州之变"的两位主角是许定国和高杰。许定国，行伍出身，明末曾在登莱巡抚睢州人袁可立手下任中军，以军功升山西总兵官。南明时，任援剿河南总兵官，驻军归德府睢州城。高杰先前为李自成部将时，曾抢掠许定国故乡，杀死许定国全家，只有许定国逃脱。许定国怀恨在心，佯与高杰交好，伺机报仇雪恨。顺治元年底，驻军徐州的高杰冒雪驻防黄河，防备清军渡河南下。高杰疏请重兵驻守归德，以便东西兼顾，应联络河南总兵许定国以稳固中原地区。许定国闻高杰将至归德，觉得报仇的机会来了，一方面联系黄河北岸的清军请降，并按照清军的要求，将自己的儿子送到清军营中作人质；一方面遣人致书高杰云："睢州城池完固，器械精良，愿让公驻兵。"（《明季南略》）高杰信而不疑。十二月二十七日，高杰在归德，赠送许定国千金、布百匹。

顺治二年正月初九，许定国约高杰去睢州见面。翌日，高杰与河南巡抚越其杰、巡按御史陈潜夫率军队来到睢州，许定国出城迎接，各叙思慕之意，甚为欢洽。十二日，许定国在城中袁可立府内大摆盛宴，表面上是为高杰、陈潜夫和越其杰接风洗尘，而暗地里却四面伏兵，伺机动手。高杰与张缙彦、监军李升偕部将八人及亲兵数十人赴宴。许定国设专席于内厅以招待高杰，而设宴于厅外以宴诸将从兵，酒菜丰盛，酣饮竟日，夜则继之以烛。高杰大醉，许定国伏兵于内，安排了美妓侍寝。半夜，帐外伏兵四起，许定国持短刀杀死高杰。张缙彦等与部将逃脱，亲兵被杀三十余人。睢州城中闻此变故，人声如沸，很多人连夜逃出城去。许定国亦率兵北撤，渡过黄河，一路向北，投降了清军。翌日，高杰部下血洗睢州城。不久，许定国被清政府封为平南侯，率部跟随多铎，成为清军平定河南的急先锋。

睢州之变以高杰的被杀、许定国的降清而告终，南明政府意图收复河南的计划落空。此后，巡抚越其杰、巡按陈潜夫、总督张缙彦惧清军渡河，遂率众往南撤退。虽然南明政权曾在归德、夏邑、虞城等做了部署，但高杰部已经是群龙无首，加之江北四镇之一的黄得功等人乘机明争暗抢，意图兼并高杰部众，内耗在很大程度上影响了战斗力。史可法精心组织的防御河南的计划就此落空。此后，南明政权再无力量组织与大顺军、清军角逐中原的战争。最重要的是，从此清政权在河南再没有对手了。

三　归德府属地方机构的建立

清朝的地方政权建设，基本沿袭了明朝旧制。在实施中，根据需要和形势变化，做了相应的改变和调整。地方政权一般分省、道、府、县四级，在府、县两级中，又有直隶州、厅与府平行，某些州、厅则与县平行。具体到豫东地区，设置了一府即归德府，府下有州——睢州，亦有县——商丘县、柘城县、宁陵县、虞城县、夏邑县、永城县、考城县、鹿邑县等八县。

清代归德府设知府一名，知府为府级最高行政长官，初为正四品级，乾隆十八年改为从四品级，其职责是："总领属县，宣布条教，兴利除害，决讼检奸。三岁察属吏贤否，职事修废，刺举上达，地方要政白督、抚，允乃行。"（《清史稿·职官三》）各府、州、县等次分为四类，用冲、繁、疲、难四字来定，"地当孔道者为冲"，"政务纷纭者为繁"，"赋多逋欠者为疲"，"民刁俗悍，命盗案多者为难"，其中占四字者为最重要，然后依次递减。全河南省有开封府和郑州直隶州属于占四字的府和州。归德府占冲、难、繁三字，全省还有汝宁、南阳占三字，地位仅次于开封府和郑州，位置也比较重要。

知府之下还设有若干属吏，其中同知、通判为辅佐官，分管钱粮、盐课、河工、水利、督捕、屯田理事等事务。归德府知府下顺治初年设有同知一职，至顺治十年（1653）裁去。同知为知府的副职，正五品。又设通判，正六品，与知府、同知共同处理政务。通判分为两类，设有粮捕通判一员，管理钱粮事务；设管河通判二员，管理河工和水利。又设教授一员，为府学教官，雍正十三年（1735），定教授秩为正七品，掌管训迪学校生徒，考核艺业勤惰，评核品行优劣，以报告学政，并掌管文庙的祭祀之事。清末废科举，教授亦不置。复设训导一员，亦是学官，辅佐府教授教育所属生员，秩从八品。府设经历司，主官为经历，设一员，掌管出纳文移,秩八品。设税课司,掌管税务,主官称税课大使,一员,按时征收商贾、侩屠、杂市等常税,乾隆十八年将税课司裁缺。

　　清朝的军事设置多承明制,也根据形势和需要因地制宜,有所调整。清统治者将全国划分为十一个战略军事区,每个战区下辖一至数省,战区的最高长官为总督。未设总督的区,由兼领提督的省级行政官员——巡抚兼任最高长官。省的最高军事长官为提督,或是兼领提督的巡抚。省下为镇,镇的长官为总兵。镇下设协,协的长官是副将。协下设营,营的长官有参将、游击、都司、守备。营下又设汛,汛的长官分为千总、把总、外委千总、外委把总。清代河南的军事官员的变化比较大,顺治二年(1645),清军攻占河南全境,开始建置绿营,设河南总督,总管河南军政大权。康熙七年曾裁去,十三年复设,十八年又裁,以巡抚兼管军权。归德地区的军事官员,主要设有:参将一员,守备一员。参将为正三品,统领一营军务;守备主要节制本区卫所,承明制,归德地区设有归德卫(属地在商丘)和睢州卫(属地在睢州),初秩正四品,康熙三十四年(1695)定为正五品。

　　在清代,县是基层政权,散州隶属于府,辖区一般比县大,官职级别与县相同。归德府的睢州与其他县的情形即如此。整个河南省没有冲、繁、疲、南四字县,但有安阳、祥符、杞县等多个三字县。作为一个三字府,归德府有两个三字县即永城和商丘。县的最高代表称为知县,俗称县太爷,秩正七品,职责主要是:"掌一县治理,决讼断辟,劝农赈贫,讨猾除奸,兴养立教。凡贡士、读法、养老、祀神,靡所不综。"(《清史稿·职官三》)知县统领全县的政治、司法和财政。知县的属员主要有正八品的县丞、正九品的主簿和不入品级的典史,分别掌管钱粮、赋税、户籍和缉捕等事,典史掌稽检狱囚。归德府属一州八县分职主要有:知县八员,知州一员,州判一员,县丞五员,学正一员,教谕八员,训导九员,吏目一员,主簿三员,典史八员,驿丞一员。

　　归德府官员的设置也经历了一定的变化,比如,顺治初年,官员的设置仍承明制；顺治十年后，裁革了同知一员；顺治十五年后，又裁革了推官一员。归德府第一任知府是冷时中，四川内江人，于顺治元年上任，其人才干优长，处事机敏，广为传诵。截至乾隆十七年，出任知府一职者共计三十六人，任同知者四人，任推官者六人，任粮捕通判者十八人。河捕通判一职，至乾隆四年，经总河上请，改为仪考通判，因衙房遭水灾，档案霉烂，康熙年间的任职人员名单残缺无法统计，雍正至乾隆十七年间，共计二十二人，其中第一任仪考通判为孙晰，山东济宁人。

在清代，农村基层组织沿袭明制，分"乡—都—图（或里、村）"三级，有的是"保—里（或镇、甲）"两级。在归德府，则称为"乡—野"两级，如宁陵县全境分七乡，每乡分十野。乡里制度的实施，主要依靠保甲制度或者里甲制度。

保甲制度是从顺治元年八月开始实行的，以后又不断完善并推广，其基本内容和主要职责为："各州县乡村，每户岁给门牌，十户为牌，立牌长；十牌为甲，立甲长，三年更代。十甲为保，立保长，一年更代……凡甲内有盗窃、邪教、赌博、赌具、窝逃、奸拐、私铸、私销、私盐、踩曲、贩卖硝磺，并私立名色敛财聚会等事，及面生可疑、形迹诡秘之徒，责令专司查报。户口迁移登耗，责令随时报明，于门牌内改换填给。"（《清朝文献通考·户口一》）并且还责令地主、厂主和窑主对雇佣的佃户、工人严加管理，附于本户之末，如有违法之事，则有连坐之罪。到康熙四十七年（1708），又对保甲制度进行了完善和加强，成为"弭盗良法"，从县城街巷到十里八村，普遍设立起保甲组织，对整个乡村社会进行严密控制。

里甲制度是从顺治三年开始实行的，主要是为了征办丁役。各州县每三年编审一次各乡人口，"责成州县印官察照旧例造册，以百有十户为里，推丁多者十人为长，余百户为十甲。城中曰坊，近城曰厢，在乡曰里，各有长。凡造册人户各登其丁口之数，而授之甲长，甲长授之坊、厢、里各长……"(《清朝文献通考·户口一》)。里甲制的基本职能是催办钱粮和编查人口土地，与保甲有交叉之处，但也各有侧重。

保甲与里甲的施行，在乡村就形成了二元的乡里体制，归德府各州县的农村基层组织均施行这种二元的乡里体制。清政权建立起对乡里严密控制的同时，这种二元制度也逐渐沦为鱼肉百姓的工具，百姓苦不堪言，最终也加速了清政权的瓦解。

第二节 咸丰五年黄河改道

黄河是母亲河，黄河流域是中华民族的发祥地。黄河下游的冲积平原在历史上相当长的时期内是中华民族活动的中心，但由于黄河中游流经五十三万平方公里的黄土高原，黄土结构疏松，容易被侵蚀，加之中游地区雨量集中，自然植被遭破坏，水土流失严重，每年输送到下游的泥沙就有十六亿吨，其中有四亿吨沉积在河床上，日积月累，使河床抬高，成为"悬河"。黄河下游河床一般高出地面3—5米，最高处竟达10米。因此，洪水来时对下游威胁较大。据统计，从春秋时代到新中国成立前的两千多年中，黄河下游的决口泛滥达1500多次，改道26次。历史上，黄河曾以"善淤、善决、善徙"著称，黄河中上游偶有改道，改道最多的是下游，下游较大的改道次数，一般史书上说是六次。

黄河有史以来的第一次大改道，是在春秋中叶公元前602年，黄河在今河南省浚县南改道而折向东流，又向东北方流经山东省西北部入河北省境内，沿今卫河河道东入渤海。到了王莽新始建国三年（11年），黄河在今河南南乐西南决口，流经今黄河之北，在山东利津入海，这是历史上黄河第二次大改道。宋仁宗庆历八年（1048），黄河第三次大改道，黄河在今濮阳东决口，北流于天津入海。金章宗明昌五年（1194），黄河在今河南原阳决口，流经封丘、长垣、东明，到徐州以南夺淮河而入黄海，形成了黄河的第四次大改道。黄河第五次大改道是在明弘治七年（1494），统治者为治张秋决河，修筑太行堤以断北流，使黄河全河入淮河。清咸丰五年（1855）黄河在今河南封丘铜瓦厢决口，出现了黄河的第六次大改道，这次改道使黄河长期南夺淮河入海的局面归于终结，黄河东北横穿运河，在山东利津附近注入渤海。

可以看出，在北宋末年之前，黄河下游河道虽曾有多次变迁，但绝大部分时期都是流经今河北平原由渤海湾入海，在这一时期，黄河仅有两次决口波及商丘，但影响不大。从南宋初年到明朝中期，黄河下游河道流经商丘，分成数股汇淮入海。从明中期到咸丰五年改道前，黄河下游河道经商丘单股汇淮入海，在这一时期，黄河大部分时间保持在今废（淤）黄河一线上。从咸丰五年到现在，黄河除两次决口流经商丘（1933年8月，1938年6月）外，绝大部分时间都保持在今天黄河下游河道一线，没有流经商丘。

清咸丰五年六月，黄河在兰阳（今封丘境）铜瓦厢决口，分成三股洪水，都在山东张秋镇穿运河，挟大清河入海。于是，黄河下游结束了七百多年由淮入海的历史，又回到由渤海入海的局面。这次决口后，清政府内部为黄河流经问题发生争执。李鸿章代表安徽、江苏地主阶级的利益，不同意堵住决口，主张听任河水流向山东、河北。山东巡抚丁宝桢代表山东地主阶级的利益，主张堵口，复河入淮故道，双方争执不下，又适逢太平天国烽火席卷长江流域，清政府岌岌可危，无暇顾及治河，洪水在豫东、鲁西南任意泛滥，当地人民遭受极大的灾难。决口以后二十年，直至光绪初年（1875年前后），才最后形成了今天黄河下游河道。

第三节　清朝时期商丘地区的农民起义

吏治的腐败往往会激起社会矛盾的激化，矛盾的激化又常常伴随着人民的反抗斗争。清代政权自建立至瓦解，二百余年间，官场的腐败由浅入深，逐渐侵入政权的肌理之中，人民的反抗也一浪高过一浪，最终积重难返，土崩瓦解。

清代吏治的腐败大约从康熙中期便开始，官场日益盛行浮华之风，官员结党营私，货利是趋。知县厚馈知府，知府善事权要，上下相蒙，曲加庇护，恣行不法之事。在清代的河南省以及归德府，上自巡抚，下至县官，甚至乡里官长，也逐步走向腐败。社会矛盾逐渐激化，城乡动荡不安。乾隆、嘉庆之后，贪赃枉法之事层出不穷，吏治大坏。

官场腐败的同时，农村的土地也在不断地集中，土地成为官僚士绅积累财富的主要手段和争夺的主要对象。如康熙年间，仪封（今兰考境内）张伯行家族在归德府置办的田产，竟跨三四州县之多（《清实录·圣祖仁皇帝实录》）。雍正之后，土地集中更趋严重，夏邑县彭家屏家的田产竟然广连夏邑和永城两县。土地的兼并和集中，也伴生着层层的盘剥，佃农往往要缴纳高额的地租，其艰苦的生活情形，正如雍正朝大臣雅尔图奏疏所言："豫省民生，贫富不齐。富者类多鄙吝刻薄，贫者则别无营生，大约佃种他人田地者居多。此辈终岁勤动，所得粮食除完交田主租息外，余存无几，仅堪糊口，最为贫苦……且佃户惟恐地主夺田另佃，往往鸡豚布帛，无不搜索准折，甚至有卖男鬻女以偿租者……"（《心政录》卷二）同时，农民还要面对沉重的徭役，如沿河地区农民要承担繁重的修河差役及物料摊派。再者，自然灾害尤其是河患频仍。归德府百姓苦不堪言，往往十室九空，哀鸿遍野。这些都导致了社会矛盾的激化，农民运动此起彼伏，而战争则更加剧了豫东人民的贫困和苦难。

从乾隆年间至清末，归德府先后发生白莲教起义、响应太平军的起义、捻军起义以及王居信起义。

一 白莲教起义

白莲教是唐宋以来流传在民间的一种秘密宗教结社，由摩尼教、道教、弥勒教及佛教等数种宗教混合而成，支派众多。白莲教宣扬弥勒佛降世，能带来光明和幸福，加入其中，便能得到庇护，便能迎来幸福的生活。这些主张给灾难深重的百姓带来希望，很快在底层百姓中流传开来，教徒日益壮大。

清代白莲教在归德府的秘密传播大约是从乾隆初年开始，至乾隆中期已经逐渐壮大。乾隆三十九年（1774），鹿邑人樊明德创立混元教，即是白莲教的分支，该教在归德、汝宁、陈州及安徽颍州一带广泛传播，樊明德提出"换乾坤、换世界"的口号与反清的目标，遭到镇压。其弟子鹿邑人刘松继续传教，仍然遭到镇压，刘松终被流放。作为刘松的弟子，安徽太和人宋之清和刘之协继续传教，逐渐把混元教壮大起来。宋之清创办西天大乘教，拜南阳人李三瞎子为师，宣称弥勒转世。西天大乘教广泛分布于河南、安徽、湖北、陕西等地。刘之协则将混元教改为三阳教，秘密传播。这些活动使白莲教的影响迅速扩大。乾隆五十年，柘城人刘振德、杨凤仪等西天大乘教教徒举行起义，杀富济贫，攻打官府，遭到当地驻军的残酷镇压。这些起义虽然遭到了镇压，但为后来的白莲教大起义积蓄了力量，培养了大批骨干力量。从嘉庆元年（1796）白莲教起义爆发，到嘉庆五年潜伏叶县的三阳教首刘之协被捕，再到嘉庆九年各地起义军被相继镇压，大规模的斗争持续了十来年，最后以失败告终。

白莲教起义发源河南，波及数省，使清朝元气大伤，有力地打击了清王朝的统治，成为清朝由盛转衰的拐点。

二　太平军在商丘

道光三十年十二月初十（1851年1月11日），在洪秀全和杨秀清的率领下，农民军在广西桂平县起义，太平天国运动轰轰烈烈地开始了。咸丰三年二月初十，太平军攻占江宁（今南京），宣告太平天国建立，接着开始了北伐，直指京城。四月初一，李开芳、林凤祥奉命自扬州挥师北上。二十一日，北伐军占领凤阳及安徽东北、西北及山东南部地区。

四月三十日，北伐军占领蒙城，进入河南境内，首先攻陷永城。五月初六，一部分驻扎柘城老王集、胡襄集的北伐军开始进攻归德府城。河南巡抚陆应谷调集七千余人，在宋家集与北伐军交锋。太平军势不可挡，陆应谷一败涂地，半数被消灭。

五月初七，太平军兵临归德府城下。知府陈介眉去永城救援未归，御史陈坛和知县宋锡庆驻守城池，不敢恋战。太平军顺利地从南北二门攻进了归德府城，陈坛和宋锡庆仓皇逃脱，守城清军被消灭三千余人，损失惨重。

当夜，李开芳、林凤祥率军赶往刘家口，渡过黄河，继续北上。留下四个军交给吉文元、朱锡琨留守归德，作为渡河的掩护。五月初八，陆应谷纠集数千人马攻打留守的太平军，清军又败。初九，吉文元、朱锡琨率军赶往刘家口，欲赶上主力部队，但渡口被山东巡抚李僡重兵把守，无法渡河，便转而攻占宁陵、睢州，一路西进。

太平天国北伐军虽然只在归德停留了四五天，但对清朝在豫东地区的统治给予了沉重的打击，同时也促进了当地农民起义运动的开展，太平军打开归德府城以后，夏邑、永城的捻军首领王冠三等率部揭竿而起，积极配合太平军。及至咸丰四年正月，李开芳、林凤祥开始南撤。太平天国政府派曾立昌、陈世保、许宗扬等率部从安庆北上，支援北伐军。援军经过皖北、河南时，当地捻军与太平军紧密配合。苏天福率部从亳州随北伐援军于正月初九到达永城，永城知县望风而逃。初十，进入夏邑境内，捻军首领王冠三、宋喜元闻讯后，即自城西北率军驰迎，两军会合，把夏邑县城团团围住，知县徐本立和官绅们闭门不开。次日，夏邑捻军配合北伐援军攻城，炮轰东门，县城被攻克，知县徐本立及官绅五百余人被消灭，官署被烧。此后，捻军与太平军联合作战，在归德府掀起了一系列反清斗争。

三 捻军在商丘

鸦片战争后,国内阶级矛盾迅速激化,农民暴动和起义不断发生。在皖西、豫东、鲁西南一带,以破产农民、游民和散兵为主的捻军四处活动,当太平军北伐从这一带经过时,捻军纷纷响应。黄淮地区是捻军活动的基地,其中心在永城、夏邑及其与安徽交界一带,永城的苏天福、赵浩然和夏邑的王冠三都是捻军的头目。

捻军在商丘一带的活动,可分为四个阶段:

(一)咸丰三年至咸丰六年(1853—1856)初:商丘地区捻军形成、发展并掀起第一个高潮阶段

咸丰三年(1853)五月,太平天国北伐军占领归德府,夏邑捻军首领王冠三、宋喜元、李高行、骆三群等率部起义,不断出击集镇、县城。咸丰四年正月,太平天国北伐军南退至商丘,苏天福率部队从亳州到达永城,夏邑捻军首领王冠三、宋喜元、周广礼等分别竖起黑、红、白三色旗帜,聚众数千人。咸丰四年十二月(1855年1月),安徽捻军龚德树部进入夏邑,与王冠三、宋喜元捻军会合,至此,张乐行、龚德树、苏天福、王冠三四大捻军初步形成。七月,张乐行在安徽雉河集召集各路捻军首领会盟,被推为盟主,称"大汉永王",制定"行军条例"十九条,建立黄、白、红、黑、蓝五旗军制,各旗统将皆听盟主调遣。从此,捻军有了统一的组织,向正规化发展,有了较明确的反清目标,势力迅速扩大,成为北方武装起义的主力,在皖北、豫东数百里的区域内进攻城镇,打击清军。咸丰五年九月,张乐行率军进攻归德府城,清廷急命湖南提督武隆额前往镇压,张乐行得知官兵援军将至,遂撤军东去,与苏天福带领的捻军会合,攻毛仲桥(今虞城芒仲桥),又与官军相遇,官军惨败,退守归德。张乐行、苏天福、王冠三率军一路破桑固、会亭等集镇。

咸丰五年十二月(1856年1月),河南巡抚英桂驰抵归德督办苏、豫、皖三省,镇压捻军。咸丰六年正月(1856年2月),捻军云集虞城、夏邑、商丘等地，纵横百余里。苏天福、张乐行、王冠三围困了永城，逃至永城的夏邑知县郭凤恩被俘，在永城北门被肢解。英桂遣武隆额带兵三千前往镇压，捻军左右包抄，清兵大半伤亡溃散。捻军西行至毛仲桥，与英桂相遇，英桂部一击即溃，弃甲曳兵，逃入府城。正月初四，大队捻军至蔡道口，官兵欲包围聚歼，捻军分股突破官兵包围，乘胜逼近归德府城。柘城知县祝垲率数千人赶来援救，府城久攻不下，捻军东撤。

（二）咸丰六年三月—咸丰九年（1856年4月—1859年）：捻军运动的低潮阶段

由于归德府被捻军长期围困，清政府大怒，英桂受责。咸丰六年三月初三（1856年4月7日），韩奇峰、苏天福部捻军三万人与清军傅振邦部激战于永城苗桥；龚德树、王冠三部捻军三万余人与清军邱联恩、史荣椿等部战于界沟。两战捻军均失利，被迫向南撤退。五月，袁甲三、邱联恩率清军追捻军至亳州，捻军再战失利，继续南撤。九月，捻军黄旗张乐行、白旗龚德树、黑旗王冠三、蓝旗韩奇峰全部出动，与清军大战于白龙庙，不敌，被迫撤退到豫皖边界的三河尖。此时，王冠三率部转战亳州，在亳州南骑马渡小洪河时，落水遇难。王冠三遇难后，商丘捻军受到很大挫折，此后只有小股捻军流动作战于豫、皖、苏地区。

咸丰八年八月，捻军刘老渊等部在商丘城东活动。归德知府孙鸣珂、商丘知县水安澜等调兵镇压，并约朱连泰、史荣椿自亳州北夹击，刘老渊恐寡不敌众，由五马沟渡涡、肥两河入皖。

咸丰九年正月初八（1859年2月10日），捻军由芦庙（今属虞城）进攻坞墙、毛堌堆一带，受到清军游击奎英、都司伊克唐阿的钳制，捻军且战且退至宁陵、商丘交界处的观音堂（今观堂）。初十，捻军的大队人马驰至归德城下，知府孙鸣珂、候补知府傅寿彤、参将金龄等带兵出城迎战，捻军败退华平堡（今属柘城）。十二日，苏天福等大队捻军自会亭驿（今夏邑会亭镇）西进，十四日围攻归德，焚烧东西关。孙鸣珂登城守御，发千斤大炮，捻军后退，官军开城出击，捻军退至水池铺（今梁园区水池铺镇）。

（三）咸丰十年—同治元年（1860—1862）初：捻军复炽，出现第二次高潮

咸丰十年三月，捻军由太康进入归德境，分驻高辛集、宋集、包公庙、十字河各要隘。归德知府急调所属团丁，协助官军筑营守御。六月初七刘狗、宋喜元等部捻军由界沟、黄冢分路出发，清军将领承惠、敖天印夜袭捻营，激战数日，捻军撤至田集、顺河。初八，清军将领张曜又带援兵赶到，双方且战且走，到坞墙集摆阵拼杀，捻军东撤。同时，高辛集后起捻军向东南涌来，承惠率马队冲击。战犹未了，又有另一支捻军突然加入，包抄清兵马队，伊克唐阿败退，承惠落荒而逃，张曜见情势危急，跃马冲入捻军阵列，驰突拼杀，捻军始向西南撤退。

咸丰十年八月，蒙、亳大水，灾情严重。宋喜元同淮北捻军刘狗（玉渊）、苏全（永城人）等率部再次远征河南，由界沟分路出兵，先后于二十四、二十五日与清军将领承惠、敖天印、伊克唐阿，河北总兵崇安等部战于田集、高辛集、闫集、李口等地。捻军辗转战斗，来往奔杀，士气高昂。清军疲惫不堪，对捻军无可奈何。九月，淮北捻军江台陵、陈大伟部大规模进入山东境内，活动地区达二十六州县，数百里为之震惊。十一月，返回芒砀山，经过夏邑、永城时，声势浩大。咸丰十一年春，永城捻军赵浩然、李加英会同夏邑捻军出征山东，连续两次击败清军将领僧格林沁部。

同治元年正月二十六（1862年2月24日），捻军由柘城慈圣堡进入商丘县城南乡村，清军将领僧格林沁、毛昶熙率驻防各军镇压，双方在李大庄、包公庙、十字河、高辛集、曹庄一带鏖战，均有重大伤亡，捻军恐久战不利，退到坞墙、营郭一带。

（四）同治元年—同治五年（1862—1866）：捻军势力日衰，仅有零星战斗

同治元年（1862），捻军盟主张乐行在颍州、颍上两次败给清军，率部退回故乡雉河集，商丘捻军大受影响，力量减弱。僧格林沁在商丘地区大开杀戒，捻军许多中小首领遇害，夏邑捻军首领宋喜元部投降清军。二年，永城捻军首领苏天福、赵浩然被僧格林沁俘获。二月，捻军根据地雉河集被清军攻陷，张乐行殉难。此后，商丘捻军便逐渐被镇压，轰动一时的捻军起义最终失败。

四 王居信起义

清朝末年土地兼并集中，地租剥削不断加重，清朝的财政早已入不敷出，只好加重对人民的盘剥，各级地方官吏又乘机贪污，中饱私囊，迫使广大群众不断掀起反抗斗争。与此同时，资产阶级力量迅速壮大，要求推翻清朝的统治，特别是资产阶级革命党同盟会成立后，革命思想迅速传播，并在全国各地发动了一系列武装起义，柘城王居信起义便是其中之一。

清宣统二年、三年，同盟会领导人黄兴、赵声等准备再次发动广州起义的同时，分遣各省革命党人返回本地组织响应。赵声派从日本回国的河南革命党人周德培到开封组织革命力量，同时组织豫东的青帮起义。当时，柘城农民与地主的矛盾已十分尖锐，许多农民参加青帮，秀才王居信便是当地青帮首领。青帮势力影响到商丘、鹿邑、永城以及安徽的砀山、亳县等地，商丘同盟会会员王金妮与青帮首领王居信建立了联系。

据说王居信（1851—1911）是商丘柘城县扳曾口人，被公推为扳曾口、侯庄、谢楼、余少楼等八个村庄的"联庄会"老总，又是青帮首领。王居信等人为青帮组织秘密制订了"帮规""帮约"，共十款五十条，如不欺老不欺少、不奸淫、不偷盗、不说谎话等等，又定下了许多暗号、

暗语。王居信还编歌谣，大造反清舆论。这样，青帮组织对地主阶级展开了猛烈的攻势。宣统三年四月二十二日（1911年5月20日），他们联系了外地的青帮组织，进攻砖桥集，劫富济贫，官府震动。

当时，柘城县知县孟苞对扳曾口一带的情况早有所闻，不断派人探查。王居信是有名望的文秀才，他一面应付官府，一面组织青帮活动，身份并没有暴露。可是宣统三年闰六月初，当时在县衙捕班当差的侯小二告了密，县衙官员准备扑灭农民反抗斗争的烈火。面对危急的形势，王居信首先除掉侯小二，并为攻打柘城县城作了周密的布置。一面派人到永城、砀山、亳州一带通知帮会成员，一面派人到县城张贴标语，抛撒字条。闰六月二十六日晚，王居信率众分作三路向柘城进发，半夜时分，包围了县城，不久攻下。知县孟苞逃往开封。

王居信打下县城后，释放狱中的囚犯，打开了粮仓分发穷人，没收地主豪强的财产。闰六月二十七日撤出了县城，向夏邑方向挺进。这时王居信领导的青帮组织增加到三万余人。

起义队伍撤走后，清政府急调开封、归德等地重兵镇压，捕杀了无辜民众二十余人。七月初二，清军攻陷扳曾口，逮捕了王居信等十八人，又放火烧了扳曾口所有的房屋。王居信被知县孟苞施以酷刑，最终殉难，时年四十一岁。

第四节　经济发展状况

清朝时期，商丘地区的经济发展主要受到两个方面的影响，一是兵灾多，战争连年。农民起义、太平军攻占商丘、捻军长期在商丘附近活动，再加上苛捐杂税，人民苦不堪言，给商丘地区经济发展带来很多不利的影响。其他如旱灾、虫灾也时有发生。二是黄河多次决口泛滥，不仅大量的田地、房舍被淹，而且农民还流离失所，水退后恢复生产也很缓慢。

一 农业

明末清初，土地荒芜。清朝建立后，明令招民垦荒，永为己业，免税三年，至康熙十年（1671）改为六年、十年，并鼓励乡绅募民垦荒，垦二十顷以上授县丞（或把总）职；垦一百顷以上授知县（或守备）衔。[①]同时兴修水利，农业随之振兴。但自清中叶以后，农业每况愈下，及至清末，清政府将丧权辱国的种种赔款转嫁给广大农民，再加上吏治腐败，无官不贪，致使很多农民破产。

咸丰五年（1855）之前，黄河流经商丘，泛滥无常，民众深受其害。政府曾设置专门机构治理黄河。乾隆年间曾先后疏浚涡河、惠济河、巴河等干支流数十条，使洪涝灾害有所减轻。

二 手工业

由于天灾、兵祸不断破坏，商丘地区农业歉收，手工业的发展也相当缓慢，直至清末，基本上仍落后的手工业，主要有"八匠"（木匠、石匠、泥水匠、窑匠、铁匠、铜匠、银匠、扎彩匠）、"四坊"（酒坊、油坊、糖坊、豆腐坊），以及纺织、印染、缝纫、刺绣业，规模小，基本上是个体生产，设备陈旧，大多靠手工，生产水平很低。

商丘地区广泛种植桑树，几乎户户养蚕，丝织业历史悠久，缫丝与丝织作坊遍及城乡。清朝末年，马家在商丘县城内开设兴华织染厂，雇工二十人，有机器十台，基本上做到了可缫、可织、可染的程度。[②]

商丘地区的宋绣与汴绣齐名，这一刺绣工艺一直沿袭到清朝。产品主要有绣枕、帐沿、桌围、门帘腰、荷包、儿童围帽、妇女手帕等。从1915年商丘县刺绣产品参加旧金山巴拿马万国博览会展览，有七种万寿绸绣袍料和两种万寿绸被面受到青睐可以看出，清末商丘的刺绣

---

① 商丘地区地方志编纂委员会编：《商丘地区志》（上卷），生活·读书·新知三联书店1996年版，第577页。
② 商丘地区地方志编纂委员会编：《商丘地区志》（上卷），生活·读书·新知三联书店1996年版，第827页。

业发展到了一定的水平。①

清朝时期，商丘地区的木器制造业遍及城乡各地，当时的木匠铺大都是个体经营或合伙经营，一般是就地取材，自产自销，也有来料加工或承揽包工的。流动木工则直接到雇主家做活。他们靠斧、凿、锯、刨、墨斗、拐尺等手工工具，主要制造门窗、风箱、木桶、床、桌椅、柜箱、凳等木制家具和耧、耙、犁、木锨等小件农具，以及大小木轮车辆等运输工具，也有的代做棺木或自制棺木出售。

商丘地区制陶工艺源远流长。民间利用小土窑烧制的盆、罐、壶，多为群众生活中不可缺少的器皿。陶器大致分为红陶、黑陶，红陶又有土陶、釉陶之别。土陶即不上釉的素陶，产品有土盆、土罐等，尤以土盆为最多。黑陶呈灰黑色，产品有大小型号的缸、盆、罐等，尤以缸为最多。

编织工艺主要有条编、草编、竹编等门类，多为民间个体手工生产，规模小，投资少，就地取材，但产品数量大，经济效益高，产品远销各地。

条编分黑条编和白条编两种。黑条编以当地盛产的白蜡条和紫穗槐为原料，编制粪箕、长篮、箩筐等生产、生活用具；白条编以簸箕柳为原料，编制提篮、衣箱、柳盔、箩、簸箕等用具和工艺品。民权、宁陵、永城、商丘等县盛产白蜡条和簸箕柳，集中产区几乎村村都有善于编织的能工巧匠。

玉米皮编织以玉米棒内层皮为原料，编织成日用品和装饰品，工艺精巧，轻便耐用，款式新颖，质朴大方，物美价廉。有玲珑小巧的茶杯垫，精致雅观的网兜、天花板片、垂吊连环结，有花色各异的妇女挎包、手提篮等。

草编原料有秋秸篾、苇、荻、蒲、麦秆、茼草、蕾草、荸荠茎、芦花等。农民利用红、白高粱秆篾子编织的花席，做工精细，图案别致，

---

① 商丘地区地方志编纂委员会编：《商丘地区志》（上卷），生活·读书·新知三联书店1996年版，第827页。

具有观赏价值,为农村青年结婚时床上必备之物。虞城县杜集农民加工的荸荠茎苦子,结实耐用,是冬季铺床保暖的理想用品。

竹编主要生产帘子、米篓、蛋篓、筷笼、箅子等,质量上乘,深受用户欢迎。

商丘地区的酱菜生产已有300余年历史。清朝时期,各城镇均开有私营咸菜店,前面是商店,后面是作坊,腌制各类酱菜,也酿造食醋、酱油。道光三十年(1850),南京李大有之后人将其酱园迁至商丘县,生产酱笋、酱芹菜、酱黄瓜、甜酱、天然发酵酱油、酱花生仁、香醋等,成为豫鲁苏皖一带的知名品牌。

三 商业

清朝咸丰、同治年间,地主豪绅为抵抗农民起义军,于村镇筑寨挖壕,富户、商人纷纷进寨定居,因而寨内建筑了不少瓦房宅院,使商丘的集镇发展起来。

明朝末年,战争连年,生产荒废,商丘商业陷入衰败萧条。十八世纪上半叶,清廷采取了一些措施,商业逐渐恢复繁荣,陕西、山西及南方诸省商人来商丘开店设厂者颇多,各县先后建会馆,辟集市,各行各业蜂拥而至。商丘各县农村,植桑种麻,商丘县开办数家作坊,以蚕茧、麻为原料,加工布匹丝绸,其中以万寿绸为最佳,自清朝中叶,直到民国年间,万寿绸畅销百余年,遍及省内外,久享盛名。

清朝末年,大宗商品交易和商业活动是以粮、棉、油类和传统纺织品为主,并形成固定的商业网点和流通城镇,有粮行、京货庄(主要经营纺织品)、广货店(主要经营百货)、杂货铺(主要经营副食品及杂货)、烟店、酒馆、饭店等坐商,农村个体商贩则通过集市、庙会等场所交流物资。有些县城以交易比较集中的商品、商店或作坊命名街市,睢县东关商业比较集中,于是就有坊子街(粮行集中的街巷)、干果街、盐店街等;商丘县城内有估衣街、东关有新街等。

第五节　教育发展

清代的归德府教育，是当时河南教育的一个缩影，有自己的特点，体现出当时文化、习俗等方面的发展流变。

一　科举考试与教育

（一）清代科举考试

清代的科举制度前承明制，主要分为三级，即乡试、会试和殿试。但在参加乡试之前，还需要经过小试来取得入学的资格。

小试就是童子试，俗称为考秀才，是初级考试。也就是说，考生本为童生，考试入选者才能称为秀才。清代的小试按行政级别又可分为县试、府试和院试。县试由各县及散州的知县或知州主持，县试通过者可参加府试。府试是由各府知府主持，府试通过后，由府将录取的童生名册呈送省里的学院，方可参与院试。院试的主考官是学政，考中者成为秀才。各府、州、县接到学政下发的新生名单后，即通告某日到官署大堂报到，宴会之后，到文庙拜谒孔子，到学宫拜见学官。之后，才算正式入学。

乡试开始于明太祖洪武三年（1370），参加考试的须是秀才，未考中秀才但已取得监生资格的，也可以参加乡试。乡试一般在省城举行，清代河南的乡试除在开封举行外，也曾在卫辉府的苏门山举行。乡试中试者，即是举人。中了举人也就有了参加会试的资格。乡试中榜的第一名称解元，第二名为亚元，第三、四、五称为经魁，第六名称亚魁，其余均称文魁。

会试，就是全国举人集中会考的意思。清代会试的地点在北京，由礼部主持，每三年一科，在乡试的第二年举行，参加会试者必须是乡试中试的举人。清沿明制，会试中试者称贡士，第一名称会元。

殿试是清代最高级别的科举考试，由皇帝亲自主持，又称廷试。殿试的地点，清初在天安门外。从乾隆五十四年（1789）改在皇宫中的保和殿。殿试录取者分三甲：一甲取前三名，赐进士及第，第一名称状元，或称殿元，第二名称榜眼，第三名称探花，合称三鼎甲或三及第；二甲若干名，赐进士出身，第一名称传胪；三甲若干名，赐同进士出身。

清代科举考试是读书人入仕的主要途径，因此士林之中对科举特别重视，而会试和殿试是清代科举的高级考试，尤其为人看重。据乾隆十九年《归德府志》统计，归德府进士登科者，唐有五人，五代时期两人，宋四十三人，元六人，明代则176人，清代从顺治丙戌（三年，1646）开科至乾隆壬申（十七年，1752）百余年间登第者达160人。这正好能体现出科举施行之后，商丘文化发展的特点，宋代和明清两代商丘的文化处于高峰时期，至明代后期到清代中期而达到鼎盛。

（二）学校教育

清代的归德府，教育发展迅速，尤其是顺治、康熙、乾隆三朝，不论是官学教育还是私学教育，甚至是家庭教育，都取得了较大的成绩，培养了大批人才，为清代归德府文化的发展起到了巨大的作用。在教育发展过程中，学校教育起到了重要作用。清代归德府的学校，有儒学、社学、义学和书院，其中书院影响最大。

书院的创办，一般认为始于唐开元六年（718）在京城长安创办的丽正书院，此时书院仅作为朝廷藏书、校书的场所。沿至五代，书院则发展为兼具读书与教学的场所。两宋时，书院教育极盛，有所谓"天下四大书院"之称，位于应天府南京（今商丘）的应天府书院号称四大书院之首。至明清尤其是清代，无论在数量和影响上，归德府的书院教育均达到最高点，但总体而言，这一时期的书院也多为官立的教育机关和科举考试的准备场所。光绪二十七年（1901），清政府下《兴学诏》，改书院为学堂，长达一千余年的书院走向终结。

清代是归德府书院的兴盛时期，各县皆有书院，数量、规模和影响都超过了前代，并在整个河南省都处在前列，尤其是柘城朱阳书院的建立,成为当时河南三大理学教育中心,是清代归德府书院教育的代表。清代归德府其他书院的情况如下:商丘县有文正书院,又称范文正公讲院,清初由邱正策修复,以后又屡经兴复,光绪三十一年改为归德府中学堂。睢州有锦襄书院,康熙九年(1670)吴淇重建,后改名绘川书院,或称道存书院,田兰芳曾任书院山长。乾隆二年(1737),睢州知州于州署之西创建洛学书院。至道光年间,柘城知县富成创办了襄山书院。清代永城有三所书院,分别是浍滨书院、太丘书院和芒山书院。在夏邑,清代曾重建崇正书院。宁陵县有宁城书院,乾隆七年由知县梁景程创办,至光绪年间,更名为文修书院。乾隆年间,虞城县曾创办古虞书院。清代考城建有葵丘书院,梁宾曾任山长。

二 窦克勤与朱阳书院

窦克勤(1653—1708),字敏修,号静庵,一号艮斋,又号遁斋。河南柘城人。康熙十一年(1672)举人,任泌阳教谕。康熙二十七年进士,授翰林院庶吉士。次年,守母丧家居,念应天书院湮没无闻,遂于柘城东门外创立朱阳书院,躬亲课业,从学者渐多。三十三年三月,授翰林院检讨。三十九年春,充会试同考官。四十一年四月,以疾乞归,专心著述与书院教育,使朱阳书院与百泉书院、嵩阳书院并称为清代河南三大理学教育中心,与孙奇逢、耿介、汤斌、张沐、冉觐祖、张伯行、李来章等并称"中州八先生"。生平著述宏富,有《理学正宗》《事亲庸言》《寻乐堂日录》《朱阳书院志》等。

窦克勤"平生以奖进人材为己任,谆谆劝诱,教思无疆"(徐永宣《翰林院检讨征仕郎柘城窦先生行状》),其一生最用心处在创办朱阳书院,最为人所乐道者亦在教育。书院之名,初为"朱丘",因讳孔子之名,在陈迁鹤与耿介的建议下,改为"朱阳"。

朱阳书院的建设,经历近二十年的时间。据《朱阳书院志》卷二载,康熙二十八年,创建书院基址。次年,基址建设完成。知县史鉴首先创建先圣殿三楹，以祀孔子。同时，史鉴向上申报了书院的情况："朱阳书院，在本县东关，窦敏修先生家居读礼，倡始捐造，延致嵩阳高弟，每月集邑子弟讲学其中，登堂问业，亹亹不倦，理学之盛，继美嵩阳书院。"本年，相继建设门楼、存诚斋、主敬斋、厨舍。康熙三十年（1691），归德郡守薛晋捐建居仁斋和由义斋。三十六年，建讲堂三楹，由河南提刑按察使孟世泰、开封郡守管竭忠、陈州州守张喆、太康令朴怀宝、获嘉令何远、鹿邑令冯际时、西平令刘斯番共同捐资兴建。三十七年，又建了友善堂三楹与寡过堂三楹。三十八年，河南巡抚李国亮捐建藏书楼三楹。至此，朱阳书院的主体建筑基本完成。四十七年，创建先儒祠三楹，柘城教谕苏名勋捐建正学祠三楹，河南提督学政汤右曾、守道崔征璧、归德府郡守陈尧策、鹿邑令谢乃果、柘城令连肖先共建爱莲亭三楹。窦克勤死后，书院肄业学生共建朱阳夫子祠。至此，朱阳书院建筑规模完成。

朱阳书院基址广袤，门垣宏丽，整个布局是坐北向南，南临东门通衢，西依护城河，整个院落是四进三层的建筑群，前有窦克勤之父窦大任题额"朱阳书院"门楼，两边是杂役房，对着大门是照壁，照壁之后是先圣殿，其两边分别是先儒祠和正学祠。其后是三间讲堂，讲堂左右分别是友善堂和寡过堂，讲堂后面是一幢双层藏书楼，两边配以三乐堂和崇道堂。书院西部建有弘毅斋、修业斋、由义斋、主敬斋及粮房，东部有导道斋、进德斋、居仁斋、存诚斋与厨房。整个书院布局整齐，规模宏大。周围则建有望鹤台、白塔寺、学箕园、筠峰祠、春泳池，并有廓山、旧屏山、竹来峰矗立左右，外加清水河、涡水河、绿引溪纡徐其间，环境幽静典雅。

朱阳书院规定每月初二及十六讲学会文，三、六、九则考课。其教学情形，窦克勤有记载："予不揣固陋，时同来学者讲贯于内，仍泌阳教士法，讲学会文，以初二、十六日为率。每值讲期，携仲弟振起随大人后三揖，进邑侯、广文诸绅于前，诸生以次序坐。少间，司讲者揖立讲案前，讲书某章，人皆肃然起敬，无惰容。讲毕，揖而退。官士析疑解惑，互阐学旨，于天人性命，盖油油如也。日过中，稍休，具麦食菜羹，器以五，设席以十计。史公亦时具馈礼，学者鼓舞，作兴不辍，以故箪瓢疏水之味，屡尝于古柏阴森之下，而人不之厌也……"（《朱阳书院记》）

朱阳书院还建立了严格的学规，在"学要""戒条""仪注"及"讲语"等方面都做了详尽的规定，如"学要"中指出了八条学习良方："立志有任无让，共学损高就卑，致功专一不迁，养神从容多暇，进德尝怀靡及，读书深味自得，涵泳客气消除，充裕道心久贞。"再配以早年任泌阳教谕时所定《泌阳学规》，书院的课程内容、学习方法、行为规则等不断完善，建立了有效的教授和学习体系。

在窦氏一门父子、兄弟及子侄的共同努力下，朱阳书院影响日大，来学者日众，与百泉书院、嵩阳书院并称中州三大理学教育中心。清代乾隆、嘉庆以后，朱阳书院逐渐衰微。咸丰以后，在内乱与水患的破坏下，朱阳书院逐渐废弃。在长达一百余年的办学过程中，朱阳书院为归德府及周边地区培养了大批贤士，在整个河南教育史上有着重要的影响。

第六节 文化成就

一 文学

清朝时期，商丘文学成就斐然，人才济济，文学社团应运而生。雪苑社、平台五隐诗社等是这一时期名扬大江南北的文学团体。商丘文人几乎都有著作传世，由于很多人物活动由明入清，故此处一并简要说明。其代表人物明末有侯恪，明末清初有宋权、贾开宗、侯方域、徐邻唐、徐作肃、吴淇、郑廉、王当世、宋荦、王连瑛、刘榛、张玢、李天馥等，清代则有高岑、刘格、李树谷、宋至、李孚青、高玢、陈履平等。

（一）清初的雪苑社及其代表人物

雪苑社约成立于崇祯十三年（1640），崇祯十五年李自成起义军攻占归德，不少成员死于战乱，雪苑社停止活动。雪苑社主持人侯方域逃往南京，又辗转到扬州。贾开宗避乱山东曹县，后又逃至南京。

顺治二年（1645），侯方域从扬州返回故里商丘，遇旧友贾开宗。据侯方域《雪苑六子社序》载："余自吴返，贾子自淮阴归，两徐子（徐作肃、徐世琛）相见歔欷，言及雪苑旧事，流连者久之。"其间，侯方域日与二三同志修复旧社，痛饮悲歌，以寓其牢骚不平之志，闲暇时致力于诗古文创作。在此期间，他们四人商量重起雪苑文社之事。顺治九年，雪苑社重建，成员有侯方域、贾开宗、徐作肃、徐世琛、徐邻唐、宋荦等六人，称"雪苑六子社"。雪苑社成员对时事表现出漠不关心的姿态，遣酒消怀，往复辩论，充满着悲愁伤感的情怀。少议政，攻诗文，是后期雪苑社的特征。顺治十一年侯方域去世，雪苑社解散。

侯方域（1618—1655），字朝宗，别号雪苑，商丘人。生于明万历四十六年三月，卒于清顺治十一年十二月十三日（1655年1月31日），享年三十七岁。

侯方域生于书香门第的官宦之家。祖父侯执蒲为明嘉靖、万历年间的太常寺卿，父亲侯恂为天启、崇祯年间的户部尚书。侯方域生于这样的家庭，且自幼聪慧过人，从小养成了"负气"的倜傥性格。幼时随祖父母生活，家教甚严。应童子试第一。十六岁随父亲到京师，走拜于父亲的同僚，曾替父亲起草《屯田奏议》，文笔洗练，条理井然，受到朝内外的赞誉。明崇祯十二年（1639），二十二岁的侯方域第一次到南京应试，结识了江南名士陈贞慧，时人把他与方以智、陈贞慧、冒襄合称"四公子"。

鲁西榆园农民军势力方盛，侯方域在河南、山东、直隶三省总督张存仁的邀请下，写了《上三省督府剿抚议》的条陈，向张存仁提出了对付榆园农民军的十点建议，得到张存仁的重视。顺治八年，侯方域参加了河南乡试，被录取为副榜贡生，九年，三十五岁的侯方域回想起入清后数年的坎坷遭遇，除诗之外，一无所成，悔恨交加，给自己的书房取名"壮悔堂"。尽管如此，侯方域在文学上的成就还是不可低估的。

侯方域的著作主要有《壮悔堂文集》十卷、《四忆堂诗集》六卷。在文学上，侯方域首先被称为古文大家。总的来说，他的诗不如文，"方域健于文，与魏禧（1624—1681，江西宁都人）、汪琬（1624—1691，苏州人）齐名，号国初三大家"（《清史稿》）。宋荦在康熙年间合刻三人古文集为《国朝三家文钞》传世。三家相比，侯方域的散文艺术成就较高。王士禛更认为侯氏古文为清初首席，"今日论古文，率推侯朝宗第一，远近无异词"。作为古文大家，侯方域在文学史上的另一贡献是去除了明代古文之弊，恢复了唐宋八大家的正宗传统。他的古文刚健苍劲，文辞精练。徐作肃以为侯方域的古文一反明代文章冗长、肤浅、柔媚、拖沓的毛病，将其比之于唐宋八大家。扬州八怪之一的郑燮，对侯方域的文章评价很高："愚谓本朝文章，当以方百川制艺为第一，侯朝宗古文次之……朝宗古文，标新领异，指画目前，绝不受古人羁绁。"（《板桥集》六编）

侯方域的散文小说气较浓，这虽为正统观念所指责，却为现代观念所推崇。宋荦在编《国朝三家文钞》时，便有意割舍这类作品，并云："文有为流辈传诵已熟而不录者，如侯朝宗之《马伶传》《李姬传》，以近唐人小说也。"刘大杰先生在其《中国文学发展史》中指出："本传（指《李姬传》）文字简练，叙事分明，正反人物的精神面貌，给人深刻的印象。李香的性格，尤为鲜明生动，而具有短篇小说的价值。侯方域其他传记，如《马伶传》《蹇千里传》诸篇，也具有小说的特点，而当时人竟以'小说家伎俩'贬低其散文价值（陈令升语），桐城派也议其不纯，这都是不明其所长，而出于传统的偏见。"侯方域的古文对当时的正统古文来说，是一种突破，一种创新，它扩大了古文的表现能力，丰富了古文的艺术手法。

侯方域的诗以杜甫为宗，成绩虽不如散文，但他历经丧乱，亦曾慷慨多志，所以他的诗文在雄丽之中蕴含着苍凉之气。他笔力遒劲，意气浑然，如《塞下曲》《吊战场》等诗作，诗人报国之志，慷慨悲壮，表现了他不满现实、壮志难酬的抑郁心境。入清以后，侯方域的诗作趋于圆熟，早期作品的雄劲之气有所收敛。

贾开宗（1595—1661），字静子，自称野鹿居士，商丘人，明清之际雪苑社的重要成员。贾开宗天资聪慧，博览史籍，负才，狂放不羁。十五岁通时文千篇，接受了李贽反道学的思想，将时文尽数焚弃，从此不以儒者自命。二十余岁举秀才第一，自负异常，不守封建纲常礼法。

贾开宗一生著述甚丰，时李自成纵横中原，清兵在关外虎视眈眈，明王朝危机日甚，他愤然著《八阵图》，抨击朝政，指责时弊，侯方域为之作序。贾开宗的主要作品是他晚年自编的《溯园集》二十卷；另与侯仲衡、徐作肃、徐邻唐合编《归德府志》《商丘县志》，还编纂有《永城县志》《王觉斯先生诗选》，除此之外，还有《溯园语商》《秋兴八首偶论》；与徐作肃等编选评点了侯方域的《壮悔堂文集》，选注了侯方域《四忆堂诗集》。

贾开宗在散文和诗歌理论上的贡献是不容忽视的，雪苑社虽以侯方域为旗手，但在文学理论的建设上，贾开宗做出了突出的贡献，这主要有以下几个方面：

1. 对古文的发展历史做了梳理和评价。他认为古文起于六经，发展于《国语》《春秋三传》，兴盛于庄子、列子、管子、韩非子等诸子百家。西汉以来，唯有司马迁、班固为其传人。东汉、魏晋六朝是古文的衰亡时期，被追求华丽的骈文所取代。唐代韩愈、柳宗元提倡的古文运动，使古文有所恢复，而后又衰亡。直至五代、宋初出现庐陵、眉山父子、南丰、临川六人，六人之后古文精神又遭湮没。

2. 对明代的古文创作进行了中肯的评价，尖锐批评了前后七子。他认为，宋代六家之后，特别是明代，古文传统后继无人，前后七子舍八家而宗秦、汉，只重模拟，而少创新。

3. 贾开宗认为文主法。所谓法，是指古文创作的思想感情、遣词造句、风格特点、艺术结构等方面，雪苑六子社的古文创作就是在贾开宗的"法"的理论的指导下进行的。

贾开宗不仅在文学理论上颇有造诣，而且还是散文大家。他的散文创作，以明亡为界，大体可分为前后两个阶段。明末，贾开宗的散文在内容上多裁量公卿，抨击时政，揭露时弊，言治乱之道，艺术风格上狂放不羁。明亡以后，他辗转回到故里，国破家亡，朋友四散，倍感忧伤。这一时期的文章追求返璞归真，内容凄凉哀婉，对明亡多有反思。

贾开宗在诗歌上推崇杜甫，反对竟陵派内容空洞、不着实际的形式主义倾向。

宋荦（1634—1713），字牧仲，号漫堂，别号绵津山人，清初商丘（今睢阳区）人。内阁国史院大学士宋权之子，官至吏部尚书。主要著作有《西陂类稿》和《绵津山人诗集》传世。宋荦的诗意气清丽，在诗坛享有盛誉，与号称"清代第一诗人"的王士禛齐名。汪琬在《绵津山人集序》中评价他的诗说："其长篇雄变如蛟龙之幻化，其短章秀杰如珠玉之莹润，甚至联句角胜，则写难状之物而吐难言之情，如倾江倒河，益注而益不穷。"侯方域称赞他的诗神苍骨劲，格高气浑。

宋荦论诗，主性情之说，兼讲兴会，与袁枚的"性灵说"和王士禛的"神韵说"均有相通之处。他主张广学前人，而不必囿于某一个朝代，他在《漫堂说诗》中说："以广其波澜，发其才气，久之，源流洞然，自有得于性之所近。不必摹唐，不必摹古，亦不必摹宋、元、明，而吾之真诗触境流出。释氏所谓信手拈来，庄子所谓蝼蚁稊稗瓦甓无所不在。此之谓悟后境。悟则随吾兴会所之，汉魏亦可，唐亦可，宋亦可；不汉魏、不唐、不宋亦可。无暇摹古人，并无暇避古人，而诗候熟矣。"宋荦还对明朝前、后"七子"以来那种"文必秦汉、诗必盛唐"的复古主义进行了猛烈的抨击，他引吴之振《宋诗钞序》所言指出："今之尊唐者，目未及唐诗之全，守嘉、隆间固陋之本，陈陈相因，千喙一倡，乃所谓腐也。"同时，他认为王士禛的"神韵说"虽有利于纠正"尊宋祧唐之习",但气势不够雄阔。

宋荦继承了侯方域反对复古的文学发展观,而比侯方域更全面、更深入,也更激烈。

徐作肃(1616—1684),字恭士,商丘(今睢阳区)人,有《偶更堂集》传世,参与编修《归德府志》《商丘县志》。侯方域为文常听徐作肃一言而去取,非恭士所许可,则不敢存稿,《壮悔堂文集》中有不少评语出自徐作肃之手。徐作肃曾于顺治八年(1651)考中举人,一生不得志。他为人清刚方正,性有所不可,必形于色,发于言。刘榛《徐恭士先生传》说他"性疏散,峻风采。精悍之色,奕奕流眉宇间。狷洁自命,非一二所爱悦者,扫迹不与通","而酒后论天下事,慷慨激昂,俯仰古今,又常不能自抑敛焉"。

徐作肃的古文效王安石,以宏论见长,其诗则窈然以幽,巉然以峭,自出杼机,吐陈启新。他长于五言,诗风淡远,语言清朴,于平易自然之中微露清秀之色,风格近于陶潜。但他的诗常常笼罩着淡淡的哀怨,流露出无名的惆怅之情,偶尔也发些牢骚,感慨人生的不平。其诗作题材范围比较狭窄,多描写身边小事及田园风光,较少反映现实生活。

徐邻唐(1611—1679),字迩黄,号我庵,商丘人。自幼桀骜不驯,七岁入私塾,悟性极高,为文奇丽。明末中秀才,入清以后弃举业。徐邻唐淡泊名利,不喜交往,而重穷理治心之学,对《太极图说》《通书》《正蒙》等先儒语录皆得其精髓。徐邻唐的文学成就表现在文章创作和文学理论两方面。文章创作反映在刘榛结集、徐作肃作序的《徐迩黄制义文》中,《壮悔堂文集序》则是他文学理论的表现。

(二)平台五隐诗社及其代表人物叶元澍

明末清初,侯方域等人组织的雪苑社活跃于文坛的同时,在商丘城东还有与之呼应的平台五隐诗社,这五人是:高辛的陈明盛,郭村的李上林,柳河的田作泽,谷熟的叶元澍、叶元溥兄弟,其中以叶元澍诗歌创作成就最高。

叶元澍（1618—1695），字公霖，号碧山，又号云壑，谷熟（今属虞城）人。伯父叶廷桂崇祯年间任户部、兵部侍郎，蓟辽总督。叶元澍自幼胸怀大志，喜游历。二十岁左右随伯父入陕西官署，尽游三秦大地名胜古迹，后又随伯父至云中、北岳。崇祯十五年，随伯父避乱南下，游览南京名胜，泛舟秦淮。顺治初，北归支撑门户，时商丘诗风正浓，遂与商丘名士结诗社于平台，曰"平台五隐诗社"。

叶元澍平生诗集很多，主要有《逸园诗稿》《碧山草堂稿》《广武首蓿斋稿》《归来草》《楚游草》等，今仅存《碧山草堂诗抄》二卷。叶元澍的诗起伏跌宕，闲散超然之中又透出世事的苍凉，尤其是入清之后，过着乡间地主文人的生活，诗文中更表达有复杂的心境。

（三）其他代表人物

刘榛（1635—1690），字山蔚，商丘人。自幼聪颖好学。父母早逝，被姊丈侯忻（侯方域之三叔）收养，后师从徐邻唐。刘榛性格沉静，只与田兰芳、郑廉等名士交往。一生治学勤奋，著有《女史》《韵统》《虚直堂集》等书，今有《虚直堂集》行世。他的诗清秀淡远，于平易中见功力，有言外之意、韵外之致。以五言诗成就最高。其长篇歌行则雄厉险峭，气势磅礴，具有较高的艺术价值。刘榛的古文师承司马迁、班固及唐、宋诸名家，体裁多样，有序、书、记、传、说、论、议、答问、墓志铭、行状祭文、杂著辞赋等。刘榛亦善填词，其词有《薰园词》一卷。

王连瑛（1633—1712），字戒顽，号廉夫，别号西庄，永城人。清顺治八年（1651）秋中举人，康熙三年（1664）中进士。历任直隶安肃知县、礼部给事中。康熙二十六年主福建乡试。因在考试中不徇私情，得罪了大学士明珠，被参奏降级调用。二十七年告假归家，家居二十余年，直至去世。家居期间，他于县城西鄹城盖一草堂，过一种闲淡隐居的生活。留下诗作《遗安堂诗集》四卷。王连瑛的诗具有浓厚的现实主义色彩，内容多与民生相关，并常流露出同情庶民、鞭笞邪恶的感情，代表作为《隋堤行》。

李天馥（1637—1699），字湘北，号容斋，原籍安徽合肥，十岁左右随父母避乱入籍永城。顺治十四年（1657）中举人，次年中进士，入翰林院。康熙十一年（1672）任国子监司业，不久任经筵讲官。康熙十六年任内阁学士兼礼部侍郎，后又任吏部左侍郎、工部尚书、刑部尚书、兵部尚书。康熙三十八年卒于任，谥号"文定公"。李天馥一生酷爱文学，有诗词三四千篇。毛奇龄为之精选，王士禛、陈廷敬为之作序的《容斋千首诗》，收入《清代诗文集汇编》。《容斋千首诗》取材广泛，涉猎面广，文字娟秀，寓意明彻，堪称传世之作。

宋至（1656—1725），字山言，晚号方庵，又号纬萧散人，商丘人，宋荦次子，宋权孙。康熙十年为诸生，四十二年中进士，选庶吉士，入武英殿修大型辞书《佩文韵府》。康熙四十五年授翰林院编修，五十年，典贵州乡试，五十一年提督浙江学政。雍正三年（1725）卒，享年七十。著作有《纬萧草堂诗》六卷，《牂牁集》一卷。宋至承家学及王士禛，兼得性情及"神韵"，诗歌形式多样，尤善歌行和七绝，诗作清丽雄伟而无镂刻之痕。

高玢（1665—1745），字荆襄，号芸轩，柘城县人，清康熙二十七年进士，著有《出塞集》。此集为康熙六十年至雍正四年谪戍边塞的诗词合集，所作或旅次感怀，客居忆故；或寄情亲友，奉答题赠；或咏史书事，咏物志感；或感事伤别，遣闷夜酌，展现了康熙盛世的另一面。

二 哲学

清朝已经走到了中国封建社会的末期，这一时期的河南文化不仅远远落后于江南，甚至落后于周围省份，"竭而无余华"的理学唯独在河南仍成为学者奉行不悖的真理。豫东归德府的哲学是整个清代河南哲学发展情况的缩影，理学活动和理学思想尤为活跃，诞生了多位较具影响的理学家，如位列"中州八先生"中的汤斌、窦克勤，还有如田兰芳、刘榛、刘廷诏、刘国辅等。

清代时期，商丘哲学的代表人物是汤斌。汤斌（1627—1687），字孔伯，号荆岘，又号潜庵，睢州（今睢县）人。顺治九年（1652）进士，授翰林院庶吉士。顺治年间历任国史院检讨、潼关道副使、江西岭北道参政等。33岁时谢病归里，从学于理学的代表人物孙奇逢。康熙十七年（1678）汤斌以博学鸿词荐，授翰林院侍讲，修《明史》。二十年充日讲起居注官，典浙江乡试正考官，不久转侍读。二十一年，充《明史》总裁官。二十三年二月，擢内阁学士兼礼部侍郎，未几，任江宁巡抚。二十五年授礼部尚书，寻充经筵讲官，后改工部尚书。

汤斌一生著述甚丰，有《洛学编》二卷，补《睢州志》五卷，诗文二百余篇，《拟明史》二十卷。后人将其文集、语录编辑成《汤子遗书》十卷，收入《四库全书》。雍正十年（1732）诏入贤良祠，乾隆元年（1736）追谥"文正"。道光三十年（1850），从祀文庙。

汤斌的哲学思想主要体现在以下三个方面：

1．"道本于心"的宇宙观。汤斌说："道本于心，先后若一。"汤斌认为，程、朱、陆、王与孙奇逢，都是道本于心、理本于心的哲学家。汤斌的道本于心，和陆九渊的心即理，王阳明的心外无理、心外无物是一致的。

2．"格物致知"的认识论。关于"格物致知"，汤斌认为："格物也，非礼勿视、听、言、动，与夫非礼之礼，非义之义，大人不谓格物也。"他说，践履礼义方可谓之为"格物"。"道外无物，物外无道"，道与物不相离，人们活动在礼的范围内：礼在，则动；礼不在，则止，是乃谓"知止"。汤斌说："定静安虑，总由知止，知止工夫，在格物致知。此知之本体，是天所赋我的。能致知的本领，亦是天所赋的。"即是说，人的认识能力与生俱有，人能自觉地修身，就是抓住了"格物致知"的根本。格物与致知，是认识的统一过程。

在知行关系上，汤斌的知行观同他的"格物致知"说是一致的。他主张"知行并进"，知是知伦常之理，行是行伦常之理。故《四库全书总目》说："（汤）斌之学源出容城孙奇逢，其根柢在姚江，而能持新安、金溪之平。大旨主于刻励实行，以讲求实用，无王学杳冥放荡之弊。"他反对士人只说不做的空谈，单纯地依靠说讲，是绝对不会讲出个国泰民安的，重要的是行动、实践。无论他早年出任潼关道副使、岭北道参政，还是晚年入阁，巡抚江南，为封疆大吏，他历来不务虚说，而是以躬行实践为本。

汤斌虽主张治国平天下，但却是以修身为本，他讲顿悟、渐悟不过是修养的方法，他既不专讲"顿"，也不专讲"渐"，而是做统一观。他认为顿悟是日积月累的结果，渐与顿是辩证统一的，是由感性而理性的认识飞跃，认识过程的弯路对人们认识发展有重要意义，促进人们认识的升华。

3."人性皆善"的人性论。性善、性恶是中国哲学史上争论的重要问题。王守仁的"致良知"，汤斌解释为"知善知恶是良知"。这良知便是性之虚灵不昧处。恻隐、羞恶、辞让、是非，皆从此出，即是孟子所谓"性善"。

窦克勤的哲学思想主要体现在理学上，他继承中国传统儒学思想，主张理学要服务于国家治理，其思想主旨是"治法尧舜，学遵孔孟，其要在主敬谨独"，尧、舜以孝悌治天下而臻于至治，是国家治理的榜样；孔、孟以仁义作修己治人之方，是谓正学的标准。两者的核心主要体现在主敬与谨独。他的理学著作有《理学正宗》《事亲庸言》《孝经阐义》《寻乐堂家规》等。

田兰芳（1628—1701），字梁紫，号箬山，又号无咎，睢州（今睢县）人。明清易代，因乱而废学，四十岁时转而践履笃实，研修理学。时同乡汤斌里居，订《志学会约》，田兰芳相与讲贯。又东从商丘学者徐邻唐、郑廉于归德，西访上蔡学者张沐于汴水，参稽互考，学问更趋渊邃。久之，所造益深，所积益厚，表里洞彻，称儒者正宗、中州巨儒。田兰芳之学，一本程、朱之学，而以不自欺为根柢，并验之实践，故自号"箬山"（语出《论语》，寓躬行不懈之义）。田兰芳不仅是一位学问渊博的理学家，也是一位有独立思想的教育家。中青年时期，困于科举，迫于生活压力，以坐馆教书为生活之资。顺治十五年（1658）二月，开馆授徒于商丘刘德培之东园，论诗文，谈兴废，郑廉、刘榛、刘德培均被田兰芳的人品学问所折服。知州马世英深知田兰芳学问广博，聘请其担任道存书院山长。田兰芳倡导要根据人的气质性格来施加教育，这也就是因材施教的思想。所著有《逸德轩诗集》《逸德轩文集》《逸德轩遗稿》《逸德轩闰一稿》等。

刘廷诏（？—1856），字虞卿，号半村，永城人。道光元年（1821）考中本邑庠生，以岁贡捐教职，历官考城、孟津教谕。少而持己方严，凡读书皆手抄默诵。久之，读《朱子语录》，恍然悟所学，遂取《近思录》及诸儒语录，反复精研，切实躬行，学问益进。刘廷诏之学恪遵程、朱，力辩陆、王，尤心折于陆陇其、张履祥，凡一切阳儒阴释之学，皆力辩之。读孙奇逢《理学宗传》一书，见其推崇北宋周敦颐、程颢、程颐、张载、邵雍，南宋朱熹、陆九渊，明代薛瑄、王守仁、罗洪先、顾宪成等十一人为理学"大宗"，另列自汉董仲舒至宋明诸儒一百四十六人为《诸儒考》，与"大宗"同属"内"，附录张九成至周汝登六人为"外"，共二十六卷，此书宗旨是探究和表彰理学宗统，试图弥合朱熹、陆九渊异同所带来的门户纷争；刘廷诏病其混然而无以别，遂撰《理学宗传辨正》十六卷，在认同孙奇逢建立起的"宗传"的同时，强调"学只一途""取极于一正"的"宗传"，两者虽有相通之处，但刘氏以程、朱为道统的正统，将陆、王列为"附录"以示贬抑，凸显摒心学于道统之外的目的，深得倭仁的推重。《理学宗传辨正》遂于道、咸年间由吴廷栋、倭仁校订刊刻，倭仁的用意很明显，那就是："救良知之害，而示学者以正途。"（清涂宗瀛《理学宗传辨正跋》）

刘国辅（生卒年无考），字观陆，号恕斋，永城人。光绪元年（1875）举孝廉方正。从刘廷诏之学，学遵程朱。尝避乱睢州，旋与李棠阶、倭仁游，益艰苦笃志。兵荒迭至，流徙播越，不易所守。尝入河南巡抚涂宗瀛幕府。著有《恕斋日记》《恕斋诗文集》《补读理学宗传辨正札记》《读艮峰日记札记》《恕斋立诚录》等。学使邵松年读其札记，极称之。

三 史学

清政府为了巩固统治，强化了对史书编纂的控制，在禁毁有碍清朝统治的史书的同时，也设史馆编修史书，诏令编修方志，促进了清代史学的发展。清代归德府官修史书的成就主要表现在官修正史和地方志书的编纂。

（一）参与官修史书

官修史书的编纂方面，突出的代表是汤斌。他一生三次入史馆编修《明史》，两次任总裁，撰写了《潜庵先生拟明史稿》二十卷，包括《太祖本纪》四卷、《历志》三卷、《后妃传》一卷、《列传》十二卷，田兰芳认为汤斌的编纂原则是：明治乱，辨盛衰，崇贤良，黜奸回，辨天人于毫末，别是非于微末，笔依承祚（陈寿）而取义实精，体准《三国》而折衷归当，成为今本《明史》的重要底稿之一。另外，汤斌还曾任《大清会典》副总裁，参与了《大清会典》和两朝圣训的编纂。

参与官修史书编纂的还有李元振（1637—1719）。李元振，字贞孟，号惕园，柘城县人。顺治十七年（1660），乡试举人。康熙三年（1664）甲辰榜眼，授弘文院编修，十年，改翰林院编修，升翰林院侍讲、侍读。李元振参与纂修了《太祖实录》及《孝经衍义》。

官修方志方面，清代归德府所辖府、州、县均编修了方志书籍。地方志通常由地方最高行政长官组织编修并任主纂，儒学教授与训导及儒学生参与具体的编纂工作。早在顺治年间，时任河南巡抚的贾汉复便组织了大规模的全省修志活动。作为历史名区的归德府也积极参与了此次修志活动，顺治十七年夏，宋国荣任归德知府，以修志为一府政治之先务，于是命府学教授羊琦带领徐作肃、贾开宗、王琰、侯方岳等人，因旧志而增删合并，越秋稿成。又经本府李目、李胤岩、李培真、汤斌、崔抡奇等人校订，成书十卷。其目次分别为天文、地理、建置、田赋、祠祀、官师、人物、选举、艺文、杂志。全书文字雅洁，辞简意明，言之有物。但也存在一些问题，如地理卷中包含了概况、沿革、形胜、城池、古迹、陵墓、风俗、土产等，卷目中没能反映，造成读者翻检不便；田赋卷中头绪混乱；官师卷中列入帝王，也殊为不类。当然，此志开创了清代归德府方志编纂的先河，此后，雍正、乾隆年间一修再修，大概也是在此基础上进行。

除了府志的编修，各州县也编纂了相关州志、县志，从现存志书情况来看，顺治年间有《虞城县志》，康熙年间有《商丘县志》《夏邑县志》《柘城县志》《睢州志》（两种）《永城县志》《宁陵县志》，乾隆年间有《柘城县志》《虞城县志》，光绪年间有《永城县志》《续修睢州志》《宁陵县志》《虞城县志》《柘城县志》，宣统年间有《宁陵县志》等。著名学者睢州汤斌、柘城窦克勤、永城吕永辉等也都参与了县志的编修。

（二）私家史学成就

清代归德府私家史学著述丰富，既有学术史如《洛学编》《理学正宗》《中州学案》《国朝近思录》等，也有一地之史如《豫变纪略》《睢阳耆旧传》《宋州人物志》《宋州从政录》等，还有一家之史如《商丘宋氏家乘》，一人之史如《漫堂年谱》《寻乐堂日录》等。另外，还有一些专门志书，如《朱阳书院志》《明道书院志》等。下面择要介绍几种现存史料价值与学术价值较高的私家史学著述。

《洛学编》是汤斌编纂的一部洛学发展史，全书四卷，分前编与正编两部分。前编以汉、唐儒为主，有汉代杜子春、钟兴、郑众、服虔，唐代韩愈，宋代穆修，共六人。正编则以宋、明儒为主，有宋代程颢、程颐、邵雍、吕希哲、吕本中、尹焞、谢良佐、张绎、刘绚、李吁、孟厚、朱光庭、邵伯温、程迥，元代许衡、姚枢、姚燧，明代薛瑄、曹端、阎禹锡、白良辅、乔缙、王鸿儒、许诰、何瑭、周道、娄枢、刘泾、崔铣、王廷相、王尚䌹、尤时熙、李士元、谢江、陈麟、董尧封、鲁邦彦、孟化鲤、吕坤、杨东明、杨涧、徐养相、王以悟、张信民、申志深、贺仲轼、吕维祺、刘理顺、王慕祥等。各叙其生平事迹，并评其学问行谊。乾隆年间，尹会一略仿前作，将清初孙奇逢、汤斌、耿介、张沐、张伯行、窦克勤、冉觐祖等七人续入，编为一卷，是为《续编》。《洛学编》的编纂是受到了孙奇逢的影响，汤斌考辨了中州学术发展源流，淡化理学的宗派意识，以宋儒为主，厚程朱而不薄陆王，是学术史上的重要著作。

《理学正宗》是窦克勤编纂的一部宋明理学学术史著作，共十五卷，每卷一人，计有宋代周敦颐、张载、程颢、程颐、杨时、胡安国、罗从彦、李侗、朱熹、张栻、吕祖谦、蔡沈、黄榦，元代许衡，明代薛瑄，共十五人，取每人语录答问及著述之切于讲学者并撰写传记一篇，附以己见，各为一卷。全书对周敦颐《通书》《太极图说》的阐释最为详尽，以朱熹为宗，李侗以上开朱熹之绪，黄榦以下则衍其传，胡安国等人则互相羽其翼。窦克勤在自序中说："后世溯道统正传，必以宋儒为断，而宋儒称孔、孟嫡派，必以周、程、朱子为归。"

《朱阳书院志》是窦克勤为其创办的朱阳书院撰写的专门志书，初辑于康熙三十一年（1692），续刊于康熙四十七年，雍正年间增刻，全书五卷。卷前为窦克勤自序及凡例六条；卷一是图绘、形胜；卷二为沿革、祀典；卷三含条规、学要、戒条、仪注、讲语、记录；卷四为文翰；卷五收录学田和藏书。此书全面记载了朱阳书院的建筑布局、学规、讲语、学田及刻书、藏书等情况，是了解朱阳书院的重要史料。

《豫变纪略》八卷，郑廉撰。郑廉（1628—1710），字介夫，一作戒德，号石廊，晚号柳下野人，商丘人。性倜傥嗜酒，精熟古今历史，下笔千言立就，雄警恢张。《豫变纪略》取材于当时史书、时人奏疏及河南地方文献，并结合自己的亲身经历，实地考察，按编年体排比纪事，详细记载了明天启六年（1626）至清顺治二年（1645）二十年间河南的自然变化与社会进程，重点内容为李自成、张献忠、罗汝才等农民军在河南的活动，是研究明末清初河南历史和农民战争史的重要史料。

《中州学案》是清末学者吕永辉晚年编纂的一部河南古代学术思想史著作。吕永辉（1840—1911），字伯光，号扆青，永城人。咸丰十一年（1861）拔贡，累官四川冕宁、奉节知县，以军功擢同知，再升知府，议叙道员，加二品衔、四品卿衔。擅诗文，以复兴儒学为己任，尤喜兴学造士。任冕宁知县时，修学舍；在奉节，创修少陵书院；告归故里后，重修太丘书院、芒山书院；晚年，受聘开封，创修明道书院。一生著述宏富，编纂《明道书院志》《永城县志》《国朝近思录》《三大统录》等，著《志学录》《笃实堂文集》《四喜楼诗稿》《扆青诗钞》《吕氏家规》《迎銮集》等。吕永辉《中州学案》梳理前代河南学术思想发展史，所收儒者身份丰富，时间上起远古时期的伏羲氏，下讫清末，全书二十四卷，分为四类：卷一至卷四为"道原"类，卷五至卷十一为"传经"类，卷十二至卷二十为"明道"类，卷二十一至卷二十四为"陆王"类。吕退纲在跋中云："《中州学案》一书系先君皋比明道书院时，与诸君讨论问学之余，采访全豫而纂辑成书者也。上自帝王，下至天民……未曾付梓，则先君弃养。纲恐久而遗失，有负先人苦志，兹给手民，以垂永远，用太西石印成编。"光绪二十年（1894）七月，邵松年延请吕永辉创建明道书院。二十六年，又应学使之聘，接替黄舒昺的山长之任。《中州学案》之辑，大约在吕永辉创建和主持明道书院期间，是其一生沉潜儒学、总结河南学术的重要成果。

清代归德府私家史学的另一个成就是家谱的编纂，家谱是一种以表谱形式记载一个以血缘关系为主体的家族世系繁衍及其重要人物事迹的特殊图书载体，与方志、正史并列为中国史学的三大支柱。《商丘宋氏家乘》是今天我们所见到的商丘地区家谱修订较为完善的一种，不仅对研究本地宋氏家族有重要的文献价值，其典型性对于研究商丘地区家谱的编纂特点亦有重要的作用。宋氏族谱的编修肇始于明末的宋沾，继修于明末清初的宋权，定型于清康熙年间的宋荦，集大成于乾隆年间的宋筠。宋筠（1681—1760），字兰挥，号晋斋，又号澹庵，商丘人。康熙四十一年（1702）举人，四十八年进士。在宋氏历代修谱尤其是康熙四十四年宋荦所修十四卷本的基础上，宋筠所修《商丘宋氏家乘》增至二十卷，卷一至卷三为"宸章"，载明清诰、敕、祭文等；卷四至卷六为"谱系"，谱表、小传之外，亦载入"坟图""命名说"；卷七、卷八为"家传"，是宋氏家族亡逝男丁的传记；卷九为"外传"，乃宋氏有德行女性的传记；卷十至卷十二是"载籍"，即公私著述中的宋氏族人事迹；卷十三是"奏疏"，选录宋纁、宋权、宋荦三人有关国计民生的奏疏；卷十四至卷十八为"文翰"，收录碑、传、表、墓志铭等；卷十九为"杂录"，选录宋氏相关纪、庆、吊、赞、颂诸体诗文；卷二十是"享祀"，是关于家族祭祀祖先的原委和规定。全谱详细而全面展示了宋氏家族的历史，文献资料丰富，编排考订谨严，在当时和后世都产生了较大的影响，不仅宋氏后人续修家乘时一遵其例，当时如虞城县叶氏、田氏，商丘县侯氏等家族的族谱亦受到了较大的影响，成为清代归德府家族史的典范之作。

四　戏剧

商丘是豫剧的发源地之一，自清末以来，豫东梆子以它强大的艺术魅力，以商丘为中心，逐渐在豫东、皖北、苏北、鲁西南一带的广大地区里传播，并取得了独尊的地位。

豫东梆子是在昆曲的基础上形成的。作为北曲的元杂剧，到明中叶，虽有一定市场，但已渐趋衰微。明嘉靖年间，昆山人魏良辅引进北曲改造南曲，创造了昆曲（昆山腔）。万历年间，昆曲逐渐传播到大江南北。万历末年，传到豫东商丘，商丘城内沈、宋、侯、叶、余、刘、高、杨八大家族竞相建立自己的家乐（戏班），其中以沈家戏班为最佳。

清中叶以后，八大家族除宋家外，先后衰落，各家戏班相继解体。闲散艺人逐渐脱离了对贵族的依附，走向社会自谋生路。清雍正八年（1730），归德府八班建立，称"府八班"。此时，老八班高雅细腻的风格已不适应高台及旷野的演出,时经百年的演出和探索,至乾隆年间形成了具有本地特色的豫东梆子。豫东梆子腔形成以后,其甩腔"讴"声重,人们称之为豫东"讴",素有"讴三圈"之说,为广大人民喜闻乐见。宣统年间,艺人张炳创办归德十三科,培养出很多名艺人。其中优秀艺人桑殿杰致力于豫东梆子"讴"声甩腔的革新,他主演的《贺后骂殿》《对花枪》《老征东》等剧,创造设计出包括"二八"连板在内的一套新颖的唱法,颇受群众好评。

五 科技

随着商品经济的发展和中外交流的频繁,科技到了清代也有了较大的进步。归德府虽僻居豫东一隅,但一些知识分子在数学、医学等科技领域也取得了一定的成绩。在数学方面,柘城人李子金和杜知耕、睢州人孔兴泰等三人是当时著名的数学家;在医学领域,夏邑人杨璿影响较大。

李子金(1622—1701),初名之铉。鹿邑后罗村籍(今属柘城皇集乡罗李村),补柘城诸生。幼聪颖博学,明亡,专精汲古,究心于律吕、历法、声韵之学,尤精算学,心有权度,不用丈尺量。游京师时,与客聚饮,客指邻家楼问以高几许、四方几许,李子金以目测心算,令客人丈量,悉如其所言。所著《隐山鄙事》,含有《律吕心法》《书学慎余》《算法通义》《天弧象限表》《几何易简集》《历范》《闲居五操》《传声谱》《解环谱》《周易后天图说》《狂夫之言》《蛩吟录》,凡十二种。其中属于数学方面的著作有三种,集中体现了他的数学思想和成就。《算法通义》五卷,成书于康熙十五年(1676),此书以《九章算术》的体例又加上自己的见解而写成,如卷一详细介绍勾股术在测望中的应用,卷五则用他创立的"四差法"和"弧背求弦新法"进行天文历法的计算,这就让初学者能够明其法而又能明其义。《几何易简集》四卷,成书于康熙十八年,是在对《几何原本》和《几何要法》两书删削注解的基础上编辑而成，卷一主要讨论《几何要法》，卷二讨论《几何原本》，从卷一中选取几个基本定理，详加探讨，卷三、卷四则重点讨论"几何作图"，尤对"神分线"（即黄金分割线）十分关注。此书不仅对欧几里得有独到的阐释，而且也表现出试图理解《几何原本》结构的努力。《天弧象限表》二卷，成书于康熙二十二年，此书是在西方割圆八线表的基础上，变通其数，省约其文，写作而成。

杜知耕（1654—？），字端甫，号伯瞿，柘城人。康熙二十六年（1687）举人。杜知耕出身书香仕宦之家，祖杜齐芳，父杜行恕，皆有名当时。年少即遍读经史典籍，于天文地理、律吕历法、声韵诗歌、医学无所不窥，尤究心于数学。又与李光地、梅文鼎、孔兴泰、吴学颢游，于梅文鼎尤笃，书简往复，学问日渐精进。时利玛窦、徐光启所译欧几里得《几何原本》刊行京师，京师诸君子，无不望之反走，或掩卷不读，读之亦茫然而不得其解，杜知耕则寓目辄通，冰释而无所凝滞。他在《几何原本》的基础上，增删数条，提出了一些自己独到的见解和论题新法，并新增了十题数学新论，撰成《几何论约》七卷，此书汇通中西数学，是《几何原本》在中国向现代教科书形式过渡的第一部著作。杜知耕的另一部数学著作《数学钥》在当时也占有重要地位。此书共六卷，在中国古代数学原理的基础上，吸收了西方学者数学研究的方法，《清史稿·杜知耕传》记云："言数非图不明，图非指不明，图中用甲乙等字作志者，代指也，故其书于图解尤详。"李子金称此书为"前此未有之书"，梅文鼎则称"《数学钥》图注九章，颇中肯綮，可为算家程式"（《四库全书总目提要》）。

同时稍后的睢州（今睢县）人孔兴泰（生卒年无考），字林宗，师从李塨，也是一位融会中西的数学家。他对清代数学理论有着较深入的研究，并产生了较大的影响。他的主要数学著作是《大测精义》一书，提出了求半弧正弦法，其方法和步骤与著名数学家梅文鼎的《正弦简法补》不谋而合，有异曲同工之妙。

清代归德府的医学也取得了较高的成就，其中影响最大的是杨璿。

杨璿（1706—1796），字玉衡，号栗山，夏邑人。乾隆年间贡生，屡试不第，遂弃文从医，他结合一生的医疗实践，于乾隆四十九年（1784）完成了《伤寒温疫条辨》一书六卷九十二则。杨璿继承和发挥了吴又可的《温疫论》中的杂气学说，他的温疫病理论也深受张仲景、喻昌、张璐等人的影响和启发，但能够师古而不泥古，结合自己的临床实践经验，创制出辛凉透邪、清热解毒、攻下逐秽、导赤泻心等具有较高临床价值的温病清热十五方。以升降散为总方，本于升清降浊之旨，温病之轻者用消法，以神解散、清化汤、芳香饮、大小清凉散、大小复苏饮、增损三黄石膏汤为主；重者用泻法，以增损大柴胡汤、增损双解散、加味凉膈散、加味六一顺气汤、增损普济消毒饮、解毒承气汤为主。十五方中，共用药六十味，均以僵蚕、蝉蜕为主药，取僵蚕、蝉蜕以升阳中之清阳。黄连、黄芩、黄柏、大黄、姜黄等苦寒之品，仅次于僵蚕、蝉蜕，取其清热解毒、逐秽作用，以降阴中之浊阴。[1] 杨璿善用黄连，突破了吴又可治温疫畏忌黄连的禁区，对温病临床治疗做出了重要贡献。《伤寒温疫条辨》刊刻后流传较广，对后世中医理论与实践产生了较大影响。

---

[1] 王予英：《杨璿和〈伤寒温疫条辨〉》，《杏苑中医文献杂志》1994 年第 2 期。

第十四章　北洋军阀时期

1912年1月1日，中华民国成立，由于时间短暂，在地方建置上仍沿用清制。商丘在地方建置上，保留归德府旧制。

为加强统治，避免地方权力过大及省长民选的威胁，袁世凯上台后，决定调整地方建置，对行政区域实行分级管理，以行使中央统治权。1913年，北洋政府颁布《划一现行各省地方行政官厅组织令》《划一现行各道地方行政官厅组织令》《划一现行各县地方行政官厅组织令》，原来的府、州、厅制改为省、道、县三级制，省下设道，道下再辖县。河南省共设置四个道，即豫东道、豫西道、豫北道、豫南道。归德府于1913年2月被裁撤，睢州改为睢县，归德府各县归属豫东道。

1914年6月，豫东道改名为开封道，豫西道改名为河洛道，豫北道改名为河北道，豫南道改名为汝阳道。其中开封道下辖开封、陈留、杞县、通许、尉氏、洧川、中牟、兰封、鄢陵、禹县、密县、商丘、新郑、宁陵、夏邑、鹿邑、虞城、永城、睢县、考城、柘城、淮阳、商水、西华、项城、沈丘、太康、扶沟、许昌、临颍、襄城、长葛、郾城、郑县、荥阳、荥泽、河阴、汜水共38个县。位于今天商丘境内的则有商丘县、宁陵县、夏邑县、虞城县、柘城县、睢县、永城县，以及杞县的一部分地区。

在地方行政官吏的设置上，省设巡按使，道为观察使（1914年5月改称道尹），县设知事。巡按使由中央政府任命，管辖省级民政及巡防警备。道尹由省巡按使任命，掌管一道行政事务，并监督财政、司法、节制巡防、警察等事宜。

第一节 动荡不安的社会民生

20世纪初，清政府统治摇摇欲坠，新政改革陷于绝境，革命党人领导的武装起义和人民群众的反清斗争此起彼伏。1911年10月10日，武昌起义爆发，各省奋起响应，先后有十四省区宣告独立，清政府的统治土崩瓦解。1912年元旦，中华民国宣告成立，孙中山在南京宣誓就任临时大总统。经南北议和，3月10日袁世凯在北京宣誓就任中华民国临时大总统。袁世凯上台后，一意谋求个人专制统治。经过镇压二次革命，北洋系军阀从此独掌北京政府。袁世凯凭其军事强人地位，建立个人独裁，废弃辛亥革命后建立起的各项民主政制。1916年6月6日，妄图称帝的袁世凯在人们的反对声中病死，称帝闹剧结束，之后民国进入北洋军阀割据时期。

河南是军阀之间争夺的目标。1912年袁世凯派其兄嫂之弟张镇芳任河南都督。张镇芳为人贪婪，在袁世凯的指使下，极力镇压革命党人。两年后张镇芳被袁世凯以剿匪无方、乱杀青年之由罢职。赵倜因镇压白朗起义有功，被袁世凯委任为河南都督，后又兼任省长，独揽大权。赵倜在位时极尽搜刮，谋取私利。1922年5月，因赵倜被直系军阀打败，冯玉祥任河南督军。冯玉祥在河南颁布"治豫大纲"十条，兴利除弊，励精图治，却引起直鲁豫巡阅使吴佩孚的不满。1922年11月，吴佩孚手下的师长张福来为河南督理，参谋长李继臣为河南省长，吴佩孚完全控制了河南。1924年底，直系垮台后，国民二军军长胡景翼率部进驻河南，任河南督办。1925年4月，胡景翼病逝，继任省长的岳维峻背弃胡景翼的三大政策。1926年3月吴佩孚打败岳维峻，任命靳云鹗为河南督军，河南又重新置于直系军阀的统治下。军阀在争夺河南地盘中，不仅极力扩充武装，搜刮民财，横征暴敛，而且践踏民主原则，杀害革命党人，人民深受其苦。

商丘名义上进入民国，但延续的依然是封建统治，只是官职变个称呼。知县改为县知事，处理政务继续沿袭陈腐的清朝惯例，比如升堂要喊堂威，出门仍摆旧时仪仗，耀武扬威，兴师动众。县衙门改名为县公署，但内部旧衙门的三班（快班、壮班、皂班）和六房（吏房、户房、礼房、兵房、刑房、工房）照旧。在这种统治下，革命被镇压，毫无民主可言。睢县同盟会会员马变三、苗铁峰等响应倒袁运动，结果苗铁峰遭通令缉捕，马变三被逮捕，死于狱中。1912年睢县进行议会选举，地方势力刘孝秉、蒋茂苹、殷绍文与县知事孙绍宗勾结，百般抵制和破坏，在投票时制造殴打事端，迫使选举中断。议会筹办人徐其恪是清末咨议员徐兆璋之子，另一筹办人齐真如是辛亥革命的积极参加者，他俩为此赴开封控告，不想反被撤去筹办员职务。9月，县知事孙绍宗假新政之名，任命劣绅汪瑞洵、郝初登任"筹办所"所长，操纵举行了第二次议会选举。他们选出20名议员，成立议会。随后的公款局、车马局等局、所，皆由他们把持，这些局、所之人不办公事，被时人评为"饭食醉饱之人"。不久县议会和各局、所被新任知事解散，但公款局撤销后又恢复，以便于搜刮民财。1915年接着筹办选举，公款局局长为筹办所所长，结果"有骨格、有品望人无一当选。唯注意复选时卖票发财辈，皆踊跃争先"。①

军阀为筹集军饷，为中饱私囊，苛捐杂税名目繁多，摊派不断。当时商丘除按人口、土地计算的赋税外，其他捐税（费）不下40种，可以说"天天有税（费），样样有捐"。②1915年物价暴涨，11月小麦一斗二元七角，一月之内涨至五元四角，人民苦不堪言。1920年，赵倜将捐税征银改为征收大洋，被称为"改两征元"，议定每丁粮银钱一两，改征大洋两元，加收火耗费两角，仅此一项，多征五成多。各县设立钱局，

---

① 睢县志编纂委员会：《睢县志》，中州古籍出版社1989年版，第17页。
② 中共商丘市委党史研究室：《中共商丘党史》第一卷，河南人民出版社1998年版，第6页。

代农户把铜钱换成大洋。在睢县,劣绅刘孝秉见有利可图,开办"原生德"钱局,伯党集的马振川开办"元泰隆"钱局,趁机克扣群众大量钱财。驻军营长牛登仁伙同劣绅以筹饷为名,将田赋由1926年预征到1936年,又在每亩加丁银一元一角,另加厘金税等,每亩实征五元有余。商丘、睢县、夏邑、永城、鹿邑、柘城设立征收局后,与县府和商会相勾结,无故实行高税额征收,每百元货收税两元五角,最终激起民愤,全部商店罢市以示抗议。①

兵变和溃兵抢劫使商丘民无宁日。军阀为扩充军队,不断拉夫抓丁。由于军饷等问题,士兵哗变时有发生。1922年5月17日,商丘遇兵变之害,士兵"肆行抢掠,城内商号无一幸免,并且到处放火,东西南北大街,所有市房,多成灰烬,直至十八日天明,始行捆载而逸。统计城内商民,除焚死数十人不计外,其损失财物,合洋为数实达一百一十余万元"。②兵变加剧匪祸的猖獗,因缺饷而离队的士兵生活无着,许多人沦为土匪。曾任归德镇守使的宝德全死后,其部下大部分士兵哗变为匪,在永城、夏邑、虞城、宁陵等地,几乎无城不破,无村不烧。③土匪打家劫舍,勒索钱财,严重危害百姓的生命财产安全。除兵变带来的灾难外,还有溃兵骚扰地方。溃兵过境时都要乘机勒索钱粮,河南督军赵倜被冯玉祥击败、陕军李纪才部被靳云鹗军击败时,他们的残部溃退途径睢县,如同蝗虫过境一般,搜刮百姓的钱粮。

在农村,土地兼并日益严重。据当时商丘、虞城、永城、柘城、睢县、宁陵六县统计,占农村总户数9.45%的地主和富农拥有农村80%以上的土地,而90%以上的农民,仅占有不足20%的土地。④农民不得不耕种地主的土地,赖以为生。除交地租外,还有各种捐税、高利贷等的

---

① 《豫东归德拒税罢市》,上海《申报》1923年12月13日。
② 汪朝光:《中国近代通史》第六卷,江苏人民出版社2009年版,第456页。
③ 《豫乱尚未能平静》,长沙《大公报》1922年6月2日。
④ 中共商丘市委党史研究室:《中共商丘党史》第一卷,河南人民出版社1998年版,第6页。

盘剥,而瘟疫、水灾、旱灾、虫灾等天灾又连年不断。1922年豫东遭遇的水灾尤为严重,当时流民遍地,无处可栖,"汴东商、虞、永、夏等十余县,地处边陲,连遭水旱……东属淫雨为灾,为期两月……田禾漂没,房屋倾倒,除高地秫粮尚可收十分一外,余则籽粒毫无。树叶草根,掘剥殆尽。灾民昼无所食,有杀子作餐饕者;夜无所宿,有全家溺水者。嗷嗷遍野,数达三十万。扶老携幼,辗转流离,鹄面鸠形,几非人类",① 境况十分凄惨。人祸天灾严重破坏生产力,人民生活日益艰难,社会矛盾尖锐。

第二节 五四运动与商丘人民的觉醒

1918年11月,随着德、奥等同盟国的战败,历时四年之久的第一次世界大战结束。中国虽未参战,但是作为战胜的协约国之一,希望就此可以摆脱列强欺凌的局面。1919年1月,美、英、法、日、意等战胜国在法国巴黎召开解决一战善后问题的国际会议,中国政府代表要求德国归还在山东的租借地、胶济铁路以及其他权益,提出废除"二十一条"等不平等条约,均遭会议拒绝。列强反而将德国在山东掠夺的权益全部让与日本,并写进《凡尔赛条约》。中国在巴黎和会上的外交失败及《凡尔赛条约》关于山东问题条款的内容传到国内后,举国愤怒,北京学生情绪更是激动。5月4日,3000多名学生齐集天安门,举行集会演讲和游行示威,形成声势浩大的五四爱国运动。"五四"以后,各界群众在北京学生的带动下,积极行动起来,举行示威、罢工、罢市,爱国运动席卷全国。

5月9日,省立商丘县中学和县高小的两校学生开始上街游行示威,率先发起声援北京学生的爱国运动。在省会开封学生联合会通电下,

---

① 《豫东水灾之惨状》,上海《申报》1922年3月20日。

永城第一高等小学堂高年级学生韩子黎、吴秀松等，联合城乡各学校，在县城中华圣公会门前集会，举行罢课游行，会场上学生"外争国权，内惩国贼""拒签合约""废除二十一条""抵制日货"的呐喊声响彻云霄。睢县、夏邑等县的学生也先后集会游行，开展反帝爱国斗争。

6月以后北京学生运动再掀高潮，上海的学、工、商群起响应，工人阶级举行大罢工，声援学生的爱国运动，并成为运动的主力，斗争的中心也由北京转移到上海，五四运动发展到全民爱国运动新阶段。

全民爱国运动进一步促进了商丘人民反帝爱国意识的觉醒，工、农、商联合起来成立了公民爱国会，领导商丘的爱国运动向纵深发展。

抵制日货、提倡国货是商丘声援五四运动的重要行动之一。学生一马当先，走出校门，在各个商铺查验，发现日货即予砸毁或烧掉。在学生的影响下，商界成立国货维持会，与学生联合会一道查禁、没收日货。1920年1月7日上海《民国日报》刊登归德通讯："闻日货被焚者甚多，排货运动颇有效。以学生而握超出军警之权力，殊为可异，官员亦不禁止，一般人对于日本恶感甚深。"1920年5月10日《新中州报》报道："商丘县中、高小两校生，于日昨排队沿街游行演说，抵制日货。适行至华昌号，见其架上劣（日）货堆积累累，遂一拥向前，砸毁劣货约值一千余元。并闻各校生不日在公民爱国会开议该商号，处以相当之罚款，可谓热心爱国矣。"5月21日又报道："商丘县国货维持会、学生联合会，日昨在估衣街德义同布庄查获劣（日）货白竹标九匹，当经扣留。除收此劣货充公外，并罚以大洋三十元，以示惩儆，且张贴通衢，俾众周知矣。"

在提倡国货的倡议中，学生们更是身体力行。1920年10月17日《新中州报》报道："商丘县立高等小学校学生手工精致，极为可观，惟所制之信笺、信封尤为特色。该校生所用之纸纯系国货，纸料洁白，印刷精良。信笺上注有'高等小学校学生制品'字样。该校长张君将此信笺分赠学务各机关传观。刻下该校生鉴于赴商购置信笺者多洋纸，国货信笺若不贩卖销售，何以提倡国货，现已在该校设立国货信笺贩卖部云。"

商丘人民还积极参与收回路权的活动。一战期间，日本趁比利时、意大利等国无力经营陇海铁路的修筑，通过陇海路督办施肇曾等，要求修筑洛阳至潼关段的铁路，消息传来，引起河南各界人士的强烈反对。1919年8月11日，商丘各界群众举行国民大会，公民爱国会的陈中英等通电北洋政府，表达了要求收回路权、严惩施肇曾的坚决态度。

在收回洛潼铁路修筑权的运动后，又于1923年参加了"争国权、收旅大"的反日爱国运动。旅顺、大连在1898年3月被沙俄政府强行租借，租期25年。1905年，沙俄在日俄战争中战败，被迫把旅顺、大连的租借权转让给日本。1923年3月租借期满，但日本政府拒不交还租借地，还援引"二十一条"，要求将旅顺、大连的租借期延展为99年，这激起了全国的反对。商丘县省立第三中学收到省学生联合会关于日本租借旅、大期满不还的传单后，立即派代表到国民高小、师范讲习所以及各机关进行宣传联络，发动声援力量，于3月31日在城隍庙召开国民大会，声讨日本的侵略行为。睢县师范讲习所、国民小学等校的师生在睢县学生联合会发动下，积极投身到这场捍卫国家主权的反日爱国运动中，呼吁同胞"勿观望失机，以任彼族之吞食也"。

在这场具有划时代意义的五四爱国运动中，商丘人民积极响应，开展了各种支援行动。虽然规模有限，但却对商丘产生了巨大的影响。首先，群众的反帝爱国民主意识开始觉醒。时任美国驻华公使的芮恩施这样评价五四爱国运动："从巴黎和会决议的祸害中，产生了一种令人鼓舞的中国人民的民族觉醒，使他们为了共同的思想和共同的行动而紧密地结合在一起。"[1]

其次，推动了新思想、新文化的传播。五四运动之后，商丘县师范

---

[1] ［美］保罗·S.芮恩施：《一个美国外交官使华记》，李抱宏、盛震溯译，商务印书馆1982年版，第285页。

讲习所、女子小学、半日制学校、讲演团等先后成立和开办，培养了一批进步知识分子。他们宣讲新思想，积极从事爱国和新文化活动，给商丘带来了新的气息。1921年冬，永城进步青年徐九经、韩子黎、盛税堂等成立青年演讲话剧团，后改为宣讲话剧团。他们演出《贫民泪》《孔雀东南飞》《河神娶妇》等文明戏，向群众宣传民主，揭露封建迷信。话剧团所到之处，刮起了一股新思潮的暴风。

最为重要的是，在商丘开展的爱国运动唤醒了进步知识青年的觉悟。先进的青年知识分子走出商丘外出求学，他们逐渐接受了马克思主义，将寻求到的真理和救国之道通过各种渠道向家乡传播。其中一部分人返回家乡从事革命活动，成为革命的中坚力量。这样，五四运动促使了马克思主义在商丘的传播，撒下了商丘无产阶级革命的火种，为中国共产党在商丘的建立和发展准备了骨干力量。

第三节　早期工人运动与商丘中共党组织的建立

随着近代工业的发展，商丘出现了早期的产业工人。陇海铁路途经商丘，1913年在商丘县朱集镇设火车站，为朱集车站[①]（今商丘站前身），这是陇海铁路线上的一大分站。随后法国和比利时等国在此兴办机器厂和邮电实业，雇佣一批商丘工人。1919年商丘人自己创办的棉花加工厂在商丘开办，规模较大的有"裕华""振华"两厂，轧花机达数十架之多，均采用半机械化生产。接着华明电灯公司、大同汽车公司和一些卷烟厂、毛烟厂也陆续创办，雇佣了大批工人。这些工人的工作时间长，劳动强度大，工资却极低，而且工作条件差，没有安全保障，伤亡事故时有发生。通货膨胀带来的货币贬值再加上克扣工资，工人们的生活极其困苦，有的甚至难以为继。为反抗帝国主义、封建主义

---

① 1922年改名为归德车站，1928年改名为商丘县车站，1933年改名为商丘车站至今。

和官僚资本主义的压迫和剥削，为争取经济权益，工人们开始了斗争。商丘最早的工人运动是朱集火车站铁路工人发起的，他们参加了陇海铁路工人大罢工。

陇海铁路主要靠向法国、比利时借款修筑，建成通车后，法、比在铁路沿线各站派驻大量的高级管理、工程技术和财会人员，控制了全路的行政和财政大权。工人在他们的管理和监督下，像牛马一样被任意驱使、侮辱和压榨，据当时调查：陇海铁路工人年工作日在340多天，每天工作时间10—12小时，所得报酬每月4—12元，终年不得温饱。加之军阀势力的插手，工人遭到层层经济剥削和压迫。朱集车站是陇海铁路上的一个大站，是全路机务工人七大集中地之一，工人生活艰苦，反抗情绪强烈。

1921年11月17日，洛阳站西厂发生了洋人殴打工人马玉田事件，加上之前8日徐州站的"八号门"事件，[①]工人忍无可忍，决定反抗洋人的欺凌和虐待，以"争人格""光国体"。在游天洋的领导下，洛阳全厂成立罢工委员会，派代表分赴郑州、开封、商丘、徐州各大站联络，定于20日实行全路同盟罢工。

朱集车站机务车间工人程胜贤（安徽桐城人），是工人中秘密组织老君会的负责人，也是安徽帮的头领，人称"程总管"。他技术精湛，豪爽仗义，威信很高，经常组织工人秘密集会，传阅马克思主义刊物《工人周刊》和《劳动周刊》等，启发工人觉悟。程胜贤与前来联络的代表商议对策，对徐州、洛阳两站工友的斗争极为同情，为支援工友斗争，工人们推举程胜贤为领导商丘站罢工的负责人，选派王连陞前往洛阳参加罢工委员会工作，决定参加11月20日的全路大罢工。

1921年11月20日，全路大罢工开始。在朱集车站全体工人举行

---

① 1921年，陇海铁路机务总管法国人若里，为了限制工人自由，在机厂大门设置唯一出口——八号门。这道门开关时间完全由洋雇员定，进了八号门如同进监狱，工人们称此门作"鬼门关"。1921年11月8日下午，到了下班时间，工人准备出厂回家，但守门者称"奉洋人之命，不得通过"，工人与守门者发生争执，两名工人被拘押并开除。

的罢工誓师大会上，程胜贤揭露和控诉法国机务总管残酷虐待工人的十大罪状，表示不达罢工目的绝不复工。22日，王连陛出席在洛阳召开的罢工委员会紧急会议，会议通过了坚持罢工、争取胜利的八项决议。决议传达到朱集车站后，工人们的斗志更加坚定。经过七昼夜声势浩大的全线斗争，铁路当局被迫接受了工人复工的全部条件。当王连陛将罢工委员会下达的复工命令通知朱集车站时，工人们一片欢腾。27日清晨，在程胜贤的组织下，欢欣鼓舞的工人们举行庆祝大会和通车仪式。罢工的胜利显示了工人阶级的斗志与力量，揭开了商丘工人运动的序幕。

罢工结束后，为统一全路工人组织，进一步明确斗争任务，首届陇海铁路工人代表会议于12月在开封召开。程胜贤、王连陛作为朱集车站工人代表出席了会议，并当选为"陇海铁路总工会执行委员会"委员。

陇海铁路大罢工是在中共党组织和全国劳动组合书记部北方分部的领导下进行的。1921年8月中共在上海成立中国劳动组合书记部，接着在北京成立了中国劳动组合书记部北方分部，由罗章龙负责。陇海罢工开始后，中共北方区委负责人李大钊派罗章龙前往领导工人斗争。罢工胜利后，李大钊写信给罗章龙，称道："陇海铁路捷报先传，东起连云，西达陕西，横亘中州，震动畿辅，远及南方，这是我党初显身手的重大事件。"罢工结束后罗章龙准备动身返京，游天洋建议罗沿陇海线东行，以检查指导各站基层工作。罗章龙在游天洋、王符圣等人的陪同下，巡视商丘、徐州等地车站。当到达商丘朱集车站时，程胜贤已率领数百工人迎接。当晚，罗章龙在全体工人大会上阐述了工人阶级联合起来建立统一的产业工会的必要性，要求工人团结一致，建立工会组织，加强斗争力量。会后，在罗章龙等的协助指导下，车站工人便依照洛阳工会规模，建立了归德铁路工会，由程胜贤任会长，这是商丘第一个工人组织。经过罢工锻炼和考验的程胜贤、王连陛、姚鼎三等工人领袖经罗章龙介绍加入中国共产党，建立商丘朱集车站党组织，由程胜贤负责，受北方区委领导，它的成立标志着商丘社会革命崭新的一页，是中国共产党领导商丘工农运动的开始。

1923年2月初，车站党组织和工会选派两名代表列席了京汉铁路总工会成立大会，参加了著名的"二七"大罢工。在车站工人罢工的影响下，商丘的工人开始为自己的生存与资本家展开斗争，尤其是商丘县烟厂工人的斗争最为突出。当时商丘县卷烟业比较发达，建有十余家烟厂。这些烟厂大小不一，有的多达百余人，具有一定的规模，但工作环境差，劳动强度大。为了生存，为了反抗剥削和压迫，各烟厂工人经过秘密串联和讨论，决定罢工，以提高工资，改善生活条件。1923年2月19日各烟厂250多名工人开始罢工，要求厂方答应条件。厂方拒绝，以解雇罢工工人、雇佣新工人进行对抗。为使罢工斗争坚持下去，工人们成立了工会和互助会，相互救助和支持。半个多月后，厂方终于答应了要求，罢工取得完全胜利。烟厂工人的罢工斗争显示了工人的决心和团结，是继铁路工人罢工后的新发展，在商丘工人运动发展史上抹下了浓重的一笔。

1926年秋，罗章龙再次来河南视察工人运动，仍沿陇海铁路东行，巡视开封、商丘、徐州等地。到达商丘后，接见了车站工会负责人。1927年5月，商丘县党组织负责人徐华章、叶成宪多次联系商丘车站党组织和工会，开展工人运动。当年7月，冯玉祥公开反共，归德铁路工会被封闭。

第四节　五卅运动在商丘

1925年5月15日，上海发生了内外棉七厂工人顾正红被日本资本家枪杀的事件，激起了工人的义愤，上海日商各纱厂中国工人罢工以示抗议。中国共产党决定发动上海各阶层群众，共同反对日本帝国主义。5月30日，学生在租界举行游行演讲，声援工人，期间遭到武装巡捕开枪射击，由此造成震惊中外的五卅惨案。在中共的领导下，上海的工人、学生、商人展开了轰轰烈烈的"三罢"运动,并迅速席卷全国,各地各阶层民众纷纷举行反帝示威游行,为援助五卅运动而发生的罢工多达135次,罢工工人总计50万人,波及到全国大约600座城镇,涉及近百个国家和地区的华侨。

6月中旬五卅运动消息传到商丘,民众十分同情和支持上海人民所发起的罢工、罢市、罢课的斗争,尤其是商丘省立第三中学的师生率先响应,他们走上街头,张贴标语,举行示威游行,高呼"打倒英帝国主义""对英日经济绝交""顾正红精神不死""为死难者复仇"等口号,谴责和声讨英、日帝国主义的残暴罪行,并通电全国,言"五卅惨剧,空前奇辱,凡有血气,同深愤慨。同人不敏,愿竭声力为之援助。除联合绅、商、工、学各界,协力共谋抵御外,特此电闻。并祈全国同胞,一致奋起,不达雪耻目的不休。挥泪述词,伏维亮察"。① 表达了与全国人民一道共同反对帝国主义的决心。游行结束后,学生又分组到街头、巷口宣传演讲,号召各界民众行动起来。6月19日,在学生的宣传影响下,全城工人罢工,学生罢课,商人罢市,近万人在城隍庙参加对英日外交后援大会,大会提出三项后援措施:(1)救济上海罢工工人;(2)唤醒民众爱国;(3)力行经济绝交。接着各界代表演说,听者无不动容。最后,由学界演出《黄埔泪》《爱国血》新剧,揭露帝国主义的罪行。

在睢县,郭景尧等策划成立了睢县学生联合会。6月17日早晨在联合会的领导下,县城的大街小巷贴满了"声援上海工人罢工""反对英日帝国主义"的标语。来自睢县第一高小、睢县师范讲习所、睢县女校、信义会小学、圣公会小学和睢县东门里初级小学等六所学校千余名师生,左臂缠着"顾正红精神不死"字样的黑纱,右手擎三角彩旗,沉痛哀悼顾正红等死难者,其后举行示威游行,沿途队伍高唱:"英国人,真可恼,唆使巡捕放枪炮。中国民,急忙跑,不知打死有多少","日本人,

---

① 1925年6月17日上海《时事新报》,转引自河南省地方史志编纂委员会:《五卅运动在河南》,河南人民出版社1986年版,第157页。

真是凶,杀死工人顾正红。学生界,抱不平,屡抗强权大游行",路过群众和沿街市民深受感动,纷纷加入游行队伍,游行队伍还在天主堂、圣公会门口高呼"打倒帝国主义""取消不平等条约""争取民族独立"等口号。

游行示威后,学生联合会在各校建立检查英、日货物小组。每组设七八位检查员,右臂佩戴"抵制日货"的蓝字白底臂章,沿街逐店检查,发现日货,即勒令停售,不听劝阻者,则罚款没收或将货物当众销毁,该活动持续数月之久。

在永城,以进步青年组织的"太丘读书社"为核心,组织人员深入乡村广泛宣传。6月下旬,学生罢课组织游行示威,同时查禁日货,商人罢市声援五卅运动。6月21日永城各界联合会成立,开展募捐,救济上海罢工工人。驻永城的河南陆军第五混成旅步兵第一团积极响应,捐款50元汇往上海,该团致电:"此次罢工牺牲重大,非有捐助,断难持久……容俟募有成数,即由该会汇寄。特先奉闻。"① 在柘城、夏邑等地,也相继展开了声援五卅运动的反帝活动。

商丘兴起了以买国货、用国货为荣,买日、英货可耻的风气。工商各界制定了检查日、英货物销售及使用的处罚办法。为了督促执行,省立三中于7月16日成立了对日经济绝交抗日救国后援会,简称外交后援会。外交后援会成立后,积极开展工作,推出朱集商会分会两人,负责查检车站运输。8月31日,商丘外交后援会在车站东的马牧集(今虞城站)查获了徐州运来的英、美烟草公司的纸烟六十余箱,约值两万元,当即扣留,并专门派代表杨保初、蔡铭典到开封,请河南省国货维持会予以处置。②

---

① 《申报》1925年6月26日,转引自中共河南省委党史资料征编委员会:《五卅运动在河南》,河南人民出版社1985年版,第403页。
② 《河南通俗教育报》1925年9月5日,转引自中共河南省委党史资料征编委员会:《五卅运动在河南》,河南人民出版社1985年版,第403页。

这场以学生为主的爱国运动在商丘持续长达两个月之久，显示出商丘学生运动规模的不断壮大。恽代英指出："五卅以前，中国还有好多人不知道为什么要反对帝国主义，就是一般有知识的学生，也不十分明白反帝国主义的意义……但经过五卅运动以后，反帝国主义的空气就普及于全国，大多数人都知道了。"① 对五卅运动的声援，使商丘人民认识到反帝的重要意义，也充分体现了反对帝国主义的坚强决心，为革命运动的开展打下了思想基础。

第五节　农民的反抗——睢县红枪会的斗争

富有革命斗争传统的商丘人民为了生存，曾经举行过无数次反抗压迫的英勇斗争。毛泽东说："地主阶级对于农民的残酷的经济剥削和政治压迫，迫使农民多次地举行起义，以反抗地主阶级的统治。"② 进入民国后，军阀连年混战，匪患猖獗，农民的斗争一直持续不断。早在1912年就有虞城、夏邑、永城农民武装起义。虞城县应得胜、窦玉福率众 5000 余人起事于十里岗，永城县窦金山率众千余人围攻永城，夏邑农民数千人攻破鼎新集（杨集）、牛王堌、马牧集等处。这些斗争虽然都失败了，但农民的反抗并未停止。20 世纪 20 年代，河南兴起红枪会运动，红枪会组织遍布全省。红枪会始于民国初年，是以"御溃兵、防土匪、卫身家"为号召自发形成的民间结社，其渊源可追溯到清朝嘉庆年间的八卦教，到光绪年间又演变为大刀会、红灯照等民间武装团体，红枪会则继承了这些团体的特点。约在 1917 年前后，红枪会传入豫东、豫东北的一些县区，1920 年遍布整个河南。在商丘，睢县的红枪会最为活跃。

---

① 恽代英:《五卅运动》，见上海社会科学院历史研究所:《五卅运动史料》第一卷，上海人民出版社 1981 年版，第 15 页。
② 毛泽东:《中国革命和中国共产党》，文字改革出版社 1959 年版，第 9 页。

1925年6月，睢县李康河村李西峰从杞县请来武术师，成立红枪会，自任团长。到1926年初，睢县红枪会组织遍及全县，共有二十多个团，每团数百人到几千人不等。会员大部分是贫雇农，也有富农或中小地主，团长一般是具有一定社会地位和声望的人。《河南文史资料》记载："睢县西乡杜土楼一带约三十几个村庄，成立一个团，公推杜来山为团长。县南苗楼一带三十几个村成立一团，公推马集勋为团长。县西北老铁岭一带二十几个村成立一团，公推吴绍周为团长。县北龙潭岗一带二十几个村成立一团，公推白汝芬为团长。县西接近杞县境内的李康河一带二十几个村成立一团，公推李西峰为团长，他们经常互有联系。"① 红枪会的成员白天各自劳动，晚上聚集练功习武，练功时要焚香跪拜，喝朱砂，念咒语。他们认为练好功夫，就可以刀枪不入，辟邪灭妖，保卫自己和家人。在军阀的横征暴敛下，睢县红枪会开始联合起来展开抗捐抗税的斗争。

1926年3月，直系军阀李鸿鑫第三混成旅机关营进驻睢县县城。因营长姓牛，故称牛营。营长牛登仁，小名牛朋，河南洛阳人，清末随父来睢县，在粮行当伙计，后行贿李鸿鑫当上了营长。来到睢县后，他勾结劣绅，"与兵差事务所何洪绪、汤知原等人串通一气，多派军款，收买生铁，在南街邓宅设炉，铸造枪炮，以每支枪30元的价格售给事务所。又在北街杜宅制造金丹药丸（毒品），以每包铜元一百枚的价格出售，大发横财"。② 田赋丁银方面，每亩地附加枪炮捐一元，再加上地方行政费、公安费、建设费、教育费、自卫费等，农民的捐税由原来折洋2.2元增加到5元以上，田赋丁银从1926年预征到1936年，交不起捐税者，便以"通匪""抗捐"问罪。牛营的士兵驻城是兵，下乡似匪，横行乡里骚扰地方。红枪会首领杜如珩、苗铁峰等联名请愿废除枪炮捐，

---

① 中国人民政治协商会议河南省委员会文史资料研究委员会：《河南文史资料》第十辑，1984年，第89页。
② 睢县志编纂委员会：《睢县志》，中州古籍出版社1989年版，第18页。

遭到拒绝。他们又派人到洛阳与吴佩孚交涉，再遭拒绝。牛登仁得知后，拘禁了其中的参与人员。牛登仁的胡作非为激起民愤，遂有红枪会的"打牛朋"之举，导火线是"娄拐惨案"。

1926年初，吴佩孚的直鲁联军与岳维峻的国民二军在河南展开激战，吴佩孚派人拉拢杞（县）、通（许）红枪会首领娄伯寻，许以官职和减免杞、通一带捐税让娄伯寻驱逐过境的国民二军。事后吴佩孚背弃许诺，两地的捐税反比以前更重。娄伯寻愤而带领红枪会抗捐抗税，睢县西南红枪会首领徐仲乾等响应。5月初，吴佩孚密令李鸿篙的第三混成旅洗剿杞、通红枪会，牛登仁率部前往协剿，双方展开激战，睢县西与西南的红枪会前去支援娄伯寻。在对方的大炮轰击和机枪扫射下，娄伯寻战败。军阀追至娄拐村，强令群众交出娄伯寻，被群众拒绝，娄拐村遂遭洗剿。在整个洗剿过程中，7000余人丧生，八十余个村庄被焚毁，此即为当时震惊全国的"娄拐惨案"。牛登仁返归途中经过睢县西屯村时，将护麦农民当红枪会伏兵开枪打死，途经白庄村时，又击毙无辜农民。为避免村民像娄拐村一样遭到报复，已任睢县红枪会总团长的徐仲乾派许成功、徐仲礼、陆志远等红枪会首领前往谈和，牛登仁却扣押他们，又拘捕红枪会会员十六人，扬言要缴纳12000块银元才可放人。牛登仁的行为彻底激怒了村民，尤其是红枪会，徐仲乾约会各路红枪会首领，准备围攻睢县县城。

1926年5月15日，各路红枪会陆续集合在护城堤外。16日上午，在徐仲乾、杜如珩、马集勋等人的率领下，会员手拿大刀长矛，用车推拉土炮，开始攻城。三万余人围住县城，分别攻打西南门、南门、西门、北门，只留下东门，以诱敌出城，与其野战。第二天，红枪会用数十门土炮轰击城墙，并用装着柴草、浇上煤油的太平车，点燃焚烧城门，同时高声呐喊"打开城门挖牛肝！喝牛血！"，继续攻城。牛登仁命令士兵开枪射击，但因距离远，炮雾弥漫，威力不大。东关信义会牧师吴冠勋被请出找徐仲乾讲和，遭拒。第三天在城将破之时，牛登仁派出求援的人从杞县搬来了河南暂编第三混成旅两个连，其先头部队伪装成红枪会会员，进行偷袭。最终在里外夹击下，历时三天的暴动被镇压下去。"红枪会攻城失败后，牛朋肆意报复，在城周围村落烧杀掳掠，康河、刘庄、香张、陆屯、北马头、蔡桥、老北关等十七村房屋大部分被烧毁，财物被洗劫一空，无辜百姓数十人遇害，仅当时睢县红十字会掩埋的无主尸体即达一百二十九具。"[①]牛登仁还趁机勒索，一是令凡是有红枪会的村庄需缴纳100—2000元不等的银元，具结悔过，则可既往不咎；二是制作写有"欢迎贵军"的红布小旗，强迫四方百姓高价购买悬挂，若不购，即遭焚烧之祸。

红枪会斗争失败的主要原因在于该组织的封建迷信，战前会员们深信有护身符保佑，可以刀枪不入，战斗中发生伤亡就认为是符咒不灵，会员士气随之下降，丧失战斗力；再加上没有统一的领导，内部松懈，武器落后等。斗争虽然失败了，但是影响深远，民间曾流传这样的歌谣："日头出来猛一红，缨子会里打牛朋。全县民众齐暴动，大刀土炮去攻城。"红枪会的斗争显现了农民的力量和反抗精神，引起了中共的注意和重视，后将其改造成反军阀的革命力量。

第六节　马克思主义在商丘的传播及商丘党组织的发展

毛泽东说："十月革命一声炮响，给我们送来了马克思列宁主义。"马克思列宁主义在中国的传播，促使了中国共产党的建立。1921年7月，中国共产党于上海举行了第一次全国代表大会，标志着中国共产党的成立，这是中国历史上开天辟地的大事件。商丘的一批进步青年如商丘县的徐华章，永城县的韩子黎、蒋一峰、陈育生，睢县的郭景尧等在外地求学的过程中接触了新思想，加入中国共产党，成为马克思主义者。

[①] 睢县志编纂委员会：《睢县志》，中州古籍出版社1989年版，第19页。

这些商丘籍的共产党员和中共派到商丘的党员萧人鹄、于秀民等一道，深入到商丘的群众中去，通过各种方式，传播马克思主义。他们组织了传播马克思主义的团体，其中较大的有永城县的"太丘读书社"，睢县早期的"读书会""平民夜校"和商丘县的"青年协社"等。五四运动以后，在一次又一次的反帝爱国运动影响下，商丘具备了接受马克思主义的思想土壤。在他们的努力下，马克思主义在商丘逐步扩大影响，扎下根来，各县党组织相继成立。

太丘读书社1925年初成立于永城，是商丘最早的学习和宣传马克思主义的进步团体，发起人是韩子黎、蒋一峰、陈育生。1925年初，在山东省工业专门学校学习的韩子黎放假回到永城后，联络同在外地求学的进步青年屠庆祺、陈育生、蒋一峰和退学在家的赵仁等，在永城东关的关帝庙成立读书会，名义上是为假期补习功课之用，实际上是便于进步青年相互联络的地下革命组织，因永城在古代曾称太丘，所以取名"太丘读书社"，也叫"太丘读书会"。读书社制定了《太丘读书社宣言》《太丘读书社章程》，确定了"读革命书籍，批评时弊，救国救民"的宗旨。成员有学生、教员、店员等，共有四十余人，大都是热血青年。此后蒋一峰、陈育生、韩子黎每年寒暑假回来，都带来很多宣传马克思主义和革命思想的书刊，如《向导》《新青年》《中国青年》《共产党宣言》《阶级斗争史》《帝国主义侵略中国史》等，供成员们学习、研讨和宣传，他们还经常从开封青年学社得到新的革命书刊。通过学习这些书籍，他们对马克思主义有了更深的了解，提高了革命觉悟，认识到了革命的任务和斗争方向。他们在乡村宣传要"打倒帝国主义""打倒军阀""打倒土豪劣绅"等，以唤醒民众，传播革命思想。五卅运动期间，太丘读书社发动并领导了永城人民大罢工，声援上海工人，产生了较大的社会影响。成员们也逐渐成长为革命的骨干力量，推动永城革命的发展。1926年3月，北洋军阀永城当局以"宣传赤化""内有过激分子"为由取缔读书社，逮捕和缉拿读书社成员，读书社被迫解散。

韩子黎和蒋一峰等不得不离开永城。韩子黎回到济南继续读书，后回永城第一高小任教。蒋一峰回开封学习，8月考入广州黄埔军校。随着北伐军攻克武汉，为推动北伐的胜利进军，黄埔军校派蒋一峰等返回永城，做驻防永城的奉系直鲁联军十四军军长孙殿英的统战工作。年底，当蒋一峰返回永城时，孙殿英已经移防河北。蒋一峰决定留下来发动农民，迎接北伐军的到来。他联络原太丘读书社成员韩子黎等，在县一中成立中共永城县党支部，并任支部书记。这是永城第一个党支部。

在睢县，传播马克思主义的主要代表人物是萧人鹄、于秀民和睢县人郭景尧等人。早在1925年冬，担任河南省农民协会主任的萧人鹄（湖北人）来到睢县。他接触了有一定社会影响的红枪会首领苗铁峰后，在当地群众和红枪会中宣传革命。1926年春，萧人鹄来到睢县的郭河，与学生时代加入中国共产党的郭景尧取得了联系。在郭景尧的引荐下，结识了曾是红枪会首领的开明士绅李西峰、杜如珩等人。萧人鹄在苗楼办了一个读书会，召集具有一定文化水平的进步青年，传阅革命书刊，宣传马克思主义，借此启发成员的阶级觉悟。为进一步扩大宣传教育的范围，使不识字的农民也能接触革命思想，萧人鹄又先后在郭河和罗庄开办农民夜校，教给农民识字，并自编了一些通俗易懂、朗朗上口的革命歌谣，深受农民的喜爱。1926年，于秀民被中共派到睢县领导群众运动。在郭景尧的掩护下，他在郭河村办起了"平民夜校"，使用的教材《平民课本》内容广泛，简单明了，与农民生活密切相关。于秀民、萧人鹄在上课时，结合当时北伐胜利进军的情况，向农民宣传马克思主义，指出只有打倒军阀，才能建立一个没有剥削压迫、人人平等的共产主义社会，还教给农民革命歌曲，如国民革命歌、农民歌、纪念五卅惨案歌等。在郭河村平民夜校的影响下，又有十几个村庄相继办起了平民夜校。在创办夜校的同时，萧人鹄等人着手进行建党工作。他们在夜校里挑选出十二名接受了马克思主义的贫苦青年，将其发展为中共党员，于1926年春创建郭河村党支部。于秀民联系李西峰，介绍他入党，在李西峰的家乡李康河村建立了村党支部。于秀民又先后建立了闫土楼村和苗楼村党支部。萧、于等人共发展党员四十余人，建立四个党支部。为统一全县的革命工作，1927年3月，中共睢县地方执行委员会成立，书记由于秀民担任。

在商丘县，马克思主义的传播是由商丘籍党员徐华章开展的。1926年冬，在北伐军进攻下，直系军阀吴佩孚的残部退守河南。由于害怕学生趁机闹革命，军阀强令省城开封中等以上学校提前放寒假。中国共产党豫区执行委员会借此安排学生中的党员、团员，回到家乡发展党团组织，开展农民运动。12月，中共党员徐华章从中州大学附属高中回到商丘县城。他召集省立三中和豫东中学的进步学生，共同学习《向导》《中国青年》等革命刊物，之后成立青年协社组织，成员有二十余人。徐华章秘密发展了邓涤尘、恽子仇、张志夫三人入党，成立了商丘县党小组。随着党员增加到九名，党小组改建为商丘县党支部，徐华章任支部书记。党支部还同朱集火车站党组织取得了联系。次年6月，在豫东中学召开了第一次党员大会。

1927年7月，夏邑县青年学生张文进受中共党组织的委派，由南京钟英中学返回家乡杨集，从事党的基层组织建设和民众活动。张文进在进步学生和农村青年当中宣传革命道理，发展中共党员，同年8月组建了中共杨集支部。

马克思主义在商丘的传播大都是由商丘籍中共党员和上级委派的党员进行的。他们深入农村，不断地宣传马克思主义，将马克思主义的宣传作为革命工作的一部分。随着对马克思主义的理解和接受，中共党组织在商丘陆续成立。人民革命的愿望与要求不断高涨，中国共产党的影响也日益增强。广大农民在中国共产党的领导下，开展了轰轰烈烈的农民活动。

第七节　商丘党组织领导下的农民革命运动

1923 年 6 月中国共产党第三次全国代表大会召开，决定了共产党与国民党合作的方针，提出了在全国范围内积极推进国民革命运动的任务。1924 年 1 月中国国民党第一次全国代表大会召开，确立了联俄、联共、扶助农工的三大政策，这标志着国共合作正式建立。国共联手发起了以打倒列强、消除军阀为目标的国民革命，这段时期又称为大革命时期。

大革命时期商丘的中共党组织发展较快，革命政权组织、军事组织和群众团体相继建立。在共产党的领导下，商丘农民有了斗争的目标和方向。他们建立农民协会，组织农民武装，进而发动农民起义，开展农民运动。

在开展农民运动中，首先是筹办农协组织。1926 年 11 月，萧人鹄、于秀民在睢县先后建立了九个村农民协会。农协初建时，参加的成员大部分是农村贫苦农民和少数知识分子，以反对苛捐杂税、反对土豪劣绅、打倒帝国主义、打倒军阀为目标。农协成立后不久，部分领导权被中小地主控制，逐渐失去了对贫苦农民的号召力，故农协没有在其他地方推行开来。尽管如此，农协在一定阶段内起到了动员群众的作用，为以后农民运动的开展奠定了基础。

其次是培养农运骨干，组建农民武装。1927 年 1 月，中共睢县党组织派楚凤恩去苏联学习，接着又派郭景尧、苗子丰去武汉学习。3 月，河南省武装农民代表大会在武汉召开，中共睢县地方执行委员会选派苗泽生、王明伦、翟秉三、曹攀桂、王照树前往参加，郭景尧、苗子丰列席会议。大会听取了毛泽东的鄂湘农民运动状况的报告，决定成立农民自卫军，以迎接北伐军的到来。大会通过了全省农民自卫军组织大纲，萧人鹄在会上被选为河南省农民自卫军临时执行委员会委员长。会议结束后，郭景尧、苗子丰继续留在武汉学习，其余五人先后回到睢县，为北伐军的到来做积极准备。他们将所学运用到革命实践中，逐渐成长为农运骨干。

在组建农民武装中，由于睢县红枪会农民斗争显示了农民的斗志和力量，因此中共将红枪会作为改造的重点对象。于秀民先后介绍红枪会首领李西峰、苗铁峰入党，并将其他红枪会首领争取过来。省武装农民代表大会后，农民自卫军临时执行委员长萧人鹄和中共豫区特派员张海峰在杞县傅集召开睢县、杞县党组织负责人会议，即"傅集会议"。睢县派原红枪会首领马集勋、李西峰参加。会议争取了大多数红枪会组织，将其统一编为国民革命军河南别动队第二纵队，成为共产党领导的农民武装力量，由萧人鹄全权负责。睢县武装被编为睢县支队，马集勋为支队司令，苗铁峰为参谋长，李西峰为联络指挥官。傅集会议后，中共睢县地方执行委员会在原来约3000人农民自卫军的基础上，改造利用红枪会，组建起8000余人的队伍。

为争取更多的红枪会力量，张海峰在李西峰的陪同下在夏邑刘堤圈召开会议，睢县、通许、陈留、虞城等各路红枪会首领共二十多人参加。他们约定相互配合，支援北伐军的到来。

在永城，中共永城县党支部成立后，将红枪会作为革命重点发展和组织的武装力量。1927年4月，蒋一峰在由中共豫区执委会派来的张海峰、周禾立的协助下，将永城县内绝大多数红枪会组织起来，组建"农民自卫军"，共四万多人。队伍被编为四个军，蒋一峰任总指挥，戴九皋、丁传连、黄绍军、王好信分任四个军军长。队员佩戴白色袖章，中间绣有红色的"农"字，声势颇为浩大。

共产党在掌握了自己的革命力量后，为迎接和支援北伐，着手发动农民起义，推动革命运动的发展。1927年4月，北伐军进入河南。上蔡洪桥战役后，直鲁联军张宗昌部被北伐军打得溃不成军，退居亳州。永城党支部决定趁张部立足未稳，联合永城、亳州两大农民自卫军，攻打亳州，将其歼灭。支部事前做了周密的准备和部署，制定了起义计划和攻打时间，安排蒋一峰率四万多人的军队，先打亳州，再打永城。攻打亳州时，蒋一峰先潜入亳州城内，约定以放火为号，里应外合拿下亳州。但城外仅集合起来千余人，攻城失败。这场行动的失败一方面反映了刚刚组建的农民自卫军存在纪律涣散、服从性差等弱点，另一方面则说明发动农民起义需要从农民的切身利益着手。对于年轻的中国共产党来说，则要联系实际，积累经验，不断提高领导革命的能力，加强军队的政治教育。

5月，蒋一峰等人又发动一次攻打永城县城的起义。他们吸取上次行动失败的教训，着眼于农民最迫切的问题，针对当时官府对农民征收的沉重烟税，发动了全县的抗烟税斗争，并借此攻打县城。经过充分的战前动员和教育，蒋一峰等人指挥农民自卫军包围县城，要求县知事滕云龙减免烟税。滕云龙闻讯携印潜逃，农民自卫军一举攻占永城县城，并当众焚烧县政府保存的烟税亩册。夺下永城县城后，农民自卫军宣布成立永城县治安委员会，进驻县署，由周禾立任主任委员，这是中共领导下的新型人民政权。

为响应北伐，睢县的农民自卫军也发动了起义。1927年3月，驻防县城的直系军阀部队逃走，奉系军阀薛传峰部进驻睢县，在睢县大肆抢劫。5月下旬，北伐军先头部队的联络员带着革命宣传标语和传单找到于秀民，说明意图。中共睢县地方执行委员会当即派人秘密将这些标语和传单带进县城张贴，同时大造舆论，称北伐军就要攻城。薛闻讯仓惶逃走，他委任的县知事也乘机出逃。政权落在了马振淇、孟继五等乡绅手中。马振淇任县知事，他的外号是"马四糊涂"，依仗家族势力，长期担任省议员。孟继五担任过县里各项行政职务。两人在政治上倒行逆施，反对北伐，反对国民革命。5月26日，农民自卫军向县城进发，一路浩浩荡荡，顺利占领县城，抓获了马振淇，随之成立睢县第一个人民政府——睢县治安委员会，并推举开明绅士杜如珩为县长。治安委员会成立后，首先解决农民的经济负担，宣布取消苛捐杂税，豁免农民积欠的田赋丁银。接着治安委员会烧掉旧衙门，处决马振淇，抄了几个乡绅的家，包括逃匿的孟继五家。杜如珩带领人员将县政府囤积的大量物资和抄来的一千多石粮食及大量浮财发给农民，还释放了监狱里全部在押的人员。最后为维持治安，农民军在县署和街市上站岗巡逻，加强防范。这些革命措施无疑受到了农民的欢迎。睢县农民的起义不仅有力地支援了北伐战争，推动了北伐进程，而且显示了农民在共产党领导下的革命热情和力量。

1927年，蒋介石发动四一二反革命政变，屠杀共产党人和革命群众，大革命遭受重大挫折。之后，汪精卫的武汉国民政府也逐渐走上反共的道路。随着二次北伐的胜利推进，武汉国民革命军与冯玉祥的国民革命军第二集团军会师郑州、开封。6月10日，汪精卫与冯玉祥在郑州召开会议，决定由冯玉祥任河南省主席。6月19日，冯玉祥与蒋介石等人在徐州商定了反共、反苏、宁汉合流的协议，而后，冯玉祥便开始"清党"活动，取缔革命团体，逮捕共产党人。冯玉祥派出的原直系寇英杰部第九师何柯喜部进驻睢县，要求农民军马上退出县城，此时正值麦收季节，农民忙于回家割麦，再加上考虑到难以与正规军对抗，经双方协商，农民军退出县城。冯玉祥指斥农民武装是土匪，下令通缉睢、杞两县农民运动的领导者吴芝圃、马集勋。而中共河南省委在陈独秀右倾投降主义路线主宰下，解散了睢、杞两县党的组织和农民武装，调离了县委书记于秀民，处分领导睢县农民暴动的萧人鹄、吴芝圃等。由于农民军的撤离和领导人被处分，睢县刚成立的人民政权——治安委员会不足一个月被迫解体。与此同时永城治安委员会也遭到国民党永城第八区区长聂九如的镇压，被迫取消。

1927年7月15日，第一次国共合作破裂，轰轰烈烈的大革命失败。在大革命期间，商丘共建有一个县委，八个支部（包括一个临时支部），中共党员51人（包括建党初期，商丘车站党员和在外地入党的商丘籍党员），一个区农会，一个乡农会，九个村农会，会员发展到16000多人。[①]

---

① 中共商丘市委办公室、中共商丘市委党史研究室等：《中共商丘党史大事记（1921—2001）》，河南人民出版社2001年版，第11页。

在蒋介石和汪精卫的"清党反共"政策下，革命成果丧失殆尽，党组织遭到破坏，共产党人被逮捕或逃匿，永城、睢县的农民武装被解散，新生的政权被取消，革命陷入了低潮。

大革命失败的主要原因，一是在于蒋介石、汪精卫集团抛弃孙中山的三大政策，反革命的力量大于革命的力量；二是中国共产党当时还处于幼年阶段，缺乏经验，缺乏对革命的深刻认识，在陈独秀右倾投降主义路线的影响下，放弃革命和武装力量的领导权，致使革命遭到失败。

大革命时期商丘轰轰烈烈的农民革命运动虽然失败了，但它犹如惊雷震撼了整个豫东地区，使深受剥削压迫的农民看到了光明前景，懂得了革命是必然道路。共产党及其领导的革命武装在商丘点燃了希望之火，为随后土地革命战争的兴起奠定了群众基础。

第十五章　南京国民政府时期

1927年4月，南京国民政府正式成立，标志着国民党统治的开始。在国民党统治期间，地方行政区划中废除了道一级的行政建置，实行省、县两级制。在河南省，道的废除是在冯玉祥主豫期间（1927—1928），开封道于1927年废除。1928年3月，冯玉祥对行政建置进行了一些调整，新增设了博爱、民权、平等、自由四个县。[①]民权县由睢县、杞县等边境地区析出。

1932年5月，蒋介石发起第四次"围剿"。应"剿共"需要，他在河南、湖北、安徽三省内划分行政督察区，设置行政督察专员。河南省划分了十一个行政督察区，其中的第二行政督察区，辖商丘县、陈留县[②]、宁陵县、杞县、虞城县、民权县、永城县、柘城县、兰封县、考城县[③]、睢县、夏邑县等十二县，专署驻商丘县。随后其他省份也陆续设立，这样中国地方制度由省县两级制变为省、督察区、县三级制。

地方行政区划与地方政权设置密切相关。国民政府颁布的《各省行政督察专员督行条例》，规定行政督察区设立行政督察专员公署，作为省政府的辅助和派出机构。河南省第二行政区行政督察专员公署驻商

---

① 1927年析沁阳县一部分置博爱县。析嵩县、伊阳、洛阳、宜阳四县各一部分置平等县，1931年废。析登封、洛阳、伊阳、临汝四县部分地区置自由县，1932年10月更名为伊川县。1928年2月析睢县、杞县等边境地区设民权县。
② 今开封县东南，1957年撤，辖区划归开封县。
③ 1954年，兰封县、考城县合并为兰考县。

丘县城，设行政督察专员一人，指导并监督本辖区内各县的行政工作，兼统该辖区的地方武装力量，维持本区治安。1932年至1938年5月督察专员公署与商丘县政府同为一个机构，督察专员兼县长，公署内设四个科，负责民政、司法、财政、教育和建设等，督察专员召集署务会议决定重大问题。

在县级行政制度上，改称县署为县政府，县知事为县长。1932年8月，正式制定《剿匪区内编查保甲户口条例》，推行保甲制，在豫、鄂、皖三省推行。户为最低的一级行政单位，户设户长；以十户为一甲，甲设甲长；十甲为一保（城镇则以二十五甲为保），保设保长；保以上是乡镇公所，这样县以下行政体系大致可归纳为区公所、乡镇公所、保、甲、户。甲长、保长负有"督导百姓""稽查匪类""捕拿匪盗"等职责，保甲制实行"联保连坐"，若一人犯罪，亲邻受连，目的在于控制和约束民众，防止不法活动。1933年春，商丘各县推行保甲制，10—15户编为一甲，10—15甲编为一保。

中原大战期间，商丘县曾短暂作为省政府的所在地。蒋介石于1930年5月31日任命张钫为河南省政府代主席，设署于商丘县城，10月6日，河南省政府由商丘迁回开封。

第一节 冯玉祥主豫与中原大战

一 冯玉祥主政河南

在1927年6月的郑州会议上，冯玉祥与武汉国民政府达成协议，豫陕甘三省由冯玉祥统辖。6月13日，武汉国民政府任命冯玉祥为河南省国民政府主席，从6月到1928年12月冯玉祥主政河南。

冯玉祥主政河南期间，一方面公开反共反苏，驱逐遣散共产党人；一方面安定社会秩序，维护统治。在安定社会秩序上，冯玉祥推行了一系列新政措施，包括革除吏弊，改革旧习俗，兴办社会福利等；在维护统治上，主要是在省城举办各种培训班，培养所需人才向各地输送。他在开封举办"党政训练班""地方自治训练班""公安训练班"等各种长短期训练班，招收各地青年学员，但不允许有共产党嫌疑的人参加。这些训练班对商丘的影响很大，回到睢县的"党政训练班"的学员，着手组建国民党县支部，发展党员。"地方自治训练班"的学员回来后担任了睢县地方机构的大部分要职，他们取代了旧制官员，并形成一个所谓"自治派"的派系。这股新的政治力量，在推行冯玉祥新政的同时，不允许共产党领导的革命事业在睢县发展。1928年3月共产党人姜朗山在刘庄召集群众宣布成立刘庄农民协会，公布了协会章程，此事被县城自卫团得知，会场立刻遭到包围。由于农协人员及时疏散，自卫团未能逮捕到人，但组建农民协会的革命活动被镇压。

与此同时，国民党的组织在各县发展起来。1927年秋天，国民党河南省支部派王铭岑到商丘县组建县党部，下设组织部、宣传部，辖三个区党部、九个区分部，计有党员六十余人。睢县则成立了国民党筹备委员会，发展国民党员。民权县举办短期党训班，招收初中以上文化程度的青年学员，培养国民党员，其中有赵宴宾、谭书绅、李省三等。1928年，张斗垣被派到永城县，以国民党党务特派员的身份发展组织，于1930年组建永（城）夏（邑）县支部。冯玉祥离豫后，县级国民党组织继续发展。1929年，国民党派许子灿到虞城县建立国民党虞城县直属区分部，发展党员16人。1931年夏邑县国民党支部建立，发展党员33名，其他县的国民党地方组织也相继建立。至1938年，这期间是国民党组织在商丘的第一次大发展。

二　中原大战在商丘

1927年4月18日，蒋介石在南京成立国民政府，与汪精卫领导的武汉国民政府相对峙。这样，国民党实际上分为了三个主要派别，以蒋介石为代表的南京派（宁），以汪精卫、唐生智为代表的武汉派（汉），以谢持、张继为代表的西山会议派（沪）。在地方上又有三大实力军阀派别，分别是以李宗仁、白崇禧为代表的桂系，以冯玉祥为代表的西北军，以阎锡山为代表的山西军阀。1928年，国民党蒋、冯、阎、桂四派联合北伐，将奉系军阀张作霖的势力赶出了北京，同年12月张学良发表易帜通电，宣布东三省"遵守三民主义，服从国民政府，改旗易帜"，至此北洋军阀统治结束，以蒋介石为代表的国民党新军阀在形式上完成了全国统一。由于蒋介石排除异己，编遣军队，收归军权，各派系军阀与蒋介石之间矛盾重重，仅在1929年一年之内就先后发生了蒋桂战争、蒋冯战争，以及张发奎反蒋，李宗仁和白崇禧联合张发奎反蒋，唐生智、石友三反蒋的战争。

1930年，反对蒋介石的各派势力形成了大联合。冯玉祥、阎锡山便开始酝酿新的大战。3月中旬，冯玉祥、阎锡山、李宗仁三个军阀集团的将领鹿钟麟、商震、黄绍竑等五十多人，共推阎锡山为中华民国陆海空军总司令，冯玉祥、李宗仁为副司令，宣布反蒋，因战事主要在中原地区进行，史称中原大战。4月1日，阎锡山、冯玉祥分别在太原、潼关就任中华民国陆海空军总司令、副司令。5月初二人会晤于新乡、郑州，商议讨蒋的具体部署，将大战分为南北两个战场。北方的主战场在河南，集中在商丘、郑州、漯河这个三角地带上，沿平汉、陇海、津浦三条铁路线进行，以陇海线为决战区。冯玉祥的西北军为第二方面军，担任河南境内陇海、平汉两铁路线的作战任务，进攻的目标为徐州、武汉。阎锡山的晋军为第三方面军，担任山东境内津浦、胶济两铁路线的作战任务。二、三方面军会合后，再进攻徐州，然后沿津浦铁路南下，直捣南京。驻扎在新乡的石友三部为第四方面军，率部向东攻鲁西，而后与晋军会攻济南。南方的主战场在湖南，李宗仁的桂军为第一方面军，负责出兵湖南，进攻武汉。

4月8日，蒋介石在徐州召开了军事会议，任命韩复榘为第一集团军总指挥，部署于津浦线，阻击晋军南下；任命嫡系刘峙为第二集团军总指挥,由鲁西南、豫东,沿陇海线两侧向西进攻;任命何成浚为第三集团军总指挥,指挥河南各杂牌部队,集结在许昌以南,牵制冯军主力;任命陈调元为预备军团总指挥。他自己则率领德国军事顾问团,坐镇徐州,亲自指挥陇海、津浦两大战场。

4月下旬,蒋介石部署完毕,便决定乘阎、冯联军尚未完成集结之机,先发制人,全力攻其弱点,以便各个击破。5月2日,蒋介石在南京举行誓师典礼。5月8日,他渡江北上,到蚌埠、济南、兖州检查作战准备情况。5月11日,蒋介石下令在豫东、豫中发起进攻。这样,中原大战在豫东拉开了序幕。

豫东的阎、冯联军兵分三路,左路是石友三部,驻考城、民权,准备由考城一带向鲁西南出击;中路是万选才部,驻扎在商丘虞城一带,准备向砀山进攻;右路是孙殿英部,分别在鹿邑、柘城、亳县,准备向徐州进攻。商丘是陇海线上两军争夺的重点,可反蒋联军却把战斗力薄弱的万选才部部署在这一地区,将嫡系部队配置在第二线。

蒋介石下达进攻命令后,蒋军刘峙部便集中了教导一师、第三师和第十一师的力量,从夏邑县会亭集猛攻商丘。万选才、孙殿英部在蒋军优势炮火攻击下,连失阵地。万选才部的万殿尊、石振清两师则退到朱集、商丘县城。5月14日上午,蒋军第三师占领了朱集。教导一师和第十一师包围了商丘县城,并用猛烈的炮火轰击城墙。17日晚,万殿尊、石振清率部分队伍从西门突围逃跑。18日,蒋军便占领了县城,万部4000多人投降。

蒋介石在向阎、冯联军发起军事进攻的同时,又派张钫为招讨使,秘密策动阎、冯属下的杂牌队伍倒戈。商丘县城失守后,驻守宁陵的万选才属下刘茂恩便投靠了蒋介石。5月21日,不知情的万选才带少数随从到刘茂恩部,被刘茂恩扣留,随后将万选才押送至徐州蒋军司令部。刘茂恩还同蒋军一道,攻打晋军的杨效欧、孙楚部,结果造成联军一片混乱。蒋军趁机发起猛攻,相继占领了宁陵、睢县、民权等地。5月

22日，蒋军逼近了前敌指挥部所在地兰封。

初战失利后，阎、冯联军急忙调整部署，向陇海路战场增调兵力。5月23日，蒋军在进攻兰封、杞县时受到了重创。而冯军的主力吉鸿昌、孙良诚部也投入了战斗，从侧翼包抄蒋军，给蒋军很大打击。经过十多天的激战，蒋军全线动摇。6月11日，蒋军收缩到民权、睢县一线，双方形成了对峙。

从5月16日起，阎、冯联军派出骑兵，由太康、柘城向商丘砀山陇海线以南游击。冯军郑大章部的骑兵更是神出鬼没，使蒋军防不胜防。6月12日，郑部骑兵一个旅奔袭了商丘县城北的飞机场，击溃守军一个营，毁飞机十二架，之后又奔袭商丘县火车站。

6月中旬，蒋军调整部署，发动了新的攻势，但由于计划泄露，进攻失败。蒋军丢弃了大量物资，被迫分路撤退。此后，双方在陇海战场上继续对峙。8月上旬，冯军为攻占徐州，支援津浦线上处于不利地位的晋军，在陇海战场上发动了"八月攻势"。双方投入兵力二十多个师，进行了中原大战中最激烈的战斗。8月6日，冯军兵分三路，发起了攻击。中路孙连仲部三个师由太康攻商丘，右路孙殿英部由柘城攻马牧集（今商丘虞城），左路孙良诚部三个师向睢县、宁陵进攻。蒋军在冯军的全力进攻下纷纷退却，然而蒋军在8月15日占领济南，使津浦线上的阎军无法配合冯军的进攻，加上连日大雨，河水泛滥，冯军兵员给养补充困难，"八月攻势"终告失败。

9月中旬，张学良通电拥蒋，入关助战。蒋军在各战场上连连取胜，阎军慌忙回撤山西，冯玉祥的部将则纷纷投靠蒋军，反蒋联军败局已定。10月3日，蒋军占领开封，6日占领郑州。至此，历时半年之久的中原大战，以联军的失败、冯军的瓦解而告结束。整个战争历经商丘之战、民睢之战、睢杞太边之战、民考曹边之战、商宁之战等，各县均遭战争摧残。中原大战给商丘带来了深重的灾难，大量壮丁被征发乃至死亡，生产受到极大破坏。

中原大战后，蒋介石独揽大权。1930年10月，蒋介石的得力干将刘峙任河南省政府主席。

第二节　商丘中共党组织的恢复和发展

蒋介石的国民党新军阀，实施白色恐怖，镇压并屠杀共产党人和革命群众，全国党员数量急剧减少，由5.7万多人减少到一万多人，河南省的共产党员由大革命后期的3000余人减少到700余人。[①]1927年8月南昌起义打响了武装反抗国民党反动派的第一枪，极大地鼓舞了革命群众的斗志。紧接着，中共中央在汉口召开紧急会议，即八七会议。会议总结大革命失败的经验教训，坚决纠正以陈独秀为代表的右倾机会主义错误，确定了开展土地革命，以革命武装反抗国民党的总方针。八七会议给共产党人指明了方向，成为大革命失败到土地革命战争兴起的一个历史转折点，从此进入土地革命时期。但是八七会议在反右倾错误的同时，受"左"倾错误影响，容许和助长了冒险主义和命令主义。

1928年6月，中共在莫斯科召开六大。中共六大彻底总结大革命失败和土地革命以来的经验教训，提出革命正处于两个高潮之间的低潮，党的总任务不是举行全国性的暴动起义，而是争取群众，积蓄力量，准备起义。同时六大批判了"左"、右两种错误倾向，指出右倾机会主义错误是大革命失败的主要原因，"左"倾盲动主义和命令主义是党脱离群众最危险的倾向。

党的八七会议和六大精神由中共河南省委传达到商丘后，商丘共产党人在党的总路线和中心工作指导下重拾革命的信心和勇气。他们不再直接发动武装起义，而是深入县城和农村，宣传革命思想，启发群众觉悟，秘密发展党员，组建党组织。在他们的努力下，中共永城县委、

---

① 中共睢县县委党史办公室：《中共睢县党史（1925—1949）》，中共党史出版社1995年版，第48页。

夏永虞中心县委、睢县县委、虞城刘屯党支部和商丘县党支部陆续恢复和建立起来，形成领导群众进行反抗斗争的核心力量，商丘的革命由低潮走向复兴。

一　中共永城县委的建立及活动

中共永城县委的革命活动主要由蒋一峰、张宗孔等领导。

在蒋一峰领导时期，开展的活动主要有重建永城县委，控制农民协会，控告聂九如，驱逐刘公干，发起教师索薪斗争等。

冯玉祥反共后，刚成立不久的永城农民治安委员会即被聂九如镇压，革命活动被迫中止。由于此时的蒋一峰、韩子黎还不明白革命被扼杀的根本原因，他们分别前往武汉国民政府和河南省委状告聂九如。蒋一峰到武汉时，汪精卫已叛变革命，蒋一峰不幸被捕入狱，不久获释，后返回永城隐蔽。韩子黎到开封也未寻到河南省委。二人回到永城后，恢复支部活动，在县城学校和农村发展党员，先后成立了中共练土楼和谢阁支部。1928年春经中共河南省委批准，中共永城县委成立，蒋一峰任书记，党的地下活动随之开展起来。

蒋一峰等人巧妙地利用冯玉祥解散共产党的农协和农民自卫军，组织国民党的工会和农协以标榜自由民主之机，建立起经国民党永城当局批准的农民协会，并控制了这个合法组织。共产党人陈仪如任农协主任，蒋一峰任组织委员，韩子黎任宣传委员，协会采用合法手段，通过举办农协训练班，不断向各区乡的学员宣传革命思想，秘密发展党员。

县农协把斗争目标指向了聂九如。1928年2月，县农协将收集和整理的聂九如材料送交国民党河南省政府。是年秋，时任河南省政府主席的冯玉祥指令永城县署将聂九如押送到开封，以"把持政权，糜烂县境"罪名将聂九如处决。农协状告聂九如的成功极大地震慑了土豪劣绅的势力。

农协的活动引起反动势力的恐惧，陈仪如在他们的威胁利诱下自行脱离，中共永城县委失去了对县农协的控制。蒋一峰因"共产党"嫌疑，1928年10月被逮捕，韩子黎外逃。蒋一峰在狱中受尽折磨，后在党组织的营救下于1929年6月回到永城，继续以开织袜铺为掩护，秘密开展革命工作，1930年3月调开封工作。1931年2月，蒋一峰被捕，3月22日在开封就义。

在此期间，除了蒋一峰等人的活动外，吴芝圃于1928年7月化名杨遂之到永城窦楼等村开办农民夜校，为农民运动培养骨干力量。永城籍党员张宗孔、徐文英、曹铨等成立青年读书会，启发青年觉悟。为扩大革命影响，张宗孔发动了驱逐刘公干斗争和全县乡村教师索薪斗争。

张宗孔是永城县东北张石桥村人，自幼聪颖好学，在求学的道路上，不断地接受新思想，通过太丘读书社阅读了大量的革命书刊，初步树立了反帝反封建的革命思想。1928年春，他考入永城县师范讲习所，积极从事中共地下宣传工作，同年秋，加入共产党。刘公干是张宗孔就读的永城师范讲习所的校长，是国民党骨干分子，他仇视革命，迫害进步学生，克扣学生助学金。张宗孔决定发起斗争刘公干的运动，他先是联合部分学生列出刘公干的二十一条罪状放在讲台上，刘公干上课看到后，愤而离开。张宗孔趁机鼓动学生去县教育局状告刘公干，请求撤换校长，遭教育局拒绝。全校师生进行绝食罢课斗争，当持续到第三天时教育局被迫采取折中措施，一是撤去刘公干的校长职务，一是责令带头的学生写出检讨，否则开除学籍。张宗孔坚决不写检讨，县教育局开除了张宗孔。

张宗孔离校后，在韩楼小学担任教员。他以教学为掩护，继续开展工作，致力于地下宣传，用省吃俭用节省下来的工资购买宣传用的纸张和油墨。1930年6月，永城县教育局长期拖欠教师工资，教师们生活艰难，就连张宗孔也无钱购买纸张和油墨，地下宣传工作难以为继。为此，经党组织同意，他发起全县乡村教师的索薪斗争。与朱文华、余振哲等人具体策划后，他们先是广发传单揭露县教育局拖欠工资的卑劣行径，鼓动教师情绪；接着，全县乡村教师按约定时间到东关杜家营聚合，张宗孔在会上慷慨陈词，历数当局不重视教育、克扣工资、无视教师困难的罪状；会后，他带领教师拥向教育局，要求如数补发长期拖欠的工资。张宗孔等四人作为代表与教育局长胡泰交涉，最终胡泰勉强答应每人先补四元，余额以后补清，索薪斗争取得阶段性胜利。后来，由于教育局不兑现余额，教师们再次开展索薪斗争。经过多次斗争，教育局账目被查封，胡泰被革职，索薪斗争取得胜利。这次斗争在教育界产生了很大的影响，极大地提高了党的威望。

在中共永城县委的努力下，党员的数量增加迅速，由大革命时期的4名，到1928年发展到30多名，第二年达到200多名，越来越多的群众被发动起来。

二 夏邑杨集党支部的建立和活动

夏邑县的革命活动主要是由夏邑杨集籍的中共党员张文进领导开展的。1926年8月，为迎接北伐军北上，在南京上学的张文进受中共党组织委派返乡组织农民工作。回乡后，张文进联合杨集进步力量，创办杨集小学，并任校长。他以学校为基地，以教书为掩护，开展革命活动。1927年大革命失败后，他在上级派来的党员郑富春（真名曹玉彬）的协助下，开始建党活动，先后发展九名青年入党，建立起杨集党支部。支部利用学校的油印机印刷"打倒帝国主义""打倒军阀"等革命标语，秘密散发和张贴。为宣传革命，支部组织群众开展与杨集乡绅汪仁瑞、聂瑞兰等的说理斗争。汪仁瑞勾结官府，欺行霸市，鱼肉乡里，无恶不作。支部先是广贴传单、标语和漫画，揭露其罪行，然后是组织商贩联合起来拒交勒索，抗捐抗税，最终迫使他取消部分无理的摊派。

为更好地组织农民运动，张文进于1928年春又组建杨集农民协会，会员很快发展到500多人。农协在杨集党支部的领导下，参加全县的反流通券斗争，迫使砀山县当局停止发放流通券。

1931年12月，国民党政府于各县成立清乡分局，缉捕共产党员和革命群众，张文进遭暗杀，年仅24岁。1933年10月，因叛徒告密，大部分支部党员被国民党砀山县当局逮捕，杨集党支部遭到破坏。

三 夏永虞中心县委的成立

1928年2月，李醒潮（李云鹤）受中共河南省委的委派，来到夏邑县，负责组建中共夏（邑）永（城）虞（城）中心县委。根据中共河南省委的安排，将皖北、豫东、鲁西南划为一个"暴动区"，以豫东国民党驻军中的中共商丘特别支部和夏邑特别支部为武装基础，由夏永虞中心县委举行起义，创建红色苏区。李醒潮到达夏邑后，与地下党员、豫东警备旅旅长兼夏邑县县长孙实取得联系，向他传达了建立中心县委、领导武装起义的决定。他们又与永城和虞城国民党驻军中的地下党组织取得联系，驻虞城于亚农师政治部主任方策和驻夏邑的张振芳师长皆为地下党员。3月，中共夏永虞中心县委成立，隶属中共河南省委，李醒潮任书记。为准备武装起义，孙实任命李醒潮为县政府民运科副科长。李醒潮利用这一合法身份，深入三县的学校、农村，开展农民运动，发展党员，建立农协，发动群众向土豪劣绅作斗争。胡桥区团总胡家仲独霸一方，为非作歹，是胡桥协会的斗争目标。孙实以县政府的名义，支持胡桥协会的做法，逮捕胡家仲，布告全县，予以处决，后因上级未准而未成。在李醒潮的协助下，孙实以县政府的名义开办一期"自治训练班"，学员有200余人，孙实亲自主持并兼政治课教员。李醒潮从中挑选出思想先进的青年，向他们宣传共产党的主张和政策，为起义准备骨干力量。

孙实的活动遭到国民党河南省当局的猜疑和不满，被调任鹿邑，夏邑、虞城国民党驻军被调防山东。尽管中共河南省委督促加紧起义，中共夏永虞中心县委还是决定取消武装起义的计划，这一决定客观上抵制了河南省委的"左"倾指导。同年8月，由于身份暴露，李醒潮转移到鹿邑，化名李梅村。1930年，夏永虞中心县委停止活动。孙实、李醒潮等在夏邑的活动，为夏邑以后的革命工作奠定了基础。

四　虞城刘屯党支部的建立

虞城县的革命活动是在虞城人訾景晨的领导下开展起来的。1927年8月，訾景晨从武汉返回家乡，担任虞城县镇里固乡刘屯小学校长。他与上级派到虞城的党员们一起以任教为名，开展革命活动，成立了刘屯党支部，訾景晨任支部书记。党支部的成立使刘屯及周边地区的革命活动有了领导核心，党员们利用假期举办补习班，传阅进步书刊。年底，支部的活动被国民党砀山县政府发觉，遭到搜捕，刘屯支部停止活动。1930年10月，共产党人刘鹤亭、孙永光、刘砀珍等被派遣到刘屯小学任教，他们在刘屯秘密组织穷人会、大领会、青年会等，发展会员，于1931年4月重新建立了刘屯支部，刘砀珍任书记，下分四个党小组。支部重建后，多次领导农民开展反剥削、向地主借粮的斗争。一名叫刘英才的地主趁春荒借机对贫苦的借贷农民高利盘剥，穷人会带领众多群众到其家交涉，迫使他减少利息。

随着党员人数的发展，1932年5月刘屯区委成立。党员们继续以刘屯小学为阵地，开展革命的宣传动员工作。在他们的影响下，同年10月，刘屯小学校长刘铁梅等创办《喇叭刊》，揭露剥削阶级的残酷压迫，宣传革命思想，虽出版两期后停刊，对附近农村依然起到了很好的宣传效果。1933年10月，由于叛徒告密，刘屯区委遭到严重破坏，虞城革命活动陷入低潮。

五　中共睢县县委的恢复与斗争

大革命失败后，由于武汉国民政府到处搜捕共产党员，在湖北省农协工作的睢县籍共产党员姜朗山于1927年秋返回家乡睢县刘庄，开始进行革命活动。1928年3月他组织的农民协会遭自卫团打砸后，他吸取教训，转入地下活动。他拿出自己的财产，将旧庙宇拆掉，创办刘庄小学，亲任学董，将"昔日蔓草荒芜凋敝凄凉，今朝人才荟萃庄严灿烂"的楹联悬挂学校大门两侧，横批"唤起民众"。为教育更多的群众，他在学校附近开设贫民夜校，招收刘庄、王楼、黄庄等村庄的贫苦青壮年农民，学习简单文化知识和国内土改情况、南方农民运动情况、农民当家作主的具体事例等时事常识，农民们受到极大震动，进行了热烈的讨论。苗铁峰在苗楼也办起了夜校，更多的农民被吸引加入夜校学习。1929年秋，在中共河南省委的指导下，姜朗山与郭景尧、苗泽生在刘庄秘密重建中共睢县县委，苗泽生任书记，郭景尧、姜朗山等为委员。县委成立后，联系流散党员，开展群众斗争，领导睢县教育界发动教师多次开展索薪斗争。由于军阀混战，睢县国民党当局经常拖欠教师薪金，教师生活受到很大影响。索薪斗争最大的一次是在1929年，教师们涌入教育局，迫使教育局长张连篆下台。姜朗山等还在睢县创办职业初级学校，购买机器，在教给农民生产技术的同时宣传革命道理。1932年秋，由于叛徒告密，苗泽生、姜朗山被捕，郭景尧离开睢县，睢县的革命活动又一次被迫停止。

六 商丘县党支部的活动

1928年冬，在商丘县党支部书记叶诚宪的领导下，商丘简易师范师生开展了教师索薪、学生要求发放津贴的罢教、罢课斗争。该年秋天，叶诚宪返乡后考入县简易师范学校。从9月开学连续三个月学校未发放师范生每月5元的伙食津贴，教师薪金发放不足半数，全县教师的薪金也是基本如此，教师生活困难。叶诚宪决定以学校为基地，发动各校师生，开展索薪、补发津贴的罢课罢教活动。在县支部的组织下，简易师范学校数百名师生举行示威游行，向县政府请愿，县长邓松屏无奈之下与学生代表谈判。在谈判中，叶诚宪理直气壮地揭露了当局克扣经费、摧残教育的恶劣行径。对方无言以对，被迫答应请愿要求，斗争取得胜利。然而斗争刚结束，县长邓松屏即率人以共产党嫌疑逮捕叶诚宪，叶诚宪设法逃脱，隐蔽外地，邓涤生、恽子仇相继被捕，党组织遭破坏，革命活动暂时停止。

第三节 "左"倾路线对商丘的影响

一 李立三"左"倾冒险主义对商丘的危害

1930年，李立三"左"倾冒险主义在党内占了统治地位。以李立三为代表的中共中央通过了《新的革命高潮与一省或数省的首先胜利》的决议，认为中国革命的高潮即将到来，要组织武装暴动，实现一省或几省的首先胜利，这个错误路线以中央的决议、文件等被传达贯彻到党的各级组织之中。在商丘，该决议通过中共河南省委领导下的中共豫东特委和中共江苏省委领导下的中共徐海蚌特委被执行下去。中共河南省委于1930年1月重建，2月作出《接受中央政治局指示信的决议案》，错误地认为"党的策略必须由防御转向进攻……党必须利用一切可能的条件，公开的发动群众，布置大的斗争，促进革命高潮的到来"。在这一指示下，中共豫东特别委员会随之成立，负责商丘、柘城、永城、虞城、沈丘、周口、太康、淮阳、鹿邑等地下党的工作，李梅村（李醒潮）任特委书记。4月6日，中共河南省委发出《中共河南省委给豫东各县党部的指示信》，布置了豫东的工作任务，指出中原大战即将爆发，要求豫东各级党组织执行"变军阀战争为革命战争"的紧急任务，指令豫东特委以鹿邑的红枪会为基础，建立红二十七军，发动武装起义，创建红色根据地。①在这一路线的指导下，1930年秋豫东特委改编有千余名会员的鹿邑红枪会，建立红二十七军，在鹿邑、商丘一带举行武装起义。由于敌我力量悬殊，人员损失严重，不到几个月队伍被迫解散，创建红色苏区的任务失败。1931年秋，豫

---

① 中共商丘市委办公室、中共商丘市委党史研究室等：《中共商丘党史大事记（1921—2001）》，河南人民出版社2001年版，第16页。

东特委停止工作。

中共徐海蚌特委直接领导了永城的革命活动。中共江苏省委于1930年5月要求徐海蚌特委抓紧时机，发动罢工、兵变、农民暴动，建立红色政权。为组织暴动，中共徐海蚌特委更名为徐海蚌土地革命总行动委员会，要求从县委到支部一律改为行动委员会，行委会具有军事组织性质，一切决议、通告等于命令，下级必须服从和执行。永城县委在这一错误指示下，进行了一系列的活动，如公开演讲、飞行集会、武装暴动等，特别是接连举行的暴动给革命带来了很大的损失。

1930年8月，乔庆寰任中共永城县委书记，他于10月份在县城东北的秦双庙召开党员代表会议，中共徐海蚌特派员在会上传达了特委的指示，要求县委立即行动起来，举行大暴动。会上讨论商定了具体的暴动计划。会后，永城第一小学党支部带领十余人，在县东关警察局门前举行飞行集会，燃放鞭炮，高喊口号，之后立刻散去。接着练土楼党总支书记练育才组织东关"暴动"，原计划去八十人，结果只有十几人。他们刚在东关关帝庙门前燃放鞭炮，就遭到早有准备的警察抓捕。中共永城县委决定动员县城学校的共产党员，在国民党县政府门前举行更大规模的暴动。11月7日，在乔庆寰的亲自指挥部署下，二三十名赤手空拳的学生党员在县政府门口举行暴动，一人登上摊贩桌子开始演讲，高喊"打倒国民党"等口号，吸引众多群众，其余人员广发传单。国民党军警前来镇压，暴动人员很快逃离。国民党永城县政府在全县进行大搜捕，包围学校，点名逮捕了暴动人员。

暴动失败后，中共永城县委决定策反国民党军队。1930年底，乔庆寰来到国民党永城县警备队中做策反工作，因叛徒告密，当场被逮捕，第二年春被杀害。继乔庆寰被捕后，其他党员也遭逮捕，革命受到严重挫折。

二 王明"左"倾机会主义对商丘的危害

乔庆寰被捕牺牲后,1931年2月,张宗孔接任中共永城县委书记,重建了永城县委,郭子化任组织部长,李觉民任宣传部长。他们吸取经验教训,转入地下隐蔽斗争,继续恢复和发展党组织。郭子化在邵长庄开了一家药铺,以行医为掩护,深入到邵长庄、火神店一带,先后秘密发展了五十多名党员,建立火神店和邵长庄党支部。1931年6月,县委扩大会议在薛湖小学召开,会议决定恢复薛湖区委和二区区委。年底,全县党员发展到300多人,基层党组织共十七个支部。之后,党组织领导群众开展了一系列的斗争,包括组织摊贩抗税、组织女佣人反虐待增加工资、组织卖水者提高水价等斗争,其中影响最大的是1932年夏组织的抗烟税斗争。

1932年春,国民党永城县政府强行增加种植大烟的税银,农民原本指望靠此卖钱糊口的希望落空。陈宝楼村农民丁保会自编了一首反烟税歌谣,歌词是:"永城县,黑暗暗,亡民政策种大烟。害死了多少好百姓,只好了污吏和贪官。熊县长,方委员,狼狈为奸把财贪……不交烟税就逮人,私设公堂将人传。有钱当场就释放,无钱捆绑下牢监……百姓只说种烟得大利,谁料福未享到祸先见……"① 歌谣宣泄了农民的愤怒,揭露了国民党永城当局的黑暗。当局认为丁保会"犯上作乱",将其逮捕入狱,折磨致死。中共永城县委决定发动全县农民进行反抗烟税的斗争。1932年7月,在刘自章、盛税堂组织和领导下,千余农民围攻县城,砸开城门,闯入县府,烧毁全部烟税册,迫使县长熊文熙答应免去全年烟税。

正当永城革命蓬勃进行时,王明"左"倾冒险主义在中共中央占据统治地位。1932年8月,中共徐州特委召开各县联席会议,部署王明路线,指示中共永城县委尽快拉起武装,开展暴动,配合红军攻打中

---

① 中共商丘市委党史研究室:《中共商丘党史》第一卷,河南人民出版社1998年版,第73页。

心城市，并将萧县、永城划为一个暴动区，萧县暴动后配合永城暴动，朱大同为萧永暴动大队长。中共永城县委接到指示后，于 8 月底在秦双庙召开会议，张宗孔、郭子化、朱大同等参加。会上张宗孔认为，"从当前革命斗争的形势看，搞武装暴动刻不容缓，如果能把韩庄、陈楼、火神店三个寨子的枪搞到手，拉起一支革命武装就有基础……"[①]，郭子化根据其在泗县组织农民暴动失败的教训以及队伍里有土匪的问题，提出暴动不能暴露党员，要保留和隐蔽力量，不能与土匪合作。但会议最后决定党员带队，利用土匪的力量，连续发动韩庄、陈楼、火神店暴动。9 月 26 日，张宗孔带领刘子章等十名党员，直奔韩庄举行暴动，收缴十余支地主的护院枪支，枪毙了拒不交出机枪的留法学生、地主韩甫熙。原计划接着攻打陈楼，但怕国民党当局派武装前来支援，所以改为攻打火神店。火神店位于永、夏、砀结合处，是一个较大的集镇，四周有丈余高的寨墙和丈余宽的寨河，寨内驻有国民党武装。韩庄暴动后，护寨武装昼夜巡逻，防范严密。9 月 30 日夜，张宗孔、朱大同率 300 余人的暴动大队，秘密进驻距火神店两里许的曾王庄，朱大同担任寨外主攻，届时与张宗孔里应外合。张宗孔则带领王茂君、薛保等六名队员携短枪潜入火神店内，在团防局对面的一家店里伪装成看牌打牌之人，但是一直等到天亮也不见有人联系。其后团防局和土豪武装相继赶来，抓捕暴动队员，结果二人牺牲，二人被抓，二人逃脱。张宗孔为掩护队员撤退，弹尽牺牲。寨外的朱大同下令攻寨，接应城内成员，但城门紧闭，久攻未克，只接应出两名队员。不久队伍便撤离，火神店暴动以失败告终。国民党搜捕暴动人员，逮捕十余人，并在全县实行白色恐怖。由于党员无法存身，各级党组织遭到破坏，永城革命被断送。

[①] 中共永城县委党史办公室等：《先驱者的足迹——永城烈士暨党史人物传》，中共党史出版社 1993 年版，第 51 页。

第四节　商丘抗日救亡运动的兴起

一　驼铃社与《驼铃》月刊

九一八事变后，日本帝国主义的侵略步步紧逼，全国抗日情绪和反蒋呼声越来越高涨。日本的暴行也同样激起了省立商丘中学师生的抗日怒火，1934年高中部的进步学生赵寅宾、丁从云、王登云、毛青云、李绍唐、王凌霄、王保三等自发成立"读书会"，不久改为"驼铃社"，其意是"在沙漠之中只有骆驼的铃声在响，唤人清醒"。该社秘密订阅《作家》《奔流》《大众生活》等进步刊物，激起了他们强烈的革命情绪。为扩大爱国宣传，该社又创办《驼铃》月刊（铅印），主要刊登反映大众疾苦的文章。由于没有经费来源，《驼铃》出版两期后停刊。

除此之外，商丘县立简易乡村师范的师生组织读书会，创办了《钟声》周刊，宣传抗日救国，揭露帝国主义的侵略。这些刊物是中共领导抗日救亡运动下的产物，在一定程度上推动了商丘抗日救亡运动的发展，为运动做了思想和干部上的准备。在随后的支援一二·九运动中，赵寅宾等就成为组织运动的中坚力量。不久，驼铃社成员响应党"到农村去"的号召，深入农村、集镇宣传抗日救亡道理。12月，赵寅宾、丁希凌加入中共领导的"中华民族解放先锋队"（简称"民先"），负责组建基层组织。

二　一二·九运动在商丘

九一八事变日军占领沈阳，民族危机严重。为宣传抗日，惊醒国人，1932年5月夏邑县师范、县立中学的部分学生上街下乡宣传抗日，向县政府申请停课开展抗日救亡运动，遭到拒绝，学生代表被警察局拘捕。县政府的行径激起了师生的强烈愤怒，全校学生随即上街游行。当队伍到达北关时，戏台正在唱戏，学生们登台宣传抗日，发现县长李鸿彬夫妇及随行官员正在看戏，学生们立即高呼"县长不知亡国恨，大戏仍唱

《豹子头》""商女不知亡国恨，隔江犹唱断魂曲"等口号，李鸿彬等狼狈逃回县政府。13日，学生利用县城市场集会的时机，举行游行示威，一路高呼"打倒日本帝国主义""坚决把鬼子赶出去"等口号，很快吸引赶会群众。学生们带领赶会群众，在"打倒县长李鸿彬""打倒警察局长魏学明""李鸿彬、魏学明滚出夏邑"的呼喊声中，冲进县政府和警察局，李、魏吓得越墙逃走，警察当局被迫释放学生代表。①

在中国共产党的领导下，商丘的学生运动更加成熟，更为积极。1935年日本帝国主义相继占领东三省及上海后，接着又企图吞并河北、山东、山西、察哈尔、绥远五省。面对日本侵略和蒋介石的"攘外必先安内"政策，8月1日，中共发表了著名的《八一宣言》，号召停止内战，集中国力一致抗日。11月13日，又发表《为日本帝国主义并吞华北及蒋介石出卖华北出卖中国宣言》，提出中国工农红军愿同一切抗日反蒋的人民与武装队伍联合起来反对日本帝国主义。中共的政治主张引起了全国人民的强烈反响。12月9日，在中共的领导下，北平爆发了学生反对日本帝国主义侵略的爱国运动。

消息传到商丘后，一场声势浩大的爱国学生运动在商丘展开了。12月21日，在北平、开封读书的十余名睢县籍进步学生返回家乡，同睢县一小教师、中共党员郭景尧及睢县中学的进步教师进行联系，介绍了北平、开封学生运动的情况。他们积极筹划，决定以睢县中学、睢县师范、睢县附小和睢县第一小学为中心，发起游行示威，唤起群众，声援学生爱国斗争。22日，睢县中学召开了教师和学生代表会议。郭景尧在会上介绍了中国共产党的《为抗日救国告全体同胞书》（即《八一宣言》）关于停止内战、一致抗日的政治主张。大家一致表示举行游行示威，声援北平、开封学生的爱国运动。会议成立了"声援一二·九学生爱国运动指挥部"，推举教师代表李省三为指挥长，学生代表杨鼎

---

① 中共商丘市委党史研究室：《中共商丘党史资料选（回忆录）》，中州古籍出版社1999年版，第128页。

鼎为副指挥长，还明确了各校的负责人，以便统一指挥，并规定了游行纪律、路线、口号、队列及游行时间。

12月24日，游行队伍在第一小学集合出发。前面双人举着的横幅标语上写着"停止内战，一致抗日"，标语牌上写着"打倒日本帝国主义"等口号。游行的学生拿着三角旗，沿途唱抗日歌曲，呼抗日口号。街道两侧，也贴上了红红绿绿的标语。学生们的行动，影响了广大群众，一些市民、商人也加入到游行的队列。游行队伍穿过城中主要街道，李省三登上桌子进行演讲，发誓"宁愿战场死，不做亡国奴"。

城关游行后，指挥部又决定示威游行向城郊发展，向农村深入。由李省三等人带领三百多名师生，郭景尧等人带一百多名师生，分两路下乡宣传。十多日内两队奔走二百余里，途径三十余村，演讲二十多处，听众不下万人。这些爱国宣传活动，深受群众欢迎，也使商丘的学生运动向前迈进了一步。

在商丘县，省立三中、归德中学、专署农林实验中学、县立简易师范等学校的广大学生，迅速燃起了抗日爱国的烈焰。12月25日，省立三中学生，在进步学生赵寅宾、李绍堂、王凌霄、李铁林等人领导下，向学校当局提出"要求停课，出校集会，到朱集宣传，去南京请愿"的要求，学校当局被迫答应了学生的要求。当晚各校学生会领导人齐集一堂，研究示威游行、请愿各项准备工作。当夜，学生们油印了一部分传单，每人自制了一面彩色小旗，上写"打倒日本帝国主义""打倒卖国贼殷汝耕""停止内战，一致对外"等口号，并组织了游行队伍的交通联络、救护、吃饭、饮水以及总指挥机构等。

12月26日，商丘城里2500多名学生，举行了一次震撼豫东大地的示威游行。学生们在专署门前高呼"强烈要求朱玖莹支持学生运动"等口号，专员兼商丘县长朱玖莹被迫出来跟学生见面。学生代表赵寅宾发表了演讲，历数日本帝国主义的侵略罪行，指出家破国亡的灾难和耻辱，表明了中国青年学生抗日爱国的决心。

在商丘火车站，他们一面派人同车站交涉车辆，准备全体坐车到南京请愿；另一方面，组织学生深入朱集大街小巷，开展街头宣传。由于郑州、开封、徐州等地的学生都采取了爱国行动，陇海铁路中断。

在民权，民权师范的学生经过各班串联，决定于 12 月 27 日上午进行全校示威游行。由于学校当局阻拦，未能走出校门；下午，一部分学生冲向大街进行游行和演讲；晚上，学生中的积极分子又秘密聚会研究，组成六个演讲小组，分赴乡村集镇，开展宣传。学生还捐献了 300 多个鸡蛋，推选出学生代表，到开封慰问卧轨的同学，因交通中断，他们抬着鸡蛋来到了开封车站，将鸡蛋分送给开高、开师、河大等同学，表达了民权师范学生的爱国热诚。

在柘城、夏邑、永城、宁陵等地，也相继出现了爱国学生走上街头游行示威、演讲等活动。这次商丘学生运动持续了十多天，直接声援了北平的一二·九运动，显示了学生们的爱国热忱和巨大力量，也锻炼了广大青年，促使他们逐步走上与工农联合的革命道路，同时教育与团结了商丘人民群众，推动了豫东的民主、民族解放运动，为以后抗日根据地的建立打下基础。

一二·九运动后，学生的抗日救亡运动继续高涨。1936 年 2 月，夏邑县胡桥完小学生举行罢课。1936 年初，柘城县三名进步青年教师王飞霄、张叔威、宋愉樵发起组织"读书会"，阅读《文学》《新生》《光明》等革命书刊，议论国事，了解时局。1937 年 7 月他们聘请的北平燕大学生张非垢返回柘城，向读书会介绍延安抗大情况，引起了他们的兴趣，产生了去抗大学习的愿望，张非垢回校后，给他们寄来了去抗大学习的介绍信。1936 年冬，宁陵师范、县中、一小的学生停止期终考试，全部上街示威游行，声援绥远抗战，反对"华北伪自治"。

三 睢县抗日力量的形成

1935 年睢县学生声援一二·九学生爱国运动后，睢县抗日救亡运动逐渐兴起，更多的人走上了抗日救亡的道路。睢县有"教育派"和"老冤派"两大主要派别。"教育派"是当时在睢县兴起的一股政治势力，是由教育界人士和知识分子组成，"老冤派"的前身是"驼派"，成员主要是投靠县长蔡慎的投机者。蔡慎任县长时，大兴土木，催粮催款，强行勒索，百姓痛苦不堪。睢县的一些地主、豪绅投奔蔡慎麾下，专为县长驮钱行贿，被睢县人称为"骆驼派"，又称"驼派"。"驼派"的行为损害了当时"教育派"的利益，"教育派"几次派人去省政府状告蔡慎无果。1936年春，在证据确凿的情况下，省政府被迫下令将蔡慎撤职查办，蔡慎被"教育派"赶出睢县。其后"驼派"变身为"老冤派"，继续把持县政权；但教育派在"驱蔡"之后，逐步有了一定的政治地位，社会势力大增，他们占据了教育界阵地，不许"老冤派"插手。一二·九运动后，"老冤派"极力推行蒋介石的"攘外必先安内"政策。1936年6月的一个凌晨，二十多人闯入孙聚寨国民党二区区署，砍倒门卫，杀死区署书记、警长及其警卫。这些人在返途中被截击抓获，经审讯，他们是受豫南黄（川）、光（山）、固（始）、息（县）、商（城）中华苏维埃之命组成的中华铁血锄奸团，并说："日本侵略中国，华北沦亡。国民党不抵抗，反而枪口对内，以致贪官污吏、土豪劣绅、汉奸恶霸肆意横行，暗无天日……"[①] 在此事后，睢县的抗日救亡运动受到很大挫折。1937年七七事变后，大多数"教育派"人物开始接受中共的抗日主张，和全县人民共赴国难。

四 贯彻落实党的抗日民族统一战线方针

1937年4月，经中共的努力，在民权北关区吴庄寨一带，成立了北关区"中华民族解放先锋队"小分队，队长为吕长发。民先宣传抗日救国，号召各阶层团结一致，共赴国难。抗战爆发后，民先组织了

---

① 中共睢县县委党史办公室：《中共睢县党史（1925—1949）》，中共党史出版社1995年版，第55页。

抗日武装保卫队。

11月，共产党员刘屏江回到永城，与中共苏鲁豫皖边特委取得联系后，建立中共永城县工作委员会，担任书记。主要任务是登记党员，组织学生，发动群众掀起抗日救亡高潮。刘屏江等人出席中共苏鲁豫皖边特委于萧县黄口召开的扩大会议，会议传达中共中央洛川会议精神，要根据《抗日救国十大纲领》建立抗日民族统一战线和敌后抗日根据地。11月29日，永城县民众抗日救亡动员委员会成立，县长鲁雨亭任主任，受第五战区领导，抗日民族统一战线初步形成。

年底，刘增奎、周可夫、尹志异、郑训、胥照五、王若旺等四十余名共产党员和青年学生，受国民党第一战区委派，以民运指导员的名义来商丘、柘城、睢县、夏邑、永城等十二个县开展抗日工作，并以商丘县为中心建立了豫东民运办事处，发动组织民众，开展抗日救亡工作。

第十六章　抗日战争时期

第一节　日军侵占商丘和日伪对商丘的统治

一　商丘沦陷与日军暴行

1937年七七事变，抗日战争全面爆发。到年底，日军便占领了平、津、京、沪以及河北、山西、绥远、山东、江苏等省。1938年初，日军又沿津浦路入侵，5月19日占领徐州。之后，日军拟沿陇海线西进，占领郑州，然后沿京汉线南下，进攻武汉。如此，豫东在日军进攻下首当其冲。

台儿庄战役（1938年4月）后，中国军队在徐州集结了几十个师的兵力，准备与日军作战。日军则大量增兵，从南、北、西北、东北各方包围徐州。为切断徐州中国军队沿陇海线向西的退路，日军在1938年5月上旬，开始对豫东发起进攻。5月7日，日本华北方面军十四师团在濮阳渡过黄河，向归德（今商丘）进犯。该师团的先头部队骑兵联队，于5月11日从郓城南下，15日进入到民权以西的内黄集附近，炸毁了附近的铁路，切断了陇海线。该师团的主力于14日占领菏泽，17日晚侵入到内黄集。由于遭到宋希濂和薛岳部三个师的阻击，其占领归德的计划未能实现。日本的华中派遣军则从安徽蒙城向豫东进犯，5月12日占领永城。参加徐州会战的国民党军队，在徐州失守后向豫东、皖北撤退。日军随后向豫东大举入侵。

5月20日，日军由徐州分两路西侵。一路由徐州至永城，又从永城侵入亳州，6月3日，攻占柘城。另一路日军从徐州沿陇海铁路西侵。在进军途中，日军派出航空兵对马牧集（今属虞城）、朱集（今商丘火车站附近）进行狂轰滥炸。5月26日侵占马牧集。这时日军又兵分三支，一支向北进攻虞城县城（今利民镇），一支进攻朱集，一支进攻商丘县城。进攻商丘县城的日军，在县东南的柳林集，遭到中国军队的顽强抗击。入侵朱集的日军，与中国军队的三个团展开了激战。日军切断了朱集通往县城的公路，与进攻县城的日军遥相呼应。朱集的国民党守军和县城内守军被日军包围而西撤。日军在5月28日、29日占领商丘县城和朱集。30日，西进的日军攻陷宁陵。6月3日占领杞县、尉氏，6月5日攻占睢县。至此，豫东的广大地区便沦入敌手。

商丘各县沦陷时，日军在商丘实行了"三光"政策。

1938年5月，日军在商丘县毛堌堆集烧杀抢掠，无辜群众惨遭杀害；日军在进攻永城县城时，肆意放火，烧毁城内房屋，强奸妇女。6月，日军遣派大队人马包围了柳林集进行屠杀，房屋全部化为灰烬。驻商丘县城的日军，血袭了老南关。日军将百姓带到村南一块空地上，用刺刀屠杀毫无还手之力的百姓，再用汽油烧尸。在宁陵，日军先后血洗了刘庄、大吕集。在夏邑，日军扫荡了韩镇集，财产被抢烧一空。在永城，日军于8月份制造了"僖山惨案"。日军包围了僖山集后，先用炮火和机枪向集内轰击、扫射，而后闯进集内，将手无寸铁的老百姓捆绑起来，用机枪集体枪杀。日军还在永城十八里村、太丘集、龙岗集等地屠杀群众。

睢县、民权、虞城、柘城各县，都发生了日军烧杀中国无辜百姓的野蛮罪行。广大商丘人民，饱受日军的蹂躏。可以说，日军所到之处，尸体遍地，血流成河，狼烟滚滚，一片瓦砾。

二 日伪统治

商丘沦陷后，日军在各县首先组织起县维持会。县维持会的会长实际上管理着全县的各项事务，行使着县长的职权。在秩序逐渐稳定后，便在各县组织起县政筹备处。县政筹备处的行政主任在筹备期间行使县长的职权。经过一段时间的维持和筹备，各县都成立了县公署，其行政长官称知事。1943年时，各县公署改为县政府。1939年4月，伪豫东道公署成立，由王墨庄任道尹，公署设在商丘县城。

日本在豫东占领区除驻有军队外，还豢养着大量的伪军。商丘的伪军除各县的警察、警备队外，主要是张岚峰的"豫东剿共军"。张岚峰是柘城县林张村人，中学毕业后投奔西北军，得到冯玉祥的赏识，被派往日本陆军士官学校学习，回国后担任过炮兵团长、西北军官学校校长。中原大战后，张岚峰失去了军职，于是又以研究经济为名去日本。之后在宋哲元二十九军一四三师任参谋长、对日交涉员，七七事变后回到家乡。豫东沦陷后，他在商丘设立豫东招抚使公署，在豫东各县搜罗一批土匪、地主、旧军官，共有1.8万余人，编成豫东剿共军。日本军队拨给张岚峰部大批的军械及物资，将其改编为"和平救国军"第一军。汪伪南京政府成立后，张岚峰部被改编为第四方面军，有三个军共十个师，号称"十万"人。张岚峰策动了驻鲁西南的国民党军队孙良诚部投敌。他还为日本人搜集抗日军队的各种情报，率部配合日军进攻抗日部队，并在沦陷区推行强化治安，组织剿共队，力图扑灭人民抗日的烽火。

由于商丘地处豫、皖、苏、鲁四省交界处，交通又比较发达，商丘就成了日军在豫东的统治中心，成为日军对豫、皖、苏、鲁各根据地进行扫荡的后方基地。为了巩固统治，从1939年开始，日军在商丘各县推行保甲连坐制度。每五户编一小组，十户编一大组，与保甲制度相结合，并实行连坐，一家"犯法"，同组其他户同罪。1940年，按保甲系统，颁发"良民证"。在商丘县，1941年全县有八个区的保甲长完成了训练，协助清查户口。睢县全县共编成56个乡镇，共有341保3884

甲。保甲长经过日本人的训练后，要负责召集本保本甲内的壮丁训练，检举所谓"反动分子"，协助对抗日根据地及国统区的经济封锁等。在推行保甲连坐制度的同时，又推行了强化治安运动。每次强化治安运动都有一些具体的内容，如检举抗日人员、实行经济封锁、强迫百姓捐献金属、参加储蓄等。

为了配合上述的活动和军事行动，日本华北派遣军在商丘设立有不少特务机构，如日本陆军联络部、柴公馆、饭岛队、乐园部队、和平猛进工作队等。此外还有伪特的组织，像张岚峰的执法队、警察所特务部、新民会、和运队等。这些特务组织搜集军事、政治、经济各类情报，对民众的思想言行进行监督控制，对抗日的爱国志士和我党的地下工作人员进行搜捕迫害。

日军在商丘进行大肆掠夺和榨取，他们占领朱集后，设立日本领事馆，把一些街道划为日、韩居民居住区，原来的中国居民被赶走。日本人以这些街道为中心，开建了许多洋行、会社、公司，以操纵豫东的经济命脉，大肆搜刮财富，进行经济掠夺。

商丘沦陷后，日本国内有不少垄断资产阶级派人来到商丘，其中有名的财阀如三井、三菱、日棉等均在此设立了机构。1944年，在商丘的日本各粮食会社掠夺收购小麦、花生、芝麻、大豆、杂谷等，为战争服务。在金融方面，日本在朱集设有济南银行、朝鲜银行和中国联合准备银行，借这些银行，操纵金融，控制货币流通。另外，日本侵略者还在朱集设置了六十多家公司，涉及到粮食、油料、兽皮、五金、矿物、土产、运输各方面。他们通过这些公司、洋行、会社，不仅操纵着豫东的国计民生，而且把豫东的财物搜刮一空。

在文化教育方面，1939年，商丘县成立了第一、第二新民小学，在朱集建立了第三新民小学；1940年，豫东八县成立了豫东道联合中学。这些学校开设日语课，并教唱日本歌曲。日军联络部还时常组织学生游行，宣传所谓的"中日亲善""建立大东亚共荣圈"等，目的是对商丘人民进行奴化教育，以消弭民族意识，做日本统治下的顺民。

第二节 抗日烽火

一 睢杞太根据地的开辟

商丘各县沦陷后，商丘人民在中国共产党的领导下，奋起抗日，谱写了壮丽的篇章。

1938年5月，徐州失守。中共睢县县委根据党中央把工作重点转为组织抗日武装、抗击日军入侵的指示，将本县的一些武装集合起来，于6月初成立了睢县抗日游击队。6月中旬，中共豫东特委书记吴芝圃、中共杞县中心县委书记王静敏、中共睢县中心县委书记张辑五等研究决定，把睢、杞两县武装合在一起，进行整编，称睢杞大队。杞县游击队为一中队，睢县游击队为二中队，由吴芝圃统一指挥。睢杞人民抗日武装建立后，立即投入了对日伪军的作战。6月下旬一股日军到杞县的何寨抢粮，睢杞大队闻讯出击，给日军以打击。7月，睢杞大队进攻睢县西南长岗的伪军，毙伤二十多人，俘虏六十余人，缴获枪支近百支。与此同时，睢杞两县的其他抗日武装也发展起来。像睢县的姜朗山部已有百余人，苗泽生部发展到八十多人，李西峰部有四十多人，李寿山部达到500余人。为统一指挥，提高战斗力，中共在杞县的傅集对这些抗日武装又一次整编。吴芝圃、王海山、张辑五、王静敏和太康县工委主任杜力生共同讨论后，决定把部队改称"豫东人民抗日游击第三支队"。吴芝圃任支队司令，王海山为副司令，王静敏为政治部主任，下辖三个大队，一个特务队。这样，中国共产党领导的敌后抗日武装，开始在睢杞太地区展开抗日活动，睢杞太根据地建立起来。

1938年10月，第三支队的大部根据中共河南省委的指示，在周口西华与彭雪枫率领的新四军游击支队汇合。11月，彭雪枫率新四军游击支队在睢杞太地区与坚持斗争的李寿山部汇合，李寿山部也被编入新四军游击支队。游击支队在睢杞太地区团结进步力量，打击反动势力，很快打开了豫东敌后抗战的新局面。12月，彭雪枫率部东进豫、皖、苏边区，只留下两个连在睢杞太地区，仍以第三支队的名义，在中共豫东特委书记马庆华的率领下坚持斗争。

在新四军游击支队两次回师睢杞太地区的有力支援下，马庆华等大力发展群众自卫武装，建立了"睢杞太抗敌自卫总团"。经过艰苦的斗争，抗日队伍不断扩大。1939年8月，自卫总团改组为"睢杞太独立大队"。1940年1月，在独立大队的基础上，又加上王其梅、孟海若的两支抗日武装，合编为睢杞独立团（6月，改称睢杞太独立团），由兰桥任团长。独立团建立后，在敌伪顽军的重重封锁包围下，积极活动，与敌人进行了针锋相对的斗争，力量发展到1000多人。1941年1月，睢杞太独立团奉命开赴豫皖苏抗日根据地。

1941年，由于日伪军的疯狂进攻，睢杞太根据地也进入了抗日战争的艰苦阶段。因该地区是华北八路军和华中新四军联系的桥梁，驻开封、商丘的日军，豫东张岚峰的伪军，都将其视作眼中钉，不断向根据地"扫荡"；国民党顽固派的军队，也与日伪军相呼应；日军还在根据地周围及要地设置了许多据点、炮楼；而睢杞太独立团东进后，留在睢杞太坚持斗争的部队只有两个连。3月，部队在战斗中遭受了较大的损失。4月，水东地委①书记韩达生被捕遇害，再加之新四军四师东撤，形势十分严峻。为坚持斗争，地委决定将睢杞太的武装与淮阳调来的武装统一，组建"水东独立团"。水东独立团化整为零，深入群众中分散活动，粉碎了日军的一次又一次"扫荡"，不仅在睢杞太坚持下来，而且活动区域不断扩大，先后建立起四个县级抗日政权。在长时间同豫皖苏根据地失去联系的情况下，于1942年底与冀鲁豫根据地建立了联系，此后，睢杞太抗日根据地便归属冀鲁豫抗日根据地。

---

① 1938年黄河决堤改道后，新黄河以东地区被称为水东地区，睢县、杞县、太康均在水东，地委机关所在地在今周口市太康县高贤乡聚台岗。

到 1944 年，中共领导的人民抗日武装在睢杞太进一步壮大，根据地也更为巩固。7 月，睢县抗日民主政府成立。8 月，中共克威县委、县抗日民主政府成立。①冀鲁豫军区为加强水东地区的武装力量，派一个营组成南下大队，进入睢杞太地区，与水东独立团汇合。独立团的力量加强后，在民权县杨城村歼敌 200 多人，而后又消灭了太康县保安团，迫使睢县伪军放弃了长岗等六个据点，龟缩到县城中。9 月，睢杞太的武装部队三次进入宁陵、商丘、柘城，开辟了宁陵县和柘城县，使睢杞太根据地发展到七个抗日县政权。1945 年 1 月，冀鲁豫军区又派出一个团到达了水东地区，成立了冀鲁豫第十二军分区，睢杞太根据地得到了进一步发展。2 月，攻克睢县南的河堤岭，歼敌 300 多人；在太康的叶寨，歼灭了日伪顽军 1000 多人；根据地扩大到周口扶沟等地，为开辟新黄河以西地区创造了条件。

睢县抗日民主政府也在 1945 年建立了县大队，并在 4 月拔掉了日伪在睢杞太根据地的最后一个据点草寺庙。这样，睢杞太根据地迎来了抗日战争胜利的曙光。

二 豫皖苏边区的发展

在徐州会战前后，日军的侵略魔爪就伸向了豫皖苏边区。豫皖苏三省交界地区是联系华中、华北的纽带之一，具有重要的战略地位。1938 年 5 月 22 日，中共中央指出："徐州失守后，河南将迅速沦入敌手。我应向豫鲁苏皖四省敌后发展。"②根据中央的指示，中共豫鲁、豫皖特委领导各县的党组织，建立起中共领导的抗日武装，宿东抗日游击队、宿西抗日总队、湖西人民抗日义勇队、萧县抗日游击队等相继成立。豫

---

① 克威县是根据地在杞县北部、民权县陇海铁路以南建立的，为纪念革命烈士唐克威而命名，1948 年 11 月撤。
② 《关于徐州失守后华中工作的指示》，见中共河南省委党史资料征集编纂委员会《豫皖苏抗日根据地》，河南人民出版社 1985 年版，第 45 页。

皖苏根据地的开辟，主要是由彭雪枫率领的新四军游击支队完成的。

1938年6—7月间，睢杞太地区的抗日游击战展开后，中共河南省委由确山竹沟派萧望东率七八十人的抗日先遣大队，前往睢杞太开展游击战争。9月，河南省委根据毛泽东、周恩来开创豫东敌后抗日根据地的指示，在竹沟镇成立了有370余人组成的新四军游击支队，由河南省委军事部长彭雪枫任司令员兼政委，张震任参谋长。9月30日，游击支队誓师东进。10月8日，游击支队在西华县杜岗与吴芝圃、萧望东部汇合，三支队伍合编，番号仍称新四军游击支队。彭雪枫任司令员兼政委，吴芝圃任副司令员，张震任参谋长，萧望东任政治部主任，下辖三个大队，共一千余人。随后，游击支队东渡新黄河，经睢杞太地区东进，年底到达鹿邑县的白马驿。在这期间，游击支队灵活地运用游击战术，积极主动地打击敌人。10月27日，游击支队与日军一百多名骑兵遭遇，经过激战，击溃了日军。首战告捷,提高了部队指战员的斗志。11月22日，游击支队又从鹿邑回师睢杞太，出其不意地袭击杞县和睢县的敌伪据点，歼敌数百人，并缴获了一批武器，极大地鼓舞了豫东人民的抗日斗志。

在鹿邑白马驿，游击支队进行了整训。部队编为两个团、一个独立营和支队直属队，全支队共3400余人。这次整训，健全了部队的组织，提高了部队的军政素质。1939年1月初,游击支队东进永城地区。途中，在商丘县的芦家庙歼敌500多人。随后，支队主力进抵永城、夏邑、宿县、萧县为中心的豫皖苏边地区，向这个地区的敌、伪、匪展开了连续进攻，先后拔除了李口、大茴村的伪据点，消灭了黄殿臣、黄殿雨、周德新各部，支队司令部进驻永城书案店。2月，在书案店成立了以张爱萍、吴芝圃为正、副书记的中共豫皖边省委。省委提出由小块而大块、由一块而多块建立根据地的口号，以永南、涡北为中心，开辟豫皖苏抗日根据地。

游击支队同豫皖边省委领导下的地方武装，在人民群众的支持下，不仅粉碎了日军的扫荡，还拔除了一些敌伪据点，建立起县、区、乡各级抗日民主政权。5月，中共永城县委及其领导的抗日民主政府建立，寿松涛任县委书记，徐风笑任县长，群众的抗日组织如农民救国会、妇女救国会、儿童团也建立起来。

1938年5月永城沦陷后，国民党永城县长鲁雨亭组织的抗日武装活动于芒砀山一带。1939年初新四军游击支队进驻书案店时，鲁雨亭主动与游击支队联系，要求游击支队帮助他训练干部。游击支队一面在随营学校为他训练干部，一面派张先舟到鲁雨亭部做统战工作。在中共的帮助和教育下，鲁雨亭率所部近千人参加了游击支队，编为新四军游击支队第一总队，鲁雨亭任总队长。

在新四军游击支队开辟豫皖苏根据地的同时，八路军一一五师的六八五团，在彭明治等人的率领下，挺进苏鲁豫地区，组成苏鲁豫支队。1939年3月，苏鲁豫支队的大部奉八路军总部的命令，越过陇海路南下，进入豫皖苏地区，开辟了路南抗日根据地。苏鲁豫支队在安徽宿县、徐州铜山等地拔除了一些日伪据点，多次打败前来进攻的日伪军，开创了皖北抗日的新局面。7月，苏鲁豫支队的一部进驻永城县北的山城集。一一五师代师长陈光来到山城集，将部队编为苏鲁豫支队第三大队，而后以芒砀山和萧县为根据地，西进夏永砀三角地区，发展巩固陇海路南的抗日民主根据地。7月中旬，建立了夏邑县抗日民主政府，由爱国民主人士邵雨桥为县长，活动于县东的韩镇、孔庄、胡桥、太平一带，进行抗日斗争。为了打通与活动在夏邑南部会亭一带的新四军游击支队的联系，苏鲁豫支队派兵奔袭了夏邑东八里庄伪军据点，歼灭伪军200多人。8月下旬，苏鲁豫支队在夏邑太平集与夏邑、砀山、商丘、兰封数县的伪军进行了激战，攻克太平集，击毙日军40多人、伪军1100多人，并先后占领了胡桥、陈岗、会亭、马头、白庙等地方，使夏邑县抗日民主政府控制的地区增大。11月，苏鲁豫支队撤出陇海路南的湖西根据地所开辟的夏邑地区，由豫皖苏根据地接管。

1939年8月，豫皖边省委撤销，建立了豫皖边区党委，由吴芝圃任书记。9月10日，中共山东分局根据中共中央指示，决定将陇海路南的皖北和苏北地区，划归中原局管辖，其津浦路以西的萧、宿、永、夏、砀地区划归豫皖边区党委领导。此后，豫皖边区党委改称豫皖苏边区党委。新四军游击支队也于11月改番号为六支队，发展到七个团一个总队，达7300多人。

1939年11月初，化名胡服的中原局书记刘少奇，来到安徽涡阳北边的新兴集，检查六支队的工作，指示要进一步巩固和发展根据地，加强党和军队及根据地的建设。为落实这些指示，豫皖苏参议会在1940年11月成立，吴芝圃任参议长。不久，又召开了豫皖苏边区各界人士代表大会，成立了豫皖苏边区抗日民主政权——豫皖苏边区联防委员会，吴芝圃被推选为主任，刘宠光为副主任，下辖萧县、夏邑、永城等县抗日民主政府及县级办事处，同时还健全了豫皖苏边区党组织，建立了豫东特委（西华）、睢杞太特委、皖北特委（阜阳）、皖北地委、豫皖地委。边区活动的范围进一步扩大，东到津浦路东的皖东北，西抵睢杞太，北依陇海铁路，南到淮河北边的淮上地区。[①]根据地进入全盛时期。

根据地的发展壮大使日军极为恐慌，他们加紧了对战略地位极为重要的豫皖苏地区的封锁和扫荡。与豫皖苏根据地接壤的国统区的顽固派武装，也不断向根据地制造摩擦。豫皖苏区党委和六支队则根据中共中央的部署与指示，巩固发展根据地，加强根据地的建设。首先充实调整了原有的地委、县委。抽调了大批干部，充实各县的抗日民主政权，并成立了亳县、宿西县、砀南县、夏永砀县、商亳永夏县的抗日民主政府或办事处。同时，充实主力部队，发展地方武装，还广泛发动群众，巩固扩大各级群众组织，发展生产，在团结抗日的原则下，积极开展统战工作。

1940年3月，为粉碎日军对萧永宿地区的五路大扫荡，六支队第

---

① 淮上地区指淮河以北、浍河以南、津浦路以西的怀远、凤台、宿南、蒙城地区。

一总队鲁雨亭率部配合兄弟部队,伏击永砀路上的日军,击毙日军六十多人,打击了日军的嚣张气焰。4月1日,日伪军3000人分三路合击永城北的山城集,企图消灭六支队的第一总队。第一总队在第三总队和萧县抗敌总队配合下,在芒砀山与敌血战,打退了敌军十四次进攻,毙伤敌军300多人。但在我军主动撤出战斗后,一总队在转移途中被敌人包围在李黑楼,终因敌众我寡,鲁雨亭等200余人牺牲。①

为加强对地方武装的统一指挥与建设,豫皖苏边区组建了豫皖苏边区保安司令部。此时八路军第二纵队在黄克诚率领下,奉命挺进豫皖苏。于1940年6月下旬到达新兴集,与新四军六支队合编为八路军第四纵队,由彭雪枫任司令员兼政委。第四纵队下辖三个旅及直属部队,共1.7万人,保安司令部下辖三个独立团、一个独立大队。

1940年7月,第四纵队为扩大抗日根据地,并解决财政困难,进军安徽怀远、凤台。由于第四纵队的主力开赴淮上,后方空虚,在国民党顽固派的策动下,根据地发生了"耿、吴、刘叛变事件"。耿蕴斋原为国民党萧县二区区长,拉起武装后,接受了中共的改编,任新四军六支队第三总队长,后调任边区保安司令。吴信容为第六旅副旅长兼十八团团长,耿、吴利用四纵队主力开赴淮上之机,擅自率部离开防地到萧县活动。豫皖苏区党政委员会先后派组织部长周季方、党委书记吴芝圃等人到萧县吴部驻地,做耿、吴的工作,劝其返回防地,均无效。刘子仁为六旅十七团团长兼萧永砀县长,12月12日,耿、吴、刘一同叛变,他们逮捕了部队中的中共党员及规劝他们的代表,不仅拉走了2000人的队伍,还利用乡土观念、亲朋关系裹胁一部分地方干部一同离开。而后,他们投靠了汤恩伯,接受了国民党的委任,参加对根据地的进犯,结果萧、永、砀、夏中心区域大部分丢失,边区的形势恶化。

1941年1月,国民党制造"皖南事变",掀起了第二次反共高潮,

---

① 鲁雨亭(1899—1940),名鸿逵,永城山城集人。鲁雨亭祠在芒砀山主峰偏东的南山坡上。

同时调集三十万大军进攻江北的新四军。为此，中共重建新四军军部，并将八路军第四纵队改为新四军第四师，由彭雪枫任师长兼政委，张震任参谋长。改编后的第四师共有14400多人，控制着萧、永、夏以南，涡河以北及淮上地区，处于敌伪顽军的夹击下。根据中共中央的指示，第四师的任务是坚持豫皖苏根据地，不让敌方向津浦路东和陇海路北进攻，从2月到5月，第四师进行了三个月的反顽斗争。

1941年初，日军发动了豫南战役。日军一路由宿县进占涡阳、蒙城、太和、界首等地，而后向西南进攻；一路由商丘南下进攻。国民党军队节节败退西撤。第四师主力经过激战，从日军手中收复了涡阳、蒙城，前进至颍上的江口集及太和以北。日军在2月9日结束豫南战役，撤回原占领区。国民党的反共顽军又进至豫皖苏根据地附近，对第四师及根据地发起了四万余人参加的进攻。第四师官兵虽勇猛抗击，终因寡不敌众，江口集、五市集丢失，遭受了很大损失，被迫退到津浦路东休整。从3月底到4月初，反共顽军又分三路北渡涡河，大举向根据地进攻。叛军、土顽及反动势力在根据地后方组织暴乱，日伪军也趁机向根据地扫荡。根据地军民虽然也取得了一些胜利，可敌强我弱，又值春荒，粮食供应困难，加之兵力过于分散，部队损失严重。4月下旬，形势更加不利，根据地中心地区被占领，部队缺少弹药粮食，伤员又无法安置，各级党政机关无法开展工作，只能随军行动，处境十分困难。5月，根据中共中原局和新四军军部指示，第四师部队分批撤出了豫皖苏区，6月，地方部队及一部分党政工作人员相继撤到了津浦路东的皖东北，豫皖苏抗日根据地丢失。

1944年4月，为打通大陆交通线，日军发动了豫湘桂战役，大举向河南腹地进攻。国民党军队纷纷溃退，中原完全沦入敌手。中国共产党为开创河南敌后抗战新局面，提出了向河南敌后发展、控制中原的战略方针。要求新四军四师西进豫皖苏边区，恢复萧永夏宿抗日根据地，然后打通与睢杞太的联系，相机控制新黄河以东地区。根据中央的指示，四师组织了由彭雪枫、吴芝圃、张震率领的西征军,于8月15日誓师西征。21日,在萧县全歼顽军苏北挺进军第四十纵队王传授部1500余人,争取了该部第三支队吴信元率2000人起义。23日,彭雪枫发表《敬告豫皖苏边区父老兄弟姐妹书》,表达了四师广大指战员对豫皖苏边区百姓的怀念之情,宣布了西征目的,并号召友党、友军及各界人士,团结抗战。9月5日,四师乘胜摧毁了刘子仁、刘瑞岐、耿继勋结成的"路西防线",为部队西进萧永宿地区扫清了道路。

四师进入萧永宿地区后,大力恢复地方武装及政权,发动群众,实行减租减息,废除苛捐杂税,广泛团结各界人士,扩大抗日民族统一战线。中共和四师的影响迅速扩大,到1944年9月上旬,基本上恢复了萧永夏三个县十五个区的抗日民主政权,初步巩固了这块根据地。

西征军的胜利,使顽军惊恐不安。他们企图乘西征军立足未稳之机,重占萧永夏地区。汤恩伯调集了四个师集结于涡、蒙,由王毓文指挥。同时,命耿继勋、刘瑞岐残部由陇海路北向南,调津浦路东的段海洲部西下,从南、东、北三面夹击西征军。四师西征军在中共其他部队的策应下,9月11日对夏邑县东八里庄的顽军发起攻击,歼灭李光明部1000多人,取得了战斗的胜利。彭雪枫师长在战斗中中流弹牺牲。[①] 中共中央调张爱萍任四师师长,韦国清为副师长,组织了由韦国清、张震、彭明治、吴芝圃等人参加的路西指挥部,发起涡北战役,歼灭顽军3600余人,将王毓文赶到涡河南岸。豫皖苏边区基本上得到恢复。

1944年11月,中共永商亳县县委和县抗日民主政府在马头寺成立。由李毅任书记,丁希凌任县长。永涡县委及县政府同月成立,由党若平任书记,李晨任县长。11月22日,中共中央华中局决定在豫皖苏边建立吴芝圃任书记的二地委,彭笑千任专员的二专署,张震任司令员的二

---

① 彭雪枫(1907—1944),河南镇平县人。今夏邑县东八里庄村有彭雪枫纪念馆。

分区，下辖萧县、宿西、永城、夏邑、永商亳、永涡、宿蒙、宿怀八个县，根据地得到进一步巩固。至抗日战争胜利时，豫皖苏根据地已发展到二十八个县（其中豫十四个、皖十一个、苏三个）。

三 日本投降，商丘光复

1945年8月初，在世界反法西斯同盟国的帮助下，中国的抗日战争转入了全面的反攻。8月9日，毛泽东发表了《对日寇的最后一战》，各抗日根据地向日伪军展开了积极的反攻。冀鲁豫抗日根据地的武装在豫东的睢县、民权等地，豫皖苏根据地的抗日武装在永城、夏邑等地，对日伪军进行了反攻。8月25日，驻永城的伪军窦殿臣、杜春台部，拒绝向我抗日军民投降，我豫皖苏边区部队在县大队配合下，向永城县城发起了攻击，29日战斗结束，共歼敌1800人，解放了永城县城。8月27日，冀鲁豫的部队攻克了民权。在我抗日军民的打击下，日军只能盘据在商丘县城和朱集。

8月15日，日本天皇宣布无条件投降。9月9日，在南京举行了日军中国战区投降签字仪式，中国人民进行的八年抗战胜利结束。八年抗战的胜利，是近百年来中华民族反抗外族入侵第一次取得完全胜利的民族解放战争。中国共产党及其所领导的抗日根据地军民付出了巨大的牺牲，作出了巨大的贡献。豫东商丘的八个县，在抗战期间，都有中国共产党所领导的抗日武装，先后建立了多个县级抗日政权，沉重打击了日伪统治。至抗战胜利,商丘的广大地区都被中共领导的抗日军民所控制。

第十七章　解放战争时期

日本投降前夕，退出河南省的第一、第五战区长官司令部遵照蒋介石8月11日"积极推进，勿稍松懈"的命令，率所部从豫陕边境、鄂西北向河南各地推进。抗战中留在河南沦陷区的国民党顽军，加紧向抗日根据地及日军撤退的城镇进发。8月中下旬及9月，国民党军队占据了豫东的多数县城，流落于各地农村的国民党县政府，也分别返回了县城。这样，到1946年1月，除永城外，商丘其他各县又重新为国民党控制，而商丘的广大农村地区，多数掌握在人民军队手中。

为了扩充自己的势力，国民党起用了大量伪军。豫东地区人数最多的伪军，是张岚峰的第四方面军。抗战胜利后，张岚峰部被国民党改编为新编第三路军，由张岚峰任司令。1946年2月，张岚峰在南京受到蒋介石的召见。4月，蒋介石又让其参加高级将领会议。其他各县的伪军，被收编为国民党县保安团队，如睢县孟昭华及所部改编为睢县保安团。1946年1月，以刘峙为主任的郑州绥靖公署成立。从此，国民党军队不断向中共控制的地区进行蚕食围攻。从1945年9月到1946年12月，国民党调集大军向睢杞太解放区进行了三次"围剿"，占据了睢县、杞县、太康县城。

为了消灭解放区的人民武装，以刘茂恩为主席的河南省政府提出了自卫、自治、自救的反动措施。所谓自卫、自治，就是组织地方武力，维护地方秩序，严密保甲制度；自救就是发展农林水利事业，提倡轻重工业。根据1946年1月国民政府制订的"各临近中共区对付中共办法"，要求各县对其抢占的地区一是要重新清查户口，整编保甲，实现保甲连坐；二是要选派有反共经验的国民党员担任县镇长及保甲长；三是要组织民众，健全各种社会团体，统一言论、行动，以协助"清剿"中共控制的区域。国民党军队在所控制的河南各地，修筑工事，招募军队，并在1946年6月开始进攻中原解放区，致使内战全面爆发。

第一节　豫东解放区的巩固与发展

为制止内战，中共中央在1945年8月20日决定统一根据地的领导，成立了晋冀鲁豫中央分局与军区，组建晋冀鲁豫野战军，由刘伯承、邓小平统一指挥，同时调整行政区划，以睢杞太为主的水东区为冀鲁豫十二地委、十二专署，开展了巩固解放区的工作。

根据中共指示，解放区党组织加强了在国统区的工作，先后争取了不少国民党官兵。1945年9月20日，杜新民在永城鄹城率所部5000人起义。杜新民原为西北军旧军官，抗战中加入了共产党，后加入伪军张岚峰部，任十八师师长，执行中共党组织委派的任务。1946年1月，张岚峰部五十五师副师长王继贤在夏邑率2000多官兵起义。这两次起义打击了国民党势力，壮大了人民的武装力量。

1946年6月，中共中央又指示太行解放区部队，以豫东地区为主要作战方面，集中优势兵力尽可能在豫东各县歼灭敌人的有生力量。根据中央指示，刘伯承、邓小平率晋冀鲁豫野战军四万余人，在豫东作战。6月10日，从兰封到砀山之间，野战军对陇海铁路沿线的敌人发起了攻击，先后攻克了砀山、李庄、杨集、刘堤圈、柳河、李坝、野鸡岗、兰封等车站，歼敌5000多人，破坏铁路150公里。接着，野战军又在15日攻克杞县、通许县城，并争取虞城守敌蒋家宾部4000多人起义。经过十二天的战斗，共歼敌1.6万多人，攻克县城五座，车站十多个。

在睢县、杞县、太康地区，抗战胜利后，在地委书记袁振、专员薛朴若和军分区司令员余克勤的带领下，开展了以政治思想教育和军事训练为主的全面训练，不断打退国民党的挑衅和进攻。1946年5月中旬，国民党集结四万多军队向该区进行第二次大规模的"围剿"。当时，敌第三纵队司令张岚峰将司令部设在太康龙曲集，向解放区发动进攻。军区部队在冀鲁豫军区独立旅的支援下，以小部分部队在内线坚持，主力则外线出击，在杞县南歼敌正规军两个营。而后挥师东下，7月10日攻克张岚峰的老巢柘城，迫敌回援，粉碎了敌人的围攻。8月，水东区部队积极配合晋冀鲁豫野战军在陇海路北的作战，向敌人展开进攻，消灭了不少保安武装及国民党基层政权，破坏了敌人的交通补给线，扩大了根据地。1947年1月到2月，晋冀鲁豫野战军又进行了豫皖边战役，先后攻克了定陶、单县、曹县、杞县、太康、柘城、鹿邑、亳县等县城。

豫皖苏边地区在抗战胜利后，归新成立的苏皖边政府管辖，被划为第八行政区。由吴芝圃任地委书记兼军分区政委，彭笑千任专员，张太生任军分区司令员，管辖永、夏、宿、萧、蒙等八个县。为了统一水东区和苏皖第八行政区的领导，中共中央决定成立中共豫皖苏区党委、军区和行政委员会。1946年11月，豫皖苏区党委成立，吴芝圃任党委书记兼军区政委、行政委员会主任，张国华任军区司令员。豫皖苏军区成立后，国民党集结了八万人的部队"围剿"；而豫皖苏军区部队则采取机动灵活的战略战术，与敌周旋，相继收复了永城、夏邑、涡阳、亳县等，还开辟了宿西、砀南、鹿邑、淮阳、萧县、永城、宿县等地区，建立了县级政权。1947年初，与晋冀鲁豫野战军发起了豫皖边战役，攻克大片地区，使整个豫皖苏区联成了一片。

到1947年底，豫东商丘相继建立起由中国共产党领导的县人民政府，有雪枫县（永城县）、雪涡县、雪商亳县、萧宿永县、砀南县、夏邑县、虞城县、单虞县、宁陵县、睢宁县、睢县、柘城县、商南县、商亳鹿柘县、宁柘商县、民权县、克威县等等。由此可见，豫东商丘地区的解放区经过广大人民及人民武装的不断斗争，得到了巩固和壮大。

第二节 睢杞战役

1948年六、七月间，华东野战军外线兵团和中原野战军一部，在河南东部地区同国民党军队进行了一次重要的战役决战，即豫东战役，也叫开封、睢杞战役。在这次战役当中，中共军队直接参战的部队有华东野战军外线兵团的七个纵队和一个特种兵纵队，中原野战军的两个纵队，冀鲁豫军区和豫皖苏军区的部分部队，共约20万人。国民党军队直接参战的有12个整编师，三个快速纵队，以及特种兵部队和地方保安部队，共约25万人。睢杞战役是豫东战役的第二个阶段，主要战场在睢县、杞县地区，是一场大规模的运动歼灭战。

1948年6月22日，经过开封战役，中共军队占领河南省会开封，全歼守敌三万多人。开封失守引起了国民党统治集团内部的惊慌与争吵，为了挽回败局，蒋介石命令邱清泉兵团和第四绥靖区刘汝明部向开封攻击前进，同时以七十五师、七十二师和新编二十一旅组成一个兵团，由区寿年任司令，由民权地区睢县、杞县迂回开封，计划在开封地区与中共军队决战。粟裕、张震等华东野战军指挥人员认为，攻打开封的目的就在于引诱敌军来援，以便在运动中歼灭敌人。所以，我军主动放弃开封，诱敌深入，使邱清泉、区寿年两兵团拉开距离，然后相机歼灭实力较弱的区寿年兵团。

6月26日晨，华东野战军三、八两个纵队撤出开封，向通许一带开进。邱清泉兵团一部进占开封，其主力则向三、八纵队追击。区寿年兵团因摸不清解放军的意图，在睢杞地区踌躇不前。邱、区两个集团之间拉开了四十公里的距离。我军在粟裕指挥下，抓住战机，27日对区兵团发起攻击。在开封战役中担任阻敌任务的华东野战军一、四、六纵队和中原野战军十一纵队，在任务完成后，隐蔽集结在睢、杞、太一带，组成攻击集团，从四面八方向区寿年兵团发起攻击。在完成对区兵团大包围的同时，我军大胆穿插，进入敌人的纵深部位，将敌七十五师与七十二师分割包围起来。

29 日晨，解放军开始对龙王店外围的敌军及驻在常郭屯的守敌发起攻击。常郭屯驻有守敌旅部和部队 5000 多人，村内工事坚固，村外是平坦的开阔地，易守难攻。经过一夜激战，解放军在第二天天亮时攻克常郭屯。接着，又攻占了陈小楼，歼灭敌军二十一旅。此时，其他几个村庄也被攻破，这样龙王店就完全暴露在解放军的攻击下。7 月 1 日晚，解放军对区兵团司令部所在地龙王店发起了总攻，战斗十分激烈。7 月 2 日晨 3 时全歼守敌，兵团司令区寿年、七十五师师长沈澄年被生擒。而解放军华东野战军的三、八、十纵队及两广纵队组成的阻援集团，则在杞县以东、以南地区，与前去增援的邱清泉兵团展开了顽强的阵地防御战，取得了有效牵制。

东线的敌军，由整编二十五师，第三快速纵队和交警第二总队组成一个兵团，由黄百韬指挥，由东向西增援区兵团。黄百韬兵团到达睢县东北的帝丘店，距被围的区寿年兵团七十二师只有十公里。我军一、六纵队和中原野战军十一纵队抽出部分兵力，阻住了黄百韬兵团的攻击，使其距七十二师五公里而无法与之会合。

由于黄百韬兵团进军较快，对我军的下一步行动威胁较大，以粟裕为首的华东野战军指挥部决定集结我军的一、四、六、十一及两广纵队，趁黄兵团立足未稳，将其歼灭，而后再回头解决被围困的七十二师。7 月 3 日，四、六两纵队将黄百韬部包围起来。解放军各部在白天发起攻击，到当天晚上已歼灭敌人整编二十五师一部，激战到 6 日早晨时，黄百韬部受到沉重打击，急忙把部队收缩到以帝丘店为中心的狭小地区固守。

在黄百韬兵团被围时，西线援敌在得到刘汝明部的加强后，主力避开我军的阻击正面，向我军迂回。东线援敌整编七十四师已进到宁陵及其以西地区。南部的援敌张轸集团和胡琏兵团虽遭我中原野战军阻击，仍积极北进，胡琏兵团的先头部队已接近太康。而我军的参战部队由于连续作战，伤员不能得到有效救治，加之盛夏酷暑，战士十分疲劳，同时围歼黄百韬部及敌七十二师还需要一定的时间。为争取主动，华东野战军代司令员粟裕果断决定撤出战斗。7月6日，我军参战的各部队撤离战场，分别向睢杞南和鲁西南转移，睢杞战役结束。

睢杞战役，歼灭了区寿年兵团大部，在阻援当中又沉重打击了邱清泉兵团，并歼灭黄百韬兵团一部，共毙、伤、俘敌47500多人，缴获大炮48门，各种迫击炮269门，轻重机枪1331挺，长短枪11776支，此外还有汽车、马匹，各种枪炮弹药等其他军用物资。[①]

睢杞战役结束后，7月11日，党中央给参战的解放军全体指战员发来了贺电，庆贺胜利。这场战役，削弱了国民党在中原地区的有生力量，改变了中原战场和华东战场的战略态势。

第三节　淮海战役在商丘

一　淮海战役的三个阶段

1948年11月6日到1949年1月10日进行的淮海战役，是解放战争战略决战阶段中国人民解放军同国民党军队进行的具有决定意义的三大战役之一。中共军队投入了华东野战军、中原野战军、江淮、冀鲁豫、豫皖苏、豫西、陕南解放区部队共六十余万人，在以徐州为中心，北起临城（今枣庄薛城）、南达淮河、东至海州（今连云港）、西抵商丘的广大区域内，同国民党徐州"剿总"所属的四个兵团、四个绥靖区及后调来的十二兵团共八十万人，进行了一场大决战。在商丘境内全歼杜聿明集团的歼灭战，是淮海战役的第三个阶段。

---

① 中共商丘地委党史资料征集编纂委员会：《中共商丘党史资料》第一卷"文献"（下），河南人民出版社1990年版，第573—574页。

1947年8月，刘邓大军千里跃进大别山。到1948年下半年，国内形势的发展愈发对国民党军队不利。8月初，国民党在南京召开军事检讨会议，提出了东北求稳定，华北求巩固，在西北扩张，在华东、华中加强"进剿"的战略。从此，国民党军队开始实施重点防御、重兵坚守战略要点，编练强大机动兵团，意图造成解放军对战略要点"吃不掉"、对增援兵团"嚼不烂"的局面。

对此，1948年9月8日—13日，中国共产党在西柏坡召开政治局会议（史称"九月会议"）。①

1948年9月16日—24日，中共发起济南战役，攻克济南，这是中国共产党首次攻克国民党军队重兵设防的坚固城池，也标志着国民党重点防御计划的失败。济南攻克后，菏泽、临沂、烟台等地国民党军队纷纷弃城，山东境内只剩青岛等少数据点，使得解放军南下作战再无负担。

在济南战役结束前，济南城内巷战还在激烈进行时，鉴于黄百韬、邱清泉、李弥三兵团的犹豫，粟裕就于1948年9月24日7时发电报给中共中央军委："建议即进行淮海战役。"② 中共中央军委经过慎重考虑，于9月25日19时复电，同意粟裕的建议："我们认为举行淮海战役，甚为必要。"③

淮海战役经历了三个阶段。

第一阶段（1948年11月6日至22日）：歼灭黄百韬兵团，攻占宿县，孤立徐州。

1948年11月6日晚，华东野战军按预定计划向新安镇地区黄百韬兵团发起进攻。至22日，全歼黄百韬兵团，击毙兵团司令官黄百韬，取得淮海战役的第二个大胜利。在华东野战军围歼黄百韬兵团的时候，

---

① 毛泽东：《中共中央关于九月会议的通知》，《毛泽东选集》第四卷，人民出版社1960年版（1967年改横排本），第1239页。
② 《粟裕军事文集》，解放军出版社1989年版，第392页。
③ 《毛泽东文集》第5卷，人民出版社1996年版，第157页。

中原野战军举行徐蚌线作战，于 11 月 16 日攻克战略枢纽宿县，孤立了徐州。同时，将由平汉路东援的黄维兵团阻止在宿县西南南坪集地区。这样，就把刘峙集团分割在徐州、蚌埠与宿县西南三个互不相连的地区，为各个歼灭创造了极为有利的条件。

第二阶段（1948 年 11 月 23 日至 12 月 15 日）：歼灭黄维兵团，合围杜聿明集团。

根据淮海战场态势和华东、中原两野战军的战斗情况，总前委提出第二阶段以歼灭由平汉路远道赶来增援而孤军突出的黄维兵团为上策。黄维兵团是国民党军的精锐部队之一，是国民党军赖以解徐州之围的一张王牌。中共集中中原野战军六个纵队和华东野战军三个纵队及特纵一部，对在宿县附近双堆集一带拒绝投降的黄维兵团发起总攻，从 12 月 12 日激战至 15 日，全歼该兵团十万余人，兵团司令黄维被俘，取得了淮海战役的决定性胜利。

第三阶段(1948 年 12 月 16 日至 1949 年 1 月 10 日)：全歼杜聿明集团。

杜聿明集团被围于陈官庄及其附近地区，全军覆灭已成定局。此时，平津战役已经开始。为了阻止国民党军决策海运平津之敌南下，淮海前线人民解放军根据中央军委部署，在一段时间内，停止对杜聿明部的军事攻击，进行休整，同时大力开展对国民党军队的政治攻势。休整中的我军整顿组织，补充兵员，对战士进行思想教育，还开展了敌前练兵，挖掘堑壕，为全歼敌军做好各项准备。此时彼方二十万人马在狭小的范围内缺少食物、弹药，走投无路。国民党军虽集中飞机空投物资，但只是杯水车薪。对此，我军展开了政治攻势，向彼方劝降，采取优待，允许士兵到我方吃饭，并将宣传品夹在食品中投送到对方阵地上。在此情况下，成排、成连甚至成营的敌军向我军投诚。当华北战场上完成对傅作义集团的分割包围后，1949 年 1 月 6 日，华东野战军对拒绝投降的杜聿明集团发起总攻，至 1 月 10 日，全歼邱清泉、李弥两兵团，杜聿明被俘，兵团司令官邱清泉被击毙（李弥化装逃脱）。淮海战役胜利结束。

二 淮海战役总前委

淮海战役于1948年11月6日开始，11月16日中原野战军攻占宿县。鉴于淮海战役规模越打越大，11月16日，中共中央军委决定组成淮海战役总前敌委员会。总前委由刘伯承、陈毅、邓小平、粟裕、谭震林五位同志组成，邓小平为总前委书记。总前委成立后，中原野战军指挥部驻地临涣文昌宫（今安徽濉溪临涣镇），成为第一个淮海战役总前委驻地。

为了便于指挥，1948年11月23日，总前委指挥部转移到距离黄维兵团更近的小李家村。小李家村在临涣以东7.5公里，即今濉溪县韩村镇淮海村小李家。从11月23日至12月30日，总前委驻小李家前后38天，在此指挥了围歼黄维兵团，阻击南北援敌，以及追击、包围杜聿明集团的作战，取得了淮海战役第二阶段的胜利。

1948年12月12日，中央给总前委发去电报：黄维歼灭后，请刘、陈、邓、粟、谭五同志开一次总前委会议，商讨在邱清泉、李弥歼灭后的休整计划、下一步作战计划及将来渡江作战计划，并将意见带至中央。12月15日，双堆集战斗结束，黄维兵团被全歼。华东野战军也早已将杜聿明集团围困在陈官庄一带，战役的发展形势已经非常明朗。此时，五位前委决定召开会议，会议的地址选在了距离小李家村五十公里外的萧县蔡洼村的杨家台子。蔡洼村在萧（县）永（城）公路南，距萧县县城约十公里，在小李家村的东北方向。

1948年12月16日晚，刘伯承、陈毅、邓小平从小李家村乘坐两辆美式吉普车赶到了蔡洼村。17日早晨，谭震林也从山东兵团驻地前线赶来。总前委五位成员第一次聚到了一起。

蔡洼村五前委会议结束后，刘伯承和陈毅直接从蔡洼村去了西柏坡，向中央汇报工作，谭震林回山东兵团，粟裕留在蔡洼村继续指挥陈官庄地区的围歼战，邓小平返回小李家村。

1948年12月30日下午，邓小平乘汽车率淮海战役总前委指挥部离开宿县小李家村，晚宿宿县兵营，31日凌晨由宿县搭火车北上，早7时到达徐州，午饭后乘火车向西，晚6时到朱集车站，宿兵营。1949年1月1日，由朱集兵营移驻商丘东南之张菜园村（今商丘睢阳区闫集镇张菜园村）。当时，商丘是淮海战役支前总兵站，车站的站台上、仓库里到处是支前物资，商丘车站已经变成一座座的炮弹山、炸药山、粮食山、布匹山、服装山、军鞋山，正是由于后方的人民想尽办法，保障了前线所需要的一切物资，才有了淮海战役的胜利。

张菜园村是第三个淮海战役总前委驻地，总前委在村民张慎成的两个四合院共驻留84天（指挥了淮海战役第三阶段陈官庄地区围歼战，部署了渡江作战，3月24日迁往合肥）。这时，刘伯承、陈毅去西柏坡向中央汇报工作尚未返回，粟裕、谭震林正在前线指挥围歼邱清泉、李弥兵团的作战，邓小平一人坐镇总前委，指挥前方作战，处理各种电文、报告，总结淮海战役各项工作，部署中原野战军的休整、补充任务。

在商丘期间，总前委、司令部设在张菜园，政治部设在洪庄，后勤部设在商丘古城北的圣保罗医院（今商丘市第一人民医院院内）。刘伯承、邓小平住周楼，其他机关和部队分散驻邻近二十余村。淮海战役结束后，淮海战役总前委改为渡江战役总前委，仍由刘伯承任中原野战军司令员，邓小平任总前委书记兼中原野战军政委。

1949年2月9日，在张菜园召开了由邓小平、刘伯承、陈毅、粟裕、谭震林五位委员及中原局、华东局负责人康生、饶漱石、宋任穷、张际春等参加的会议。会议由总前委书记邓小平主持，具体讨论、决定了南下渡江作战的时间、部署、战勤准备及部队政治教育等问题。同时，总前委向中共中央发出了《关于渡江作战方案和准备工作意见》的报告。这是继1948年12月16日总前委全体成员会议后的又一次全委扩大会议，在中国人民解放战争史上具有重要的地位和意义。

商丘淮海战役总前委旧址纪念馆，2013年被公布为全国重点文物保护单位，是全国一百个"红色旅游景点景区"之一。2020年7月，又被河南省委组织部命名为第一批河南省红色教育基地（总名称"淮海战役纪念馆"，含"陈官庄歼灭战纪念馆""总前委旧址张菜园纪念馆"）。

  淮海战役打响后，中原局成立了豫皖苏后勤司令部。1948年11月上中旬，商丘各县的支前委员会纷纷成立，并立即开展了工作。为适应战场的需要，淮海战役总前委决定在商丘建立总兵站，通过总兵站将各种军需物资转运到前线，以后又在雪枫县、宿县、亳县设分兵站。兵站设立后，商丘的支前工作更是踊跃。商丘火车站的员工在支前委员会的组织下，克服困难，抢修各种设施，使铁路运输很快恢复，极大地支援了前线作战。商丘的搬运工人也在支前委员会的支持下，将各种物资运往永城前线。刚刚恢复起来的商丘电信局，根据上级要求，马上组织员工八十余人，在各种器材十分缺乏的情况下，想尽办法，架通了商丘—亳县—雪枫的电话线路。据商丘市人民政府1949年1月给豫皖苏分局的报告，商丘在整个淮海战役中共往前线运粮430万斤，弹药270吨，面粉22万斤，做军鞋万余双。位于战区的雪枫县（永城），在11月上旬就组成战勤委员会，在大茴村、演集、苗桥、车集、县城、郧城、书案店、龙岗、白庙、火神店、柘树店等十多个村镇设置了物资转运站。永城县的民工还抢修了以县城为中心的战时公路六条，至亳县的公路六十公里，至临涣集的公路三十五公里；全县出动民兵24700多人，在前线担任向导、抢救伤员、追歼逃敌、护送物资、保护交通、押送俘虏、打扫战场等任务；出动民工231427人，将粮食、蔬菜、蛋肉、衣服、鞋子、弹药送上战场，出动担架24600副，各种车辆35900辆。夏邑县出动了近十万民工参加支前，出动担架3035副，牲畜17930头，运送粮食332.5万斤。睢县、民权、柘城、宁陵、虞城、商丘各县，也都为淮海战役投入了大量的人力物力。广大的工人、农民、学生、商人，不分老幼，都投入到支援淮海战役的工作中，为战争的胜利做出了重大贡献。

　　淮海战役是人民的胜利，是用小推车推出来的胜利。人民群众支援前线规模之巨大，任务之浩繁，动用人力、物力、财力之众多，为中外战争史所罕见。商丘地处淮海战役主战场，民工们冒着枪林弹雨，忍受风雪饥寒，不惜一切代价支援淮海前线，为淮海战役的胜利做出了巨大的牺牲和贡献。

第四节　商丘解放

　　1948年7月之后，国民党在中原战场上已无力主动向解放军进攻了。豫东国民党所能控制的地区是陇海铁路沿线的一些城镇及周围地区。睢县在1948年夏季睢杞战役结束之后，县人民政府正式迁入县城，睢县解放。8月，柘城县慈圣镇被我军攻占，全县解放。宁陵县城中的国民党军，不断遭到我军的攻击，宁陵县大队在柘城县大队的配合之下，第四次攻克县城。11月5日，刘邓大军途经宁陵，全县得以解放。10月，中共中央豫皖苏分局一地委决定在商丘设县、市政权，之后五十余名干部在郭村成立了中共商丘县委和县政府。11月6日，淮海战役开始后，驻守商丘县城和火车站的国民党第四绥靖区的一八一师于当日凌晨同保安团洗劫了县城、车站后，向东撤退。6日上午，人民解放军入城，商丘宣告解放。根据豫皖苏一地委的决议，11月18日，中共商丘市委、市政府正式组成。市委书记为徐麟村，市长为李伯超。新建立的商丘市主要辖区在商丘县城和火车站朱集，共分四个行政区。市政府驻商丘县城，在朱集火车站设办事处。商丘解放的当天，豫皖苏三分区的部队在夏邑县大队配合下，对夏邑县城发起了攻击。夏邑县城四面环水，易守难攻，城内驻有县保安团一千多人。在我军猛烈的军事和政治攻势下，彼方于11月16日中午向我军投诚，夏邑解放。撤出商丘的国民党一八一师，在张公店一带构筑工事，掩护第四绥靖区主力东撤。

中原野战军和华东野战军部队四个纵队将其包围，到 11 月 8 日下午全歼一八一师，至此，虞城解放，县政府于当天迁入县城，商南县政府进驻马牧集。民权在 1948 年 10 月获得解放，永城在 1949 年 1 月陈官庄地区的国民党杜聿明被全部歼灭后，全县得以解放。

1949 年 1 月 29 日，中共中央中原局扩大会议在商丘县城召开，大会由中共中央中原局第一书记邓小平同志主持，第二书记陈毅传达了中央政治局 1 月 8 日会议的决议和毛泽东及其他中央负责人的报告；学习了毛泽东的新年献辞——《将革命进行到底》等文献，总结了淮海战役经验，研究了渡江战役、解放全中国及接管大中城市的方针、政策等问题。会上，刘伯承、邓小平、陈毅、邓子恢等同志作了重要讲话。与会同志一致拥护中央政治局决议和毛泽东的指示，特别是毛泽东指示的坚持人民革命立场，揭露了各种类型的丧失立场思想，迁就资产阶级、羡慕帝国主义等奴性倾向，批判胜利即将到来而产生的轻敌骄傲情绪，对现在和未来不懂得比较、无预见、无分析等表现。会议坚决响应"打过长江去，解放全中国"的号召，准备 5.3 万名干部和 200 万过江部队。

参加这次会议的有中共中央中原局的负责同志和淮海战役总前委的领导刘伯承、陈毅、邓小平、邓子恢、李先念、张际春、李达、杜润生等；此外，中原野战军各纵队司令员、政委杨勇、苏振华、陈再道、王维刚、陈锡联、陈赓、王近山、杜义德、秦基伟、王秉璋、张霖之，豫皖苏中央分局的负责同志和陕南、豫西、桐柏、江汉、鄂豫皖、皖西等各区党委正副书记，军区正副司令员、政委，行署正副主任等也都参加了会议。大会秘书长是中原局秘书长杜润生，当时的商丘市副市长王飞霄任秘书处长，负责与会人员的生活安排。会议开了三天，于 31 日胜利结束。

豫东地区解放后，各项工作逐步展开。为了进一步巩固和建设商丘各县，也为了抽出干部支援南下大军开辟新区，从 1949 年 2 月开始，商丘原属豫皖苏一、三地委和专署的各县，进行了合并调整。其中睢县北部、宁陵西北的睢宁县、民权南部的克威县在1948年11月撤销，宁柘商县于1948年5月撤销。商亳鹿柘县、商南县和单虞县于1949年2月撤销。3月，雪枫县复名永城县，雪涡县、永商亳县撤销。

根据中共中央指示，1949年3月1日，撤销豫皖苏中央分局和豫西、桐柏区党委，成立中共河南省委，由李雪峰兼任书记，辖十个地委、两个市委。3月初，原中共豫皖苏分局一地委改为中共河南省商丘地委，商丘专署、商丘军分区也随之成立。同时，商丘市撤销，将商丘城关仍划归商丘县，在朱集建立朱集市，归商丘地委、专署领导。此时的商丘专署辖有商丘、夏邑、虞城、柘城、宁陵、睢县、民权七县和朱集市。永城属于安徽宿县专署，直到1952年1月才又划归河南，归商丘专署。

第十八章　民国时期商丘经济社会状况

第一节　社会经济

民国时期经历了军阀混战、日本侵华和国共内战等阶段，作为河南一隅的商丘，同样饱受战乱之苦。陇海铁路通车后，社会经济迟滞的商丘地区发生了巨大变化，农产品出口量大幅增加，手工业和商业有较大发展，邮政电信和教育事业也呈现日益近代化的趋势。

一　天灾、人祸和兵灾

自民国以来，豫东商丘一带大大小小的自然灾害，几乎年年发生。根据《商丘县志》记载，从1912年到1948年，商丘县发生的大小旱灾、涝灾共有40次，如果加上蝗灾、风灾、雹灾等就更多了。

其中比较大的灾害有：

1919年波及河南全省58个县的大旱灾，商丘的一些县就包括在内。

1921年夏秋之际，大雨连绵，河水暴涨，夏邑、商丘、柘城、宁陵、兰封、考城等县尽成泽国。

1922年河南全省大旱，除怀庆府属地的情况稍好外，九十余县夏季收获不足五成，秋季收获不足四成。

1923年春，全省遭受旱、蝗、雹等灾害的县有93个，灾民达698万多人，其中豫东有29个县受灾，灾民达220万。

1926年6月，河南全省大旱，豫北、豫东大部分地区绝收。

1929年，永城、夏邑、宁陵、商丘等县又遭大旱，仅夏邑一县受灾人口达15万，占全县人口的一半以上。

1930年，河南全省大旱，几乎无一县不受灾，加上蝗灾肆虐，战争破坏，灾民达1300多万人。

1931年，河南全省水灾严重，各河决口近三万米，受灾区域达1.5万平方公里，灾民949万余人，死亡11万人。商丘、夏邑、永城、民权等县同样遭受水淹。

1933年，河南全省遭受水灾者18个县，旱灾者11个县，风灾6个县，雹灾17个县，蝗灾17个县。

1936年，河南全省旱、涝灾达93个县，灾民约900万人，全省小麦比上年减收26%。豫东也发生大旱灾，商丘县受灾面积达714平方公里。

1939年全省遭受水、旱灾者85个县，其中受灾村庄三万余个，受灾土地2625万多亩，死亡1.2万余人。

进入四十年代，自然灾荒更多更严重。1940年夏邑遭水灾，1942—1943年，河南全省（豫南稍好）大旱，加以飞蝗遮天，商丘县、民权县、睢县等地，秋季几乎绝收。1944年，豫东又发生严重蝗灾，1945年继续出现干旱。从1946年到1948年，涝灾又较多。

天灾除了自然灾害、虫灾，还包括疫病流行。1932年7月，霍乱遍及河南全省，蔓延甚烈。乡间因缺医少药，一经传染，只有等死。各县每日死亡三五十人、五六十人不等。

伴随着各种天灾，"人祸"也逐年加重。1913年12月，河南省当局通令各县验契，旧契契价三十元以上交1.1元，三十元以下收一元。民国元年以后的新契、已报税者，收费一角，未报者照清代旧章纳税，并公布印花税法，各县先后开征。1914年1月1日，全省盐税，每一百斤抽征两元。12月，河南许多县份开办烟酒牌照税（即贩卖烟酒特许税），每张交税分十六元、八元、四元三种；开办包裹税，凡包裹价在五元以上者开征。1915 年 7 月 1 日，全省开征"正供捐"，每亩耕地每年随"正供"钱粮加征六十文。

1920 年，河南护军使赵倜设增税员，到各县从出入城门的货物中征税，连青菜、干草都要交进城钱。1922 年，河南各地田赋均已预征到 1925 年。进入三十年代，国民党政府田赋、捐税种类不断增多，其数额也不断增加，加之军阀混战，各种摊派越来越严重。田赋连续预征，商丘县在 1930 年时，田赋已征至 1935 年。1932 年，河南二十个县水田、四十三个县旱田每亩平均负税均为 5.6 元，相当于清末地丁税之十四倍。国民党政府区公所征收的经费有招待费、公费、伙食不敷费、夫役费、灯油费、制服费、财政保管处经费、开会费；壮丁队征军装费、子弹费、公费、队丁费、不敷费；联保征支应费、夫役费、不敷费、灯油费、杂费。这些费用全都属于临时摊派，其收入多数被官吏中饱私囊。日本侵占豫东后，日伪政府重税虐民，采取各种方式，掠夺物质财富，就连农民的青谷子、青豆子、柳树的根皮也被征收，去喂日本的军马。流亡于农村的国民党各县政府，虽不抗日，但照样向沦陷区的民众征收各种赋税。

战争时期，征兵与军饷也给人民带来深重的灾难。军阀赵倜统治河南时，兵额增加了十几万。1920 年吴佩孚入豫时，军队多达二十余万人。1926 年，吴佩孚驻豫军队增至三十万人，在全省各县横征暴敛。1930 年中原大战爆发，豫东是主要战场，睢县、宁陵、民权、商丘、虞城等县民众遭受惨重的战祸，大战期间双方兵员死伤 30 万人左右，河南省民众死伤（不计士兵）17 万人，外逃 118 万人，财产损失严重。

1938 年 5 月 19 日，侵华日军攻陷徐州，并沿陇海线西犯，郑州危急，武汉震动。6 月 9 日，为阻止日军西进，蒋介石政府采取"以水代兵"的办法，下令扒开郑州市区北郊黄河南岸的渡口——花园口大堤，造成人为的黄河决堤改道，形成大片黄泛区。7 月 27 日，河南省临参会致电国民党中央赈济委员会，报告黄河决口后豫东各县受灾情形，豫东15个县尽成泽国，人民群众奔走异乡，号呼求救。

二　农业

明、清时期，商丘没有常设的农业管理机构。1915年，河南省设立水利总会，商丘各县设立水利分会。1923年2月，商丘各县水利分会改为水利支局。

民国时期的土地制度主要是封建地主土地所有制，土地集中的现象比较普遍。如商丘县在1912年前后，地主、富农约占耕地60多万亩，占总耕地面积的40%左右。穆、胡、陈、蔡、尚、孟、柴七大户有耕地6.3万亩，户均0.9万亩，人均百亩上下，其中陈忠泰一户占有耕地2万亩。1933年商丘县占地百亩以上的地主1000户。20世纪30年代，商丘县城关区共9414户，耕地13.67万亩，其中无地者1709户；8亩以下者2353户；9—15亩者1943户；16—30亩者1715户；31—60亩者1066户；61—100亩者416户；101—200亩者162户；201—500亩者34户；501—1000亩者9户；1000亩以上者7户。同时期商丘县勒马区刘汉珠村，共有耕地1909亩，其中地主、富农占有1167.3亩，占全村耕地的61.1%；郭村乡谢寨村共有耕地4.2万亩，其中12户地主占有3.97万亩，占全村耕地的94.5%。① 其他各县，耕地也大多集中于地主手中。

无地或少地的贫雇农，只好去租种地主的土地。地主出租土地，一般有以下四种形式：一是交高额地租，如"九一""二八"地租。这是小地主、富农对佃户的剥削方式。土地所有者提供种子、肥料，进行整地、播种，佃户中耕、除草、追肥、收割、入包。佃户仅得到收成的1/5—1/4。二是缺乏耕畜、农具的贫农耕种地主的"把牛地"。由地主提供种子、肥料、牲畜、大件农具，佃户来耕作，佃户将收入的70%交纳地租。

---

① 商丘县志编纂委员会：《商丘县志》，生活·读书·新知三联书店1991年版，第104—105页。

三是"分种地",或称"停种地",即有耕畜、农具而少地的佃农自己出劳力、畜力,自己投资解决种子、肥料,到时将收获的一半交付地租。四是课地,地主将土地租给农民,牲畜、农具、种子、肥料都由租地农民负担,不论丰歉,每亩每年交租粮 25—40 公斤。此外,还存在长工、短工、临时工等雇佣方式。长工一般为期一年,负责地主家的农活、牲畜、家什料理,由地主管饭,最高工钱每年不超过 14 元,一般 12 元;或给粮,"少的 150 公斤粮食,多的 200 公斤粮食"。[①] 短工每月工资一般为 2 元,临时工每天报酬一般为 0.2 元。

民国时期,商丘各县的粮食作物主要有麦类、豆类、高粱、谷子、玉米和红薯。经济作物有棉花、芝麻、花生、油菜、烟叶、苇子、蒲子、糖料、麻等,还有少量的花卉、药材等。蔬菜主要有白菜、萝卜、芹菜、大葱、大蒜、南瓜、菠菜、黄花菜、辣椒等六七十个品种。商丘芹菜非常有名,原产柘城县胡襄集,又称"胡芹",株高超过一米,粗如拇指,脆嫩无渣丝,至今仍为人们所喜爱。

在粮食作物中,夏粮种植面积较大。各县夏粮当中,小麦种植面积占95%。高粱和谷子是主要的秋季作物,种植面积在各县都比较大。高粱在一般年景每亩单产五六十公斤,好年景能达到每亩单产 100—150 公斤。商丘豆类种植面积较大,产量却很低,每亩单产 30—50 公斤。红薯适应性强,春夏和初秋都可以剪秧栽种,是高产作物之一,灾荒时期是商丘农民生活的主食。玉米种植较少,各县只有零星种植。

经济作物中,商丘各县棉花、油料种植面积较广。油料作物主要是芝麻、花生、油菜。商丘各县芝麻、花生种植面积较大。油菜,商丘在解放前仅有零星种植。瓜类与花卉方面,商丘主要有西瓜、甜瓜(香瓜)两类,花卉有牡丹、芍药、腊梅等。

民国期间,商丘农作物产量总体上不高,其原因除封建剥削外,还

[①] 商丘县志编纂委员会:《商丘县志》,生活·读书·新知三联书店 1991 年版,第 105 页。

由于种子退化，肥料少，农具落后，畜力不足，没有水利设施。肥料方面，主要是农民沿袭千百年传统方式积造的农家肥，不能满足农作物对肥料的需要。只有极少数地方施用化学肥料。

农业生产中使用的农具基本相同，都是世代流传下来的旧式农具，操作费力，工效较低。农村用于运输的工具有太平车、小土车和扁担。用于田间耕作的农具有铁木结构的土犁、土耙、土耧和锄；用于收割的工具有镰刀、镢头；用于脱粒打场的器具是石磙、磅石、桑杈、扫帚、落耙、扬场锨；用于提水的工具是木筲、倒灌；用于面粉、小米和油料加工的工具是石磨、石碾；用于棉花加工的工具是手工操作的弹花弓、轧花车、纺花车等等。

由于民国时期商丘农业是靠天吃饭，为了谋生，增加收入，一些农民创办了家庭副业。如1915年7月29日，睢县人马振淇组织成立华兴垦殖合资有限公司，垦殖县境党集东的沙河旧河床。地方政府有时也对家庭副业进行指导，如1919年2月17日，河南省当局规定，除陈留等91个县已设立苗圃外，宁陵等17个县应于两月内设立苗圃，至7月3日，全省108个县都先后建立了苗圃，平均每县三十余亩。为了增加收入，除创办家庭副业外，很多农民大量种植果树。

三　传统手工业与近代工业

民国时期商丘手工业生产比较兴盛，许多店铺作坊生产规模小，生产工艺简单，技术力量薄弱，专业技术人员甚少。在繁重的捐税和战乱之下，许多手工业作坊发展缓慢，甚至出现倒退。以虞城县为例，民国初期手工业有30余种，从业者226户，从业人口765人。1931年，手工业达到39种，从业者606户，从业人口1178人。到1947年，手工业有42种，从业者388户，从业人口896人。[①] 这些数字说明：民国后期，商丘手工业的种类虽略有增加，但从业人数却减少四分之一，基本上

---

① 虞城县志编纂委员会：《虞城县志》，生活·读书·新知三联书店1991年版，第206—207页。

处于停滞不前的状态。

民国时期，商丘传统手工业中比较兴旺的是食品加工业。在粮食酿造方面，商丘各县都有一些酿酒作坊和酱油作坊。商丘酿酒历史悠久，民国初期商丘县城内的酿酒作坊多时有十余家，少则五六家。1937年商丘县人陈子佩创办醴泉酒厂（俗称老鸹店），所产大曲酒窖香浓郁，畅销全县城乡，远销青岛、上海等地。1942年商丘县城内有六家小酒厂，年产曲酒1.5万公斤左右。1948年成立的商丘县酿酒总厂，"主要产品有贵宾特曲、商丘大曲、商丘特曲、四季酒、培元酒、山枣酒等"。[①]民国时期，宁陵县张弓镇的酿酒作坊达40多家，睢县的酿酒业虽不如前代，但仍有20多家糟坊，年产曲酒25000多公斤。虞城县城在1937年有七家酒坊，工人共70多人。

商丘各县的酱油酿造作坊，往往兼营一些酱菜、咸菜。最有名的是商丘县仁记大有丰酱园，清道光三十年（1850），金陵（南京）人李大有之孙，将亳县酱菜园迁至商丘县城内，名为大有丰酱园。"南大有""北大有"等酱菜作坊规模颇大，主要产品有酱笋、酱黄瓜、酱包瓜、五香大头菜、豆腐乳、油辣酱豆等四十多个品种。大有丰酱菜的主要特点是将干酱和盐渍后的菜（瓜）坯同时下缸，不用换酱，一次酱成，并保持菜（瓜）坯的原汁。民国时期，大有丰酱菜已成为独具一格、驰名中州的地方特产。

糕点作坊或店铺，都是手工操作，多为自产自销。1919年商丘县人伊、崔、韩三家合资，在平等二街白衣寺创建大昌打蛋厂，有锅炉一台，雇工120人，日产800多箱。1938年，天津商人郑捷三在商丘县城北门里创建德华打蛋厂，生产的干蛋白（蛋白粉），是制作西式糕点的主要原料，经上海、天津销往英国、美国、德国、日本、菲律宾等国家，后来因蛋价上涨，国际市场行情发生变化，该厂停产。民国后期，商

[①] 徐海荣主编：《中国酒事大典》，华夏出版社2002年版，第978页。

丘县的糕点杂货铺多达250家，比较出名者有福盛和、泰山和、福元恒三家（均在县城）。他们制作的糕点有红橘饼、方酥、麻片、糖豆角、鸡蛋糕、月饼、寸金、南糖、寿面和各种蜜饯水果等。此外，虞城县马牧集的黑京果、商丘县道口镇的麻糖亦负盛名。

民国时期商丘金属手工艺品比较丰富，解放前夕，商丘县有白铁业生产者十四家，铜锡业九家，金银首饰业三十家，他们生产各种首饰和日用品。其他手工艺品如条编、艺术雕刻、竹器等也不少。条编分为黑条和白条两种，多编制生活用具和工艺品。商丘县城从事木刻、石刻、骨刻等工艺的店铺有兴文斋、复兴斋、义文斋和社文斋，1948年木石骨刻有十二户。随着科学技术的发展，木刻、石刻渐稀，骨刻、化学刻日渐增多。解放前夕，商丘县竹器加工业有数十家，其中县城十家，可生产竹箅、竹笼、竹筷、竹蒸笼、帘子等。

此外，民国时期商丘还有印刷、制药、木器制造、油料加工、建材、服装鞋帽等手工业。1925年，商丘县政府在县城东一街设办文光印刷所，在朱集设办益林印刷所，初期采用石印，1937年改用铅印。1943年汪伪政府军官张岚峰将所办印刷厂从天津迁至商丘县城东马道文昌庙。1949年益林印刷所划归商丘市，文光印刷所改名为协昌印刷厂。

民国时期，商丘出现一些使用大机器生产的近代化工厂，但数量不多，大多数是私营，官办工厂较少。商丘近代工业多为纺织、卷烟等轻工业。

1908年，永城县设置工艺局，开始使用机器纺织棉布、毛巾。永城的中华圣公会开办了圣保罗织布厂，使用英、日进口棉纱，日产布三十匹，毛巾三十打。虞城县马牧集兴办有华洋工厂，使用机器生产棉纺制品。

民国初期外国卷烟输入中国，刺激了商丘卷烟业的发展，商丘各县都出现了烟叶加工厂。1923年，商丘县从事毛烟加工业的工人已达200多人。1935年，商丘县私营卷烟厂有十余家。1937年，徐松蒲（山东单县人）在商丘县城博爱十六街创建豫鲁烟厂，厂房四十间，雇工 100 多人，日产卷烟十万余支，产品销往本地和邻近各县。1942 年，李孟贤在商丘县城中山南三街创办大兴卷烟厂（后转让给亳县蒋信甫设办的夏华烟厂经营，改名大兴恒记烟厂），生产青龙、菜花、红杏烟，日产四万余支。1946 年 9 月 15 日，华孚烟厂在商丘县城成立，其前身为 1938 年创办于山东省曹县的华丰烟厂。华孚烟厂占地 1800 平方米，有七根带卷烟机一部、切丝机一部，职工三十人，产品有铁牛和双塔两个牌号，"年产卷烟 400 箱左右"。[1] 柘城县在 1937—1940 年间，兴办了豫东、义兴、华中三家卷烟厂，采用半机械化生产，职工有 148 人。到 1948 年，商丘全区的卷烟厂共计十多家，商丘县卷烟厂只剩下豫鲁、工农、大兴等三家，丝烟生产作坊十二家。除卷烟业外，商丘还有一些小型火柴厂。

民国后期，商丘出现一些使用大机器生产的面粉加工厂，如日军侵占豫东时期，日伪军官李文彪在商丘县城设办面粉厂，日产面粉 2500 公斤，主要供给伪军张岚峰部。

民国时期，商丘手工业和近代工业内部的管理制度，日益趋向近代化。商丘手工作坊众多，规模较小，多为私营，内部管理实行厂主集权制，产、供、销一切决策集中于厂主一人。私人设办的近代工业如豫东贫民家庭职业工厂、大兴铁工厂、豫华铁工厂等，内部管理为厂长集权制或经理负责制，经理一般由股东协商选出。商丘官办或官督商办的工厂企业，厂主由地方政府委派，内部管理为厂长集权制。日军侵占商丘期间，伪军张岚峰部所办的修械所、被服厂、面粉厂，厂长均由长官任命，内部管理为厂长集权制，厂长根据部队的需求，安排军需品的生产。

四 商业

民国时期，商丘各县的经济贸易在清朝的基础上继续发展，有来自

---

[1] 河南烟草志编纂委员会：《河南烟草志》第五卷（征求意见稿），2011 年，第 1766 页。

英、法、美、日等国的进口工业品，国产工业品主要来自上海、南京、武汉、开封等城市。

从1912年到抗战前夕，商丘各县的商业种类逐渐增多，从业人数和店铺数量也不断增加。1914年，商丘县兴华织染厂生产并出售白细布、柳条布，另外十余家织染丝绸的店铺，也是前店后厂，工商兼营。粮行、皮行分布在商丘县城关，较大的粮行有"复盛""四义""交盛""福兴""福聚""德盛"等十多家；较大的皮行有"苏福聚""丁复盛""何义顺""三义行"等十余家，皮货主要向亳州、周口、武汉运销。1916年1月，陇海铁路开（封）徐（州）段通车运行，商丘县商业获得较快发展，城内的京货、布匹商店，除原有的"永和公布匹庄""文盛京货铺"外，还有十余家先后开业，如"郑记永太恒""世昌厚""文盛永""咸恒庆""林益昌""袁世焕""张忠和""广庆和""同庆昌""永和公""和太恒""义聚生""德义同"和"德庆恒"等。

1921年，永城县的各类商业店铺达230余家，每家商号均有五人左右。1935年，民权县有各种大小商户2150户，从事的商业共79种，从业人员达到6730人。虞城县的一些商号规模较大，如何兴顺杂货铺，店员有32人，万聚烟店有店员29人，广兴堂药店有店员30人。睢县有坐商210余户，从业人员六百多人，分布于二十多种行业中。当时售卖的商品，大多为农副产品。

1938年初夏日本侵占豫东，商丘商业主要为日军服务，呈现畸形发展。日本侵略者对八路军抗日根据地和国统区实行经济封锁，在商丘县城和朱集镇设办洋行三十多处，抛售日货，收购粮食、蚕丝、药材和其他工业原料。商丘县民众为打破日伪的经济封锁，积极发展本地生意，开设有杂货铺79处，绸缎布庄58处，卷烟和烟丝店37处，货栈29处。敌占区和国统区、八路军抗日根据地之间的商品交易多在朱集镇和商丘县城东关进行。

从日本投降到1948年11月商丘县解放，国民党地方军、政、警等机关和部队搜刮民财，加上内战激烈，商丘商户的经营更加困难。过往商丘的国民党军队，都要向商人、商会索要钱物，各县商业呈萧条状态。

民国时期商丘对外贸易比较发达。1900—1948 年，商丘出口的商品有牛皮、羊皮、黄狼皮、猪鬃、肠衣等畜产品，小麦、棉花、芝麻、花生、黄花菜等农副产品，蛋粉、万寿绸等手工业产品，总共二十余种。商丘山羊板皮出口始于清光绪年间，山羊皮质地柔韧、纹理细致、拉力强，是理想的制革原料。猪鬃出口历史非常悠久，是商丘传统的出口商品。商丘绵羊毛出口始于清末，肠衣出口也始于清末，解放前只出口猪肠衣。商丘县桐木于 1940 年开始出口，1945 年停止，"平均年出口量为 1000 立方米左右"。①

民国时期商丘的农贸市场主要是集市和物交会。在商丘县，城关农贸市场每天都有集市，沦陷期间集市在东关和南关，抗日战争胜利后南关、东关、西关和城内均有集市。农村大集镇每天早晨逢集，如谢集；一般集镇隔日逢集，菜市集较多，朝集朝散。逢集时，按行摆摊，设有粮行、柴草行、木料行、青菜市、猪羊市、肉禽市、瓜果行、杂货行等。民国前期，商丘县农村有集市五十五处，其中形成农副业产品集散中心的大集市有刘口、郭村、观堂、谢集、勒马、毛堌堆、高辛、李口、十字河、坞墙、闫集、平台、道口、王楼等。民间流传有"一郭村，二马牧，不如刘口一晌午"的歌谣，形容商丘县几个大集镇农贸市场的兴盛状况。

民国时期商丘商业主要是私营，也有少数集体商业——供销合作社商业。1934 年，商丘县是河南省农村合作委员会十四个试点县之一，全县组织供销社 49 个，社员 2177 人，筹资 2232 股，股金 4464 元。1936 年，夏邑胡桥人韩德新等人集股筹办的文化用品合作社，为夏邑县历史上第一个合作事业单位。社址设在县城西隅首，经营文具和书籍，后兼营石印。商丘多数供销社的工作停留在宣传、组建、放款、登报

---

① 商丘县志编纂委员会：《商丘县志》，生活·读书·新知三联书店 1991 年版，第 225 页。

等方面，业务活动未有实质性的开展。

第二节　交通运输

一　陇海铁路的修建

陇海铁路线前身是汴洛线。1912年向东西扩展修筑时，定名为陇秦豫海铁路，简称陇海线。

1899年，芦汉铁路全面开工后，督办铁路大臣盛宣怀奏请清政府借外债修筑汴洛铁路，作为芦汉铁路的支线。1903年，盛宣怀与比利时铁路公司在上海签订《汴洛铁路借款合同》和《行车合同》，借款2500万法郎。1904年汴洛线开始勘测，次年6月开封到郑州段动工，1907年3月通车。而后清政府又向比利时借款1600万法郎，当年12月修到荥阳市汜水镇，1908年修到洛阳，全线共184公里。汴郑段在修建过程中，河南巡抚陈夔龙奏请清政府修筑洛（阳）潼（关）铁路，而河南的一些绅士、商人要求自办，获准后虽积极筹集资金，但远不够筑路之用。由于资金困难，1912年9月，北洋政府与比利时铁路电车公司签订《陇秦豫海铁路借款合同》，合同提出将铁路向西修至兰州，向东修至海州，使各线衔接成东西干线，定名为陇秦豫海铁路，为此借款2.5亿法郎。10月13日，全国铁路协会河南分会成立，11月15日，袁世凯任命施肇曾为陇秦豫海铁路督办。12月15日，铁路协会会长水韵钧[①]在开封邀集各界代表173人，研究开封至徐州铁路修筑事宜。

陇海铁路开封至徐州段于1910年7月即着手勘定、测绘，1913年5月铁路东段开始修筑，1915年5月完工，1916年1月正式通车运行。开徐段刚运行时，只有一对定点客货混合列车，昼行夜停，早晨从开封、

[①] 水韵钧，《当代河南建筑业》编辑部编《当代河南建筑业》（河南人民出版社1989年版）第564页记载为"全国铁路协会河南分会会长"；河南省地方史志编纂委员会资料室《河南大事记资料丛编（1840—1918）》（1984年11月）第131页记载为"铁路协会会长"。

徐州相对开至商丘朱集站。

民国时期开徐段铁路横穿商丘各县。在民权县境内有30.2公里，建有内黄集、野鸡岗、李坝集三个车站，1928年李坝集站更名为民权站。在宁陵县境内有26公里，建有三丈寺、柳河（今宁陵站）两个车站。商丘县境内的陇海铁路有26公里，建有小坝（今谢集站）、朱集（今商丘站）、张阁庄三个车站。朱集站是开徐段最大的车站，1913年由法国人督建，站内有六股道，设施比较完备。虞城县境内铁路线长24.6公里，设马牧集站（今虞城站）。夏邑县境内铁路长17公里，有刘堤圈站（今夏邑站）、杨集站。陇海铁路穿过商丘，对商丘经济的发展发挥了很大的作用。

二 邮政通信业的发展

商丘的邮政通信事业出现得比较早，但是数十年间，发展缓慢。1887年商丘开始通邮，有一条投递路线和一名信差。1896年大清邮政正式开办时，商丘设置了归德邮政局，这是河南省最早的近代邮政局。1907年以前，归德邮政局先是归属镇江邮区，后归汉口邮区管辖，1907年以后，归开封邮政总局管辖。1912年归德邮政局更名为商丘县邮政局。后来日伪政权和国民党政府相继在商丘县成立邮政局。商丘其他各县的邮政局，大多在民国初期建立。1911年，柘城县裁驿归邮，设三等邮局一处，在胡襄、陈集、洪恩集、起台寺、大梁集设立代办所，在慈圣集、大仵集设立信柜。夏邑县、虞城县、睢县、永城县、宁陵县的邮政局，由邮政代办所改建而成，一般都是三等邮局，规模小。民权县邮政局于1935年设立，下设王桥、孙六、内黄集、野鸡岗等六个邮政代办所。1937年虞城县有邮政局所八处，开展信件、汇兑、包裹、印刷品、人寿保险等业务。各县邮政局建立起来后，规模小，人员少，设备简陋，业务量也不大。以商丘县邮政局为例，在设备上，邮局初建时有天平秤、木质秤、日戳、夹钳、打印盘、分信柜，至1920

年为快信信差配备自行车一辆，为接送火车邮件，配人力独轮车一辆。1937年商丘县至亳县邮路，由步行班改为自行车班。自行车由雇工自备，县邮局每月发给雇工两元修理费。朱集镇支局快班，另由局里配给自行车一辆，这种情况一直延续到商丘县解放。

民国时期，商丘邮政的主要业务有函件、包裹、汇兑、邮政储金、机要文件、报刊发行等事项。豫东邮政业务量最大的为商丘县。函件方面，1937年，商丘县平均每天收寄平信120封，快信75封，挂号信35封；每日投递平信约100封，挂号信25封，快信70封，全年收寄和投递各种函件15.5万件。包裹方面，商丘县自1897年开办包裹业务，由于交通不便，每日收寄量很少。1916年以后，火车、汽车相继通车，包裹业务量增加，1937年每天可收寄包裹十件左右。1938年日军侵占商丘后，从朱集火车站卸下的包裹每天200袋左右，多系商品包裹。日本投降后，包裹业务量骤减，每天20袋左右。商丘解放后，商品包裹较少，但个人寄交的包裹数目剧增。汇兑方面，商丘县汇兑始于1898年，汇款不得超过十元（银元）。1914年每张汇票以100元为限，1918年每张汇票可汇200元，1925年可达1000元。1929年，商丘开办航空邮路和航空汇兑业务，此后不久开办了国际小额汇票，主要是日本、加拿大、西班牙等国的汇票。邮政储金方面，商丘县于1919年开办邮政储金业务，有专职业务员一人，共十几个储户。机要文件方面，1912年商丘县开始办理机要文件业务，全部是当局党、政、军的文件和信函，数量不多，但要求传递迅速，邮工们将这类文件称为"要命件"。1938年商丘沦陷后，邮电局停止办理此项业务。报刊发行方面，民国年间，商丘县邮政部门将报刊作为"新闻纸类"邮递，由报刊和出版社自己组织发行，私营派报业包销。商丘县城共有派报社三家，经营《大公报》《中央日报》等发行业务。

民国年间，商丘邮递的范围主要是县与县之间、县城与主要村镇之间的线路。如商丘县邮政局的邮路，主要是商丘县到柘城、鹿邑、亳县、曹县,县内有城站段。1913年,商丘县开通商(丘)柘(城)邮路、商(丘)鹿(邑)邮路。1916年始有火车邮件,开火车邮路一条。1921年商(丘)亳(县)邮路开辟,城镇投递段由一条增为两条。1940年3月,日本人在商丘县朱集火车站建航空站,每周一、三、五通航,并承担航空邮件,10月该航线停用。同年,日本人还开辟了商(丘)曹(县)邮路。1945年火车邮路交给朱集邮局。1948年11月商丘解放后,商(丘)亳(县)、商(丘)曹(县)、商(丘)鹿(邑)三条邮路改由朱集市(今商丘市)邮局管理。

邮务工人为维护自身利益,于1943年8月10日成立了河南省邮务工会,商丘各县也建立了分会。1946年3月1日,河南全省电讯机关员工罢工,要求国民党省府当局改善待遇。河南解放后,1949年4月1日,中原邮政管理局奉令发行邮票。5月10日,河南省邮政管理局成立,成为全省邮政的监管机构。

民国时期商丘通信主要是电报和电话。电报方面:1896年商丘(归德)设立近代电报局,开始办理电报业务,有莫尔斯电报机两部。除开封之外,商丘是河南省较早有电报的地方,但是商丘的电报业务量很小,每天只收发数份。商丘电报线路是济南—泰安—济宁—曹县—归德(商丘)—亳县—颍州—寿州干线。1906年增设了开封—归德(商丘)干线、归德(商丘)—陕州干线,同时增加莫尔斯电报机一部。1916年,商丘与河北通县通电报。1938年商丘沦陷,豫东电报线路被破坏,日伪华北电报电话公司在朱集设立电报电话局,将莫尔斯电报机改换成两部音响机,架通了商丘至开封、商丘至徐州的线路,以及朱集镇至商丘县城的线路。1945年日本投降后,国民党政府接收朱集电报电话局,改用莫尔斯纸条电报机,商丘县城至朱集电报通过电话机传送。商丘电报线路东通徐州,西连开封。商丘解放后,人民政府改话转为人工音响机。朱集成为市,商丘县电报线路由市邮电局管理,县与市共有一条线路。1949年8月15日,开封电信局与香港、澳门无线电试通恢复,中文明码电报开始收售。但因电报价格较高，商丘电报业务量仍然不大。

电话方面：电话通信同样始于归德电报局建立之后。1896年，归德电报局内设十门长途小交换机一台。1919年，商丘成立了环境电话局（即农村电话局），在朱集成立了商办普通电话局（安装两台小交换机），并在商丘县城内设电话分局（有一台西门子五十门交换机）。朱集与商丘县城之间架设电话线路五条，商丘县城内分局和用户话机之间有二十对线路相连。1920年商丘成立长途电话局，电话通信业务在商丘各县城之间、各县城内、县城与各乡镇间展开了。1922年，河南长途电话局在开封设立，不久该局改名为河南省长途电话总局。同年河南省电话管理局商丘分局安装三十门长途交换机一台，并于商丘县城内设二十门长途交换机一台。开封至商丘的长途电话线路被架通，商丘始通长途电话，继而架通了商丘—宁陵—睢县线路、商丘—柘城—鹿邑线路。1926年柘城县安装至商丘的长途电话单机一台。1933年商丘新建四条长途电话支线。1934年4月，河南全省有九十多个县架设了长途电话。

1938年商丘沦陷，邮电人员随国民党军队撤退，电话线路被破坏，5月普通电话局关闭，日伪华北电报电话局拆除三台小交换机，安装一百门交换机一台，重新架设了长途电话线，并在朱集镇组建归德电报电话局，在商丘县城内设立营业处。朱集通往商丘县城，有一条十五对电缆、数十对明线的电话线路，组成以电缆为主、电缆与明线相结合的网路。抗战胜利后，国民党政府接管了归德电报电话局，组建商丘电信局（局址仍在朱集镇），在商丘县城内设立电信营业处。商丘长途电话线路通往徐州、开封、柘城、宁陵、睢县等地。同时期，河南省长途电话局在朱集镇和商丘县城之间建设城镇电话线路。

商丘其他各县的电话线路、设备远远不如商丘县，而且架设电话线路的时间也较晚。睢县1922年通电话，柘城县在1926年、夏邑县在1927年通电话，虞城县、民权县、永城县、宁陵县通电话的时间则在1928年。这些县的电话通信，主要供国民党县政府机关、区公所等使用，开展长途电话业务的时间则更晚，而且业务量十分有限。

民国年间商丘各县的长途电话，开始为军用，1933 年左右转为民用。由于当时线路质量差，对较远距离的通讯，全靠多次话转传话，即发话人将传送事项写成书面文字，由话务员口头传递。

三　公路运输

民国时期就全国而言，公路交通仍是主要的交通形式。当时商丘各县的公路较多，主要有横贯东西的海郑国道、叶永省道。

1924 年 5 月 2 日，河南省当局公布由洛阳巡阅使署制定的直、鲁、豫三省汽车路修筑办法七条，规定三省各自督理修路，采取官督商办的形式。1931—1935 年，横穿东西的叶永省道和海郑国道相继修筑。叶永省道起自永城县，西经夏邑县、商丘县、周口镇、舞阳县至叶县。1931 年 1 月由河南省建设厅派人勘察规划，当年 11 月征用民工修建，1932 年 11 月竣工。海郑国道，东起江苏海州，经徐州、萧县、永城县、商丘县、宁陵县、睢县等地至郑州，其中从永城县城东关西至夏邑县会亭镇、商丘县，路段与叶永省道重叠。海郑国道 1934 年完成测量，年底动工，第二年完工，1936 年，永城段曾用碎砖石铺了路面，其他均为土路。这两条公路，由于年久失修，到 1938 年日军侵入豫东时，有些路段已经废置。1940—1948 年，商丘县至县外的公路有十二条，即商永（城）、商柘（城）、商鹿（邑）、商宁（陵）、商曹（县）、商考（城）、商单（县）、商虞（城）、商夏（邑）、商亳（县）、商民（权）和商马（牧）公路。商亳（县）公路铺筑过灰沙卵石路面，其余是土面公路。

商丘各县道路虽较为通畅，但八个县中，商丘县的汽车运输最多，其他各县基本上没有自己的汽车从事运输。1920 年，商丘县关世斋等人，集资购买了四辆美国制造的三角道奇牌汽车，成立了大同汽车公司，从事客运。1924 年 12 月，大同汽车公司合并亳县、商丘县的散车，组成归（德）亳（县）汽车公司，共有汽车四十三辆。1934 年，归（德）

亳（县）汽车公司解散，客车改为货车，向邻近各县运煤。1935年12月28日，河南省政府训令建设厅转饬各地：因汽油缺乏，一律改用木炭汽车，自此木炭代油车在全省被广泛使用。1936年，商丘县购进一批汽车，成立民生汽车公司，但由于汽油短缺，司机改用木炭做燃料，经营效益不佳。两年后，日军侵占商丘，民生汽车公司倒闭，汽车被抢走。1939年4月，日本商人在归德开办日新运输公司，除经营民间客货运输业务外，更重要的是为日军作战和经济掠夺提供交通工具。

民间的主要运输工具仍然是畜力车和人力车。畜力车主要是四轮的太平车，两轮马拉轿车较少。1939年商丘县黄包车工人李世纶和自行车修理工人崔业林，成功创制木斗脚踏三轮车，主要用于客运，三轮车便成了城镇间的主要客运工具。

第三节　各级教育的发展

民国时期，中国教育制度深受西方文化教育的影响，出现近代化的趋势，如将旧式私塾改为新式学堂、男女生同校等。1920年12月，河南省教育厅饬令各县筹办教育，并颁发《实行义务教育规程》和《筹备程序》。以此为由，规定地丁银一两征收附加0.20元，其中0.1元缴省，0.1元留办地方教育。商丘地方政府遵照省教育厅的规定，结合当地的财政实力，主要发展中小学教育，还设办了少量的初、中等专业学校。

民国时期商丘各县教育的领导机构，从最初的劝学所演变到文教科。1905年，商丘各县设劝学所，主管地方教育，总管人被称为总董。商丘县十五个学区，十五名劝学总董负责本学区的劝学和私塾改良。1911年，改劝学总董为劝学员长。1912年，改劝学员长为劝学所长。1914年，劝学所改为县视学办公处。1917年，恢复劝学所，所长一人，视学一人。1923年，改劝学所为教育局，局长一人，视学一至二人，事务员二至四人，同时成立董事会。1927年，商丘各县修订教育局暂行组织规程,改董事会为教育行政委员会,增设社会教育宣讲员。1928年,商丘县成立社会教育处,专办社会教育。1931年,改视学为督学。1945年抗日战争胜利后,商丘国民党县政府设教育科,科长一人,督学四人,科员四人,各乡镇指导员三至五人。1948年商丘解放,1949年2月各县人民政府设立文教科。

民国后期商丘教师队伍不断壮大。1905年范文正公讲院(由应天书院演变而来)改建为归德府中学堂,教职员七人。1906年商丘县高等小学堂成立,教职员四人。1907年商丘县师范传习所成立,教职员三人。之后,商丘县又建立几所小学,教职员也很少。民国初年,教育无大的发展。到1930年,商丘县共有中小学教师97人,1936年扩大到926人。

一 小学教育

1905年,清廷下令废科举,兴学校,近代教育由此开始。民国时期军阀混战,民生多艰,只有少数人有受教育的机会,且多是小学教育。1935年,河南全省在校学生情况为:大学899人,专科106人,师范13367人,高中1232人,初中20677人,职校1358人,小学862970人,共计900609人。当年全省人口总数为3457万3236人,在校学生仅占人口总数的2.6%。[①] 从商丘各县情况来看,小学教育出现较早,其发展大致分作四个阶段。

第一个阶段是小学教育的兴起阶段,时间是从1905—1911年。1905年,永城、夏邑、虞城、睢县分别办起公立高等小学堂。商丘、柘城、宁陵兴办的高等小学堂,略晚一至两年。1906年,商丘县高等小学堂在东关文雅台创建,学生20人。这些高等小学堂初办时学生不多,一般是20余名,学制为四年。随后几年内,商丘各县又兴办了初等小学

---

① 王天奖主编:《河南省大事记(夏朝—新中国成立)》,中州古籍出版社1993年版,第495页。

堂。1908年，商丘县文昌阁改建为第一初等小学堂，吕祖庙义学改建为第二初等小学堂。后两学堂合并为商丘县初等小学堂。到1909年，永城县有高等小学堂两所，学生69人；初等小学堂53所，学生1064人。夏邑有高等小学堂一所，初等小学34所。睢县、虞城县在1910年分别有初等小学堂12所和8所，高等小学堂各一所。商丘其他各县的初高等小学堂则较少。

第二个阶段是商丘各县小学教育发展的高峰阶段，时间是从1912—1937年。1912年，民国政府改学堂为学校，分别称为高级小学校和初级小学校。一些私立学校也不断出现。这时期，商丘县城居民集资建立女子小学一所。朱朝义捐资建高等小学、初等小学各一所。李口集李存栋、李心善等集资兴建高等小学一所。李允元、丁梦松出资，各设初等小学一所，童生王恭洗、王扶清作为义务教员。1913年，中华圣公会在商丘县城内建立马可小学（男校）和马利亚小学（女校）各一所。1917年商丘县第二小学在马牧西街成立，1922年朱集镇第三小学成立，1924年县立第一女子小学在城隍庙旧址成立。

1917年，国民政府下令将初等小学校改称为国民学校。1922年，国民政府公布了壬戌学制。规定小学初级为四年制，高级为二年制。可以合设在一校，为四二分段制。这种小学校又称为完全小学。1930年，教育部颁布了小学应开设的课程，初小课程主要有国语、算术、常识、三民主义、工艺、体育、音乐。高小课程再加上卫生、公民、史地、自然。20世纪30年代，商丘各县的小学教育得到较大发展，公办小学数量不断增多。商丘县在1930年有完全小学六所，初小十所。当年全县总人口67万人，学龄儿童15万人，入学儿童2413人，入学率近2%。1931年慈善组织万字会在商丘县大同北街建立万字会小学一所。1932年，陈晏生出资创办晏生小学一所，六个班。1936年，商丘县教育局长万献五整理课租收入，筹建小学，全县小学发展到141所，其中完小13所，初小128所。1937年，屈以敬出资在商丘县张八庄创办私立以敬小学一所，六个班。

睢县在1932年有完全小学四所，初小101所，学生达到4925人，入学率达到10.4%。1935年永城县有县立小学12所，各区乡公立小学203所，私立小学两所。夏邑县有县立小学六所，区乡镇公立小学184所。1936年，民权县有小学48所，宁陵县有80余所，柘城县有59所，虞城县有30多所。这个时期的学校，特别是在乡镇设办的小学，往往因陋就简，利用旧庙宇或拆庙重建，经费来自庙产租金或地方捐助。学生数量一般只有四五十人，多采用单班复式教学。

第三个阶段是从1938—1945年，即日伪统治时期。此阶段，小学教育萎缩，一些奴化教育内容渗入学校。1938年5月，商丘各县先后为日军占领，小学教育陷于停顿，不少小学校毁于战火或停办解散。从1939年起，各县日伪政权开始恢复，兴办了一些小学校。如在商丘县设立三所新民小学，在学校开设日语课。1940年4月，驻在商丘县的日本侨民团体设办归德日本小学校，主要招收日人子弟，后称国民学校。从1940—1945年，各教会先后在商丘县城创办小学五所，在朱集镇设办小学两所。日伪第四方面军总司令部于商丘县城设办军官子弟小学一所，另于北关建立孤儿习艺所一处。到1945年，商丘县农村小学有57所，城乡完全小学有13所，入学人数271人。沦陷期间，永城县有日伪政权设办的小学33所，民权县、夏邑县小学各有50余所，睢县有小学34所，入学率为2.86%。

抗日战争时期，新四军在永城、夏邑、虞城等县根据地开办了抗日小学。1939年，夏邑县抗日小学有18所。1940年，虞城县抗日小学有高级班八个，初级班60个，学生达2000人。永城县抗日政府在1941年建立小学150所，学生达7000余人，但随后不久由于新四军四师东撤，学校解散，1944年重新恢复。1944年秋，夏邑县八个乡共有54所小学，学生达2679人。这些抗日小学，除自然科学外，其他课程采用边区的抗日课本。

第四阶段从1945年日军投降到1948年11月商丘各县解放。这是商丘小学教育的恢复阶段。在这个阶段中,由于国民党军队不断地对解放区发动战争,学校恢复较慢,有些县内的学校难以维持正常的教学秩序。1946年,商丘县公立完全小学改名为镇国民中心小学或联保国民中心小学,初级小学改名为保国民中心小学。从小学的数量上看,1946年睢县有小学校100余所。1947年,宁陵县有完全小学七所,初级小学62所,在校学生8000余人。民权县有完全小学八所。夏邑县有完全小学八所,初小103所。商丘县有二十个乡、镇,各有完全小学一处,217个联保,各有初小一处。1948年商丘解放,人民政府接管城乡公立小学,取消原训育主任,废除体罚、公民课和童子军,增开时事政治课。

二　中学教育

商丘中学出现较早。1904年7月,永城县创办官立中学堂一所,学生两班35名,校址在城内参府街(今劳动街)路北,至1916年共毕业学生157人。后来因学生来源不足,学校停办。1905年,商丘县城内的范文正公讲院改为归德府中学堂,学制四年,知县薛鸿先兼任堂长(校长),有学生41人。1909年迁至归德考试院,改名为河南省立商丘中学,有三个班,学生117人。1916年,中华圣公会创办的马可小学扩建为豫东中学,学制四年。1923年河南省立商丘中学改名为河南省立第三中学,有四个班;1928年改名为省立第二中学,学制改为三年;1933年复改为省立商丘中学,同年该校在镇台衙门增设高中部,招收高一新生一个班;1934年招收高中新生两个班;1935年又招高中新生两个班。这样,省立商丘中学高中部有三个年级五个班,初中部有三个年级六个班,省立商丘中学变为完全中学。商丘中学的校舍、教学设施比较完善,教学仪器达1200件,图书3200多册。此时期除公立中学外,商丘县私立中学有三所,学制三年。

20世纪30年代,商丘其他各县也纷纷办理中学教育。公立初中较少,只有永城、睢县、宁陵三县各创办一所。1931年，虞城县私立济伦初中成立，第二年因无资金来源而停办。民权县师范学校附设了初中班。1934年，夏邑县私立青原初中成立。

日军入侵后，商丘县省立商丘中学外迁至豫西、西安、宝鸡等地，其他各县中学都停办。日伪统治时期，有些县的中学又重新恢复或新办，加之抗日根据地政权和国民党政府所办的中学，其数量超过三十年代，共有十七所。其中的砀虞中学、萧宿永夏联中、永城中学、建设中学，是抗日民主政府所办，使用了抗日教材，为根据地培养了许多干部。1941年商丘县复兴女子小学为解决学生的升学困难，设立初中一个班，对外称妇女识字班，1943年被日伪当局改名为商丘县立女子中学，共有学生六个班。此外还有极少数的私立中学，如抗日将领、国民党陆军第三十三集团军副总司令张克侠（中共地下党员）主办的自忠中学，于1945年春从临颍迁到商丘县西关小校场。自忠中学虽是为解决军人子女入学困难而创办，但在商丘期间，准许当地民众的子弟报考；学校还附设自忠夜校，设有小学与初中班，招收学校工友和邻近民众的子弟。

抗战胜利后，商丘各县的中学教育有所发展，一是初中数量略有增加。各县曾先后兴公办、私立中学达二十余所。如商丘县，除两所公立中学，即省立商丘中学和县立女子中学，两所私立中学即粹英、归德中学恢复以外，1945年秋创建私立马牧灵古中学。1946年朱纪章在朱集车站道南创办私立豫东中学，1948年发展为三个班。商丘县儒学会在朱集镇建有道德中学、光复中学。1948年8月王剑秋在商丘县观堂集创办大林中学。此外，从1946—1948年10月，在商丘县和朱集镇，还有来自山东省的曹县中学、单县中学、刘口临时中学、山东难民中学的学生，这些学校中也有少量的商丘本地学生。二是不少学校的规模增大了。如虞城县，1946年有两所中学，共十三个教学班。三是高中增加了。以前各县的中学，基本上都是三年制的初中，抗战胜利后，除省立商丘中学设有高中外，柘城县惠济中学增设一个高中班，睢县建有省立睢县中学，也是一所完全中学。此外，自忠中学、山东省立曹县中学，也都是完全中学。

商丘解放后，省立商丘中学、商丘县立女中合并为商丘临时联合中学。1949年春，省立商师迁至商丘县城内粹英中学处，与商丘县立简师附中、私立粹英中学一起并入联合中学，联中改名为商丘中学，除师范部外，校园都在县城内的东南城角。

三 初中等专业学校教育

民国时期商丘各县的初中等专业学校，主要是师范学校。师范最早创办于1906年，当时，永城县、夏邑县、睢县、商丘县分别办起师范传习所，如永城"县署创办师范传习所，招生20余名"。[①]1907年4月10日，商丘县六忠祠改建为商丘师范传习所，1908年筹设女子师范一处。随后，柘城县、虞城县、宁陵县也办起师范讲习所。师范讲习所的学制一般为一年。各县师范讲习所大多断断续续地招生，有的只办二三届就停办了。到了二三十年代，各县又创办师范学校，有的学校叫初等师范学校，有的称简易乡村师范学校。在学制方面，二年制、三年制和四年制的都有。有些师范学校设有初中班，也有少数的师范学校则附设在初中里。如1928年秋，商丘县地方政府在城内中山东三街路北的范文正公讲院旧址，筹建商丘县师范学校，学制三年，招收初中毕业生120人。

抗战期间商丘多数师范学校停办，只剩下夏邑县、睢县、民权县有日伪设办的师范班。抗战胜利后，各县师范学校相继恢复，1945年，河南省立商丘师范（前身为河南战区师范第二校）从陕西鳌屋（后作周至）县迁到商丘县朱集车站道南，有学生六个班。1946年春，商丘县国民党当局在县城东门的县立师范旧址，筹建县立简易乡村师范。这些师范学校，主要是培养小学教员。

---

① 永城县地方史志编纂委员会：《永城县志》，新华出版社1991年版，第433页。

1948年，省立商丘师范在国民党河南省教育厅胁迫下南迁，大队师生到达安徽省宿州符离集时，经中国人民解放军的教育，校长王忠桥率领大部分师生返回商丘。1949年1月该校迁至商丘县城内的东门里路，与商丘中学合并，为商中师范部。另一小部分师生南下到浙江兰溪，仍称河南省立商丘师范，于1949年5月返回。

师范学校之外，商丘其他的专业技术学校，如永城县在1909年创办的初等农业学堂。1916年永城县又创办了蚕业学校，学制三年，1927年停办时共毕业学生160人，该校设有植桑、养蚕、土壤、物理、化学、肥料学、农具学等课程。1932年，初级农蚕职业学校在永城县城成立，招收农科、蚕科各一班，并辟有桑圃、苗圃以供学生实习，到1938年停办时共毕业学生六届700余人。1933年，河南省府在商丘县城西十方院，建立了农林实验学校。

四 高等教育

民国时期，中国高等教育比较落后，高等学校数量较少。二十世纪三四十年代，中国公立或私立大学主要有北京大学、浙江大学、中山大学、同济大学、光华大学、大夏大学、重庆大学等等；外国在华比较著名的教会大学有之江大学、东吴大学、金陵大学、北京协和医学院、华中大学、圣约翰大学、沪江大学、齐鲁大学、震旦大学、燕京大学、辅仁大学、岭南大学、台湾帝国大学、香港大学等等。豫东商丘属于内陆地区，离省会城市开封较远，北京政府和河南省政府都没有在商丘设立大学，外国在华宗教团体也没有设立高等学校。

但在豫东抗日根据地和豫东解放区，中国共产党领导的新四军和解放军对广大指战员和爱国青年进行了短期的大学教育，对一些中学生或师范毕业生进行军政训练，提高他们的知识水平和政治觉悟。如1940年3月成立的"抗大四分校"和1948年8月成立的雪枫公学等。

1938年11月下旬，新四军第六游击支队建立随营学校，彭雪枫任校长，招收学员一个中队，为部队和地方培养干部。1939年1月，随营学校随同游击支队司令部驻在永城县书案店，4月第一期学员毕业，5月又招收了两个中队的第二期学员，8月下旬，随营学校从淮上迁到永城县麻冢集。随营学校开设了政治理论、群众工作、统一战线、游击战术等课程，共办了四期，为部队和地方培养了600多名基层干部。

随着根据地的扩大和部队的增加，随营学校已不能适应客观形势的需要。1940年3月18日，支队和边区党委根据中共中央扩大抗大总校的指示，决定将随营学校改编扩大为中国人民抗日军政大学第四分校（简称"抗大四分校"）。校长、副校长、政治部主任分别由彭雪枫、吴芝圃、萧望东兼任。四分校设在永城县麻冢集，第一期共招收学员900多名，学员来自部队、根据地有文化的基层干部、学生和敌占区的爱国青年。四分校开设的课程有中国革命问题、中共党史、哲学、政治经济学、军队政治工作、群众工作、时事政策、步兵战术、游击战术等，教学方法是坚持理论联系实际、学以致用的原则。学员虽实行供给制，但在艰苦的条件下，往往是边学习、边战斗、边工作，农忙时还要帮助群众抢种抢收。抗大四分校在群众中还举办夜校、识字班等。

为加强抗大各分校的建设，中央军委决定派出大批干部分赴各抗日根据地。抗大总校派出了由刘清明任大队长的200余人，组成华中派遣大队，6月到达豫皖苏边区，与抗大四分校会合后，四分校由方仲铎任教育长，刘清明任副教育长，李干辉任政治部主任。

1940年9月18日，经过半年的学习，四分校第一期学员毕业。11月7日，四分校第二期学员在麻冢集附近的吴桥寺举行开学典礼，这期学员共700余人。1941年春，反共军队挑起摩擦，大举向根据地进攻，四分校以淮上地区为基地，坚持分散教学。在转移流动的过程中，曾遭到反共军队的攻击，受到一些损失。1941年5月形势恶化后，抗大四分校撤到津浦路东。1945年1月，中共华中局和新四军政治部决定将抗大四分校改名为雪枫军政大学。①

解放战争时期，为培养解放区各项建设人才，1948年8月1日，豫皖苏边区第三军分区，在雪枫（永城）县裴桥北田楼、张店创办雪枫公学。招生年龄在17岁至25岁之间，入师范部的学生年龄不限。石钟鸣任校长，耿演武任副校长。

雪枫公学除设中学部、师范部外，还设立了行政部，学制半年，设政治、时事、国语、数学、地理、历史、生物、体育、音乐等课程，抽调区员以下干部，进一步提高文化和政治水平。该校前后共招生727名，多数学员来自雪枫县、雪涡县、萧县、宿西县等地，少数来自夏邑县、商丘县、亳鹿县、柘城县等地。其中，青年学生619名，调干（抽调区级以下干部）学生108名。该校跟随部队活动，学习地点不固定。初期常在雪枫县西南与亳县交界的岳桥、苏小庙、苏红楼活动，后来又到雪枫县南部的马桥、何老家活动。各科教学大都没有课本，由教员自选自编教材。

该校教职工和学生，一律实行供给制。淮海战役开始后，雪枫公学的学生由教师带领，于1948年11月1日分赴各县做支前工作。淮海战役结束后，雪枫公学在雪枫县南七里庙召开全体学生会，宣布放寒假，让学生回家过春节。春节过后，学生又回到部队，大批学生参军南下，部分学生留下参加地方工作。雪枫公学于1949年2月停办。

第四节 知名人物

民国时期商丘著名人物中，既有中共地方建党先驱蒋一峰、抗日民族英雄鲁雨亭等，文艺界领军人物如山东快书宗师高元钧、著名豫剧表演艺术家李斯忠等，还有地方军阀如国民党陆军中将孙殿英、汪伪

---

① 今河南省永城县麻冢集有抗大四分校旧址。

政府中将张岚峰等。

一 豫东建党先驱蒋一峰

蒋一峰（1904—1931），又名蒋清洁，永城县蒋口乡蒋东口村人，永城县中共党组织的创始人。出生于农民家庭，1917年入亳州福音堂小学，1924年秋入开封河南省立第二中学，1925年秋加入中国共产党。1926年8月入黄埔军校深造，1927年1月担任中共永城县支部书记。1928年3月，蒋一峰被任命为中共永夏中心县委书记，10月遭到国民党永城县当局的逮捕，后因查无实据，被释放。1931年2月蒋一峰被国民党特务逮捕，3月22日深夜在开封西门外刑场就义，年仅27岁。

二 抗日民族英雄鲁雨亭

鲁雨亭（1899—1940），又名鲁鹏，永城市芒山镇山城集人，出生于开明绅士家庭。七岁入本村山城集小学读书，1918年秋入河南开封宏威士官学校。1933年秋任国民党四十一军驻南京办事处处长、军长代表，1937年11月任国民党永城县县长。1939年8月10日加入共产党，同月29日鲁雨亭所率部队被整编为新四军第六支队第一总队，鲁雨亭为总队长。1940年4月1日，日军调集3000余人合击永城县山城集，在李黑楼村突围时鲁雨亭壮烈殉国，时年41岁。新中国成立后，永城县民众为他建立了"雨亭祠"。

三 国民党陆军中将孙殿英

孙殿英（1889—1947），字魁元，永城县马牧乡孙庄村人，出生于贫寒之家。七岁入塾，1913年投入豫西张治公的门下，1927年春担任直鲁联军第十四军军长。1928年6月孙殿英部被蒋介石收编，7月上旬驻蓟县，临近东陵，盗掘慈禧太后、乾隆帝陵墓获宝无数，遭社会各界谴责。中原大战结束后孙部被张学良收编，1933年2月在赤峰与日伪军作战十余日。1942年11月20日,孙殿英被授予国民党陆军中将,1943年4月23日投降日军。日本战败后,孙殿英被蒋介石任命为新编第四路军总指挥。1947年5月1日解放军攻破汤阴县城,孙殿英被俘,后病逝于河北高阳战犯管理所。

四 山东快书艺人高元钧

高元钧(1916—1993),原名高金山,宁陵县张弓镇和庄村人。11岁走码头卖艺为生,以竹片、瓦片、木棒相击,哼小曲,唱小调,时而凤阳花鼓,时而泗州柳琴,时而"武老二"(山东快书前身,也称竹板快书、滑稽快书,发源于山东临清、济宁一带,因专说武松事,所以称为"武老二"),南腔北调,随口唱来。14岁拜师民间艺人戚永立。1936年高元钧对传统说书形式"武老二"进行改造,后来称为"高派"。1947年被郭沫若赞誉为"民间艺人的一面旗帜"。1949年"武老二"定名为"山东快书",高元钧的曲目向歌颂新人新事转变。1956年9月加入中国共产党,1958年周恩来称誉他为"民族艺术的一面旗帜"。著名曲目有《武松打虎》《十字坡》《武松赶会》《鲁达除霸》等。"文革"期间高元钧遭受迫害,1973年得到平反,1979年当选为中国曲艺家协会副主席。1993年3月3日因病在北京逝世。

五 豫剧表演艺术家、"黑脸王"李斯忠

李斯忠(1921—1996),宁陵县柳河村人。1933年被王家玉收为艺徒,专攻"黑头戏"(包公戏),在商丘快乐戏院唱出了名,雅号"八里嗡",意指嗓音洪亮,声震屋瓦,声传数里。1950年任宁陵县豫剧团团长。1953年中央人民广播电台录制了他主演的《秦香莲》。1958年受到周恩来的接见,1959年9月底越南主席胡志明向他赠送鲜花。"文革"期间李斯忠被劳动改造,1978年重回舞台,1979年获庆祝建国三十周年献礼演出创作一等奖。李斯忠在艺术上精益求精,开拓创新,注意博

采众长，广泛吸收借鉴秦腔、京剧等剧种的声腔艺术，以丰富自己的演唱经验。代表剧目有《下陈州》《秦香莲》《打銮驾》等，1996年10月16日病逝于郑州，一生演出剧目约四百个，以"包公戏"著称。

参考文献

［汉］司马迁：《史记》，中华书局1982年版。
［汉］班固：《汉书》，中华书局1962年版。
［南朝宋］范晔：《后汉书》，中华书局1965年版。
［晋］陈寿：《三国志》，中华书局1982年版。
［唐］房玄龄等：《晋书》，中华书局2003年版。
［北齐］魏收：《魏书》，中华书局2003年版。
［唐］李百药：《北齐书》，中华书局1972年版。
［唐］令狐德棻等：《周书》，中华书局1971年版。
［唐］魏徵等：《隋书》，中华书局1973年版。
［唐］李延寿：《北史》，中华书局1974年版。
［后晋］刘昫等：《旧唐书》，中华书局1975年版。
［宋］欧阳修、宋祁：《新唐书》，中华书局1975年版。
［宋］薛居正等：《旧五代史》，中华书局1976年版。
［宋］欧阳修：《新五代史》，中华书局1974年版。
［元］脱脱等：《宋史》，中华书局1977年版。
［元］脱脱等：《辽史》，中华书局1974年版。
［元］脱脱等：《金史》，中华书局1975年版。
［明］宋濂等：《元史》，中华书局1976年版。
［清］张廷玉等：《明史》，中华书局1974年版。

赵尔巽等：《清史稿》，中华书局 1977 年版。

［春秋］管仲：《管子》，上海古籍出版社 1989 年版。
王先慎：《韩非子集解》，中华书局 1998 年版。
［清］郭庆藩：《庄子集释》，中华书局 2010 年版。
许维遹：《吕氏春秋集释》，中华书局 2010 年版。
何宁：《淮南子集释》，中华书局 2011 年版。
［汉］许慎：《说文解字》，中华书局 1963 年版。
［北魏］郦道元著，陈桥驿校证：《水经注校证》，中华书局 2007 年版。
［唐］李吉甫：《元和郡县图志》，中华书局 1982 年版。
［唐］杜佑：《通典》，中华书局 1988 年版。
［宋］郑樵：《通志二十略》，中华书局 1995 年版。
［唐］刘知几撰，［清］浦起龙释：《史通通释》，上海古籍出版社 1978 年版。
［宋］司马光：《资治通鉴》，中华书局 1995 年版。
［宋］李焘：《续资治通鉴长编》，中华书局 1979 年版。
［宋］李昉等：《太平御览》，中华书局 1960 年版。
［宋］乐史：《太平寰宇记》，中华书局 2007 年版。
［清］阮元校刻：《十三经注疏》，中华书局 1980 年版。
［清］梁玉绳：《史记志疑》，中华书局 1981 年版。
［清］钱大昕：《廿二史考异》，中华书局 1985 年版。
［清］茆泮林等辑：《世本八种》，中华书局 2010 年版。
［清］顾祖禹：《读史方舆纪要》，中华书局 2010 年版。
［清］高士奇：《左传纪事本末》，中华书局 1979 年版。
［清］顾栋高辑：《春秋大事表》，中华书局 1993 年版。
［清］彭定求等编：《全唐诗》，中华书局 1960 年版。
［清］董诰等编：《全唐文》，中华书局 1983 年版。

［宋］王溥：《唐会要》，中华书局 1955 年版。

徐元诰：《国语集解》，中华书局 2002 年版。

杨伯峻：《春秋左传注》，中华书局 1981 年版。

杨伯峻：《论语译注》，中华书局 2009 年版。

杨伯峻：《孟子译注》，中华书局 1960 年版。

袁珂：《山海经校注》，北京联合出版公司 2014 年版。

章诗同：《荀子简注》，上海人民出版社 1974 年版。

李学勤主编：《十三经注疏》，北京大学出版社 1999 年版。

黄怀信等：《逸周书汇校集注》，上海古籍出版社 1995 年版。

何建章：《战国策注释》，中华书局 1990 年版。

程俊英：《诗经译注》，上海古籍出版社 1985 年版。

李中华、邹福清注说：《楚辞》，河南大学出版社 2008 年版。

杨有礼注说：《淮南子》，河南大学出版社 2010 年版。

张富祥注说：《吕氏春秋》，河南大学出版社 2010 年版。

曹础基注说：《庄子》，河南大学出版社 2008 年版。

黄寿祺、张善文：《周易译注》，中华书局 2016 年版。

侯方域著，王树林校笺：《侯方域集校笺》，中州古籍出版社 1992 年版。

［清］汤斌：《汤斌集》，中州古籍出版社 2003 版。

［清］郑廉：《豫变纪略》，浙江古籍出版社 1984 年版。

［清］王国维：《观堂集林》，中华书局 1959 年版。

梁启超：《饮冰室合集》，中华书局 1989 年版。

河南省商丘县志编纂委员会：《商丘县志》（清康熙四十四年），中州古籍出版社 1989 年版。

河南省商丘地区志编纂委员会：《归德府志》（清乾隆十九年），中州古籍出版社 1994 年版。

睢县地方史志编纂委员会整理：《睢州志》（清光绪十八年），中州古籍出版社2013年版。

《天一阁藏明代方志选刊·嘉靖夏邑县志（河南省）》，上海古籍书店1963年版。

［明］李嵩纂修：《归德志》（嘉靖），上海古籍书店1990年影印本。

商丘地区地方志编纂委员会编：《商丘地区志》，生活·读书·新知三联书店1996年版。

商丘县志编纂委员会编：《商丘县志》，生活·读书·新知三联书店1991年版。

永城县地方史志编纂委员会主编：《永城县志》，新华出版社1991年版。

睢县志编纂委员会编：《睢县志》，中州古籍出版社1989年版。

民权县地方史志编纂委员会编：《民权县志》，中州古籍出版社1995年版。

夏邑县志编纂委员会编：《夏邑县志》，河南人民出版社1989年版。

虞城县地方史志办公室编：《虞城县志》（乾隆），中州古籍出版社2016年版。

柘城县志编纂委员会编：《柘城县志》，中州古籍出版社1991年版。

宁陵县地方志编纂委员会编：《宁陵县志》（宣统），中州古籍出版社1989年版。

陶景云等校点：《民权县志》（民国），中州古籍出版社1990年版。

邹逸麟主编：《黄淮海平原历史地理》，安徽教育出版社1993年版。

徐旭生：《中国古史的传说时代》（增订本），文物出版社1985年版。

许顺湛：《五帝时代研究》，中州古籍出版社2005年版。

徐中舒：《先秦史论稿》，巴蜀书社1992年版。

范文澜：《中国通史简编》，人民出版社1964年版。

胡厚宣、胡振宇：《殷商史》，上海人民出版社2003年版。

郭沫若：《中国史稿》，人民出版社1976年版。

中国社会科学院考古研究所、美国哈佛大学皮保德博物馆编著：《豫东考古报告——"中国商丘地区早商文明探索"野外勘察与发掘》,科学出版社2017年版。
李可亭、张学勇主编:《商丘古都文化研究》,河南人民出版社2016年版。
逄振镐:《东夷文化研究》,齐鲁书社2007年版。
张宏彦:《中国史前考古学导论》,高等教育出版社2003年版。
田昌五:《中华文化起源志》,上海人民出版社1998年版。
闻一多:《神话与诗》,天津古籍出版社2008年版。
张光直:《中国青铜时代》,生活·读书·新知三联书店1990年版。
丁山:《古代神话与民族》,江苏文艺出版社2011年版。
江林昌:《夏商周文明新探》,浙江人民出版社2001年版。
王震中:《商族起源与先商社会变迁》,中国社会科学出版社2010年版。
杨荣国:《中国古代思想史》,人民出版社1973年版。
侯外庐:《中国古代社会史论》,河北教育出版社2000年版。
李玉洁:《先秦史稿》,新华出版社2002年版。
顾德融、朱顺龙:《春秋史》,上海人民出版社2003年版。
童书业:《春秋史》,上海古籍出版社2003年版。
孙曜:《春秋时代之世族》,中华书局1936年版。
杨宽:《战国史料编年辑证》,上海人民出版社2001年版。
钱穆:《先秦诸子系年》,商务印书馆2005年版。
李学勤:《东周与秦代文明》,上海人民出版社2007年版。
马世之:《中原古国历史与文化》,大象出版社1998年版。
睡虎地秦墓竹简整理小组:《睡虎地秦墓竹简》,文物出版社1978年版。
郑清森:《商丘的考古发现与初步研究》,中国广播电视出版社2005年版。
汪本强编著:《古砀汉风》,合肥工业大学出版社2015年版。
周振鹤:《西汉政区地理》,人民出版社1987年版。
马孟龙:《西汉侯国地理》,上海古籍出版社2013年版。
李晓杰:《东汉政区地理》,山东教育出版社1999年版。

王良田：《西汉梁国》，中国广播电视出版社2003年版。

刘清惠、马国强、李传申选注：《梁园吟》，中州古籍出版社1988年。

吕思勉：《秦汉史》，北京理工大学出版社2016年版。

吕思勉：《三国史话》，北京出版社2016年版。

杨宽：《中国古代陵寝制度史研究》，上海人民出版社2016年版。

朱绍侯：《朱绍侯文集》，河南大学出版社2005年版。

朱绍侯：《朱绍侯文集（续集）》，河南大学出版社2015年版。

庄华峰：《魏晋南北朝社会》，安徽人民出版社2009年版。

梁庚尧：《中国社会史》，东方出版中心2016年版。

申畅、申少春主编：《河南文化史》，中州古籍出版社2002年版。

王兴亚、马怀云编著：《河南历史名人籍里研究》，中州古籍出版社2002年版。

安作璋：《中国运河文化史》，山东教育出版社2001年版。

张国刚：《唐代藩镇研究》，湖南教育出版社1987年版。

曹树基：《中国移民史》（第五卷），福建人民出版社1997年版。

顾诚：《南明史》，中国青年出版社1997年版。

中共河南省委党史工作委员会编：《五四前后的河南社会》，河南人民出版社1990年版。

中共河南省委党史资料征编委员会编：《五卅运动在河南》，河南人民出版社1985年版。

中共商丘市委办公室、中共商丘市委党史研究室等编著：《中共商丘党史大事记（1921—2001）》，河南人民出版社2001年版。

后 记

2000年8月,《商丘通史》(上编)由河南大学出版社出版,迄今已二十三年。往事并不如烟,刘晓敏老师作为责任编辑,为该书的出版付出了辛勤的汗水;我母校河南大学的两位老师朱绍侯先生、王子超先生为该书作序,有批评有鼓励,为该书增色很多。参加编写工作的几位同事,情况也有很大的变化,李克玉老师已经退休,宋学勤老师和贾艳敏老师现已分别在中国人民大学和安徽大学工作,我和李会龙、朱凤祥老师还在商丘师范学院。

作为商丘地区第一部通史性著作,《商丘通史》(上编)出版后获得了大家的认可与好评,直到今天,还是大家了解商丘的一部基本材料。之后,我们这个团队的成员又陆续出版了《三商之源:商丘》(河南美术出版社2006年)、《跬步集》(全两册,中国社会科学出版社2016年)、《商丘古都文化研究》(河南人民出版社2016年)、《商丘历史文化十六讲》(河南文艺出版社2022年)等相关著作,但在内容上大多是《商丘通史》(上编)的延伸。

《商丘通史》(上编)出版后,作为主要编者,我的心里非常明白,尽管大家有好评,但该书存在缺憾。一是该书只有上编,没有下编;二是全书仅二十五万字,显得有些单薄。所以,在《商丘通史》(上编)出版后不久,我就有一个心愿,那就是对该书进行修订。

修订工作从2008年启动,定体例,编纲目,增材料,选编者,分工合作，屈指算来，已历十五年之久！

2017年，商丘市决定组织编写出版《文化商丘》丛书，于是将《商丘通史》纳入，期望能丰富学术界关于商丘的研究，并为商丘经济社会文化发展提供史料和学术的支撑。

本次修订，工程浩大，参与修订和编写工作的人员分工如下：

第一章王小块，第二章刘继刚，第三章薛立芳，第四章第一节刘继刚，第二、三、四节朱凤祥，第五节李晓英，第五章张雷，第六章第一、二、三节陈功文，第四、五、六、七节宋烨，第七章张雷，第八章安秀玲，第九章付先召，第十章付先召，第十一章王传奇，第十二章魏清彩，第十三章刘万华，第十四、十五章李吉莲，第十六、十七章史新恒，第十八章彭学宝。

感谢原商丘市委书记王战营的战略眼光，主导、支持《文化商丘》丛书的编写和出版，感谢商丘市委宣传部部长王全周、常务副部长刘玉杰的督促和具体指导，感谢中华书局责任编辑许旭虹、刘楠、梁五童老师的辛勤付出。

在本书的修订和编写过程中，我们吸收了同行的相关研究成果，大多已在书中注明，在此表示感谢。由于我们水平有限，时间仓促，资料收集未能尽善尽美，再加上编写人员较多，文风不好统一，所以本书错误和不足之处在所难免，敬请各位专家和读者批评指正。

李可亭

2023年4月16日于商丘至善斋